仁齋鄭永煥教授停年紀念論文集

節次法에 있어서
信義誠實原則의 課題

仁齋鄭永煥教授停年紀念論文集 刊行委員會

2025

法 文 社

鄭永煥 敎授 近影

賀 書

존경하고 친애하는 仁齋 鄭永煥 교수님께서 올해 정년을 맞이하셨습니다. 먼저 고개 숙여, 仁齋 선생의 정년을 진심으로 축하하고, 새로운 출발선에 선 仁齋 선생께 용기와 지혜, 그리고 사랑이 충만하시기를 기원합니다.

仁齋 鄭永煥 교수님은, 제가 철들고 만난 분 중에서 가장 덕성이 넉넉하신, 문자 그대로 덕자(德者)이십니다. 정교수님을 처음 뵌 것은, 1989년 2월 말 부산지방법원 울산지원 근처의 소박한 숙소의 로비였습니다. 당시 아름답고 현숙하신 사모님과 함께 서 계셨던 모습은 책에서만 본 '선비' 그 자체였습니다. 눈부시게 흰 피부에 맑고 영롱한 눈, 인자한 낯빛을 은은하게 내비치던 자태를 잊을 수 없습니다.

젊은 나이에 법관으로 산다는 것은 어떤 의미에서는 쉽지 않은 일입니다. 타인의 생명, 자유, 재산을 지키는 법관의 역할에 걸맞은 자세는 공적인 영역에서만이 아니라 사생활에서도 실천해야 하기 때문입니다. '신언서판'이라 했거니와, 仁齋 선생의 언변에는 겸손함이 묻어났고 글에는 기백이 서려 있으며 판단에는 판관의 공정이 늘 깃들어 있었습니다. 십 년 남짓 법관 생활을 하는 동안, 仁齋 선생에게는 선배 법관들조차 결코 가볍게 대할 수 없는 중심(重心)이 있었고, 후배 법관들에 대해 너그러움이 넘쳤으며, 동료 법관과의 우애는 어디서나 늘 꽃 피어났습니다.

仁齋 선생께서 정든 법원을 떠나 학계로 자리를 옮기신 것은 2000년이었습니다. 대법원 재판연구관으로 한창 대법원 판례 정립에 기여하고 계셨지만, 모교인 고려대학교 법과대학은 仁齋 선생을 법원에 그냥 두지 않았습니다. 법원에서 갈고닦은 민사소송법 분야의 전문성에 비하면, 앞서 말씀드린 훌륭한 인품은 덤에 불과하였을 것입니다. 仁齋 선생으로부터 그 소식을 듣고는, 함께 연구하고 같이 가르칠 수 있다는 생각에 저는 뛸 듯이 기뻤습니다. 그리고 우리는 같이 꿈꾸던 대로 교육자 생활 내내 늘 함께 있었습니다. 어떤 논제든 함께 토론했고, 학기마다 제자들과 공동 블록세미나를 개최했으며, 우리나라 산하의 아름다움을 같이 만끽하였습니다. 그렇기에, 제 연구 작업에는 仁齋 선생의 지혜가 항상 녹아 있고, 제 제자라면 누구나 仁齋 선생을 스승으로 생각해왔습니다.

仁齋 鄭永煥 교수님은 엄청난 연구 업적을 남기셨습니다. 仁齋 선생은 통찰력으로 무장한 수많은 논문을 집필하셨을 뿐 아니라 민사소송법의 전범(典範)이 된 『신민사소송법』을 집필하셔서, 민사소송에 관련된 모든 논점에 관하여 수미일관하게 적용될 민사소송의 지도이념과 원리를 정립하시고 개별 법리를 발전시키셨습니다. 仁齋 선생은 특히 민사소송에서의 '신의칙'을 강조하여 소송에서 소외된 약자들을 돕고자 노력하셨습니다. "정영환 민사소송법학"의 이러한 강조점은 향후 우리나라 민사소송법 분야에서 등불로 기능해 우리 사회의 어두운 곳을 밝히는 데 일익을 담당할 것으로 확신합니다.

仁齋 선생의 덕성과 배려심은 후학의 양성에서도 빛을 발하였습니다. 仁齋 선생 문하에서 배출된 수많은 제자는 우리나라뿐 아니라 중국의 강단에서도 민사소송법을 가르치고 있습니다. 仁齋 선생은 법학을 전공하기 위해 고려대학교 법과대학에 유학 온 학생들의 대부셨습니다. 仁齋 선생께 배운 유학생들은 모두 仁齋 선생을 친부와 같이 생각하고 하나 같이 심혈을 기울여 연구에 매진해왔습니다. 仁齋 선생은 이들의 교육에 머물지 않고 한중간의 법학 교류에도 열과 성을 다해오셨고 앞으로도 계속될 것입니다.

仁齋 선생은 이처럼 수많은 연구 업적과 제자를 길러내셨을 뿐만 아니라 우리나라 법학교육의 발전을 위하여 다방면에 걸쳐 쉼 없이 역량을 발휘하셨습니다. 특히 사단법인 한국법학교수회 회장직을 맡아 동 교수회의 확고한 기틀을 마련하셨으며, 1,600여 명에 이르는 법학 교수들의 연구지원과 권익 보호를 위해 심혈을 기울여 위기에 빠진 법학교육이 소생할 발판을 마련하셨습니다. 仁齋 선생은 그 밖에도 대법원, 대검찰청, 법무부 등 수많은 정부기관의 위원 및 위원장으로서 대한민국의 법제 및 법정책의 정립과 발전에 지대한 기여를 하셨습니다.

仁齋 선생을 만난 때로부터 36년이 지난 오늘, 仁齋 선생이 정년을 맞아 함께 지키던 교육과 연구의 현장을 떠나신다고 하니, 저로서는 형용할 수 없는 만감이 교차함을 느낍니다. 저와 함께 보낸 긴 세월 내내 仁齋 선생이 시종여일하게 보여주신 언행은 나이 차가 많이 나는 친형님에게서나 느껴볼 수 있는 자애, 그 자체였고, 그 덕분에 저는 남들이 누릴 수 없는 천진난만함을 마음껏 펼칠 수 있었습니다. 仁齋 선생이 계시지 않았더라면 지난 시절을 어떻게 보냈을까 생각해 보면, 지금, 이 순간에도 까마득한 느낌이 가시질 않습니다.

언젠가 함께 仁齋 선생의 고향인 주문진 본가를 방문한 적이 있었습니다. 본가 근처에는 마을을 지키는 아름드리 은행나무 한 그루가 서 있었습니다. 우람한 그 은행나무는 필경 땀 흘려 일하는 농부들과 그 가족 모두에게 쉼터였을 뿐 아니라 그들을 기다려주고 지켜주는 고향의 상징일 것입니다. 이제 仁齋 선생께서 학교를 떠나신다고 하니, 저는 그런 은행나무 한 그루가 제 마음의 고향에서 다른 곳으로 옮겨가는 것 같습니다. 이제 저는 어디서 안식처를 찾을 수 있을까요.

하지만 제가 이런 감상에 잠기기에는 仁齋 선생은 아직도 여전히 연부역강(年富力強)하십니다. 정년은 한 시대를 마감하는 이정표이지만 새로운 시대를 열고 나아가는 관문이기도 합니다. 仁齋 선생께서 새롭게 떠나실 대장정에는 얼마나 많은 선함과 기쁨이 일어날까를 생각하면, 저 또한 새로운 기대에 들떠 용기와 영감을 얻게 됩니다.

변함없는 인생의 족적(足跡)으로 덕자의 삶을 보여주신 仁齋 선생의 정년을 맞아, 평소에 품은 仁齋 선생에 대한 존경을 담아 주옥같은 논문을 써주신 수많은 동료와 제자 여러분께 깊이 감사드립니다. 이러한 귀한 자리에 소략하나마 하서(賀書)를 드리게 된 것은 제게 과분한 영광입니다만, 혹여 누를 끼치는 일이 될까 염려됩니다. 부디 仁齋 선생께서 사모님과 두 영애와 함께 늘 건강하시고 댁내에 사랑과 평화, 그리고 만복이 가득하시기를 두 손 모아 기원합니다.

2025년 5월

江南 三斯齋

趙弘植

감사 인사

제자들이 제가 이번 8월 말에 정년을 한다는 이유로 간단한 세미나와 논문집을 내겠다고 한다. 제자들에게 학문적으로나 인간적으로 지금까지 아무것도 해준 것이 없고, 제가 해놓은 것도 없어 황망(慌忙)한 마음을 금할 수 없다. 너무 거절하는 것도 제자들에 대한 예의는 아닌 것 같아 마지못하여 승낙을 하였으나 제자들에게 미안하다는 생각뿐이다. 제자들에게 진심으로 감사한다. 하나님께 제자들의 그 순수한 마음을 보시고 그 인생과 가족들을 축복해 주시길 기도하는 것으로 마음을 대신하여 본다.

우선 제 제자들 자랑을 간단히 하려고 한다. 맹자(孟子)께서 「진심하(盡心下)」편에서 "천하의 영재를 얻어 그들을 가르치는 것이 인생의 삼락 중에 하나이다(得天下英才而教育之, 三樂也)."라고 설파한 말이 체험을 통하여 진리라는 것을 알게 하였다. 제 제자들은 하나같이 우수하고 성실하며 마음이 온유한 사람들입니다. 그래서 저는 25년 6개월 동안 제자들과 함께 공부해 오면서 순자(荀子) 「권학(勸學)」편에 나오는 제자가 스승보다 뛰어날 수 있다는 '청출어람(青出於藍)'을 기억하며 항상 제자들을 자랑스럽게 생각하고 있다. 저는 그렇기 때문에 제자들에게 너무 감사하며 그렇기에 행복한 사람이 분명하다.

이제 지금까지의 부족하지만 행복한 제 인생을 간략히 정리해 보려고 한다. 제가 얼마나 부족한지 고백하는 자리가 될 것이고, 또 얼마나 과분한 복을 받았는지 감사하는 자리가 될 것이다.

저는 1960년 4월 24일 아버지 정상민(鄭相敏)과 어머니 조중행(趙中行) 사이의 3남 4녀 중 여섯 번째(밑에 여동생이 있음)로 태어났고, 강원도 명주군 주문진읍에서 태백산맥 쪽으로 4~5km 떨어진 천연기념물인 큰 은행나무가 있는 마을 장덕리(長德里)이다. 그곳에서 학년에 1반인 삼덕(三德)국민학교를 졸업하고, 주문진중학교를 거쳐 강릉고등학교를 졸업하고, 재수 1년을 거쳐 1979년 3월에 고려대학교 법과대학에 입학하였다. 어려서는 큰형님의 영향을 많이 받았고, 큰형님께서 "판사가 되라."고 항상 이야기해 주신 것이 중요한 순간에 작용해 지금까지 온 것이 아닌지 생각하게 된다. 부모님은 제가 어떻게 하든지 항상 응원해 주신 것으로 기억된다. 큰형님이 서울로 취직하면서 떠난 뒤로는 공부보다는 축구선수 등을 꿈꾸며 고향 산하를 뛰어다닌 기억이 파스텔톤으로 나고, 그래서 그런지 고향을 생각하면 무조건 좋다. 공부를 진지하게 시작한 것은 중학교 2학년 때에 보성전문학교 상과를 나오셔서 당시 영동지역에서 가장 들어가기 어려운 강릉고등학교 교장을 하시던 백부님께서 선대 할머님 제사 때에 오셔서 "영환이 강릉고등학교에 온다고 들었는데 맞는지?"라고 말씀하시어, 답변을 못하면 쪽이 팔릴 것 같아 "예~"라고 대답하였고, 그 약속을 지키기 위하여 중학교 3학년을 올라가면서 아침에 빨리 깨시어 농사일을 건사하시는 아버님께 새벽에 좀 깨워달라고 하면서이다. 강릉고등학교 시절에는 장래 희망을 적어야 하는데 마땅치 아니하여 큰형님이 항상 말씀하시던 판사를 꼭 적고, 법대에 가겠다고 한 것이 사법시험을 거쳐 판사를 지나 모교인 고려대학교 법과대학과 법학전문대학원 교수의 길을 걷게 된 것 같다. 재수를 하면서 시골에서 혼자 공부하기로 하여, 주문진 집과 강릉 큰형님의 집(당시 결혼하시어 공무원 생활을 하심)에서 1978년 5월까지 공부하면서 많은 좌절을 하던 중에 서울 육군본부에 중령으로 계시던 넷째 숙부님께서 할머니 제사 때에 오셨다가 그냥 있는 것을 보고 같이 가자고 하여 서울 소재 학원의 종합반에 들어가 공부하면서 기사회생한 느낌이 많이 든다. 서울에 오니 공부를 참 잘 가르친다는 생각이 들어 열심히 하였던 기억이 난다.

저의 고대에 대한 사랑은 1978년 10~11월경 작은누님과 대학 입학원서를 접수하러 고대에 들어서는 순간 너무 아름답고 포근한 교정을 보면서 시작되어 현재 50여 년이 된다. 지금도 그때의 마음에 변함이 없어 너무 감사한다. 1979년에 입학할 때에 김상협 총장님의 축하 연설이 너무 인상적인 기억이 난다. 당시에는 대학에 입학하면 다른 대학 학생들과 미팅도 많이 하고, 고대 막걸리 찬가를 부르며 막걸리를 용감하게 먹기도 하였다. 이러한 행복한 순간은 1학년 2학기 때인 10월 26일 박정희 대통령 시해사건이 터지고, 전두환 장군의 12.12쿠데타 등이 연속적으로 일어나고 학생 시위를 원천 차단하기 위하여 고대 등 모든 대학어 휴교령이 내리고, 그 다음 해인 1980년에는 광주사태가 터지며 멈추고 말았다. 많은 사람들이 희생되고, 1980년 2학기까지 데모와 휴교로 강의를 받은 기억이 별로 없다. 사법시험을 시작해야 하는데 이러한 시대적 상황 속에서 사법시험을 준비하는 것이 맞는지 많은 고민을 하면서도 1980년 겨울방학을 하면서 도서관에 자리를 잡고 수업과 이에 기초한 민법, 형법 등을 조금씩 공부하기 시작하였다. 1981년 3학년에 들어서면서 본격적으로 법률과목의 강의가 이루어지면서 법학에 대한 흥미를 느끼고, 교과서를 열심히 읽고 강의 후에 서로 토론하고 공부하면서 사법시험 공부도 본격적으로 하게 되었다. 2학년에서 3학년으로 올라가면서 사법시험 1차를 시험 삼아 쳐보았는데, 점수 차가 많이 나게 떨어졌다. 그래서 사법시험이 장난이 아니고 언제 될지도 모르겠다는 느낌을 받았다. 정신 바짝 차려야 하겠다고 다짐하고, 3학년에서 4학년 올라가면서 1차를 재차 보았는데 이번에는 높은 점수로 합격하여 안도의 한숨을 쉬기도 하였지만, 그 4~5개월 후에 있는 2차에서는 큰 점수 차로 떨어졌다. 이제 2차가 한 번 더 기회가 있는데 여기에서 떨어지면 언제 붙을지 몰라 악착같이 물고 늘어진 기억이 난다. 목표를 높게(수석?) 잡고 하니 힘이 덜 들었던 생각이 난다. 내가 목표를 높게 잡는다고 누가 뭐라고 할 권리가 있는 것도 아니니 말이다. 당시 성적도 괜찮은 편이라 운이 좋았다고 생각했는데, 나중에 신앙을 갖고 생각해 보니 그때에도 하나님께서 나를 보호하셨다는 생각이 나서 너무 감사했다. 그것이 믿음이고 신앙인가 보다. 어려운 상황 속에서 고대 대학원에 입학해 놓은 것이 가장 잘한 선택인 것 같다. 당시 큰형님께서 서울에서 공무원 생활을 하시어 내 고민을 물어보니 다른 곳에 이름만 올리고 시험을 보는 것은 좋지 않으니 정면 승부를 하라고 조언해 주신 것이 큰 도움이 된 것 같다.

대학 다니면서 가장 큰 축복은 당시 외교관 생활을 하시면서 파리 대학에서 박사학위를 받아 고대 국제법 교수로 부임하신 유병화 교수님의 국제법 수업을 듣고 많은 감명을 받았고, 대학원에 국제법으로 입학하여 지도교수로 만나게 된 것이다. 국제법에 유럽공동체의 강의는 정말 젊은 가슴에 불을 지펴주었고, 큰 꿈을 갖게 한 것이다. 나에게는 큰 축복이었다. 그 후에 국제법을 학문적으로 제대로 공부를 하지 못하였지만 당시 유병화 교수님의 「국제법 총론」은 지금도 보관하고 있다. 지금도 그 책에 밑줄을 쳐놓은 것을 보면서 공부에 대한 열정을 다지고 있다. 또한 판사 생활을 마치고 오신 민사소송법의 실질적 지도교수 정동윤 교수님의 지도를 지금도 가슴 깊이 감사드리고 있다. 학교 다닐 때에는 「상법」과 「어음수표법」의 인상적인 강의가 많이 기억난다. 지금도 정동윤 선생님께 진심으로 감사드린다. 대학 시절에 학문적으로 유병화 교수님, 정동윤 선생님을 만난 것은 큰 축복이었다.

그 이후 1984년 제15기 사법연수원에 입학하면서 시간의 흐름이 빨라지고, 사법연수원에서의 새로운 환경과 치열한 경쟁 속에서도 나름의 안도감을 갖고 해군 장교 복무를 마치고, 1989년 3월 울산지방법원 울산지원에서 판사 생활을 시작하면서 부산지방법원, 수원지방법원, 서울지방법원 동부지원, 서울고등법원, 대법원을 거쳐 11년 동안의 판사 생활을 거쳐, 2000년 3월 1일부터 모교이고 항상 그리워하던 고려대학교 법과대학의 민사소송법 교수로 돌아와 25년 6개월을 마무리하는 시점에 서게 되었다. 판사 생활 중에 나의 인생에 가장 귀한 친구인 조홍식 교수를 만나게 된 것은 큰 행운이다. 부산지방법원 울산지원에서 1년 동안 좌배석 판사로 근무한 후에 우배석 판사가 되었는데, 그때에 같은 법원에 근무하던 조홍식 판사가 좌배석 판사가 되어 저를 만나게 되었다. 지금 인생을 지내고 보니 하나님께서 절묘한 시점에 우리를 만나게 하신 것 같다. 조홍식 판사는 2년을 근무하고 공부의 길로 들어서 모교 서울 법대 교수로 일찌감치 자리를 잡은 상태에서 2000년에 제가 갑자기 고대 교수로 가게 되어, 미국에서 연구년 중인 조홍식 교수에게 가장 먼저 알리고 조언을 구했던 생각이 난다. 당시 대학에 가면 블록세미나를 통하여 제자들을 같이 가르치자고 한 약속이 고대와 서울대 블록세미나가 거의 20년 유지되는 계기가 되었고, 그 과정에 큰형님인 서울대 정종섭 교수님을 만나 스토리가 이어져 가게 됩니다. 안동 지례예술촌, 강릉 선교장, 안동 도산서원과 병산서원, 경주 서원, 광주 설봉서원 등 전국 서원을 돌면서 치열하게 민사소송법, 환경법, 헌법을 공부하면서 제자들과 토론하였고, 퇴계 이황 선생과 율곡 이이 선생의 성리학 논쟁을 발표하면서 토론한 기억이 생생하다. 이 과정에서 고대와 서울대에 걸출한 제자들이 많이 배출되어 교수로, 판사로, 검사로, 또 법률가로서 현재 우리나라에 기여하고 있는 것을 생각하면 정말 기쁨이 넘친다. 제자들과 저녁노을에 멀리 기러기들이 하늘을 날아가는 것을 보면서 감동하였던 일, 또 안동호, 낙동강변, 강릉 경포호 주변을 걸으면서 학문과 인생을 토론하던 일, 또 블록세미나 멤버들이 사법연수원의 같은 조에 배정이 되면서 부부의 인연으로 이어지기도 한 일 등등 이야기가 끝이 없이 이어진다. 나머지는 우리들의 기억 속에 잠잠히 두기로 한다.

이제 감사 인사도 마무리하여야 할 것 같다. 저의 2009년 신민사소송법 서문에서 인용하였던 이영섭 선생(제7대 대법원장 역임)께서 1960년 자신의 「신민사소송법」 서문에서 쓰셨던 “가르치면서 배운 것도 많고, 연구할 기회도 더러 가질 수 있었으나, 학문의 길은 갈수록 태산(泰山)이요, 또한 가시덤불의 길이었다.”는 말을 재소환할 수밖에 없다. 제가 교수로 25년 6개월이 지나갔건만 연구와 활동의 모든 면에서 내놓을 것이 없어 부끄러울 뿐이다. 하지만 고대에서의 훌륭한 은사님이신 유병화,

정동윤 교수님을 만났고, 같은 민사소송법 교수로 후배들이지만 존경하는 유병현 교수님, 김경욱 교수님, 강윤희 교수님을 만났으며, 그 외에 신영호, 박노형 교수님 등 동료 교수님들을 만나는 축복을 받았으니 감사할 따름이다. 무엇보다 연부역강한 청출어람의 제자들을 만났으니 얼마나 행복하고 즐거운가? 그 길로 인도해 주신 하나님께 감사할 뿐이다.

정년 이후에 어떤 삶을 살아가야 할 것인가? 지금까지 법을 통하여 세상을 바라보고 그것을 연구하여 제자들에게 가르치면서 살아왔다. 지금까지 연구하고 배운 것에 기초하여 민사소송법의 분쟁을 보다 추상화하여 다른 질서와의 관계를 보면서, 질서와 법의 조화를 통한 정의의 기준을 세우고, 인간의 행복을 추구하는 것에 보다 관심을 가져야 할 것 같다. 하지만 아직 숙제를 마치지 못한 미국 민사소송법, 민사집행법, 도산법, 중재법 등의 저술에 대한 갈증이 있어 꾸준히 밀고 나가야 하지 아니할까? 그렇게 생각해 본다. 그 본은 아마도 이시윤 선생님 같다. 이시윤 선생님께서는 돌아가시기 직전 90세의 연세임에도 불구하고 책을 손에서 놓지 아니하였고, 판례를 책에 반영하면서 최선의 삶을 사셨다. 또 돌아가시기 전에는 자신의 부족한 부분을 사람들에게 전화를 걸어 이야기하셨다고 하니 귀한 모범이 된다고 생각한다. 대학 교수로서 많은 지도와 편달을 해주신 이시윤 선생님께도 진심으로 감사드린다. 이시윤 선생님의 모범이 큰 힘이 될 것으로 생각한다.

이상으로 정년에 즈음하여 기쁨으로 제자들과 은사님과 동료 교수님들께 머리 숙여 감사 인사를 드립니다. 아내와 두 딸의 노고에도 깊이 고마움을 표합니다. 이 자리에 있게 하신 하나님 아버지! 감사드립니다.

2025년 6월 3일 저녁 시간
고려대학교 신법학관 429호 연구실에서
정영환(鄭永煥) 드림

仁齋 鄭永煥 先生 年譜 및 主要業績

Ⅰ. 鄭永煥 先生 年譜

1. 出生(출생)

江原道 溟州郡 注文津邑 長德里 624番地 出生(1960. 4. 24.)

2. 學歷(학력)

- 주문진읍 장덕리 소재 삼덕초등학교 졸업(1966~1972)
- 주문진중학교 졸업(1972~1975)
- 강릉고등학교 졸업(1975~1978)
- 고려대학교 법과대학 졸업(1979~1983)
- 동 대학원 법학석사(1988)
- 국제법률대학원 대학교(TLBU) 명예 법학박사(2018)
- 중국정법대학교 명예교수(2005. 7. 11.~현재)
- University of Washington 교환교수(2008~2009)

3. 經歷(경력)

(1) 법원 등 경력

- 제25회 사법시험 합격(1983)
- 사법연수원 제15기 수료(1984~1985)
- 해군 법무장교: 해군본부 무관실, 법무감실(1986~1989)
- 판사: 부산지방법원 울산지원, 부산지방법원, 수원지방법원, 서울지방법원 동부지원, 서울고등법원, 대법원(재판연구관)(1989. 3.~2000. 2.)

(2) 교수 경력

- 고려대학교 법과대학 부교수(2000. 3.~2005. 2.)
- 고려대학교 법과대학 및 법학전문대학원 정교수(2005. 3.~현재)
- 중국정법대학교 명예교수(2007. 7. 11.~현재)

4. 主要活動(주요활동)

(1) 학교 내의 활동

○ 법과대학 부학장(2010~2011)

○ 교무처장(2011. 3. 1.~8. 31.)

○ 법무대학원 부원장(2012~2013)

○ 법학전문대학원 기획대외부원장(2015~2016)

○ 본부: 총 16개 위원회 활동

예산・결산자문위원회 위원(2003~2004), 입시・감독・출제 심사위원회 위원(2008), 후생복지위원회 위원(2010~2013), BK21기획위원회 위원(2011), 교원양성위원회 위원(2011), 교수학습개발원 운영위원회 위원(2011), 대학원위원회 위원(2011~2012), 학생활동지원정책자문위원회 위원(2011), 정년보장 교원임용 심사위원회 부위원장(2011), 교원인사위원회 위원(2011), 교원윤리위원회 위원(2011), 교원연구원제심의위원회 부위원장(2011), 교원양성 선도 사범대학 지원사업 추진위원회 위원(2011), 입시・감독・출제・평가위원회 위원(2012), 정년보장 교원임용 심사위원회 위원(2013~2014), 법률자문단 위원(2015~2016)

○ 법과대학 및 법학전문대학원

- 법과대학 법학과장(2010~2011), 법무대학원 민사절차법학과 주임(2004~2006, 2011~2012), 대학원 법학과 주임(2012~2013)
- 법과대학 부설 법률상담소(Clinical Legal Center) 부소장 및 소장(2000. 6.~2002. 6, 2002. 6.~2008)
- 법학전문대학원 공익법률상담소 소장(Clinical Legal Education Center(CLEC), 2012~2014)
- 법학전문대학원 실무교육자문위원회 위원장(2015~2016)
- ABL(ASIA BUSINESS LAWYER), 편집장, 영문잡지

(2) 학교 외의 활동

○ 시험위원 등

- 사법시험, 행정고시 출제 및 채점 위원, 각종 시험위원 등 역임(2000~현재)

○ 학회 등 활동

- 한국법학교수회 회원, 사무총장, 부회장, 회장(2021~2022), 명예회장, 현 고문(2000~현재)
- 한국민사집행법학회 이사, 부회장, 수석부회장, 회장, 현 고문(2003~현재)
- 한국민사소송법학회 이사, 부회장(2000~현재)

○ 학교법인
- 학교법인 국제법률경영학원 비상임 이사(2000~현재)
- 학교법인 세방학원 비상임 이사(2015. 5.~2019. 5.)

○ 대법원 등 법원
- 서울중앙지방법원 조정위원(2013~2019)
- 대법원 법무사자격심사위원회 위원(2017~2020)
- 대법원 법관인사위원회 위원(2017~2020)
- 대법원 사법행정자문위원회의 위원(위원장: 대법원장)(2021~2022)
- 대법관추천위원회 위원(2021~2022)

○ 국　회
- 국회입법자문위원(3~4기, 7기)(2007~2011, 2015~2017)
- 국회 정보공개심의회 위원(2017~2019)

○ 법무부 · 검찰 등
- 법무부 선진법제포럼 회원(2007~현재)
- 법무부 검찰총장추천위원회 위원(2021~2022)
- 대검찰청 보통징계위원회 위원(2017~2021)
- 서울중앙지방검찰청 수사심의위원(2010. 1.~2011. 12.)

○ 행정부
- 건설교통부 정보공개심의회 위원(2003~2005)
- 건설교통부 전문건설공제조합 운영위원회 위원(2016~2019)
- 정보통신부 프로그램심의조정위원회 위원(2004~2008)
- 행정자치부 국민추천포상심의위원회 위원(2015~2016)

○ 지방자치단체
- 서울특별시 지방소청심사위원회 위원(2008~2016)
- 서울특별시 송파구 공직자윤리위원회 위원(2010~2014)
- 서울특별시 송파구 민원직심위원회 위원장(2014~2016)
- 서울특별시 송파구 공직자윤리위원회 위원장(2018~2020)

○ 사회 일반
- 대한상사중재원 중재인(2001~현재)
- 아산사회복지재단 장학자문위원(2008~2011)

○ 정당 등 활동
- 제22대 국민의힘 공천관리위원회 위원장(2024. 1.~2024. 4.)

○ 기　타

– 제17대 대법원장 후보자(3배수)(2023. 9.~2023. 12.)

5. 家族關係(가족관계)

○ 배우자: 서보희(徐寶禧): 1963년생, 예원중학교, 서울예고, 이화여대 미술대학 서양학과 졸업, 1987년 결혼, 화가

○ 장　녀: 정희영(鄭熙榮): 1988년생, 한영외고, 연세대학교 법과대학 졸업, 현 중견 의료기업 사업전략실/미래전략팀장

○ 차　녀: 정다연(鄭多淵): 1993년생, 숙명여고, 아주대 간호대학 졸업, 현 고려대학교간호대학 대학원 석사과정 중

Ⅱ. 주요 학문적 업적 및 활동 내역

1. 著書(저서)

○ 신민사소송법, 법문사, 2009. 9.

○ 신민사소송법, 법문사, 2019. 9. (개정신판)

○ 신민사소송법, 법문사, 2023. 9. (제3판)

○ 법학입문(共著), 법문사, 2012. 9. (제2판)

○ 법학입문(共著), 법문사, 2016. 3. (제3판)

○ 법학입문(共著), 법문사, 2018. 3. (제4판)

○ 법학입문(共著), 법문사, 2024. 2. (제5판)

○ 민사소송법 제1편(최진 지음, 정영환 옮김), 고려대학교 출판문화원, 2025. 4. 30.(보성전문학교 민사소송법 교과서, 우리나라 최초의 민사소송법 교과서의 증보판)

2. 學術論文(학술논문)

○ 심판절차에서의 일사부재리의 원칙, 판례월보, 1999. 1.

○ 상표등록취소심판청구에 있어서의 이해관계인, 법조, 2000. 2.

○ 중복제소의 금지, 고시계, 2000. 3.

○ 민사소송의 이상을 설명하고, 신의칙과의 관계를 논하라, 고시계, 2000. 5.

○ 민사소송에 있어서의 법인격부인론(法人格否認論), 민사소송(Ⅳ), 2000. 5.

○ 외국기업의 한국 내에서의 분쟁해결절차, 법제, 2000. 12.

○ 소송종료선언에 관한 연구, 민사소송(Ⅴ), 2002. 2.

○ 제조물책임법에 관한 이해, 국제법률경영, 2002. 3.

- ○ 집중심리제도 하에서의 적시제출주의의 운영, 국제법률경영, 2003. 3.
- ○ 지식정보사회와 민사소송에 있어서의 신의성실의 원칙, 안암법학, 2004. 3.
- ○ 국민의 입장에서 바라본 신모델의 향후 과제, 민사 신모델 정착을 위한 법관 세미나자료, 2004. 10.
- ○ 민사소송에 있어서의 신의성실의 원칙, 민사재판의 제 문제, 2004. 12.
- ○ 신축 중의 건물의 집행법상의 지위, 민사집행법연구, 2005. 2.
- ○ 신모델과 소송물이론, 국제법률경영, 2005. 12.
- ○ 지적재조사의 필요성, 한국저적정보학회 학술발표대회 논문집, 2006.
- ○ 민사집행제도의 이상에 관한 소고, 민사집행법연구, 2007. 5. (이시윤 선생님의 고희 기념논문집)
- ○ 자유심증주의, 고려법학, 2007. 10.
- ○ 민사집행법상의 신의칙, 안암법학, 2007. 11.
- ○ 개정 중국 민사소송법의 주요 내용과 향후 과제(공동, 제1저자) – 심판감독절차와 집행절차를 중심으로 –, 인권과 정의, 2008. 3.
- ○ 국제재판관할권의 행사기준과 그 범위, 안암법학, 2009. 1.
- ○ 민사소송법에 있어서 선결 · 모순관계 – 대법원 2001. 9. 20. 선고 99다37894 전원합의체 판결 등을 중심으로 –, 21세기 상사법 · 민사소송법의 과제(법문사), 2009. 5. (정동윤 선생님의 고희 기념논문집)
- ○ 우리 민사소송법의 연혁에 관하여, 고려법학, 2009. 6.
- ○ 선택적 중재합의의 유효성에 대한 판례 분석 – 대법원 판례를 중심으로 –, 중재연구, 2009. 12.
- ○ 미국 민사소송법상의 판결의 효력(Ⅰ) – 좁은 의미의 Res Judicata를 중심으로 –, 안암법학, 2010. 9.
- ○ 임시의 지위를 정하기 위한 가처분의 법적 규율, 안암법학, 2012. 1.
- ○ 고려법학 106년 회고 및 전망 – 민사소송법의 관점에서 –, 그려법학, 2013. 3.
- ○ 2012년 민사집행법 중요 판례, 인권과 정의, 2013. 3.
- ○ 우리 사법시스템에 대한 새로운 고찰 – 전자소송 등의 상황에서 –, 저스티스, 2015. 2.
- ○ 미국 연방법원의 재판권 – 재판제도 / 재판권 / 연방문제재판권을 중심으로 –, 저스티스, 2016. 2.
- ○ 공유자 우선매수권제도의 문제점과 개선방안(공동, 제1저자), 민사집행법연구, 2017. 2.
- ○ 독일의 표본확인소송절차(공동, 제1저자), 법학연구, 2020. 12.
- ○ 몽골 민사소송법전에 관한 소고(小考)(Ⅰ)(공동, 제1저자), 동북아법연구, 2022.

10.
- ○ 미국의 소송이송 간주제도, 민사소송(제27권 제1호), 2023. 2. (한국민사소송법학회 30주년 기념호)
- ○ 러시아연방의 민사소송에서 보전처분과 집행에 관한 연구(공동, 제1저자), 법학논총, 2023. 8.
- ○ 절차법에 있어서 신의성실원칙의 운영에 관한 소고(小考), 민사집행법연구(제21권), 2025. 2. (이시윤 선생님 추모기념 논문집)
- ○ 보성전문학교에서의 민사소송법 교육 – 당시 강사 및 교과서 등을 중심으로 –, 2025년 전반기 중 게재 예정(고려대학교 법과대학 설립 120주년 기념 논문임)

3. 주요 연구용역 및 보고서

- ○ 지적측량의 전담대행제도에 관한 연구(공동, 책임연구권), 대한지적공사, 2000. 9.
- ○ 변리사제도의 개선방안에 관한 연구(공동, 책임연구원), 한국발명진흥회 지식재산권 연구센터, 2001. 4.
- ○ 지적제도의 발전전략에 관한 연구(공동, 책임연구원), 대한지적공사, 2002. 3.
- ○ 단계적, 선택적 분쟁해결조항의 연구(공동, 책임연구원) – 선택적 중재조항을 중심으로 –, 대한상사중재원, 2002. 12.
- ○ 헌법정신과 사학이념에 관한 연구(공동, 책임연구원), 사단법인 한국대학법인협의회, 2004. 12.
- ○ 정부유권해석제도의 정착을 위한 바람직한 제도 운영에 관한 연구(공동, 책임연구원), 법제처, 2006. 10.
- ○ 소프트웨어 지적재산권 분쟁조정제도에 관한 연구(공동, 책임연구원) – 조정기법을 중심으로 –, 컴퓨터프로그램 보호위원회, 2007. 12.
- ○ 투기성 외국자본에 대한 과세체계 개선방안 연구(공동, 책임연구원), 법제처, 2008. 1.
- ○ 권리구제 효율성의 제고를 위한 민사집행 개선방안 연구(공동, 책임연구원), 법무부, 2012. 7.
- ○ 한국 리걸클리닉 현황 및 향후 발전방안(공동, 책임연구원), 법학전문대학원협의회, 2013. 1.
- ○ 전자소송환경에서의 새로운 심리를 위한 발전적 방안(공동, 책임연구원), 대법원 법원행정처, 2013. 10.
- ○ 공유자 우선매수권 제도 개선을 위한 연구(공동, 책임연구원), 법무부, 2016. 12.

4. 기 타

○ 법학전문대학원 공익법률상담소(CLEC) 백서 1, 2권 발행(2013. 3.~2014. 1. 기간)

- 위 백서(Clinical Legal Education Center Report)는 정영환 교수가 고려대학교 법과대학 시절의 법률상담소를 로스쿨이 시작되면서 당시 회장과 부회장 등으로 활동하던 엄선희, 박성준 학생(현재는 변호사로 활동 중임)들과 7개의 클리닉 중심의 센터를 만들어 나가던 역사를 기록한 백서이므로 매우 중요한 기록이라고 생각한다.
- 당시 7개 클리닉은 일반법률상담 클리닉, 국제인권 클리닉, 공익인권 클리닉, 국제인도법 클리닉, 사회적기업 클리닉, 인터넷법 클리닉, 조정클리닉이고, 당시 로스쿨 당시 매우 바쁜 중에도 학생들의 자발적이고 적극적 참여로 많은 성과를 냈다.
- 전국 로스쿨 클리닉 활동의 평가에서 항상 1등을 고수하였고, 교육부로부터 2번에 걸쳐 각각 상금 5,000만원을 받았고, 그 자금으로 2번에 걸쳐 미국 워싱턴과 시카고 등을 방문하여 미국 하버드, 예일, 콜럼비아, NYU의 로스쿨 학생 및 교수 등을 교류하면서 대한민국 로스쿨의 발전방안 등을 깊이 생각하는 계기가 되었다.

차 례

제2부 감사의 글

제 1 부

기념논문

절차법에 있어서 신의성실원칙의 운영에 관한 소고(小考)

정 영 환*

Ⅰ. 서 론(序論)

1. 실체법에 있어서 신의성실원칙(信義誠實原則, 이하 신의칙이라 함)이 중요한 것 이상으로 민사소송법과 민사집행법 등 민사절차 뿐만 아니라, 헌법소송절차, 행정소송절차, 가사소송절차, 특허소송절차 등 절차법 전반에 매우 중요한 의미와 역할을 하고 있다. 따라서 민사소송법과 민사집행법상의 신의칙(信義則)의 운영(運營)에 관한 담론(談論)을 펼쳐 봄으로써 절차법에 있어서 신의칙을 어떻게 해석·적용해 나갈 것인지 그 운영에 관하여 진지하게 생각해 볼 필요가 있다고 생각한다.

2. 민사소송법상 신의칙 규정의 연혁을 보면 다음과 같다. 1990년 1월 13일 민사소송법 제3차 개정 당시 "제1조(신의성실의 원칙) 법원은 소송절차가 공정·신속하고 경제적으로 진행되도록 노력하여야 하며, 당사자와 관계인은 신의에 좇아 성실하게 이에 협력하여야 한다."라고 규정하여 이를 신설하였다. 제1조의 제목은 신의성실의 원칙이라고 하고, 전단은 민사소송의 이상(理想)에 관하여 규정하면서 후문에서 신의칙을 규정하였다. 민사소송의 이상과 신의칙을 거의 같은 차원으로 보고 신설한 것으로 보인다.[1] 그 후인 2002년 1월 26일(시행: 동년 7. 1.)에 기존의 민사소송법을 민사소송법(법률 제6626호)과 민사집행법(법률 제6627호)으로 나누고

* 고려대학교 법학전문대학원 교수

1) 이시윤, 민사소송법(신정3판, 2000년), 박영사, 28면. 신의칙을 현대적 이상으로 보고 있다.

전면개정 및 제정하면서, 종전의 민사소송법 제1조의 표제를 「민사소송의 이상과 신의성실의 원칙」으로 바꾸고 신의칙을 제2항에 독립하여 규정하였다. 규정 내용은 "당사자와 소송관계인은 신의에 따라 성실하게 소송을 수행하여야 한다."라고 하고 있다. 이렇게 이상과 신의칙을 별도 항으로 나누어 규정함으로써 민사소송의 이상과 신의칙에 다른 차원의 개념과 역할을 부여하였다고 볼 수 있다. 즉 신의칙에 민사소송에서 최고규범으로서 역할을 확실히 부여한 것으로 평가할 수 있다.[2)] 2002년 민사집행법에서는 신의칙에 대하여 별도로 명문규정을 두고 있지 아니하고, 제23조 제1항에서 "이 법에 특별한 규정이 있는 경우를 제외하고는 민사집행 및 보전처분의 절차에 관하여는 민사소송법의 규정을 준용한다."고 정하고 있어 민사집행법에서도 신의칙이 적용된다는 점을 분명히 하고 있다.

3. 이러한 민사소송법 및 민사집행법상의 신의칙 규정은 민사소송법이 절차기본법이라는 점에서 보면 절차법 일반에 준용되어 해석 및 적용 등 그 운영에 기초가 된다고 할 것이다. 따라서 본고(本稿)에서는 민사소송법과 민사집행법상의 신의칙이 절차법 전반에 미치는 영향에 기초하여 그 전반적 운영에 대하여 설명하도록 하겠다. Ⅱ.항에서는 민사소송법상 신의칙의 개념을, Ⅲ.항에서는 민사소송법상 신의칙의 법적 성질을, Ⅳ.항에서는 민사소송법상 신의칙의 기능을, Ⅴ.항에서는 민사소송법상 신의칙 운영의 기본원칙을, Ⅵ.항에서는 판례상 나타나는 민사소송법상의 신의칙 운영현황을, Ⅶ.항에서 민사소송법상의 신의칙 운영 및 그 적용방법을 차례로 살펴보고, Ⅷ.항에서 간단히 결론을 내리도록 하겠다.

Ⅱ. 민사소송법상 신의칙의 개념(槪念)

1. 의 의(意義)

(1) 통상 신의칙(Treu und Glauben)이라 함은 민법 제2조 제1항에서 규정한 것과 같이 법률관계의 당사자가 권리를 행사하거나 의무를 행사함에 있어서 신의와 성실에 따라 행동하여야 한다는 원칙이다.[3)] 이는 추상적 법원칙을 선언한 것으로 법률관계를 한 당사자 사이의 행위준칙임과 동시에 법원에 대한 재판기준을 제시

2) 同旨: 정동윤 · 유병현 · 김경욱, 민사소송법(제10판, 2023년), 법문사, 33면.
3) 지원림, 민법강의(제11판, 2013년), 홍문사, 44면.

하는 것으로 보아야 한다.[4]

(2) 민법상의 추상적 법원칙이고 당사자의 행위준칙이며 법원의 재판기준 즉 재판준칙이라면 이러한 민법상의 신의칙이 민사소송법에서는 어떤 의미가 있을 것인가? 민사소송법상 신의칙을 정의할 때에 통설적 견해는 민법상의 신의칙과 다름없이 "모든 사람은 사회공동생활의 일원으로서 서로 상대방의 신뢰를 헛되이 하지 않도록 성실하게 행동해야 하는 원칙[5]이다."라고 정의(定義)하고 있다. 민법 제2조 제1항은 1958년 2월 22일 법률 제471호로 민법의 제정(시행: 1960. 1. 1.)시부터 도입되어 지금까지 이어지고 있다. 그런데 민사소송법상의 신의칙은 1990년 1월 13일 법률 제4201호로 3차 개정(시행: 1990. 9. 1.)하면서 처음 도입되었다. 종전에 「제1조(보통재판적) 소는 피고의 보통재판적 소재지의 법원의 관할에 속한다.」는 규정을 제1조의2로 하고, 제1조에 신의성실의 원칙이라는 표제로 "법원은 소송절차가 공정·신속하고 경제적으로 진행되도록 노력하여야 하며, 당사자와 관계인은 신의에 좇아 성실하게 이를 협력하여야 한다."고 규정하게 되었다. 이후 2002년 1월 16일 법률 제6626호로 민사소송법을 전면개정(시행: 2002. 7. 1.)하면서 민사소송의 이상과 신의칙의 차별성을 인정하는 다수설의 견해에 따라 제1조 제1항에서 "법원은 소송절차가 공정하고 신속하며 경제적으로 진행되도록 노력하여야 한다."고 하여 민사소송의 이상을 규정하고, 제2항에서 "당사자와 소송관계인은 신의에 따라 성실하게 소송을 수행하여야 한다."고 정하여 민사소송법상의 신의칙을 별도로 규정하여 현재에 이르고 있다. 한편 2002년 1월 26일 법률 제6627호로 민사집행법을 제정(시행: 2002. 7. 1.)할 때에 제23조 제1항에서 "이 법에 특별한 규정이 있는 경우를 제외하고는 민사집행 및 보전처분의 절차에 관하여는 민사소송법의 규정을 준용한다."고 정하고 있어 민사집행법에서도 신의성실의 원칙이 적용된다는 점을 명백히 하고 있다. 따라서 절차기본법이라고 할 수 있는 민사소송법과 민사집행법에서 모두 신의칙을 적용하고 있어서 절차법에서의 신의칙의 운영에 관한 논의를 하는 것이 타당하다고 본다.

---

4) 同旨: 상게서(上揭書), 44면.

5) 이시윤, 신민사소송법(제16판, 2023년), 박영사, 32면; 방순원, 민사소송법(상)(한국사법행정학회, 1989), 46면; 정동윤·유병현·김경욱, 위 책, 30면; 송상현·박익환, 민사소송법(신정7판, 2014년), 박영사, 19면; 호문혁, 민사소송법(제15판, 2024년), 법문사, 43면; 김홍엽, 민사소송법(제12판, 2024년), 박영사, 22면; 강현중, 민사소송법(제8판, 2024년), 박영사, 89면; 한충수, 민사소송법(제2판, 2018년), 박영사, 34면; 김일룡, 민사소송법(2023년), 법문사, 35면.

(3) 통상 세계 각국에서는 학설에 의하여 민법상의 신의칙 규정에 기초하여 이를 민사소송법에 준용하는 방식을 취하고 있었고, 독일 · 일본 · 중국 등에 이를 직접 민사소송법에 규정하는 예는 찾아보기 어려웠다. 하지만 한국의 민사소송법에서 신의칙을 제1조에 직접 규정하면서 그 영향은 일본과 중국에 직접적인 영향을 미친 것으로 보인다. 일본은 1996년 6월 26일 법률 제109호로 민사소송법을 개정(시행: 1998. 1. 1.)하면서 "제2조(재판소 및 당사자의 책무) 재판소는 민사소송이 공정(公正)하고 신속(迅速)하게 행하여질 수 있도록 노력하여야 하고, 당사자는 신의에 따라 성실하게 민사소송을 수행하여야 한다."고 일본 민사소송법에 직접 규정하여 현재에 이르고 있다. 한편 중국에서도 2012년 8월 31일 중국인민공화국 주석령 제59호(시행: 2013. 1. 1.)로 민사소송법을 개정하면서 "제13조 제1항 민사소송은 성실신용(誠實信用)의 원칙을 당연히 준수하여야 한다."라고 규정하였고, 2021년 개정에서 조문은 그대로 두고 '성실신용(誠實信用)'이라는 용어를 '성신(誠信)'으로 바꾸어 현재에 이르고 있다. 현재 한국과 일본, 중국 모두 민사소송법에 신의성실의 원칙을 직접 규정하고 있다. 일본의 경우는 우리나라 1990년 개정 시와 같이 민사소송의 목적과 신의칙을 같은 조문에 규정하고 있다.

(4) 그러면 위에서 살펴본 것과 같은 민법 및 민사소송법 학자들의 신의칙에 대한 정의에 기초하면서도 그 적용주체와 구체적 사안의 적용 등을 고려하고, 또한 판례상의 개념에 기초하여 민사소송법상의 신의칙을 정의하면 「소송행위 및 소송절차와 관련하여 실체법적 법률관계에 관련된 사람뿐만 아니라, 이와 관련하여 해석 · 적용 · 보충하는 법집행자는, 사회구성원의 일원으로서 소송행위 및 소송절차에서 권리의 행사와 의무의 이행, 법률과 법률관계의 해석 · 적용 · 보충 등에 있어서 상대방의 신뢰를 헛되이 하지 않도록 성실하게 행동하여야 하고, 이를 구체적으로 판단하는 요소로서, 민사소송절차의 진행과 관련하여 상대방 이익의 내용, 행사하거나 이행하려는 권리 또는 의무와 상대방 이익의 상관관계 및 상대방의 신뢰의 타당성 등 구체적인 모든 절차적 사정을 종합적으로 고려하여야 하는 소송법상의 원칙」이라고 할 수 있는 것이다.[6)]

2. 연 혁(沿革)

(1) 신의칙은 기원은 로마법에서 찾아 볼 수 있다. 그런데 고대 로마법에서는

6) 정영환, 신민사소송법(제3판, 2023년), 법문사, 118면 참조.

현대적 의미의 신의칙과는 달리 "신의는 합의된 것의 이행을 요구한다(bona fides exigit, ut quod convenit fiat)."고 하여 계약의 엄격한 구속력을 의미하였고,[7] 신의(信義)는 말한 대로 성실히 행하여야 할 자기구속을 의미한다.[8] 후기 로마법에서는 이를 완화하여 보충적 형평법으로 역할을 하였다.[9]

(2) 민사소송법상의 신의칙은 위에서 본 바와 같이 민사소송법에서는 1990년 3차 개정에서 처음 도입되었고, 2002년 민사소송법의 전면개정과 민사집행법의 제정을 통하여 민사소송법 제1조 제2항에 신의칙이 독자적 조항으로 개정되었고, 민사집행법 제23조 제1항에서 이를 준용하고 있다.

(3) 그런데 이러한 규정이 없을 때에도 민법 제2조 제1항의 신의성실의 원칙을 민사소송법에 준용할 수 있는지 여부에 대하여 학설이 대립되었다. 민사소송에 있어서 당사자의 대립적 주장과 항변을 중시하여 당사자의 투쟁 상태에 있는 민사소송의 당사자에게 신의성실을 요구하는 것은 불필요・불가능하다는 소극설(消極說)과 소송의 목적은 절차에 관여하는 법원 및 소송관계인의 각종 행위의 결과로 달성되는 것이고, 소송은 법원 및 당사자의 공동 작업으로 이루어지는 것이므로 민사소송 전체의 흐름에서 신의칙의 적용을 배제할 이유가 없다는 적극설(積極說)이 있었다. 적극설이 통설로 보인다.[10] 따라서 우리 민사소송법에 있어서 1990년 신의칙의 신설 전에도 민법 제2조 제1항을 준용함으로써 이를 인정해 왔다는 것을 알 수 있다.

3. 특 성

민사소송법과 민사집행법상의 신의칙은 실체법상의 신의칙과는 다른 특성을 갖고 있다. 민사소송법과 민사집행법은 소송절차와 집행절차를 관장하는 법률이므로 실체법과 달리 절차법적인 요소가 강하게 나타난다. 따라서 민사소송법과 민사집행법상의 신의칙 즉 절차법상의 신의칙은 이러한 절차적 요소가 나타날 수밖에 없다. 민법・상법 등의 신의칙은 실체법상의 권리의 발생과 소멸 등에서 작동하게 되고, 이러한 실체법상의 신의칙은 소송절차와 집행절차에서는 청구원인사실 또는 항변・재항변 등의 형태로 나타나고 당사자의 주장에 기초하며 법원이 이를 판단

7) 현승종 저・조규창 증보, 로마법(2004년), 법문사, 55면.
8) 상게서, 54면.
9) 곽윤직 대표편집, 민법주해[I](1996년), 박영사, 76면.
10) 방순원, 위 책, 45-46면; 김용욱, 민사소송법(1983년), 학연사, 12면 참조.

하는 형태로 이루어진다. 그러나 절차법상의 신의칙은 소송절차와 집행절차에서의 행위 그 자체가 문제되는 것이고 절차법상의 개념 형성과 소권의 행사 등으로 표출되는 것이다. 그래서 절차법상의 신의칙은 절차법적 특성이 잘 나타나게 되고, 그 절차의 주관자가 국가 즉 법원이므로 공법적인 특성을 가질 수밖에 없다.[11] 절차법상의 신의칙을 연구할 때에는 이런 점을 유의할 필요가 있다.

또한 특히 민사소송법은 절차법 중에서도 그 기본법이 된다는 점에서 절차기본법이라고 보아야 한다.[12] 현행 헌법재판소법 제41조 제1항 본문, 행정소송법 제8조 제2항, 가사소송법 제12조, 비송사건절차법 제10조, 특허법 제12조 등에서 절차와 관련하여 해당 절차에 다른 특별한 규정이 없으면 민사소송법 규정을 준용하고 있다는 점은 민사소송법이 절차기본법임을 명백히 나타내 주는 것이라 할 것이다. 그렇게 때문에 민사소송법과 민사집행법상의 신의칙은 특별한 사정이 없다면 절차법상의 신의칙의 기본이 된다고 할 것이다.

Ⅲ. 민사소송법상 신의칙의 법적 성질

1. 민사소송법상의 최고원칙 및 근본규범

민사소송법상의 신의칙은 공・사법(公・私法) 실체법뿐만 아니라 민사소송법과 민사집행법 등 절차법을 관통하는 대원칙이고, 고차원적 법이념이라고 할 것이다.[13] 따라서 민사소송법상의 신의칙은 민사소송법상 최고의 원칙이며 근본규범이고, 이는 민사소송법이 절차기본법의 성질을 가지고 있으므로 절차법 전반에 걸친 대원칙으로 자리매김할 수 있는 것이다. 이는 헌법 제10조상의 인간의 존엄과 행복추구권이 민사소송법에 규범적으로 표현된 것으로 평가할 수 있다.[14] 다양한 헌법상의 가치는 민사소송법 제1조 제2항의 신의칙 규정을 통하여 민사소송법과 민사집행법, 헌법재판소법 등 다양한 절차법에 스며들게 되는 것이다. 따라서 민사소송법 제1조 제2항의 신의칙 규정은 절차법 전체에 있어서 최고원칙과 근본규범으로 작동하게 되는 것이다. 신의칙의 절차법상 최고원칙 및 근본규범이라는 성질

11) 정영환, 위 책, 121면 참조.
12) 同旨: 이시윤, 위 책, 43면; 호문혁, 위 책, 7면.
13) 同旨: 이시윤, 위 책, 32면; 정동윤・유병현・김경욱, 위 책, 32면.
14) 정영환, 위 책, 121면 참조.

로부터 아래 기능부분에서 설명하는 신의칙의 수정성(修正性), 신의칙 적용의 최후·최소성의 원칙 등의 다양한 기능을 수행하게 되는 것이다.[15)]

2. 일반규정

민사소송법 제1조 제2항의 신의칙 규정은 민사소송법상 대표적 일반규정(一般規定)이다. 민사소송법은 개별규정과 몇 개의 일반규정으로 구성되어 있다. 이러한 신의칙 규정은 개별규정이 흠결된 경우에 개별규정을 보충하는 역할을 하게 된다. 이것은 신의칙이 일반규정으로서의 보충성을 가진다는 것을 의미한다.[16)] 다른 개별규정의 해석 등에 직접 참여하기도 하고, 개별규정의 흠결이 있는 경우에 일정한 역할을 하게 되는 것이다. 이 경우 민사소송법 제1조 제2항은 다른 일반규정과 같은 역할을 담당하게 된다.

3. 소　결(小結)

민사소송법 제1조 2항의 신의칙 규정은 민사소송법상 최고원칙이고 근본규범으로의 성질과 일반규정으로의 성질을 동시에 가지고 있다. 그 적용과 해석 등에 있어서 다양한 색채를 나타내게 된다는 점을 유의하여야 한다. 또한 민사소송법과 민사집행법은 절차기본법으로의 성질을 가지고 있고, 이러한 법적 성질은 절차법 전체에 신의칙의 운영에 있어서 중요한 지침이 될 것이다.

Ⅳ. 민사소송법상 신의칙의 기능(機能)

1. 신의칙의 일반적 기능

민사소송법상의 신의칙도 실체법상의 신의칙과 같이 그 일반적 기능을 담당하게 된다. 학자들은 그 일반적 기능으로 해석기능, 형평기능, 보충기능, 수정기능 등으로 분류한다.[17)] 해석기능은 법관에게 법규의 해석과 관련하여 축소·확대해석을 함으로써 합리적인 해석을 도출할 수 있게 하는 기능을 의미한다. 형평기능

---

15) 상게서, 122면 참조.

16) 상게서, 123면 참조; 한충수, 위 책, 34면.

17) 곽윤직 대표편집, 위 책, 101면; 지원림, 위 책, 45면{여기에서는 형평기능을 한정기능(限定機能), 해석기능을 수권기능(授權機能)으로 표현하고 있음}.

이란 법규가 가질 수밖에 없는 일반적·추상적 요건을 구체적 사건의 특수성을 고려하여 정당하게 평가할 수 있게 하는 기능을 말한다. 보충기능은 신의칙이 일반규정으로서 해당 개별규정이 없는 경우에 이를 보충하는 역할을 지칭한다. 수정기능이라 함은 개별규정을 적용하고 보니 정의롭지 못한 결과가 발생한 경우에 근본규범인 신의칙을 통하여 이를 바로잡는 기능을 말한다.

신의칙의 이와 같은 일반적 기능은 민사소송법상의 신의칙도 당연히 기능을 하게 된다. 또한 민사소송법상의 신의칙이 절차기본법으로 다른 절차법에도 준용되는 것이므로 다른 절차법에서도 동일한 기능을 하게 되는 것이다.

2. 민사소송법상 신의칙의 구체적인 기능

민사소송법상 신의칙은 신의칙의 일반적 기능에 기초하여 민사소송법과 절차법 전반에 i) 헌법적 가치의 진입통로, ii) 최고원칙 및 근본규범으로서의 수정성, iii) 일반규정으로의 보충성, iv) 신의칙 적용의 최후성 및 최소성의 기능을 하게 된다. 이러한 구체적인 기능을 간단히 살펴보겠다.

(1) 헌법적 가치의 진입통로

민사소송법상의 신의칙은 헌법상 인간의 존엄과 행복추구권(헌법 제10조)과 재판청구권(헌법 제27조)이 민사소송의 목적론을 통하여 이론적으로 논의된 가치를 민사소송법상의 현실적 규범으로 작동하게 하는 진입통로의 역할을 담당하고 있다.[18] 이것을 통하여 민사집행법과 절차법 전반으로 퍼져나가는 것이다. 따라서 민사소송법상의 신의칙은 헌법적 가치가 민사소송법상의 규범적 가치로 진입하는 통로가 되고, 이것을 통하여 전체 절차법에 적용되는 것이다. 민사소송법상의 신의칙의 헌법적 가치의 통로 역할을 하는 부분에 대한 깊이 있는 성찰이 필요할 것으로 생각한다.

(2) 최고원칙 및 근본규범으로의 수정성

민사소송법상의 신의칙은 최고원칙 및 근본규범으로의 법적 성질을 가지고 있기 때문에 민사소송법의 해석·적용 등의 가장 기초의 큰 얼개로서 역할을 하게 된다. 따라서 민사소송법의 개별규정을 적용하여 보니 정의롭지 못한 결과가 발생

---

18) 정영환, 위 책, 123면 참조.

한 경우에 신의칙에 기초하여 개별규정의 평면적 적용을 거부하고 이를 부인하여 정의로운 상태로 수정(修正)하는 역할을 하게 된다. 이것이 민사소송법상의 신의칙이 가지고 있는 최고원칙 및 근본규범으로서의 수정성이다. 이러한 민사소송법상의 신의칙 기능은 다른 절차법에서도 또한 작동하게 된다.

(3) 일반규정으로서의 보충성

민사소송법 제1조 제2항의 신의칙 규정은 위에서 본 바와 같이 민사소송법상 대표적 일반규정이다. 그렇기 때문에 일반규정의 특성인 보충성을 갖는 것은 당연하다. 개별규정의 흠결이 있을 경우에 신의칙이 그 흠결의 보충을 위하여 작동을 하게 된다. 민사소송법상의 신의칙이 일반규정으로 보충성의 기능을 수행함에 있어서도 그 적용의 최후성과 최소성은 항상 고려해야 할 사항이다. 민사소송법상의 신의칙이 갖는 보충성의 기능은 민사집행법 등 절차법 전반의 신의칙 운용에도 당연히 고려하여야 할 것이다.

(4) 신의칙 적용의 최후성과 최소성

최고원칙 및 근본규범, 일반규정으로의 민사소송법상의 신의칙은 그 적용을 함에 있어서 유의할 점이 있다. 신의칙은 개별적 개념과 개별규정이 있는 경우에 그 개념과 개별규정에 개입하여 작용함에 있어서 최후까지 적용을 보류하여 개별적 개념과 개별규정의 취지를 최대한 살릴 수 있도록 운용되어야 한다. 그렇지 아니하면 신의칙이 약방의 감초처럼 모든 개념과 개별규정에 다리를 걸치는 형국이 될 수 있다. 이것을 신의칙 적용의 최후성(最後性)이라고 칭한다.[19] 또한 신의칙이 개별적 개념과 개별규정에 참여하더라도 그 개념과 개별규정의 취지를 최대한 살릴 수 있도록 해석과 운용에 있어서 최소한만 관여하여야 한다. 이것을 신의칙의 최소성이라 할 것이다.[20] 이와 같이 민사소송법상의 신의칙 적용을 함에 있어서 가능한 최후에 참여하고, 참여 후에도 최소한 관여하여야 한다. 민사소송법상의 신의칙의 이러한 기능은 민사집행법 등 절차법 전반의 신의칙 운용에도 당연히 적용되어야 할 것으로 본다.

---

19) 상게서, 124면 참조.
20) 상게면 참조.

Ⅴ. 민사소송법상의 신의칙 운영의 기본원칙

위에서 살펴 본 민사소송법상의 신의칙의 개념, 법적 성질, 기능에 기초하여 민사소송법상의 신의칙 운영의 기본원칙을 추출해 보는 것도 의미 있는 작업으로 생각된다. 이러한 것에 비추어 본다면 민사소송법상의 신의칙 운영의 기본원칙(基本原則)은 ⅰ) 수정성(修正性)의 원칙, ⅱ) 보충성(補充性)의 원칙, ⅲ) 최후적용(最後適用)의 원칙, ⅳ) 최소적용(最小適用)의 원칙으로 나누고자 한다. 위의 내용과 다소 중복되는 감은 있지만 민사소송법상의 신의칙 운영의 기본원칙을 강조한다는 점에서 충분히 의미가 있다고 본다.

1. 수정성의 원칙

민사소송법상의 신의칙에 있어서 수정성의 원칙이 적용된다. 이 수정성의 원칙은 신의칙이 가지고 있는 최고원칙 및 근본규범이라는 법적 성질에서 나온다고 보아야 한다. 이 원칙은 민사소송법상의 개념 및 개별규정의 적용·해석 등에서 돌발 상황이 발생한 경우에 작동하는 원칙이다. 해당 개념 및 개별규정의 구체적 운영에 있어서 오작동이 발생하여 해당 개념 또는 개별규정의 원래의 취지에 부합하지 아니한 결과가 발생한 경우이다. 이것을 그대로 적용·해석 등을 한다면 정의롭지 못한 결과가 발생하기 때문에 문제가 발생하게 된다. 이러한 돌발 상황이 발생한 경우에는 민사소송법상의 근본규범인 신의칙이 나서서 그 적용을 거부하거나, 해석을 달리하여 정의롭지 못한 상황을 피하게 하는 원칙인 것이다. 예컨대 X가 Y를 상대로 대여금 청구를 하여 청구기각 판결을 받고 확정이 된 후에 다시 동일한 청구를 Y에게 청구한 경우에 대법원과 같이 기판력의 본질을 모순금지설을 견지하는 경우에 이미 본안심리 후에 판결이 확정되었음에도 불구하고 다시 청구기각의 본안판결을 할 수 밖에 없게 된다. 이러한 경우 법원은 대법원이 비록 기판력의 본질에 관하여 모순금지설을 취하더라도 기판력 개념이 아닌 민사소송법상의 신의칙에 기초하여 본안심리 없이 소를 각하하면 된다. 또 국내에 주소 및 재산이 없는 자를 상대로 소를 제기하기 위하여 억지로 재산을 국내로 끌어드려 특별재판적을 창설하는 경우에 신의칙에 기초한 소권남용을 이유로 그 특별재판적을 부정하는 경우 등을 생각할 수 있다.

2. 보충성의 원칙

민사소송법 제1조 제2항은 앞서 본 바와 같이 민사소송법 전체에 있어서 일반규정으로서 성질을 가지고 있다. 그렇기 때문에 민사소송법상의 신의칙이 가지고 있는 일반규정의 법적 성질에 기초하여 개별규정을 보충하는 역할을 하는 것이다. 이러한 역할을 총칭하여 민사소송법상 신의칙의 보충성의 원칙이라 할 것이다. 민사소송법 제1조 제2항의 규정은 미비한 개별규정을 도와 그 의미를 명확히 하거나 일부 흠결을 보충할 수 있게 된다. 예컨대 개별규정에 신의칙의 내용을 담고 있는 실기한 공격·방어방법의 제출제한(민사소송법 제149조 제1항, 이하 '민소'라고 약술함), 소송절차에 관한 이의권의 상실(민소 제151조), 소취하의 상대방의 동의(민소 제266조 제2항), 변론준비기일에 주장하지 아니한 공격·방어방법의 제출제한(민소 제285조 제1항) 등의 경우에 구체적 해석에 있어서 신의칙에 보충적으로 도움을 줄 수 있는 경우 등을 생각할 수 있다.

3. 최후적용의 원칙

민사소송법 제1조 제2항을 근본규범 또는 일반규정으로서 다른 개념 또는 개별규정에 관여함에 있어서 해당 개념 또는 개별규정으로 도저히 해결이 어려울 경우에 도와야 한다는 원칙이다. 신의칙은 근본규범으로서 작동할 때는 가장 크고 근본적인 원칙이므로 가능한 한 직접 개입을 자제하여야 한다. 근본규범 또는 일반규정인 민사소송법상의 신의칙이 하위 개념 또는 개별규정에 너무 자주 등장하는 것은 하위 개념 또는 개별규정의 원래 기능을 저하시키거나, 마비시킬 가능성이 있게 된다. 그렇기 때문에 개별규정의 적용을 게을리 하고 포괄적이고 일반적인 신의칙을 끌어다 쓰게 되어 '일반규정으로의 회피' 등의 비판이 있는 것이다. 따라서 개별 개념 또는 개별규정의 적용을 장려하는 방식으로 최후에 민사소송법상의 신의칙이 작용하여야 한다. 이러한 적용상의 원칙 일반을 민사소송법상 신의칙의 최후적용의 원칙으로 칭하여야 하는 것이다.

4. 최소적용의 원칙

민사소송법상의 신의칙이 근본규범 또는 일반규정으로 개별 개념 또는 개별규정에 최후적으로 적용이 되는 경우에도 그 적용의 범위는 최소한에 그쳐야 한다는 원칙을 민사소송법상 신의칙의 최소적용의 원칙으로 칭하는 것이다. 이것은 신의칙이 개별 개념 또는 개별규정의 해석·적용을 도와 그 역할을 강화시키는 효과가 있게 된다. 신의칙은 계속하여 새로운 분쟁으로부터 나타나는 현상을 모니터링 하는 등대와 같은 역할을 하는 것이고, 개별 개념 또는 개별규정이 잘 작동을 하면 분쟁의 전체적 흐름을 관찰하면서 신의칙이 작동할 새로운 영역을 개척해 나가야 하는 것이다. 그렇기 때문에 개별 개념 또는 개별규정에 너무 큰 역할을 할 필요는 없고 일단 그 개념과 개별규정이 잘 작동하면 그 역할을 마친 것이므로 더 이상 거기에 머물 필요는 없는 것이기 때문이다. 이러한 신의칙의 최소적용의 원칙을 통하여 신의칙이 민사소송법 전반 나아가 절차법 전체에 기능을 자유롭게 유지·발전시켜 나가는 역할을 하게 되는 것이다.

5. 소 결(小結)

이상에서 민사소송법상의 신의칙 운영의 기본원칙을 알아보았다. 수정성의 원칙은 신의칙의 근본규범성으로부터 나온다고 보아야 하고, 보충성은 신의칙의 일반규정성으로부터 도출되며, 최후·최소적용의 원칙은 근본규범과 일반규정으로 작동함에 있어서 지켜나가야 하는 원칙이라고 보인다. 민사소송법상의 신의칙을 운영함에는 이러한 기본원칙을 고려하는 것이 신의칙의 기능을 유효·적절하게 운영하는데 필수적이라고 본다.

Ⅵ. 판례에 나타난 민사소송법상 신의칙의 운영현황

1. 신의칙 발현의 4가지 형태

그러면 위에서 논의된 민사소송법상의 신의칙이 구체적으로 판례상 어떻게 운영되고 있는지 그 운영현황을 살펴보도록 하겠다. 이것은 향후 신의칙을 어떻게 운영하여야 하는지를 알게 할 것이다. 학자들은 통상 판례상으로 나타나는 신의칙의 발현형태를 4가지로 분류하고 있다(통설). 4가지 형태로는 ⅰ) 소송상태의 부당형성(不當形成), ⅱ) 소송상의 금반언(禁反言, estoppel), ⅲ) 소권의 실효(失效), ⅳ) 소권의 남용(濫用)이 그것이다.[21] 이하에서는 4가지 형태에서 대표적 사례를

21) 이시윤, 위 책, 33-36면; 정동윤·유병현·김경욱, 위 책, 35-39면 등.

보기로 한다.

2. 소송상태의 부당형성

(1) 소송상태의 부당형성이라 함은 당사자 일방이 부당한 방법으로 소송상태에 해당하는 상황을 고의로 만들어 소송법규의 부당한 적용을 꾀하거나, 그 반대로 부당한 방법으로 소송상태에 해당하지 아니하는 상황을 만들어 해당 소송법규의 적용을 부당하게 회피하는 경우를 말한다.[22]

(2) 대법원 2011. 9. 29. 선고 2011마62 결정

사안은 변호사 갑(甲)과 을(乙) 사찰이 소송위임계약을 체결하면서 전주지방법원에 전속적 합의관할을 약정하였다. 그런데 을 사찰이 성공보수금을 지급하지 아니하자 변호사 갑이 을 사찰 외에 대표단체인 병 재단을 위 성공보수금의 연대책임이 있다는 이유로 민사소송법 제25조 관련재판적에 기초하여 병 재단의 관할이 있는 서울중앙지방법원에 소를 제기하였다. 이에 대하여 대법원은 제25조 관련재판적 규정을 남용하였다는 이유로 을에 대한 서울중앙지방법원의 관할을 인정하지 아니하였다. 이는 관련재판적의 부당한 적용을 통하여 관할을 형성하려는 것을 부정한 것이므로 신의칙 위반의 형태 중 관할의 부당형성의 예라고 보면 좋을 것이다.[23] 이 사안은 관련규정의 적용을 배제하는 것으로 신의칙의 수정성의 원칙이 적용된 전형적 사례라고 볼 수 있다.

(3) 대법원 2011. 12. 22. 선고 2011다84298 판결

사안은 채무자 갑 주식회사 소유의 건물 등에 관하여 을 은행 명의의 1순위 근저당권이 설정되어 있었는데, 2순위 근저당권자인 병 주식회사가 갑 회사와 건물 일부에 관하여 임대차계약을 체결하고 건물 일부를 점유하고 있던 중 을 은행의 신청에 의하여 개시된 경매절차에서 유치권신고를 한 사안에서, 병 주식회사가 경매절차에서 유치권을 주장하는 것은 신의칙상 소송상태의 부당형성에 해당하여 허용될 수 없다고 할 것이다.[24] 신의칙의 수정성의 원칙이 적용된 것으로 볼 수 있다.[25]

---

22) 정영환, 위 책, 129면.
23) 상게면.
24) 同旨: 이시윤, 위 책, 33면.

3. 소송상의 금반언

(1) 소송상의 금반언이라 함은 당사자 일방이 소송에서 과거에 일정한 방향의 태도를 취하였기 때문에 상대방이 이를 신뢰하고 자기의 소송상의 지위를 구축하였는데, 뒤에 일방 당사자가 종전의 태도와 모순되는 거동으로 나오는 경우에 신의칙에 의하여 후행의 모순거동의 효과를 부정하는 것을 의미한다.[26] 선행행위와 모순되는 거동 금지의 원칙이라고도 한다.

(2) 대법원 1993. 5. 14. 선고 92다21760 판결

사안은 토지관련 분쟁 중에 특정한 권리나 법률관계에 관하여 분쟁이 있어도 제소하지 아니하기로 합의한 경우 이에 위반하여 제기한 소는 권리보호의 이익이 없고, 또한 권리의 행사와 의무의 이행은 신의에 좇아 성실히 하여야 한다는 신의성실의 원칙은 계약법뿐 아니라 모든 법률관계를 규제, 지배하는 법의 일반원칙으로서 민사소송에서도 당연히 요청되는 것이므로 부적법하다고 판시하고 있다. 이 판결은 신의칙의 하위개념이라고 할 수 있는 권리보호의 이익과의 관계가 설시되고 있다. 소송 전후에 부제소합의를 한 후에 소를 제기하는 것은 권리보호의 이익이 없거나 신의칙에 반하여 허용되지 아니한다는 취지로 받아들여진다. 하지만 이러한 경우에는 위에서 본 신의칙의 보충성과 최후적용의 원칙에 비추어 신의칙의 관여 없이 권리보호의 이익이 없다는 것만으로 부적법 각하하는 것이 간단명료할 것으로 평가된다.

(3) 대법원 1984. 10. 23. 선고 84다카855 판결

사안은 원고가 피고를 상대로 부당이득금 반환의 소를 후소로 제기하면서, 피고가 전소에서 자신이 원고로서 20년간의 점유를 이유로 하여 시효취득을 주장함에 대하여 원고가 전소에서 그 시효취득을 방어하기 위한 방법으로 피고의 점유사실을 부인하고 나아가 소외인에게 임대하는 등으로 자신이 점유하여 왔다는 주장을 하고 이에 대해 입증한 결과 전소에서 피고의 점유 사실이 인정되지 아니하여 피고가 전소에서 패소 확정되었는데, 원고는 전소에서의 자신의 이러한 행위에 반하

---

25) 위 판례의 참조조문에 민법상의 신의칙 규정인 민법 제2조만을 적고 있지만, 민사소송법 제1조 제2항도 같이 병기하였다면 더욱 의미가 있을 것으로 보인다.

26) 정영환, 위 책, 130면.

여 후소에서는 피고가 자신의 토지를 무단 점유하였음을 이유로 이에 따른 부당이득금을 청구한 경우이다.

대법원은 이에 대하여 원고가 전소에서 시효취득의 요건사실을 부인하고 반증을 제출한 것은 상대방의 시효취득주장에 대한 방어방법으로서의 진술 및 입증에 불과한 것이며, 그 소송에서 피고가 패소한 것은 피고가 그 주장사실에 대한 입증을 다하지 못한데 기인한 것이고, 또 전소에서는 피고가 이 건 부동산을 1959.3.13부터 20년간 소유의 의사로 평온, 공연하게 점유함으로써 시효취득 하였는지 여부가 그 쟁점임에 반해서 후소에서는 피고가 이 건 부동산을 1972.1.1부터 1981.12.31까지 점유하고 있었는지 여부가 쟁점으로서 두 소송의 쟁점이 서로 다른 것이라면 본 소송이 신의칙에 반하는 것으로서 권리보호의 이익이 없는 부적법한 것이라고 할 수 없다고 판시하고 있다.

그런데 위 사안의 경우 전소와 후소 사이의 당사자가 동일하고, 후소도 전소와 같이 점유 여부가 문제되는 것이고, 법원은 점유부분에 대하여 전소에서 충분히 심리하였다. 비록 기판력이 미치지 아니하여 권리보호의 이익과 관련이 없다고 하여도, 이러한 경우에는 영미법상의 쟁점배제(issue preclusion)의 원리에 따라 원고의 후소를 신의칙상 소송상 금반언에 반한다는 이유로 배척하는 것이 타당하다고 본다.[27] 권리보호의 이익이라는 개념으로 잡아낼 수 없지만 신의칙의 근본규범으로서의 수정성의 원칙에 따라 원고의 후소를 부적법 각하할 수 있는 것이다.

4. 소권의 실효

(1) 소권의 실효라 함은 당사자 일방이 소권을 오랫동안 행사하지 않고 방치하여 상대방에게 이를 행사하지 않으리라는 정당한 기대가 발생하고, 상대방이 이 기대에 따라 행동하고 있는 경우에는 그 후에 소권을 행사한다고 하여도 신의칙상 소권은 실효되어 행사할 수 없다는 원칙이다.[28] 신의칙의 한 형태인 소권의 실효는 해고무효확인소송 등 기간의 정함이 없는 확인의 소에 적용되는 경우가 많다.

(2) 대법원 1996. 11. 26. 선고 95다49004 판결

사안은 회사의 자신에 대한 징계면직처분에 대하여 재심청구를 하였으나 기각

27) 同旨: 이시윤, 위 책, 34면.
28) 정영환, 위 책, 135면.

되자 회사가 자신의 급여구좌에 입금한 해고예고수당을 반환하기 위하여 이를 공탁까지 하였다가 그 후 아무런 이의 없이 회사로부터 퇴직금을 수령하고, 그 후에도 자신의 징계면직처분에 대하여 부당노동행위구제신청을 하는 등으로 다투지 아니하고 다른 생업에 종사하여 오다가 징계면직일로부터 2년 10개월 정도 경과한 후에야 비로소 해고무효확인의 소를 제기하였다.

대법원은 이에 대하여 노동분쟁의 신속한 해결이라는 요청과 신의성실의 원칙 및 실효의 원칙에 비추어 허용될 수 없다고 판시하고 있다.

대법원의 이러한 판시는 노동분쟁의 신속한 해결이라는 필요성이 있고, 이미 퇴직금을 수령하고 자신의 징계면직처분을 다투지 아니하고 다른 직장에 2년 10개월 정도 다니다가 소를 제기한 것이므로 신의칙상의 실효의 원칙을 적용하여 청구를 배척한 것은 타당하다고 본다. 약간 아쉬운 것은 민법상의 신의칙이 아닌 민사소송법상의 신의칙의 한 형태인 실효의 원칙을 적용하여 소를 각하하였으면 어떤가 싶다.

(3) 대법원 2015. 3. 20. 선고 2013다88829 판결

사안은 갑이 을이 장래 설립·운영할 병 주식회사에 토지를 현물로 출자하거나 매도하기로 약정하고 병 회사 설립 후 소유권이전등기를 마쳐 준 다음 회장 등 직함으로 장기간 병 회사의 경영에 관여해 오다가, 병 회사가 설립된 때부터 약 15년이 지난 후에 토지 양도의 무효를 주장하면서 소유권이전등기의 말소를 소로써 구하였다.

대법원은 위 약정은 상법 제290조 제3호에서 정한 재산인수로서 정관에 기재가 없어 무효이나, 병 회사로서는 병 회사의 설립에 직접 관여하여 토지에 관한 재산인수를 위한 약정을 체결하고 이를 이행한 다음 설립 후에는 장기간 병 회사의 경영에까지 참여하여 온 갑이 이제 와서 병 회사의 설립을 위한 토지 양도의 효력을 문제 삼지 않을 것이라는 정당한 신뢰를 가지게 되었고, 갑이 을과 체결한 사업양도양수계약에 따른 양도대금채권이 시효로 소멸하였으며, 갑이 병 회사 설립 후 15년 가까이 지난 다음 토지의 양도가 정관의 기재 없는 재산인수임을 내세워 자신이 직접 관여한 회사설립행위의 효력을 부정하면서 무효를 주장하는 것은 회사의 주주 또는 회사채권자 등 이해관계인의 이익 보호라는 상법 제290조의 목적과 무관하거나 오히려 이에 배치되는 것으로서 신의성실의 원칙에 반하여 허용될 수

없다고 하여 원심의 판결을 파기하여 환송하였다. 대법원은 이 판결을 통하여 대법원 1995. 12. 22. 선고 94다42129 판결, 대법원 2003. 10. 10. 선고 2001다74322 판결을 인용하여 민법상의 신의성실의 원칙 또는 권리남용은 강행법규에 위배되는 것으로서 당사자의 주장이 없더라도 법원은 직권으로 판단할 수 있다고 하였다.

대법원의 신의성실에 대한 판시 및 그 판단에 있어서 강행법규에 위배되는 경우에는 직권으로 판단할 수 있다는 점은 적절한 판시라고 볼 스 있지만, 민법상의 신의칙 또는 권리남용이 아닌 민사소송법 제1조 제2항에 따른 신의칙 위반의 한 형태로서 실효의 원칙을 적용하여 파기한 후에 자판의 형식으로 소를 각하하였다면 더욱 타당하였을 것으로 사료된다.

5. 소권의 남용

(1) 소권의 남용이라 함은 소송상의 권리행사를 이를 인정하고 있는 법의 취지에 반하여 행사하는 경우를 말한다. 소권의 남용은 소권을 행사할 당시 소권이 유효하게 존재하고 있으나 그 남용으로 이를 행사할 수 없다는 것이다.[29] 반면 소권의 실효는 그 행사 당시 전에 부여한 소권이 상실된 것을 말한다는 점에서 소권의 실효와 차이가 있는 것이다.

(2) 대법원 1974. 9. 24. 선고 74다767 판결

사안은 학교법인의 경영권을 타에 양도하기로 결의함에 따라 그 법인 이사직을 사임한 사람이 현 이사로부터 지급받은 금원에 대한 분배금을 받지 못하자 학교법인의 이사로서의 직무수행의사는 없으면서 오로지 학교법인이나 현 이사들로부터 다소의 금원을 지급받을 목적만으로 학교법인의 이사회결의부존재 확인의 소를 구하였다.

대법원은 판시에서 사임은 이사가 현 이사를 상대로 다소의 금전을 지급받을 목적만으로 학교법인을 상대로 그 이사회결의부존재 확인의 소를 구하는 것은 신의칙에 반한다고 보았다.[30]

---

29) 정영환, 위 책(2023년), 138면.

30) 대법원의 판결요지 상으로는 다소의 금전을 지급받을 목적만으로 학교법인의 이사회결의부존재 확인의 소를 구하는 것은 권리보호의 자격 내지 소의 이익이 없어 부적법하고 있다고 하지만, 대법원 판결이유에서는 그러한 내용이 설시되어 있지 아니한 점에 비추어 보면 대법원 판시는 단순히 신의칙 위반으

판결요지에서는 권리보호의 자격 내지 소의 이익이 없어 부적법하다고 설명하고 있지만 대법원의 판시는 단순히 신의칙 위반으로 보아야 하고, 1990년 민사소송법상 신의칙의 도입 전 대법원 판결이지만 민사소송법상 신의칙 위반의 형태 중 하나로 분류하는 것이 타당하고, 소권의 남용의 형태로 보는 것이 타당하다고 본다.

(3) 대법원 2005. 11. 10. 선고 2005재다303 판결

사안은 원고(재심원고)는 동일한 두 개의 재심대상판결에 대하여 수회에 걸쳐 동일한 이유를 내세워 재심청구를 제기하였다가 대법원에서 기각되거나 각하되었음에도 배척된 그 이유를 재심사유로 삼아 다시 이 사건 소를 제기하였다.

이에 대하여 대법원은 달리 원고(재심원고)가 이 사건 소송을 제기하여 권리를 보호받아야 할 특별한 사정도 찾을 수 없으므로, 이 사건 재심의 소는 소권을 남용한 경우에 해당하여 그 제소가 허용될 수 없다고 하여 원고(재심원고)의 소를 각하하였다. 이 대법원 판결의 참조조문으로 민사소송법 제1조와 민법 제2조를 적어 놓고 있지만, 대법원의 판시를 보면 민사소송법 제1조 제2항의 신의칙상의 소권의 남용을 적용한 것으로 보인다.

위 대법원 판결은 사안에 대하여 민사소송법상의 신의칙 중 하나인 소권의 남용을 바로 적용하고 있다는 점에서 매우 정확하고 타당하다고 본다. 하지만 그 설시와 관련하여 "권리를 보호받아야 할 특별한 사정을 찾을 수 없어 소권의 남용에 해당한다."고 하고 있다는 점이 약간 문제의 여지는 있다. 아래 Ⅶ.항의 민소소송법상 신의칙의 구체적 적용방법에서 다시 논의하겠지만 권리보호이익의 개념과 신의칙의 개념 사이의 준별(峻別)이 명확하지 아니한 것은 아닌지 의문을 갖게 한다.

6. 소 결(小結)

이상에서 민사소송법상 신의칙이 대법원 판결에 어떻게 나타났는지 대표적 판례를 ⅰ) 소송상태의 부당형성, ⅱ) 소송상 금반언, ⅲ) 소권의 실효, ⅳ) 소권의 남용으로 나누어 설명하였다. 이러한 설명이 민사소송법상 신의칙의 형태를 모두 포섭할 수 없지만 그래도 민사소송법상 나타나는 신의칙의 모습을 나름 분류할 수 있다고 본다. 특히 판례를 형성하여 갈 때에는 소송상태의 부당형성과 소권의

로 보았다는 것이 타당하다고 사료된다.

남용은 중첩적으로 적용이 가능하다고 본다. 소송상 금반언은 영미법상 쟁점배제효(issue preclusion)와 관련하여 논의될 부분이 많을 것으로 사료된다.

Ⅶ. 민사소송법상 신의칙 적용의 구체적 방법

1. 서(序)

민사소송법상 신의칙은 최고의 원칙 및 근본규범으로서 법적 성질을 갖고 있어 그것에 따른 역할이 있고, 또는 일반규정으로서의 보충성에 따른 적용방법이 있다. 이러한 신의칙을 구체적으로 어떻게 적용하여야 하는지 생각해 볼 필요가 있다고 사료된다. 따라서 본 항에서는 민사소송법상 신의칙 적용의 구체적 방법을 살펴보려고 한다. 민사소송법상 신의칙은 개념의 형성과 사실의 확정, 개념 및 법규의 해석에 중대한 역할을 하게 된다.

2. 개념 형성을 통한 구체적 방법

(1) 권리보호이익에서 신의칙의 역할

소의 이익의 개념을 넓게 정의할 때에 ⅰ) 청구의 내용이 본안판결을 받기에 적합한 일반적 자격이 있는지 여부인 권리보호의 자격, ⅱ) 원고가 청구에 대하여 판결을 구할 현실의 필요성 또는 이익이 있는지 여부인 권리보호의 이익, ⅲ) 당사자가 본안판결을 받기에 정당한 당사자인지 여부인 당사자적격을 모두 포함한다. 그런데 소의 이익의 개념을 좁게 정의할 때에는 위 ⅱ)의 개념으로 보고 있다.[31)]

그런데 좁은 의미의 소의 이익의 개념인 권리보호이익의 요건을 논하면서 다수의 견해는 ⅰ) 청구가 쟁송할 수 있는 구제적 권리 또는 법률관계일 것, ⅱ) 법률상・계약상 소제기금지사유가 없을 것, ⅲ) 특별 구제절차가 없을 것 외에 ⅳ) 신의칙에 반하는 소제기가 아닐 것이라는 요건을 추가하고 있다. 대법원 판례도 권리보호이익의 개념 설정에 있어서 신의칙과의 경계가 분명하지 아니하다. 다수의 견해 중 위 ⅳ) 신의칙에 반하는 소제기가 아닐 것이라는 요건을 추가함에 있어서 특별한 문제의식을 찾아보기도 어렵다.[32)]

31) 정영환, 위 책(2023년), 395면.

32) 다만 호문혁 교수는 소제기가 신의칙에 위반된다는 것은 실체법상의 권리를 신의칙에 위반되어 행사하는 것이므로, 이는 실체법상의 문제이지 소송요건의 문제가 아니라고 본다(호문혁, 위 책, 335면 참

하지만 권리보호이익이라는 개념의 형성과 관련하여 본다면 권리보호이익의 요건으로 위 i) 내지 iii)의 요건으로 권리보호이익의 개념 형성이 마무리 될 수 있기 때문에 최고규범으로서의 신의칙이 하위개념인 권리보호이익의 개념 형성에 관여하기 위하여 그 요건에 추가되는 것은 타당성이 없다고 본다. 위에서 본 바와 같이 신의칙 운영의 기본원칙인 최후적용의 원칙에 비추어 보면 타당하지 아니하다고 생각한다.[33]

(2) 소송물의 개념 형성

소송물의 개념과 관련하여 신·구소송물이론이 연혁적으로 치열하게 대립되어 왔다. 하지만 현재 복리국가적 소송관에 기초하여 학설의 통설은 신소송물이론에 기초하고 있다고 해도 과언이 아니다. 그런데 판례는 변론주의에 기초한 소송절차상 편의와 원고의 이익을 중시하여 구소송물이론에 기초하여 소송물론을 운영하고 있다. 구소송물이론 즉 구실체법설에 따르면 실체법상의 권리 또는 법률관계의 소송상의 주장을 소송물로 보고 있다. 따라서 소송물은 청구취지와 청구원인에 나타난 실체법의 개수에 의하여 소송물의 개수가 정해지게 된다. 그렇기 때문에 사실관계가 동일한 실체법상 청구권경합의 경우에도 소송물을 복수로 보게 된다. 판례는 더 나아가 신체상해로 인한 손해배상청구에 있어서 소송물을 판단함에 있어서 3분설에 기초하여 적극적 손해, 소극적 손해와 정신적 손해(위자료)를 각각 다른 소송물로 보고 있다.[34] 대법원은 3분설을 취하면서도 신체상해로 인한 손해배상사건에서 제1심에서 재산상손해에 관하여 전부 승소하고 위자료에 일부 패소한 원고가 그 패소한 위자료 부분에 항소 후에 소송물이 다른 재산상의 청구에 대하여 청구취지의 확장을 인정하고 있다.[35] 대법원의 이러한 판결은 표현되지는 아니하였지만 구소송물이론에 기초한 소송물의 개념 운영에 있어서 그 예외를 인정함에 있어서 민사소송법상의 신의칙이 작동하고 있다고 보아야 한다. 신의칙의 근본

조). 그러나 실체법상 권리의 행사 등이 신의칙에 위반된다는 이유로 이를 주장하여 소의 청구원인 또는 항변 등으로 행사하는 것은 실체법상의 문제이지만, 해당 소제기 또는 항변 등의 제출은 소송행위로서 일정한 요건을 갖추어야 소송법상 효력이 있게 되고, 실체법상의 일련의 행위들이 소의 제기를 통하여 소송상 주장이 된다면 소제기 또는 항변 등의 제출 자체가 소송상의 신의칙 위반이 된다고 할 것이다. 따라서 소송절차와 관련된 소제기 또는 항변 등의 제출은 단순히 실체법상의 문제가 아닌 소송상의 신의칙으로 문제될 수 있게 되는 것이다.

33) 보다 자세한 내용은 정영환, 위 책(2023년), 405-406면 참조 요망.

34) 대법원 1983. 3. 22. 선고 82다카1533 전원합의체 판결 등 참조.

35) 대법원 1997. 10. 27. 선고 96다12276 판결 등 참조.

규범으로서의 잠재적 역할을 알 수 있게 한다. 하지만 민사소송법상의 신의칙 개념의 최소·최후 적용의 원칙에 비추어 보면 소송물 개념을 헌법에 보다 맞고 국가의 후견적 기능을 강화하는 신소송물이론에 기초한 개념 정립을 통하여 소송물 개념의 확장과 독립성을 인정할 필요가 있다고 본다.

(3) 기판력의 본질론

기판력의 개념 형성에 중요한 기판력의 본질에 대한 논의에 있어서 신의칙이 최고규범으로서 중요한 작용을 할 필요성이 대두된다. 기판력의 본질과 관련하여 기판력이 갖는 구속력의 근거를 실체법상의 권리관계로 설명하려는 실체법설을 차치하고라도, 소송법설 중 모순금지설과 반복금지설이 치열하게 대립되고 있다. 모순금지설은 기판력이라는 것은 국가재판의 통일이라는 소송법상의 효력으로 인하고, 후소법원이 전소의 확정판결의 판단내용과 모순되는 판단을 할 수 없는 구속력이라고 보고 있다. 반면 반복금지설은 기판력이라는 것은 일사부재리(一事不再理, ne bis in idem)에 따른 분쟁해결의 일회성을 강조하여 후소법원이 동일한 사건을 다시 변론·증거조사·재판할 수 없는 구속력을 의미한다고 본다.

그런데 대법원은 기판력의 개념 설정을 함에 있어서 그 본질을 모순금지설에 두고 있으므로[36], 결과적으로 원고 패소의 확정판결 후에 전소의 원고가 재차 동일한 청구원인으로 소를 제기한 경우에 이에 대하여 기판력이 있는 판결이 있음에도 기판력에 반한다는 이유로 소를 각하할 수 없고 재차 모순이 없는 본안판결로 원고의 청구를 기각하여야 하게 된다. 모순금지설에 의하면 이러한 소송이 계속적으로 반복될 수밖에 없다. 이러한 경우에 기판력이라는 개념으로 반복적인 원고 패소의 확정판결을 막기 위해서는 근본규범의 수정성이라는 법적 성질에 기초하여 신의칙이 소의 적법요건으로 작동하여 적어도 3회 이상 계속 청구하는 경우에는 소권의 남용으로 부적법 각하하여야 한다고 본다. 필자는 이러한 주장을 2009년에 발행된 신민사소송법에서 자세히 주장하였다.[37]

이후 이 문제는 입법적으로 해결되었다. 2023년 4월 18일 민사소송법 일부개정(법률 제19354호, 시행: 2023. 10. 19.)을 통하여 민사소송법 제194조 제4항에서 원고가 이유 없음이 명백한 소(항소)를 반복적으로 제기한 것에 대하여 법원은 변론

36) 대법원 2013. 11. 28. 선고 2013다19083 판결 등 참조.
37) 정영환, 위 책(2009년), 111-112면 참조.

없이 판결로 소(항소)를 각하할 수 있다고 하여 해결된 점은 있다. 그러나 이러한 입법적 해결도 의미는 있지만 보다 근본적인 해결책은 대법원이 기판력의 본질에 대하여 모순금지설에서 반복금지설로 바꾸는 것이 중요하다고 생각한다.

(4) 선결 · 모순관계의 개념 정립

① 민사소송법상 기판력의 개념 정립과 관련하여 소송물이 다른 선결관계와 모순관계를 어떻게 보아야 하는지 논의되고 있다. 기판력의 개념을 확대하여 선결 · 모순관계까지 포섭하여 운영할 것인지 아니면 기판력 개념 외에 신의칙으로 개념 형성시켜 나갈 것인지가 문제이다. 그런데 선결 · 모순관계를 기판력의 개념에 포섭하는데 장애가 되는 개념이 소송물과의 관련성 때문이다. 즉 기판력의 개념을 소송물 개념과 일치시켜야 한다는 강박관념 때문이다. 학자들은 이러한 관련성을 소송물과 기판력은 동전의 앞뒤 면과 같다고까지 표현하고 있다. 하지만 본질적인 측면에서 보면 소송물은 소송절차의 진행에 있어서 분쟁대상의 특정을 통한 소송심리와 판결의 명확성을 위한 개념이고, 기판력은 판결 이후에 동일한 분쟁을 금지시키려는 정책적 개념으로 볼 수 있다. 따라서 소송물과 기판력은 매우 긴밀한 관련성을 가지고 있지만 그 기능상의 차이로 본다면 약간의 불일치는 당연한 것으로 볼 수 있다. 이런 관점으로 선결 · 모순관계를 조망한다면 그 의미를 보다 명확히 할 수 있을 것으로 본다.

② 통상 선결관계라 함은 전소와 후소가 소송물은 동일하지 아니하지만 전소의 기판력 있는 법률관계를 후소의 선결문제로서 판단하게 될 경우에는 후소에서 전소의 기판력 있는 법률관계에 반하여 판단할 수 없다는 의미이다. 전소가 후소의 일부일 경우이다. 이 경우에 당사자가 동일한 후소에서 전소의 법률관계에 구속된다는 것은 당연하다고 보아야 한다. 그런데 선결관계를 기판력의 일부로서 규율할 것인지 아니면 기판력의 개념을 좁게 보아 기판력으로 규율할 수는 없고 결국 신의칙 적용을 통하여 해결할 것인지 문제된다. 또한 모순관계라는 것은 소송물은 동일하지 않지만 후소의 법률관계가 전소에서 확정한 법률관계와 정면으로 배치되는 모순 또는 반대관계에 있는 경우에 전소의 기판력이 후소에 미칠 수 있는가 하는 문제이다. 선결문제 보다는 모순관계에 기판력 또는 신의칙을 적용하는 문제가 보다 어렵고 복잡하다고 보아야 한다.

③ 선결관계 또는 모순관계를 어떻게 개념 정의하여야 하는지에 관하여 기판력

개념의 확장을 통하여 해결하는 방안과 신의칙 개념으로 설명할 수 있다. 다수의 견해는 기판력의 작용으로 본다.[38] 신의칙 적용의 최후・최소성의 원칙에 비추어 보면 다수설의 견해가 타당하다고 본다. 대법원 판례는 선결관계 또는 모순관계에 기판력을 확장하기 위하여 어떤 소송물이론에 의하더라도 소송물이 다르다고 보아야 함에도 소송물 개념을 의제적(擬制的)으로 동일하다는 이유로 기판력을 확장하려고 하고 있다.[39] 그러나 대법원의 이러한 이론구성은 소송물과 기판력의 범위의 일체성을 너무 고집한 것이기 때문이라고 본다. 대법원은 향후 소송물과 기판력의 기능적 차이를 고려하여 특별한 사정 하에서 소송물의 범위와 기판력의 효력 범위를 달리 할 수 있다는 것을 고려함이 타당하다고 본다.[40]

3. 사실의 확정에서의 구체적 방법

(1) 사실의 확정에서의 신의칙 적용예

소송절차 중 사실의 확정과 관련하여 신의칙을 적용하는 구체적 방법은 어떤 것이 있을 수 있을까? 신의칙 중 소송상 금반언과 밀접한 관련이 있다. 예컨대 원고가 소송초기 단계에서 청구원인사실로 A를 주장・증명하려고 하다가 그것이 어렵게 되자 B라는 사실을 추가하여 주장하고 나아가 C라는 사실을 주장하는 등으로 양치기 소년과 같이 주장사실 A, B, C 중 하나만 진실일 경우로서 원고도 그 중 진실이 무엇인지 알고 있지만 증명상의 이유로 이러한 주장을 하는 경우를 상정해 보자. 만약 심리 중에 원고가 자신의 승소를 위하여 진실과 거짓말을 같이 주장하는 경우에 법원은 최고규범으로의 신의칙에 기초하여 사실의 확정과 관련하여 원고가 주장한 A, B, C 모두를 인정하지 아니할 수 없을 것인가? 법원은 심리 중에 이러한 특별한 상황이 발생한 경우에는 신의칙에 기초하여 A, B, C 모두를 인정하지 아니할 수도 있다고 본다.[41]

(2) 「변론 전체의 취지」의 활용방안

법관은 사실의 확정을 자유심증에 의하게 된다. 민사소송법 제202조에 의하면 법관은 당사자의 사실주장이 진실한지 아닌지를 판단함에 있어서 증거조사의 결

38) 이시윤, 위 책, 631-632면; 정동윤・유병현・김경욱, 위 책, 813-814면 참조.
39) 대법원 2002. 12. 6. 선고 2002다44014 판결 등 참조.
40) 자세한 내용은 정영환, 위 책(2024년), 1214-1215면 참조.
41) 자세한 내용은 정영환, 위 책(2024년), 134면 참조.

과와 변론 전체의 취지에 나타난 모든 상황에 기초하여 자유롭게 판단하여 심증을 형성할 수 있다. 이를 사실의 확정에 있어서 자유심증주의(自由心證主義)라고 한다. 이러한 법관의 자유심증주의에 기초한 사실의 확정은 「변론 전체의 취지」라는 불확정 개념을 통하여 신의칙이 작동하게 되는 것이다. 심리 중에 위 (1)과 같은 상황이 발생한 경우에도 신의칙이 「변론 전체의 취지」의 개념을 구체화 하는데 작용을 할 수 있다. 하지만 그 적용에 있어서 신의칙 최후·최소적용의 원칙에 유념하여야 할 것이다.

4. 법규의 해석을 통한 구체적 방법

민사소송법규와 민사집행법 등 절차법규의 해석에 있어서 최고규범 및 일반규정으로서 신의칙이 작동할 수 있는 영역은 매우 다양하고 넓다고 생각된다. 우선 법규가 상정하고 있는 상황 이외의 예외 상황이 발생하는 경우에 신의칙이 근본규범으로서 또는 일반규정으로서 수정성 및 보충성의 원리에 따라 확대해석 또는 축소해석을 하는 것이다. 규정의 흠결이 있는 경우에는 신의칙이 최고규범으로서 그 상황 자체를 정의롭게 해결하기 위하여 작동할 수 있을 것이다. 그러나 규정 중 일부를 보충하는 경우에는 신의칙의 일반규정의 보충성이 작동하게 된다. 하지만 신의칙이 개별규정을 보충하는 경우에도 법창조적 작용을 하여야 하는 경우에는 신의칙의 근본규범으로서의 수정성이라는 성질에 기인한다는 것을 명심하여야 한다.

5. 소 결(小結)

이상에서 민사소송법상 신의칙 적용의 구체적 방법을 권리보호이익, 소송물, 선결관계 및 모순관계, 사실의 확정, 법규의 해석 등의 영역에서 간단히 살펴보았다. 신의칙 적용의 구체적 방법을 모색하여 보는 것은 신의칙의 적용과 운영이 필요한 상황이 매우 다양하고 변화무쌍하기 때문이다. 이러한 구제적 방법의 고찰을 통하여 민사소송법상의 신의칙의 적용방법이 보다 세밀하게 정착될 것으로 본다.

Ⅷ. 결 론(結論)

지금까지 절차법에 있어서 "신의성실원칙의 운영에 관한 소고(小考)"라는 제목으로 여러 각도에서 논의하였다. 민사소송법이 절차기본법이므로 민사소송법상의 신의칙에 기초하여 논의한 모든 내용은 민사집행법, 헌법재판소법, 행정소송법, 가사소송법, 특허법 등 모든 절차법에 규정 및 개념의 준용을 통하여 동일하게 적용되게 된다.

여기에서 논의된 신의칙의 개념과 법적 성질, 그 기능에 기초하여 신의칙 운영의 기본원칙인 수정성의 원칙과 보충성의 원칙, 최후적용의 원칙과 최소적용의 원칙이 각각의 신의칙의 발현형태에 따라 유효·적절하게 적용될 때에, 판례를 통하여 나타나는 케이스에 자리를 잡아가게 될 것이다. 이러한 과정을 통하여 개념과 법규의 의미가 정립된다면 이것을 입법화 등을 통하여 자리 잡아 가게 되는 것이다. 그렇게 되면 절차법상의 신의칙은 정립된 개념과 법규에 더 이상 관여하지 아니하고 시대 변화에 따라 다양한 다른 형태의 분쟁을 찾아가 근본규범 및 일반규정으로서 작동하게 되는 것이다. 그것이 절차법에 있어서 신의칙의 노정(路程)인 것이다.

이제 제4차 산업혁명의 시대 하에서 AI, Big Data에 기초한 새로운 형태의 분쟁에 절차법상의 신의칙이 어떻게 작동할지 궁금해진다. 절차법에 있어서 신의칙의 운영은 결국 분쟁의 해결과 관련하여 인간의 지혜를 찾아가는 과정일 것이다.

이상으로 "신의성실원칙의 운영에 관한 소고(小考)"를 마무리 하도록 하겠다.[42]

---

42) 이시윤 선생의 일생의 민사절차법에 대한 수고와 업적을 기리면서 부족하지만 감사함으로 글을 마무리 한다.

참고문헌

곽윤직 대표편집, 민법주해[I](1996년), 박영사.
강현중, 민사소송법(제8판, 2023년), 박영사.
김일룡, 민사소송법(2023년), 법문사.
김용욱, 민사소송법(1983년), 학연사.
김홍엽, 민사소송법(제12판, 2024년), 박영사.
방순원, 민사소송법(상)(1989년), 한국사법행정학회.
송상현 · 박익환, 민사소송법(신정7판, 2014년), 박영사.
이시윤, 민사소송법(신정3판, 2000년), 박영사.
______, 신민사소송법(제16판, 2023년), 박영사.
정동윤 · 유병현 · 김경욱, 민사소송법(제10판, 2023년), 법문사.
정영환, 신민사소송법(2009년), 세창출판사.
______, 신민사소송법(제3판, 2023년), 법문사.
지원림, 민법강의(제11판, 2013년), 홍문사.
한충수, 민사소송법(제2판, 2018년), 박영사.
현승종 저 · 조규창 증보, 로마법(2004년), 법문사.
호문혁, 민사소송법(제15판, 2024년), 법문사.

온라인 분쟁해결(ODR)에서의 인공지능(AI)의 구현

– 온라인 조정절차에서 AI 챗봇 · AI 조정인 도입방안을 중심으로 –* **

이 찬 양***

Ⅰ. 서 론

전 세계 온라인 통신 시장 관리 기구인 ITU(International Telecommunication Union) 통계에 의하면 2023년 기준 전 세계 인구 중 54억 명이 인터넷을 사용하고 있다.[1)] 우리나라 인터넷 보급률은 세계 최고 수준이고 모바일 서비스 가입률은 141%를 기록하였으며 디지털 연결성 역시 뛰어나다.[2)]

이러한 인터넷 초강국 배경하에서 특정 분쟁 분야의 해소에 있어서는 온라인 분쟁해결(ODR)이 활성화되어야 한다는 움직임이 일고 있다. ODR이란, 소송 대체적 분쟁해결절차(ADR)[3)]에 있어 각 당사자의 주된 소통 과정이 오프라인이 아니라

---

* 정영환 교수님의 정년퇴임을 감사와 존경의 마음으로 축하드립니다. 항상 건강하시기를 기원합니다.

** 본고는 법조 통권 제769호에 게재된 논문입니다.

*** 경상국립대학교 법과대학 법학부 조교수, 법학박사

1) ITU Statistics, (2024.5.21. 방문), <https://www.itu.int/en/ITU-D/Statistics/Pages/stat/default.aspx>.

2) 가구당 초고속인터넷에 가입한 비중은 45%를 기록하였고 유선 인터넷은 10Mbps 속도를 넘는 비중이 100%를 기록하였는바, 이는 세계 최고 수준이다(전자신문, ITU 조사 "韓 인터넷이용률 98%" 디지털 연결성 세계 최고, (2024.4.17. 방문), <https://www.etnews.com/20230322000246>).

3) 소송대체분쟁해결방법(ADR)이란 소송이 아니라 당사자 간 합의에 의해 분쟁을 해결하는 화해, 조정, 중재, 상담 등을 의미한다(강현중, 「민사소송법」, 박영사(2023), 28면; 김홍엽, 「민사소송법」, 박영사(2020), 13면; 이시윤, 「신민사소송법」, 박영사(2024), 17면; 전병서, 「민사소송법」, 박영사(2021), 176면; 전원열, 「민사소송법」, 박영사(2020), 5면; 정동윤 · 유병현 · 김경욱, 「민사소송법 제9판」, 법문사

온라인을 통해 수행되는 것을 의미한다.4) ODR은 법원의 재판을 대체할 수 있는 ADR을 그 기원으로 하고 있고, ADR을 온라인을 통해 진행한다는 도구적 차원의 개념이기도 하다.5) 오늘날 ODR은 그 합리성이 주목되고 있는바,6) 최근 팬데믹(COVID-19)에 따른 각종 절차의 온라인화 현상이 다수 일었다. 이에 우리나라뿐만 아니라 전 세계의 많은 사람들은 온라인화의 편의성, 합리성에 더 익숙해졌다.

그로 인해 최신 과학이 적용된 인공지능(Artficial Intelligence, AI) 기술이 ODR에도 도입되어야 한다는 견해 역시 개진된다.7) ODR에 AI 기술이 도입될 경우 온라인 환경하에서 분쟁당사자 간 인간의 개입 없이도 자동화된 분쟁 해결이 가능해진다.8) 또한, 최신 인공지능 기술을 ODR에 적용할 경우 그 분쟁 해결절차의 상당 부분에 있어 소프트웨어에 의한 솔루션 제시가 자동화될 수 있다.9) 본 매커니즘이 긍정적으로 확립될 경우 각종 분쟁 해결절차에서의 편의성, 합리성 측면에서 매우 효율적일 것이다.10)

무엇보다 우리나라는 앞서 살펴본 ODR의 전제 요건인 인터넷 이용률 및 디지털 연결성은 이미 충분히 충족되었을 뿐만 아니라 AI 순위도 세계 6위 수준을 보여준다.11) 이에 본 장점 등을 전제로 여러 ODR에 AI의 결합을 시도하여야 한다는 견해가 다수 있다.12)

(2022), 19면; 정영환, 「민사소송법」, 법문사(2023), 32면; 한충수, 「민사소송법」, 박영사(2021), 22면; 호문혁, 「민사소송법」, 법문사(2020), 5면); Davide Carneiro/Paulo Novais/Francisco Andrade/John Zeleznikow & José Neves, "Online Dispute Resolution: An Artificial Intelligence Perspective", *Artificial Intelligence Review* Vol. 41 (2014), p. 2.

4) 함영주, "조정절차에서 인공지능(AI)을 활용하는 방안", 과학기술과 법(제10권 제2호), 충북대학교 법학연구소(2019), 386면; Davide Carneiro/Paulo Novais/Francisco Andrade/John Zeleznikow & José Neves, Ibid, p. 4; Hibah Alessa, The role of Artificial Intelligence in Online Dispute Resolution: A brief and critical overview, *INFORMATION & COMMUNICATIONS TECHNOLOGY LAW* VOL. 31, NO. 3, (2022), p. 321.

5) 김홍엽, "4차 산업혁명 시대 분쟁해결 시스템의 발전방안", 분쟁해결(제3호), 한국조정학회(2021), 6면; DeepikaChoudhary/Anjali Lather/Nikhil Kalra, Artificial Intelligence and Online Dispute Resolution, *INTERNATIONAL JOURNAL OF INNOVATIVE RESEARCH IN TECHNOLOGY*, (2015), p. 79.

6) 전원열, "법원 온라인재판(ODR)의 설계", 법조(제70권 제1호, 통권 제745호), 법조협회(2021), 77면.

7) DeepikaChoudhary/Anjali Lather/Nikhil Kalra, Ibid, p. 78; Davide Carneiro/Paulo Novais/Francisco Andrade/John Zeleznikow & José Neves, Ibid, p. 7.

8) Darren Gingras/Joshua Morrison, ARTIFICIAL INTELLIGENCE AND FAMILY ODR, *FAMILY COURT REVIEW* Vol. 59 No. 2, (2021), p. 227; Ryan Abbott/Brinson S. Elliott, Putting the Artificial Intelligence in Alternative Dispute Resolution: How AI Rules Will Become ADRRules, *Amicus Curiae, Series 2* Vol 4, No 3, (2023), p. 685.

9) 전원열, 전게 논문, 77면.

10) Davide Carneiro/Paulo Novais/Francisco Andrade/John Zeleznikow & José Neves, Ibid, p. 7.

11) 디지털데일리, [AI WAVE 2024] 과기정통부 "세계 6위 수준 한국 AI 경쟁력, 3위로 높이겠다", (2024. 6.11. 방문), ＜https://m.ddaily.co.kr/page/view/2024050911032314661＞.

한편, ADR 중 강제적 요소가 있는 중재보다는 조정인을 필두로 양 분쟁당사자의 합의를 기반으로 진행하는 조정에 AI 기반 ODR을 구현방안을 검토하는 것은 합리적인 측면이 있다.[13] 또한, 조정절차에 AI 기반 ODR 도입안을 논의하는 것은 ODR 절차에 도움을 주는 측면이 강하고 그 최종 결과에 대해 책임을 다소 지지 않아도 된다.[14] 이러한 측면을 토대로 조정절차에 AI 기반 ODR을 적용해보는 논의는 상당수 합리성이 개진된다.[15] 이에 본고에서는 AI 기반 ODR의 도입방안에 관해 조정을 중심으로 연구하고자 한다.

ODR에서의 AI의 구현 논제에 있어 선행연구는 ⅰ) 주로 ODR에 집중한 논의,[16] ⅱ) AI 자체에 관해 검토한 연구, ⅲ) ODR에의 AI의 적용에 관한 논의,[17] ⅳ) 메타버스 공간에서의 ODR 적용 방안,[18] ⅴ) 생성형 AI에 관한 논의,[19] 등에 있어서 논의가 개진되었다는 점에서 그 연구의의가 있다.

이러한 선행연구의 훌륭한 연구성과를 전제로 본고에서는 ⅰ) ODR에의 AI의 다양한 결합방안을 검토한 점, ⅱ) 본 결합방안을 ADR 중 조정에 집중하여 풀어내고자 한 점,[20] ⅲ) 조정에 집중할 경우 온라인 조정제도의 구현방안을 검토한

12) 최근 다수 노벨상은 과거와는 달리 AI 분야가 주도하였다는 평가도 있는바, 오늘날 AI 기술은 폭발적으로 확장하고 있다(한국경제, [사설] 노벨상서 확인된 인공지능 위력…AI 뒤처지면 미래 없다, (2024.4.29. 방문), <https://www.hankyung.com/article/2024101069681>; 또한, 뇌졸중 분야에 있어 세계적 석학과 인공지능이 초고난도 환자 영상 케이스를 검토한 후 예후를 판단하는 세기의 대결을 벌였다. 그런데 평균 점수 72대 50으로, AI가 승리하였다. 뿐만 아니라 뇌졸중 진단 속도 역시 AI는 평균 12분 4초, 세계적 석학들은 평균 45분 43초가 소요되었는바, AI가 뇌졸중에 있어 골든타임을 더 확보할 수 있다는 견해도 있다(헬스조선, 뇌졸중 의심 환자 3분 내 판독… “AI가 골든타임 지킨다, (2024.5.13. 방문), <https://health.chosun.com/site/data/html_dir/2024/06/17/2024061700912.html>.

13) Davide Carneiro/Paulo Novais/Francisco Andrade/John Zeleznikow & José Neves, Ibid, p. 6.

14) 함영주, 전게 논문, 378면.

15) ADR를 벗어난 판결절차에서는 AI를 적용하고 활용할 경우 오류 발생 역시 배제할 수 없을 것인바, 이 경우 그러한 오류를 수정하기 어려운 한계도 있기 때문이다(함영주, 상게 논문, 378면).

16) 전원열, 전게 논문, 72-118면; 정영수, “온택드(Ontact) 시대와 민사재판에서 ODR의 활용 가능성”, 법학연구(제30권 제3호), 연세대학교 법학연구원(2020), 145-172면.

17) 장완규, “인공지능(AI) 기반 온라인 분쟁해결(ODR) 제도의 성공적 안착을 의한 제언”, 집합건물법학(제49집), 한국집합건물법학회(2024), 99-140면; 이로리, “ ADR 제도 설계와 AI의 활용”, 저스티스(통권 제194-2호), 한국법학원(2023), 337-366면; 우광명, “온라인 분쟁해결(ODR)에서 인공지능(AI) 적용가능성에 관한 연구”, 인터넷전자상거래연구(제22권 제5호), e-비즈니스연구(2022), 173면; 주강원, “온라인분쟁해결절차에서의 인공지능의 활용과 법적 함의”, 홍익법학(제17권 제2호), 홍익대학교 법학연구소(2016), 81-103면.

18) 김정환, “메타버스와 온라인 분쟁해결(ODR)”, 저스티스(통권 제194-3호), 한국법학원(2023), 302-334면.

19) 김정환, “생성형 인공지능의 조정제도에 대한 영향과 가능성”, 제51회 한국조정학회 조정제도의 현재와 미래 발표문, 한국조정학회(2024), 41-52면.

20) 중재보다는 조정절차에서 온라인 분쟁해결(ODR)에서의 인공지능(AI)의 구현이 보다 수월하다(함영주, 전게 논문, 378면). 이에 본고에서의 주요 논제인 온라인 분쟁해결(ODR)에서의 인공지능(AI) 구현방안에 관해 조정을 중심으로 논의하고자 한다.

점, ⅳ) AI 챗봇 및 AI 조정인 기술을 접목한 온라인 조정제도를 구현하고자 한 점, ⅴ) AI 챗봇 및 AI 조정인 기술을 접목한 온라인 조정제도를 구현할 경우 발생하는 개인정보 문제를 적시하고 독일 데메일 기술과 블록체인 기술을 접목하여 본 개인정보 문제를 해소하고자 시도한 점, ⅵ) 국내뿐만 아니라 미국, 영국, 호주 등의 국가에서 AI 기반 ODR의 구성안 등을 검토한 후 우리 실정에 합치할 수 있는 AI 챗봇 및 AI 조정인 기술을 접목한 온라인 조정제도를 개진하고자 한 점,[21] ⅶ) 단순 학술적 연구뿐만 아니라 우리 실무 시스템 등에 조금이라도 도움이 될 수 있도록 노력한 점에 있어 조금이나마 그 연구의의가 있다고 보았다.

본 문제의식을 전제로 먼저 본고의 이론적 전제가 되는 ODR과 AI 논의를 개관하고(Ⅱ) AI 챗봇 기반 ODR에 관해 비교법적 검토를 진행한다(Ⅲ). 각국에서의 시사점을 토대로 ⅰ) AI 기반 ODR 구현방안의 기초가 되는 온라인 조정제도 도입안을 제시하고 ⅱ) 더 나아가 AI 챗봇 및 AI 조정인이 접목된 온라인 조정제도 도입안을 검토하며 ⅲ) AI 챗봇·AI 조정인이 접목된 온라인 조정제도의 절차적 구현방안 역시 논의한다(Ⅳ). 이후 AI 챗봇 및 AI 조정인이 접목된 온라인 조정제도 도입안에 있어 ⅰ) AI 챗봇의 편향성 한계 극복을 위한 MAF 2022 도입방안을 검토하고 추가적으로 ⅱ) AI를 둘러싼 윤리적 문제 역시 적시하며 ⅲ) 개인정보 노출 및 유출 문제도 적시한다(Ⅴ). 마지막으로 본 체제 도입의 성패를 가를 수 있는 개인정보 문제를 극복하기 위해 ⅰ) 단기적 방안으로 본 체제에 독일 데메일 시스템 도입방안, 그리고 ⅱ) 장기적 방안으로 본 체제에 퍼블릭 블록체인 도입방안의 합리성을 개진하며 부족한 글을 마무리한다(Ⅵ).

Ⅱ. ODR과 AI

1. ODR 개관

(1) ODR의 개념 및 범위

ODR은 ADR을 온라인을 통해 실현할 수 있는 도구적 차원의 개념이다.[22] ODR은 온라인에서 적용될 수 있는 ADR 프로세스로 음성·비디오·서면을 활용

21) 각국에서의 AI 기반 ODR 논의 등을 비교법적으로 검토하고 우리에게 도움이 될 수 있는 시사점, 입법안 등을 도출한다.

22) Hibah Alessa, op. cit., p. 321.

한 협업소프트웨어인바, 조정, 중재, 조정 · 중재에 있어서 협상, 사실 찾기, 화해 등에 활용하는 것이다.[23] ODR은 그 절차 형식에 의해 온라인 조정 · 온라인 협상 · 온라인 중재로 구별할 수 있으며 분쟁당사자가 ODR 시스템 내에서 행하는 소통방식 및 절차상 진행방식에 의해 직접 소통, 포털, 플랫폼, 웹 게시판 방식으로 구별할 수 있다.[24]

그리고 ODR 개념의 범위를 살펴보려면, ODR의 연혁을 검토할 필요가 있다. 초기 ODR 절차에서는 온라인 분쟁을 해결할 목적으로 계획된 ADR 절차의 온라인 적용안 정도로 판단할 수 있었다.[25] 즉, ADR이 먼저 정착하였고 이후 ADR을 온라인을 통해 처리할 목적하에 ODR이 시작되었기 때문에, 이른바 법원 외 분쟁해결절차에만 한정적으로 ODR 개념이 사용되어야 한다는 견해가 있었다.[26]

그런데 최근에는 다음과 같은 측면에서 ODR의 개념 범위가 확대되었다. i) ODR은 기존 '온라인 분쟁해결 영역'에만 한정되는 것이 아니라 오히려 점진적으로 '오프라인 분쟁 영역'까지 확대되고 있다. 또한, iii) ODR은 공공과 민간을 포괄하는 하나의 포괄적인 상위 개념으로까지 확대된 것으로 판단할 수 있다.[27] 즉, ODR은 공공 영역으로도 확대되면서 여러 국가에서의 법원, 법무부는 온라인을 경유한 분쟁해결절차를 도입하였는바, '온라인'을 경유하여 '분쟁해결'이 수행되기만 할 경우라면, 이러한 분쟁해결절차는 ODR 개념에 해당하는 것으로 판단된다.[28] 최근 이와 같은 이른바 포괄적인 ODR 개념이 주류로 해석된다.[29] 이하 본

23) 함영주, 전게 논문, 386면; Charlotte Austin, An introduction to online dispute resolution (ODR) and its benefits and drawbacks, *ONLINE DISPUTE RESOLUTION*, (2017), p. 3; Noopur H. Amin, A New Frontier in Online Dispute Resolution: Combining AI and Mindfulness, *JOURNAL OF LAW TECHNOLOGY & THE INTERNET* VOLUME 15, ISSUE 2, (2024), p. 285.

24) Rakhmatullaev Izzatullo, AI AND ONLINE DISPUTE RESOLUTION, *World Bulletin of Management and Law(WBML)* Volume-32, (2024), p. 63; Abhinav Kathuria/Samta Kathuria/Anita Gehlot/Manish Gupta/Aditi, Bansal Artificial Intelligence Enhancing its Role in Online Dispute Resolution, *2023 International Conference on Disruptive Technologies (ICDT)*, (2023), p 630.

25) 계인국 · 김현범, 온라인 분쟁해결(ODR)에 관한 연구, 사법정책연구원(2018), 2면.

26) ColinRule, Online dispute resolution for business: B2B, ecommerce, consumer, employment, insurance, andothercommercial conflicts, (2003), p. 11; Suzanne Van Arsdale, User Protection in Online Dispute Resolution, 21 Harv. Negot. L. Rev. 107, 110(2015); 한국법제연구원, 전자상거래 시장의 국제화에 따른 분쟁해결방안 연구, 공정거래위원회 연구용역보고서(2014), 91면; 이에 ODR 발전 초기에는 ODR을 "Online ADR" 또는 "E-ADR"로 규정하기도 하였다(Ethan Katsh & Colin Rule, What We Know and Need to Know about Online Dispute Resolution, 67 S. C. L. Rev. 329 (2016).

27) 계인국 · 김현범, 앞의 보고서, 2면.

28) David Allen Larson, Designing and Implementing a State Court ODR System: From Disappointment to Celebration, 2019 J. Disp. Resol. 77, (2019); Davide Carneiro, et al., Online

고에서도 ODR 개념을 이른바 온라인을 통한 분쟁해결절차 전반을 의미하는 용어로 사용하고자 한다.[30)]

(2) ODR의 장 · 단점

1) ODR의 유용적 측면

ODR의 장점은 먼저 시간 및 비용의 절감이 가능하다는 점이다.[31)] ODR은 온라인을 경유하므로 법정에 출석하거나 기일에 대면할 목적으로 이동할 필요가 없고 시간적, 공간적 제약을 받지 않아 비용 절감에도 효과적이다.[32)]

그리고 ODR은 당사자에게 신속성, 편의성을 제공할 수 있다.[33)] ODR 플랫폼 시스템은 동기식(Synchronous)과 비동기식(Asynchronous) 유형이 있다. 동기식 ODR 시스템은 이용자가 특정 요청을 발송한 후 해당 요청에 관한 응답을 수신하여야 다음 단계 동작을 실행하는 방식이다.[34)] 이러한 동기식 ODR은 실시간으로 작동한다. 비동기식 ODR 시스템은 이용자가 무언가 요청을 발송한 후 응답을 수신하게 되는지 여부와는 관련 없이 다음 단계 동작을 실행할 수 있는 방식인바, 비동기식 ODR 시스템은 이용자가 원하는 편한 시간에 해당 시스템을 이용할 수 있다.

ODR은 보다 친환경적 분쟁해결 서비스를 제공할 수 있다.[35)] 가령, 가상의 조정실 또는 온라인 법원 등이 구현되는 ODR 절차에서 당사자는 물리적 이동을 하지 않아도 되고 기관도 인쇄 작업이 필요하지 않아 합리적이다.[36)]

---

dispute resolution: an artificial intelligence perspective, 41 Artif. Intell. Rev. 211, 214, (2014); Ethan Katsh & ColinRule, op. cit. 333; JTC, ODR for Courts, (2017), p. 2; Shannon Salter, "Online Dispute Resolution and Justice System Integration: British Columbia's Civil Resolution Tribunal", *Windsor Yearbook of Access to Justice*, p. 113.

29) 전원열, 전게 논문, 80면.

30) 전원열, 상게 논문, 81면.

31) Davide Carneiro, et al., op. cit., p. 7.

32) Charlotte Austin, op. cit., p. 10.

33) Charlotte Austin, Ibid., p. 11.

34) Ⅳ. 이하에서 논의하는 온라인 조정절차에 동기식 ODR 시스템을 대입할 경우 ⅰ) 신청인은 온라인 조정신청서를 작성 중이라면 본 절차를 완료하여야만 다음 절차인 가령, AI 조정인과의 의사소통 절차로 진행할 수 있다. 한편, Ⅳ. 이하에서 논의하는 온라인 조정절차에 비동기식 ODR 시스템을 대입할 경우 ⅰ) 신청인은 먼저 온라인 조정신청서 작성 절차를 진행하는 경우 본 절차를 완성하지 않아도 다음 절차인 가령, AI 조정인과의 의사소통 절차로 넘어갈 수 있다. 또한 ⅱ) 신청인은 AI 조정인과의 의사소통 절차를 진행하다가 또 다시 전 절차인 온라인 조정신청서 작성 절차를 행할 수도 있다.

35) Charlotte Austin, op. cit., p. 12.

36) 우광명, "온라인 분쟁해결(ODR)에서 인공지능(AI) 적용가능성에 관한 연구", 인터넷전자상거래연구 제22권 제5호(2022, 10), 173면.

ODR은 무의식적인 편견의 존재 가능성을 제거 또는 경감시킬 수 있다.[37] ODR 절차에서 시각적 및 청각적 등의 정보가 없는 경우 외모, 장애 여부, 사회적・경제적 지위가 공개되지 않을 수 있으므로 각각 분쟁당사자는 대면 절차보다 본 ODR 절차에서 더 보호받을 수 있다.[38]

2) ODR의 부정적 측면

ODR은 기술적 측면에서 한계가 있을 수 있다. ODR 프로세스에 있어 본 분쟁당사자 간 디지털 격차가 있을 수 있는바, 이는 연령, 신체장애, 학력, 사회적・경제적 지위, 문화적 차이 등의 요인에 따라 발생할 수 있다. 이 경우 일부 분쟁당사자는 ODR에 기술적 문제로 인해 접속하지 못할 수도 있다.[39]

ODR은 온라인 요소가 가미되므로 개인정보와 기밀성 측면에서도 문제가 발생할 수 있다.[40] ODR을 통해 한쪽 분쟁당사자가 확인되지 않은 상대 분쟁당사자와의 교류할 때에, 확인되지 않은 상대 분쟁당사자가 여러 개인정보 등을 독단적으로 활용할 경우 개인정보 규정 등을 위반할 소지가 있으며 기밀성 역시 문제될 수 있다.[41]

ODR에서는 분쟁당사자 간 감정 표현이 어렵고 신체적 언어 또는 목소리 톤 등의 사회적 신호 역시 약하므로 양자 간에 의사소통 뉘앙스 전달이 약해질 수 있다.[42]

2. ODR의 종류 및 ODR 도입 필요성

(1) ODR의 종류

ODR을 영역별로 구분할 경우 공공 영역에서의 ODR과 민간 영역에서의 ODR로 나눌 수 있다. 공공 영역에서의 ODR은 법원내 ODR과 법원외 공공ODR(지급이의신청 등)으로 분류할 수 있다. 민간 영역에서의 ODR은 ADR의 전통적인 분류

---

37) Rakhmatullaev Izzatullo, op. cit., p. 64.
38) 우광명, 전게 논문, 174면; 장완규, 전게 논문, 105면.
39) 장완규, 상게 논문, 105면.
40) Charlotte Austin, op. cit., p. 19.
41) 미국 연방법원에서 온라인 재판절차 등에 있어 제3자의 외부 공격에 의해 각종 전자문서, 개인정보가 유출되었다(malder, SolarWinds Hack Compromises U.S. Courts Electronic Filings(2024. 5. 1. 방문) <https://apnews.com/article/technology-virus-outbreak-brazil-courts-hacking-2e37d1fbb60d911ab310962b29dcfb79>); 한편, 개인정보 유출 등의 문제에 관한 구체적 내용은 Ⅵ. 1. 참조.
42) Charlotte Austin, op. cit., p. 14.

방식에 의해 i) 온라인 협상, ii) 온라인 조정, iii) 온라인 중재, iv) 온라인 옴부즈만 등으로 분류할 수 있다.[43)]

(2) ODR의 도입 필요성

오늘날 온라인 소통이 일상화된 다수 사인들은 전자상거래뿐만 아니라 일상생활에서의 분쟁 역시 온라인을 이용하여 해결하는 것을 선호한다. 이러한 시대적 과제에 당면하여 법원 또는 각종 민간 기관 역시 기존의 전통적 대면 방식의 분쟁해결절차보다 온라인을 통해 분쟁을 해결하는 ODR 시스템을 준비하여야 할 필요성을 인식한다. 물론 ODR을 구축함에 있어 초창기 단계에서의 비용이 다소 부담일 수는 있다. 그런데 ODR은 분쟁 당사자에게 효율성, 편의성, 비용 절감, 사법접근성 등을 제공할 수 있으므로 향후에는 오히려 그 장점이 더욱 극대화될 것이다.[44)]

3. AI 기반 ODR의 도입 실익 및 한계

(1) AI 개념 및 분류

AI란 인간 지능으로 수행할 수 있는 사고, 자기계발, 학습 등을 컴퓨터가 수행할 수 있도록 하는 방법론을 연구하는 컴퓨터 공학・정보기술의 한 분야인바,[45)] 컴퓨터가 인간의 지능적 행동 양식 등을 모방 가능하도록 하는 것이다.[46)]

인공지능은 협의 인공지능(Artificial Narrow Intelligence: ANI), 일반 인공지능(Artificial General Intelligence: AGI), 인공초지능(Artificial Super Intelligence: ASI)으

---

43) 본 구체적 분류방식에 관하여는 계인국・김현범, 앞의 보고서, 32면 이하 참조; 한편, 1세대 ODR, 2세대 ODR 등과 같이 세대별 ODR 시스템 분류방법에 관한 논의는 Rakhmatullaev Izzatullo, op. cit., p. 65.

44) 정영수, 전게 논문, 149면.

45) Samuel D. Hodge Jr., IS THE USE OF ARTIFICIAL INTELLIGENCE IN ALTERNATIVE DISPUTE RESOLUTION A VIABLE OPTION OR WISHFUL THINKING?, *The Use of Artificial Intelligence PEPPERDINE DISPUTE RESOLUTION LAW JOURNAL* Vol. 24: 91, (2024), p. 94; Orna Rabinovich-Einy/Ethan Katsh, Artificial Intelligence and the Future of Dispute Resolution: The Age of AI-DR, *Eleven International Publishing*, (2021), p. 2; Darren Gingras and Joshua Morrison, op. cit., p. 227; Hibah Alessa, op. cit., p. 322.

46) 두산백과사전, 인공지능 정의, (2024.5.22. 방문), <https://terms.naver.com/entry.naver?docId=1136027&cid=40942&categoryId=32845>; Charlotte Austin, An introduction to online dispute resolution (ODR), and its benefits and drawbacks ONLINE DISPUTE RESOLUTION, February 2017, p. 3; Ryan Abbott/Brinson S. Elliott. Putting the Artificial Intelligence in Alternative Dispute Resolution: How AIRules Will Become ADRRules, Amicus Curiae, Series 2, Vol 4, No 3, 2023, p. 685.

로 구분할 수 있다.[47] 협의 인공지능은 약한 인공지능을 의미하며 바둑 등과 같은 특정 영역에서 작동되는 인공지능을 의미한다. 일반 인공지능은 인간이 할 수 있는 추론, 추상적 사고, 계획, 각종 경험 등을 통한 (정신적) 학습능력 등 모든 지적인 작업을 수행 가능한 컴퓨터를 말한다. 인공초지능은 일반적 지혜, 사회적 기술, 과학적 창의성 등을 포함한 전 분야에 있어서 인간 두뇌보다 더욱 영리한 능력을 보유한 인공지능을 의미한다.[48]

(2) AI를 결합한 ODR

초창기 ODR의 기술적 발전 측면에 있어 무언가 계획하고 판단하는 과정에 관해 주로 인간이 주된 역할을 담당하였고 AI 기반 컴퓨터는 그러한 과정에 있어서 자율성 또는 주도적 역할이 부여되지 않은 기계에 불과하였다.[49] 본 초기 단계에서는 인스턴트 메시지, 화상 회의, 게시판, 주소록 등이 활용되곤 하였다. 그런데 이후 ODR에 적용될 수 있는 정보통신기술은 매우 발전하였고, 현재 기술은 당사자들을 상호 접촉할 수 있도록 해주고 정보 접근을 쉽게 달성해주게 되었다.[50] 더 나아가 정보통신 기반 ODR은 당사자를 둘러싸고 여러 아이디어를 발전시키고, 계획하며, 여러 전략을 수립할 수 있고 결론을 내주는 단계에 이르렀다. 이러한 측면을 고려할 경우 ODR 환경은 당사자들 간 상호 대응 가능한 의사소통 수단으로 이용되던 초기 단계였는바, 여기서 더욱 발전하여 ODR 시스템이 주도적으로 분쟁 당사자 간 관계를 직접적으로 지원하는 가상적 환경으로 발전하고 있다.[51]

(3) AI 기반 ODR 도입의 실익과 그 한계

조정절차에 있어 AI 기반 ODR을 도입하는 것은 앞서 잠시 검토한 바와 같이 다수 합리성이 개진된다.[52] 이에 ODR에 AI를 도입할 구체적 실익으로는 i) AI가 자동적으로 수행할 수 있는 업무 비중이 증가하므로 ODR 운영 비용이 절감될

47) Tim Urban, “The AI Revolution: The Road to Superintelligence”, (2024.4.27. 방문), <https://waitbutwhy.com/2015/01/artificial-intelligence-revolution-1.html>.
48) Orna Rabinovich-Einy/Ethan Katsh, op. cit., p. 2; Nick Bostrom/Eliezer Yudkowsky, “The Ethics of Artificial Intelligence”, The Cambridge Handbook of Artificial Intelligence, *Cambridge University Press*, (2014), p. 328.
49) David Carneiro/Paulo Novais/Francisco Andrade/John Zeleznikow, Jose Neves, op. cit., p. 214.
50) Teresa de Jesus Candeias, Artificial Intelligence’s Role in Enhancing Conflict Resolution within the Online Dispute Resolution (ODR) System, (2023), p. 9.
51) 주강원, 전게 논문, 93면; Hibah Alessa, op. cit., p. 323.
52) Davide Carneiro, Paulo Novais, Francisco Andrade, John Zeleznikow & José Neves, op. cit., p. 6.

수 있는 점,[53] ii) AI가 적용되어 24시간 가동되기 때문에 인간이 주도적으로 행하는 ODR보다 AI 기반 ODR이 분쟁당사자에게 훨씬 신속한 서비스를 제공할 수 있는 점, iii) AI 기반 ODR 절차는 단순, 반복적 사건의 경우 인간이 개입하는 것보다 더 쉽게 처리할 수 있는 점, iv) 동일 시간에 더 많은 사건을 처리 가능하다는 점 등이 있다.[54]

반면에 ODR에 AI를 도입할 경우 그 한계로는 i) AI로 하여금 대량 데이터를 학습시켜야 하기 때문에 이에 따른 프라이버시 침해 가능성이 있는 점, ii) AI가 행하는 데이터 학습의 경우 1회로 종료되는 것이 아니라 지속성이 있어야 하므로 데이터 서버에 AI가 장기간 접속하여야 하는바, 그로 인한 시스템 보안상 외부 공격 등의 위험 가능성이 있는 점, iii) ODR 절차에서 AI에게 분쟁당사자 간 문제해결에 있어 일부라도 판단작용을 맡기는 것에 윤리적, 철학적 측면에서의 허용 논란이 발생할 수 있는 점,[55] iv) AI 적용에 있어 추가적 입법이 지속되어야 한다는 점 등이 있다.

Ⅲ. AI 챗봇 기반 ODR에 관한 비교법적 검토

AI 챗봇이 ODR에 성공적으로 구현된 핵심적 사례에 해당하는 것을 굳이 검토하자면, 이하의 호주의 스플리트 업(Split-Up)과 AI 아미카(amica) 정도를 들 수 있을 것이다. 이에 본고에서는 주로 AI 챗봇 기술을 온라인 조정제도에 접목하는 논의를 수행하고 있으므로 이와 관련된 비교법적 검토를 함에 있어 먼저 i) 긍정적 평가를 받은 AI 챗봇 기술을 검토하고 ii) ODR 환경에서 AI 챗봇 기술이 구현된 시스템을 살펴보고자 한다.

1. 미국 뉴저지(New Jersey) 주 법원에서의 지아(JIA, 사법부 정보 어시스턴트) 챗봇 시스템

AI 챗봇 기반 온라인 조정절차 도입방안을 검토할 경우 미국 뉴저지 주 법원에서의 지아(JIA) 챗봇 시스템으로부터 그 시사점 내지 도입 방안 관련 힌트를 확보

53) Samuel D. Hodge Jr, op. cit., p. 107.

54) 전원열, 전게 논문, 111면; Davide Carneiro, Paulo Novais, Francisco Andrade, John Zeleznikow & José Neves, op. cit., p. 6.

55) Orna Rabinovich-Einy/Ethan Katsh, op. cit., p. 10.

할 수 있다.

미국 뉴저지 주 법원은 지아(JIA) 챗봇 시스템을 구축하여 활용하고 있다. 지아(JIA) 챗봇 시스템은 각종 사법 분쟁과 관련하여 분쟁당사자들의 문의를 자동적으로 답변하고 의사소통 등을 하고 있다.[56]

뉴저지 주 법원은 지아(JIA) 챗봇 시스템을 구축할 당시 해당 법원 공무원들은 법원 사이트 FAQ, 각종 매뉴얼 등의 정보 등을 활용하여 이용자를 위한 예비 질문리스트와 예비 답변 리스트를 구축하였다. 또한, 법원 공무원들은 특정 예상 질문에 대한 구체적 모범답변 등을 마련하기도 하였다. 뿐만 아니라 뉴저지 주 법원은 일반 국민에게 제공한 각종 법률 정보의 질적인 수준, 정확도 등을 더욱 높히기 위해 다수 전문가 인력도 확충하였다. 결과적으로 지아(JIA) 챗봇 시스템은 분쟁당사자와의 의사소통을 통해 긍정적인 평가를 얻었다.[57]

2. 호주, 중국, 국내에서의 AI 챗봇 기반 ODR

(1) 호주에서의 AI 챗봇 기반 ODR

1) 스플리트 업(Split-Up)

호주에서는 호주 가정법원이 가사사건 분야에 관해 스플리트 업이라는 분쟁 해결을 위한 자동화 시스템을 운영한 경험이 있다.[58] 스플리트 업은 분쟁당사자가 이혼할 경우 재산분할을 예측해주는 프로그램이다.[59]

지능형 의사결정 지원 시스템에 해당하는 스플리트 업은 가정법원에 있어 법관, 조정위원, 기록 담당관(registrar), 변호사의 업무 및 각종 절차를 지원할 목적으로 개발되었다.[60] 스플리트 업 프로그램이 개발된 이후에는 여러 직역의 전문가들에

56) Joint Technology Committee (COSCA NCSC NACM), “Introduction to AI for Courts”, JTC Resource Bulletin, 2020, p. 8.

57) Joint Technology Committee (COSCA NCSC NACM), Ibid, p. 8.

58) J. Webb, J. Patterson/A. Tresise & T. Miller, “Legal Services”, Input Paper for the Horizon Scanning Project “The Effective and Ethical Development of Artificial Intelligence: *An Opportunity to Improve Our Wellbeing” on behalf of the Australian Council of Learned Academies*, (2018), p. 10; Charlotte Austin, op. cit., p. 3.

59) 호주 국가법률구조는 2016년 가정법원의 각종 절차를 자동화하고자 하는 목적으로 34만 달러 예산을 받아 AI 스플리트 업을 개발 및 운영하였다(Tony Yoo, “E-Divorce: How Artificial Intelligence Could Help Australian Couples Break Up Quickly and Cheaply”, Business Insider, Australia (2024. 8. 11. Visited), <https://www.businessinsider.com.au/e-divorce-how-artificial-intelligence-could-help-australian-couples-break-up-quickly-and-cheaply-2017-8>).

60) Davide Carneiro, Paulo Novais, Francisco Andrade, John Zeleznikow & José Neves, op. cit., p. 7.

의해 활용되고 검토되면서 스플리트 업이 실제 합리적으로 작동할 수 있을지에 관한 각종 검증이 수행되었다.[61)]

스플리트 업은 변호사 등 법 전문가의 도움 없이도 나홀로 소송을 통해 분쟁을 해결하려는 분쟁당사자 간 ODR을 독려하게 된다. 또한, 스플리트 업은 다양한 분쟁당사자 간 온라인 의사소통을 유용하게 진행해주고자 설계된 측면도 있는바,[62)] 이러한 측면을 고려할 경우 AI 챗봇의 역할도 내재되어 있는 것으로 판단된다.

스플리트 업은 분쟁당사자 간 공동재산 중 각 당사자의 주장이 명백할 경우 각 당사자에게 공동재산 중 특정 재산분할 비율을 알려 준다.[63)] 또한, 스플리트 업은 각 분쟁당사자에게 재산분할과 관련된 각종 자문도 행할 수 있다.[64)] 양 분쟁당사자에게 스플리트 업은 가상 상황을 제공하면서 여러 가상 상황에서는 어느 분쟁당사자에게 유리한 측면, 또는 불리한 측면 등까지 제공할 수 있다. 이러한 메커니즘을 통해 분쟁당사자는 자신이 특정 주장을 할 경우 장점, 단점 등을 파악할 수도 있게 된다.[65)]

2) 아미카(amica)

아미카(amica)는 위 보다 더욱 진화한 재산분할 관련 AI 챗봇 역할을 한다. 아미카는 분쟁 당사자 간 이혼 분쟁 절차에서 해당 분쟁이 원만하게 해결 가능하도록 돕기 위한 목적으로 개발되었다. "간단한 스마트 이혼"을 내세우고 있는 아미카는 ODR의 도구인바, 아미카는 이혼 사건에 있어 분쟁당사자들이 원만한 합의를 도출할 수 있도록 관련 지침·정보를 전달하고 가사분쟁을 온라인을 통해 자율적으로 해결해줄 수 있는 디지털 사법 서비스이다. 또한, 아미카는 분쟁당사자 간 합의에 도달한 내용을 안전한 디지털 플랫폼에 저장, 기록하기 위한 단계별 접근방식을 제공하기도 한다. 아미카를 이용하는 당사자들은 본 온라인 플랫폼을 통해 양자가 원하는 속도로 분쟁 해결을 진행할 수 있고 또 선호 시간과 온라인 공

---

61) John Zeleznikow/James R. Nolan, "Using Soft Computing to Build Real World Intelligent Decision Support Systems in Uncertain Domains", *Decision Support Systems* Vol. 31, (2001), p. 265.

62) Ephraim Nissan, "Computer Tools and Techniques for Lawyers and the Judiciary", *Cybernetics and Systems: An International Journal* Vol. 49, No. 4, (2018), pp. 205-206.

63) E. Bellucci/J. Zeleznikow, "Representations for Decision Making Support in Negotiation", *Journal of Decision Support* Vol. 10, (2001), p. 458.

64) E. Bellucci/J. Zeleznikow, Ibid, p. 458.

65) John Zeleznikow/James R. Nolan, op. cit., p. 278-279.

간에서 양 분쟁당사자가 협상하며 의사소통할 수 있다.[66]

아미카 체제에서 인공지능 기술이 직접적으로 활용되는 분야는 주로 분쟁 당사자가 이혼을 할 경우 재산분할 논제이다. 이러한 재산 분할 논제에 있어 아미카는 당사자들이 입력한 정보를 근거로 각 당사자를 상대로 예측 재산분할 방향을 제시해주고자 AI 기술을 활용하게 된다.[67]

(2) 중국의 AI 시아오파(Xiaofa)

중국 사법부는 법원 내부에 지능로봇을 설치하여 대국민 사법서비스 개선을 추진하고 있다. 사법부는 전국 각급 법원 내에 100여 개 이상의 AI 로봇을 구축하였고, 이러한 AI 로봇은 상법 또는 노동법 관련 분쟁과 같이 특정 법 분야에 전문성을 보유하기도 하였다. 중국의 AI 법률 Q&A 로봇인 AI 시아오파는 내부 법 지식 데이터베이스에 50만 데이터가 저장되어 있다. 또한, AI 시아오파는 분쟁당사자가 법률 용어를 이해할 수 있게 도울 수 있고 간단한 법률자문도 수행하는 AI 로봇이다. AI 시아오파는 4만 건 이상의 소송 관련 질의에 답변할 수 있고 3만 건 이상의 법적 쟁점도 검토할 수 있다.[68]

(3) 우리나라에서의 AI 챗봇

국내에서 AI 챗봇 기술은 보험회사가 활용하는 경우가 있다. 보험 분야에서 챗봇 서비스로는 삼성생명의 따봇, NH농협생명의 코리봇, 신한생명의 아티, 교보생명의 러버스, KB손해보험의 다이렉트 챗봇 상담서비스 등이 있다. 4대 시중은행 역시 AI 챗봇을 운영하고 있는바, KB국민은행의 똑똑이, 하나은행의 HAI, 신한은행의 오로라, 우리은행의 위비봇 등이 있다. 그리고 국내에서 AI 챗봇이 비교적 성공하였다는 평가가 있는 것들로는 AI 대화형 심심이 앱, 음성봇, AI 프로필 등을 제공하는 SKT의 에이닷, 띵스플로우의 사주 관련 헬로우봇 등이 있다.[69]

---

66) Nick Hilborne, "Australia Uses AI to Help Separating Couples Split Assets", Legal Futures (2024. 7. 5. visited), <https://www.legalfutures.co.uk/latest-news/australia-uses-ai-to-help-separating-couples-split-assets>).

67) Legal Services Commission of South Australia, *42nd Annual Report 2019-2020*, (2020), p. 33.

68) Briony Harris, "Could an AI Ever Replace a Judge in Court?", *World Government Summit*, (2018), p. 11.

69) 국내 AI 챗봇 성공 사례 5가지 서비스 살펴보기, (2024.8.31. 방문), <https://brunch.co.kr/@brunchk1wj/179>.

3. 시사점

여러 국가에서의 AI 챗봇 기술 등을 통한 분쟁당사자 간 의사소통 시스템을 검토하였는바, 미국 뉴저지 주 법원의 지아(JIA) 챗봇 시스템의 체계 구축의 방향성은 우리에게도 일부 시사점을 줄 수 있다. 뉴저지 주 법원은 법원 공무원의 전문성을 활용하여 지아(JIA) 챗봇 시스템의 완전성 등을 담보하면서 도입하였다. 우리 역시 법원 공무원, 각계 전문가로부터 전문성을 충분히 활용할 수 있는 체계가 구축되어 있다. 이에 우리만의 AI 챗봇 기술이 가미된 온라인 조정제도를 구축할 경우 미국 지아(JIA) 챗봇 시스템은 일응 시사점을 제공한다.

Ⅳ. 온라인 조정제도에서 AI 챗봇 · AI 조정인 도입방안

AI 기반 ODR 구현방안을 온라인 조정제도를 중심으로 AI 챗봇 · AI 조정인 시스템 도입방안을 검토하고자 한다.

1. ODR 중 온라인조정제도 구현 방안

(1) 온라인조정제도 도입 필요성 및 합리성

분쟁 당사자들은 비용 및 효율성을 고려할 경우 소송 대비 조정이 효과적이라고 판단하곤 한다. 온라인 조정제도를 법적 분쟁에 있어 ODR 체계로 접목시킬 경우 분쟁 당사자들에게 사법접근권이 보장될 수 있다. 이에 분쟁 당사자들에게 비용, 시간 등에 있어 다수 장점이 있는 온라인 조정제도를 ODR의 대표적 구현형태로 구축할 필요가 있다. 온라인 조정제도가 ODR의 형태로 구축될 경우 분쟁 당사자들은 자신의 생업 활동에 있어 지장이 없게 되고 지정장소에 출석하지 않아도 되며 신속한 조정절차에 의한 업무의 효율성이 담보될 수 있다.

(2) 온라인 조정제도의 도입 가능성

호주와 싱가포르는 이미 가사재판에 있어 온라인 조정절차 시스템을 구축하였다. 호주 가정법원에서는 온라인 조정절차를 구축하여 활용하고 하는바, 분쟁 당사자들이 해당 법정 등 지정장소에 출석하여야 하는 번거로움을 줄일 수 있고, 가정 내에서 발생하는 상황에 관해 온라인 조정을 통해 즉각적인 도움방안 역시 제공받을 수 있다.[70] 또한, 우리 역시 저작권 분야에서 이미 전자조정제도를 구축하여 온라인 조정을 실시하고 있는바, 긍정적 평가가 다수이다.

우리나라는 IT, 인터넷 등 첨단 산업 분야에서 최선두 그룹에 있으므로 온라인 조정제도를 도입하는 것은 충분히 가능할 것이다.[71] 위 싱가포르, 호주에서의 온라인 조정제도 사례를 차용하여 우리 실정에 부합하도록 우리 식의 온라인 조정제도를 구축할 수 있을 것이다. 우리는 i) 최근 산업 여러 분야에 관해 AI, 블록체인 등의 최첨단 기술을 접목하고 있는 점, ii) 이미 전자소송제도를 도입하여 그 합리성을 구축한 적이 있는 점 등을 고려할 경우 온라인 조정제도 도입은 시간, 비용, 근거 입법 등만 완비될 경우 충분히 구현할 수 있다.

(3) 온라인 조정제도 도입안(간소화 가안)

온라인 조정제도는 간략하게 [그림 1]과 같이 도입할 수 있다.

[그림 1] 온라인 조정제도 도입안(간소화 가안)

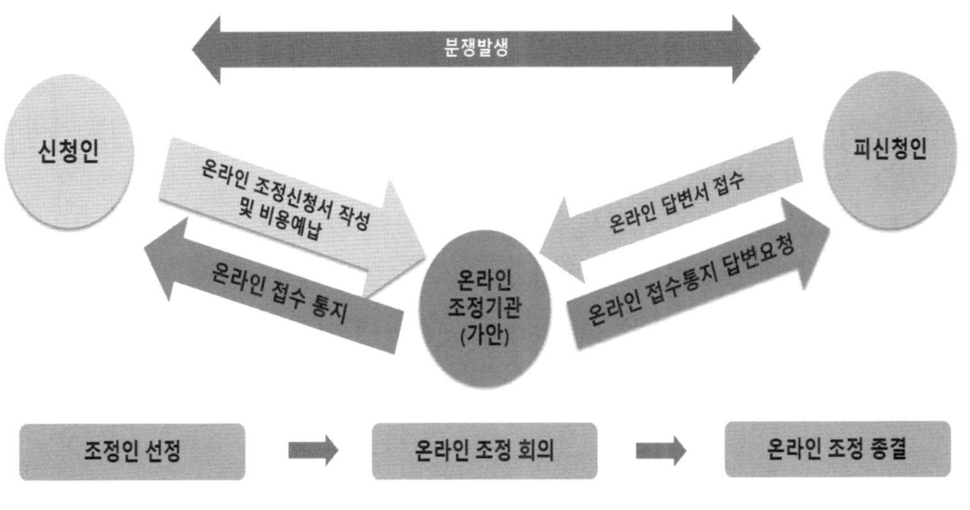

70) 법조신문, "호주 · 싱가포르, 가사분쟁 조정도 '집에서'", (2024. 5. 17. 방문), <https://news.koreanbar.or.kr/news/articleView.html?idxno=21933>).

71) 유병욱, "국제상사분쟁해결을 위한 조정제도 활용에 관한 고찰", 무역상무연구(제80권), 한국무역상무학회(2018), 163면.

신청인은 조정신청서를 온라인으로 작성할 수 있고 이후 피신청인은 온라인 답변서를 접수할 수 있다. 또한, 조정인이 선정되고 온라인으로 조정회의가 진행되고 종료될 수 있다.[72)]

2. 온라인조정제도에의 AI 챗봇 도입방안

온라인 조정제도에 AI 챗봇 시스템 도입방안을 검토할 경우 AI 범위는 일반 AI와 생성형 AI를 포괄하는 것으로 한다. 일반 AI와 생성형 AI의 구분은 그 분류가 명확한 경우도 있으나 기술은 날로 발전하고 있으므로 명확하지 않은 경우도 지속적으로 발생하기 때문이다.[73)]

(1) 온라인조정제도에의 AI 챗봇 시스템 도입 가능성

챗봇(chatbot)은 음성 또는 문자를 통한 인간과의 의사소통을 통해 특정 작업을 수행할 수 있도록 설계, 제작된 컴퓨터 프로그램을 의미한다. 채터봇(chatterbot), 토크봇(talkbot), 채터박스(chatterbox), 봇(bot) 등으로 지칭되기도 한다.[74)]

챗봇 서비스를 단계적으로 검토할 경우 1단계에서는 텍스트, 그리고 음성이 중심이 되고 2단계는 시각자료가 추가되기도 하며 3단계는 행동인지 자료까지 포함되어 작동한다.[75)] 현재 국내외 챗봇의 현황은 1, 2단계 정도에 머무르고 있으나 향후 감성 비서 서비스 단계까지 발전하여 전문적이며 개인적인 서비스를 제공할 수 있는 챗봇이 구현될 수 있을 것으로 판단 된다.[76)]

챗봇 기술은 당사자와의 의사소통 또는 대화를 기반으로 작동할 수 있으므로 ODR 조정절차에도 합리적으로 도입할 수 있을 것이며 합리성이 개진된다.[77)]

---

72) 이하 온라인 조정제도 도입안(가안)은 이하에서 논의하는 개인정보 침해 가능성이 있는 절차 부분을 추려 비교적 간략하게 제시한 것이다. 온라인 조정제도 도입안(가안)의 구체적·실제적 도입안은 각종 이론, 실무적 측면에서의 전문가 의견 수렴과정 등을 통해 향후 설치되는 형태 및 방향성에 따라 적재적소 수정되어 제시되어야 할 것이다.

73) 기존 AI는 기존 존재하는 데이터를 분석함에 집중되었다면 생성형 AI는 텍스트, 이미지, 비디오 등 새로운 컨텐츠를 제작하는 데 집중하고 있기는 하다(김정환, "생성형 인공지능의 조정제도에 대한 영향과 가능성", 제51회 한국조정학회 조정제도의 현재와 미래 발표문,(2024), 45면).

74) Mauldin/Michael/ChatterBots, TinyMuds, and the Turing Test: Entering the Loebner Prize Competition, *Proceedings of the AAAI Conference on Artificial Intelligence* 12 Volume, (2007), p. 1.

75) Trend/ICT 챗봇 서비스의 국내외 동향, (2024.5.22. 방문), <https://uipac.com/557>.

76) 서교리, 「인공지능 기반 챗봇 서비스의 국내외 동향분석 및 발전 전망」, NIA D.gov Trend & Future 2018-2호, 한국정보화진흥원(2018), 28면.

77) 함영주, 전게 논문, 384면; Davide Carneiro/Paulo Novais/Francisco Andrade/John Zeleznikow & José Neves, op. cit., p. 17.

(2) 미국 지아(JIA) 챗봇 시스템 차용을 통한 우리 ODR에의 A 챗봇 시스템 기초 체계 도입방안

온라인 조정절차를 둘러싸고 챗봇 시스템에 AI 기술을 접목하여 온라인 조정절차를 운영할 경우 AI 챗봇 시스템과 조정 커뮤니케이션 인간 전문가의 협업을 구성하는 형태로 도입방안을 검토하는 것이 합리적이다.78) 본 구성안에 따른 AI 기반 온라인 조정절차 도입방안에 있어 미국 뉴저지(New Jersey) 주 법원의 지아(JIA) 챗봇 시스템으로부터 그 시사점 또는 도입방안 힌트를 얻을 수 있다.

미국 뉴저지 주 법원에서는 지아 챗봇 시스템을 구축하여 활용하고 있다. 뉴저지 주 법원은 지아 챗봇 시스템을 활용하여 각종 사법 분쟁과 관련하여 분쟁당사자들의 문의를 자동적으로 처리하고 있다.79)

뉴저지 주 법원은 지아 챗봇 시스템을 구축할 당시 해당 법원 공무원들은 법원 사이트에서의 FAQ, 각종 매뉴얼 등 기존 정보 등을 활용하여 예비 질문리스트와 예비 답변 리스트를 구축하였다. 또한, 법원 공무원들은 특정 예상 질문에 대한 모범답변 등을 마련하기도 하였다. 뿐만 아니라 뉴저지 주 법원은 일반 국민에게 제공한 각종 법률 정보의 질적인 수준, 정확도 등을 더욱 확보하기 위해 다수 전문가 인력을 확충하였다. 결과적으로 지아 챗봇 시스템은 분쟁당사자와의 의사소통을 통해 긍정적인 평가를 얻었다.80)

이에 뉴저지 주 법원에서의 지아 챗봇 시스템 도입방안을 우리 조정절차에도 온라인 요소를 가미하여 도입방안을 검토할 필요가 있다. AI 및 온라인 기반 챗봇 시스템을 초기 온라인 조정제도에 구축할 경우 본 시스템을 전문가 또는 법원 직원이 직접 시용함을 통해 챗봇 시스템에서의 문제 또는 한계지점 등에 관한 피드백을 도출하도록 한다. 이후 챗봇 시스템에서의 조정에 있어 분쟁당사자의 예상 질문과 이에 관한 답변내용 등에 관해 위 전문가 등의 피드백을 챗봇 시스템에 지속적으로 반영한다.

이 경우 챗봇 시스템 자체에 AI가 적용되어 있는바, 본 AI 챗봇 시스템은 스스

---

78) 함영주, 전게 논문, 384면; 한편, 인간 개입 없이 ODR에 AI를 개입하고자 하는 구체적 논의는 Rakhmatullaev Izzatullo, op. cit., p. 65.

79) Joint Technology Committee (COSCA NCSC NACM), "Introduction to AI for Courts", *JTC Resource Bulletin*, (2020), p. 8.

80) Joint Technology Committee (COSCA NCSC NACM), Ibid, p. 8.

로 다수 정보를 학습할 수 있도록 설계한다. 그리고 AI 챗봇 시스템에 축적된 다방면의 다수 정보를 근거로 인간의 뇌 신경망을 구현하는 딥러닝 기술을 통해 AI 챗봇 시스템이 마치 인간과 같은 추론 작용도 가능하도록 구성한다.

(3) 아미카(amica) AI 챗봇이 접목된 온라인 조정제도에서의 재산 분할 결정방안

호주 아미카의 AI 챗봇 기술을 온라인 조정제도에 접목할 경우 분쟁당사자 간 가령, 이혼 분쟁에서의 재산분할 방향은 i) 신청인, ii) 피신청인, iii) 아미카 AI과의 의사소통을 통해 자동적으로 도출될 수 있다.

아미카의 AI는 과거 가정법원에서의 각종 결정 등을 분석 및 평가할 수 있고, 이러한 작업을 통해 신청인과 피신청인 간 재산분할 사건과 유사한 분쟁을 연결해줄 수 있게 된다.[81] 뿐만 아니라 신청인과 피신청인 간 재산분할 분쟁에 관해 과거에 유사 사건에 있어서 해당 법관이 어떠한 결정을 내렸는지 알려준다.

이와 같이 아미카는 신청인과 피신청인과의 의사소통을 통해 먼저 각 분쟁당사자의 자산을 분석하고 유·불리한 상황을 알려줄 수 있다. 이후 아미카는 이들에게 유사한 사건에서의 다른 당사자들의 최종 합의안까지 검토할 수 있다.[82] 아미카는 이와 같은 제반 사정 등을 검토한 후 신청인과 피신청인 간 재산분할 사건에 있어 과거 법원이 유사 분쟁을 어떻게 결론을 판시하였는지 등을 고려하게 된다. 이후 아미카는 이러한 여러 사정 등을 종합적으로 검토한 후 신청인과 피신청인에게 특정 재산 분할 내용을 제안할 수 있게 된다.

해당 분쟁당사자 양자가 아미카가 제시한 재산분할 방식에 동의할 경우라면, 이와 같은 재산분할 방식을 어떻게 실행할 것인지에 관해서는 신청인과 피신청인이 자율적으로 행할 수 있을 것이다. 다만, 이 경우 당사자 선택에 따라 AI를 중립적 제3자 역할을 할 수 있게 하고 본 AI의 결정에 양 당사자가 이행하는 방안도 검토할 수 있다.[83]

---

81) 아미카(amica) AI 챗봇은 가사분쟁 중 주로 재산분할 분쟁에 있어 가장 전문성을 보유하고 있기 때문이다.

82) Legal Services Commission of South Australia, op. cit., p. 33.

83) 정영수, "인공지능에 기반한 중재의 가능성에 관한 소고", 민사소송(제25권 제3호), 한국민사소송법학회(2021), 93면.

3. AI 챗봇·AI 조정인 시스템이 구현된 온라인 조정제도의 절차적 구현방안

(1) AI 챗봇의 자동화된 절차 안내 · 문답 · 서면 송/수신 시스템

이를 통해 AI 챗봇 기반 온라인 조정제도에 있어서 먼저 i) AI 챗봇은 신청인에게 온라인 조정절차를 상세하게 안내할 수 있게 된다.[84] 그리고 ii) 신청인과 피신청인이 제출한 각종 자료를 AI 챗봇이 분류별로 정리할 스도 있다.[85]

그리고 AI 챗봇은 사실상 분쟁당사자인 신청인, 피신청인과의 실질적 의사소통을 수행하게 된다. 가령, 이혼 분쟁을 겪고 있는 특정 부부가 AI 기반 온라인 조정제도에서 AI 챗봇에게 다양한 자료 등을 입력하는 경우를 상정할 수 있다. 이 경우 가령, 신청인 등이 AI 챗봇과 입력 또는 의사소통한 내용 등을 토대로 본 분쟁에 있어서 ㄱ) 자녀는 누가 양육하는 것이 합리적인지, ㄴ) 신청인 등이 입력한 자료 등을 고려할 경우 자녀를 누가 양육하는 결과가 도출될 것으로 예상되는지, ㄷ) 위자료는 어떠한 방향으로 산정될 것인지, ㄹ) 양 당사자 간 재산분할은 어떠한 방향으로 예측될 것인지 등을 AI 챗봇과 의사소통할 수 있다. 이 경우 AI 챗봇은 다량의 판례, 규정, 유사 사례 등의 데이터 축적을 기반으로 자동화 과정을 통해 관련 답변을 해줄 수 있다.[86]

(2) AI 음성 인식을 통한 자동 문서 작성

뿐만 아니라 AI 챗봇 기술은 온라인 조정절차에서 신청인과 피신청인 중 문서 작성 능력이 부족한 당사자에게 음성 인식 프로그램을 제공할 수도 있다. 가령, 노령의 신청인 또는 문서 작성에 있어 일부 신체적 장애 등이 있는 신청인은 AI 음성 인식을 통해 온라인으로 조정절차를 수행함에 있어 각종 문의 사항을 물을 수 있으며 AI 챗봇으로부터 해당 답변을 수신할 수 있다. 또한, 이러한 AI 챗봇 시스템은 신청인에게 각종 서면도 작성해줄 수 있다. 이러한 서면의 발송 · 수신

---

84) 정채연, "사법에서 인공지능 기술의 수용을 위한 기초 연구", 법학연구(통권 제66집), 전북대학교 법학연구소(2021), 75면.

85) 전원열, 전게 논문, 111면.

86) 전원열, 상게 논문, 111면; 실제로 이 경우 AI 법률 챗봇 기술이 이미 상용화되어 있으므로 온라인 조정제도에 AI 챗봇 시스템을 접목하는 것은 충분히 가능하다. 한편, "법률 AI 기술을 토대로 AI챗봇이 법률 상담 형태까지 행하는 경우, 변호사법 적용 사안은 맞으나 AI 챗봇 상담이 무료로 진행되고 광고로 연결되지 않는 경우에는 문제되지 않는다는 것이 업계 의견이기도 하다(법률신문, "법률AI, 변호사법 적용 맞지만 무료라면 문제 없어"(2024.5.18. 방문), <https://www.lawtimes.co.kr/news/197014>).

등의 업무 역시 AI 챗봇이 모두 자동으로 수행할 수 있게 된다.

(3) AI 챗봇과 AI 조정인의 결합에 의한 AI 조정인의 합리성

AI 챗봇은 생성형 AI 기술 역시 그 기반으로 하므로 본 절차에서의 AI 챗봇은 기존 데이터 패턴 등을 학습한 이후 텍스트, 음악, 비디오, 프로그래밍 코드 등 다방면의 형태의 내용을 이용자에게 제공할 수 있게 된다. AI 챗봇 기술은 AI 조정인과도 결합되어 AI 조정인은 신청인, 피신청인과 의사소통하게 된다. AI 조정인은 AI 챗봇 기술과 생성형 AI 기술이 접목된 형태로 구성되므로 AI 조정인 역시 논의할 필요가 있다.[87]

AI 조정인은 분쟁당사자 간 합의에 이를 수 있도록 조력하여야 하고 신청인과 피신청인 간 건설적 협상을 도출하기 위해 다양한 방법과 심리적 방안 등을 강구하여야 한다.[88]

AI 조정인의 합리적 작동을 위해서는 여러 논제를 검토하여야 하나, 무엇보다 실제 조정절차에 있어서 분쟁당사자인 신청인과 피신청인의 실질적인 내면을 읽어낼 수 있도록 설계하여야 한다. 조정절차에서 신청인과 피신청인의 주장에 있어 조정인은 그 당사자들의 주장 이면을 판단할 수 있는 능력도 실제 매우 중요하기 때문이다.[89]

물론 현재 AI 기술의 발달 측면을 검토할 경우 AI 조정인이 인간과 동일한 정도로 신청인과 피신청인의 주장 내면을 판단할 수 있도록 구성하는 것은 쉽지 않다. 그러함에도 불구하고 생성형 AI 기술의 발전은 매우 급속도로 진행되고 있으므로 향후 궁극적으로는 AI 조정인이 신청인과 피신청인의 감정을 파악할 수 있고 이른바 속내 역시 판단할 수 있도록 AI 조정인을 구성해야 할 것이다.

한편, 몇몇 기업은 AI 기술을 토대로 AI 감정 파악 기술을 이용하고 있다. 마이크로소프트(MS) 자회사인 뉘앙스는 인간의 얼굴을 분석하는 AI를 이용하여 인간이 감정을 포함한 피로도 등을 확인한다. 이와 같이 이른바 감정 감지 AI는 최근 급속도로 성장하여 온라인 요소가 있는 인터넷 통화나 온라인 비즈니스 회의

---

87) AI 기반 챗봇 기술은 분쟁 당사자 간 자신의 권리를 더욱 잘 이해하고 보다 합리적으로 주장할 수 있도록 도와줄 것이다(정채연, “사법에서 인공지능 기술의 수용을 위한 기초 연구”, 법학연구(통권 제66집), 전북대학교 법학연구소(2021), 75면).

88) 김정환, 앞의 발표문, 49면.

89) 함영주, 전게 논문, 382면.

에서 여러 사람의 감정을 파악할 수 있다. 이와 같은 감정 감지 AI 기술이 접목된 AI 조정인을 구축하도록 지속적인 연구 및 개발이 수행되어야 할 것이다.

비록 AI 조정인의 구현에 있어 이러한 한계가 있는바, 본 한계지점을 극복하기 위해서 온라인 조정절차에 기본적으로 ⅰ) AI 챗봇 기술이 접목된 AI 조정인을 이용하면서 동시에 ⅱ) 전문적이고 조정 경험이 풍부한 인간 조정인의 검토를 연계하는 것도 일응 합리적이다.[90)]

때로는 조정절차와 관련하여 ⅱ) AI 챗봇이 AI 조정인의 역할이 되어 조정안을 도출할 수도 있을 것이다. 다만, 현재의 기술 등을 검토할 경우 AI 조정인이 전문적이고 조정 경험이 많은 인간 조정인과 비교할 경우 그 전문성 등에 있어 어느 정도 수준으로 인간 조정인에 다다를 수 있을지는 조금 더 고민이 필요하다. AI 조정인이 도출한 조정안 역시 인간 조정전문가가 검토하여야 한다. 이를 통해 AI 조청인에 의한 조정안이 분쟁당사자들에게 수긍될 수 있는지도 검토되어야 한다.[91)]

이러한 한계지점 등에 관해 인간 조정전문가가 지속적으로 보완을 하여야 한다. 그리고 본 보완책을 AI 기반 온라인 조정절차에 수시로 반영하는 것이 합리적이다. 또한, 인간 조정인 등과 같은 전문가 등이 본 AI 챗봇 시스템이 가미된 AI 조정인을 이용해보도록 한다. 가령, 이용자의 특정 질문에 대한 AI 조정인의 답변에 관해 완전성 및 합리성 측면에 있어 90% 이상 구축될 때까지 지속적으로 보완해 나가야 할 것이다. 이와 같은 보완과정을 통해 AI 챗봇 기술이 접목된 온라인 조정제도는 더욱 합리성 있게 구축될 수 있을 것이다.

(4) 신청인과 피신청인이 연결된 AI 챗봇 온라인 조정제도

신청인과 피신청인이 AI 챗봇·AI 조정인이 접목된 온라인 조정제도를 이용할 경우 신청인과 AI 챗봇·AI 조정인과의 관계, 피신청인과 AI 챗봇·AI 조정인과의 관계는 서로 연결되어 있어야 한다. 한 온라인조정시스템에 신청인과 피신청인이 24시간 배당되어 있어야 한다. 그렇지 않을 경우 신청인이 의사소통하는 AI 챗

90) 이와 더불어 신청인과 피신청인 간 사실관계 확정 역시 매우 중요하다. 이에 AI 챗봇·AI 조정인이 접목된 온라인 조정제도에서는 AI 기술을 활용하되, 사실관계 확정 등에 있어 적재적소에 인간 조정전문가의 결합이 합리적이다. 한편, AI 챗봇·AI 조정인이 접목된 온라인 조정제도에의 인간 조정전문가의 구체적 결합방안에 관하여는 본고에서 논의할 경우 논문의 양이 매우 비대해지므로 후속 연구과제로 남기고자 한다.

91) 물론 신청인과 피신청인 양 분쟁당사자가 AI 조정인의 조정안에 미리 그리고 최종적으로 합의할 경우라면 AI 조정인에 의하여 도출된 합의 내용대로 분쟁을 해결해도 될 것이다.

봇·AI 조정인 시스템, 그리고 이와는 연결되어 있지 않은 피신청인의 AI 챗봇·AI 조정인 시스템 양자는 각각의 신청인과 피신청인의 변호사 역할을 하게 된다. 이와 같은 구성이 되지 않도록 AI 챗봇·AI 조정인이 접목된 온라인 조정제도가 구축되어야 한다.

V. AI 챗봇·AI 조정인이 접목된 온라인 조정제도의 한계와 그 개선방안

AI 챗봇·AI 조정인이 접목된 온라인 조정제도를 운영함에 있어서 본 제도의 성패를 가를 수 있는 직접적 논제인 i) AI 챗봇 및 AI 조정인의 편향성, ii) AI를 둘러싼 윤리적 문제, iii) 개인정보 노출 및 유출 가능성에 집중하여 논의하고 각각 그 개선안 역시 도출하고자 한다.[92)]

1. AI 챗봇·AI 조정인의 편향성 측면에서의 한계 극복을 위한 MAF 2022 도입방안

(1) AI 챗봇·AI 조정인의 편향성 측면에서의 한계

AI가 구현된 시스템에 있어 AI는 특정 영역에 있어 차별성이 없어야 하고 공평성을 갖춘 알고리즘을 구축하여야 한다. 그런데 AI가 구축된 시스템에서는 이른바 '알고리즘의 편향성' 문제가 발생할 수 있다.[93)] 학습 데이터 부분에 있어 편향성이 있을 경우 AI는 자칫 특정 방향에 치우친 결과를 도출할 수 있고[94)] 차별을 조장하거나 불평등을 발생시킬 수 있다.[95)] 이처럼 AI에 있어 데이터 학습이 중요한바, AI에 학습된 데이터가 현저히 부족한 경우 AI는 편향성을 드러낼 수 있다.[96)]

---

92) 한편, 추가적 논의인 iv) AI에 따른 잘못된 정보 제공의 가능성 논의 v) 기술적 측면에서의 한계, vi) 법적 구속력 논의, vii) 국제 표준화와의 상응 가능성 논제에 관한 구체적 논의는 장완규, 전게 논문, 127-130면 참조.

93) '편향(bias)'은 '편견(prejudice)'과 다소 구별이 되는바, 편견은 개인에 국한된 경험으로 가지게 된 심리적인 고정관념을 의미한다. 반면 편향은 어느 통계 분석과 관련하여 특정 데이터를 모집하고 분석할 경우 및 알고리즘을 구성할 경우 사회적 기준을 토대로 공평하지 않는 부분이 개입되는 것을 뜻한다(강영주, "인공지능을 활용한 민사분쟁 해결에 관한 고찰", 안암법학(제64호), 안암법학회(2022), 411면; Rakhmatullaev Izzatullo, op. cit., p. 67.

94) Orna Rabinovich-Einy/Ethan Katsh, op. cit., p. 12.

95) Charlotte Austin, op. cit., p. 14; Orna Rabinovich-Einy/Ethan Katsh, Ibid, p. 12.

96) Orna Rabinovich-Einy/Ethan Katsh, op. cit., p. 12.

AI 챗봇 기술이 접목된 온라인 조정제도에서 신청인이 AI 챗봇과 의사소통을 할 경우 본 시스템에 있어 편향성 문제가 발생할 수 있다. 신청인은 AI 챗봇에게 자신의 상황을 음성 또는 온라인으로 설명하고 분쟁과 관련된 질의를 하게 된다. 이 경우 AI 챗봇은 조정과 관련하여 신청인과 피신청인 간 관계에 있어 성별, 소수 민족 등에 대한 데이터가 부족할 경우 특정 성별 또는 소수 민족에 해당하는 신청인 또는 피신청인에게 불리하게 혹은 비우호적으로 답변할 수 있다. 가령, 흑인 신청인과 백인 피신청인 간 AI 챗봇이 접목된 조정절차에 있어서 흑인 신청인이 AI 챗봇과 음성·영상 인식 등을 통해 의사소통하는 사례를 들 수 있다. 이 경우 AI 챗봇은 생성형 AI 기술 역시 보유하고 있으므로 신청인이 흑인이라는 사실을 온라인 음성 인식 또는 비디오 인식 등을 통해 간파한다. 흑인 신청인이 AI 챗봇에게 재산분할과 관련된 예측 조정 관련 질의를 할 경우 AI 챗봇은 신청인과 피신청인의 수입, 재산 기여 정도 등과 같은 조건들을 고려하면서도 흑인 피신청인에게 흑인이라는 이유만으로 차별적이거나 불리한 답변을 편향적으로 할 수 있다.

뿐만 아니라 AI 챗봇과 연계된 온라인 조정제도에 있어서 이와 같은 편향성 문제는 무엇보다 AI 챗봇 기술과 연계되어 있는 AI 조정인에 있어서도 한계로 작용할 수 있다. 특정 성별의 전문직 직업의 신청인과 다른 성별의 비전문직 피신청인 간 자녀 양육권 분쟁에 있어 양 분쟁 당사자가 AI 챗봇 기술이 접목된 조정절차를 이용할 경우 AI 조정인의 편향성 문제가 발생할 수도 있다.

본 사안의 경우 AI 조정인은 양육권에 관한 예측 조정안을 검토할 경우 먼저 자녀의 복리와 행복 등을 살펴야 할 것이다. 이와 더불어 AI 조정인은 양 분쟁 당사자의 양육 능력, 자녀 연령, 양육 환경, 자녀와 분쟁 당사자 간 정서적 유대감, 자녀가 어느 당사자와 더욱 잘 지낼 수 있는지 등을 근거로 어느 당사자에게 자녀의 양육을 맡기는 것이 타당한지를 검토하여야 한다. 이를 통해 AI 조정인은 양 분쟁 당사자 중 어느 일방 당사자가 자녀 양육권을 보유하는 것이 타당하다는 예상 조정안을 제시할 수 있다.[97] 그런데 AI 챗봇 기술이 접목된 온라인 조정제도에서의 AI 조정인에게 편향성이 내재될 경우 AI 조정인은 위와 같은 여러 항목들을 종합적이고도 합리적으로 검토하지는 않은 채, 양육권자를 선정할 수도 있다. 즉, AI 조정인은 본 사안에서 단순히 ⅰ) 어느 분쟁 당사자가 특정 성별이라는 이유만을 근거로 또는 ⅱ) 어느 분쟁 당사자가 전문직 직업을 가진 당사자라는 점을

97) 전원열, 전게 논문, 111면; Charlotte Austin, op. cit., p. 14.

근거로 자녀 양육권은 특정 당사자가 보유하는 것이 합리적이라는 이른바 '편향된 예상 조정안'을 제공할 수도 있다.[98]

(2) MAF 2022 도입을 통한 AI 챗봇 · AI 조정인의 합리적 통제 감독의 가능성

AI 챗봇은 AI 기술과 생성형 AI 기술을 포괄하여 보유하고 있으므로 AI 챗봇 시스템이 온라인 조정절차에 접목될 경우 AI 챗봇 · AI 조정인에게 편향성 문제가 발생할 수 있다. 이 경우 AI 챗봇 · AI 조정인을 통제하고 감독할 방안 역시 마련하여야 한다.[99] 이러한 한계 등을 보완하기 위해 AI 편향성 점검 및 개선안 도출이 가능하며 편향성 극복을 위한 이른바 AI 편향성 극복을 위한 백신 프로그램 도입을 논의할 수 있다. AI 편향성 극복을 위한 백신 프로그램으로는 구글의 What ifTool, IBM의 AIF360, MS의 Fairlearn 등을 들 수 있다.

그런데 카이스트에서 개발한 MSIT AI FAIR 2022(이하 MAF 2022로 지칭한다)이 출시되었는바, MAF 2022는 AI 체계에 있어서 각종 학습 데이터에서의 편향성을 i) 분석하고 ii) 탐지할 수 있으며 iii) 그러한 편향성을 완화시킬 수 있는 프레임 워크이다([그림 2]).[100]

MAF 2022는 구글의 What if Tool, IBM의 AIF 360, MS의 Fairlearn보다 더 높은 성능과 정확도를 보여주고 무엇보다 시각화 등을 통해 편향성 점검 및 개선을 꾀할 수 있다. 따라서 AI 챗봇 · AI 조정인이 접목된 온라인조정제도에 MAF 2022 도입을 구현할 경우 AI 챗봇 · AI 조정인에서 편향성 문제를 극복할 수 있을 것이다. 그리고 온라인 조정절차 중 AI 챗봇 · AI 조정인에 있어 그와 같은 편향성이 MAF 2022에 의해 시각화 등을 통해 밝혀지는 경우 MAF 2022는 해당 편향성 부분에 관해 교정도 수행할 수 있을 것이다.

---

98) 한편, AI 체제에서의 편향성이라는 논의에서 편향성이라는 명제가 과연 i) 가치 중립적이고 ii) 가장 합리적인 기준을 토대로 판단된 것인지 여부에 관해 우려의 견해 역시 개진될 수 있다. 즉, 편향성이라는 것 역시 어떠한 방향으로 치우친 기준에 의해 도출된 명제일 수도 있는 가능성도 상존한다. 이에 이와 같은 시각 역시 함께 전제로 하여 여러 논의를 수행해야 할 것이다.

99) 양육권 분쟁과 같은 다소 민감한 사건의 경우 AI를 도구로 사용은 하면서도 인간 전문가가 독자적 판단을 토대로 책임질 수 있는 독립성도 개진되어야 할 것이다. 미국중재협회 국제분쟁해결센터(AAA-ICDR)는 ADR 전반에 있어 AI가 적용하여야 하는 원칙 중 하나로 독립성을 개진한다(AAA-ICDR, "Principles Supporting the Use of AI in Alternative Dispute Resolution", *ICDR*, AAA(2023), p. 1).

100) 최재원, 인공지능 공정성 동향 분석, KISDI AI Outlook(2024년 Vol. 17), 한국정보통신연구원(2024) 16면; AI 타임스, "AI가 공정한지 진단하는 시스템, 국내서 개발 ... IBM · MS · 구글 모델보다 성능 우수,"(2024.5.28. 방문), <https://www.aitimes.com/news/articleView.html?idxno=143283>).

[그림 2] 카이스트의 'MSIT AI FAIR 2022(MAF 2022)'의 편향성 점검 및 개선도[101)]

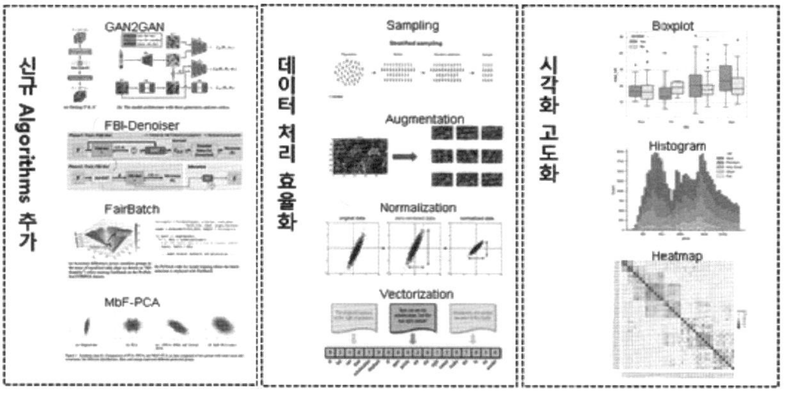

(3) MAF 2022 도입을 통한 AI 챗봇 · AI 조정인의 편향성 교정방안

AI 챗봇 · AI 조정인에 있어 편향성이 있는 경우 MAF 2022을 통해 편향성 등의 한계를 극복할 수 있다. 본 논제에 있어서 i) MAF 2022가 구체적으로 어떻게 작용하는지, ii) MAF 2022에 의해 AI 챗봇 · AI 조정인의 편향성이 어떻게 교정되는지에 관해서도 검토한다.

MAF 2022는 3단계 작동방식을 취하고 있다. 1단계는 프리프로세싱 단계인바, 데이터 누락 또는 편향성을 점검하는 단계이다. 2단계는 인프로세싱 단계로 알고리즘이 왜곡하는 특정 변수를 제거하고 편향성 부분을 다소 완화해주는 단계이다. 3단계는 포스트프로세싱 단계로 AI 알고리즘에 의한 결과값이 편향되지 않고 합리적으로 도출될 수 있도록 조정 및 교정해주는 단계이다.

이와 같은 MAF 2022를 본 AI 챗봇 · AI 조정인 접목된 온라인 조정제도에 적용하여 본 제도에서의 편향성 한계를 극복할 수 있다. AI 챗봇 · AI 조정인 접목된 온라인 조정제도를 신청인이 이용할 경우 가령, 신청인은 AI 조정인으로부터 양육권 관련 AI 예측 조정안을 수신할 수 있다. 이 경우 AI 조정인은 분쟁당사자 사이에 자녀의 복리와 행복, 신청인과 피신청인의 양육능력, 자녀 연령, 양육 환경, 자녀와 분쟁당사자 간 정서적 유대감 등을 종합적으로 고려하여야 한다.

그러나 AI 조정인이 이와 같은 종합적 사정 등을 고려하기는 하나 신청인과

---

101) KAIST, "AI Fairness Research Center," 카이스트 공정성 연구센터(2022) ; AI 타임즈, AI가 편향성 문제를 극복하는 방법(2024.5.25. 방문), <http://www.aitimes.com/news/articleView.html?idxno=144682>.

피신청인 중 어느 당사자가 특정 인종, 성별, 직업군에 해당한다는 이유로 AI 조정인은 특정 당사자에게 불리한 AI 조정안을 도출하는 편향성 문제가 발생할 수 있다.

이 경우 MAF 2022 백신프로그램을 적용하면 1단계 프리프로세싱 단계에서 편향성의 존재가 점검결과로 도출될 수 있다. 또한, 본 단계에서 특정 인종, 성별, 직업군 등의 데이터상 긍정 요소 부족 역시 인지할 수 있게 된다. 이에 2단계 인프로세싱 단계에서는 AI 조정인 및 온라인 조정제도 전반에서의 AI 알고리즘이 지속적으로 왜곡하는 부분에서의 차별성 부분을 제거한다. 이를 통해 AI 알고리즘에서의 편향성을 완화하게 된다. 마지막으로 3단계 포스트 프로세싱 단계에서는 2단계에서 1차적으로 AI 조정인의 알고리즘상 편향성 완화를 구축하였으므로 이제는 일부 개선된 AI 알고리즘을 AI 온라인 조정제도에 적용한다. 결과적으로 AI 챗봇·AI 조정인이 접목된 온라인 조정제도에 있어 편향성 부분이 상당수 개선되게 된다. 이와 같은 편향성 극복 메커니즘에서 멈추는 것이 아니라 병원 건강검진과 같이 본 제도는 MAF 2022에 의해 주기적으로 편향성 검진을 받도록 하는 것이 합리적이다.

2. AI를 둘러싼 윤리적 문제와 개선안

AI 기술이 ODR에 접목될 경우 분쟁당사자 간 효율성과 투명성을 높힐 수 있고 비용 및 시간 역시 절약할 수 있으며 다양한 국가, 문화에 속하는 당사자들이 쉽게 협력할 수 있게 된다. 그러나 AI를 활용한 ODR의 경우 역시 윤리적 측면에서 이슈가 발생할 수 있으며[102] 그러한 측면에서의 한계지점이 있다.[103]

AI 챗봇이 구현된 온라인 조정제도에서의 AI 챗봇·AI 조정인은 먼저 윤리적 측면에서 신청인과 피신청인 간 분쟁에 관한 상담 또는 예측 조정안 등을 제공할 경우 윤리적 가치 또는 사회적 책임감 등을 고려하지 못할 수 있다. 그리고 AI 챗봇이 어느 분쟁 당사자와 상담하는 경우 그 결과에 대한 책임은 누가 지게 되는지 역시 불분명하다. 가령, 신청인이 AI 챗봇과 어느 분쟁에 관해 상담한 후 조정에 임해도 되겠다는 판단을 한 경우를 상정할 수 있다. 그런데 본 온라인 조정에 있어서 AI 조정인이 AI 챗봇과의 판단과는 다른 조정안을 제시할 경우 해당 신청인

102) Rakhmatullaev Izzatullo, op. cit., p. 67.
103) Charlotte Austin, op. cit., p. 14.

은 불만을 가질 수 있다. 물론 조정 자체가 당사자의 동의 하에 진행되는 것이지만, 본 사안에서의 신청인은 AI 챗봇 및 AI 조정인 기술이 접목된 온라인 조정제도 자체를 신뢰하지 않을 수도 있다. 또한, AI 조정인이 특정 분쟁당사자를 상대로 조정안을 제시한 경우 그러한 조정안이 해당 분쟁당사자의 권리와 자유를 침해할 수 있는 소지가 있을 수도 있다.

이와 같은 윤리적 문제 등을 극복하기 위해서는 AI 챗봇 · AI 조정인이 접목된 온라인 조정제도에 윤리적 지침과 윤리적 기준 등을 마련하여야 한다. 이러한 윤리적 지침과 윤리적 기준을 구비할 경우 윤리성, 책임성, 투명성 등과 관련된 원칙을 명확하게 규정할 필요가 있다.[104] 또한, AI 챗봇 및 AI 조정인이 접목된 온라인 조정제도를 구축함에 있어 개발기관, 개발자, 이용자 등은 이와 같은 한계지점 등을 논의하고 해결하도록 노력하여야 할 것이다.

3. 개인정보 노출 및 유출 가능성과 개선안 초기논의

AI 기반 ODR은 온라인 요소가 가미되기 때문에 외부 공격으로 인한 분쟁당사자들의 개인정보 유출 위험 역시 상존한다.[105] AI 챗봇 · AI 조정인이 접목된 온라인 조정제도에서 외부 공격 등으로 인한 개인정보 노출 및 유출이 발생할 수 있다.[106]

최근 오픈 AI 챗봇 유형인 챗GPT에서 특정 사용자의 이름, 연락처, 로그인 정보, 처방전 내용 등 개인정보가 유출되는 사고가 발생하였다.[107] 우리도 과거 AI 챗봇 '이루다'[108]에서 수백여 명의 개인정보가 무단으로 수집된 사례가 있다.[109] 미국 의료 분야에서 AI 플랫폼인 딥식스에이아이(Deep6.ai) 데이터베이스도 온라인상 공간에 아무런 개인정보 보호 장치 없이 의사 소견 메모 등 개인정보가 노출

---

104) Rakhmatullaev Izzatullo, op. cit., p. 67; 본 체제인 온라인 조정보다 넓은 범위인 ODR에서의 AI 활용상 윤리성, 책임성, 투명성을 구축하는 방식과 유사하게 접근할 수 있다(장완규, 전게 논문, 131면). 본 체제에의 AI 챗봇 및 AI 조정인에 있어 윤리적 지침과 윤리적 기준의 구체적 구비방안에 관해서는 더 깊이 논의되지 못하였다. 이에 본 과제는 후속 연구과제로 남기고자 한다.

105) Rakhmatullaev Izzatullo, Ibid, p. 67.

106) Charlotte Austin, op. cit., p. 14.

107) Digital daily, 챗GPT서 개인 정보 유출했다?… 피해자 발생, (2024.5.22. 방문), <https://www.digitaltoday.co.kr/news/articleView.html?idxno=504025>.

108) 이루다 챗봇은 스캐터랩이 제작하였는바, 이루다에서 너티, 그리고 최종적으로는 제타라는 이름의 챗봇서비스로 변경되었다.

109) 동아일보, 집주소 · 계좌정보 '술술'…'AI 이루다' 개인정보 유출 논란, (2024.5.11. 방문), <https://www.donga.com/news/It/article/all/20210113/104899076/1>.

및 유출되었다.[110] 또한, AI 기반 플랫폼을 넘어선 개인정보 노출 및 유출 범위를 검토할 경우 최근 미국 연방법원[111]과 알래스카 법원에서[112] 온라인 재판절차 등에 있어 제3자의 해킹 등과 같은 외부 공격으로 인해 각종 전자문서, 개인정보 유출이 문제 된 사례가 있다. 우리 법원도 북한의 2년 이상의 외부 공격 등과 같은 해킹으로 인해 약 1천GB 분량의 개인회생·파산·금융 자료 등 민감한 개인정보가 유출되었다.[113]

이에 개인정보 등을 가로채기하고자 하는 외부 공격 등은 AI 챗봇·AI 조정인이 접목된 온라인 조정제도에서 동일하게 발생할 수 있다. 분쟁이 매우 민감한 사안인 경우 분쟁당사자들은 조정으로 해결을 도모하면, 신청인과 피신청인 간 기밀성이 담보될 수 있다. 유명인들은 이혼 등과 같은 심히 민감한 분쟁에 있어 소송으로 해결할 경우 언론 보도 등을 통해 예민한 가정사가 노출될 위험성이 있다. 따라서 이들은 먼저 비용상 이점도 고려하여 조정을 선호하기는 하나 특히 조정의 기밀성 보장을 주요 요인으로 분쟁 해결수단으로 조정을 택하는 경우가 많다. 이 경우 AI 챗봇 및 AI 조정인이 접목된 온라인 조정제도 역시 신청인과 피신청인 간 조정에 있어 민감한 개인정보가 노출 및 유출될 위험성이 있다.[114]

이에 이러한 개인정보 노출 및 유출 문제를 극복하기 위해 먼저 단기적 개인정보 보호 방안으로 AI 챗봇·AI 조정인이 접목된 온라인 조정제도에 ⅰ) 독일 데메일시스템 도입방안을 검토한다. 이후 장기적 개인정보 보호 방안으로 퍼블릭 블록체인 도입방안을 검토한다.[115]

---

110) 보안뉴스, 8억 건 넘는 의료 기록들 인터넷에 고스란히 노출돼. (2024.5.25. 방문), <https://www.boannews.com/media/view.asp?idx=102020>.

111) malder, SolarWinds Hack Compromises U.S. Courts Electronic Filings(2024. 5. 1. 방문), <https://apnews.com/article/technology-virus-outbreak-brazil-courts-hacking-2e37d1fbb60d911ab310962b29dcfb79>.

112) Tess Williams, Alaska Court System Revives Some Digital Services After Hack(2024. 5. 22. 방문), <https://www.govtech.com/security/alaska-court-system-revives-some-digital-services-after-hack>.

113) MBCNEWS, 북 해커에 털린 법원…"개인정보 등 1천GB 탈취"(2024. 05. 28. 방문), <https://www.youtube.com/watch?app=desktop&v=AJ562YT1Rpc>.

114) AI 챗봇·AI 조정인이 접목된 온라인 조정제도에서의 개인정보 유출의 구체적 논의는 이하 Ⅴ. 3. 참조.

115) 단기적 개인 정보 보호방안과 장기적 개인 정보 보호방안은 여기서 논의하는 것보다 Ⅵ.에서 집중적으로 개진하고자 한다.

Ⅵ. 개인정보 노출 및 유출 한계 극복을 위한 독일 데메일 및 퍼블릭 블록체인(Public Block Chain) 도입방안

1. AI 챗봇 · AI 조정인이 접목된 온라인 조정제도(가안)에서의 개인정보 유출 가능성

[그림 3] AI 챗봇 및 AI 조정인을 접목한 온라인 조정제도 도입안(가안)에 있어 그 시스템 내외적으로 외부 공격에 따른 개인정보 침해 및 유출 가능성 역시 당연히 상존한다.

[그림 3] AI 챗봇 및 AI 조정인을 접목한 온라인 조정제도 도입안(가안)

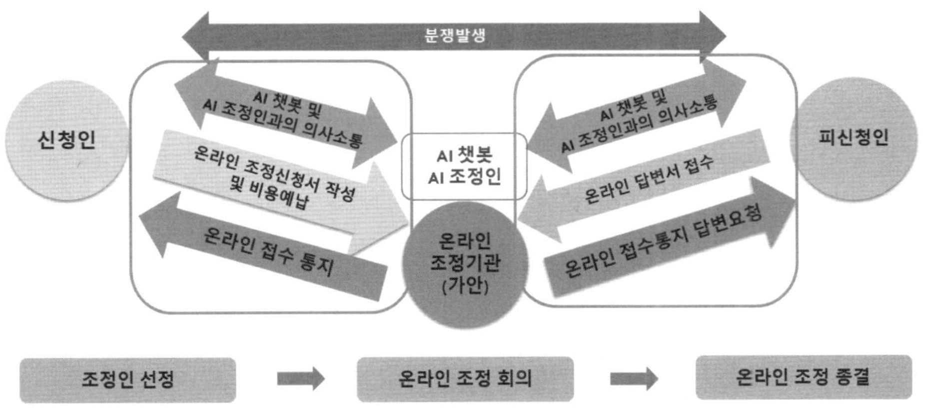

신청인이 조정신청서를 온라인으로 작성할 경우 AI 챗봇에게 조정신청서 관련 기재 사항 및 기재 방법 등을 문의할 수 있다. 이에 따라 신청인은 AI 음성 인식 등을 통해 가령, 신청인의 상호 또는 성명, 주소, 이메일, 전화번호, 휴대전화번호, 팩스 번호 등을 온라인 조정신청서에 기재하게 된다.

신청인이 온라인 또는 AI 음성 인식 등을 통해 조정신청서를 작성 및 제출할 경우 온라인이라는 특성에 의해 해킹의 위험성이 상존한다(붉은 박스). 온라인 조정신청서에는 개인정보가 상세히 기재되는바, 온라인 조정신청서 내의 각종 개인정보가 유출·노출될 수 있다. 또한, 더 심각한 문제는 온라인 조정신청서 내용 중 신청이유의 경우 분쟁 발생과 관련하여 거래의 사실관계, 분쟁 발생의 구체적 경위, 그리고 당사자 주장과 근거 등이 육하원칙에 따라 매우 구체적으로 작성된다는 점이다.

그런데 이러한 민감한 개인정보가 외부 공격 등을 통해 유출될 경우 분쟁당사자의 프라이버시상 침해가 발생할 수 있고 기업의 경우에는 매우 심각한 영업비밀 유출 등이 발생할 우려가 있다.[116] 그리고 신청인은 분쟁과 관련된 계약서 등과 같은 증거자료를 온라인 또는 음성 인식을 통해 작성 및 제출할 경우 역시 외부 공격에 의해 개인정보가 가로채기 당할 수 있다.

그리고 AI 챗봇 · AI 조정인이 접목된 온라인 조정제도 도입안(가안)에 있어서 신청인 또는 피신청인은 AI 조정인을 상대로 온라인 조정합의안 등을 요구하고 AI 조정인으로부터 조정합의 내용을 제시받을 수 있다. 이 경로에 있어서도 역시 제3자의 외부 공격 등에 의해 개인정보가 노출 및 유출될 수 있다(붉은 박스).

2. 독일 데메일시스템 결합을 통한 개인정보 보호 방안

AI 챗봇 · AI 조정인이 접목된 온라인 조정제도 도입안(가안)에 있어서 위와 같은 개인정보 노출 및 유출 위험성을 극복하고자 단기적 개인정보 보호 방안인 독일 데메일 시스템 도입방안을 논의한다.

[그림 4] AI 챗봇 및 AI 조정인을 접목한 온라인 조정제도 도입안(가안)과 독일 데메일 시스템 결합안(가안)

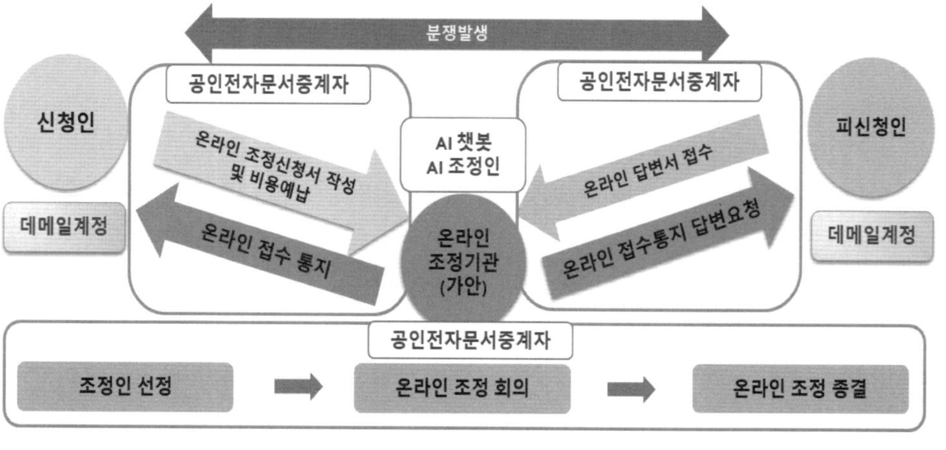

116) 법원에서도 재판을 공개할 경우에 있어서도 개인 프라이버시 및 영업비밀 보호를 위할 목적하에 재판 공개에 관해 일정 제한을 둘 수 있도록 한 것이다(민사소송법 제163조).

[그림 4] AI 챗봇 · AI 조정인이 접목된 온라인 조정제도 도입안(가안)과 독일 데메일 시스템 결합안(가안)을 통해 개인정보 노출 · 유출 문제를 다음과 같이 극복할 수 있다.

데메일시스템을 결합하기 위해서 데메일시스템의 전제적 핵심논의를 먼저 검토할 필요가 있다. 데메일법(De-Mail-Gesetz)은 이른바 데메일 서비스제공자[117]의 허용, 그리고 이와 관련된 다수 업무에 관한 것을 규정하고 있는 법이다.[118] 데메일 서비스제공자는 공인전자문서중계자로 적용되기도 하는바, 본 데메일 서비스제공자는 온라인 의사소통의 절차에서 i) 안전하고 ii) 신뢰할 수 있으며 iii) 증명가능한 거래를 모든 이용자에게 제공하는 자를 말한다. 그리고 데메일시스템이란 데메일법을 근거로 본 데메일 서비스제공자의 기능인 i) 안전성, ii) 증명성 iii) 신뢰성을 담보하는 온라인 송 · 수신 시스템이다.[119]

본 데메일 서비스의 구체적 기능은 i) 온라인 절차에서 각종 탐지 또는 조작시도로부터 강한 보안을 제공하고 ii) 온라인 절차에서 그 정보의 수신자 실체가 누구인지 증명해주고 iii) 온라인 절차에서의 이용자의 각종 행위에 관해 증거능력을 인정해주기도 한다.[120] 데메일시스템은 독일에서 30여 개 이상의 기업 및 조직체, 그리고 사인 812명이 실제 이용해보았는바, 그 보안, 속도 등에 있어 매우 긍정적인 반응을 얻었다고 한다.[121]

AI 챗봇 · AI 조정인이 접목된 온라인 조정제도 도입방안에 본 독일 데메일 시스템 기술을 접목할 경우 먼저 신청인, 피신청인은 데메일계정을 온라인 또는 음성 인식을 통해 개설하게 된다. 이후 신청인과 피신청인은 본 데메일계정으로 본 AI 챗봇 · AI 조정인이 접목된 온라인 조정제도 도입안(가안)과 독일 데메일 시스

---

117) 데메일 서비스제공자라 함은 공인문서중계자라고도 하는바, 송 · 수신을 행하는 자가 발송 및 수신하는 전자문서를 수신 · 보관 · 발신 등의 업무를 담당하는 기관이다. 우리의 경우 한국무역정보통신, 한국정보인증, SK텔레콤 등의 기업들을 들 수 있다. 독일 내에서 참여하는 기업들은 Mentanna, T-Systems, GMX, WEB.de, Deutsche Telekom 등이 있다(Alexander Roßgel, Das De-Mail-Gesetz, *NJW*, (2011), S. 1474).

118) BGBl(연방법령집). I (2011), 666면.

119) **De-Mail-Gesetz § 1 (De-Mail-Dienste)**
(1) De-Mail-Dienste sind Dienste auf einer elektronischen Kommunikationsplattform, die einen sicheren, vertraulichen und nachweisbaren Geschäftsverkehr für jedermann im internet sicherstellen sollen.

120) BT-Drucks. 17/3630, S. 2.

121) Jens Dietrich/Jutta Keller-Herder, De-Mail - verschlüsselt, authentisch, nachweisbar, DuD 2010, S. 301; Sven Gelzhäuser, Erfolgreiches De-Mail Pilotprojekt:Teilnehmer ziehen Bilanz, DuD 2010, S. 646 ff.

템 결합안(가안)에 로그인하게 되는바, 본 경로에서 외부 공격에 의한 개인정보 침해가 발생할 수 있다. 이 경우 본 체제하에서는 이와 같은 개인정보 유출 등의 한계를 극복할 수 있는바, 본 체제는 기존의 로그인 체제보다 보안이 훨씬 뛰어난 데메일계정을 보유하게 되고 데메일계정을 경유하여 로그인 절차부터 고도 암호화 작업이 수행된다.[122] 로그인 절차부터 데메일계정[123]의 도입을 통해 로그인을 실행함과 동시에 암호화가 동시에 진행되는바, 해킹 · 유출 등의 공격에서 보안을 구비할 수 있을 것이다.[124]

또한, AI 챗봇 및 AI 조정인을 접목한 온라인 조정제도 도입안(가안)과 독일 데메일 시스템 결합안(가안)에서 신청인이 온라인 또는 음성 인식을 통해 작성하는 온라인 조정신청서가 있는바, 이 온라인 조정신청서는 공인전자문서중계자에 강하게 암호화되어 저장된다. 이후 온라인 조정기관(가칭)에 본 온라인 조정신청서가 전달되므로 역시 해킹 · 외부 공격 등의 문제가 발생하기 어렵다. 피신청인이 조정기관에 온라인 또는 음성 인식을 통해 온라인 조정답변서를 제출하는 절차에서도 동일하게 암호화된다. AI 조정인 선정, AI 기반 온라인 조정회의, AI 기반 온라인 조정 종결 절차에서도 공인문서중계자가 절차마다 암호화를 해주기 때문에 각 절차에 있어 보안상 개인정보 침해 문제가 발생하지 않게 된다.

한편, 데메일시스템은 가명 사용 기능이 존재하는바, 신청인이 온라인 또는 음성 인식을 통해 작성하는 온라인 조정신청서 내용에 관해 유출 · 노출 · 해킹 위험

---

122) **De-Mail-Gesetz § 4 (Anmeldung zu einem De-Mail-Konto)**
(3) Der akkreditierte Diensteanbieter hat sicherzustellen, dass die Kommunikations-verbindung zwischen dem Nutzer und seinem De-Mail-Konto verschlüsselt erfolgt.

123) 데메일 시스템 이용자는 데메일 계정을 신청할 때에 안전하게 신청 가능하도록 서비스제공자 측에게 요청할 수 있다. 이를 통해 신청인 또는 피신청인은 본 데메일 계정상 보안성을 챙길 수 있다. 또한, 신청인 또는 피신청인과 같은 이용자의 구체적 신원이 확인되어야만 해당 이용자는 본 데메일 시스템을 사용할 수 있다. 따라서 이용자는 데메일 계정을 활성화한 이후 비로소 해당 데메일 계정을 사용할 수 있다. 따라서 데메일 계정은 기존 일반 계정보다 보안성이 더 강하다(Alexander Roßgel, a.a.O., S. 1474).

124) Alexander Roßgel, a.a.O., S. 1474; 한편, 데메일시스템에서의 보안은 양자컴퓨터에 의해 그 암호화 방식이 풀릴 수 있다는 비판이 있을 수 있다. 독일 연방정보청(BSI) 전문가들은 양자컴퓨터가 2030년까지 데메일 시스템 보안 방식을 깰 수 있을 확률로 20%를 제시한다. 이에 독일에서는 이러한 양자컴퓨터로부터의 위협에 대비하는 동향이 있다. 첫째, PQC(포스트 양자 암호) 방식은 양자 컴퓨터가 암호화를 깨지 못하고 데메일시스템과 같은 기존 적용된 다수 네트워크 인프라 역시 이용할 수 있다. 그러나 비교적 최근 PQC(포스트 양자 암호) 방식 역시 양자 컴퓨터에 의해 암호화 방식이 풀린 사례가 있으므로 안전하지 않다. 이에 대안으로 QKD(양자 키 배포) 방식이 주목받고 있다. QKD(양자 키 배포) 방식 환경에서는 양자컴퓨터가 무언가 보안키를 탈취하고자 노력할 경우 이러한 탈취 행위 등이 노출되어 그러한 탈취 행위가 방지된다. 따라서 데메일 시스템에서 QKD(양자 키 배포) 방식의 적용안은 양자컴퓨터로부터의 위협에 대응할 수 있으며 현 기술상 가장 합리적이다.

에 있어 본 기능은 선제적 대응을 할 수 있다. 온라인 조정신청서에는 신청인의 비밀스러운 프라이버시 내용도 있을 수 있는데, 보안을 꾀한다 할지라도 유출될 경우를 대비하여[125] 가명 기능을 사용할 수 있다.[126] 이는 최근 온·오프라인 판결절차에서 피해자인 원고의 개인정보 유출·노출 문제에 관해서도 중요한 시사점을 준다.[127]

마지막으로 가령, 신청인이 행하는 i) AI 챗봇과의 의사소통, ii) AI 조정인과의 의사소통 절차에서도 데메일시스템상 공인전자문서중계자에 의해 강한 보안이 수행되므로 개인정보 노출 및 위험이 적다.

3. 퍼블릭 블록체인(Public Block Chain) 도입을 통한 개인정보 보호방안

지금까지 AI 챗봇·AI 조정인이 접목된 온라인 조정제도와 독일 데메일 시스템의 결합방안을 통해 개인정보 노출 및 유출 문제를 극복하고자 하였다. 그런데 장기적으로는 AI 챗봇·AI 조정인이 접목된 온라인 조정제도와 블록체인 결합방안을 검토할 경우 개인정보 노출 및 유출 위험성을 상당수 낮출 수 있다. 이에 AI 챗봇·AI 조정인이 접목된 온라인 조정제도에 퍼블릭 블록체인 결합방안을 논의하고자 한다.

AI 챗봇·AI 조정인이 접목된 온라인 조정제도에 퍼블릭 블록체인 기술의 결합은 비교적 합리적인 대안으로 판단된다. 블록체인은 최근 일상을 변경시키고 있으며 개인정보 보호의 대안으로 의료, 상행위, 집행 절차, 계약 등 공공·민간 등 많은 분야에서 이미 활용되고 있다.[128]

AI 챗봇·AI 조정인이 접목된 온라인 조정제도에 퍼블릭 블록체인 도입방안을 [그림 5]에서 논의하고자 한다.

---

125) 데메일 시스템은 만약 개인정보 등이 유출될 경우 당해 신청인 등 당사자의 계정을 차단할 수 있는 기능도 있다.

126) **De-Mail-Gesetz § 5 (Postfach- und Versanddienst)**
② Der akkreditierte Diensteanbieter kann Nutzern auf Verlangen auch pseudonyme De-Mail-Adressen zur Verfügung stellen, soweit es sich bei dem Nutzer um eine natürliche Person handelt. Die Inanspruchnahme eines Dienstes durch den Nutzer unter Pseudonym ist für Dritte erkennbar zu kennzeichnen.

127) Alexander Roßgel, a. a. O., S. 1474.

128) 이에 향후 신기술인 AI 챗봇·AI 조정인이 접목된 온라인 조정제도에의 블록체인, 분산원장 기술 도입 필요성 역시 검토할 수 있다(이대희, "블록체인 기술과 개인정보 쟁점", 정보법학(제22권 제3호), 한국정보법학회(2018), 246면).

[그림 5] AI 챗봇 및 AI 조정인을 접목한 온라인 조정제도 도입안(가안)과 퍼블릭 블록체인 결합안(가안)

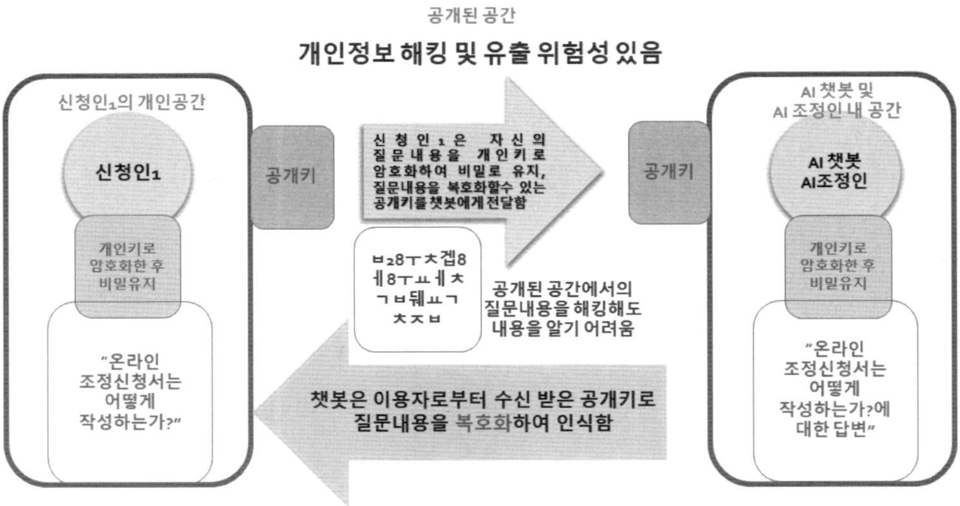

퍼블릭 블록체인이란 영문 의미대로 대중적인 성격의 블록체인이다.129) AI 챗봇·AI 조정인130)이 접목된 온라인 조정제도 도입안(가안)에 퍼블릭 블록체인을 결합할 경우 참여자인 이용자와 챗봇 수는 제한이 없다.131) 이용자는 신청인 1, 신청인 2, 신청인 3, 피신청인 1, 피신청인 2, 피신청인 3 모두 AI 챗봇·AI 조정인이 접목된 온라인 조정제도 도입안과 퍼블릭 블록체인 결합안에 참여할 수 있

---

129) 비트코인 등 분야에서 가장 많이 이용되는 블록체인이기도 하다. 퍼블릭 블록체인에 있어서 거래 승인은 네트워크에 참여하게 되는 모든 노드가 공동으로 수행한다. 퍼블릭 블록체인은 이른바 개방형 블록체인인바, 트랜잭션 내역이 모두에게 공개되고 참여자 모두는 이를 검증하고 해당 거래를 승인한다. 블록체인 기술은 분산원장기술(DLT)을 구현한 사례인데, 거래 정보를 기록한 원장 데이터 기록 및 관리에 있어 중앙 서버가 아니라 참가자들이 공동 형태로 기록·관리하는 기술이다(김현경, "블록체인과 개인정보 규제 합리화 방안 검토", 법학논집(제23권 제1호, 통권 63호), 이화여자대학교 법학연구소(2018), 322면. 블록체인은 암호기술을 접목한 체인이고 소규모 데이터들이 사슬의 형태로 무수히 연결되면서 형성된 블록에 해당하는 분산 데이터 저장 환경에 관리 대상인 데이터를 저장한다. 블록체인에 있어 주요 탈중앙화나 분산 네트워크 유형에는 퍼블릭 블록체인, 하이브리드 블록체인, 컨소시엄 블록체인, 프라이빗 블록체인 등이 있다.

130) 본 AI 챗봇 및 AI 조정인을 접목한 온라인 조정제도 도입안(가안)과 퍼블릭 블록체인 결합안(가안)에 있어 피어와 관련하여 추가 논의가 진행되어야 할 것이다. 블록체인 네트워크의 피어(peer)는 일정한 거래를 승인하여야 하는바, 본 AI 조정인이 이러한 피어에 해당할 수 있는지 역시 추후 집중적으로 검토되어야 할 것이다.

131) 물론 본 블록체인에 있어 누구나 본 블록체인에 참여하며 일정한 정보(거래)를 기록하고 승인할 수 있게 될 것이다. 즉, 도입안에서 읽기, 쓰기 권한은 원칙적으로 누구나 가능하고 소유자는 없게 구성될 수 있다. 한 주체가 작성 및 권한 등을 가지는 것이 아니라 모두가 그 작성 및 권한 등을 보유하는 것이다. 이에 따라 본 도입안의 탈중앙화가 높게 구성되나 트랜잭션 속도는 느릴 수 있다.

고 AI 챗봇 1, AI 챗봇 2, AI 챗봇 3, AI 조정인 1, AI 조정인 2, AI 조정인 3도 역시 참여할 수 있다.[132)]

신청인 1은 AI 챗봇에 “온라인 조정신청서는 어떻게 작성하는가?”라는 질문을 할 수 있다.[133)] 이 경우 신청인 1은 먼저 자신만 공유·인지 가능한 개인키로 질문내용(“온라인 조정신청서는 어떻게 작성하는가?”)을 암호화한 다음 비밀유지 상태로 만든다. 이후 신청인 1은 개인키를 통해 이미 암호화된 질문의 내용을 복호화 가능한 공개키를 설정해둔다. 이후 신청인 1은 본 공개키를 공개된 공간을 통해 AI 챗봇에 전달한다. 본 전달 절차에 해당하는 공개 공간에서의 질문내용은 “ㅂ28ㅜ ㅊ겝8ㅔ8ㅜㅛㅔㅊㄱㅂ뒊ㅛㄱㅊㅈㅂ”으로 표시된다. AI 챗봇은 그 공개키를 열쇠로 삼아 신청인 1의 질문내용을 복호화한 후 “온라인 조정신청서는 어떻게 작성하는가?”라는 질문내용을 인지하게 된다.[134)]

이러한 퍼블릭 블록체인은 사실상 현재의 기술하에서는 AI 챗봇·AI 조정인이 접목된 온라인 조정절차에서 탈중앙화(decentralization)를 구현하였다는 점에서 이용자들의 개인정보 보호를 위한 나름 합리적 대안으로 판단된다.[135)] 신청인 1의 개인 공간과 AI 챗봇 내부의 공간 모두 폐쇄된 공간이고 허락된 신청인 1과 AI 챗봇만이 그 공간을 이용할 수 있다. 본 폐쇄 공간은 현 기술상 제3자가 특정 정보를 가로채기하기 난해하고 해킹 성공 시점도 매우 더딜 것으로 검토된다.[136)] 또한, AI 챗봇 절차에서는 신청인이 1~3까지 확정되어 있는 것이 아니라 불특정 다수[137)]라는 측면을 검토할 경우에도 퍼블릭 블록체인은 불특정 다수의 참여를 토대로 운영함에 합리적이다.[138)] 제3자가 개인정보 등을 가로채기할 수 있는 영역도

---

132) 물론 AI 챗봇과 AI 조정인을 단독으로 구성할지 다수로 운영할지는 향후 본 결합안을 구축하면서 그 합리성 등을 판단하며 결정하여야 할 것이다. AI 챗봇, AI 조정인의 경우 단독인지 다수인지는 아직 결정하기는 어려우나 예산 측면을 검토할 경우 이용자는 단독에서 다수까지 참여할 수 있고 AI 챗봇, AI 조정인은 단독으로 운영될 것으로 사료 된다.

133) 피신청인 1과 AI 챗봇 간 내용 역시 유사하게 검토할 수 있다.

134) 본 블록체인 도입방안에 있어서는 공개키 암호화에 집중한 측면이 있다.

135) 다만, 만약 개인정보에 해당하는 내용들이 블록체인에 기재되는 것을 전제로 할 경우, 블록체인 기록 역시 개인정보가 될 수 있다. 이에 본 체제만으로 개인정보 보호에 있어 완전하거나 절대적인 개인정보 보호방안이라고 장담하기는 어렵다(정진명, “블록체인 기술과 개인정보 보호의 법률문제”, 법조(제68권 제2호, 통권 제734호), 법조협회(2019), 249면; Bechtolf/Vogt, “Blockchain undDatenschutz - Recht technologisch-”, in: Taeger (Hrsg.), Recht 4.0 Innovationen aus den rechtswissenschaftlichen Laboren, 2017, S. 873). 암호화폐 주소 역시 개인정보로 판단되고 있는 부분 역시 고려할 필요가 있다. 이에 이러한 시각 역시 함께 검토되어야 할 것이다.

136) 블록체인 보안기술이 높은 보안을 제공할 것이라는 시각이 다수 있다(Lin William Cong/Zhiguo He, “Blockchain Disruption and Smart Contracts”, *SSRN Electronic Journal*, (2018), p. 2.).

137) Lin William Cong/Zhiguo He, Ibid, p. 2.

공개된 공간에 한정되기 때문에 제3자가 해킹 · 외부 공격을 통해 가로채기할 수 있는 신청자의 개인정보는 최대한 “ㅂ28ㅜㅊ겝8ㅔ8ㅜㅛㅔㅊㄱㅂ뒘ㅛㄱㅊㅈㅂ” 정도이다.[139] 즉, AI 챗봇 · AI 조정인이 접목된 온라인 조정절차에서 퍼블릭 블록체인 기술의 결합방안은 탈중앙화에 근거한 신청인, 피신청인과 AI 챗봇 · AI 조정인 간 ‘개인정보 침해 방지’을 구현하였다는 점에서도 합리적이다.[140]

Ⅶ. 결 론

최근 AI 기술을 ODR에도 도입하여야 한다는 견해가 개진된다. ODR에 AI 기술이 도입될 경우 온라인 환경하에서 분쟁당사자 간 인간의 개입 없이도 자동화된 분쟁 해결이 가능해질 수도 있다.

이에 본고에서는 ODR과 AI의 다양한 결합방안을 검토하기 위해 먼저 ODR과 AI에 관한 내용을 개관하였다. 그리고 AI 챗봇 기반 ODR에 관한 비교법적 검토에 있어 ⅰ) 미국 뉴저지 주 법원에서의 지아(JIA) 챗봇 시스템, ⅱ) 호주, 중국, 국내 AI 챗봇 기반 ODR을 검토하였다. 본 논의를 통해 지아(JIA) 챗봇 시스템을 우리 ODR 실정에 맞게 차용할 수 있는 가능성을 엿보았다.

AI 기반 ODR 구현방안을 온라인 조정제도에의 AI 기반 챗봇 시스템 도입방안을 중심으로 논의하였다. 먼저 ⅰ) 온라인 조정제도 도입방안의 합리성을 검토하였고 ⅱ) 본 온라인 조정제도에의 AI 기반 챗봇 시스템의 접목 역시 시도 및 제시하였다. 더 나아가 ⅲ) AI 챗봇 시스템이 접목된 온라인 조정제도의 절차적 구현방안을 논의하여 구현하였다.

이러한 논의를 통해 마련된 AI 챗봇 · AI 조정인이 접목된 온라인 조정제도에 있어서 ⅰ) 한계로 작용하는 편향성 문제를 극복하기 위해서는 MAF 2022의 도입이 합리적이다. 그리고 ⅱ) 본 체제에서 발생할 수 있는 윤리적 문제를 적시하였

---

138) Lin William Cong/Zhiguo He, Ibid, p. 2.

139) 이에 공개형 블록체인에 있어 공개 공간 내에서는 제3자가 특정 개인정보를 취하기 어렵다(Heckmann · Schmid, “Blockchain und Smart Contracts Recht und Technik im Überblick”, *Vereinigung der Bayerischen Wirtschaft e.V.*, (2017), S. 5.).

140) 다만, 퍼블릭 블록체인 기술의 결합방안은 속도가 느려질 수 있다는 비판이 제기될 수 있다. 그런데 비교적 최근 개발된 샤딩 기술을 적용할 경우 그 합리성을 개진할 수 있다. 퍼블릭 블록체인 기술 결합방안에 샤딩 기술을 적용할 경우 속도가 무려 1만 배 이상 빨라진다. 샤딩은 사금파리(파편 내지 조각)라는 의미인데, 개인정보 데이터 등을 기존보다 더 다수 조각으로 분류하여 저장하는 기술이다.

고 iii) 본 체제에서의 개인정보 노출 및 유출 가능성 역시 개진하였다.

AI 챗봇 및 AI 조정인이 접목된 온라인 조정제도에 있어서 앞서 검토한 개인정보 노출 및 유출 문제를 극복하고자 본 체제에 단기적 방안으르 i) 독일 데메일 시스템 접목을 통한 개인정보 보호 방안이 비교적 타당하다. 장기적 방안으로는 ii) 퍼블릭 블록체인 도입을 통한 개인정보 보호 방안이 합리적이며 구체적인 도입안 역시 제시하였다.

▌참고문헌 ▌

▣ 국내 문헌

〈단행본〉

강현중, 「민사소송법」, 박영사(2023).
김홍엽, 「민사소송법」, 박영사(2020).
이시윤, 「신민사소송법」, 박영사(2024).
전병서, 「민사소송법」, 박영사(2021).
전원열, 「민사소송법」, 박영사(2020).
정동윤 · 유병현 · 김경욱, 「민사소송법 제9판」, 법문사(2022).
정영환, 「민사소송법」, 법문사(2023).
한충수, 「민사소송법」, 박영사(2021).
호문혁, 「민사소송법」, 법문사(2020).

〈논문 등〉

강영주, "인공지능을 활용한 민사분쟁 해결에 관한 고찰", 안암법학(제64호), 안암법학회(2022).
계인국 · 김현범, 온라인 분쟁해결(ODR)에 관한 연구, 사법정책연구원(2018).
김정환, "메타버스와 온라인 분쟁해결(ODR)", 저스티스(통권 제194-3호), 한국법학원(2023).
김현경, "블록체인과 개인정보 규제 합리화 방안 검토", 법학논집(제23권 제1호, 통권 63호), 이화여자대학교 법학연구소(2018).
김홍엽, "4차 산업혁명 시대 분쟁해결 시스템의 발전방안", 분쟁해결(제3호), 한국조정학회(2021).
김효은, "인공지능 편향식별의 공정성 기준과 완화", 한국심리학회지(제40조-1호), 한국심리학회(2019).
서교리, 「인공지능 기반 챗봇 서비스의 국내외 동향분석 및 발전 전망」, NIA D.gov Trend & Future 2018-2호, 한국정보화진흥원(2018).
우광명, "온라인 분쟁해결(ODR)에서 인공지능(AI) 적용가능성에 관한 연구", 인터넷전자상거래연구(제22권 제5호), e-비즈니스연구(2022).
유병욱, "국제상사분쟁해결을 위한 조정제도 활용에 관한 고찰", 무역상무연구(제80권), 한국무역상무학회(2018).
이대희, "블록체인 기술과 개인정보 쟁점", 정보법학(제22권 제3호), 한국정보법학회(2018).

이로리, "ADR 제도 설계와 AI의 활용", 저스티스(통권 제194-2호), 한국법학원(2023).

장완규, "인공지능(AI) 기반 온라인 분쟁해결(ODR) 제도의 성공적 안착을 위한 제언", 집합건물법학(제49집), 한국집합건물법학회(2024).

전원열, "법원 온라인재판(ODR)의 설계", 법조 제70권 제1호 통권 제745호(2021).

정영수, "온택드(Ontact) 시대와 민사재판에서 ODR의 활용 가능성", 법학연구(제30권 제3호), 연세대학교 법학연구소(2020).

———, "인공지능에 기반한 중재의 가능성에 관한 소고", 민사소송(제25권 제3호), 한국민사소송법학회(2021).

정진명, "블록체인 기술과 개인정보 보호의 법률문제", 법조(제68권 제2호, 통권 제734호), 법조협회(2019).

정채연, "사법에서 인공지능 기술의 수용을 위한 기초 연구", 법학연구(통권 제66집), 전북대학교 법학연구소(2021).

주강원, "온라인분쟁해결절차에서의 인공지능의 활용과 법적 함의", 홍익법학(제17권 제2호), 홍익대학교 법학연구소(2016).

최재원, 인공지능 공정성 동향 분석, KISDI AI Outlook(2024년 Vol. 17), 정보통신정책연구원(2024).

한국법제연구원, 전자상거래 시장의 국제화에 따른 분쟁해결방안 연구, 공정거래위원회 연구용역보고서, 한국법제연구원(2014).

▣ 외국 문헌

AAA-ICDR, "Principles Supporting the Use of AI in Alternative Dispute Resolution", ICDR, AAA, (2023).

Alexander Roßgel, Das De-Mail-Gesetz, NJW, (2011).

Arno R. Lodder/Ernest M. Thiessen, "The Role of Artificial Intelligence in Online Dispute Resolution", *Workshop on Online Dispute Resolution at the International Conference on Artificial Intelligence and Law, Edingburgh*, UK(2003).

Abhinav Kathuria/Samta Kathuria/Anita Gehlot/Manish Gupta/Aditi, Bansal Artificial Intelligence Enhancing its Role in Online Dispute Resolution, *2023 International Conference on Disruptive Technologies (ICDT)*, (2023).

Bechtolf/Vogt, "BlockchainundDatenschutz-Recht technologisch-", in: Taeger (Hrsg.), Recht 4.0 Innovationen aus den rechtswissenschaftlichen Laboren, 2017.

Briony Harris, "Could an AI Ever Replace a Judge in Court?", World Government Summit, (2018).

Charlotte Austin, An introduction to online dispute resolution (ODR) and its benefits and drawbacks, *ONLINE DISPUTE RESOLUTION*, (2017).

ColinRule, Online dispute resolution for business: B2B, ecommerce, consumer, employment, insurance, andothercommercial conflicts, (2003).

Darren Gingras/Joshua Morrison, *ARTIFICIAL INTELLIGENCE AND FAMILY ODR, FAMILY COURT REVIEW* Vol. 59 No. 2, (2021).

David Allen Larson, Designing and Implementing a State Court ODR System: From Disappointment to Celebration, 2019 J. Disp. Resol. 77, (2019).

Davide Carneiro/Paulo Novais/Francisco Andrade/John Zeleznikow & José Neves, "Online Dispute Resolution: An Artificial Intelligence Perspective", *Artificial Intelligence Review* Vol. 41, 2014.

DeepikaChoudhary/Anjali Lather/Nikhil Kalra, Artificial Intelligence and Online Dispute Resolution, *INTERNATIONAL JOURNAL OF INNOVATIVE RESEARCH IN TECHNOLOGY* (2015).

E. Bellucci/J. Zeleznikow, "Representations for Decision Making Support in Negotiation", Journal of Decision Support Vol. 10, (2001).

Ephraim Nissan, "Computer Tools and Techniques for Lawyers and the Judiciary", Cybernetics and Systems: An International Journal Vol. 49, No. 4, (2018).

Ethan Katsh & Colin Rule, What We Know and Need to Know about Online Dispute Resolution, 67 S. C. L. Rev. 329 (2016).

Heckmann · Schmid, "Blockchain und Smart Contracts Recht und Technik im Überblick", Ve reinigung der Bayerischen Wirtschaft e.V., (2017).

Hibah Alessa, The role of Artificial Intelligence in Online Dispute Resolution: A brief and critical overview, *INFORMATION & COMMUNICATIONS TECHNOLOGY LAW* VOL. 31, NO. 3, (2022).

J. Webb, J. Patterson/A. Tresise & T. Miller, "Legal Services", Input Paper for the Horizon Scanning Project "The Effective and Ethical Development of Artificial Intelligence: An Opportunity to Improve Our Wellbeing" on behalf of the Australian Council of Learned Academies, (2018).

Jens Dietrich/Jutta Keller-Herder, De-Mail-verschlüsselt, authentisch, nachweisbar, DuD 2010.

John Zeleznikow/James R. Nolan, "Using Soft Computing to Build Real World Intelligent Decision Support Systems in Uncertain Domains", Decision Support Systems Vol. 31, (2001).

Joint Technology Committee (COSCA NCSC NACM), "Introduction to AI for Courts", JTC Resource Bulletin, (2020).

J.J. Prescott, Improving Access to Justice in State Courts with Platform Technology,

70 Vand. L. Rev, (2017).

JTC, ODR for Courts, (2017).

Legal Services Commission of South Australia, 42nd Annual Report 2019-2020, (2020).

Lin William Cong/Zhiguo He, "Blockchain Disruption and Smart Contracts", SSRN Electronic Journal, (2018).

Mauldin/Michael/ChatterBots, TinyMuds, and the Turing Test: Entering the Loebner Prize Competition, Proceedings of the AAAI Conference on Artificial Intelligence 12 Volume, (2007).

Nick Bostrom/Eliezer Yudkowsky, "The Ethics of Artificial Intelligence", *The Cambridge Handbook of Artificial Intelligence, Cambridge University Press*, (2014).

Noopur H. Amin, A New Frontier in Online Dispute Resolution: Combining AI and Mindfulness, *JOURNAL OF LAW TECHNOLOGY & THE INTERNET VOLUME 15, ISSUE 2*, (2024).

Orna Rabinovich-Einy/Ethan Katsh, Artificial Intelligence and the Future of Dispute Resolution: The Age of AI-DR, *Eleven International Publishing*, (2021).

Rakhmatullaev Izzatullo, AI AND ONLINE DISPUTE RESOLUTION, *World Bulletin of Management and Law(WBML) Volume-32*, (2024).

Ryan Abbott/Brinson S. Elliott, Putting the Artificial Intelligence in Alternative Dispute Resolution: How AI Rules *Will Become ADRRules, Amicus Curiae, Series 2* Vol 4, No 3, (2023).

Samuel D. Hodge Jr., IS THE USE OF ARTIFICIAL INTELLIGENCE IN ALTERNATIVE DISPUTE RESOLUTION A VIABLE OPTION OR WISHFUL THINKING?, *The Use of Artificial Intelligence PEPPERDINE DISPUTE RESOLUTION LAW JOURNAL Vol. 24: 91*, (2024).

Shannon Salter, "Online Dispute Resolution and Justice System Integration: British Columbia's Civil Resolution Tribunal", *Windsor Yearbook of Access to Justice*, (2017).

Stuart Russell, 「Human Compatible: Artificial Intelligence and the Problem of Control」, *Viking Press*, (2019).

Suzanne Van Arsdale, User Protection in Online Dispute Resolution, 21 Harv. Negot. L. Rev. 107, 110(2015).

Sven Gelzhäuser, Erfolgreiches De-Mail Pilotprojekt:Teilnehmer ziehen Bilanz, DuD 2010.

Teresa de Jesus Candeias, Artificial Intelligence's Role in Enhancing Conflict

Resolution within the Online Dispute Resolution (ODR) System, (2023).

▣ 기타 자료

국내 AI 챗봇 성공 사례 5가지 서비스 살펴보기, (2024.8.31. 방문), <https://brunch.co.kr/@brunchk1wj/179>.

디지털데일리, [AI WAVE 2024] 과기정통부 "세계 6위 수준 한국 AI 경쟁력, 3위로 높이겠다", (2024.6.11. 방문), <https://m.ddaily.co.kr/page/view/2024050911032314661>.

동아일보, 집주소·계좌정보 '술술'… 'AI 이루다' 개인정보 유출 논란, (2024.5.11. 방문), <https://www.donga.com/news/It/article/all/20210113/104899076/1>.

법률신문, "법률AI, 변호사법 적용 맞지만 무료라면 문제 없어"(2024.5.18. 방문), <https://www.lawtimes.co.kr/news/197014>.

법조신문, "호주·싱가포르, 가사분쟁 조정도 '집에서'", (2024.5.17. 방문), <https://news.koreanbar.or.kr/news/articleView.html?idxno=21933>).

보안뉴스, 8억 건 넘는 의료 기록들 인터넷에 고스란히 노출돼. (2024.5.25. 방문), <https://www.boannews.com/media/view.asp?idx=102020>.

한국경제, [사설] 노벨상서 확인된 인공지능 위력…AI 뒤처지면 미래 없다, (2024.4.29. 방문), <https://www.hankyung.com/article/2024101069681>.

_______, "초유의 법원 해킹… 한국 민감정보 북한에 다 털렸다", (2024.5.29. 방문), <https://www.hankyung.com/article/2024051128127>.

헬스조선, 뇌졸중 의심 환자 3분 내 판독… "AI가 골든타임 지킨다, (2024.5.13. 방문), <https://health.chosun.com/site/data/html_dir/2024/06/17/2024061700912.html>.

AI 타임스, "AI가 공정한지 진단하는 시스템, 국내서 개발… IBM·MS·구글 모델보다 성능 우수," (2024.5.28. 방문), <https://www.aitimes.com/news/articleView.html?idxno=143283>).

Damon Cronshaw, "How Artificial Intelligence Is Being Used for Divorce and Separations with Apps like Amica, Adieu and Penda", Newcastle Herald (2024. 9. 12. visited), <https://www.newcastleherald.com.au/story/6849822/divorce-through-robot-lawyer-apps-saves-cash-and-stress>).

Digital daily, 챗GPT서 개인 정보 유출했다? … 피해자 발생, (2024.5.22. 방문), <https://www.digitaltoday.co.kr/news/articleView.html?idxno=504025>; ITU Statistics, (2024. 5.21. 방문), <https://www.itu.int/en/ITU-D/Statistics/Pages/stat/default.aspx>.

KAIST, "AI Fairness Research Center," 카이스트 공정성 연구센터(2022); AI 타임즈, AI가 편향성 문제를 극복하는 방법(2024.5.25. 방문), <http://www.aitimes.com/news/articleView.html?idxno=144682>.

MBCNEWS, 북 해커에 털린 법원… "개인정보 등 1천GB 탈취" (2024.05.28. 방문),

<https://www.youtube.com/watch?app=desktop&v=AJ562YT1Rpc>.

malder, Solar Winds Hack Compromises U.S. Courts Electronic Filings(2024. 5. 1. 방문) <https://apnews.com/article/technology-virus-outbreak-brazil-courts-hacking-2e37d1fbb60d911ab310962b29dcfb79>).

Nick Hilborne, "Australia Uses AI to Help Separating Couples Split Assets", Legal Futures (2024. 7. 5. visited), <https://www.legalfutures.co.uk/latest-news/australia-uses-ai-to-help-separating-couples-split-assets>).

Tess Williams, Alaska Court System Revives Some Digital Services After Hack (2024.5.17. 방문) <https://www.govtech.com/security/alaska-court-system-revives-some-digital-services-after-hack>).

Tim Urban, "The AI Revolution: The Road to Superintelligence", (2024.4.27. 방문), <https://waitbutwhy. com/2015/01/artificial-intelligence-revolution-1.html>.

Tony Yoo, "E-Divorce: How Artificial Intelligence Could Help Australian Couples Break Up Quickly and Cheaply", Business Insider, Australia (2024. 8. 11. Visited), <https://www.businessinsider.com.au/e-divorce-how-artificial-intelligence-could-help-australian-couples-break-up-quickly-and-cheaply-2017-8>).

Trend/ICT 챗봇 서비스의 국내외 동향, (2024.5.22. 방문), <https://uipac.com/557>.

중국의 인공지능 규제 동향과 시사점

장 지 화*

Ⅰ. 서 론

1. 중국의 AI 산업 발전 동향: 레드 드래곤에서 AI 드래곤으로

중국은 2024년까지 AI 연구 및 개발에 대한 투자를 지속적으로 확대하고 있으며, AI 관련 기업 수가 급증하고 있다. 2023년 기준으로 중국의 AI 관련 기업 수는 약 8,000개에 달하며, 이는 전 세계 AI 기업의 30%를 차지한다.[1] 아울러 중국은 AI 인재 양성을 위해 매년 수천 명의 AI 전문가를 배출하고 있으며, 2024년에는 AI 관련 인재가 19만 명에 이를 것으로 예상된다.[2] 중국의 AI산업 규모도 상당한데 그 규모는 2024년 약 1조 2천억 위안(약 2천억 달러)에 이를 것으로 보이며, 이는 2023년 대비 38.5% 증가하여, 2024년에는 AI 시장 점유율이 46.1%에 이를 것으로 예상된다.[3]

AI산업을 견인하는 주요 3대 요소는 데이터, 알고리즘, 컴퓨팅파워인데, 중국은 대량의 인구를 보유하고 있고 이는 방대한 양의 데이터를 생성하는 데 기여하고

* 김앤장 법률사무소 중국변호사, 숭실대학교 국제법무학과 겸임교수, 전 중국연변조선족자치주 인민검찰원 검사

1) 심하윤, “[중국의 주요 산업 현황 및 협력 방안] AI 산업 편”, 연세대학교 중국연구원, 2024.9.1. https://yonseisinology.org/articles/economics/3324

2) 유재홍, “세계인공지능대회를 통해 살펴본 중국의 「AI+행동」 계획과 산업계 동향”, 대외경제정책연구원, 2024.7.30.

3) 변희원, “중국의 ‘AI 추격’”, 조선일보, 2024.10.31. https://www.chosun.com/economy/tech_it/2024/10/26/OA4KQLTCFVEUJI26Q4T76GDGXY/

AI 모델 훈련시키는 데 필수이다. 아울러 중국은 클라우드 컴퓨팅 인프라를 확장하고 있으며, 이를 통해 기업과 연구자들이 필요한 컴퓨팅 자원을 쉽게 이용할 수 있도록 하고 있다. 흔히 중국을 짝퉁이 남발하는 공장국가로 브고 있지만, 아래 세계지식재산기구(WIPO)가 발표한 보고서에 기재한 수치를 보면, AI산업에서 중국은 high tech 국가의 길로 가고 있음이 분명하고, 이는 알고리즘 차원에서도 중국이 결코 뒤처지지 않음을 보여준다.

WIPO가 발표한 「생성형 AI 특허 현황(Patent Landscape)」 보고서에 따르면 최근 10년간('14년~'23년) 총 5만4,000건의 생성형 AI 특허가 출원된 가운데, 중국이 3만8,000개 이상으로 2위인 미국(6,276건) 보다 6배 이상 많았다. 생성형 AI 특허를 가장 많이 보유한 상위 20위권에, 중국 Tencent(1위, 2,074개), 중국 핑안보험(2위, 1,564개), 중국 Baidu(3위, 1,234개), 중국과학원(4위, 607개), Alibaba Group(6위), 바이트댄스(9위) 등 중국 기업과 연구기관이 대거 포함됐다.[4] 반면 상위 10위권에 들어간 우리기업은 삼정전자(7위, 468개)가 유일하다.[5]

[표 1] 최근 10년간 출원한 생성형 AI 특허 수량

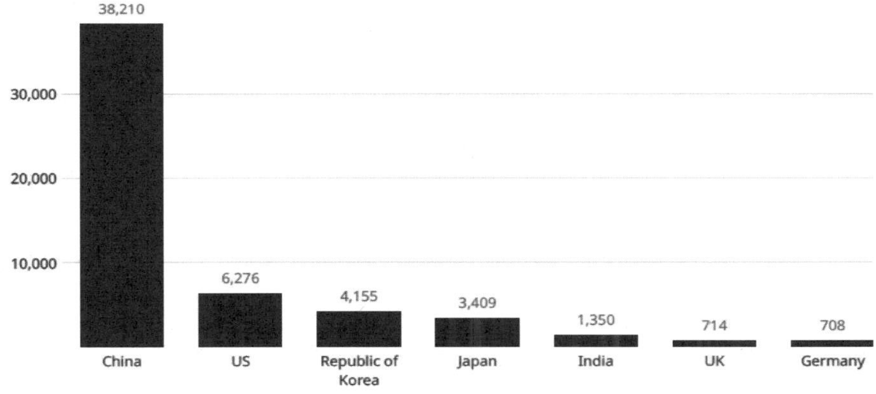

위에서 정리한 바와 같이 오늘날 중국은 AI 산업 3대 요소인 데이터, 알고리즘, 컴퓨팅파워 중 어느 것도 뒤처지지 않게 발전하고 있고, 부단히 AI의 R&D에 거

4) 이외에도 칭화대 (15위), 저장대 (16위) 등 중국 연구기관과 BBK전자(11위), 넷이즈(12위), 화웨이(14위), 차이나모바일(17위), 스테이트그리드(18위) 등 중국기업이 상위 20위에 들어섰다.

5) Wipo, Patent Landscape Report-Generative Artificial Intelligence (GenAI) https://www.wipo.int/web-publications/patent-landscape-report-generative-artificial-intelligence-genai/en/index.html

액을 투자하고 있고 인재를 양성하고 있다. 필자의 소견이지만, 중국은 레드 드래곤으로부터 AI 드래곤으로 진화(进化) 중이다.

2. 중국의 AI 관련 법과 정책 제정 동향

중국은 AI 산업의 부단한 발전과 더불어 AI 관련 규제에도 중국은 상당한 노력을 기울이고 있다. 2017년, 세계에서 가장 먼저 인공지능 발전 전략을 수립한 국가 중 하나로서,[6] 중국은 「차세대 인공지능 발전 계획」[7](이하 **'발전계획'**)을 발표했다. 「발전계획」은 '과학강국(科學強國)'이라는 대원칙하에 과학 기술의 인솔(科技引領), 체계적인 계획(係統佈局), 시장 주도(市場主導), 오픈소스 개방(開源開放)이라는 4대 원칙을 명확히 하였다. 「발전계획」은 중국의 인공지능 개발에서 가장 중요한 것은 중국이 i) 과학기술 혁신과 능력 향상을 주요 목표로 하면서, ii) 스마트 경제 발전으로 스마트 사회를 구축하는 동시에 iii) 국가안보의 유지임을 명확히 하였다. 2019년 2월 중국 과학기술부는 '국가 차시대 인공지능 거버넌스 전문위원회(國家新一代人工智能治理專業委員會, 이하 '국가인공지능위원회')' 설립을 발표하였고, 같은 해 6월 17일 「차시대 인공지능 거버넌스 원칙(新一代人工智能治理規範)」 발표로 인공지능 거버넌스를 위한 프레임워크와 행동지침을 제시하였다. 아울러 2021년 9월 25일 국가인공지능위원회는 「차세대 인공지능 윤리규범(新一代人工智能倫理規范)」을 발표하여 인공지능 관련 활동에 종사하는 자연인, 법인 및 기타 관련 기관 등에 윤리적 지침을 제시하였다.

「발전계획」과 「거버넌스원칙」 발표 후, 중국의 과학기술부, 공업정보화부, 국가발전개혁위원회, 공안부, 중국과학원, 국가표준위원회 등 주요 관련 부서는 인공지능 발전을 촉진하고 인공지능 위험을 예방하기 위한 다양한 정책과 규범적 문서를 연이어 제정하였다. 예를 들어, 「신세대 인공지능 산업 발전 3개년 행동 계획(2018－2020년)」,[8] 「휴머노이드 로봇 혁신 발전 지침」,[9] 「국가 차세대 차량 네트워크 산업 표준 체계 구축 가이드(스마트 연결 자동차)」,[10] 「과학기술 윤리 심사 방

---

6) Stanford Institute for Human-Centered AI(HAI), The AI Index 2024 Annual Report, Artificial Intelligence Index(Apr.22,2024), https://aiindex.stanford.edu/report/

7) 중문명칭: 国务院关于印发新一代人工智能发展规划的通知. 2017.7.8. 발표 및 시행. 문서번호: 国发[2017]35号.

8) 중문명칭: 工业和信息化部关于印发「促进新一代人工智能产业发展三年行动计划(2018-2020年)」的通知. 2017.12.13. 발표 및 시행. 문서번호: 工信部科[2017]315号.

9) 중문명칭: 工业和信息化部关于印发「人形机器人创新发展指导意见」的通知. 2023.10.20. 발표 및 시행. 문서번호: 工信部科[2023]193号.

법(시행)」[11] 등이 있다. 뿐만 아니라 각 지역에서도 관련 문서를 제정하기 시작하였다. 예컨대 상하이와 선전은 인공지능 산업 발전을 촉진하기 위한 지역 법규를 제정하였고, 저장, 광둥, 베이징, 청두, 항저우 등 여러 지역은 인공지능 연구 및 산업 발전을 촉진하기 위한 정책 문서를 제정하였다

법률적 차원에서 본다면 2017년 6월 1일에 시행한 「네트워크안전법」,[12] 2021년 9월 1일에 시행한 「데이터안전법」,[13] 2021년 11월 1일에 시행한 「개인정보보호법」,[14] 2022년 1월 1일에 시행한 「과학기술진보법」[15] 등이 있는데, 「네트워크안전법」은 주로 네트워크 보안을 보장하고, 사이버 공간 주권과 국가 안보를 수호하며, 시민과 다양한 조직의 합법적 권익을 보호하는 데 목적을 두고 있어서 인공지능 발전의 기본 인프라인 네트워크 안보에 관한 기본법이라 할 수 있다. 「개인정보보호법」과 「데이터안전법」은 개인 정보와 데이터 처리 활동을 규범화하고, 개인 정보의 권리와 데이터 안전을 보호하는 동시에 데이터의 합리적 활용을 촉진하는 데 중점을 두고 있어서, 인공지능 발전의 주요 원자재인 데이터 관한 기본법이라 본다. 아울러 「과학기술진보법」은 신기술 촉진과 발전에 대한 기본법이기에 인공진흥 기술에 국가예산을 투입하고 산업발전 진흥에 힘을 기울이는 법적 근거라 할 수 있다.

Ⅱ. 중국의 AI 관련 현행 주요 규제

AI 관련 문제를 체계적으로 규제하고 있는 것은 주로 2021년 12월 31일에 발표한 「인터넷 정보 서비스 알고리즘 추천 관리 규정」(이하 '**알고리즘규정**'),[16]

---

10) 중문명칭: 工业和信息化部、国家标准化管理委员会关于印发 「国家车联网产业标准体系建设指南(智能网联汽车)(2023版)」的通知. 2023.7.18. 발표 및 시행. 문서번호: 工信部联科[2023]109号.

11) 중문명칭: 关于印发「科技伦理审查办法(试行)」的通知. 2023.9.7. 발표, 2023.12.1. 시행. 문서번호: 国科发监[2023]167号.

12) 중문명칭: 中华人民共和国网络安全法. 2016.11.7. 발표, 2017.6.1.시행. 문서번호: 中华人民共和国主席令第53号.

13) 중문명칭: 中华人民共和国数据安全法. 2021.6.10. 발표, 2021.9.1.시행. 문서번호: 中华人民共和国主席令第84号.

14) 중문명칭: 中华人民共和国个人信息保护法. 2021.8.20. 발표. 2021.11.1시행. 문서번호: 中华人民共和国主席令第91号.

15) 중문명칭: 中华人民共和国科学技术进步法. 2021.12.24. 수정, 2022.1.1. 시행. 문서번호: 中华人民共和国主席令第103号.

16) 중문명칭: 互联网信息服务算法推荐管理规定. 2022.3.1.부터 시행. 문서번호: 国家互联网信息办公室、中华人民共和国工业和信息化部、中华人民共和国公安部、国家市场监督管理总局令第9号.

2022년 11월 25일에 발표한「인터넷 정보 서비스 딥페이크 관리 규정」(이하 **'딥페이크규정'**)[17], 2023년 7월 1일에 시행한「생성형 인공지능 서비스 관리 임시 방안」(이하 **'AI잠행방법'**)[18]이 있다. 그중「알고리즘규정」은 주로 알고리즘 추천기술을 대상으로,「딥페이크규정」은 딥페이크 기술을 대상으로,「AI잠행방법」은 생성형 인공지능 기술을 대상으로 기술을 활성화하는 동시에 안전하게 사용하는 것을 목표로 하고 있다. 위 2개의 규정과 방법은 중국의「네트워크안전법」,「데이터안전법」,「개인정보보호법」,「과학기술진보법」 등 법률과 함께 현행 중국의 AI 법률감독 구조를 형성하고 있다.

1.「알고리즘규정」의 주요개념과 적용범위

「알고리즘규정」은 총 6장 35조로 구성되어 있으며, 정보 서비스의 규범화, 사용자 권익 보호, 감독 관리, 법적 책임 등의 측면에서 구체적인 규정을 명시하고 있다. 알고리즘 사용이 보편화되고 심화되는 배경에서 발생한 알고리즘 차별, 빅데이터를 이용한 가격차별, 미디어·게임·인터넷 중독 등의 문제를 해결하여 정상적인 정보 전달 질서, 시장 질서 및 사회 질서를 유지하고, 의식형태 안보, 사회적 공정성과 정의, 그리고 네티즌의 합법적 권익을 보호하며, 알고리즘 관련 산업의 건강하고 질서 있는 발전을 촉진하는 것을 목표로 하고 있다.

「알고리즘규정」의 적용범위에 대한 이해는 두 가지 차원에서 접근할 수 있다. 하나는 공간적 차원인데, 동 규정은 중국 국내에서 알고리즘 추천 기술을 이용하여 인터넷 정보 서비스를 제공하는 행위(이하 "알고리즘 추천 서비스")에 적용하기에 공간 적용 범위는 중국 국내에 한하고 있다.[19] 다른 하나는 기술적 차원인데, 동 규정이 규제하는 대상은 **'알고리즘추천기술'**이고, 이는 생성 및 합성 기술, 개인화된 추천 기술, 순위 매기기 및 선택 기술, 검색 및 필터링 기술, 배포 및 의사 결정 기술과 같은 알고리즘 기술을 사용하여 사용자에게 정보를 제공하는 것을 의미한다.[20] 알고리즘 추천 서비스에 대한 감독관리 총괄 부서는 국가 및 각 지역의

17) 중문명칭: 互联网信息服务深度合成管理规定. 2022.11.25.부터 시행. 문서번호: 国家互联网信息办公室、中华人民共和国工业和信息化部、中华人民共和国公安部令第12号.

18) 중문명칭: 生成式人工智能服务管理暂行办法. 2023.7.1. 부터 시행. 문서번호: 国家互联网信息办公室、中华人民共和国国家发展和改革委员会、中华人民共和国教育部、中华人民共和国科学技术部、中华人民共和国工业和信息化部、中华人民共和国公安部、国家广播电视总局令第15号.

19)「알고리즘규정」 제2조 1항.

20)「알고리즘규정」 제2조 2항.

인터넷정보관리부(网信部)이지만,[21] 국무원 및 지방의 통신, 공안, 시장 감독 등 관련 부서도 관련 직무를 담당한다.

2. 「딥페이크규정」의 주요개념과 적용범위

「딥페이크규정」은 총 5장 25조로 구성되어 있으며, 이는 딥페이크 기술을 합법적이고 효과적으로 활용할 수 있도록 촉진하고 인터넷 정보 서비스 딥페이크 활동을 규범적으로 발전하기 위한 체계적이고 전문적이고 실용적인 전문적 관리 규정이다.

헤딩 규정에 따르면 **'딥페이크 기술'**이란 딥 러닝, 가상현실 드는 기타 생성 및 합성 알고리즘을 사용하여 텍스트, 이미지, 오디오, 비디오, 가상 장면 또는 기타 네트워크 정보를 생성하는 모든 기술을 말하며, 여기에는 다음이 포함되며 이에 국한되지 않는다: ① 텍스트 생성, 텍스트 스타일 변환, Q&A 생성과 같은 텍스트 콘텐츠를 생성하거나 편집하는 기술; ② 텍스트 음성 변환, 음성 변환, 음성 속성 편집과 같은 음성 콘텐츠를 생성하거나 편집하는 기술; ③ 음악 생성 및 배경 사운드 편집과 같은 비음성 콘텐츠를 생성하거나 편집하는 기술; ④ 얼굴 생성, 얼굴 교체, 개인 속성 편집, 얼굴 조작, 제스처 조작과 같은 이미지 또는 비디오 콘텐츠의 생체 인식 특징을 생성하거나 편집하는 기술; ⑤ 이미지 생성, 이미지 향상, 이미지 복원을 포함한 이미지 또는 비디오 콘텐츠의 비생체 인식 특징을 생성하거나 편집하는 기술; ⑥ 3D 재구성 및 디지털 시뮬레이션과 같은 디지털 캐릭터 또는 가상 장면을 생성하거나 편집하는 기술.[22]

「딥페이크규정」의 적용범위를 보면, 우선 공간적 차원에서 동 규정은 적용 범위를 중국 국내에서의 기술 응용에 제한을 두고 있다.[23] 다음으로 적용대상의 차원에서 보면 해당규정은 '딥페이크 서비스 제공자'[24]와 그러한 서비스에 기술지원을 주는 '딥페이크 서비스 기술지원자'[25]를 규제대상으로 하고 있다.

---

21) 「알고리즘규정」 제3조.
22) 「딥페이크규정」 제23조 1항.
23) 「딥페이크규정」 제2조.
24) 「딥페이크규정」 제23조 3항. 딥페이크 서비스 제공자란 딥페이크 서비스를 제공하는 조직과 개인을 뜻한다.
25) 「딥페이크규정」 제24조 3항. 딥페이크 서비스 기술지원자란 딥페이크 서비스 제공에 기술지원을 주는 조직과 개인을 뜻한다.

3. 「AI잠행방법」의 주요개념과 적용범위

「AI잠행방법」은 총 5장 24조로 구성되었다. 「AI잠행방법」은 생성형 AI에 대한 감독관리 주체와 조치를 명확히 하고, 생성형 인공지능 제공자와 사용자의 사회적 책임 및 법적 책임을 명확히 규정하여, 시스템 오류, 피해 발생, 또는 권리 침해가 발생했을 때 적법한 책임 추궁에 법적 근거를 제공하였다.

'생성형 인공지능 기술'이란 텍스트, 이미지, 오디오, 비디오 또는 기타 콘텐츠를 생성하는 능력을 가진 모델 및 관련 기술을 뜻한다.[26] 「딥페이크규정」은 '중국 국내'에서의 기술 응용에 적용[27]되는 반면 「AI잠행방법」은 **'생성형 인공지능 기술을 사용하여 중국 국내 대중에게 생성형 인공지능 서비스를 제공하는 경우 본 법을 적용한다'[28]고 하여, 그 적용범위를 중국 국내로 국한하지 않았다.** 아울러 「AI잠행방법」은 '생성형 인공지능 기술 제공자란 생성적 AI 기술을 활용하여 생성적 AI 서비스를 제공하는 조직이나 개인을 의미하고, 여기에는 프로그래밍 가능한 인터페이스 또는 기타 수단을 통해 이러한 서비스를 제공하는 것도 포함한다고 규정[29]하였기에, 「AI잠행방법」의 규제 대상에는 실제적으로는 관련 서비스를 제공하는 자뿐만 아니라 생성형 AI 기술 개발자도 포함된다.

Ⅲ. 중국의 AI 관련 규제 적용 주요내용

앞에서 다룬 3개의 행정법규로 중국은 AI 관련 규제의 대체적인 프레임을 형성하였다. 3개의 행정법규는 각자 알고리즘, 딥페이크, 생성형 AI기술 적용에서 적용해야 하는 규제를 규정하였고, 서로 중첩되거나 연결되는 부분들이 많다. 따라서 아래는 3개 행정법규로 다루고 있는 주요 규제들을 일괄 정리하겠다.

1. 관리체계 시스템 구축의무

「알고리즘규정」에 의하면 알고리즘 추천 서비스 제공자는 **'관리체계구축의무'**가 있다. 알고리즘 추천 서비스 제공자는 사용자 등록, 정보 게시 심사, 데이터 보안

26) 「AI잠행방법」 제22조 1항.
27) 「딥페이크규정」 제2조.
28) 「AI잠행방법」 제2조 1항.
29) 「AI잠행방법」 제22조 2항.

및 개인정보 보호, 안전사고 긴급대응 등의 관리 제도를 마련하고 관련 규칙을 공개하며, 서비스 규모에 적합한 전문 인력과 기술을 배치해야 한다.[30] 다음으로 **'알고리즘 검토 및 평가의무'**를 이행해야 한다. 즉 알고리즘 모델, 데이터, 결과 등을 정기적으로 점검하고, 사용자를 중독시키거나 과소비를 유도하는 알고리즘 모델을 설정하면 아니 된다.[31] 이외에도 불법·유해 정보 탐지 시스템을 구축하고, 발견 시 적절한 조치를 취하는 **'불법·유해 정보 탐지·차단 의무'**[32]드 부담해야 한다.

같은 맥락으로, 「딥페이크규정」에 의하면 딥페이크 서비스 제공자도 '관리체계 구축의무'를 부담하고[33] 딥페이크로 형성한 내용에 대한 관리를 강화하고 그 결과물에 대한 심사를 하여 '검토 · 평가 의무'를 이행해야 한다.[34] 아울러 불법 및 불량 정보 특징들을 마크할 수 있는 데이터베이스를 구축하고 마크 절차를 부단히 보완하고 관련 기록들을 저장해야 하며[35] 불법 · 불량 정보 발견 시 신속히 경고, 기능제한, 서비스정지, 계정말소 등의 조치를 하고 이를 당국에 보고함으로써 '불법 · 유해 정보 탐지 · 차단 의무'를 이행해야 한다.[36]「AI잠행방법」은 제14조로 딥페이크 서비스 제공자와 같은 '불법 · 유해 정보 탐지 · 차단 의무'를 생성형 AI 서비스 제공자에게 부여하고 있다.

2. 기술활용 표식의무

알고리즘 추천 서비스자는 알고리즘이 생성한 합성 정보는 명확히 표시해야 하며, 표시하지 않은 경우 정보 전송을 중단해야 하는 '생성 합성 정보 표시의무'가 있다.[37][38] 유사하게, 딥페이크 서비스 제공자는 자신이 제공한 서비스로 형성된 결과물 또는 정보에 대해 사용자가 정상적인 사용에 영향을 주지 않는 표식을 하고 표식추가 일지를 보관해야 한다.[39] 다만 i) 자연인을 시뮬레이션 하여 텍스트

30) 「알고리즘규정」 제7조.
31) 「알고리즘규정」 제8조.
32) 「알고리즘규정」 제9조 1항.
33) 「딥페이크규정」 제7조.
34) 「딥페이크규정」 제10조 1항.
35) 「딥페이크규정」 제10조 1항.
36) 「딥페이크규정」 제10조 3항.
37) 「알고리즘규정」 제9조 2항.
38) 생성 합성 정보 표시의무는 2019년 발표한「네트워크 음성 비디오 정보 서비스 관리 규정(网络音视频信息服务管理规定)」에서도 규정한 바 있다. 이에 따르면 네트워크 음성 비디오 정보 서비스 제공자와 네트워크 음성 비디오 정보 서비스 사용자들이 딥러닝, 가상현실 등의 새로운 기술과 응용을 기반으로 비실제 음성 비디오 정보를 제작, 게시, 전파할 경우, 이를 명확하게 표시해야 한다.
39) 「딥페이크규정」 제16조.

를 생성하거나 편집하는 스마트 대화, 스마트 작문 또는 기타 서비스, 또는 ii) 음성 합성, 음성 모방과 같은 음성 생성 서비스 또는 개인 식별 특성을 상당히 변경하는 기타 편집 서비스, 또는 iii) 얼굴 생성, 얼굴 교환, 얼굴 조작 또는 자세 조작과 같은 사람의 이미지나 비디오를 생성하는 서비스 또는 개인 식별 특성을 상당히 변경하는 편집 서비스, 또는 iv) 몰입형 시뮬레이션 장면 생성, 편집 또는 기타 서비스, 또는 v) 정보 콘텐츠를 생성하거나 상당히 변경하는 기능을 가진 기타 서비스를 제공하여 대중들의 혼란이나 오인을 초래할 수 있다면, 딥페이크 생성물이나 정보의 적절한 위치에 현저하게 딥페이크 기술활용물임을 알리는 표식을 해야 한다.[40] 생성형 AI 서비스는 「딥페이크규정」에 준하여 형성물에 대한 표식을 해야 한다.[41]

3. 주류가치관 조성의무

「알고리즘규정」에 의하면 알고리즘 추천 서비스 제공자는 불법·불량한 정보는 전파하지 않고 건강하고 주류가치관(主流價値觀)에 적합한 온라인 환경을 조성하는 의무를 이행해야 한다. 따라서 사용자에 대한 태그 관리를 유의해야 하고 불법하고 불량한 키워드로 사용자를 태그하여 그들에게 불법·불량한 정보를 추천하여서는 아니 된다.[42] 아울러 알고리즘 추천에 있어서 적절한 간섭으로 중요사항에서는 주류가치관에 부합되는 정보가 보이도록 조절해야 한다.[43] 가짜 뉴스 정보 생성 또는 국가규정에 의해 인허가를 받지 못한 주체의 뉴스 정보 유포는 금지해야 한다.[44] 특히 알고리즘을 이용하여 허위·불법 계정을 생성하고 허위 추천, 검색 순위 조작 등의 여론 조작 행위로 여론을 조성하고 감독관리 면피를 도모하여서는 아니 된다.[45]

문제는 '주류가치관'이라는 용어 자체가 모호하고 주관적 판단이 들어간 것이어서 규정 적용에서의 불분명성을 갖고 있다고 본다. 생각건대 중국의 '주류가치관'이라면 '사회주의핵심가치관(社會主義核心價値觀, Core Socialist Values)'[46]이라고

40) 「딥페이크규정」 제17조.
41) 「AI잡행방법」 제12조.
42) 「알고리즘규정」 제10조.
43) 「알고리즘규정」 제11조.
44) 「알고리즘규정」 제13조.
45) 「알고리즘규정」 제14조.
46) 2012년 중국 공산당 제18차 전국대표대회에서 채택된 중국식 사회주의의 새로운 공식적 가치관.

보는 것이 타당할 것 같다. 이는 부강(富強), 민주(民主), 문명(文明), 화해(和諧)을 가치의 목표로, 자유(自由), 평등(平等), 공정(公正), 법치(法治)를 가치의 방향으로, 애국(愛國), 경업(敬業), 성신(誠信), 우선(友善)을 가치의 준칙으로 삼는 12가지 덕목을 뜻한다.[47] 실제로 중국 최고인민법원은 2021년 1월 19일에 「사회주의 핵심 가치관을 재판 문서의 법률 해석과 법리 설명에 도입하는 것을 심도 있게 추진하는 것에 관한 지도의견」[48]을 발표하여 법관이 사회주의 핵심가치관을 운용해 '법을 해석하고 법리를 설명(석법설리, 釋法說理)'할 때의 기본 원칙과 기본 요건, 주요 방법, 중점 사건, 범위, 관련 기제 등을 규정하였다.

「알고리즘규정」 발표 후에 제정된 「딥페이크규정」과 「AI잠행방법」에는 "주류가치관"이라는 문구가 등장하지는 않았다. 다만 「딥페이크규정」은 사회주의핵심가치관 조성을 규정 제정의 목표 중의 하나라고 밝혔고[49] 「AI잠행방법」은 생성형 AI 서비스 제공자는 사회주의핵심가치관을 준수하고 국가 주권의 전복이나 사회주의 체제의 전복을 선동하는 내용, 국가의 안전과 이익을 위협하는 내용, 국가의 이미지를 해치는 내용, 분리주의를 선동하는 내용, 국가의 통일성과 사회적 안정을 해치는 내용, 테러리즘이나 극단주의를 선전하는 내용, 민족 간 증오나 차별을 조장하는 내용, 폭력적이거나 외설적인 내용, 그리고 허위 또는 유해한 정보를 포함하는 내용을 생성하는 것은 금지해야 한다고 규정하였다.[50] **위 3개 행정규정은 모두 사회주의핵심가치관의 준수를 강조하고 있고 그 내용들을 들여다보면 사회주의 이념을 강조하고 있다.**

4. 여론선동능력 구비자의 등록·평가의무

2018년 11월 15일에 발표한 「여론속성 또는 사회동원능력 구비 인터넷 정보서비스 안전 평가 규정」[51] 제2조에 따르면, **'여론속성**(舆论属性, public opinion attributes)' 또는 **'사회동원능력**(社会动员能力, social mobilization capabilities)'(이하 **'여론선동능력'**)을 구비한 인터넷정보 서비스 제공이란 주로 i) 포럼, 블로그, 웨이

47) 허욱, "법 안의 사회주의 핵심 가치관", Economy Chosun. 2021.3.22. https://economychosun.com/site/data/html_dir/2021/03/22/2021032200004.html
48) 중문명칭: 最高人民法院印发≪关于深入推进社会主义核心价值观融入裁判文书释法说理的指导意见≫的通知 2021.1.19. 발표, 2021.3.1.시행. 문서번호: 法[2021]21号.
49) 「딥페이크규정」 제1조.
50) 「AI잠행방법」 제4조 1항.
51) 중문: 具有舆论属性或社会动员能力的互联网信息服务安全评估规. 2018.11.30. 시행.

보(중국형 트위터), 채팅방, 통신 그룹, 공공 계정, 짧은 동영상, 라이브 스트리밍, 정보 공유, 미니 프로그램 등 정보 서비스를 개설하거나 해당 기능을 부가적으로 제공하는 주체, ii) 대중 여론 표현 채널을 제공하거나 사회 대중을 특정 활동에 참여하도록 유도할 수 있는 능력을 가진 기타 인터넷 정보 서비스를 개설하는 경우를 뜻한다.

「알고리즘규정」에 따르면 알고리즘 추천 서비스 제공자가 여론선동능력을 구비한 경우 알고리즘 등록・공시・평가의무를 부담하게 된다. 우선, 여론선동능력 구비자는 i) 서비스 제공자의 명칭, ii) 서비스 형태, iii) 적용 분야, iv) 알고리즘 유형, v) 알고리즘 자체 평가 보고서, vi) 공개할 내용 및 기타 정보를 인터넷 기반 정보 서비스 알고리즘 기록 제출 시스템을[52] 통해 제공해야 한다.[53] 해당 등록은 서비스 제공일로부터 10일 이내에 진행해야 하고, 변경사항이 있는 경우 변경일부터 10일내에 등록변경을 하고[54] 서비스 제공을 종결하였다면 종결일부터 20일내에 등록말소를 해야 한다.[55] 다음으로, 알고리즘 등록을 완료한 후에는 서비스를 제공하는 사이트, APP 등의 현저한 위치에 등록번호와 등록번호를 조회할 수 있는 링크를 제시해야 하고[56], 국가규정에 따라 안전평가를 진행해야 한다.[57]

같은 맥락으로, 여론선동능력을 구비한 딥페이크 서비스 제공자[58]와 여론선동능력 구비한 생성형 AI 서비스를 제공하는 경우[59] 「알고리즘규정」의 규정에 준하여 등록・공시와 안전평가를 해야 한다. 아울러 여론선동능력 구비한 딥페이크 서비스 제공자가 새로운 제품, 새로운 애플리케이션 또는 새로운 기능을 개발하고 출시하는 경우에도 안전평가를 해야 한다.[60] 참고로, 2024년 8월 기준으로 중국 국내 온라인 서비스 알고리즘 등록 수는 448개, 딥페이크 알고리즘은 1,919개, 생성형 AI 서비스는 188개이다.[61]

---

52) 이는 다음 사이트로 접속한다. https://beian.cac.gov.cn/#/index
53) 「알고리즘규정」 제23조 1항.
54) 「알고리즘규정」 제23조 2항.
55) 「알고리즘규정」 제23조 3항.
56) 「알고리즘규정」 제26조.
57) 「알고리즘규정」 제27조.
58) 「딥페이크규정」 제19조.
59) 「AI잠행방법」 제17조.
60) 「딥페이크규정」 제20조.
61) 郭小伟, “我国算法备案信息: 深度合成算法1919个、信息服务算法446个、AIG C188个”, 清华大学智能法治研究院, 2024.8.19. https://www.sohu.com/a/806761208_416839

5. 사용자 권리보호의무

3개 행정규정 모두 사용자 권리보호를 주요내용 중의 하나로 규제하고 있다. 「알고리즘규정」 제3장은 사용자권리보호를 규정하여 서비스 제공자에게 사용자 권리보호에 부담해야 하는 일련의 의무를 규정하였다. 첫째, 알고리즘에 대한 알권리를 보장해야 한다. 서비스 제공자는 알고리즘 추천 서비스 제공 여부, 기본 원리, 목적 등을 명확히 알려야 한다.62) 둘째, 알고리즘 선택권을 보장해야 하다. 서비스 제공자는 사용자가 개인 특성을 타겟으로 하지 않는 추천 알고리즘 기반 서비스 옵션을 선택할 수 있도록 하거나, 이러한 서비스를 종료할 수 있는 편리한 옵션을 제공해야 하고, 사용자가 추천 알고리즘 기반 서비스의 이용을 종료하기로 선택할 경우, 즉시 관련 서비스를 중단해야 한다.63) 셋째, 불만신고 제기권을 보장해야 한다. 서비스 제공자는 사용자 불만 및 공공 불만과 신고를 위한 편리하고 효과적인 포털을 구축하고, 이러한 불만 및 신고에 대한 처리 절차와 피드백 기한을 정의하며, 신속하게 접수하고 처리하며 처리 결과를 보고해야 한다.64) 사용자의 불만신고 제기권에 대해 「딥페이크규정」은 제12조로, 「AI잠행방법」은 제15조로 규정하고 있다.

이외 미성년자, 고령자, 근로자, 소비자 등 특정 법률관계에서 약자로 인지될 수 있는 특정 대상으로 한 알고리즘 추천 서비스 제공자는 별도의 의무들을 이행해야 한다. 먼저, 미성년자 대상으로 서비스를 제공하는 알고리즘 추천 서비스 제공자는 미성년자 보호를 원칙으로 그들이 건강하고 유익한 정보를 얻을 수 있도록 지원하며, 미성년자에게 해롭거나 도덕위반이나 불량 습관 형성을 조성할 수 있는 정보 추천 금지는 물론이고 알고리즘을 이용하여 미성년자를 인터넷 중독으로 이끌어서도 아니 된다.65) 같은 맥락으로, 생성형 AI 서비스 제공자도 자신의 서비스의 대상 사용자, 사용 시나리오 및 용도를 명확히 하고 공개하며, 사용자에게 생성적 AI 기술에 대한 과학적 이해와 합법적인 사용을 안내하고, 미성년자가 생성적 AI 서비스에 과도하게 의존하거나 중독되지 않도록 효과적인 조치를 취해야 한다.66)

62) 「알고리즘규정」 제16조.
63) 「알고리즘규정」 제17조.
64) 「알고리즘규정」 제20조.
65) 「알고리즘규정」 제18조.

다음으로 고령자 대상으로 서비스를 제공하는 경우, 고령자들이 이동, 의료, 소비, 일상업무 처리에 대한 수요를 고려하여 국가규정에 부합하여 스마트형 고령에 적응하는 서비스를 제공하며 온라인 사기에 대한 식별과 방지도 같이 진행해야 한다.[67] 알고리즘 추천 서비스 제공자가 근로자에게 업무 배분 서비스를 제공하는 경우(예컨대 알고리즘 추천 기술을 활용한 배달서비스), 노동 보수, 휴식 및 휴가와 같은 직원의 합법적인 권리와 이익을 보호하고, 플랫폼 주문 분배, 보수 구성 및 지급, 근무 시간, 보상 및 처벌에 관한 알고리즘을 수립하고 개선해야 한다.[68] 아울러, 알고리즘 추천 서비스 제공자는 소비자의 선호도, 거래 습관 및 기타 특성에 따라 알고리즘을 사용하여 불합리한 차별 대우를 하거나 거래 가격과 같은 거래 조건에서 기타 불법 행위를 해서는 아니 되고[69] 사용자들의 사용중독과 과도소비를 유도하여서도 아니 된다.[70]

6. 개인정보 보호의무

3개 행정규정 모두 개인정보 보호를 강조하고 서비스 제공과정에서 취득한 개인정보에 대한 보호의무를 규정하였다.[71] 다만 알고리즘 추천 서비스 대비, 딥페이크 서비스 또는 생성형 AI 서비스는 개인정보를 관련 기술의 소스로 사용할 수 있기에 이에 대해서는 별도 규정을 두고 있다.

우선 딥페이크 서비스 제공자와 기술지원자가 얼굴, 목소리 또는 기타 **생체정보를 편집**하는 기능을 제공하는 경우, 해당 서비스 사용자는 편집될 정보의 개인정보주체에게 해당 내용을 알려야 하고 해당 개인으로부터 해당 행위에 대한 별도의 동의를 취득해야 한다.[72] 아울러 생성형 AI 서비스 제공자는 법률에 따라 사용자의 입력 정보와 사용 기록을 보호할 의무를 다해야 하며, 불필요한 개인 정보를 수집하거나 사용자를 식별할 수 있는 입력 정보나 사용 기록을 불법적으로 보유하거나, 사용자의 입력 정보나 사용 기록을 타인에게 불법적으로 제공해서는 안 된다. 아울러 법률에 따라 개인의 요청, 즉 개인정보에 대한 접근, 복사, 수정, 보

---

66) 「AI잠행방법」 제10조.
67) 「알고리즘규정」 제19조.
68) 「알고리즘규정」 제20조.
69) 「알고리즘규정」 제21조.
70) 「알고리즘규정」 제8조.
71) 「알고리즘규정」 제7조, 제29조, 「딥페이크규정」 제7조, 「AI잠행방법」 제4조 4항.
72) 「딥페이크규정」 제14조.

완 또는 삭제 요청을 적시에 수용하고 처리해야 한다.[73]

7. 위반에 대한 책임

「알고리즘규정」에서 규정한 알고리즘 추천 서비스 제공자가 관련 의무를 위반한 경우 인터넷정보관리부, 공안부, 시장감독부 등 행정 당국들은 경고, 대외통보, 기한내 시정 등을 명할 수 있고, 상황이 엄중하거나 시정을 거부하는 경우 1만위안 이상 10만위안 이하(한화 200만에서 2,000만원)의 과태료 부과가 가능하며, 경우에 따라 행정안전처벌[74]이 가능하며 범죄에 해당하다면 형법에 의해 처벌한다.[75] 「딥페이크규정」과 「AI잠행방법」은 위반 시 법적 책임에 있어서 과태료 관련 규정은 두고 있지 않지만, 기한내 시정, 관련 서비스 정지 등의 행정조차 외에 행정안전처벌이 가능하며 범죄에 해당된다면 형법에 따라 처벌한다고 규정하고 있다.[76]

Ⅳ. 결 론

AI 시대의 서막을 열면서 많은 사람들이 열광하는 동시에 인류 미래에 대한 심심한 우려도 날이 갈수록 커지고 있다. 유발 하라리의 신작 「넥서스(Nexus)」는 서두에서 요한 볼프강 폰 괴테의 「마법사의 제자」라는 시를 인용하였다. 이 이야기에서 늙은 마법사는 젊은 제자에게 작업장을 맡겨 자신이 없는 동안 강에서 물을 길어 오는 등의 잡일을 시켰는데, 제자는 일을 쉽게 하고자 빗자루에 마법을 걸어 자기 대신 물을 길어오게 했다. 하지만 제자는 빗자루를 멈추는 방법을 몰랐고 빗자루는 점점 더 많은 물을 길어왔고, 겁이 잔뜩 난 제자는 도끼로 빗자루를 두 동강냈더니 반 토막 난 빗자루 조각은 또 다른 빗자루가 되어 작업장에 물을 길어와 퍼부었다. 이 난리는 늙은 마법사가 돌아와서야 주문을 풀면서 끝났다. 그렇다, 통제할 수 없는 힘을 함부로 불러내면 안 된다. 같은 맥락으로, AI가 인류에게는 통제할 수 없는 힘일지도 모른다. 하지만 지금까지 새로운 기술 앞에서 이에 대한 위험을 경고하고 과속발전을 멈추고자 하는 노력은 항상 있었으나 한 번도 성공

---

73) 「AI잠행방법」 제11조.
74) 중국의 행정안전처벌에는 최대 15일간의 인신자유를 제한하는 소위 '행정구류(行政拘留)' 조치도 포함된다.
75) 「알고리즘규정」 제31조.
76) 「딥페이크규정」 제22조, 「AI잠행방법」 제21조.

한 적이 없다. 오히려 새로운 기술을 하루빨리 받아들이고 이와의 공생의 길을 찾아간 자가 살아남아 있다. AI는 인류가 통제할 수 없는 힘일지도 모르겠으나, 오늘날의 우리에게는 더 이상 퇴로가 없고 AI기술과의 공생의 길을 하루빨리 개척해야 할 것이다.

중국은 AI기술의 발전을 새로운 성장력으로 보고 있다. 중국 공산당은 이미 2020년부터 AI 발전의 원자재라고 할 수 있는 데이터를 토지, 노동력, 자본, 기술 등 4대 생산요소와 함께 제5대 생산요소로 인지하고 국정을 운영하고 있다.[77] 그만큼 중국은 AI 시대를 적극 포옹하고 있고 이를 국가비전의 동력으로 보고 있는 것 같다. 따라서 AI의 속성에 관한 논의도 중국에서 활발히 이루어지고 있어서, AI 법적 주체성을 완전히 인정하는 '주체긍정설'[78], 법인의 의제 인격을 본받아 제한적으로 인공지능의 주체 지위를 인정하는 '주체제한설'[79]과 AI를 인간에 의해 통제되고 인류 활동의 공구에 불과한 공구로 보는 '주체부정설'[80]로 구분되고 있으나, 중국 사법기관은 일련의 판결로 '주체부정설'을 채택하고 있음을 보여주었다. 예컨대, 북경 필린 로펌이 북경 바이두 네크워크 정보 기술 유한회사를 상대로 제기한 저작권 침해 사건[81]에서 법원은 "독창성은 문자저작물의 충분한 조건이 아니며 현행법에 따르면 문자저작물은 자연인이 작성해야 한다. 비록 과학기술의 발전으로 컴퓨터 소프트웨어가 작성한 저작물이 내용, 형식, 표현방식상 자연인과 유사해질 수 있지만 현실적인 과학기술과 산업의 발전 수준에 의하면 현행법의 권리 보호 체계 내에서 관련 소프트웨어의 지적 및 경제적 투자를 보호할 수

---

77) 중국 종공중앙과 국무원은 2020년 3월 30일에 생산요소 시장화 배분에 관한 첫번째 국가급 정책인 「생산요소 시장화 배분 시스템 보완에 관한 의견(关于构建更加完善的要素市场化配置体制机制的意见)」을 발표하였는데, 이에서 중국은 데이터를 토지, 노동력, 자본, 기술 등 4대 생산요소 외의 5번째 생산요소로 정비하고 국가전략을 구축하는 의지를 보여주었다.

78) 강한 인공지능은 독립적인 의사 표현 능력과 자율 의식을 갖추고 있어 법적 주체로 인정받을 수 있는 조건을 충족한다고 본다는 견해이다. 郑飞, 马国洋, 「人工智能法学」, 中国政法大学出版社2023年版, 第47页.

79) 陈吉栋, 「论机器人的法律人格－基于法释义学的讨论」, 载「上海大学学报(社会科学版)」2018年第3期.

80) 尹卫民, 「论人工智能作品的权利主体一兼评人工智能的法律人格」, 载「科技与出版」2018年第10期.

81) 北京菲林律师事务所诉北京百度网讯科技有限公司著作权侵权案 [北京互联网法院(2019)京73民终2030号]. 2018년 9월 9일, 북경 필림 로펌은 자신의 위챗 공공 계정에 "영화 및 엔터테인먼트 산업 사법 데이터 분석 보고서"를 발표했다. 다음 날, 바이두의 플랫폼인 "바이자호"에서 해당 기사가 무단으로 게시되었으며 기사 서명 및 결말 부분이 삭제되었다. 원고는 피고가 허락 없이 해당 기사를 게시하여 공중송신권 중의 전송권, 동일성 유지권 및 서명권을 침해했다고 주장하였다. 본 사건의 주요 쟁점은 인공지능이 생성한 기사가 저작권법 보호를 받을 수 있는지 여부와 인공지능이 창작 주체가 될 수 있는지 여부였다.

있다면 민법 주체의 기본 규범을 넘어서는 것은 바람직하지 않다. 따라서 자연인이 창작을 완료하는 것이 여전히 저작권법상 저작물의 필요조건이다"라고 판단하였다.

즉 중국은 AI를 공구로 볼 뿐 그의 법적 주체성은 인정하지 않고 있고, 이러한 맥락에서 먼저 산업과 생활 현장에서 가장 많이 문제되고 있는 알고리즘, 딥페이크와 생성형 AI 서비스 제공에 관해 선도적으로 행정규정을 제정하여 AI 관련 기술을 일종의 공구로서 제대로 활용하여 국가와 사회안정 및 국민들 권리 보장 강화를 도모하고 있어서 현재 구축한 일련의 제도가 한국에게도 시사점이 있다고 본다. 특히 기술활용표식의 의무화와 사회에 상당한 영향력을 줄 수 있는 기술에 대한 등록신고제도, 미성년자, 고령자 등 사회적 보호가 필요한 사용자들의 권리보호는 유용하게 참고할 만한 제도와 규제라고 사료한다.

다만 AI 활용과 기술 발전에 있어서 사회주의핵심가치관이라는 주관적으로 모호한 이념적 요소에 대한 적극적 적용은 사회주의국가의 특성이라고 할 수 있겠으나 AI는 인류가 주는 소스에 의해 성장되고 발전되는 점을 고려하였을 때 우려되는 부분이 결코 적지 않다. 공구란 의식이 없기에 공구에 대한 책임을 물을 수 없고 공구 사용자에 대해 책임을 추궁해야 하는데. AI는 결코 전혀 의식이 없는 칼과 같은 존재가 아니다. AI가 형성하는 과정에서의 이념 개입은 특별한 이념체를 갖고 있는 AI를 형성할 수 있다. 그렇다면 같은 맥락으로 중국에 대한 부정적인 정보가 더 많은 서구의 데이터를 소스로 형성되고 발전하는 AI 또한 반사회주의 이념을 갖춘 비중립적일 수 있다.

사회주의국가든 자본주의국가든, 서로 다른 국가와 국민들이 자신들에 정체와 환경에 맞게 다른 국가체제를 택했을 뿐임에도 불구하고, 세계는 제2차 세계대전이라는 비극을 끝내자마자 숨 막히는 냉전시대에 진입하였다. 철의 장막(Iron Curtain)에서 벗어나 얼마만의 평화를 누리지 못하고 오늘날 우리는 실리콘의 장막(Silicon Curtain) 시대로 진입하고 있는 것 같다. 이런 과정에서 우리는 AI라는 인류역사상 최초의 임의적 결정이 가능하고 새로운 생각을 창출할 수 있는 기술을 만들어 냈고, 이는 현재의 인류로서는 통제하기 힘든 것임이 틀림없다. 그만큼. 가능할지 모르겠지만, 적어도 AI 관련 규제에 있어서 우리는 같은 인류로서 서로 간의 이념차이를 내려놓고 공동으로 협력하여 그에 대한 통제책, 뜨는 공생관계 형성책을 제정하고 실천하는 것이 바람직하다고 본다.

참고문헌

심하윤, “[중국의 주요 산업 현황 및 협력 방안] AI 산업 편”. 연세대학교 중국연구원, 2024.9.1.

유재홍, “세계인공지능대회를 통해 살펴본 중국의 「AI＋행동」 계획과 산업계 동향”, 대외경제정책연구원, 2024. 7. 30.

변희원, “중국의 ‘AI 추격’”, 조선일보, 2024. 10. 31.

허 욱, “법 안의 사회주의 핵심 가치관”, Economy Chosun. 2021. 3. 22.

郭小伟, “我国算法备案信息: 深度合成算法1919个, 信息服务算法446个, AIG C188个”, 清华大学智能法治研究院, 2024.8.19.

陈吉栋,「论机器人的法律人格－基于法释义学的讨论」, 载「上海大学学报(社会科学版)」2018年第3期。

尹卫民,「论人工智能作品的权利主体一兼评人工智能的法律人格」, 载「科技与出版」2018年第10期.

[以色列]尤瓦尔・赫拉利著, 林俊宏译. 智人之上: 从石器时代到AI时代的信息网络简史. 中信出版集团. 2024.

Wipo, Patent Landscape Report-Generative Artificial Intelligence (GenAI) July, 3, 2024.

Stanford Institute for Human-Centered AI(HAI) , The AI Index 2024 Annual Report, Artificial Intelligence Index. Apr 22, 2024.

양자컴퓨터 시대의 법적 과제*

강 영 주**

Ⅰ. 시작하며

유엔(UN)은 2025년을 '세계 양자과학기술의 해'로 지정했다. 이것은 양자과학기술을 전 세계적으로 알리고 이 기술이 첨단 기술 혁신에 있어 핵심적인 역할을 할 것이라는 국제사회의 기대를 반영한 것이다. 양자과학기술의 집합체로 여겨지는 양자컴퓨터는 기존 컴퓨터를 뛰어넘어, 과학·산업을 비롯한 사회 전반에 걸쳐 혁명적인 변화를 가져올 것으로 예상된다.

이러한 과학기술은 법률 분야에도 영향을 크게 미칠 것으로 전망된다. 이미 인공지능이 법률 분야에 영향력이 확대되고 있는 현실에서 양자컴퓨터의 발전은 인공지능의 기능을 더욱 고도화하여 법률 분야에 획기적인 변화를 가져올 것으로 기대된다. 판례 분석이나 계약 검토에서부터 소송 체계 구축 등 다양한 법률 업무가 이에 속할 것으로 보인다.

반면, 양자과학기술은 암호해독을 더욱 쉽게 만들어 개인정보 침해와 데이터 보호 문제를 초래할 수 있으며, 이는 지금까지 제기된 문제보다 훨씬 더 높은 심각성을 띨 가능성이 크다.

이러한 배경을 바탕으로, 이 글에서는 양자컴퓨터의 발전이 법률 분야에 미칠

---

* 이 논문은 고려대학교 법학전문대학원 정영환 선생님의 정년퇴임을 기념하여 작성되었습니다. 교육과 연구를 통해 진리의 길을 밝혀주신 선생님의 헌신에 존경과 감사의 마음을 담아 드립니다.

** 고려대학교 법학전문대학원 강사, 법학박사

수 있는 영향과 그 규범적 과제를 분석하고자 한다. 특히 데이터 보호 문제와 저작권 침해에 관한 법적 쟁점을 중심으로 살펴보고자 한다. 이에 앞서 양자컴퓨터에 관한 일반적인 내용을 살펴본 후 양자과학기술의 전망과 각국의 정책을 검토한다.

Ⅱ. 양자컴퓨터 일반

1. 양자컴퓨터의 의의

양자컴퓨터에서 '양자'라는 것은 양자역학의 '양자'를 의미한다.[1] 양자역학은 원자나 전자와 같이 아주 작은 입자의 움직임을 이해하기 위해 등장한 물리학의 한 분야이다.[2] 양자역학은 원자, 전자, 광자와 같은 미소 입자나 초전도체 등이 상당히 낮은 온도에서 냉각되면, 그 물질은 일상적으로 경험하지 못하는 신기한 현상이 나타난다는 사실을 제시하며, 이는 실험을 통해 확인되고 있다.[3] 다음에서 설명할 '중첩 현상', '양자얽힘 현상' 등과 같은 양자역학 특유의 물리적 특성을 활용해 컴퓨터를 개발하려는 것이 바로 양자컴퓨터이다.[4]

2. 양자컴퓨터의 기본 원리

1) 슈뢰딩거의 고양이 실험

최근 구글사는 기존 슈퍼컴퓨터로는 우주의 나이보다 더 긴 시간이 걸리는 과제를 양자컴퓨터로 5분 만에 해결했다고 발표한 바가 있다.[5] 이와 같이 양자컴퓨터가 빠르게 계산을 수행하는 것을 이해하기 위해서는 먼저 '중첩(superposition)' 현상을 이해해야 한다. 이것을 설명하기 위한 대표적인 예가 슈뢰딩거(E. Schrödinger)의 고양이 사고실험(thought experiment)이다.[6]

---

1) 우츠기 타케루 저, 김성훈 역, 『그림으로 이해하는 양자컴퓨터의 구조』, 성안당, 2020, 14쪽.
2) 위의 책.
3) 위의 책.
4) 위의 책.
5) 글로벌 이코노믹, 2024. 12. 10. 기사
https://www.g-enews.com/article/Global-Biz/2024/12/202412100645123983e250e8e188_1
[2025. 3. 20. 최종방문]
6) 이 실험에서 고양이는 방사성 핵이 포함된 장치와 독가스통이 놓인 밀폐된 상자 안에 갇혀 있다. 방사성 핵은 한 시간 내에 50%의 확률로 붕괴할 수 있으며, 만약 붕괴하면 장치가 작동하여 독가스가 방출되고, 고양이는 목숨을 잃게 된다. 그러나 방사성 핵이 붕괴되지 않으면 독가스는 방출되지 않고 고

2) 중첩 현상

위 실험에서 고양이가 생존과 사망이라는 두 가지 상태에 동시에 존재하는 현상을 양자물리학에서는 '중첩'이라 한다.[7] 이러한 중첩 현상으로 기존 컴퓨터와 양자컴퓨터의 차이를 설명할 수 있다. 기존 컴퓨터에서 하나의 비트는 0 또는 1중 하나의 값을 가진다. 그러나 양자컴퓨터에서는 0과 1중 특정한 값을 갖지 않고, 0일 확률과 1일 확률이 동시에 존재하는 상태에 있다.[8] 즉, 0과 1이 겹쳐진 상태로 존재하다가, 이를 관찰하는 순간 0 또는 1중 하나의 값으로 결정된다.[9]

위 실험에서 고양이가 살아 있는 상태와 죽어있는 상태를 동시에 인정하는 것처럼, 양자컴퓨터는 0과 1이 동시에 존재하는 중첩의 속성을 가진 큐피트(Qubit, Quantum Bit)를 활용한다.[10] 이러한 큐피트를 통한 연산 방식 덕분에 양자컴퓨터는 기존 컴퓨터보다 획기적으로 빠르게 계산을 수행할 수 있다.[11] 이는 큐비트가 중첩 상태를 통해 여러 가지 값을 동시에 계산할 수 있기 때문이다. 즉, 고전 컴퓨터가 하나씩 순서대로 계산해야 하는 문제를 양자컴퓨터는 동시에 여러 경우를 고려하며 처리할 수 있어, 전반적으로 연산 속도가 크게 향상된다.

3) 양자얽힘 현상과 최적화

양자컴퓨터의 또 다른 중요한 개념은 양자얽힘 현상이며, 이 개념은 복잡한 최적화 문제를 효율적으로 해결하는 데 활용된다. 두 개의 입자가 서로 독립적이지 않으며 한 입자의 측정 결과가 다른 입자의 상태에 영향을 미칠 때, 이 두 입자는 '얽혀 있다'라고 한다(양자얽힘, quantum entanglement).[12]

양이는 살아남는다. 양자물리학에서는 상자의 문을 열어 관찰하기 전까지 고양이가 살아 있는 상태와 죽어있는 상태가 동시에 존재한다고 본다. 그러나 상자를 열어 관찰하는 순간, 고양이는 살아 있거나 죽어있는 상태 중 하나로 결정된다.

이 실험에 관해, 김석준, 『양자컴퓨터의 이해』, 커뮤니케이션북스, 2021, 20~21쪽. 이 실험은 양자물리학을 비판하여 중첩의 개념이 틀렸다는 것을 증명하고자 하기 위한 것이었는데 나중에는 양자역학을 묘사하는 대표적인 사고실험이 되었다.

7) 중첩을 설명하기 위해 고양이가 죽은 상태를 염두에 두지 않고, 고양이가 두 장소에 동시에 존재하는 것으로 설명하기도 한다. 아미르 D. 앨젝 저, 김형도 역, 『얽힘』, 지식의풍경, 2007, 106~107쪽.

8) 김석준, 앞의 책, 20쪽.

9) 위의 책.

10) 위의 책, 22쪽.

11) 위의 책.

12) 아인슈타인은 한 입자를 측정하면 다른 입자의 상태가 즉시 결정되는 이 원거리 영향을 "유령 같은 작용"이라고 표현하기도 했다. 양자론에 의하면 얽혀 있는 입자 중 하나를 내가 측정하여 결과를 확인하는 순간, 우주 반대편에 있는 다른 입자의 상태도 즉시 알 수 있다. 이순철, 『퀀텀의 세계』, 해나무, 2021, 117~120쪽.

이러한 특성 덕분에 양자컴퓨터는 복잡한 최적화 문제를 해결하는데 높은 가능성을 지니고 있다.[13] 최적화란 비용을 최소화하고 이익을 극대화하는 방법을 찾아내는 것을 의미한다.[14] 각 구성요소가 적을 때는 해결하기 쉬운 문제지만, 그 수가 많아지면 최적의 조합을 찾는 데 많은 계산이 필요하고 문제가 훨씬 더 복잡해진다.[15] 기존 컴퓨터로는 이익을 최대화하는 조합을 찾는 데 한계가 있지만, 양자컴퓨터는 다양한 변수를 동시에 최적화함으로써 이를 보다 효과적으로 해결할 가능성을 보여주고 있다.[16]

Ⅲ. 양자과학기술의 전망과 각국의 정책

1. 양자컴퓨터의 전망

양자컴퓨터는 백사장에서 바늘 찾기와 같은 일을 잘한다고 표현할 수 있다. 마치 끝없이 펼쳐진 백사장에서 바늘 한 개를 찾는 것과 같은 방대한 탐색 문제를 양자컴퓨터는 양자역학적 특성을 활용해 통해 단시간에 찾아낼 수 있게 해준다는 의미이다.

나아가 인공지능에 날개를 달아줄 분야도 바로 양자과학기술이다. 이 기술은 특히 인공지능의 핵심 분야인 기계학습(machine learning)의 효율성과 성능을 획기적으로 강화할 것으로 기대되고 있다. 인공지능은 기계학습을 통해 경험을 축적하며 점차 더 정확한 결과를 도출하게 된다.[17] 따라서 성능 좋은 인공지능을 구현하려면 방대한 양의 정확한 데이터와 이를 신속하게 처리할 수 있는 컴퓨터가 필요하다.[18]

또한 인공지능을 활용한 자율주행자동차의 경우, 영상인식을 통해 지나가는 물체가 사람인지 아닌지를 극히 짧은 시간 내에 판단해야 하며 그렇지 않으면 사고

---

13) Jeffery Atik & Valentin Jeutner, “Quantum computing and computational law”, *Law, Innovation and Technology*, 13:2, 302-324, DOI:10.1080/17579961.2021.1977216, 2021, 316쪽.

14) 예를 들어 철강 공장의 경우 석탄, 철, 노동력 등을 적절히 조합하여 철강 생산에서 최대 이익을 내는 방법을 찾는 것이 이에 해당한다. 위의 논문.

15) 위의 논문.

16) 미치오 카쿠 저, 박병철 역, 『양자컴퓨터의 미래, 양자컴퓨터 혁명은 세상을 어떻게 바꿀 것인가』, 김영사, 2024, 27쪽.

17) 김석준, 앞의 책, 71쪽.

18) 위의 책.

로 이어질 수 있다.[19] 인공지능이 해결해야 하는 문제들은 막대한 계산을 순간적으로 수행해야 한다.[20] 이러한 문제 중 일부는 양자컴퓨터를 활용하여 해결될 것으로 예상된다.[21] 양자컴퓨터를 활용한 인공지능 기술은 예측 정확도와 학습 속도 측면에서 양자 특유의 이점을 발휘할 것으로 기대되기 때문이다.[22] 법률 분야에서는 이러한 기술을 통해 재판 결과 예측, 판례 검색의 고도화, 계약서 자동 분석 및 리스크 평가 등 다양한 영역에서의 활용이 전망된다.

2. 각국의 정책

지금까지 살펴본 바와 같이 양자과학기술은 엄청난 잠재력을 보유하면서 전 세계적으로 미래를 선도할 기술로 주목받고 있다. 따라서 각국에서는 국가 차원에서 양자 기술을 전략적으로 지원하기 위한 정책을 펼치고 있다.

(1) 미 국

미국에서는 2018년 12월 21일 '국가 양자 이니셔티브법(National Quantum Initiative Act, NQI Act)'을 제정하여 시행하고 있다. 이를 통해 향후 10년간 양자정보과학 및 기술 개발을 가속화하고 기술 인재 양성을 위해 국가 차원에서 종합적인 지원을 하도록 했다. 2025년 2월 13일에는 미국 상원의원 딕 더빈(Dick Durbin)과 스티브 데인스(Steve Daines)는 공동으로 '양자 리더십 법(Department of Energy Quantum Leadership Act of 2025)'을 발의했다.[23] 이 법안은 2030년까지 양자 연구개발, 양자의 상용, 인력 개발 등을 위해 25억 달러 이상의 자금을 지원하도록 하고 있다.[24]

(2) 유럽연합

유럽연합은 2018년부터 「양자 플래그십(Europe Quantum Flagship)」이라는 전략

---

19) 위의 책, 72쪽.
20) 위의 책.
21) 위의 책.
22) 김현지 · 임세진 · 김덕영 · 서화정, "양자컴퓨팅을 이용한 양자 인공지능 기술 동향", 『정보보호학회지』 제33권 제2호, 2023, 66쪽; 또한 수백 가지의 주요 화학 반응을 실시간으로 시뮬레이션을 할 수 있어 신약을 훨씬 빠르게 개발할 수 있다., 미치오 카쿠 저, 박병철 역, 위의 책, 28쪽.
23) https://quantumcomputingreport.com/2-5-billion-department-of-energy-quantum-leadership-act-of-2025-introduced-in-the-u-s-senate/[2025. 4. 4. 최종방문]
24) 위의 기사.

적 구상을 통해 양자 산업을 촉진하고 있다.[25)] 이 계획은 약 10년간 총 10억 유로(약 14조)의 예산으로 투입되는 장기 전략이다. 이 사업의 목표는 양자 기술 분야에서 유럽의 과학적 리더십과 우수성을 강화하며, 경쟁력 있는 유럽 양자 산업의 기반을 조성하고, 이 분야에서 유럽을 혁신적 연구, 비즈니스, 투자에 매력적인 지역으로 만드는 것이다.

나아가 2024년 2월 유럽연합의 양자 기술 선도 사업(Quantum Flagship)에서 「양자 기술 연구와 산업 발전을 위한 전략 연구·산업 아젠다(Strategic Research and Industry Agenda, SRIA 2030)」가 발표되었다.[26)] 이는 현재의 기술 수준을 조사하고, 향후 방향성과 정책을 제안하는 등 보다 구체적인 전략 방향을 설정한 것이다.

(3) 그 밖의 국가

중국은 「제14차 5개년 계획(2021~2025) 및 2035년 장기 목표(中华人民共和国国民经济和社会发展第十四个五年规划和2035年远景目标纲要)」에서 양자 정보를 전략적으로 육성할 8대 분야 중 하나로 선정했으며, 전용 사업을 통해 지속적으로 투자를 이어가고 있다.[27)] 영국은 2023년 3월, 「국가 양자 전략(National Quantum Strategy)」을 발표하며 향후 10년간 25억 파운드(약 4조 원)를 투자할 계획을 밝혔다. 일본은 2023년 4월 「양자미래산업창출전략(量子未来産業創出戦略)」을 발표하며 양자기술에 관하여 본격적인 산업화 방향을 제시했다. 이 전략은 30여 년에 걸친 장기적 투자로 양자컴퓨터의 상용화와 산업화의 기반을 마련하기 위한 구상이다.

(4) 한 국

2023년 6월 27일 과학기술정보통신부는 「대한민국 양자과학기술 전략」을 발표했다.[28)] 이 사업은 국내 기술로 양자컴퓨터를 개발·활용하고, 인터넷 강국에서 양자 인터넷 강국으로 도약하며, 최고 수준의 양자 센서로 세계시장을 선점할 것

---

25) 이하, EU Quantum Flagship에 관하여 https://qt.eu/about-quantum-flagship/ [2025. 4. 17. 최종방문]

26) 이하, 전략연구산업아젠다(SRIA 2030)에 관하여 https://qt.eu/media/pdf/Strategic-Reseach-and-Industry-Agenda-2030.pdf?m=1707900786& [2025. 4. 17. 최종방문]

27) 중국, 영국, 일본의 정책에 관하여, 정보통신기획평가원, “주요국의 양자과학기술 정책 및 미국의 정책 R&D 추진 동향”, 2024.

28) 이하, 대한민국 양자 과학기술 전략에 관하여 https://www.msit.go.kr/bbs/view.do?sCode=user&mId=244&mPid=243&pageIndex=&bbsSeqNo=65&nttSeqNo=3017410&searchOpt=ALL &searchTxt= [2025. 4. 17. 최종방문]

을 목표로 하고 있다. 정부와 민간은 2035년까지 최소 3조 원 이상의 자금을 공동으로 투자해 양자 과학기술 수준을 선도국의 85% 수준까지 끌어올린다는 목표를 세웠다. 또한 같은 해까지 세계 양자 산업 시장에서 10%의 점유율을 확보하고, 양자 기술을 개발・공급하거나 이를 활용하는 기업의 수를 1,200개로 늘리겠다는 청사진도 제시했다.

또한 양자경제 중심국가를 실현하기 위한 법적・제도적 기반으로, 2024년 11월 1일부터 「양자과학기술 및 양자산업 육성에 관한 법(양자기술산업법)」이 시행되었다. 동법은 정부가 양자과학기술 및 양자산업의 체계적인 육성과 지원을 위하여 5년마다 양자과학기술 및 양자산업 육성 종합계획을 수립하여야 하며(동법 제5조), 양자과학기술 및 양자산업에 관한 사항을 심의・의결하기 위하여 국무총리 소속으로 양자전략위원회를 둘 것을 명시하고 있다(동법 제7조).

아울러 동법은 연구개발과 상용화 촉진(동법 제3장), 전문인력 양성(동법 제4장)과 관련된 내용도 포함하고 있다. 나아가 양자클러스트를 조성하고 지원하며(동법 제5장), 양자과학기술 및 양자산업 발전을 위한 협력 강화에 대한 법적 근거를 마련하여(동법 제6장) 국제협력 지원, 양자과학기술 관련 기업・대학・연구소 등에 대한 지원이 가능하도록 하였다.

이처럼 양자컴퓨터에 대한 전망이 크고, 다양한 사회 분야에서 그 활용 가능성이 모색되고 있는 가운데, 법률 분야 역시 이러한 흐름에서 예외일 수 없다. 아래에서는 법률 분야에서의 양자컴퓨터와 관련된 활용을 살펴본다.

Ⅳ. 법률 분야에서 활용

1. 법률 분야에서 최적화 문제

양자컴퓨터의 주요 개념인 최적화의 문제는 법적 판단에서도 발생한다. 이와 관련하여 이베이 대 머크익스체인지(eBay v. MercExchange)[29]사건을 살펴본다. 이 사건은 온라인 경매 관련 특허를 보유한 회사인 머크익스체인지가 온라인 쇼핑 플랫폼인 이베이에 특허를 침해했다고 주장한 소송이다. 그리고 이베이에 대해 영구적인 금지명령(permanent injunction)을 청구했다. 이에 관하여 미국 대법원은 영

29) eBay, Inc v MercExchange, LLC, 547 US 388, 2006.

구적 금지명령을 결정하기 위해서는 단순한 특허 침해 여부만으로는 부족하며, ① 원고에게 회복할 수 없는 손해가 발생하였는지, ② 다른 법적 구제수단이 충분한지, ③ 당사자 간의 피해를 비교하여 형평에 맞는지, ④ 공공의 이익에 부합하는지 등을 종합적으로 고려하여야 한다고 판시하였다.

이 판례를 분석하며 복잡한 법적 원칙에 양자컴퓨터가 활용될 것을 기대하는 주장이 있다.[30] 이 견해에 따르면 먼저, 첫 번째 요소인 회복 불가능한 손해를 구성하는 것은 여러 요소가 포함된 복잡한 결정일 수 있으며, 두 번째 요소인 법적 구제의 부분도 다양한 방법을 고려해야 하므로 쉽게 결정할 수 없다.[31] 세 번째 요소는 원고와 피고가 겪게 될 피해를 비교하는 것인데 처음에는 간단한 계산처럼 보이지만, 실제로는 피해가 미래에 어떻게 발생할지를 추측해야 해서 복잡할 수 있다.[32] 네 번째 요소인 공공의 이익에 대한 고려는 기존의 컴퓨터 알고리듬으로 표현하기 어려운 부분이며, 이 모든 것으 종합할 때 양자컴퓨터의 필요성이 대두된다.[33]

사회가 발전하면서 법적 판단을 위해 다양한 요소가 복합적으로 작용하는 고도의 사고 과정이 점점 많이 요구되고 있다. 이를 효과적으로 지원하기 위해 법률 분야에서 최적화 문제의 중요성이 증가하고 있다. 이러한 배경 속에서 양자컴퓨터는 복잡한 법적 변수들을 동시에 고려하고 분석할 수 있는 계산 능력을 바탕으로, 법률문제를 해결하는데 기존의 전통적인 연산 방식보다 훨씬 더 효율적이고 강력한 도구가 될 수 있을 것으로 예측된다.

2. 효율적인 법률 서비스

최근 각국에서는 인공지능을 활용한 리걸테크 산업이 급속히 성장하고 있으며, 이러한 흐름 속에서 양자컴퓨터 또한 중요한 역할을 하게 될 것으로 보인다. 양자 알고리듬을 사용하는 인공지능 시스템은 기존 시스템보다 기하급수적으로 빠르고 정확할 수 있으며, 엄청난 양의 데이터를 처리하고 서로 다른 데이터 세트를 연결하여 정교한 패턴과 발견을 식별할 수 있다.[34] 따라서 인공지능의 활용성을 극대

30) Jeffery Atik & Valentin Jeutner, 앞의 논문, 317~319쪽.
31) 위의 논문.
32) 위의 논문.
33) 위의 논문.
34) Kasim Balarabe, "Quantum Computing and the Law: Navigating the Legal Implications of a Quantum Leap", *European Journal of Risk Regulation*, 2025, 15쪽.

화하여 판례, 법령, 규정 등의 문서와 같은 방대한 양의 법률 데이터를 신속하게 검색하고 분석할 수 있을 것으로 예상된다.[35)]

나아가 양자컴퓨터를 활용해 조정이나 중재 체계를 구축한다면 보다 정교한 대체적 분쟁 해결(Alternative Dispute Resolution, ADR)이 가능할 것이라는 전망이 있다.[36)] 이러한 시스템은 당사자의 입장을 보다 세밀하게 조율할 수 있으며 특히 복잡하게 얽힌 다수 당사자의 이해관계를 신속하고 효율적으로 해결할 수 있을 것으로 보인다.

Ⅴ. 사법 분야에서 양자과학기술의 논의

1. 양자컴퓨터 상용화에 대한 회의론

양자컴퓨터에 대한 장밋빛 전망에도 불구하고, 그 상용화 가능성에 대해 여전히 의문이 제기되고 있다.[37)] 먼저 핵심 기술인 '양자 중첩 상태의 유지'가 어렵다는 것이다. 양자 중첩은 실온에서는 생성될 수 없으며, 영하 273도에 가까운 환경에서만 구현할 수 있다. 또한, 외부에서 관찰이 이루어지면 양자 중첩 상태가 사라지고 0 또는 1로 고정되기 때문에, 주위의 전자기파나 진동을 완벽히 차단하는 것도 해결해야 할 중요한 과제라고 주장한다. 반면에 향후 20~30년 이내에 양자컴퓨터가 발전하여 모든 개인이 이를 활용할 수 있는 시대가 도래할 것이라며 상당히 이른 시점에 양자컴퓨터의 활용을 예상하는 견해도 있다.[38)]

상용화 가능성을 긍정적으로 본다면 사법 분야에서의 활용 가능성에 대해 모색하는 것은 자연스러운 일이며, 회의적 시각이 존재하더라도 그 법적 영향에 대한 논의는 여전히 중요한 의미를 지닌다고 생각한다. 왜냐하면 양자컴퓨터처럼 기존의 법적 틀을 근본적으로 흔들 수 있는 기술에 대해서는 사전에 충분한 논의와 대비가 필요하기 때문이다. 사법 분야에 미칠 영향을 미리 파악하고 대비하여 이를

35) https://medium.com/%40zevrasiera/why-quantum-computing-will-transform-the-legal-world-in-the-future-7e1e74df66c8 [2025. 4. 17. 최종방문]
36) Kasim Balarabe, 앞의 논문, 18쪽.
37) 이하 회의론에 대하여 오피니언뉴스, 2019. 11. 18. 기사.
https://www.opinionnews.co.kr/news/articleView.html?idxno=25709 [2025. 3. 20. 최종방문]
38) IT조선, 2025. 1. 12. 기사.
https://it.chosun.com/news/articleView.html?idxno=2023092132007 [2025. 3. 20. 최종방문]

법률적으로도 효과적으로 활용해야 할 것이다.

2. 데이터 보호 문제

(1) 양자컴퓨터와 암호

지금까지 금융거래나 전자 상거래 등의 비밀번호가 암호화 기술에 의해 안전하다고 여겨져 왔다. 그러나 양자컴퓨터의 등장으로 이러한 암호 체계를 근본적으로 위협하고 있다.

현재 널리 사용되는 공개키 암호화 방식 중 하나가 RSA[39] 암호화 방식이다. 이것은 매우 큰 두 개의 소수를 곱하여 암호키로 생성하는 방식이다.[40] 이 암호를 해독하려면 곱해진 수를 다시 소인수분해하여 원래의 소수를 찾아야 한다.[41] 현재 사용 가능한 어떤 고속 컴퓨터라도 이 과정을 짧은 시간 안에 수행하는 것은 불가능하다.[42] 그러나 양자 컴퓨터가 이 과정을 빠르게 수행하여 이러한 암호해독이 가능할 것으로 예상된다.[43]

(2) 데이터 보호 문제

양자컴퓨터의 암호 해독 가능성으로 인해, 데이터 보안을 위한 새로운 법적·정책적 대응이 필요해지고 있다. 이를 위해 특정 산업 분야에서 양자컴퓨터의 공격에 견딜 수 있는 양자 내성 암호 기술을 도입하기 위한 요건을 규정하고, 양자 관련 보안 침해에 대한 책임 및 신고 기준에 관한 지침 마련이 필요하다는 제안이 이루어지고 있다.[44] 또한 양자 내성 보안 기술의 도입을 장려하기 위한 방안으로, 성과보수 제도 도입이 하나의 대안으로 논의되고 있다.[45]

생각건대, 양자컴퓨터가 가져올 암호해독 능력은 기존 보안 체계를 무력화할 수 있는 만큼, 양자 보안 기술의 개발과 도입을 촉진하는 정책 외에도 양자 내성 암호 기술을 효과적으로 적용하기 위한 법적 의무와 정보 유출 대응 체계를 정비해

---

39) RSA라는 이름은 세 발명가 로널드 리베스트(Ron Rivest), 아디 샤미르(Adi Shamir), 레너드 애들먼(Leonard Adleman)의 이름을 딴 것이다. 위키백과.
40) 김석준, 앞의 책, xiii쪽.
41) 위의 책.
42) 위의 책.
43) 위의 책.
44) Kasim Balarabe, 앞의 논문, 10쪽.
45) 위의 논문.

야 할 것이다.

3. 저작권 보호 문제와 양자 역설

(1) 양자컴퓨터와 저작권 침해

인공지능의 활용으로 저작권 침해 문제가 중요한 쟁점으로 떠오르고 있다. 그런데 이러한 문제는 양자컴퓨터의 등장으로 더욱 확대될 것으로 보인다. 양자 기술을 활용하여 기존의 영화나 음악 등의 작품을 대규모로 변경하여 새로운 작품을 만들 수 있다.[46] 나아가 기본의 컴퓨터에 비해 더욱 창의적인 작업을 수행할 수 있다. 기존의 인공지능 시스템은 디지털 컴퓨터에서 실행되도록 설계되었고, 컴퓨터에 오류가 있으면 작동하지 않는다.[47] 그러나 양자컴퓨터는 오류가 있어도 작동할 수 있다고 알려져 있으므로, 한층 독창적인 작업을 수행할 수 있는 것이다.[48] 그렇게 되면 양자컴퓨터가 탑재된 인공지능이 생성한 작품과 인간이 생성한 작품과의 구별이 더 어려워질 수 있다.[49]

(2) 저작권 보호와 양자 역설

한편, 양자 역설(a quantum paradox)이 주장되고 있는데 양자컴퓨터로 인해 저작권의 침해가 더 많이 발생할 가능성이 있는 반면, 잠재적 저작권 침해를 방지하기 위한 기술 장치가 동시에 개발된다는 것이다.[50] 콘텐츠는 향상된 암호화를 통해 깨어지기 더욱 어려운 방식으로 만들어져 해독하기가 어려우므로 저작권이 더욱 안전해진다는 입장이다.[51] 특히 양자컴퓨터의 비용이 매우 높기 때문에, 콘텐츠를 직접 소유하기보다는 원격 서버를 통해 스트리밍 방식으로 이용하는 경우가 늘어날 것이고, 이처럼 콘텐츠가 중앙에서 통제되면 불법 복제나 무단 사용을 막기 쉬워져 저작권 보호와 통제가 더 용이해진다고 보고 있다.[52]

먼저, 양자 역설에서 양자컴퓨터의 높은 비용으로 인해 저작권 보호가 쉽다고

---

46) Griffin, JGH, "Quantum Computing and Copyright Law: A Wave of Change or a Mere Irrelevant Particle?", *Intellectual Property Quarterly*, 4~5쪽.
47) 위의 논문, 3~4쪽.
48) 위의 논문.
49) 위의 논문.
50) 위의 논문, 5쪽.
51) 위의 논문, 5~6쪽.
52) 위의 논문.

주장하는 부분은 향후 양자 기술의 보급과 대중화를 충분히 고려하지 않은 것으로 보인다. 장기적으로 보면 개인 컴퓨터에서도 양자 연산이 가능해질 수 있으므로 이러한 저작권 보호 방식은 한계를 드러낼 수 있다.

그러나 양자 역설은 기술의 발전으로 발생한 새로운 위험을, 다시금 더 발전된 기술로 극복할 수 있다는 가능성을 열어준다. 위에서 언급한 바와 같이 양자 내성 암호 기술은 오히려 저작권 보호를 강화할 수 있는 수단으로 작용할 수 있다. 또한, 조정이나 중재 과정에서 분쟁 당사자 간의 민감한 정보를 외부 클라우드 서버에 전송하거나 저장해야 하는 상황에도 활용할 수 있다. 이 경우, 정보 유출이나 해킹의 위험이 제기되지만, 양자 내성 암호 기술을 활용하면 그러한 위험을 사전에 차단할 수 있다. 이는 기술 발전이 양날의 검이 될 수 있음을 보여주는 동시에, 해결의 열쇠 또한 기술 자체에 있음을 보여주는 대표적인 사례이다.

4. 투명성, 책임성, 편향성 문제

(1) 문제점

인공지능의 등장으로 투명성(transparency), 책임성(accountability), 편향성(bias) 등의 문제가 대두되었고, 양자컴퓨터도 이 점에 관하여 우려가 제기되고 있다.[53] 나아가 이러한 우려를 해소하기 위해 법률가, 기술자, 윤리학자, 정책 기획자 등이 양자컴퓨터가 법률 실무에 미치는 영향력을 함께 분석하고, 이에 대한 대응 방안을 지속해서 협의하고 모색하자는 제안이 이루어지고 있다.[54]

양자컴퓨터는 앞에서 설명한 바와 같이 중첩, 양자얽힘 등을 기반으로 여러 상태를 동시에 계산하고, 상호작용을 통해 결과를 도출한다. 따라서 특정한 결론이 도출된 이후에도, 그에 이르는 추론 과정이나 판단 근거가 명확하게 드러나지 않아 투명성 확보에 한계가 있을 수 있다. 또한 알고리듬의 판단에 문제가 생겼을 때 누구에게 법적 책임을 물어야 하는지도 불분명할 수 있다. 아울러, 데이터에 편향이 존재한다면 양자컴퓨터 역시 그 편향을 그대로 반영할 수 있다.

53) Kasim Balarabe, 앞의 논문, 10쪽.
54) 위의 논문, 18쪽.

(2) 대 책

1) 설명 가능한 기술

양자컴퓨터와 관련된 투명성, 책임성, 편향성의 문제는 인공지능에서 제기되어 온 논의의 연장선에 있다고 볼 수 있다. 이와 관련하여 최근 '설명 가능한 인공지능 기술(Explainable AI techniques, XAI)'이 주목받고 있다. 이 기술은 각 뉴런의 활성화를 참조 뉴런과 비교하고, 활성화된 뉴런들 사이에서 서로 어떻게 연결되었는지 추적이 가능한 연결고리를 보여줄 뿐만 아니라, 그들 사이의 종속성까지도 보여준다고 한다.[55] 이러한 기술이 지속적으로 발전할 경우, 결론 도출 과정을 예측하거나 추적할 수 있게 되어 투명성이 제고되고, 모델의 편향성을 분석할 가능성도 높아질 것으로 예상된다. 결과에 대한 설명 가능성이 확보되면, 오류 발생에 따른 책임의 분배 문제 또한 일정 부분 완화될 수 있을 것으로 전망된다.

양자컴퓨터의 경우도 이른바 '설명 가능한 양자컴퓨터(Explainable Quantum Computer, EQC)'에 대한 연구가 요구되며, 향후 양자 알고리듬의 신뢰성과 적용 가능성을 높이는 데 핵심적인 역할을 할 것으로 기대된다.

2) 기술 발전에 따른 규범적 과제

① 유럽연합 「일반데이터보호규정」과 「인공지능기본법」의 대응

2018년 5월 25일부터 시행되고 있는 유럽연합의 「일반데이터보호규정(General Data Protection Regulation, GDPR)」은 개인정보 주체에게 자신의 정보 처리 현황과 그 내용에 대해 열람할 권리를 부여하고 있다. 이 법에 따르면 개인정보 주체는 자신의 개인정보가 처리되고 있는지에 대해 개인정보 처리자로부터 확인을 받을 권리가 있다(동법 제15조). 이 경우 처리 목적, 개인 데이터 범위, 저장될 예상 기간 등의 권리에 접근할 수 있다(동조). 또한 개인정보 주체는 자동화된 의사결정의 존재 여부와 해당 처리로 인해 정보 주체에게 발생할 수 있는 중요성과 예상되는 결과에 대한 정보 등을 제공받을 권리가 있다(동조). 나아가 개인정보 주체는 전적으로 자동화된 처리에 따라 내려진 결정으로 인해, 자신에게 법적 효력이 발생하거나 이와 유사하게 중대한 영향이 미치는 대상이 되지 않을 권리를 가진다(동법

---

55) https://www.ibm.com/think/topics/explainable-ai?utm_source=chatgpt.com [2025. 4. 16. 최종방문]

제22조 제1항).

또한 2015년 1월 21일에 제정되고 2026년 1월 22에 시행될 예정인 국내의 「인공지능 발전과 신뢰 기반 조성 등에 관한 기본법(인공지능기본법)」을 살펴보면, 인공지능이 도출한 결과에 대한 설명과 투명성 확보를 위한 규정이 마련되어 있다. 이에 따르면 인공지능제품 또는 인공지능서비스에 의하여 자신의 생명, 신체의 안전 및 기본권에 중대한 영향을 받는 자를 "영향받는 자"로 정의하고 있다(제2조 제9호). 그리고 이들은 인공지능의 최종결과 도출에 활용된 주요 기준 및 원리 등에 대하여 기술적·합리적으로 가능한 범위에서 명확하고 의미 있는 설명을 제공받을 수 있어야 한다(제3조 제2항)고 명시하고 있다. 나아가 동법에서 인공지능사업자의 투명성 확보 의무를 규정하면서, 해당 제품이나 서비스가 인공지능에 기반하여 운영하는 점을 고지하거나, 인공지능에 의해 생성되었다는 사실을 표시하도록 명시하고 있다(제31조 제1항, 제2항).

② 양자 기술의 입법 과제

먼저 유럽연합 「일반 데이터 보호 규정」은 투명성을 강하게 강조하고 있다는 점에서는 긍정적인 평가를 받고 있다.[56] 다만 소비자가 요구할 수 있는 정보의 구체적 범위에 대해서는 여전히 명확하지 않다는 지적이 있다.[57] 개인정보 주체가 인공지능 알고리듬의 분석 절차나 의사결정 구조에 대해 설명을 요청하더라도, 기업은 대체로 추상적인 수준에서만 답변하고, 핵심적인 정보는 영업 비밀이라는 이유로 공개를 거부하는 경우가 많아, 실질적인 문제 해결로 이어지지 않을 가능성이 있다는 것이다.[58] 이러한 점을 양자컴퓨터 활용에 참고하여 논의할 필요가 있다. 즉, 양자컴퓨터가 도입될 경우 그 운용 알고리듬이나 의사결정 과정의 복잡성과 불투명성이 더욱 심화될 수 있는 만큼, 초기 단계부터 개인정보 주체가 이해할 수 있는 수준의 설명 가능성과 투명성을 확보하기 위한 제도적 장치가 함께 마련되어야 할 것이다.

그리고 「인공지능기본법」에서 규정한 고지 의무가 양자컴퓨터 활용에 적용될 경우, 단순한 고지를 넘어 해당 결과가 어떤 기준과 절차에 따라 도출되었는지에 대한 설명 가능성까지 확보되어야 할 것이다. 물론 현재의 인공지능 활용에서도 그

56) 정상조, 『인공지능, 법에게 미래를 묻다』, 사회평론, 2023, 143쪽.
57) 위의 책.
58) 위의 책.

과정에 대한 설명은 필요하지만, 양자컴퓨터 기반 인공지능의 경우에는 그 계산 구조가 더욱 복잡하고 불투명해질 수 있는 만큼 투명성 확보가 더욱 중요해진다.

또한 설명의무 이행에 관한 기준과 절차가 보다 구체적으로 정립되어야 한다. 설명이 불가능한 인공지능을 활용하는 경우 그 책임을 명확히 하고, 공공 영역에서는 원칙적으로 사용을 제한하는 등의 법적 조치가 함께 마련되어야 할 것이다. 앞으로 양자컴퓨터 활용에 따른 신뢰 기반 조성에 대한 제도가 마련되어야 하는데, 현재 규정보다 정교한 대안이 필요할 것이다.

그 밖에 책임성 확보와 편향성을 극복하기 위해 생성된 결과물에 대한 지속적 검토와 감독이 필요할 것이다.[59] 이를 위해서 미국에서는 「알고리듬 책임법(Algorithmic Accountability Act)」에 대해서 논의 중이다.[60] 이와 같은 책임성과 편향성 문제는 양자컴퓨터가 활용되는 경우에도 제기될 수 있으며, 앞에서 언급한 바와 같이 오히려 양자 알고리듬의 복잡성으로 인해 그 중요성이 더욱 커질 수 있다. 따라서 양자컴퓨터 기반 시스템에 대해서도 알고리듬의 설계와 운용 전반에 대한 지속적인 검토와 규제가 병행되어야 하며, 이를 반영한 법적·제도적 논의가 함께 이루어져야 한다.

Ⅵ. 마치며

이 글은 새롭게 부상하는 양자컴퓨터 기술이 법률 분야에 미치는 영향을 분석하고, 관련 법적 쟁점을 검토함으로써 그 가능성과 한계를 조명하고자 하였다. 먼저 양자컴퓨터의 개념과 중첩 현상, 양자얽힘, 최적화 기능 등에 대해 설명했다. 이러한 양자컴퓨터는 기존 컴퓨터로는 해결이 어려웠던 문제에 대한 혁신적 해법을 제시할 수 있다. 법률 분야에서도 예컨대 복잡한 판례 분석, 예측 모델 개발, 보안 강화를 통한 전자소송 시스템의 구축, 조정과 중재 절차의 자동화 등 다양한 가능성을 열어주기 때문에 효율적인 분쟁해결 방식으로 이어질 수 있다.

한편, 양자컴퓨터는 기존 암호 체계를 빠르게 무력화할 수 있는 잠재력을 지니고 있어 데이터 보호에 대한 우려를 낳고 있으며, 고속의 정보 처리 능력은 저작

59) 강영주, “생성형 인공지능과 ADR-대체적 분쟁해결을 위한 생성형 인공지능 활용에 대한 소고”, 『안암법학』, 안암법학회, 2024, 459쪽, Superb AI, 2024. 1. 11. 기사.

60) https://www.congress.gov/bill/118th-congress/senate-bill/2892 [2025. 4. 24. 최종방문]

권 침해와 같은 법적 문제를 초래할 수 있다. 더불어 그 활용 과정에서는 투명성, 책임성, 편향성 등의 문제도 함께 제기된다.

이러한 문제는 양자 기술 자체의 발전을 통해 일정 부분 완화되거나 해결될 수 있다. 양자 역설에서 주장하는 바와 같이 침해를 방지하는 보안 기술도 함께 개발할 수 있다. 특히 외부 클라우드 사업자에게 정보를 전송하는 조정·중재 절차에서 양자 내성 암호 기술은 민감한 정보를 보호하는 데 효과적인 수단이 될 것이다. 이에 따라, 이러한 기술 개발과 활용을 뒷받침하기 위한 법적·정책적 대응으로는 양자 내성 보안 기술 도입 요건의 정립, 데이터 침해에 대한 책임 및 신고 기준 등에 관한 명확한 지침 마련이 요구된다.

또한, 양자컴퓨터의 투명성, 책임성, 편향성 문제에 대해서는 최근 개발되고 있는 설명 가능한 인공지능 기술과 유사하게, 설명 가능한 양자컴퓨터에 대한 연구가 필요하다. 이를 통해 향후 양자컴퓨터의 신뢰성과 활용도를 높이는 데 중추적인 역할을 할 것으로 예상된다. 이러한 법적 대응을 규범적으로 정립하기 위해, 본 글에서는 유럽연합의 「일반데이터보호규정(GDPR)」과 한국의 「인공지능기본법」에 나타난 대응 방안을 검토했다. 이 법률에서 규정하고 있는 자동화된 의사결정에 대한 정보 제공 의무, 설명 책임을 통한 투명성 확보 등의 원칙은 향후 양자컴퓨터 관련 입법에도 반영이 요구된다. 다만 양자컴퓨터의 경우 그 잠재적 파급효과를 고려할 때, 이를 수용할 수 있도록 보다 체계적인 정비가 필요하다.

그동안 인공지능을 법률 분야에 적용하기 위해 다양한 논의와 함께 구체적인 제도 마련으로 이어져 왔다. 이는 궁극적으로 국민의 사법 접근성을 높이기 위한 것이었다.[61] 이와 같이 양자컴퓨터와 관련된 법적 대응 또한 국민의 사법 접근성을 높이는 관점을 중심에 두고 이루어야 할 것이다.

---

61) 강영주, 『인공지능 법정에서의 하루-AI 판사에게 재판을 받을 것인가?』, 박영사, 2025, 77쪽.

▌참고문헌▐

■ 단행본

강영주, 『인공지능 법정에서의 하루 - AI 판사에게 재판을 받을 것인가』, 박영사, 2025.

김석준, 『양자컴퓨터의 이해』, 커뮤니케이션북스, 2021.

김현지 · 임세진 · 김덕영 · 서화정, "양자컴퓨팅을 이용한 양자 인공지능 기술 동향", 『정보보호학회지』 제33권 제2호, 2023.

미치오 카쿠 저, 박병철 역, 『양자컴퓨터의 미래, 양자컴퓨터 혁명은 세상을 어떻게 바꿀 것인가』, 김영사, 2024.

아미르 D. 앨젝 저, 김형도 역, 『얽힘』, 지식의풍경, 2007.

우츠기 타케루 저, 김성훈 역, 『그림으로 이해하는 양자컴퓨터의 구조』, 성안당, 2020.

이순철, 『퀀텀의 세계』, 해나무, 2021.

정보통신기획평가원, "주요국의 양자과학기술 정책 및 미국의 정책 R&D 추진 동향", 2024.

정상조, 『인공지능, 법에게 미래를 묻다』, 사회평론, 2023.

■ 논문

강영주, "생성형 인공지능과 ADR - 대체적 분쟁해결을 위한 생성형 인공지능 활용에 대한 소고", 「안암법학」, 안암법학회, 2024.

Jeffery Atik & Valentin Jeutner, "Quantum computing and computational law", *Law, Innovation and Technology*, 2021.

Kasim Balarabe, "Quantum Computing and the Law: Navigating the Legal Implications of a Quantum Leap", *European Journal of Risk Regulation*, 2025.

Griffin, JGH, "Quantum Computing and Copyright Law: A Wave of Change or a Mere Irrelevant Particle?", *Intellectual Property Quarterly*, 2024.

국제상사법원과 재판부 구성의 다양화* **

- 국제상사법원의 도입 논의와 관련하여 -

김 정 환***

Ⅰ. 들어가며

국가 간 무역이 증대되면서 국제상사분쟁의 수와 규모는 나날이 증가하고 있다. 이와 같이 날로 증가하는 국제상사분쟁을 적절히 해결하기 위해서는 국제상사분쟁의 특성에 맞는 적절한 분쟁해결수단이 마련되어야 하며, 그 중요성은 달리 강조할 필요가 없을 것으로 생각된다. 국제상사분쟁의 전형적인 해결수단으로 활용되는 것은 국제상사중재이나, 최근 국제상사중재가 가지는 문제점을 지적하면서 그 대안으로 등장하고 있는 것이 국제상사법원이다. 국제상사법원은 여러 국가에서 이미 설립되었거나 설립이 진행되고 있으며, 국제상사분쟁 해결을 위한 또 다른 대안으로 주목받고 있다. 우리의 경우에도 국제상사법원에 대한 관심이 조금씩 증가하고 있으며, 심지어 제21대 국회에서는 국제상사법원을 설립하자는 법률안이 제출되기도 하였다.[1)]

---

* 이 글은 경상국립대학교 법학연구 제33권 1호(2025. 1.)에 게재된 글입니다. 존경하는 정영환 교수님의 정년을 축하드립니다.
** 본 논문은 저자가 연구책임자로 수행한 사법정책연구원(연구책임자: 김정환), 국제상사법원에 관한 연구, 2020의 일부 내용을 수정・보완한 것임을 밝힙니다.
*** 조선대학교 법사회대학 법학과 교수, 법학박사

1) 국회 의안정보시스템, “[2108118] 법원조직법 일부개정법률안(이수진의원 대표발의)”, <https://likms.assembly.go.kr/bill/billDetail.do?billId=PRC_X2T1X0X1M2Y9C1I7L3G8K5A8E1K0J4> (2024. 12. 1. 최종방문).

이 글에서는 국제상사법원과 함께 국제상사법원의 주요한 특징으로 거론되고 있는 재판부 구성의 다양화에 대해 살펴보고자 한다. 우선 국제상사법원의 일반적인 내용에 대해 살피고, 다음으로는 국제상사법원의 여러 특징 중 재판부 구성의 다양화에 대해 자세히 살피고자 한다. 국제상사법원을 설립하여 운영하고 있는 여러 국가에서 재판부 구성의 다양화를 이루는 모습을 살펴보고, 어떤 방향으로 재판부 구성의 다양화를 꾀하고 있는지에 대해서도 살펴보고자 한다. 세 번째로는 우리나라에서 국제상사법원을 설립해야 할 필요성에 대해 살펴보고자 한다. 마지막으로는 국제상사법원의 설립을 가정할 때 현행 제도 하에서 재판부 구성의 다양화를 꾀함에 있어 장애가 되는 요소를 먼저 살피고, 재판부 구성의 다양화를 위해서는 현재의 여러 규정을 어떤 식으로 개정해야 할 것인지에 대해 그 방향을 제시하고자 한다.

Ⅱ. 국제상사법원 일반론

1. 국제상사법원의 등장

(1) 국제상사중재의 대안으로서의 국제상사법원

국제상사분쟁에서 새로운 분쟁해결수단으로 등장한 국제상사법원은 지금까지 국제상사분쟁에서 가장 널리 사용되었던 분쟁해결수단인 국제상사중재의 문제점을 해결하기 위한 시도로서, 종래의 소송에 분쟁당사자들이 원하던 국제상사중재적인 요소를 일부 추가[2]하는 방식으로 등장하게 되었다.[3]

국제상사분쟁에서 중재는 ① 자유로운 준거법과 절차의 선택, ② 분쟁의 성격에 맞는 전문가의 중재인으로서의 선임, ③ 중재약정과 중재판정의 용이한 강제집행가능성이 그 강점으로 제시되었다.[4] 다만 세월이 흐름에 따라 국제상사중재에

---

2) 이를 중재와 소송 사이의 '사려 깊은 혼인'과 같다고 표현한 견해로 Steven Chong, "The Singapore International Commercial Court: A New Opening in a Forked Path", 2015, § 52 *available at* <https://www.supremecourt.gov.sg/Data/Editor/Documents/J%20Steven%20Chong%20Speeches/The%20SICC%20-%20A%20New%20Opening%20in%20a%20Forked%20Parth%20-%20London%20(21.10.15).pdf> (2024. 12. 1. 최종방문).

3) S. I. Strong, "International Commercial Courts and the United States" *in* Xandra Kramer & John Sorabji (Eds.), *International Business Courts - A European and Global Perspective*, 2019, p. 256 (*hereinafter* S. I. Strong, "International Commercial Courts and the United States").

4) G. B. Born, *International Commercial Arbitration*, 2014, p. 73-93; William Blair, "The New

대해 다음의 두 가지 방향에서 비판이 제기되었다. 첫 번째는 국제상사중재가 당사자들이 처음에 기대했던 만큼 신속하거나 경제적인 분쟁해결수단이 되지 못하고 있다는 점이다.[5)] 두 번째로는 분쟁해결수단으로서의 중재가 과연 중립적인 분쟁해결수단으로 기능할 수 있는지 등에 대한 의문이 점차 제기되고 있다는 점이다.[6)] 이러한 점을 감안하여 국제상사분쟁의 해결수단으로서의 주도권을 국제상사중재로부터 가져오려는 국가별 법원의 가장 최근 시도가 국제상사법원의 설립이라고 설명하는 견해도 존재한다.[7)]

(2) 'Forum Shopping'이 아닌 'Forum Selling'

전통적으로 법원의 임무는 해당 국가 내에 있는 사인 사이에 발생한 분쟁을 해결하는 것이었고 이와 같은 사법서비스는 국가가 독점하는 것으로서 어떤 경쟁의 대상으로 생각할 수 없는 것이었다.[8)] 다만 급격한 세계화로 인해 분쟁당사자가 분쟁을 해결할 장소와 수단을 선택하는 것이 가능하게 되었고, 이로 인해 오늘날 한 국가의 사법부가 어떠한 사법서비스를 제공하는가의 문제는 외국 투자자로 하여금 해당 국가에 대한 투자를 결정하는데 있어 중요한 요인으로 작용하는 것이 보편화되었다.[9)] 이는 결국 국가 간 사법부의 경쟁을 불러일으키게 되어 '사법서비스 시장(litigation market, adjudication market)'이 형성되게 되었다.[10)] 즉, 한 국가의 사법부가 얼마나 독립적이고 효율적이며, 적정하면서도 신속하고 경제적으로 사건

Litigation Landscape: International Commercial Courts and Procedural Innovations", *International Journal of Procedural Law* Vol. 9(2), 2019, p. 216.

5) S. I. Strong, "Realizing Rationality: An Empirical Assessment of International Commercial Mediation", *Washington & Lee Law Review* Vol. 73, 2016, p. 1982-1993 (*hereinafter* S. I. Strong, "Realizing Rationality: An Empirical Assessment of International Commercial Mediation").

6) S. I. Strong, "Truth in a Post-Truth Society: How Sticky Defaults, Status Quo Bias and the Sovereign Prerogative Influence the Perceived Legitimacy of International Arbitration", *University of Illinois Law Review* Vol. 2018,, p. 555-556 (*hereinafter* S. I. Strong, "Truth in a Post-Truth Society: How Sticky Defaults, Status Quo Bias and the Sovereign Prerogative Influence the Perceived Legitimacy of International Arbitration").

7) S. I. Strong, "International Commercial Courts and the United States", p. 261.

8) Marta Requejo Isidro, "International Commercial Courts in the Litigation Market", MPILux Research Paper Series 2019 (2), 2019, p. 28; 이를 강조하여 사법서비스는 경쟁의 대상이 아니며, 경쟁의 대상이어서도 안 된다는 견해로 Geoffrey Vos, "A View from the Business and Property Courts in London", *Erasmus Law Review* Vol. 21(1), 2019, p. 27.

9) William Blair, op. cit., p. 216; Marta Requejo Isidro, op. cit., p. 28.

10) Marta Requejo Isidro, op. cit., p. 28; Xandra Kramer & John Sorabji, "International Business Courts in Europe and Beyond: A Global Competition for Justice?", *Erasmus Law Review* Vol. 12(1), 2019, p. 4.

을 처리할 수 있는가가 투자와 무역거래에서 당사자가 상대방의 신뢰를 측정하는 중요한 요소로 발전한 것이다.[11] 이와 같은 현상은 종래의 당사자가 편리한 법정을 찾아다니는 'forum shopping'에 빗대어 'forum selling'이라는 용어로 표현되고 있는데, 국제상사분쟁에서 각 국가의 법원은 자국의 사법서비스의 우수함과 질을 적극적으로 홍보하게 되고, 그러한 수단으로서의 국제상사법원이 대두되게 되었다.[12]

2. 국제상사법원의 특징

현재 설립된 국제상사법원의 특징은 ① 외국 당사자가 관여된 국제적 분쟁의 취급, ② 재판부 구성의 다양화, ③ 당사자의 자율성 존중, ④ 외국 소송대리인의 변론 인정, ⑤ 절차 진행에서의 영어 사용, ⑥ 판결의 공개, ⑦ 유연한 불복절차의 구성, ⑧ 중재 대비 상대적으로 저렴한 절차비용, ⑨ 기술적 요소의 적극적 도입 등을 들 수 있다.[13]

3. 국제상사법원의 설립 현황

현재 기준으로 설립된 국제상사법원을 보면 ① 2005년에 개원한 두바이 국제금융센터법원(Dubai International Financial Center Courts, DIFC Courts),[14] ② 2009년에 개원한 카타르 금융센터법원(Qatar Financial Center Court, QFC Court),[15] ③ 2015년에 개원한 아부다비 금융자유구역법원(Abu Dahbi Global Market Court, ADGM Court),[16] ④ 2015년에 개원한 싱가포르 국제상사법원(Singapore International Commercial Court, SICC),[17] ⑤ 2018년에 개원한 프랑스 국제상사법원(International Commercial Chamber at Paris Court of Appeal, ICCP-CA), ⑥ 2018년에 개원한 중

11) Xandra Kramer & John Sorabji, op. cit., p. 4.
12) British Institute of International and Comparative Law(Eva Lein et al.), *Factors Influencing International Litigants' Decisions to Bring Commercial Claims to the London Based Courts - Ministry of Justice Analytical Series*, 2015, p. 4 *available at*, <http://www.justice.gov.uk/publications/ research-and-analysis/moj> (2024. 12. 1. 최종방문).
13) 국제상사법원의 특징과 관련하여 자세한 것은 Stephan Wilske, "International Commercial Courts and Arbitration: Alternatives, Substitutes or Trojan Horse?", *Contemporary Asia Arbitration Journal* Vol. 11(2), 2018, p. 157 참조.
14) DIFC Courts homepage, <https://www.difccourts.ae> (2024. 12. 1. 최종방문).
15) QICDRC homepage, <https://www.qicdrc.gov.qa> (2024. 12. 1. 최종방문).
16) ADGM Court homepage, <https://www.adgm.com/adgm-courts> (2024. 12. 1. 최종방문).
17) SICC homepage, <https://www.judiciary.gov.sg/singapore-international-commercial-court> (2024. 12. 1. 최종방문).

국 국제상사법원(China International Commercial Court, CICC),[18] ⑦ 2019년에 개원한 네덜란드 상사법원(Netherland Commercial Court, NCC),[19] ⑧ 2019년에 개원한 카자흐스탄의 아스타나 국제금융센터법원(Astana International Financial Center Court, AIFC Court)[20] 등을 들 수 있다.

Ⅲ. 국제상사법원과 재판부 구성의 다양화

1. 재판부 구성의 다양화 필요성

국제상사법원의 가장 큰 특징 중 하나는 재판부 구성의 다양화이다.[21] 대부분 국제상사법원은 자국의 법관이 아닌 외국의 법관을 포함하여 재판부를 구성하는데, 이는 국제상사법원이 국제상사분쟁을 전문적으로 다룬다는 것을 명확히 나타내줄 뿐만 아니라 국제상사분쟁을 중립적으로 해결한다는 인상을 주기 위해서이다.[22] 일부의 경우 외국의 법관을 포함하여 재판부를 구성하지 않는 예도 발견되는데,[23] 그러한 경우에도 외국 유학 경험이 있거나 국제기구에서 활동한 경험이 있는 자국의 법관으로 재판부를 구성하여 앞에서 언급한 목표를 달성하려 함을 알 수 있다.[24]

재판부 구성의 다양화 필요성에 관하여는 국제상사분쟁을 다루는 변호사들이 법정지를 선택할 때 재판부 구성의 전문화를 중요한 요소로 고려하고 있다는 연구결과를 고려할 필요가 있다.[25] 또한, 국제상사중재를 선택하는 당사자가 중재의 장점으로 중재판정부의 중립성과 전문성을 선택하는 비율이 높다는 점[26]에서 국

---

18) CICC homepage, <https://cicc.court.gov.cn> (2024. 12. 1. 최종방문).
19) NCC homepage, <https://www.rechtspraak.nl/English/NCC/Pages/default.aspx> (2024. 12. 1. 최종방문).
20) AIFC Court homepage, <https://court.aifc.kz/en> (2024. 12. 1. 최종방문).
21) Stephan Wilske, op. cit., p. 157.
22) Ibid., p. 157-158.
23) 대표적으로 중국 국제상사법원(China International Commercial Court, CICC)과 네덜란드 상사법원(Netherlands Commercial Court, NCC)을 들 수 있다.
24) Stephan Wilske, op. cit., p. 158.
25) Erlis Themeli, “Matchmaking International Commercial Courts and Lawyers’ Preferences in Europe”, Erasmus Law Review Vol. 12(1), 2019, p. 75.
26) Queen Mary University School of International Arbitration, *2015 International Arbitration Survey: Improvements and Innovations in International Arbitration*, 2016, p. 6-7, <http://www.arbitration. qmul.ac.uk/docs/164761.pdf> (2024. 12. 1. 최종방문).

제상사법원의 재판부를 구성할 때 가능한 전문화되고 다양화된 구성으로 접근하여야 할 것으로 보인다. 특히 다양한 국적의 법관으로 재판부를 구성하는 것은 코먼로 국가에 대륙법계 요소를 보강하거나 대륙법계 국가에 코먼로 요소를 보강하는 것 외에 외국법관의 참여로 인해 외국법 적용에 있어서 전문성을 가져올 수 있다는 점에서 그 필요성이 크다고 할 수 있다.[27] 재판부 구성의 전문화・다양화를 위해서는 외국인 법관을 국제상사법원의 법관으로 임용하는 방안을 많이 활용하고 있는데, 이하에서는 현재 설립된 국제상사법원에서의 재판부 구성의 다양화 현황을 간략하게 살펴보고자 한다.

2. 국제상사법원과 재판부 구성의 다양화 현황

(1) 싱가포르 국제상사법원

싱가포르 국제상사법원(SICC)은 2015년에 개원하였는데, 짧은 역사에도 불구하고 잘 정비되고 합리적인 절차와 전문적인 재판부 구성, 신속한 절차 등을 이유로 점점 더 많은 국제상사분쟁 당사자들이 이용하고 있는 추세이다.

재판부의 구성을 보면 싱가포르 국제상사법원은 싱가포르 국적인 싱가포르 대법원의 법관과 외국인 법관으로 구성되어 있으며,[28] 외국인 법관의 경우 상사사건에 전문성을 가진 오스트레일리아, 프랑스, 홍콩, 영국, 미국 등의 출신 전・현직 법관으로 구성되어 있다. 현재 외국 법관의 수는 총 14명이며 그 분포는 다양한 국가에 걸쳐 있다.[29] 싱가포르 국제상사법원 외국인 법관의 경우 대법원장이 '외국인 법관으로서의 필요한 자격과 경험, 전문성 등을 갖추었다고' 인정하는 경우 임명될 수 있으며[Constitution of the Republic of Singapore s 95(4)(c)], 임기를 정해 외국인 법관으로 임명될 수 있다[Supreme Court of Judicature Act s 9(4)(b)].[30] 그 권한에 있어서도 싱가포르 대법원의 법관과는 달리 SICC에 소가 제기된 사건 및 SICC에서 상소된 사건에 대해서만 참여할 수 있다[Supreme Court of Judicature Act ss 5A, 9(4)(b), 29(4)].

---

27) Xandra Kramer & John Sorabji, op. cit., p. 6-7.

28) TEH Hwee Hwee & Justin YEO, "Commentary: The Singapore International Commercial Court in Action", *Singapore Academy of Law Journal* Vol. 28, 2016, p. 699.

29) SICC homepage, "Judges", <https://www.judiciary.gov.sg/singapore-international-commercial-court/ about-the-sicc/judges> (2024. 12. 1. 최종방문).

30) 최초로 임명된 SICC 외국 법관의 임기는 3년이었다.

(2) 두바이 국제금융센터법원

1998년 두바이는 무역, 상업, 경제의 허브가 되기 위하여 세계를 선도하는 금융 구역인 두바이 국제금융센터(Dubai International Financial Centre, DIFC)를 만들기로 결정하였다.[31] 또한 두바이 국제금융센터에 투자를 유치하고 상거래의 국제 허브가 되기 위하여 국제금융센터 내에 법원을 설립하기로 하였는데,[32] 그 결과로 외국 투자자들이 가장 우려하는 부분인 언어(아랍어)와 법률제도(대륙법계, 종교법원)를 개선한 두바이 국제금융센터법원(Dubai International Financial Centre Courts, DIFC Courts)이 2005년 개원하였다.[33]

재판부의 구성을 보면 2024. 12. 기준 16인의 법관이 임명되어 있으며 이 중 외국 법관은 11인이다(영국 6인, 스코틀랜드 1인 오스트레일리아 4인).[34] 외국 법관에 의한 소송지휘가 가능하며, 외국 법관들은 모두 모국에서 고위 법관으로 활동하다가 퇴직한 인사들이다.[35]

(3) 카타르 금융센터법원

카타르 금융센터법원(Qatar Financial Centre Court, QFC Court) 설립과 관련한 근거법령은 2005년에 입법[36]되었으나, 카타르 금융센터법원이 실질적으로 개원하여 첫 사건을 심리한 것은 2009년이다.[37] 카타르 금융센터법원의 설립에는 카타르의 역사적 배경과 지리적 이점 등과 같은 여러 요소들이 고려되었으며, 2005년 당시에만 해도 카타르 금융센터(Qatar Financial Centre) 내의 분쟁만을 다루는 것이 목적이었으나 개원 이후 시대의 변화에 발맞추어 그 역할과 범위는 날로 확대되었다.[38] 카타르는 대부분의 중동 국가와 마찬가지로 대륙법계(civil law) 국가로 분류

---

31) Jayanth K. Krishnan, *The Story of The Dubai International Financial Centre Courts-A Retrospective*, 2019, p. 10.
32) Ibid.
33) Ibid.
34) DIFC Courts, “Judges”, <https://www.difccourts.ae/court-structure/judges/> (2024. 12. 1. 최종 방문).
35) Ibid.
36) 카타르 금융센터법원에 관한 법(The Civil and Commercial Court of the Qatar Financial Centre, Law No. 7 of 2005, 이하 ‘QFC Law’라고 한다). 동법은 2009년에 Law No.2 of 2009로 개정되었다.
37) Andrew Dahdal, “International Commercial Courts: The Qatari Experience”, *in* Xandra Kramer & John Sorabji (Eds.), *International Business Courts-A European and Global Perspective*, 2019, p. 235.
38) Ibid., p. 235-236.

되는데,[39] 카타르 금융센터법원의 경우 코먼로(common law) 기반으로 운영되는 특징을 가진다.[40]

카타르 금융센터법원의 재판부는 코먼로와 대륙법계 출신으로 다양하게 구성되어 있으며, 재판에서의 독립성을 보장받을 뿐만 아니라 법관윤리장전(Judicial Code of Conduct)에 따라 공정하면서도 청렴하게 자신의 직무를 수행할 의무를 지고 있다.[41] 현재 법원장인 Lord Thomas of Cwmgiedd를 포함하여 총 13명의 법관[42]이 임명되어 있다.

(4) 아부다비 금융자유구역법원

아부다비 금융자유구역법원은 2015년에 금융자유구역인 아부다비 금융자유구역 내의 분쟁해결, 특히 외국기업 간의 분쟁해결을 위한 법원으로 설립되어 2016. 5. 부터 운영을 개시하였다.[43] 아부다비 금융자유구역법원은 장기적으로는 국제상사분쟁을 해결하는 선도적 법원이 되겠다는 목표를 설정하고 있으며, 국제적인 판결의 승인집행에 유리하도록 영국 코먼로 체계를 광범위하게 도입하였다는 점에서 그 특징을 찾을 수 있다.[44]

법원의 공식 언어로는 영어를 채택하였으며,[45] 법원장인 The Right Honourable Lord David Hope of Craighead KT를 포함한 8명의 법관 전원을 코먼로 국가 출신의 외국인으로 임명하였다(영국 5인, 오스트레일리아 1인, 뉴질랜드 1인, 홍콩 1인).[46] 외국법관에게는 기본급과 실제 활동에 따른 급여를 지급하고 있는데, 대부

---

39) 대부분의 중동국가들은 나폴레옹 법전을 변용하여 계수한 이집트의 예를 따라 다시 자국의 실정에 맞게 적절하게 변용하여 계수하였으므로 대륙법계 국가로 분류된다(Ibid., p. 237).

40) Ibid.

41) Qatar International Court and Dispute Resolution Centre, *An Introduction*, 2019, p. 10 *available at* <https://www.qicdrc.gov.qa/media-centre/publications> (2024. 12. 1. 최종방문).

42) Qatar International Court and Dispute Resolution Centre homepage, <https://www.qicdrc.gov.qa/courts/court> (2024. 12. 1. 최종방문).

43) John Gaffney, "Abu Dhabi Establishes English-Language Commercial Courts", 2016. 10. *available at* <https://www.tamimi.com/law-update-articles/abu-dhabi-establishes-english-language-commercial-courts/> (2024. 12. 1. 최종방문); Henry Quinlan, Adam Bradshaw & Charlotte Leith, "Abu Dhabi Global Market Courts: Framework, Procedures and First Judgment Summary" (2018) *available at* <https://uk.practicallaw.thomsonreuters.com/w-013-7809?transitionType=Default&contextData=(sc.Default)&firstPage=true&bhcp=1> (2024. 12. 1. 최종방문).

44) Henry Quinlan, Adam Bradshaw & Charlotte Leith, op. cit.

45) ADGM Courts, *Guidelines for Self-Represented Litigants*, 2016, p. 3 *available at* <https://www.adgm.com/documents/courts/guides/english/adgm-courts-guidelines-for-self-represented-litigants-clean-english-150818.pdf> (2024. 12. 1. 최종방문).

분 퇴직 법관으로 연금을 수령하거나 경제 활동을 하고 있으므로 많은 급여를 지급하지 않고도 채용이 가능한 상황이다. 외국 법관의 경우 중재인으로는 활동할 수 있으나 다른 나라의 법관으로 활동하는 것은 금지되고 있다.

(5) 아스타나 국제금융센터법원

아스타나 국제금융센터법원은 중앙아시아에서는 최초로 설립된 영국법에 기반한 코먼로 체계의 법원이다.[47] 아스타나 국제금융센터법원은 아스타나 국제금융센터(AIFC) 내에서 발생하는 민・상사상의 분쟁을 해결하기 위하여 국제적인 기준에 맞추어 운영되고 있으며, 아스타나 국제금융센터 내에서 발생한 분쟁 또는 분쟁의 당사자가 아스타나 국제금융센터법원에서 분쟁을 해결하기로 합의한 사건에 대하여 전속적 관할권을 행사한다.[48] 또한 아스타나 국제금융센터법원은 카자흐스탄의 사법체계와는 분리되어 있으며 독립적으로 작동한다.[49]

재판부의 구성을 보면, 법원장인 The Rt. Hon. The Lord Burnett of Maldon을 포함한 11인의 법관 모두를 코먼로 국가 출신의 외국인으로 임명하였다.[50] 임명된 법관 중 일부는 제1심 법원과 상소심 법원의 심리를 담당하고, 나머지 일부는 소액사건의 심리를 전담한다.[51]

3. 소 결

외국 국적의 전문가를 국제상사법원의 법관으로 임명하는 것은 영어로 절차진행을 용이하게 하려는 목적 외에도 법관의 전문성과 중립성 확보 및 그에 관한 홍보 등을 이유로 이루어지는 경우가 많으며,[52] 결과적으로는 국제상사법원의 국제적인 성격을 강조하기 위하여 이루어지는 경우가 대부분이다.[53] 이러한 이유로 대

46) Henry Quinlan, Adam Bradshaw & Charlotte Leith, op. cit.; 법원장 외의 나머지 법관의 명단은 다음과 같다: The Honourable Kenneth Hayne AC, The Right Honourable Sir Peter Blanchard KNZM, The Right Honourable Dame Elizabeth Gloster DBE, William Stone SBS QC, The Honourable Lord James McGhie, Sir Michael Burton GBE, Sir Andrew Smith[ADGM Courts homepage, "Judges", <https://www.adgm.com/adgm-courts/judges> (2024. 12. 1. 최종방문)].
47) AIFC Court, "About Us", <https://court.aifc.kz/en/an-introduction> (2024. 12. 1. 최종방문).
48) Ibid.
49) Ibid.
50) AIFC Court, "Who We Are", <https://court.aifc.kz/en/who-we-are> (2024. 12. 1. 최종방문).
51) AIFC Court, "About Us", <https://court.aifc.kz/en/an-introduction> (2024. 12. 1. 최종방문).
52) Sheng Zhang, "China's International Commercial Court: Background, Obstacles and the Road Ahead", *Journal of International Dispute Settlement* Vol. 11, 2020, p. 164.
53) Xandra Kramer & John Sorabji, op. cit., p. 5; Sheng Zhang, op. cit., p. 164.

부분의 국제상사법원은 재판부 구성에 있어 외국국적의 전문가를 법관으로 임명하고 있을 뿐만 아니라 또한 이를 적극적으로 홍보하고 있는 실정이다. 앞에서 언급한 여러 국제상사법원을 외국 법관 임명을 허용하는지 여부에 따라 분류해보면 아래의 [표 1]과 같다.

[표 1] 외국 법관의 허용여부에 따른 분류

법원	외국 법관의 허용여부	비고
영국 상사법원	○	
싱가포르 국제상사법원(SICC)	○	
두바이 국제금융센터법원(DIFC)	○	
카타르 금융센터법원(QFC Court)	○	
아부다비 금융자유구역법원(ADGM Court)	○	
중국 국제상사법원(CICC)	×	
네덜란드 국제상사법원(NCC)	×	
프랑스 국제상사법원	×	
아스타나 국제금융센터법원	○	

다만 외국 법관을 허용하지 아니하는 국제상사법원의 경우라고 하여도 영어에 능통한 자국의 법관을 국제상사법원의 법관으로 임명하거나 외국 국적의 전문가로 자문위원회를 구성하는 것과 같은 식으로 외국 법관의 공백을 메우고, 국제적 요소를 확보하려는 움직임을 보이고 있다.

외국 법관이 허용되는 국제상사법원의 경우 재판부 구성을 보면 다양한 출신의 외국 법관으로 재판부를 구성하는 것을 알 수 있다. 출신국가를 보면 대부분이 코먼로(common law) 계열 국가들이 많은 것을 알 수 있는데, 특히 국제상사법원이 설립된 국가가 대륙법(civil law) 계열 국가일 경우 코먼로적 요소를 보강하기 위해서라도 보다 적극적으로 코먼로 계열 국가 출신의 외국 법관 — 특히 코먼로 계열 국가 중에서도 영국의 법관 — 으로 재판부를 구성하는 것을 알 수 있다. 특기할 만한 것은 코먼로 계열 국가의 국제상사법원의 경우 오히려 반대로 대륙법적 요소를 보강하기 위해서 대륙법 계열 국가 출신의 외국 법관을 일부 포함하여 재판부를 구성하고 있다는 것이다.

Ⅳ. 국제상사법원 도입의 필요성과 재판부 구성의 다양화 방안

1. 국제상사법원 도입의 필요성

(1) 소송분야에 관한 국가주권 방어 · 확대

1) 초국가적 사법교류의 확대

21세기에 들어 국내법원이 판결문에 해외법령이나 해외판결을 원용하는 경우가 점차 증가할 뿐만 아니라 사법부 구성원이나 사법부가 주도하여 다른 국가의 사법부 및 국제기구 등과 교류하여 연대를 형성하는 현상이 발전해오고 있는데 이러한 현상을 초국가적 사법교류(transnational judicial dialogue)라고 부르고 있다.[54] 이러한 초국가적 사법교류는 국제적 법규범의 발전 및 그 실현에 미치는 영향이 큰 것으로 평가받고 있는데,[55] 대한민국 법원의 경우에도 사법부 차원에서 다른 국가의 사법부에 방문하여 사법협력에 관한 양해각서를 체결하거나, 아시아 · 태평양 대법원장 회의에 지속적으로 참여하거나, 매년 다양한 주제로 국제법률심포지엄을 개최하는 등 초국가적 사법교류에 적극적으로 참여하고 있다.

2) 국제상사법원과 초국가적 사법교류

초국가적 사법교류는 법원 단위로 이루어지는 경우도 많이 발생하고 있는데, 특히 국제상사법원이나 해사법원, 특허법원, 가정법원, 도산법원 등과 같은 전문법원이 각국의 전문법원과 상호 교류하여 최선의 실무(best practice)를 공유하고 절차의 글로벌화, 통일화를 위한 노력을 지속하고 있다.[56] 국제상사법원과 관련하여서는 국제상사법원 사이의 상호교류도 꾸준히 이루어지고 있는 상황이다.

3) 국제상사법원의 설립 필요성

전문법원 중 초국가적 사법교류가 활발히 이루어지는 분야로 국제상사법원이나 해사법원을 들고 있는데, 이러한 점에서 국제상사법원의 도입이 필요한 이유를 찾을 수 있다. 그 이유는 이와 같이 글로벌 커뮤니티 코트화가 두드러지는 해사 · 상

---

54) Terence C. Halliday & Pavel Osinsky, "Globalization of Law", *Annual Review Sociology* Vol. 32, 2006, p. 447; Anne-Marie Slaughter, "Judicial Globalization", *Vanderbilt Journal of International Law* Vol. 40, 1999-2000, p. 1104.

55) Anne-Marie Slaughter, op. cit., p. 1104.

56) Ibid.

사 분야에서 전문법원 도입 시 예측가능하면서도 안정적인 사법 서비스를 공정하고 저렴하게 제공한다는 이미지를 사법 수요자들에게 심어 주고, 국제무대에서의 신뢰성도 제고되어 소송 분야에 관한 국가주권을 방어하고 확대하는데 보다 유리한 효과를 거둘 수 있기 때문이다. 특히 국제상사법원의 경우 다른 국가의 예를 참고하면서 정책결정자와 법원, 국제상사분쟁의 이해관계인 사이의 활발한 의사교환 및 논의를 토대로 발전하고 있으며, 전체적으로는 국제상사법원의 수준 향상과 효율화된 절차 마련을 위한 법원 사이의 융합(convergence) 움직임이 점차 확대되고 있다는 점[57]에서도 국제상사법원의 설립 필요성이 존재한다고 할 것이다.

(2) 국내 변호사 역할 제고

국제상사법원의 설립은 국가 간 사법부의 경쟁을 유도하고 이는 결국 법률산업 전체의 수준향상에 기여[58]하게 되므로 국제상사법원의 설립은 국내 변호사들의 역량을 향상시키는데도 효과를 발휘할 것으로 보인다. 국제적 공조가 이루어지는 상사법원이 활성화되는 경우 국내 변호사들에게도 더 많은 기회가 주어지고 역할도 늘어날 것으로 기대된다.

(3) 경제성장 유발효과

오늘날 국제상사분쟁 당사자에게 효율적이고 경제적인 분쟁해결수단 — 국제상사법원으로 대표되는 법원을 통한 분쟁해결, 국제상사중재, 국제상사조정을 포함한 그 외의 대체적 분쟁해결수단 — 을 제공하여 그들을 유치하는 것은 새로운 산업분야로 인식되고 있으며, 해당 산업의 성장속도 또한 매우 괄목할 정도이다.[59] 영국의 통계를 보면 2011년 기준으로 법률서비스 분야는 20,900,000,000 파운드(이하 'GBP'로 표시함) 정도로 같은 해 영국 전체 GDP의 1.6% 정도를 차지하였고 수출에서는 3,300,000,000 GBP를 차지하여 10년 전보다 약 3배 이상 그 규모가 증가하였다는 점[60]을 알 수 있는데 그와 같은 성과의 주요한 원인으로 상사법원

57) Xandra Kramer & John Sorabji, op. cit., p. 9.
58) Ibid.
59) Pamela K. Bookman, "The Adjudication Business", *Yale Journal of International Law* Vol. 44, 2020, p. 3 *available at* <https://ir.lawnet.fordham.edu/faculty_scholarship/1068> (2024. 12. 1. 최종방문).
60) The CityUK Legal Services, *The CityUK Legal Services 2013 Report*, 2013 *available at* <http://www.thecityuk.com/assets/Uploads/Legal-Services2013-F.pdf> (2024. 12. 1. 최종방문).

을 포함한 사법시스템의 우월성을 꼽고 있다는 점[61]에서 국제상사법원을 필두로 한 국제상사분쟁 해결 시스템이 가져오는 경제유발효과가 생각보다 그 정도가 크다는 것을 짐작할 수 있다.

현재 여러 국가들은 이러한 국제상사분쟁의 해결 산업의 경제성장 유발효과에 주목하여 국제상사법원을 설립하고 있으며, 이러한 현상은 이미 전지구적 경쟁의 상태로 보아도 무방할 정도이다.[62] 대표적으로 싱가포르 국제상사법원의 경우 그 설립을 통하여 아시아 지역에서의 국제상사분쟁을 유치하고 이를 통해 분쟁해결 산업을 육성함으로써 경제적인 유발효과의 극대화를 그 목표로 하고 있다는 점,[63] 두바이 국제금융센터법원의 경우 중국 투자자 및 중국기업의 사건에 대한 유치를 그 목표 중 하나로 하고 있다는 점,[64] 네덜란드 상사법원 또한 설립과정에서 경제적 효과에 대한 면밀한 분석을 시행한 점 등에서 이러한 목적을 엿볼 수 있다. 즉 분쟁해결 서비스가 일종의 고부가가치 산업으로 받아들여지고 있는 것이다.[65]

앞으로도 이러한 경쟁적 움직임이 가속화될 것을 감안할 때 국제상사법원의 설립을 통한 경제유발효과와 법률산업 전반의 발전을 통한 경제유발효과의 증대는 새로운 경제성장동력으로 작용할 수 있을 것[66]이므로 국제상사법원의 설립을 적극적으로 고려해볼 필요가 있다. 국제상사중재 분야에서 국제적인 분쟁에 관한 중재를 유치하거나 국내, 국제 분쟁 해결 수단으로 중재를 활성화할 경우 직, 간접적으로 고용이 증대되고, 중재의 심리에 필요한 분쟁해결시설의 확충 등 중재와 관련된 산업이 발전되며, 각종 정보의 교류로 인한 산업의 경쟁력이 향상되는 등 중재 자체가 하나의 산업적인 의미를 가지고 있다. 반면 우리나라는 중재의 유치와 심리에 필요한 인적, 물적 자원이 취약하다는 평가를 받고 있었으며, 이러한 문제를 해결하기 위해 국가가 주도적으로 분쟁해결시설 등 중재 관련 기반 시설을 확충하고 전문 인력을 양성하기 위하여 중재산업의 진흥을 위한 장기적인 계

---

61) Ibid.

62) Man Yip, "The Singapore International Commercial Court: The Future of Litigation?", *Erasmus Law Review* Vol. 12(1), 2019, p. 82.

63) Singapore International Commercial Court Committee, *Report of The Singapore International Commercial Court Committee*, 2013, §§ 14 ff. *available at* <http://www.sicc.gov.sg/documents/docs/Annex%20A%20-%20SICC%20Committee%20Report.pdf> (2024. 12. 1. 최종방문).

64) Matthew S. Erie, "The New Legal Hubs: The Emergent Landscape of International Commercial Dispute Resolution", *Vanderbilt Journal of International Law* Vol. 59, p. 9 (forthcoming).

65) Man Yip, op. cit., p. 82.

66) Xandra Kramer & John Sorabji, op. cit., p. 4.

획과 방안을 제시하며, 단기적으로는 국제중재 등의 유치를 위한 분쟁해결시설의 설치 및 운영을 지원하는 근거를 마련함으로써 우리나라가 동북아의 국제중재 중심지로 발전할 수 있도록 중재산업 진흥기반을 조성하기 위해[67] '중재산업 진흥에 관한 법률'의 제정을 추진하여 해당 법률을 입법하였다. 즉 해당 산업분야의 중요성 및 발전 필요성에 대해서는 이미 인식하고 있다고도 볼 수 있을 것이다. 이러한 움직임을 단순히 국제상사중재에만 국한할 것이 아니라 국제상사법원의 설립으로 해당 산업의 동력을 더욱 강화하고 분쟁해결제도들 사이의 시너지 효과를 이끌어낼 필요성이 존재한다고 할 수 있다.

(4) 중소기업의 분쟁해결에 대한 대안 제공

1) 문제점

국제상사분쟁의 경우 국제상사중재를 활용하여 이를 해결하는 것이 주된 분쟁해결수단이었다. 우리의 경우도 소송보다는 중재로 이를 해결하는 것을 권유해왔으며,[68] 특히 중소기업의 경우에도 중재의 여러 이점을 들어 국제상사중재로 이를 해결할 것을 권장하였다.[69] 그러나 중소기업의 경우 중재비용의 문제를 호소하며 국제상사중재의 이용에 어려움을 겪는 목소리가 많았다. 코로나바이러스감염증-19(COVID-19) 사태를 맞아 중소기업중앙회에서 개최한 코로나 19 관련 중소기업 애로 및 건의과제와 그 대책을 위한 간담회[70]에서도 국제상사중재 관련 비용을 중소기업이 부담하기 쉽지 아니하고, 분쟁가액이 2억 원을 초과할 경우 국제중재 이용비용이 폭증하므로 수출·입 분쟁이 발생할 경우 중재비용을 지원해줄 것을 공식적으로 건의하고 있는 것[71]을 볼 때 중소기업이 국제상사분쟁의 해결수단으로 국제상사중재를 활용하기 쉽지 아니한 여건이라는 것을 추측해 볼 수 있다.

---

67) 정교화, "「중재산업 진흥에 관한 법률」제정의 배경 및 주요 내용", 중재제도 선진화 및 중재산업 활성화를 위한 중재법 및 중재산업 진흥에 관한 법률 제·개정 공청회, 법무부 법무심의관실(2015. 10), 67.

68) 한국경제 2018. 11. 27. 기사, "'시간·비용 아끼자' … 중재로 분쟁 푸는 기업들", <https://www.hankyung.com/society/article/2018112788181> (2024. 12. 1. 최종방문).

69) 중소기업투데이 2020. 2. 20. 기사, "상거래 분쟁은 '중재'로 해결하는 게 바람직", <http://www.sbiztoday.kr/news/articleView.html?idxno=9454> (2024. 12. 1. 최종방문); 중소기업 수출지원센터, "중재제도 의의", <http://exportcenter.go.kr:9090/portal/contents.do?key=823> (2024. 12. 1. 최종방문).

70) 중소기업중앙회, 코로나19 관련 중소기업 애로 및 건의과제, 2020. 3., 16면.

71) 상게자료, 13면.

2) 중재의 대안으로 국제상사법원 설립 필요성

국제상사법원의 경우 국제상사중재보다 저렴한 분쟁해결비용을 청구함으로 국제상사중재 대비 비용의 효율성을 이끌어낼 수 있으며, 그 외에 중재의 여러 문제점에 대한 대안으로 등장한 제도라는 점[72]에서 중소기업의 국제상사분쟁 해결의 새로운 대안으로 생각해 볼 수 있다. 특히 비용문제는 중소기업의 경우 대기업보다 그 체감 정도가 크다고 할 수 있으므로 현재처럼 국제상사중재의 비용부담으로 인해 중재조항을 계약서에 쉽게 삽입하지 못하는 등의 문제를 해결할 수 있을 것으로 생각되며, 중재보다 높은 예측가능성을 제공한다는 점에서 중소기업에 대한 '맞춤형 분쟁해결절차'라는 옵션을 제공할 수 있을 것으로 생각된다.

(5) 아시아 지역에서 한국이 가지는 경쟁력 제고

국제상사법원의 존재 여부는 세계은행의 Doing Business[73] 보고서에 기업하기 좋은 환경을 측정하는 평가 요소로 포함될 정도이며 이는 2019년 리포트에 '세계에서 국제상사법원을 포함한 … 규제의 효율성과 우수성 등과 같은 공통적인 지표를 공유하는 10개의 사업하기 쉬운 국가'를 강조하는 것을 보아서도 알 수 있다.[74] 해당 조사에서 한국은 뉴질랜드와 싱가포르, 덴마크, 홍콩에 이어 5위를 차지하였는데 아시아 지역에서 싱가포르와 홍콩이 존재하고, 해당 국가들은 국제중재를 비롯한 국제상사분쟁 해결 시스템을 구축한 국가들이라는 것을 감안한다면 아시아 지역에서 한국의 경쟁력을 보다 강화하기 위해서라도 효율적인 국제상사분쟁 해결의 시스템 마련이 필요해 보이고, 국제상사법원의 설립은 그 플러스 요인으로 작용할 것으로 생각된다. 특히 동북아시아 지역으로 한정해서 본다면 지역 내 경쟁국이라고 할 수 있는 일본은 39위, 중국(홍콩 제외)은 46위를 차지하고 있으므로 동북아시아 지역에서 한국의 경쟁력을 확실히 제고하고 격차를 보다 벌린

---

72) Pamela K. Bookman, op. cit., p. 1; Xandra Kramer & John Sorabji, op. cit., p. 8.

73) 해당 프로젝트는 전 세계 190여 개 국가와 도시 등을 대상으로 규제 수준과 규제개혁 정도 등을 정량화된 수치로 환산하여 조사한 후 발표하는 것으로서 국가 및 지역 경제권 수준에서의 규제개혁을 장려하고 유용한 정보를 제공함으로써 결과적으로 보다 기업이 운영되기 쉬운 환경을 조성하는 것을 그 목적으로 한다. 자세한 내용은 World Bank, "Doing Business - About Us - ", <https://www. doingbusiness.org/en/about-us> (2024. 12. 1. 최종방문).

74) World Bank, *Doing Business Report 2019*, 2019, p. 1 *available at*, <https://www.doingbusiness.org/content/dam/doingBusiness/media/Annual-Reports/English/DB2019-report_web-version.pdf> (2024. 12. 1. 최종방문).

다는 차원에서라도 국제상사법원의 설립이 필요할 것으로 생각된다.

2. 재판부 구성의 다양화 방안

(1) 필요성

국제상사법원을 다루는 변호사들이 법정지를 선택할 때 재판부 구성의 전문화를 중요한 요소로 고려하고 있음을 알 수 있다.[75] 또한, 국제상사중재를 선택하는 당사자가 중재의 장점으로 중재판정부의 중립성과 전문성을 선택하는 비율이 높다는 점[76]에서 국제상사법원의 재판부를 구성할 때 가능한 전문화되고 다양화된 구성으로 접근하여야 할 것으로 보인다. 특히 다양한 국적의 법관으로 재판부를 구성하는 것은 코먼로 국가에 대륙법계 요소를 보강하거나 대륙법계 국가에 코먼로 요소를 보강하는 것 외에 외국법관의 참여로 인해 외국법 적용에 있어서 전문성을 가져올 수 있다는 점에서 그 필요성이 크다고 할 수 있다.[77]

재판부 구성의 전문화·다양화를 위해서는 외국인 법관을 국제상사법원의 법관으로 임용하는 방안과 내국인 법관 구성의 전문화·다양화를 위한 여러 대안을 함께 검토해 볼 수 있는데, 이 글에서는 외국인 법관의 임용에 대해 자세히 살피고자 한다.

(2) 외국인 법관의 임용

1) 현행 규정의 검토

(가) 법관 임용 및 자격 관련 규정

현재 법관의 임용 및 그 자격과 관련한 사항은 헌법과 법원조직법에서 이를 정하고 있다.[78] 앞에서 본 헌법 제105조와 법원조직법 제42조에 따를 경우 외국인

---

75) Erlis Themeli, op. cit., p. 75.
76) Queen Mary University School of International Arbitration, op. cit., p. 6-7.
77) Xandra Kramer & John Sorabji, op. cit., p. 6-7.
78) 헌법 제101조
③ 법관의 자격은 법률로 정한다
헌법 제105조
① 대법원장의 임기는 6년으로 하며, 중임할 수 없다.
② 대법관의 임기는 6년으로 하며, 법률이 정하는 바에 의하여 연임할 수 있다.
③ 대법원장과 대법관이 아닌 법관의 임기는 10년으로 하며, 법률이 정하는 바에 의하여 연임할 수 있다.
④ 법관의 정년은 법률로 정한다.
법원조직법 제42조
① 대법원장과 대법관은 20년 이상 다음 각 호의 직(職)에 있던 45세 이상의 사람 중에서 임용한다.

법관을 국제상사법원의 법관으로 임용할 수 있는 길은 상당히 제한될 것으로 보인다. 그러므로 싱가포르 국제상사법원이나 두바이 국제금융센터법원, 아부다비 금융자유구역법원 등의 예에 비추어 관련 규정을 적절히 제·개정할 필요가 있다 할 것이다. 다만 그 전제로 외국인을 대한민국의 공무원으로 임용하는 것과 관련된 여러 규정을 검토해 볼 필요가 있다.

(나) 외국인의 공무원 임용 관련 현황 및 규정

① 현황

2023년 법무부 통계에 따를 경우 우리나라의 외국인 등록 인구는 2,507,584명[79]이며 2021년 기준으로 외국인 국가공무원은 총 171명, 지방공무원은 총 34명이다. 국가공무원의 경우 임기제 / 전문경력관이 5명, 특정직(교수)이 166명이었으며 외국인 지방공무원은 모두 임기제공무원이다.[80]

② 관련 규정

현재 외국인의 공무원 채용과 관련한 규정은 국가공무원법 제26조의3과 공무원임용령 제4조, 별정직공무원 인사규정 제3조의2, 공무원임용규칙 제109조 등이며, 법원공무원규칙 제4조의3에서도 외국인과 복수국적자의 임용에 대해 규정하고 있다.[81]

---

1. 판사·검사·변호사
2. 변호사 자격이 있는 사람으로서 국가기관, 지방자치단체, 「공공기관의 운영에 관한 법률」 제4조에 따른 공공기관, 그 밖의 법인에서 법률에 관한 사무에 종사한 사람
3. 변호사 자격이 있는 사람으로서 공인된 대학의 법률학 조교수 이상으로 재직한 사람

② 판사는 10년 이상 제1항 각 호의 직에 있던 사람 중에서 임용한다.

③ 제1항 각 호에 규정된 둘 이상의 직에 재직한 사람에 대해서는 그 연수를 합산한다.

79) 법무부 체류외국인 통계 홈페이지, <http://www.moj.go.kr/moj/2412/subview.do> (2024. 12. 1. 최종방문).

80) 인사혁신처, 2022 공공부문 균형인사 연차보고서, 2023, 74면, <https://www.mpm.go.kr/flexer/index.jsp?FileDir=bbs_0000000000000036/20220929&SystemFileName=68db876e0cb629940.pdf&FileName=2022+%EA%B3%B5%EA%B3%B5%EB%B6%80%EB%AC%B8+%EA%B7%A0%ED%98%95%EC%9D%B8%EC%82%AC+%EC%97%B0%EC%B0%A8%EB%B3%B4%EA%B3%A0%EC%84%9C.pdf&ftype=pdf> (2024. 12. 1. 최종방문).

81) 국가공무원법 제26조의3(외국인과 복수국적자의 임용)

① 국가기관의 장은 국가안보 및 보안·기밀에 관계되는 분야를 제외하고 대통령령 등으로 정하는 바에 따라 외국인을 공무원으로 임용할 수 있다.

② 국가기관의 장은 다음 각 호의 어느 하나에 해당하는 분야로서 대통령령 등으로 정하는 분야에는 복수국적자(대한민국 국적과 외국 국적을 함께 가진 사람을 말한다. 이하 같다)의 임용을 제한할 수 있다.

1. 국가의 존립과 헌법 기본질서의 유지를 위한 국가안보 분야
2. 내용이 누설되는 경우 국가의 이익을 해하게 되는 보안·기밀 분야

③ 검토

위의 관련 규정에 비추어볼 때 국제상사법원의 법관은 국제상사분쟁에 관한 재판에 종사하므로 국가안보 및 보안·기밀에 관계되는 분야에 종사하는 자로 볼 수 없으며 공무원임용령 제4조 제2항 및 법원공무원규칙 제4조의3에서 규정하고 있는 임용을 제한할 수 있는 분야에도 해당되지 아니한다고 보아야 할 것이다. 그렇다면 국제상사법원의 외국인 법관을 임용하는 문제는 입법형성의 자유 속에 포섭되는 영역이라 보이며, 법원공무원규칙에 따른 전문경력관이나 임기제공무원 등으로의 임용이 가능할 것으로 보인다.

---

3. 외교, 국가 간 이해관계와 관련된 정책결정 및 집행 등 복수국적자의 임용이 부적합한 분야
공무원임용령 제4조(외국인과 복수국적자의 임용)
① 임용권자 또는 임용제청권자는 법 제26조의3 제1항에 따라 외국인을 「전문경력관 규정」 제2조에 따른 전문경력관(이하 "전문경력관"이라 한다), 임기제공무원 또는 특수경력직공무원으로 채용할 수 있다.
② 임용권자 또는 임용제청권자는 법령으로 정한 각 기관의 소관 업무 중 다음 각 호의 업무 분야에는 법 제26조의3 제2항에 따라 복수국적자의 임용을 제한할 수 있다.
1. 국가안보와 관련되는 정보·보안·기밀 및 범죄수사에 관한 분야
2. 대통령 및 국무총리 등 국가 중요 인사의 국정수행 보좌 및 경호에 관한 분야
3. 외교관계·통상교섭 및 국제협정에 관한 분야
4. 남북간 대화·교류·협력 및 통일에 관한 분야
5. 검찰·교정 및 출입국관리에 관한 분야
6. 군정 및 군령, 무기체계 획득, 방위력 개선 및 그 밖의 군사에 관한 분야
7. 국민의 생명·신체·재산 보호, 기업의 영업비밀 및 신기술 보호, 주요 경제·재정 정책 및 예산운영에 관한 분야
8. 그 밖에 보안 시설·지역 출입, 비밀문서·자재 취급 등 업무의 성질상 국가의 안보 및 이익에 중대한 영향을 미칠 수 있는 분야로서 복수국적자가 수행하기에 부적합하다고 인정하여 소속 장관이 정하는 분야
별정직공무원 인사규정 제3조의2(외국인의 별정직공무원 임용)
임용권자나 임용제청권자는 「국가공무원법」 제26조의3에 따라 외국인을 별정직공무원으로 임용할 수 있다.
공무원임용규칙 제109조(외국인의 임기제공무원 임용 등)
① 임용권자 또는 임용제청권자는 외국인을 임기제공무원으로 임용하는 경우 그 임용기간은 5년의 범위 안에서 필요한 기간으로 하되, 출입국관리법령상의 체류기간을 고려하여 근무기간을 정하여야 한다.
② 임용령 제22조의4 제1항부터 제3항까지 및 본 예규의 임기제공무원 관련 규정은 외국인을 임기제공무원으로 임용하는 경우에도 이를 준용한다.
법원공무원규칙 제4조의3(외국인과 복수국적자의 임용)
① 임용권자는 법 제26조의3 제1항에 따라 외국인을 「전문경력관 규칙」 제2조에 따른 전문경력관(이하 "전문경력관"이라 한다), 임기제공무원 또는 특수경력직공무원으로 채용할 수 있다.
② 임용권자는 법령으로 정한 각 기관의 소관 업무 중 다음 각 호의 업무 분야에는 법 제26조의3 제2항에 따라 복수국적자의 임용을 제한할 수 있다.
1. 국가안보와 관련되는 정보·보안·기밀 및 이와 관련된 재판 분야
2. 그 밖에 보안 시설·지역 출입, 비밀문서·자재 취급 등 업무의 성질상 국가의 안보 및 이익에 중대한 영향을 미칠 수 있는 분야로서 복수국적자가 수행하기에 부적합하다고 인정하여 소속기관의 장이 정하는 분야

다만 그 외에 외국인 법관에 의한 재판을 받는 것이 국민의 재판청구권[82)]을 침해할 수 있다는 비판이 제기될 수 있다. 이러한 비판에 대해서는 헌법 제27조가 모든 국민은 '헌법과 법률'이 정한 법관에 의하여 법률에 의한 재판을 받을 권리를 가진다고 규정하고 있는 것을 볼 때 외국인 법관의 임용 등에 대한 사항을 규정할 경우 이를 재판청구권의 침해라고 볼 여지는 상대적으로 적을 것으로 생각된다. 또한 헌법재판소는 군사법원법 제6조 등에 관한 위헌소원[83)]에서 "(생략) 재판관의 재판상의 독립을, … 재판관의 신분을 보장하고 있으며 … 재판관은 반드시 일반법원의 법관과 동등한 자격을 가진 군판사를 포함시켜 구성하도록 하고 있는바 … 한계를 일탈하여 사법권의 독립을 침해하고 위임입법의 한계를 일탈한 것이거나 헌법 제27조 제1항의 재판청구권, 헌법 제11조의 평등권을 본질적으로 침해한 것이라고 할 수 없고 (이하생략)"라고 판시하였는데, 해당 판시 또한 참고할 가치가 있을 것으로 생각된다.

2) 대 안

앞에서 본 법관 임용 및 자격 관련 규정에서 볼 때 우리의 경우 법원조직법에 이를 위임하고 있으므로 싱가포르와 같이 헌법을 개정할 필요는 상대적으로 낮을 것으로 생각된다. 다른 국가의 국제상사법원의 경우를 보아도 외국인 법관을 자국의 법관과 동일하게 대우하는 경우는 거의 없으며 파트타임 식으로 실비를 제공하는 식으로 임용하는 경우가 대부분인데, 이를 감안한다면 그 임기나 정년, 신분보장 등을 정함에 있어 보다 다양하고 유연한 방식으로의 접근을 고려해볼 수 있을 것으로 생각된다. 다만 현재 헌법에서 법관의 임기를 10년으로 하고 있으며, 파트타임 방식으로 근무하는 법관에 대한 규정이 존재하지 않는다는 점 또한 염두에 두어 신중한 방식의 접근이 필수적이라고 할 수 있다. 이상의 논의를 종합한다면 법원조직법을 다음과 같이 개정하는 것을 생각해볼 수 있다.

---

82) 헌법 제27조
① 모든 국민은 헌법과 법률이 정한 법관에 의하여 법률에 의한 재판을 받을 권리를 가진다. (이하 생략)

83) 헌법재판소 1996. 10. 31. 선고 93헌바25 결정.

현행법	개정안
법원조직법 제42조(임용자격) ① – ③ (생략) ④ <신설> ⑤ <신설>	법원조직법 제42조(임용자격) ① – ③ (현행과 같음) ④ 제3조의 국제상사법원의 외국인 법관에 대해서는 그가 속한 국가에서의 제2항 내지 제3항의 자격을 적용한다. ⑤ 전항의 외국인 법관의 임명과 임기·연임·정년 등에 대해서는 대법원규칙으로 이를 정한다.

다만 외국인 법관을 국제상사법원의 법관으로 임용하는 데 있어 반대의견 내지는 거부의견이 상당히 존재할 수 있으므로 이에 대한 적극적인 홍보와 설득작업 역시 필요할 것으로 생각된다.

Ⅴ. 나가며

이 글에서는 국제상사법원에 관한 내용과 함께 국제상사법원의 특징 중 하나인 재판부 구성의 다양화에 관하여 주로 다루었다. 국제상사법원은 국제상사중재의 문제점을 해결하기 위한 시도 중 하나로 출발하여 현재는 여러 국가에서 설립되거나 설립되고 있으며, 국제상사분쟁의 적절한 해결을 위한 여러 특징들을 갖추며 발전하고 있다. 특히 재판부 구성의 다양화와 관련해서 보면 다수의 국제상사법원은 자국인 법관 외에도 외국인 법관을 포함하여 재판부를 구성하는데, 이는 국제상사법원이 국제상사분쟁을 전문적으로 다룬다는 것을 명확히 나타내줄 뿐만 아니라 국제상사분쟁을 중립적으로 해결한다는 인상을 국제상사분쟁의 당사자들에게 심어주기 위함임을 알 수 있다.

우리의 경우에도 앞에서 본 여러 이유를 근거로 국제상사법원 설립의 필요성이 존재함을 알 수 있으며, 실제로 제21대 국회에서 국제상사법원을 설립하기 위한 법률안이 국회에 제출되기도 하는 등 국제상사법원에 대한 관심이 증대하고 있음을 알 수 있었다. 만약 국제상사법원이 설립된다면 다른 국가의 예를 따라 우리의 경우에도 재판부 구성의 다양화를 추구해야 할 것인데, 이와 관련하여 현재 외국인 법관의 임용을 제한하는 규정이 어떤 것이 존재하는지, 만약 이를 적절한 방향으로 개정하여야 한다면 어떤 식으로 개정할 수 있는지에 대해서도 살펴보았다.

국가간 무역이 발전하면 할수록 국제상사분쟁은 점차 증가할 것이 예상되며, 국제상사분쟁의 적절한 해결을 위한 분쟁해결절차를 마련하는 것 또한 그 중요성이 점차 증가할 것으로 생각된다. 국제상사분쟁의 해결을 위한 대안 중 하나로서의 국제상사법원에 대한 관심이 지금보다 더 커질 것을 기대하면서, 앞으로 국제상사법원에 대한 논의가 활발하게 전개되는 것을 기대하며 이 글을 마무리하고자 한다.

참고문헌

▣ 국내 문헌

〈단행본〉

인사혁신처, 2022 공공부문 균형인사 연차보고서, 2023, <https://www.mpm.go.kr/flexer/index.jsp?FileDir=bbs_0000000000000036/20220929&SystemFileName=68db876e0cb629940.pdf&FileName=2022+%EA%B3%B5%EA%B3%B5%EB%B6%80%EB%AC%B8+%EA%B7%A0%ED%98%95%EC%9D%B8%EC%82%AC+%EC%97%B0%EC%B0%A8%EB%B3%B4%EA%B3%A0%EC%84%9C.pdf&ftype=pdf> (2024. 12. 1. 최종방문).

▣ 외국 문헌

〈단행본〉

ADGM Courts, *Guidelines for Self-Represented Litigants*, 2016 *available at* <https://www.adgm.com/documents/courts/guides/english/adgm-courts-guidelines-for-self-represented-litigants-clean-english-150818.pdf> (2024. 12. 1. 최종방문).

British Institute of International and Comparative Law(Eva Lein et al.), *Factors Influencing International Litigants' Decisions to Bring Commercial Claims to the London Based Courts-Ministry of Justice Analytical Series*, 2015 *available at* <http://www.justice.gov.uk/publications/research-and-analysis/moj> (2024. 12. 1. 최종방문)].

G. B. Born, *International Commercial Arbitration*, 2014.

Jayanth K. Krishnan, *The Story of The Dubai International Financial Centre Courts -A Retrospective*, 2018.

Singapore International Commercial Court Committee, *Report of The Singapore International Commercial Court Committee*, 2013 *available at* <http://www.sicc.gov.sg/documents/docs/Annex%20A%20-%20SICC%20Committee%20Report.pdf> (2024. 12. 1. 최종방문).

Qatar International Court and Dispute Resolution Centre, *An Introduction*, 2018 *available at* <https://www.qicdrc.gov.qa/media-centre/publications> (2024. 12. 1. 최종방문).

Queen Mary University School of International Arbitration, *2015 International Arbitration Survey: Improvements and Innovations in International Arbitration*, 2016, <http://www.arbitration.qmul.ac.uk/docs/164761.pdf> (2024. 12. 1. 최종방문).

The CityUK Legal Services, *The CityUK Legal Services 2013 Report*, 2013 *available at* <http://www.thecityuk.com/assets/Uploads/Legal-Services2013-F.pdf> (2024. 12. 1. 최종방문).

World Bank, *Doing Business Report 2019*, 2019 *available at* <https://www.doingbusiness.org/content/dam/doingBusiness/media/Annual-Reports/English/DB2019-report_web-version.pdf> (2024. 12. 1. 최종방문).

〈논문〉

Andrew Dahdal, "International Commercial Courts: The Qatari Experience", *in* Xandra Kramer & John Sorabji (Eds.), *International Business Courts-A European and Global Perspective*, 2019.

Anne-Marie Slaughter, "Judicial Globalization", *Vanderbilt Journal of International Law* Vol. 40, 1999-2000.

Erlis Themeli, "Matchmaking International Commercial Courts and Lawyers' Preferences in Europe", *Erasmus Law Review* Vol. 12(1), 2019.

Geoffrey Vos, "A View from the Business and Property Courts in London", *Erasmus Law Review* Vol. 12(1), 2019.

Man Yip, "The Singapore International Commercial Court: The Future of Litigation?", *Erasmus Law Review* Vol. 12(1), 2019.

Marta Requejo Isidro, "International Commercial Courts in the Litigation Market", MPILux Research Paper Series 2019 (2), 2019.

Matthew S. Erie, "The New Legal Hubs: The Emergent Landscape of International Commercial Dispute Resolution", *Vanderbilt Journal of International Law* Vol. 59 (forthcoming).

Pamela K. Bookman, "The Adjudication Business", *Yale Journal of International Law* Vol. 44, 2020 *available at* <https://ir.lawnet.fordham.edu/faculty_scholarship/1068> (2024. 12. 1. 최종방문).

Sheng Zhang, "China's International Commercial Court: Background, Obstacles and the Road Ahead", *Journal of International Dispute Settlement* Vol. 11, 2020.

S. I. Strong, "Truth in a Post-Truth Society: How Sticky Defaults, Status Quo Bias and the Sovereign Prerogative Influence the Perceived Legitimacy of International Arbitration", *University of Illinois Law Review* Vol. 2018, 2018.

__________, "Realizing Rationality: An Empirical Assessment of International Commercial Mediation", *Washington & Lee Law Review* Vol. 73, 2016.

__________, "International Commercial Courts and the United States" *in* Xandra Kramer & John Sorabji (Eds.), *International Business Courts-A European and Global Perspective*, 2019.

Stephan Wilske, "International Commercial Courts and Arbitration: Alternatives, Substitutes or Trojan Horse?", *Contemporary Asia Arbitration Journal* Vol. 11(2), 2018.

Terence C. Halliday & Pavel Osinsky, "Globalization of Law", *Annual Review of Sociology* Vol. 32, 2006.

TEH Hwee Hwee & Justin YEO, "Commentary: The Singapore International Commercial Court in Action", *Singapore Academy of Law Journal* Vol. 28, 2016.

William Blair, "The New Litigation Landscape: International Commercial Courts and Procedural Innovations", *International Journal of Procedural Law* Vol. 9(2), 2019.

Xandra Kramer & John Sorabji, "International Business Courts in Europe and Beyond: A Global Competition for Justice?", *Erasmus Law Review* Vol. 12(1), 2019.

▣ 인터넷 홈페이지 · 기타 자료

국회 의안정보시스템, "[2108118] 법원조직법 일부개정법률안(이수진의원 대표발의)", <https://likms.assembly.go.kr/bill/billDetail.do?billId=PRC_X2T1X0X1M2Y9C1I7L3G8K5A8E1K0J4> (2024. 12. 1. 최종방문).

법무부 체류외국인 통계 홈페이지, <http://www.moj.go.kr/moj/2412/subview.do> (2024. 12. 1. 최종방문).

정교화, "「중재산업 진흥에 관한 법률」제정의 배경 및 주요 내용", 중재제도 선진화 및 중재산업 활성화를 위한 중재법 및 중재산업 진흥에 관한 법률 제 · 개정 공청회, 법무부 법무심의관실(2015. 10).

중소기업 수출지원센터, "중재제도 의의", <http://exportcenter.go.kr:9090/portal/ contents.do?key=823> (2024. 12. 1. 최종방문).

중소기업중앙회, 코로나19 관련 중소기업 애로 및 건의과제, 2020. 3.

중소기업투데이 2020. 2. 20. 기사, "상거래 분쟁은 '중재'로 해결하는 게 바람직", <http://www.sbiztoday.kr/news/articleView.html?idxno=9454> (2024. 12. 1. 최종방문).

한국경제 2018. 11. 27. 기사, "'시간 · 비용 아끼자' … 중재로 분쟁 푸는 기업들", <https://www.hankyung.com/society/article/2018112788181> (2024. 12. 1. 최종방문).

ADGM Court homepage, <https://www.adgm.com/adgm-courts> (2024. 12. 1. 최종방문).

AIFC Court homepage, <https://court.aifc.kz/en> (2024. 12. 1. 최종방문).

CICC homepage, <https://cicc.court.gov.cn> (2024. 12. 1. 최종방문).

DIFC Courts homepage, <https://www.difccourts.ae> (2024. 12. 1. 최종방문).

John Gaffney, "Abu Dhabi Establishes English-Language Commercial Courts", 2016. 10. available at <https://www.tamimi.com/law-update-articles/abu-dhabi-establishes -english-language-commercial-courts/> (2024. 12. 1. 최종방문)

Henry Quinlan, Adam Bradshaw & Charlotte Leith, "Abu Dhabi Global Market Courts: Framework, Procedures and First Judgment Summary" (2018) available at <https://uk.practicallaw.thomsonreuters.com/w-013-7809?transitionType=Default&contextData=(sc.Default)&firstPage=true&bhcp=1> (2024. 12. 1. 최종방문).

NCC homepage, <https://www.rechtspraak.nl/English/NCC/Pages/default.aspx> (2024. 12. 1. 최종방문).

QICDRC homepage, <https://www.qicdrc.gov.qa> (2024. 12. 1. 최종방문).

SICC homepage, <https://www.judiciary.gov.sg/singapore-international-commercial-court> (2024. 12. 1. 최종방문).

Steven Chong, "The Singapore International Commercial Court: A New Opening in a Forked Path" (2015) available at <https://www.supremecourt.gov.sg/Data/Editor/Documents/J%20Steven%20Chong%20Speeches/The%20SICC%20-%20A%20New%20Opening%20in%20a%20Forked%20Parth%20-%20London%20(21.10.15).pdf> (2024. 12. 1. 최종방문).

World Bank, "Doing Business-About Us-", <https://www.doingbusiness.org/en/about-us> (2024. 12. 1. 최종방문).

민사소송에서 재판청구권 보장과 개인정보 보호*

– 일본의 민사소송에서 가정폭력피해자 주소의 보호방안을 중심으로 –

조 수 혜**

Ⅰ. 서 론

공정하고 신속한 재판을 받을 권리는 보편적으로 인정되는 권리로 우리 헌법 제27조 제1항 및 제3항도 이를 보호한다. 한편 우리 헌법은 제109조에서 국가의 안전보장 또는 안녕질서를 방해하거나 선량한 풍속을 해할 염려가 있는 경우 등의 예외적인 사유를 제외하고 재판의 심리와 판결을 공개하도록 하여 재판공개원칙을 규정한다. 재판공개원칙은 재판의 공정성과 투명성을 담보할 뿐 아니라 법의 적용과정 및 결과를 일반 시민에게 알려 법치주의를 실현한다. 우리 민사소송법은 소송기록 및 판결서의 열람 등에 대한 규정을 두어(제162조, 제163조의2) 재판공개원칙을 구체화하는 한편, 민사소송 중에 필연적으로 포함될 수 있는 비밀에 대한 보호를 위하여 당사자 사생활이나 영업비밀 등의 보호를 위하여 그 열람을 제한하는 규정을 두어(제163 제1항) 재판공개원칙과 비밀보호를 균형이 있게 보호하고

---

* 이 연구는 2024. 9. 23. 한국형사법무정책연구원의 “주민등록 등・초본 교쿠제도 개선 연구”에 대한 워크숍에서 발표한 내용의 일부를 수정・보완한 것임.

고려대학교 법학전문대학원 정영환 교수님의 정년퇴임을 기념하여, 교수님의 따뜻한 지도에 깊은 감사의 말씀을 드립니다. 정영환 교수님의 학문에 대한 열정과 훌륭한 인품은 제자들의 귀감이 되어 주셨으며, 긴 시간 동안 연구와 교육에 몰두하신 교수님의 노고와 헌신에 존경의 뜻을 표합니다.

** 전주대학교 법학과 부교수

자 한다. 한편, 범죄피해자의 경우 등 소송기록 열람 등을 통하여 자신의 주소 등 개인정보가 노출되어 생명・신체에 대한 위해가 우려되어 재판청구권 행사가 위축되는 것을 방지하기 위하여 2023. 7. 11. 법률 제19516호로 민사소송법 제163조가 개정되었다.

위 개정은 개인정보 보호 등을 통하여 생명・신체에 대한 위해가 우려되어 재판청구권 행사를 사실상 하지 못하는 상황에서 재판청구권을 실질적으로 보호하는 것으로 의미가 있다. 다만 위 개정된 조항은 범죄피해자 등 생명・신체에 대한 위해가 우려되는 사람이 원고로 소를 제기한 경우를 상정한 것으로, 생명・신체에 대한 위해가 우려되는 사람이 피고가 된 경우의 개인정보 보호에 대하여는 입법공백이 존재한다. 보복 범죄 등 생명・신체에 대한 위해를 줄 염려가 있는 사람이라고 하더라도 현재 법규정으로는 소를 제기하기 위하여 피해자인 피고의 주민등록표 등・초본을 열람・발급하여 주소를 취득하는 것을 제한하지 못한다. 다만 보복 범죄 등으로부터 피해자를 보호한다는 이유로 피고의 생명・신체에 대한 위해가 우려되는 경우 소제기를 위한 주소 정보의 취득 등을 일률적으로 차단한다면, 피해자를 대상으로 하는 모든 소제기를 불가능하게 하여 범죄 가해자 등의 재판청구권을 침해할 우려가 있다.

재판청구권은 누구에게나 보장되는 기본권으로 생명・신체에 대한 위해의 우려가 있는 사람의 재판청구권을 실질적으로 보장하는 한편, 생명・신체에 대한 위해를 줄 위험이 있다는 사유로 재판청구권 행사를 일률적으로 제한하는 것은 지양할 필요가 있다. 생명・신체에 대한 위해의 우려는 주로 주소가 공개된 경우 발생하므로 민사소송에서 소송관계인의 주소 보호방안에 대하여 재판청구권의 보장과 개인정보의 보호, 그리고 재판공개원칙 등과 관련하여 섬세하게 설계할 필요가 있다. 이에 대한 문제의식을 바탕으로 일본에 대한 비교법 연구를 하여 민사소송절차에서 소송관계인의 주소 보호방안에 대하여 살펴보는 것은 의미가 있을 것이다. 다만 소송관계인의 주소 보호를 위한 연구는 민사소송법 규정 외에 주민등록체계와 송달 등을 포함하여 연구할 필요가 있어 주의 깊게 시사점을 도출할 필요가 있다. 이 논문은 우리 민사소송에서 소송관계인의 주소보호 현황과 그 한계를 짚어보고, 일본의 주민등록제도, 주민기본대장 사본의 열람・주민표 사본 등의 교부[1)]

1) 주민기본대장 사본 열람・주민표 사본 등의 교부 외에도 호적, 부동산 등기 등에서도 가정폭력 피해자 등의 주소는 노출될 수 있으며, 이에 대한 보호조치가 존재한다. 男女共同参画局, 配偶者からの暴力

및 민사소송법상 소송관계인의 주소보호 규정 등에 대하여 고찰한 후 그 시사점을 도출하고자 한다.

Ⅱ. 우리 민사소송에서 소송관계인의 주소 보호 및 한계

1. 주민등록법상 소송관계인의 주소보호 규정

(1) 주민등록표 열람 또는 등・초본 발급 및 개인정보 보호 조항

우리 민사소송법은 소장에 당사자를 기재하도록 요구하며(제249조 제1항), 구체적으로 당사자와 대리인의 이름・주소와 전화번호・팩시밀리번호・전자우편주소 등 연락처를 기재하도록 요구한다(민사소송규칙 제2조 제1항 제2호). 법원 홈페이지는 위 정보 외에 추가적으로 소장에 당사자의 주민등록번호를 기재하도록 안내한다.[2] 당사자의 주소는 관할권 유무, 당사자 특정, 송달 등을 위한 핵심적인 정보로[3] 이를 요구하는 데에는 합리적인 이유가 있으며, 원고는 피고의 주소를 모르는 경우 피고의 주소를 공란으로 하여 소장을 제출한 후, 주소 보정명령을 받아(민사소송법 제254조 제1항) 이를 지참하여 주민등록 등・초본을 열람하거나 교부받아 피고의 주소를 확인할 수 있다(주민등록법 제29조 제2항 제2호, 동법 시행규칙 제13조 제1항 및 [별표 1]). 이 외에도 원고는 피고의 주소를 알기 위하여 법원에 주민등록표의 열람 또는 등・초본교부기관의 장에 대한 사실조회 신청 등을 할 수 있다.[4]

피고의 주민등록 등・초본의 열람・교부의 법적 근거는 주민등록법에 있으며, 이에 의하면 본인이나 세대원이 아니더라도 소송・비송사건・경매목적 수행상 필요한 경우 주민등록표의 열람이나 등・초본의 교부신청이 가능하다(제29조 제2항

に関して関係省庁が発出している通知等, https://www.gender.go.jp/policy/no_violence/e-vaw/kanrentsuchi/index.html (2024. 11. 21. 최종방문). 한편, 일본의 주민등록에 관한 주민기본대장법에는 호적에 대한 내용도 포함하며, DV등 지원조치는 호적 부표 사본의 교부 등에도 적용이 된다. 그러나 이 논문은 우리 민사소송을 목적으로 한 주민등록표 초본이 열람 또는 교부에 대한 주민등록법 조항과 생명 또는 신체에 대한 위해의 우려가 있는 소송관계인의 주소보호에 대한 우리 민사소송법의 규정 등에 한정하여 연구하였으므로, 호적이나 부동산 등기에 관한 부분은 언급하지 않았다.

2) 대한민국법원 전자민원센터, 소장작성안내, https://www.scourt.go.kr/nm/min_7/min_7_5/min_7_5_1/index.html (2024. 11. 12. 최종접속).

3) 김도훈, "민사소송상 개인정보 보호에 관한 소고" 홍익법학 22(3) (2021. 9.), 347.

4) 원고가 피고의 주소 등을 모르는 경우 사실조회의 방법을 이용할 수도 있으며, 법원에 주민센터에 대한 사실조회, 또는 휴대전화번호나 계좌번호 등을 통한 통신사나 금융기관에 대한 사실조회 신청 등을 하여 이를 취득할 수 있다. 박우경, 「민사소송 및 집행 절차에서의 개인정보 보호에 관한 연구(사법정책연구원 연구보고서)」, 2020, 47.

제2호). 이 외에도 세대주의 배우자 등에 해당하는 경우에도 주민등록표 열람 및 등·초본 교부신청이 가능하며(동항 제5호), 채권·채무관계 등 대통령령으로 정하는 정당한 이해관계가 있는 사람은 주민등록표 초본의 교부신청을 할 수 있고(동항 제6호), 그 밖에 공익상 필요하여 대통령령이 정한 경우에도 주민등록표 열람 또는 등·초본의 열람신청이 가능하다(동항 제7호). 한편, 주민등록법은 개인의 사생활을 침해할 우려가 있거나 공익에 반한다고 판단되는 경우 열람 또는 등·초본교부기관의 장은 그 열람을 하지 못하게 하거나 등·초본을 발급하지 않을 수 있고 그 사유를 신청인에게 알리도록 규정하여 개인정보를 보호한다(동조 제5항).

(2) 가정폭력행위자 등의 주민등록표 열람 또는 등·초본 교부 제한조치

위 개인정보보호 조항에도 불구하고 가정폭력 피해자 등의 주민등록표가 열람되거나 등·초본이 교부되어 주소 등이 노출되는 위험이 존재한다. 이에 가정폭력행위자가 가정폭력피해자 등의 주민등록표 열람 또는 등·초본의 교부제한에 대한 근거조항이 2009. 4. 1. 법률 제9574호 개정으로 신설되었으며, 이 조항은 2021. 7. 20. 법률 제18304호로 개정되어 주민등록표 열람 또는 등·초본 교부제한의 신청대상을 확장하였다(주민등록법 제29조 제6항). 가정폭력범죄의 처벌 등에 관한 특례법(이하 '가정폭력처벌법'이라 한다) 제2조 제5호에 따른 피해자는 같은 법 제2조 제4호에 따른 가정폭력행위자가 본인과 주민등록지를 달리하는 경우에 대상자를 지정하여 시장·군수·구청장에게 본인·세대원·직계존비속 등 가정폭력피해자 등의 주민등록표 열람 또는 등·초본의 교부를 제한하도록 신청할 수 있다(동항). 이 신청을 하는 경우 신분증명서와 가정폭력 피해사실을 소명할 수 있는 서류를 제출해야 한다(주민등록법 시행령 제47조의2 제1항, 동법 시행규칙 제13조의2 제1항).

이 조항에 의하여 열람 또는 등·초본의 제한신청이 있는 경우 열람 또는 등·초본교부기관의 장은 그 제한대상자에게 가정폭력피해자 등의 주민등록표 열람 또는 등·초본 교부 제한조치(이하 '제한조치'라 한다)를 할 수 있다(동조 제7항). 이 제한조치가 있는 경우 '채권·채무 관계 등 대통령령으로 정하는 정당한 이해관계가 있는 사람이 신청하는 경우'(동조 제2항 제6호)라도 주민등록표 초본 열림을 하지 못하거나 교부하지 아니할 수 있고 이 사유를 제한대상자에게 서면으로 알려야 한다(동조 제8항). 그러나 제한조치가 있더라도 제한조치를 신청한 사람이 제한

대상자에 대하여 제한조치를 하지 말 것을 시장・군수 또는 구청장에게 신청하거나, 그 밖에 대통령령이 정하는 불가피한 사유가 있으면 제한대상자에게 주민등록표를 열람하게 하거나 등・초본을 교부할 수 있다.

그러나 위 제한조치는 대상자를 가정폭력행위자 등으로 한정하여 민사소송법의 개인정보 보호 요건인 '생명・신체에 대한 위해를 줄 위험'보다 좁다는 한계가 있다. 제한조치를 신청하기 위하여는 가정폭력범죄로 인하여 직접적으로 피해를 입은 사람이어야 하며(주민등록법 제29조 제6항, 가정폭력처벌법 제2조 제5호), 신청시 신분증명서와 함께 가정폭력 관련 상담소의 장이 발급한 상담사실확인서, 가정폭력피해자 보호시설 입소 확인서 등의 서류를 함께 제출하여야 한다(주민등록법 제29조 제6항, 동법 시행령 제47조의2 제1항, 동법 시행규칙 제13조의2 제1항). 더구나 제한조치는 소송 등에 필요하여 주민등록표 열람 또는 등・초본 교부를 신청하는 경우에는 적용되지 않는다. 이에 따라 가정폭력행위자는 소송 등을 위한 주소보정명령을 통하여 가정폭력피해자 등의 주민등록표 열람 또는 등・초본 교부를 신청하여 그 주소를 취득할 수 있다.[5] 2022년 한 해 동안 이러한 방식으로 가정폭력피해자 등의 주소를 확인한 경우가 3,662건에 이르는 것으로 나타났으며, 이는 같은 기간에 이루어진 주민등록 열람・교부 제한조치 5,051건의 72.5%에 이르는 것으로 나타나 제한조치의 실효성에 의문을 제기한다.[6]

2. 민사소송법상 소송관계인의 주소에 대한 보호조치

2023. 7. 11. 법률 제19516호로 개정되고 2025. 7. 12. 시행 예정인 민사소송법 제163조 제2항은 소송관계인의 생명 또는 신체에 대한 위해의 우려가 있다는 소명이 있는 경우, 법원은 해당 소송관계인의 신청에 따라 결정으로 소송기록이 열람・복사・송달에 앞서 소송관계인이 지정한 개인정보 기재부분이 제3자 및 당사자에게 공개되지 아니하도록 보호조치를 할 수 있다고 규정한다(이하 '보호조치'라 한다). 위 보호조치에 대한 신청이 있는 경우 그 신청에 관한 재판이 확정될 때까지 제3자 및 당사자는 개인정보 기재부분 또는 비밀 기재부분의 열람 등을 신청

5) 연합뉴스, "피해자 개인정보 노출 막자...소송 때 등・초본 열람 제한한다"(2024. 6. 30. 기사), https://www.yna.co.kr/view/AKR20240628148000530 (2024. 11. 12. 최종방문). 이에 따라 행정안전부는 '주민등록표 등・초본 교부 제도 개선' 정책 연구용역을 발주하였다.
6) 한겨레신문, "지난해 '피해자 주소 열람' 3662건...구멍 뚫린 신변보호제도"(2023. 10. 10. 기사), https://www.hani.co.kr/arti/area/area_general/1111530.html (2024. 11. 12. 최종방문).

할 수 없고(동조 제3항), 위 신청의 사유가 존재하지 아니하거나 소멸된 경우 이해관계를 소명한 제3자 및 당사자의 신청에 따라 위 신청에 대한 결정을 취소할 수 있다(동조 제4항). 이 조항은 소송관계인의 생명 또는 신체에 대한 위해의 우려가 있다는 소명이 있는 경우 법원이 개인정보를 당사자 및 제3자에게 공개하지 아니하도록 보호조치를 규정한 것으로, 생명 또는 신체에 대한 위해로 인하여 재판청구권이 위축되는 것을 예방하여 재판청구권을 보장하는 조항으로 의미가 크다.

그러나 이 조항은 세 가지 한계가 있다. 첫 번째 한계는 보호조치 결정의 취소사유로 보호조치의 사유가 존재하지 않거나 소멸된 경우만을 인정하고, 상대방의 방어권을 고려하지 않았다는 점이다.[7] 보호조치 사유가 존재하지 않거나 소멸된 경우 당사자나 제3자는 보호조치 결정을 취소하도록 신청할 수 있도록 한 것은 재판공개원칙과 재판청구권과의 균형을 고려한 것으로 보이나, 보호조치 사유가 존재하지 않거나 소멸된 경우가 아니면서 상대방의 재판청구권이 침해된 경우에 대하여 우리 민사소송법은 침묵하고 있어 입법적으로 이를 해결할 필요가 있다.[8] 두 번째 한계로, 생명 · 신체에 대한 위해의 우려가 있는 사람의 주소 등을 비공개하는 등의 보호조치를 할 수 있다고 규정할 뿐, 반소 등 관련 사건이나 판결 후의 집행절차 등 관련 절차에도 보호조치가 적용되는지 등 보호조치의 범위에 대하여 법률에 규정된 바가 없으며, 주소비공개시 대체사항 기재 등에 대한 근거가 명시되어 있지 않아 주소비공개와 관련하여 법원의 사무처리에 대한 방안이 명확히 제시되어 있지 않다.[9] 마지막으로, 세 번째 한계는 보호조치 결정은 범죄피해자 등 생명 · 신체에 대한 위해의 우려가 있는 사람이 원고로 소를 제기하면서 비공개 신청을 한 경우만을 전제로 했다는 점이다.[10] 범죄가해자 등이 범죄피해자 등

7) 조수혜, "민사소송에서의 개인정보 비공개 -우리 민사소송법 개정과 일본의 2022년 개정 민사소송법의 비교-", 사법 통권 66호 (2023), 335-338 참고.

8) 일본 민사소송법 제133조의4 제2항은 비공개결정이 있더라도 자신의 공격 또는 방어에 실질적인 불이익이 발생할 우려가 있는 경우 소송기록 등을 보관하는 법원의 허가를 얻어 소송기록 등의 열람 등을 신청할 수 있다고 규정함을 참조. 일본 민사소송법 원문은 다음 웹페이지에서 확인할 수 있다. E-GOV, 民事訴訟法(平成八年法律第百九号), https://laws.e-gov.go.jp/law/408AC0000000109#Mp-Pa_2-Ch_1-At_134 (2024. 11. 25. 최종방문).

9) 일본 민사소송법 제133조 제5항은 소송관계인의 주소 등에 대하여 비공개결정을 하는 경우 비공개대상을 대체하여 기재하는 대체기재사항을 정하도록 하고, 이 대체기재사항을 해당사건의 반소, 참가, 강제집행, 가압류 및 가처분에 대한 절차에서도 사용할 수 있다고 규정함을 참조.

10) 의안정보시스템, [2122778] 민사소송법 일부개정법률안(대안)(법제사법위원장), https://likms.assembly.go.kr/bill/billDetail.do?billId=PRC_T2E3U0Z6R1H9J2O0C3S3V3H4O1R3L8 (2024. 12. 2. 최종방문) (의안원문과 위원회 제출안 등에 의하면, 이 법률안은 "...법원이 소송기록 열람 · 복사 · 송달 시 소송관계인의 개인정보가 공개되지 않도록 조치할 수 있는 근거를 마련하여 피해자 등이 개인정

생명・신체에 대한 위해의 우려가 있는 사람을 피고로 하여 소를 제기하고 주소 보정명령 등을 통하여 피고의 주소가 알려진 경우에는, 소장 부본을 송달받은 피고가 뒤늦게 보호조치 신청을 하더라도 주소에 대한 보호조치의 실효성이 없어진다.[11] 이러한 점에서 우리 민사소송법에는 생명・신체에 대한 위해의 우려가 있는 사람을 피고로 하여 소를 제기하는 경우의 개인정보를 보호할 방안에 대하여는 입법 공백이 존재한다.

Ⅲ. 일본의 DV 등 지원조치 및 민사소송법의 개인정보 보호 방안

1. 일본의 주민기본대장(住民基本台帳) 열람 및 주민표(住民票) 교부 제도

(1) 주소의 등록 등에 대한 주민기본대장

주소 등을 공적으로 관리하는 제도로 일본은 주민기본대장 제도를 두고 있다. 주소 보호를 이해하기 위하여 일본의 주민등록제도를 규율하는 주민기본대장 및 그 열람 등에 대하여 개관할 필요가 있다. 주민기본대장은 이름, 생년월일, 성별, 주소 등이 기재된 주민표를 편성한 것으로, 주민에 관한 사무처리의 기초가 된다. 주민기본대장의 열람 및 사본의 교부는 주민의 거주관계를 공증하며, 선거인명부 등록, 국민건강보험・후기고령자의료・개호보험・국민연금의 피보험자 자격의 확인, 아동수당 수급자격의 확인, 학령부 작성, 생활보호 및 예방접종에 관한 사무, 인감등록에 관한 사무 등을 위하여 사용된다.[12]

주민기본대장의 근거법률은 주민기본대장법(住民基本台帳法 昭和四十二年 法律第八十一号)[13]으로, 이 법의 목적은 시정촌(市町村, 특별구를 포함한다)에서 주민의

보 노출에 대한 두려움 없이 민사소송을 통해 손해배상을 받을 수 있도록 하려는 것임."이라고 밝혀 피해자가 손해배상의 소를 제기하는 경우를 상정함).

11) 일본 민사소송법은 제133조의3에서 피해자가 피고로 된 경우를 상정하여 법원이 직권으로 주소 등에 대한 조사촉탁결과에 대한 서면의 열람을 제한할 수 있다고 규정함. 이에 대하여는 일본 민사소송법의 관련 부분에서 후술함.

12) 総務省, 住民基本台帳等, https://www.soumu.go.jp/main_sosiki/jichi_gyousei/daityo/gaiyou.html (2024. 11. 20. 최종방문).

13) 현재 시행 중인 주민기본대장법은 令和六年 法律第四十七号로 개정되어 2024. 10. 1. 시행된 것이다. 시행 중인 주민기본대장법 원문은 다음 웹페이지에서 확인할 수 있다. E-GOV, 住民基本台帳法(昭和四十二年法律第八十一号), https://laws.e-gov.go.jp/law/342AC0000000081 (2024. 11. 11. 최종방문)

거주관계의 공증, 선고인명부의 등록 등 주민에 관한 사무처리기초로 하면서 주민 주소에 관한 신청 등의 간소화를 도모하며, 주민에 관한 기록의 적정한 관리를 위하여 주민에 관한 기록을 정확하고 통일적으로 행하는 주민기본대장 제도를 정하고 주민의 편리를 증진하며 국가 및 지방자치단체 행정의 합리화를 도모하는 것을 목적으로 한다(제1조).[14] 주민기본대장은 행정기관 등에 대한 본인확인정보의 제공이나 시구정촌의 구역을 넘어 주민기본대장에 관한 사무를 행하기 위하여 지방공공단체공동시스템으로 각 시구정촌의 주민기본대장의 네트워크로 구축되었다.[15] 주민기본대장네트워크에 대한 개인정보보호에 대하여 일본 정보는 보유정보, 이용의 제한, 내부 부정이용의 방지, 외부로부터의 침입방지 등 보안 확보를 위한 다양한 조치를 취하여 공식적으로 해킹이나 정보누설 등의 사건이 발생한 바는 없다고 한다.[16]

(2) 주민기본대장의 열람 방법 및 제한

1) 국가 또는 지방공공단체 기관의 청구에 의한 주민기본대장 일부 사본의 열람

국가 또는 지방자치단체의 기관은 법령에서 정한 사무 수행에 필요한 경우, 시정촌장에 대하여 해당 시정촌이 구비한 주민기본대장 중 법 제7조 제1호부터 제3호 및 제7호에 열거한 사항(성명, 출생 연월일, 성별, 주소)에 관한 부분의 사본을 해당 국가 또는 지방 공공단체의 기관의 직원으로 해당 국가 또는 지방공공단체 기관이 지정한 자가 열람할 수 있도록 청구할 수 있다(주민기본대장법 제11조 제1항). 이 청구는 총무성령으로 정한 바에 의하여 ① 해당 청구를 한 국가 또는 지방공공단체 기관의 명칭, ② 청구사유, ③ 주민기본대장 일부의 사본을 열람한 사람의 직명 및 성명, ④ 기타 총무성령으로 정한 사항 등을 밝혀야 한다(동조 제2항). 시정촌장은 매년 1회 이상 위 제1항의 규정에 의한 청구에 대한 주민기본대장의 일부 사본의 열람(범죄수사 등을 위한 청구는 제외함)의 상황에 대하여 해당 청구를 한

14) 住民基本台帳法　第一条　この法律は、市町村(特別区を含む。以下同じ。)において、住民の居住関係の公証、選挙人名簿の登録その他の住民に関する事務の処理の基礎とするとともに住民の住所に関する届出等の簡素化を図り、あわせて住民に関する記録の適正な管理を図るため、住民に関する記録を正確かつ統一的に行う住民基本台帳の制度を定め、もつて住民の利便を増進するとともに、国及び地方公共団体の行政の合理化に資することを目的とする。

15) 総務省, 「住基ネット」って何？, https://www.soumu.go.jp/main_sosiki/jichi_gyousei/c-gyousei/daityo/juuki01.html (2024. 11. 11. 최종방문).

16) 総務省, 住基ネットの個人情報保護は大丈夫?, https://www.soumu.go.jp/main_sosiki/jichi_gyousei/c-gyousei/daityo/juuki05.html (2024. 11. 11. 최종방문).

국가 또는 지방공공단체 기관 명칭, 청구사유의 개요, 기타 총무성령으로 정한 사항을 공표하여야 한다(동조 제3항).

2) 개인 또는 법인의 신청에 의한 주민기본대장 일부 사본의 열람

주민기본대장법 제11조의2는 개인 또는 법인의 신청에 의한 주민기본대장 일부의 사본의 열람에 대하여 규정한다. 시정촌장은 아래에서 열거하는 활동을 위하여 주민기본대장의 일부의 사본의 열람이 필요하다는 취지의 신청이 있고, 해당 신청이 상당하다고 인정되는 경우에, 신청인이 개인인 경우에는 해당 신청자 또는 지정한 자에게, 해당 신청자가 법인인 경우에는 해당 법인의 임직원 또는 구성원으로 해당 법인이 지정한 자에게 그 활동에 필요한 한도 내에서 주민기본대장의 일부의 사본을 열람하게 할 수 있다(동조 제1항).[17)]

열람을 허용하는 사유로는 ① 통계조사, 여론조사, 학술연구 기타 조사연구 중 총무대신이 정한 기준에 비추어 공익성이 높다고 인정되는 것의 실시(동항 제1호), ② 공공단체가 행하는 지역주민 복지 향상에 기여하는 활동 중 공익성이 높다고 인정되는 것의 실시(동항 제2호), ③ 영리 이외의 목적으로 행하는 거주관계 확인으로 소송의 제기, 기타 특별한 사정에 의한 거주관계의 확인으르 시정촌장이 인정하는 것의 실시(동항 제3호) 등이 있다.

이 신청을 하려는 자는총무성령으로 정하는 바에 의하여 신청자 성명 및 주소, 주민기본대장 일부 사본의 열람에 의하여 취득한 사항의 이용 목적, 주민기본대장 일부 사본의 열람을 하는 사람의 성명 및 주소, 열람사항 관리 방법, 신청자가 법인인 경우 해당 법인의 임직원 혹은 구성원 중 열람사항을 취급하는 범위, 통계조사·여론조사·학술연구 등의 활동에 관한 신청의 경우 조사연구 성과의 취급, 기타 총무성령으로 정한 사항 등을 밝혀야 한다.

신청자는 열람자, 개인열람사항취급자 또는 법인열람사항취급자에 의한 열람사항의 누설방지 기타 열람사항의 적절한 관리를 위하여 필요한 조치를 하여야 하며(동조 제6항),[18)] 신청자, 열람자, 개인열람사항취급자 또는 법인열람사항취급자는

---

17) 열람청구 양식 등은 다음 웹페이지 참조. 本別町役場, 住民基本台帳の閲覧請求, https://www.town.honbetsu.hokkaido.jp/web/procedure/datails/post_12.html 주민기본대장 열람저도 등에 관한 일본변호사연합회 의견서는 다음 웹페이지 참조. 日本弁護士連合会, 住民基本台帳の閲覧制度等のあり方に関する意見書(補足), https://www.nichibenren.or.jp/document/opinion/year/2005/2005_57.html

18) 住民基本台帳法 第十一条の二
6申出者は、閲覧者、個人閲覧事項取扱者又は法人閲覧事項取扱者による閲覧事項の漏えいの防

본인의 사전 동의 없이 해당 열람사항을 이용목적 이외의 목적을 위하여 이용하거나 해당 열람사항에 관한 신청자, 열람자, 개인열람사항취급자 또는 법인열람사항취급자 이외의 자에게 제공해서는 안된다(동조 제7항).[19]

시정촌장은 열람자 또는 신청자가 부정한 수단으로 주민기본대장 일부의 사본을 열람하거나 열람하게 한 경우 등 개인의 권리이익을 보호할 필요성이 인정되면 해당 열람사항의 신청자, 열람자 등 위반행위자에 대하여 정보가 타인에게 제공되지 않도록 조치를 취할 것을 권고할 수 있다(동조 제8항).[20] 이 권고를 받은 사람이 정당한 사유 없이 조치를 취하지 않은 경우에 개인의 권리이익이 부당하게 침해될 우려가 있으면 그 사람에 대하여 그 권고에 관한 조치를 취하도록 명할 수 있다(동조 제9항).[21] 시구정촌장은 앞의 2항의 규정에도 불구하고 열람자 혹은 신청자가 부정한 방법으로 주민기본대장 일부 사본의 열람을 하거나 하게 한 경우 또는 신청자, 열람자, 개인열람사항취급자, 법인열람사항취급자가 제7항의 규정을 위반한 경우, 개인의 권리이익이 부당하게 침해되는 것을 방지하기 위하여 특히 조치를 취할 필요가 있다고 인정하는 경우, 해당 열람사항의 신청자, 해당 열람을 하거나 하게 한 자 또는 해당 위반행위를 한 자에 대하여 해당 열람사항이 이용목적 이외의 목적으로 이용되거나, 해당 열람사항에 관한 신청자, 열람자, 개인열람사항취급자 또는 법인열람사항취급자 이외의 자에게 제공되지 않기 위한 조치를 취하도록 명할 수 있다(동조 제10항).[22]

止その他の閲覧事項の適切な管理のために必要な措置を講じなければならない。

19) 住民基本台帳法 第十一条の二
7申出者、閲覧者、個人閲覧事項取扱者又は法人閲覧事項取扱者は、本人の事前の同意を得ないで、当該閲覧事項を利用目的以外の目的のために利用し、又は当該閲覧事項に係る申出者、閲覧者、個人閲覧事項取扱者及び法人閲覧事項取扱者以外の者に提供してはならない。

20) 住民基本台帳法 第十一条の二
8市町村長は、閲覧者若しくは申出者が偽りその他不正の手段により第一項の規定による住民基本台帳の一部の写しの閲覧をし、若しくはさせた場合又は申出者、閲覧者、個人閲覧事項取扱者若しくは法人閲覧事項取扱者が前項の規定に違反した場合において、個人の権利利益を保護するため必要があると認めるときは、当該閲覧事項に係る申出者、当該閲覧をし、若しくはさせた者又は当該違反行為をした者に対し、当該閲覧事項が利用目的以外の目的で利用され、又は当該閲覧事項に係る申出者、閲覧者、個人閲覧事項取扱者及び法人閲覧事項取扱者以外の者に提供されないようにするための措置を講ずることを勧告することができる。

21) 住民基本台帳法 第十一条の二
9市町村長は、前項の規定による勧告を受けた者が正当な理由がなくてその勧告に係る措置を講じなかつた場合において、個人の権利利益が不当に侵害されるおそれがあると認めるときは、その者に対し、その勧告に係る措置を講ずることを命ずることができる。

22) 住民基本台帳法 第十一条の二
10市町村長は、前二項の規定にかかわらず、閲覧者若しくは申出者が偽りその他不正の手段によ

시구정촌장은 이 조의 규정 시행에 필요한 한도 내에서 신청자에 대하여 필요한 보고를 하게할 수 있으며(동조 제11항), 시구정촌장은 매년 1회 이상 이 신청에 관한 주민기본대장 일부 사본의 열람의 상황(제1항 제3호의 경우를 제외함)에 대하여 신청자 성명, 이용목적의 개요, 기타 총무성령에서 정하는 사항을 공표하여야 한다(동조 제12항).

(3) 주민표 사본 등의 교부 방법 및 제한

1) 본인 등의 청구에 의한 주민표 사본 등의 교부

주민기본대장법 제12조는 본인 등의 청구에 의한 주민표 사본의 교부에 관하여 규정한다. 이 조항의 적용대상인 '본인 등'이란 세대를 단위로 한 주민표가 작성되어 있는 경우 해당 주민표에서 제외된 사람(그 사람에 관한 기재 전부가 시정촌장의 과오로 인한 것으로 해당 기재가 삭제된 경우를 제외한다)를 포함하며, 본인 등은 자기 또는 자기와 동일한 세대에 속한 사람에 대한 주민표 사본 또는 주민표에 기재된 사항에 관한 증명서(주민표기재사항증명서, 住民票記載事項証明書)의 교부를 청구할 수 있다(제1항).

이 청구를 하는 경우, ① 해당 청구를 하는 사람의 성명 및 주소, ② 현재 청구업무를 수행하는 사람이 청구하는 사람의 대리인인 경우 기타 청구하는 사람과 다른 사람인 경우에는 해당 청구업무를 수행하는 사람의 성명 및 주소, ③ 해당 청구의 대상이 되는 사람의 성명, 기타 총무성령에서 정한 사항을 밝혀야 한다(동조 제2항). 시정촌장은 위 주민표 사본 등의 청구가 부당한 목적에 의한 것이 명백한 경우에는 이를 거절할 수 있다(동조 제6항)[23]고 하여 우리 주민등록법 제29조 제5항의 개인정보 보호조항과 유사한 규정을 두고 있다.

り第一項の規定による住民基本台帳の一部の写しの閲覧をし、若しくはさせた場合又は申出者、閲覧者、個人閲覧事項取扱者若しくは法人閲覧事項取扱者が第七項の規定に違反した場合において、個人の権利利益が不当に侵害されることを防止するため特に措置を講ずる必要があると認めるときは、当該閲覧事項に係る申出者、当該閲覧をし、若しくはさせた者又は当該違反行為をした者に対し、当該閲覧事項が利用目的以外の目的で利用され、又は当該閲覧事項に係る申出者、閲覧者、個人閲覧事項取扱者及び法人閲覧事項取扱者以外の者に提供されないようにするための措置を講ずることを命ずることができる。

23) 住民基本台帳法 第十二条
6市町村長は、第一項の規定による請求が不当な目的によることが明らかなときは、これを拒むことができる。

2) 국가 또는 지방공공단체기관 청구에 의한 주민표 사본 등의 교부

주민기본대장법 제12조의2는 국가 또는 지방공공단체기관의 청구에 의한 주민표 사본 등의 교부에 대하여 규정한다. 국가 또는 지방공공단체 기관은 법령에서 정한 사무 수행을 위하여 필요한 경우, 시구정촌장에 대하여 해당 시구정촌장이 구비한 주민기본대장에 기록된 자에 관한 주민표 사본으로 제7조 제8호의2 및 제13호에 열거한 사항의 기재를 생략한 것 또는 주민표기재사항증명서로 동조 제1호부터 제8호까지, 제9호에서 제12호까지 및 제14호에 열거한 사항에 관한 것의 교부를 청구할 수 있다(동조 제1항).

이 청구는 총무성령에서 정한 바에 의하여 ① 해당 청구를 하는 국가 또는 지방공공단체 기관 명칭, ② 현재 청구업무를 수행하는 사람의 직명 및 성명, ③ 해당 청구 대상이 되는 사람의 성명 및 주소, ④ 청구사유(해당 청구가 범죄수사에 관한 것이나 기타 특별한 사정에 의하여 청구사유를 밝히는 것이 사무 성질상 곤란한 경우 법령이 정한 사무 수행을 위하여 필요하다는 취지 또는 그 근거가 되는 법령의 명칭) 등을 밝혀야 한다(동조 제2항).

3) 본인 등 이외의 자의 신청에 의한 주민표 사본 등의 교부

주민기본대장법 제12조의3 제1항은 본인 등 이외의 자의 신청에 의한 주민표 사본 등의 교부에 대하여 규정한다. 시정촌장은 해당 시정촌장이 작성한 주민기본대장에 대하여, ① 자기 권리를 행사하거나 자기 의무를 이행하기 위하여 주민표 기재사항을 확인할 필요가 있는 사람, ② 국가 또는 지방공공단체 기관에 제출할 필요가 있는 사람, ③ 그 외에 주민표 기재사항을 이용할 정당한 이유가 있는 사람 등이 주민표 사본으로 기초증명사항이 표시된 것 또는 주민표기재사항증명서로 기초증명사항에 관한 것이 필요하다는 취지의 신청을 하였고, 이 신청이 상당하다고 인정한 경우에는 해당 신청을 하는 사람에게 해당 주민표 사본 또는 주민표기재사항증명서를 교부할 수 있다고 규정한다. 본인 등 이외의 자의 신청에 의하여 교부가 되는 기초증명사항은 성명, 출생 연월일, 성별, 주민이 된 연월일, 주소 및 시정촌 구역 내에서 새로운 주소로 변경한 자는 그 주소를 정한 연월일, 새로운 시정촌의 구역 내에 주소를 정한 자는 그 주소를 정한 취지의 신청 연월일 등이다.

한편, 위 3가지에 해당하지 않더라도 특정사무수임자로부터 수임한 사건 또는 사무 의뢰자가 위 3가지 사유에 해당하는 것을 이유로 주민표 사본 또는 주민표기재사항증명서가 필요하다는 취지의 신청이 있고, 해당 신청이 상당하다고 인정하는 경우에 그 특정사무수임자는 해당 주민표의 사본 또는 주민표기재사항증명서를 교부받을 수 있다(동조 제2항). 여기에서 특정사무수임자란 변호사(弁護士), 사법서사(司法書士), 토지가옥조사사(土地家屋調査士), 세무사(税理士), 사회보험노무사(社会保険労務士), 변리사(弁理士), 해사대리사 또는 행정서사(海事代理士又は行政書士) 등이다(동조 제3항).

위에 해당하는 사람은 ① 신청인의 성명 및 주소, ② 현재 신청을 하는 사람이 신청인의 대리인인 경우나 그 외 신청인과 다른 경우, 해당 신청을 하는 사람의 성명 및 주소, ③ 해당 신청의 대상이 되는 사람의 성명 및 주소, ④ 제1항이 규정하는 주민표 사본 또는 주민표기재사항증명서의 이용 목적, ⑤ 제2항의 신청인 경우 전항에서 규정한 특정사무수임자가 수임한 사건 또는 사무에 대한 자격 및 업무의 종류와 의뢰인의 성명 또는 명칭 (해당 수임한 사건 또는 사무에 대한 업무가 재판절차 또는 재판외절차의 민사상 또는 행정상 분쟁해결 절차에 대한 대리업무 또는 기타 정령에서 정하는 업무인 경우에는 해당 사건 또는 사무에 대한 자격 및 업무의 종류), ⑥ 기타 총무성령에서 정하는 사항 등을 밝혀야 한다(동조 제4항).

2. 주민기본대장 관련 DV 등 지원조치

(1) DV 등 지원조치의 도입 및 근거

우리와 달리 일본의 가정폭력피해자 등의 주소에 대한 보호조치는 주민기본대장을 관할하는 총무성(総務省)의 통지(通知)에 의하여 이루어지고 있으며,[24] 총무성이 운영하는 'DV(Domestic Violence) 등 지원조치(DV等支援措置)'는 일본에서 가정폭력 피해자 등의 주소를 보호하는 제도로 기능하고 있다.[25] DV 등 지원조치는 가정폭력 피해 등을 신청하고 지원 필요성이 확인된 사람(지원조치대상자)의 경우 그 신청의 상대방이 되는 사람(가해자)의 주민기본대장의 일부 사본의 열람(일본 주민기본대장법 제11조, 제11조의 2), 주민표 사본의 교부(동법 제12조, 제12조의2, 제12조의3), 호적 부표 사본의 교부(동법 제20조) 등의 신청은 부당한 목적에 의한

24) 総務省, DV等支援措置関連通知, https://www.soumu.go.jp/main_sosiki/jichi_gyousei/daityo/dv_shien02.html (2024. 11. 13. 최종방문).

25) 総務省, DV等支援措置, https://www.soumu.go.jp/main_sosiki/jichi_gyousei/daityo/dv_shien.html (2024. 11. 13. 최종방문).

것으로 보고 그 신청을 제한하는 것이다.[26)]

일본 총무성 홈페이지에 의하면 DV등 지원조치는 가정폭력 및 스토커행위 등의 피해자를 보호하기 위하여 '주민기본대장 일부 사본의 열람 및 주민표 사본 등의 교부에 관한 성령(昭和60年自治省令第28号) 등을 개정하는 총무성・법무성령(住民基本台帳の一部の写しの閲覧及び住民票の写し等の交付に関する省令の一部を改正する省令並びに戸籍の附票の写しの交付に関する省令の一部を改正する省令,平成16年総務省令第89号及び平成16年総務省・法務省令第1号)'이 2004. 5. 31. 공포되고 총무성 자치행정국장이 같은 날 그 시행에 대하여 통지(通知)하면서 도입되었다.[27)] 이 개정에 의하여 주민기본대장사무처리요령의 일부개정에 대한 통지가 나왔으며, 이에 의하여 2004. 7. 1.부터 DV 등 지원조치가 시행되게 되었다.[28)] DV 등 지원조치는 도입 이후 여러 차례 수정되어 왔으며, 현재 시행 중인 주민기본대장사무처리요령(住民基本台帳事務処理要領)은 2024. 1. 30. 개정된 것으로, DV등 지원조치로 주민기본대장 사본의 열람 등을 불허하는 경우 불복절차에 대하여 안내하도록 하였다.[29)]

(2) 신청요건 및 절차

주민기본대장에 기록된 사람 또는 호적 부표에 기록된 사람으로 ① 일본 배우자폭력방지법 제1조 제2항에서 규정하는 피해자로, 폭력에 의하여 그 생명 또는 신체에 위해를 받을 우려가 있거나, ② 일본 스토커규제법(ストーカー行為等の規制等に関する法律) 제7조가 규정하는 스토커행위 피해자로, 추가로 반복하여 스토킹 등을 당할 우려가 있거나, ③ 일본 아동학대방지법(児童虐待の防止に関する法律) 제2조가 규정하는 아동학대를 받은 아동인 피해자로, 재차 아동학대를 받을 우려가 있거나 감독 등을 받는데 지장이 생길 우려가 있거나, ④ 기타 이에 준하

---

26) 総務省, DV等支援措置, https://www.soumu.go.jp/main_sosiki/jichi_gyousei/daityo/dv_shien.html (2024. 11. 13. 최종방문).

27) 総務省 自治行政局長, 住民基本台帳の一部の写しの閲覧及び住民票の写し等の交付に関する省令の一部を改正する省令及び戸籍の附票の写しの交付に関する省令の一部を改正する省令について(通知), 総行市第212号 平成16年5月31日, https://www.soumu.go.jp/main_content/000565642.pdf (2024. 11. 21. 최종방문).

28) 総務省 自治行政局長・法務省 民事局長, 住民基本台帳事務処理要領の一部改正について(通知), 総行市第213号・法務省民一第1581号 平成16年5月31日, https://www.soumu.go.jp/main_content/000565639.pdf (2024. 11. 24. 최종방문).

29) 総務省 自治行政局長,住民基本台帳事務処理要領の一部改正について(通知), 総行住第20号 令和6年1月30日, https://www.soumu.go.jp/main_content/000929822.pdf (2024. 11. 25. 최종방문).

는 경우, 주민표가 있는 시구정촌(市区町村)이나 호적 부표가 있는 시구정촌에 DV 등 지원조치를 신청할 수 있다.[30] 또한 DV 등 지원조치 신청인과 동일한 주소를 가진 사람도 신청인과 함께 DV 등 지원조치를 신청할 수 있다. 그러나, 상대방과 동거하는 경우, 상대방에게 현주소(알려지고 싶지 않은 주소)가 알려진 경우, 피해 원인이 금전상 분쟁인 경우 등에는 DV 등 지원조치를 신청할 수 없다.[31)

DV 등 지원조치 신청을 위하여 우선 경찰, 배우자폭력상담지원센터, 아동상담소 등 상담기관에 DV 등 피해 상담을 하여야 한다. 그 후 주민표가 있는 시구정촌 등에 '주민기본대장사무에서의 지원조치신청서(住民基本台帳事務における支援措置申出書)'를 제출하여 DV 등 지원조치를 구하는 취지의 신청을 할 수 있다.[32] 신청을 받은 시구정촌은 지원 필요성에 대하여 상담기관의 의견을 듣거나 법원이 발행한 보호명령 결정서의 사본 또는 일본 스토커규제법에 의한 경고 등 실시서면 등의 제출을 받아 확인한다. 지원 필요성을 확인하면 그 결과를 신청인에게 알린다.[33]

(3) DV 등 지원조치의 내용

상대방이 가해자로 판명되었을 경우에는, 지원조치대상자의 주민기본대장 일부 사본의 열람, 주민표(제표 포함) 사본의 교부, 호적의 부표(제표 포함) 사본의 교부 신청을 가해자가 하는 경우, 가해자의 신청이 부당한 목적에 의한 것이나 상당하다고 인정되지 않는 것으로 보고 열람・교부를 제한한다.[34] 제3자가 지원조치대상자의 주민표 사본 등의 교부 신청을 하는 경우, 가해자가 제3자의 행세를 하고 신청하는 것을 방지하기 위하여 주민기본대장카드 등 사진이 부착된 신분증명서를 제시하는 등 본인확인을 엄격하게 실시한다. 또한 가해자로부터 의뢰를 받은 제3자가 지원조치대상자의 주민표 사본 등의 교부 등 신청을 하는 경우 그 교부・열람을 하지 못하도록 청구사유에 대하여도 엄격하게 심사한다.[35]

---

30) 総務省, DV等支援措置, https://www.soumu.go.jp/main_sosiki/jichi_gyousei/daityo/dv_shien.html (2024. 11. 13. 최종방문).
31) 沼田市, 住民基本台帳事務における支援措置について, https://www.city.numata.gunma.jp/life/tetsuduki/shomei/1010151.html (2024. 11. 13. 최종방문).
32) 長浜市, 住民基本台帳事務における支援措置申出, https://www.city.nagahama.lg.jp/0000003582.html (2024. 11. 13. 최종방문).
33) 総務省, DV等支援措置, https://www.soumu.go.jp/main_sosiki/jichi_gyousei/daityo/dv_shien.html
34) 警察庁, 住民基本台帳制度におけるＤＶ等被害者への支援措置, https://www.npa.go.jp/hanzaihigai/sakutei-suisin/kaigi18/pdf/s2-1.pdf (2024. 11. 25. 최종방문).

(4) 소송목적의 신청에 대한 적용

일본 민사소송법은 당사자 특정 및 피고에 대한 소장 송달 등을 위하여 소장에 피고 등에 대하여 기재하도록 규정한다(일본 민사소송법 134조 제2항 제1호,[36] 일본 민사소송규칙 제2조 제1항 제1호[37]). 그러므로 DV 등 지원조치의 대상자를 피고로 하여 소를 제기하려는 경우 주민표 사본 등의 교부 등을 통하여 그 주소를 알 필요가 있었고, DV 등 지원조치에 의한 주민기본대장 일부 사본의 열람・주민표 사본 등의 교부 등에 대한 제한이 소송 목적으로 가해자의 대리인 등 특정사무수임자가 주민표 사본 등의 교부 신청을 하는 경우에도 적용되는지에 대하여 현장에서의 혼란이 있었다. 이에 대하여 총무성은 2018. 3. 28. '가정폭력, 스토커행위등, 아동학대 및 이에 준하는 행위의 피해자의 보호를 위한 주민기본대장사무에 관한 지원조치의 처리에 대하여' 통지하였다.[38] 이에 의하면 특정사무수임자가 가해자 대리인으로 주민표 사본 등의 교부 신청을 한 경우(주민기본대장법 제12조의3 제1항)나 수임한 사건 또는 사무의 의뢰인이 가해자인 특정사무수임자가 주민표 사본 등의 교부 신청을 한 경우(동법 제12조의3 제2항) 가해자 본인이 해당 신청을 한 것

---

35) 総務省, DV等支援措置, https://www.soumu.go.jp/main_sosiki/jichi_gyousei/daityo/dv_shien.html 관련 법령에 대하여는, 総務省, DV等支援措置関連通知, https://www.soumu.go.jp/main_sosiki/jichi_gyousei/daityo/dv_shien02.html 참조.

36) 日本 民事訴訟法 (訴え提起の方式)
第百三十四条訴えの提起は、訴状を裁判所に提出してしなければならない。
２訴状には、次に掲げる事項を記載しなければならない。
一当事者及び法定代理人
二請求の趣旨及び原因
일본 민사소송법 원문은 다음 웹페이지에서 확인할 수 있다. E-GOV, 民事訴訟法(平成八年法律第百九号), https://laws.e-gov.go.jp/law/408AC0000000109#Mp-Pa_2-Ch_1-At_134 (2024. 11. 25. 최종방문).

37) 日本 民事訴訟規則(平成8年12月17日最高裁判所規則第5号, 改正 令和5年9月19日最高裁判所規則4号)
(当事者が裁判所に提出すべき書面の記載事項)
第二条　訴状、準備書面その他の当事者又は代理人が裁判所に提出すべき書面には、次に掲げる事項を記載し、当事者又は代理人が記名押印するものとする。
一 当事者の氏名又は名称及び住所並びに代理人の氏名及び住所
일본 민사소송규칙 원문은 다음 웹페이지에서 확인할 수 있다. 裁判所, 民事事件関係(50音順), 民事訴訟規則, https://www.courts.go.jp/vc-files/courts/2024/20240301minsokisoku.pdf (2024. 11. 25. 최종방문).

38) 総務省自治行政局住民制度課, ドメスティック・バイオレンス、ストーカー行為等、児童虐待及びこれらに 準ずる行為の被害者の保護のための住民基本台帳事務における支援措置に関 する取扱いについて, 総行住第58号 平成30年3月28日, https://www.soumu.go.jp/main_content/000587730.pdf (2024. 11. 24. 최종방문).

과 같이 보아 주민기본대장사무처리요령 제5－10－コ－(イ)－(A)에 의하여 부당한 목적인 것으로 보아 신청을 거부하거나 주민기본대장법 제12조의3 제1항 각호에 해당하는 사람에 해당하지 않는 것으로 보아 신청을 거부하도록 하였다. 다만 신청사유 또는 이용목적을 엄격하게 심사한 결과, 신청에 특별한 필요가 있다고 인정되면 교부할 필요가 있는 기관 등으로부터 교부신청을 받거나, 가해자의 양해를 얻어 교부할 필요가 있는 기관 등에 시정촌장이 교부하거나, 또는 지원대상자의 교부신청을 받는 등의 방법에 의하여 가해자에게 교부하지 않고 목적을 달성하는 것이 바람직하다고 하였다.[39]

이 통지는 일본 최고재판소에게도 2018. 8. 9. 제공되었으며, 최고재판소는 이에 대하여 2018. 11. 30. 'DV 등 지원조치에 관한 처리의 총무성 자치행정국 주민제도과장통지의 대응 등에 대하여 (사무연락)'의 제목으로 된 문서를 발표하였다.[40] 총무성 통지에 의하면 DV 등 지원조치의 가해자와 그 대리인은 피해자인 피고를 상대로 소제기를 하려는 경우에도 피고의 주민표 사본 등을 취득할 수 없으므로 피고의 주소를 주소불명으로 기재하여 소장을 제출하게 된다. 이러한 경우 가해자인 원고 및 그 대리인은 피고 주소란에 주소불명으로 기재한 소장과 함께 피고 주민표 사본 등이 DV 등 지원조치 대상이 되어 피고 등의 주소를 조사할 수 없음을 나타내는 자료를 제출하게 되며, 이 경우 소장을 접수한 법원은 시정촌에게 피고 등의 주소에 관한 조사촉탁(調査嘱託, 일본 민사소송법 제151조, 제186조)을 할 수 있다.[41] 조사촉탁 등에 의하여 법원이 취득한 피고 등의 주소가 원고 및 제3자에게 알려지지 않도록 유의하여 관리하도록 하였다.[42]

이러한 일본 법원의 사무연락에 대하여, 총무성은 2018. 12. 3. 법원에 제출할 필요가 있음을 이유로 가해자가 주민표 사본 등의 교부를 신청하는 경우의 업무처리에 대하여 통지하였다.[43] 이 통지에 의하여 시구정촌은 가해자가 법원에 제출

---

39) Id.

40) 最高裁判所事務総局民事局第一課長 成田晋司・最高裁判所事務総局家庭局第二課長 宇田川公輔・最高裁判所事務総局総務局第三課長 定久朋宏, DV等支援措置に関する取扱いの総務省自治行政局住民制度課長通知への対応等について(事務連絡), (訟ろ－01)平成30年11月30日, https://www.soumu.go.jp/main_content/000587724.pdf (2024. 1. 24. 최종방문).

41) Id.

42) Id.

43) 総務省自治行政局住民制度課長, ドメスティック・バイオレンス, ストーカー行為等, 児童虐待及びこれらに準ずる行為の被害者の保護のための住民基本台帳事務における支援措置に関する裁判所との連携について(通知), 総行住第199号 平成30年12月3日, https://www.soumu.go.jp/main_content/000587724.pdf (2024. 11. 24. 최종방문).

할 필요가 있음을 이유로 피해자에 대한 주민표 사본 등의 교부를 신청하고 가해자의 신청에 특별한 필요가 있다고 인정된 경우에는, 주민표 사본 등의 교부를 지양하고, 법원의 조사촉탁에 응하도록 하였다. 법원의 조사촉탁은 일본 민사소송법에 의한 절차로 응답의무가 있으므로[44] 시구정촌은 일본 법원의 조사촉탁에 회답하도록 하였다. 또한 가해자에 대하여는 주민표 사본 등을 교부할 수 없으며 그 대응방안에 대하여는 법원 절차에 의할 것을 설명하고 구체적인 절차는 법원에 알아보도록 안내하도록 하였다.[45]

(5) DV 등 지원조치의 한계

첫 번째로 DV 등 지원조치 기간은 확인 결과를 신청자에게 연락한 날로부터 기산하여 1년이며, 기간 종료 1개월 전부터 연장 신청을 할 수 있다. 연장 후 DV 등 지원조치 기간은 연장 전의 DV 등 지원조치 기간의 종료일 익일로부터 기산하여 1년이다.[46] 자동 연장이 되지 않기 때문에 DV 등 지원조치는 신청인이 확인하여 연장이 필요한 경우 연장신청을 할 필요가 있다. 두 번째로 DV 등 지원조치는 시구정촌 단위로 이루어지는 조치이므로, 관할 시구정촌 밖으로 전출하는 경우 그 시점에서 지원조치가 종료되며 지속적인 지원을 희망하는 경우 전입하는 시구정촌에 다시 지원조치 신청서를 제출하여야 한다는 한계가 있다.[47] 세 번째로, DV 등 지원조치를 받더라도 변호사・사법서사 등 직무상 신청이나 국가나 지방자치단체의 공적 목적의 신청, 채권자(생명보험회사, 금융기관 등)으로부터의 신청이나 동일 호적자의 호적 청구 등 부당한 목적이 아닌 주민표 사본 등의 교부신청 등까지 제한하는 것은 아니다.[48] 가해자인 상대방의 변호사로부터의 신청은 앞에서 본 바와 같이 가해자의 대리인으로서의 신청으로 수임업무에 관한 주민표 사본의 교부 등이 제한되는 것이 원칙이나, 의뢰인인 가해자 이름을 숨기고 피해자

---

44) 大阪高裁判決平成19年１月30日金判1263号25頁. 이 판례는 일본 법원의 조사촉탁 및 변호사법의 조회 등에 의한 답변의무와 금융기관의 비밀유지의무에 관한 것으로, 평석으로는 小野寺 健太, 裁判所による調査嘱託又は弁護士法23条の２に基づく照会に対する回答義務と金融機関の守秘義務(大阪高裁判決平成19年１月30日金判1263号25頁), 早法 83巻２号 (2008) 참조.

45) Id.

46) 総務省, DV等支援措置, https://www.soumu.go.jp/main_sosiki/jichi_gyousei/daityo/dv_shien.html (2024. 11. 11. 최종방문).

47) 長浜市, 住民基本台帳事務における支援措置申出, https://www.city.nagahama.lg.jp/0000003582.html (2024. 11. 11. 최종방문).

48) 長浜市, 住民基本台帳事務における支援措置申出, https://www.city.nagahama.lg.jp/0000003582.html (2024. 11. 11. 최종방문).

의 주민표를 취득하는 등의 방법으로 피해자의 주민표 사본이 교부된 사례가 존재한다.[49)]

3. 일본 민사소송법의 주소 비공개 제도

(1) 주소 등에 대한 조사결과 열람 제한조항의 내용

일본 민사소송법은 2022. 5. 18. 개정되었으며, 당사자 등이 DV 등의 범죄피해자 등인 경우 그 주소, 성명 등의 정보를 상대방에게 비공개한 상태로 민사소송절차를 진행하는 제도를 신설하여 2023. 2. 20.부터 시행하고 있다.[50)] 2022년 일본 민사소송법 개정 당시 당사자 등의 성명·주소 등을 상대방에게 비공개하는 제도는 2021. 7. 30. 별도로 논의되어 개정내용에 반영되었다.[51)] 이 제도는 당사자의 성명·주소 등이 알려지면 중대한 위해를 받을 가능성이 있는 경우에 성명·주소 등을 상대방에게도 비공개하여 재판을 받을 권리를 실질적으로 보장하는 것을 목적으로 한다.[52)] 신청 등을 하는 사람 또는 그 법정대리인의 주소, 거소, 기타 통상 소재하는 장소(주소 등)의 전부 또는 일부가 당사자에게 알려지면 해당 신청 등을 한 사람 또는 해당 법정대리인이 사회생활을 영위하는데 현저한 지장이 발생할 우려가 있다는 소명이 있으면, 법원은 신청에 의하여 결정으로 주소 등의 전부 또는 일부를 비공개하는 취지의 재판을 할 수 있고(일본 민사소송법 제133조 제1항), 법원이 비공개결정을 하는 경우 해당 비공개대상자의 주소 등을 대체하는 사항을 정하고, 그 사항을 해당 사건 및 그 사건에 대한 반소, 참가, 강제집행, 가압류 및 가처분에 관한 절차 등에서 기재한 경우 해당 비공개대상자의 주소 등을 기재한 것으로 보므로(동조 제5항) 비공개대상자의 재판청구권이 강제집행까지 실질적으로 보장될 수 있다.[53)]

---

49) 朝日新聞, DV加害の元夫に、住民票情報２回漏らす　被害女性の抗議共有せず, https://www.asahi.com/articles/ASQ7V7TL6Q7VPTLC01H.html (2024. 11. 11. 최종방문).

50) 法務省, 民事訴訟法等の一部を改正する法律について, https://www.moj.go.jp/MINJI/minji07_00316.html (2024. 11. 13. 최종방문).

51) 法務省, 民事訴訟において被害者の氏名等を相手方に秘匿する制度についての「民事訴訟法(IT化関係)等の改正に関する追加試案」(令和3年7月30日)の取りまとめ, https://www.moj.go.jp/MINJI/minji07_00272.html (2024. 11. 25. 최종방문).

52) 越山和広, 被害者の氏名等を相手方に秘匿する制度, ジュリスト 1577号 (2022. 11.), 58; 吉原裕樹, “ウェブ裁判 (裁判手続IT化) を拡大するための2022年５月改正民事訴訟法とその憲法学的考察”, 月刊 大阪弁護士会 通巻815号 (2022. 6.), 45.

53) 吉原裕樹, 앞의 글, 45.

생명・신체에 대한 위해가 우려되는 사람의 성명 및 주소 등에 대한 비공개결정 및 열람제한결정의 주요내용[54] 중에서도 생명・신체에 대한 위해가 우려되는 사람이 피고가 된 경우의 개인정보 보호에 대한 내용은 일본 민사소송법 제133조의3에 규정되어 있으며 그 내용은 아래와 같다.[55]

제133조의3(송달할 장소 등의 조사촉탁이 있던 경우 열람 등 제한의 특칙)

법원은 당사자 또는 그 법정대리인에 대하여 송달하기 위하여 그 사람의 주소, 거소 기타 송달할 장소에 대하여 조사를 촉탁한 경우, 해당 촉탁에 관한 조사결과 보고가 기재된 서면이 열람되어 당사자 또는 그 법정대리인이 사회생활을 영위하는데 현저한 지장을 초래할 우려가 명백하다고 인정되는 경우, 결정으로 해당 서면 및 이에 기초한 송달에 관한 제109조 서면 및 기타 이에 관한 서면의 열람 및 등사 또는 그 등본 및 초본의 교부 청구를 할 수 있는 사람을 해당 당사자 또는 해당 법정대리인으로 한정할 수 있다. 당사자 또는 그 법정대리인을 특정하기 위하여 그 사람의 성명 기타 당사자 특정에 충분한 사항에 대한 조사를 촉탁한 경우도 동일하다.

(2) 조사촉탁 보고서 등에 대한 직권으로의 열람제한 필요성

일본 민사소송법에 의하면 법원은 필요한 조사를 단체에 촉탁할 수 있다(제186조).[56] 조사촉탁은 당사자 신청에 의하며 촉탁받은 곳이 제출한 보고서는 증거가

---

54) 法務省, 住所、氏名等の秘匿制度の創設, https://www.moj.go.jp/content/001386878.pdf (2024. 11. 11. 최종방문) 참조. 일본 민사소송법의 개인정보 비공개조항에 대한 국내 문헌으로는 조수혜, 앞의 글 참조.

55) 日本 民事訴訟法
(送達をすべき場所等の調査嘱託があった場合における閲覧等の制限の特則)
第百三十三条の三　裁判所は、当事者又はその法定代理人に対して送達をするため、その者の住所、居所その他送達をすべき場所についての調査を嘱託した場合において、当該嘱託に係る調査結果の報告が記載された書面が閲覧されることにより、当事者又はその法定代理人が社会生活を営むのに著しい支障を生ずるおそれがあることが明らかであると認めるときは、決定で、当該書面及びこれに基づいてされた送達に関する第百九条の書面その他これに類する書面の閲覧若しくは謄写又はその謄本若しくは抄本の交付の請求をすることができる者を当該当事者又は当該法定代理人に限ることができる。当事者又はその法定代理人を特定するため、その者の氏名その他当該者を特定するに足りる事項についての調査を嘱託した場合についても、同様とする。

56) 日本 民事訴訟法
(調査の嘱託)
第百八十六条　裁判所は、必要な調査を官庁若しくは公署、外国の官庁若しくは公署又は学校、商工会議所、取引所その他の団体に嘱託することができる。
위 조항은 大正15年 民事訴訟法 제262조를 계승한 것으로, 일본 조사촉탁제도의 연혁에 대하여는 栗田 隆, 裁判所の調査嘱託に応ずる義務と義務違反の効果及び義務確認の訴えの適法性, 關西大學法學論集, 第63巻 第 2号 (2013), 150-151 참조.

되며 당사자는 그 보고서의 열람 등을 구할 수 있다(일본 민사소송법 제91조 1항 및 제3항). DV 등 지원조치의 가해자가 피해자를 피고로 하여 소제기를 하는 경우 원고는 피고의 주민표 사본 등을 취득할 수 없어 피고의 주소를 주거소불명으로 기재하여 소장을 제출하고 DV 등 지원조치 대상에 해당하여 피고 주소를 조사할 수 없다는 사정에 대한 자료를 제출하게 된다. 법원은 이 경우 소장 송달을 위하여 시정촌에게 피고의 주민표상 주소에 대한 조사촉탁을 하게 되며, 이 조사결과의 보고에 대한 서면 및 이에 의한 송달에 대한 송달보고서 등 서면에 피고의 주소가 기재된다.[57] 피고의 주소가 기재된 서면을 원고에게 비공개할 방법이 2022년 일본 민사소송법 개정 전에는 존재하지 않았다.[58]

이러한 입법공백에 대응하여 일본 민사소송법은 신청에 의하여 이름・주소 등을 비공개결정할 수 있도록 한 조항 외에 법원을 통해서 피고 주소를 조사한 경우에도 그 조사결과에 대하여 법원이 직권으로 피고를 위하여 비공개결정을 할 수 있는 근거규정을 마련하였다.[59] 통상 피고는 소장 송달을 위하여 주소 등이 조사되어도 그 소장이 송달되기까지 주소 등이 원고에게 알려진 사실을 인지하지 못한다. 그러므로 DV 등 지원조치의 가해자가 원고로 소를 제기하고 법원이 조사촉탁한 주소정보가 기재된 서면의 열람을 신청하더라도, 피고는 송달 받기 전까지 그 사실을 알지 못하므로 주소 등에 대하여 비공개신청을 할 수 없고 결국 주소가 원고에게 알려지게 된다.[60] 이를 보완하기 위하여 개정된 일본 민사소송법 제133의3조는 신청이 없더라도 법원이 직권으로 송달을 위하여 조사촉탁 결과 등의 열람 등을 제한할 수 있도록 규정하였다.[61]

(3) 열람제한의 요건 및 대상

직권으로 당사자 열람 등 제한결정을 하는 것은 조사결과 보고가 기재된 서면이 열람되어 당사자 또는 법정대리인이 사회생활을 영위하는데 지장이 발생할 우

---

57) 일본 법원의 조사촉탁에 대하여 수탁자는 제출하는 자료가 개인정보보호의 대상이더라도 원칙적으로 보고의무가 있으며, 다만 전과 및 범죄경력 등의 경우에는 보고의무가 예외적으로 발생하지 않는다. 栗田 隆, 위의 글, 153.

58) 法務省民事局参事官室, 民事訴訟法（ＩＴ化関係）等の改正に関する追加試案の補足説明 (2021. 8.), 11, https://www.moj.go.jp/content/001354092.pdf (2024. 11. 25. 최종방문).

59) Id.

60) 法務省, 住所, 氏名等の秘匿制度の創設, 5, https://www.moj.go.jp/content/001386878.pdf (2024. 11. 11. 최종방문)

61) 越山和広, 앞의 글, 61.

려가 있는 것이 명백할 것을 요건으로 한다. 민사소송의 목적을 실현하기 위하여는 당사자주의와 직권주의를 적절하게 조합할 필요가 있으며, 법원이 당사자 신청에 의하지 않고 직권으로 당사자의 소송기록 열람 등을 제한하는 것은 사회생활을 영위하는데 지장이 발생할 우려가 명백하여 피해자에 대한 보호 필요성이 높은 경우에 해당하여야 하며,[62] 법원이 조사촉탁 시점에서 피고가 DV 등 지원조치의 보호를 받고 있음을 안 경우 등이 여기에 해당한다.[63] 한편 직권으로 당사자 열람제한을 하는 경우 그 대상단위는 '서면'이다.[64] 구체적으로, 조사촉탁 결과가 기재된 서면과 이 서면에 기초한 송달에 대한 기록 등이 그 대상이 된다.[65] 직권으로 당사자열람 등 제한을 하게 되는 조사촉탁 결과서의 목적 등은 비교적 제한적이며, 법원이 당사자 신청 없이 조사결과 보고 중 어느 부분이 보호되어야 할 정보인지를 엄밀하게 특정하기 어렵다는 점에서 조사결과의 보고에 대하여는 서면 단위로 열람제한을 하도록 하였다.[66]

(4) 열람제한결정의 취소 및 열람 등 허가

비공개결정이나 열람제한결정으로 비공개대상이 되는 사람 이외의 사람은 소송기록 열람 등 제한결정에 대하여는 비공개 요건이 존재하지 않거나 존재하지 않게 되었음을 이유로 취소를 구할 수 있다(일본 민사소송법 제133조의4 제1항). 또한 열람제한결정 등으로 비공개대상이 되는 사람이 아닌 당사자는 열람제한결정 등이 있는 경우, 공격 또는 방어에 실질적인 불이익이 발생할 우려가 있다면 법원 허가를 얻어 비공개사항 등의 전부 또는 일부 열람 등이 가능하다(동조 제2항).[67] 공격 또는 방어에 대한 실질적인 불이익을 주장하며 열람제한결정 등의 취소를 구하는 경우 법원은 그 원인이 된 사실에 대하여 소명이 있으면 그 열람을 허가해야 하나(동조 제3항), 허가에 대한 재판을 하는 경우 해당 결정의 보호대상이 되는 당사자 또는 법정대리인 등의 의견을 청취할 필요가 있다(동조 제4항). 다만 법원의 허가가 있더라도 그 허가 신청의 당사자 및 그 법정대리인, 소송대리인 및 보

62) 越山和広, 앞의 글, 62.
63) 法務省, 被害者の氏名等を相手方に秘匿する制度に関する検討事項, 民事訴訟法（ＩＴ化関係）部会資料 27, https://www.moj.go.jp/content/001358905.pdf (2024. 11. 25. 최종방문).
64) 越山和広, 앞의 글, 62.
65) 法務省, 住所、氏名等の秘匿制度の創設, 5, https://www.moj.go.jp/content/001386878.pdf (2024. 11. 11. 최종방문)
66) Id.
67) 越山和広, 앞의 글, 62.

좌인은 정당한 이유 없이 그 허가에 의하여 취득한 정보를 해당 절차 수행 목적 이외의 목적으로 이용하거나 열람제한결정 등에 관한 사람 이외의 자에게 공개할 수 없다(동조 제7항).

Ⅳ. 재판청구권 보장 측면에서 가정폭력 피해자 등의 주소 보호방안에 대한 시사점

1. 주소 정보의 공적 관리에서 가정폭력피해자 등의 주소 보호방안의 비교 및 분석

(1) 일본 주민기본대장법의 특징

일본에서 주소 정보를 공적으로 규율하는 주민기본대장법은 주민표 사본 등의 교부 등에서 발생하는 개인정보보호를 위하여 우리 주민등록법과 유사하게 개인정보를 보호하기 위한 규정을 두고 있으며, 공익에 반하거나 상당한 목적이 아닌 경우 그 열람 및 교부 등을 제한할 수 있다고 규정한다. 다만 우리 주민등록법이 가정폭력행위자 등의 주민등록표 열람 또는 등·초본 교부 제한조치를 직접 규정한 것과 달리, 가정폭력 피해자 등 생명·신체에 대한 위해의 위험이 있는 사람의 주소 보호 등을 명시적으로 규정하지 않는다. 일본 주민기본대방법은 열람 및 발급의 대상이 되는 정보의 범위를 제한하고 신청사유를 제한하며, 개인정보보호 등을 위한 조항을 두고 있으며, 주민기본대장열람이나 주민표 사본의 교부신청 등에 대하여는 공익에 반하는 경우에 이를 제한할 수 있거나 상당한 경우에만 허가한다고 추상적으로 규정할 뿐이다. 일본은 배우자로부터의 폭력의 방지 및 피해자 보호 등에 관한 법률(配偶者からの暴力の防止及び被害者の保護等に関する法律 平成十三年法律第三十一号, 이하 '배우자폭력방지법'이라 한다)[68]에서 가정폭력 피해자 등을 보호하나, 이 법에서도 피해자의 주소에 대한 보호조치는 포함되지 않는다. 그러나 후술하는 바와 같이 총무성의 DV 등 지원조치에 의하여 가정폭력피해자 등의 주소를 보호하고 있으며, 소송목적으로 주민표 사본 등을 교부신청하는 경우 등에 대하여도 상세한 규정을 두고 있어 시사하는 바가 크다.

68) E-GOV, 配偶者からの暴力の防止及び被害者の保護等に関する法律 (平成十三年法律第三十一号), https://laws.e-gov.go.jp/law/413AC0100000031 (2024. 11. 15. 최종방문).

(2) 일본의 DV 등 지원조치의 특징

우리 주민등록법이 규정한 가정폭력행위자 등에 대한 주민등록표 열람 또는 등·초본 교부 제한조치는 법률에 직접 규정되어 있어 가정폭력피해자 등을 입법자가 두텁게 보호하는 한편 가정폭력 가해자인 제한대상자가 위 제한조치에도 불구하고 주민등록표를 열람하거나 등·초본을 교부할 수 있는 근거조항을 마련하여 제한대상자의 권익에 대하여도 균형적으로 고려한 것으로 볼 수 있다. 가정폭력 가해자 등의 경우 피해자에 대하여 집착하는 경향이 있어 피해자에 대한 2차 가해를 방지하기 위하여 주소를 보호할 필요가 있음[69]을 고려하면, 이 부분을 입법으로 해결하는 것이 바람직하다고 할 수 있다. 특히 소송목적의 주민등록표 열람 등의 경우, 이를 제한하면 가정폭력 피해자 등의 주소 등 개인정보를 보호함으로써 피해자 등의 재판청구권을 실질적으로 보장할 수 있으나, 동시에 가정폭력 가해자 등의 소제기 가능성을 차단하여 재판청구권을 침해할 수 있다는 점에서 기본권 충돌이 발생하므로 법률로 근거조항을 명시하는 것이 바람직하다. 우리 주민등록법상의 제한조치와 비교하면, 일본의 DV 등 지원조치는 법률에 직접 규정되어 있지 않으며, 가정폭력 가해자 등이 불가피한 사정으로 주민표 사본 등을 열람해야 하는 경우의 열람 허가에 대한 조항을 법률에 두고 있지 않다는 문제점이 있다. 다만 우리 주민등록법상 제한조치와 비교하여 다음과 같은 점에서 가정폭력 피해자 등의 보호에 실질적으로 기여하고 있음을 알 수 있다.

첫째로 우리 주민등록법상 제한조치보다 신청대상이 더 넓다. 우리 주민등록법 제29조 제6항은 가정폭력처벌법 제2조 제5호의 피해자, 즉 가정폭력범죄로 직접적으로 피해를 입은 사람을 대상으로 하는 반면, 일본의 DV 등 지원조치는 배우자폭력 피해자, 스토킹 피해자, 아동학대를 받은 아동인 피해자, 기타 이에 준하는 경우 등에 적용이 된다. 둘째로, 일본의 DV 등 지원조치는 실무에 기반하여 운영하고 있어 현장에서의 주민기본대장 열람사무에서의 문제점 등에 신속하고 탄력적으로 대응하고 있다. 셋째로, 현장에서의 문제제기를 바탕으로 소송목적의 주민표 사본 등의 교부신청에 대하여 법원과 연계하여 업무가 처리된다. 소송목적으로 DV 등 지원조치 대상자의 주민표 사본 등의 교부가 신청된 경우, 시구정촌장은 법원의 조사촉탁에 회신하는 형태로 법원에 피고의 주소 정보가 담긴 주민표 사

69) 越山和広, 앞의 글, 58.

본 등을 제출하고, 신청인에게 직접 주민표 사본 등을 교부하지 않는다. 이에 의하여 원고의 재판청구권을 보장하면서도 DV 등 지원조치 대상자의 주소정보가 담긴 주민표 사본 등의 내용이 노출되지 않도록 보호한다.

(3) 우리 주민등록법의 제한조치의 개선방안

우리 주민등록법은 법률에서 가정폭력피해자 등의 보호를 위하여 제한조치를 규정하고, 그 부작용을 최소화하기 위하여 보호조치의 해제에 대하여도 법률에서 규정하였다는 점에서 의의가 있다. 그러나 제한조치가 민사소송 목적으로 주민등본표 열람 등을 신청하는 경우에는 적용되지 않아 현재 제도로는 가정폭력 피해자 등의 주소가 가해자 등에게 노출이 되는 문제를 방지하지 못하는 문제가 발생한다. 이를 방지하기 위하여 제한조치를 소송목적으로 주민등의 주민등록 발급 등에도 확대 적용할 필요가 있으며, 발급제한대상에 가해자 본인 및 가해자의 대리인 등도 포함할 필요가 있다.[70] 열람 또는 등·초본교부기관의 장은 제한조치로 소송목적 열람 등을 거부하는 경우 법원 사실조회 등의 방법이 있음을 안내하고, 법원의 사실조회에 회신하여야 한다.

다만 소송목적으로 주민등록표 열람 등을 신청하는 것을 가정폭력 가해자라는 이유로 일률적으로 제한하면 가해자의 재판청구권 침해가 될 소지가 있다. 소제기를 위하여 개인정보를 요구하는 것은 당사자 특정, 송달, 관할 판단 등을 위한 것이며,[71] 소제기를 위한 개인정보의 취득과 보호는 재판청구권과 밀접한 관련이 있으므로 민사소송법과 연계하여 동시에 개정이 이루어질 필요가 있다.[72] 우리 주민등록법은 이미 교부제한조치가 있더라도 제한대상자에게 주민등록표 열람 등을 할 수 있게 하는 근거조항이 마련되어 있으며, 소송목적으로 주민등록표 열람 등을 신청하였으나 제한조치 대상자인 경우, 신청인 및 그 대리인에게 원칙적으로 열람을 제한하되 법원의 사실조회에 의하더라도 주소를 알 수 없는 경우 등 부득이하게 소제기를 위하여 필요한 경우에만 열람을 할 수 있도록 개정하는 방안을 생각해 볼 수 있다. 한편, 우리 민사소송법은 2023년 7월 개정을 통하여 생명·신체에 대한 위해가 우려되는 경우 개인정보 보호방안을 제공하므로, 이와 연계하여

---

70) 이 경우 제한조치 대상자에 대한 주민등록 열람 등의 신청시 본인확인절차 등이 엄격해지는 등 실무상 단점이 발생할 것으로 예상이 되며, 이 부분에 대하여는 추후 검토가 필요할 것으로 보인다.

71) 박우경, 앞의 글, 47.

72) 민사소송법의 개정 방안에 대하여는 후술함.

제한조치 대상자를 확대하는 방안을 검토하는 것이 바람직하다.

2. 민사소송절차에서 가정폭력 피해자 등의 주소 보호 방안의 비교 및 분석

(1) 일본 민사소송법 제133조의3에 의한 비공개조치의 특징

일본 민사소송법은 총무성의 DV 등 지원조치와 연계하여 가정폭력피해자 등을 피고로 한 경우에의 가정폭력피해자 등의 주소를 보호하는 방안을 2022년에 마련하여 2023년부터 시행하고 있다. DV 등 지원조치의 가해자 및 그 소송대리인은 소송목적이라고 하더라도 DV 등 지원조치대상자의 주민표 사본 등의 교부신청이 거부되므로 피고 주소를 기재하지 않고 소장을 제출하게 된다. 이러한 경우 일본 법원은 일본 민사소송법에 따라 피고 주소에 대한 조사를 촉탁하게 된다. 이 조사촉탁에 의한 보고서에 대하여 일본 법원은 피고의 신청을 기다리지 않고 직권으로 열람 등을 제한하여 원고나 제3자가 열람하지 못하도록 할 수 있다(일본 민사소송법 제133조의3). 직권에 의한 열람제한이므로 비공개대상인 정보를 특정할 수 없어 해당 서면 전체를 열람제한하게 되나,[73] 일반적으로 피고의 주소에 대한 조사촉탁 결과는 주소 정보 등 제한적인 정보를 담고 있어 원고의 공격·방어권을 제한할 가능성이 작다.[74] 또한 이러한 열람제한결정에 대하여 원고는 자신의 공격·방어에 실질적인 불이익이 발생할 우려가 있는 경우 그 취소를 구할 수 있는 조항이 있어 원고의 재판청구권과의 조화를 고려하였다(일본 민사소송법 제133조의4 제2항 참조).[75]

직권에 의한 열람제한 조항이 있더라도 가정폭력피해자 등에 대한 주소가 자동으로 보호되는 것은 아니며, 법원이 조사촉탁 결과의 열람에 의하여 당사자 또는 그 법정대리인이 사회생활을 영위하는 데 현저한 지장을 발생할 우려가 있음이 명백함을 인지할 필요가 있으므로 사실상 피고는 원고의 소제기 전에 DV 등 지원조치를 신청하고 보호대상자가 될 필요가 있다.[76] 또한 피고가 소장을 받고 그 소송 계속에 대하여 알게 된 후 제출하는 답변서 등 준비서면에 대하여 자동으로

---

73) 法務省, 被害者の氏名等を相手方に秘匿する制度に関する検討事項, 民事訴訟法(IT化関係)部会資料 27, https://www.moj.go.jp/content/001358905.pdf (2024. 11. 25. 최종방문); 越山和広, 앞의 글, 62.

74) 越山和広, 앞의 글, 62 참조.

75) 越山和広, 앞의 글, 62-63 참조.

76) 法務省, 被害者の氏名等を相手方に秘匿する制度に関する検討事項, 民事訴訟法(IT化関係)部会資料 27, https://www.moj.go.jp/content/001358905.pdf (2024. 11. 25. 최종방문).

주소 등이 비공개되는 것은 아니므로, 피고는 원고에게 자신의 주소가 공개되는 것을 원하지 않을 경우 별도로 법원에 주소 비공개에 대한 신청을 하고, 제출하는 서면 중 열람제한의 대상이 되는 부분을 특정하여 마스킹하며 필요한 경우 열람제한신청을 필요가 있다.[77] 비공개결정을 하는 경우 법원은 비공개하려는 주소 등을 대신하여 대체사항을 기재하게 되며, 대체사항에 기초한 서면 송달은 유효하며 대체사항은 해당 사건 외에 해당 사건에 대한 반소, 참가, 강제집행, 가압류 및 가처분 등의 관련 절차에서도 사용이 가능하다.[78]

(2) 우리 민사소송법의 보호조치의 개선 방안

우리 민사소송법은 2023년 개정을 통하여 소송관계인의 생명 또는 신체에 대한 위해의 우려가 있는 경우의 개인정보 보호조치를 도입하였다. 이는 생명・신체에 대한 위해의 우려가 있는 사람의 재판청구권을 실질적으로 보호하는 것으로 의의가 크다. 다만 범죄피해자 등 생명・신체에 대한 우려가 있는 사람이 원고로 소를 제기하는 경우만을 고려하여 입법공백이 존재하며, 생명・신체에 대한 우려가 있는 사람이 피고가 된 경우에는 원고가 피고의 주소를 모르더라도 주소보정명령을 받아 주민등록표 열람 등이 가능하며, 소장 부본이 송달되어야 자신의 주소가 원고에게 알려진 사실을 알게 되므로 주소보호의 실효성이 없다. 우리 주민등록법은 가정폭력 피해자의 주소를 보호하기 위한 교부제한조치가 규정되어 있으나, 현재는 소송목적으로 열람을 신청하는 경우 제한조치가 있더라도 열람이 가능하다.

위와 같은 입법 공백을 해결하기 위하여는 일본 민사소송법 제133조의3에 규정된 바와 같은 직권에 의한 열람제한조치의 도입을 고려할 수 있다. 다만 이 조항이 기능하기 위하여는 법원의 주소보정명령이 있더라도 주민등록법상 제한조치가 있으면 주민등록표 열람 등을 원칙적으로 제한할 필요가 있으며, 법원의 조사・송부 촉탁(민사소송법 제294조)을 통하여 소제기에 필요한 주소 정보 등을 법원이 주민센터로부터 직접 제출받고, 원고 등에게 주소 정보를 노출하지 않는 방안이 필요하다. 현재 실무상으로 피고 주소를 확인하기 위한 사실조회가 행하여지고 있으며, 이에 의하여 피고 주소를 확인할 수 있으므로[79] 주민등록법의 제한조치를 소

---

77) 法務省, 住所、氏名等の秘匿制度の創設, 5, https://www.moj.go.jp/content/001386878.pdf (2024. 11. 11. 최종방문)

78) 法務省, 被害者の氏名等を相手方に秘匿する制度に関する検討事項, 民事訴訟法(IT化関係)部会資料 27, https://www.moj.go.jp/content/001358905.pdf (2024. 11. 25. 최종방문).

송목적 신청의 경우로 확대하더라도 재판청구권 침해의 우려가 희박하다고 할 수 있다.

주민등록법의 제한조치가 소송목적으로 확대되어 원고가 피고의 주소 정보를 알 수 없는 경우, 법원은 주민센터 등에 피고의 주민등록등본을 송부 촉탁하고, 주민센터 등이 이에 대하여 회보한 경우 그 조사·송부의 촉탁결과에 의하여 법원은 피고에게 소장부본을 송달하고, 조사·송부 촉탁결과 및 송달에 대한 기록 등에 대하여 직권으로 피고 및 그 대리인을 제외하고 열람을 제한할 수 있을 것이다. 소장부본을 송달받아 소송 계속에 대하여 알게 된 피고는 추후 답변서 등을 제출하면서 우리 민사소송법 제163조 제2항의 보호조치(2025. 7. 12. 시행 예정)를 신청할 수 있으며, 이 단계에서 비공개대상을 특정할 수 있을 것이다. 또한 직권에 의한 열람제한으로 원고가 공격·방어에 불이익이 발생한 경우 이를 다툴 수 있도록 보장할 필요가 있다.[80] 이 경우, 원고의 재판청구권을 침해하지 않으면서 제한조치 대상자 등 명백하게 주소 보호의 필요성이 있는 피고의 주소가 보호될 수 있을 것으로 보인다. 다만 당사자주의가 지배하는 민사소송에서 직권에 의한 열람제한조치를 도입하는 것은 신중할 필요가 있으며, 원고의 재판청구권 보장을 위하여 위와 같은 개선방안이 되더라도 피고의 주소 정보에 대한 보호가 필요함이 명백한 경우에만 한정할 필요가 있으므로 원고의 소제기로 인한 주소 정보의 노출로 생명·신체에 대한 위해의 우려가 있는 피고를 모두 보호하는 데에는 한계가 있다.

V. 결 론: 소제기를 위한 개인정보 수집의 최소화방안의 검토에 대한 제안

재판청구권은 당사자들의 권리 또는 법률관계를 확정·보전·실현하기 위한 기본권으로 법치주의 사회의 근간이 된다. 우리 민사소송법은 당사자 특정, 송달, 관할 등의 목적으로 소장에 당사자의 주소를 기재하도록 하고 있으며, 이는 민사소

---

79) 박우경, 앞의 글, 47. 다만 증거조사방법의 하나인 사실조회를 소송계속 전 사용하는 데 대하여 소송 전 증거조사의 도입 등과 연계하여 체계적으로 이론을 수립할 필요가 있을 것이다. 이에 대한 검토로 栗田 隆, 文書提州命令の機能の拡張 —文書作成命令等を含む提出命令と訴訟係属前の提出命令—, 關西大學法學論集, 第62巻 第 4·5号 (2013) 참조.

80) 같은 취지로, 박우경, 앞의 글, 212-213 참조.

송 중 개인정보 노출의 가능성이 없지 않음을 시사한다. 민사소송으로 인하여 상대방 당사자에게 주소 정보가 노출되면 생명·신체에 대한 위해가 우려되는 경우 그 주소 정보 등을 보호할 필요가 있으며, 이는 주소 등 개인정보 보호를 통한 실질적인 재판청구권 보장으로 볼 수 있다. 그러나 생명·신체에 대한 위해가 우려된다는 이유로 한 당사자의 주소정보 취득을 일률적으로 차단하는 것은 상대방 당사자의 재판청구권 침해가 될 수 있으므로, 이에 대하여는 입법적으로 해결할 필요가 있다. 우리 주민등록법과 민사소송법은 가정폭력 피해자나 범죄 피해자 등 주소가 노출되는 경우의 2차 피해를 방지하기 위하여 제한조치 및 보호조치 등을 규정하고 있다. 그러나 생명·신체에 대한 위해의 우려가 있는 사람이 피고가 된 경우의 주소 보호방안에 대하여는 침묵하고 있어서 이에 대하여 규율할 필요가 있고, 이에 대하여는 일본의 법제도에서 시사점을 도출할 수 있다. 다만 일본의 법제도에도 한계가 있으며, 이 한계점을 수정하여 우리 법제도를 개정하여도 민사소송 중 주소정보가 노출되어 생명·신체에 대한 위해가 발생할 우려를 전면적으로 차단하는 것은 불가능하다.

민사소송에서 문제가 되는 개인정보 노출로 인한 피해를 방지하기 위하여는 소제기 단계부터 민사소송에 필요한 최소한의 정보만을 기재하고 당사자에게 제출하게 할 필요가 있다.[81] 민사소송에서 주소는 당사자 특정, 송달, 관할 등과 관련이 있으나 당사자 특정은 이름, 주민등록번호[82] 등을 통하여 특정 가능하므로 소제기시 피고의 주소는 송달과 관할을 위하여 필요하다고 할 수 있다. 관할과 송달의 문제는 법원의 영역에 속하는 것으로, 관할을 확인하기 위하여 상세주소를 기재하지 않고 도로명 또는 행정동까지 기재하게 하거나, 법원이 별도로 주소를 대체하는 사항을 정하여 당사자들이 열람할 수 있는 기록 등에는 대체사항을 기재하게 하고 주소는 법원이 송달을 위하여 별도 방안 등을 생각할 수 있다. 한편, 송달의 경우 전자소송에 대한 사전 포괄동의[83]가 널리 사용된다면 유효기간 동안 본인이 당사자가 되는 모든 소송에서 전자송달을 받을 수 있어 송달을 위한 주소정보의 필요성이 감소할 수 있다.[84] 이를 위하여 가정폭력 피해자나 범죄피해자

81) 김도훈, 앞의 글, 361 참조.

82) 다만 주민등록번호 수집에 대하여 개인정보 보호 측면에서 논란이 있으며, 이에 대한 논의로 박우경, 앞의 글, 181-190. 김도훈, 앞의 글, 357-358 참조.

83) https://www.scourt.go.kr/nm/minwon/faq/FaqViewAction.work?mode=B&functioncode=2203&bulletinid=17565&currentPage=0&searchWord= (2024. 12. 5. 최종방문).

84) 2020년 연구에 의하면 쌍방 당사자의 전자소송 동의율은 약 12%로 나타났다. 박우경, 앞의 글, 191

등에게 사전 포괄동의신청에 대해 안내하는 등 전자소송에 대한 사전 포괄동의제도를 적극적으로 홍보하는 방안 등을 고려할 수 있다. 민사소송을 위한 개인정보 수집의 최소화 방안은 법원의 실무 등을 고려하여 장기적으로 검토할 대상으로, 재판청구권의 실질적 보호를 위하여 실무와 이론에서 함께 검토할 필요가 있을 것이다.

참조.

참고문헌

▣ 국내 문헌

김도훈, "민사소송상 개인정보 보호에 관한 소고" 홍익법학 22(3) (2021. 9.).

김주석, 「재판공개원칙의 현대적 의미와 한계(사법정책연구원 연구보고서)」, 2023.

박병민・이주연, 「민사소송절차에서 비밀 보호에 관한 연구 – in camera 심리절차를 중심으로 –(사법정책연구원 연구보고서)」, 2022.

박우경, 「민사소송 및 집행 절차에서의 개인정보 보호에 관한 연구(사법정책연구원 연구보고서)」, 2020.

이주연, "미국 민사소송절차에서 당사자의 개인정보 보호", 법학논총 38(1) (2021. 3.).

전원열, "판결공개에 따른 프라이버시 침해와 민사소송법 제163조의2", 저스티스 168 (2018. 10.).

조수혜, "민사소송에서의 개인정보 비공개 – 우리 민사소송법 개정과 일본의 2022년 개정 민사소송법의 비교", 사법 66 (2023. 12.).

현낙희, "가명소송제도에 관한 연구 – 미국의 민사소송절차를 중심으로 –", 비교사법 29(3) (2022. 8.).

▣ 외국 문헌

商事法務 (編集), 「民事訴訟法(IT化関係)等の改正に関する中間試案(別冊NBL No.175)」, 商事法務(2021).

山本 和彦 (編集), 「民事裁判手続とIT化の重要論点: 法制審中間試案の争点」, 有斐閣 (2021).

上原 敏夫 (編集), 「改正民事訴訟法 解説＋全条文」, 三省堂(2022).

小野寺 健太, "裁判所による調査嘱託又は弁護士法23条の２に基づく照会に対する回答義務と金融機関の守秘義務(大阪高裁判決平成19年1月30日金判1263号25頁)", 早稲田大学民事手続判例研究会, 早法 83巻2号 (2008).

越山 和広, "被害者の氏名等を相手方に秘匿する制度", ジュリスト 1577号 (2022. 11.).

栗田 隆, "裁判所の調査嘱託に応ずる義務と義務違反の効果及び義務確認の訴えの適法性", 關西大學法學論集, 第63巻 第2号 (2013).

______, "文書提出命令の機能の拡張 —文書作成命令等を含む提出命令と訴訟係属前の提出命令—", 關西大學法學論集, 第62巻 第 4・5号 (2013).

吉原 裕樹, "ウェブ裁判(裁判手続IT化)を拡大するための2022年5月改正民事訴訟法とその憲法学的考察", 月刊 大阪弁護士会 通巻815号 (2022. 6.).

______, “裁判を受ける権利と被害者秘匿制度――ウェブ裁判(裁判手続IT化)の奇妙な展開”, 月刊大阪弁護士会 201巻(2021. 10.).

星野　豊, “訴訟記録の閲覧制限と当事者の配慮義務”, 末川民事法研究 第10号(2023).

Jonathan Grant, *Address Confidentiality and Real Property Records: Safeguarding Interests in Land While Protecting Battered Women*, 100 Minn. L. Rev. 2577 (2016).

Kristen M. Driskell, *Identity Confidentialtiy for Women Fleeing Domestic Violence*, 20 Hastings Women's L. J. 129 (2009).

러시아연방의 소송시효제도에 관한 검토*

이 승 진**

Ⅰ. 머리말

1. 조문체계 및 검토방식

러시아연방에서 소멸시효에 해당하는 개념은 소송시효(исковая давность)이다. 소송시효는 러시아연방 민법전(이하 '러시아민법'이라 한다) 제1부[1] 총칙편에서 총 14개의 조항(제195조~제208조)에 걸쳐 있다. 반면, 취득시효(приобретательная давность)는 물권편에서 단일규정(제234조)으로 존재한다. 러시아민법은 대한민국 민법(이하 '한국민법'이라 한다)과 마찬가지로 소송(소멸)시효와 취득시효를 총칙편과 물권편에 분리하여 규정한다는 점에서 입법적 동일성이 있지만, 민법과 상법을 구분하는 한국과 달리, 민상합일주의를 취함에 따라 상사시효의 개념이 별도로 존재하지 않으므로, 민사시효와 상사시효의 구분 없이 일률적으로 러시아민법상 소송시효 규정을 적용한다는 점에서 차이가 있다.

러시아연방의 법학계는 오래전부터 소송시효를 법률효과를 발생하게 하는 법률사실로 인식해 왔다는 점에서[2] 한국과 유사하나, 소송시효란 법률사실로서 채무자

---

* 이 논문은 고려대학교 법학전문대학원 정영환 교수님의 정년퇴임을 기념하고자 작성됨.

** 외국변호사(러시아), 고려대학교 일반대학원 박사과정(민사소송법)

1) 러시아민법 제1부는 1994년에 제정되어, 2013년에 전면개정을 거쳤는데, 그 과정에서 소송시효에 관한 규정을 개정하였다.

2) Новицкий И.Б., *Сделки. Исковая давность*, Избранные труды по гражданскому праву, В2-хт.Т.I., М.: Статут, 2006, С. 330; 332

측에게 어떠한 권리발생도, 권리자 측에게는 어떠한 권리소멸도 일으키지 않으며, 시효완성시 채무자 또는 기타 이해관계자가 채권자 또는 법원에 시효완성을 주장(원용)하는 경우에, 그때 비로소 강제집행력, 즉 소구력(исковая сила)을 상실하도록 그 권리의 성질이 변동하는 것으로 이해한다는 점에서는[3] 다르다고 할 수 있다. 시효완성의 효과로서, 소송시효에 걸리는 채권자의 권리 — 채권 및 청구권 — 의 소멸을 불인정하는 러시아연방 법학계의 태도를 이해하기 위해서는 소송시효에 관한 과거의 법 규정과 당대의 학설을 살펴볼 필요가 있으며, 현행 소송시효 조문이 어떠한 논의와 개정을 거쳐 현행 러시아민법에 터잡은 것인지 검토하는 것은 한국민법의 소멸시효제도를 정비함에 있어서도 상당한 시사성을 제공할 수 있을 것이다. 이하에서는 소송시효에 관한 러시아민법의 조문 및 학설을 소개하면서 이를 한국민법과 비교하고자 한다.

2. 소송시효제도의 취지

러시아민법 제195조 소송시효의 개념

소송시효라 함은 권리가 침해된 자의 소권을 보호하기 위한 기간을 뜻한다.

러시아연방은 소송시효 개념을 위와 같이 정의함과 동시에, 러시아민법 제3부 제6편에 국제사법(저촉)규정을 두고 있다. '소송시효의 준거법(제1208조)'에 관한 주석서[4]에 따르면, 여기서 풀이하는 — 이른바 광의의 — 소송시효란, ① 일반시효기간 및 특별시효기간[5]의 지속성에 관한 규율뿐 아니라, ② 그 기간의 기산점 및 계산 방식, ③ 연장의 방법(정지, 중단, 회복) 및 ④ 시효완성의 효과에 관한 규율을 포함하는 일체의 법제를 일컫는다.

러시아민법 제195조 문언상 소송시효제도의 보호대상은 소권(право на иск; klagerecht)이다. 소권이라 표기하여 언뜻 소송에 대한 실체법상 권리와 그 절차법적 실현 수단이 혼합된 개념처럼 보이지만, 학설은 소련 시절부터 소권을 사실상 실체법상 개념으로 인식해 왔다. 과거 소련 시절에는 소권의 실질에 대해 이른바

---

3) Савин К.Г., *Исковая давность в современном отечественном и зарубежном гражданско м праве*, Дис. канд. юрид. наук, М., 2019, С. 20

4) Марышева Н.И., *Гражданский кодекс РФ. Часть третья. Раздел VI «Международное ча стное право». Комментарий и постатей ные материалы*, М, 2004, С. 136.

5) 일반시효기간보다 짧은 단기시효와, 일반시효기간보다 긴 장기시효가 있다.

'실체적 의미로서의 소권(право на иск в материалом смысле; klagerecht im materiellen sinne)'이란 다소 모호한 해석을 하였으나, 근래에 들어서는 이를 전적으로 실체법상 개념인 '청구권(притязание; anspruch)'으로 해석하고 있다.[6] 이러한 접근이 가능한 이유는, 러시아민법 제195조에서는 '소권'이란 용어를 사용하긴 하지만, 같은 소송시효 규정인 제207조 및 제208조에서는 '청구(требование)'라는 표현을 동의어로 쓰고 있기 때문인데, 이는 한국민법에서 말하는 '채권' 내지 '청구권 행사'를 모두 포섭하는 표현이다. 참고로, 러시아민법에서 청구권(притязание; anspruch)이란 단어는 문언상 존재하지 않는다.[7] '채권'과 '청구권 행사'를 구분하는 한국민법과 달리, 러시아민법은 이러한 구분 없이 '청구(требование)' 및 '(채무이행을) 청구하다(требовать)'라는 표현을 사용하고 있으며, 채무관계 역시 채무법(обязательственное право)편에서 채무를 중심으로 규율하는바, 채권과 청구권이 — 러시아민법상, '채권자가 채무자에게 채무이행을 청구하는 권리' 정도로 표현할 수는 있겠으나 — 각 분리된 법률적 개념으로 존재하지 않는다. 한편, 소송법에서는 '소제기권(право на предъявление иска)'이라는 별도의 용어를 사용한다. 러시아민법에서도 소제기권과 소권은 구별되어 있다.

러시아민법 제195조를 엄격하게 문리적 해석하면, 소송시효의 보호대상은 '권리가 침해된 자의 소권'으로 제한하고 있는바, '권리'가 아닌 '이익'이 침해된 자의 소권은 보호대상이 아니라는 형식주의적 해석의 여지가 생길 수 있다. 그러나 위 언급한 바와 같이, 현재의 러시아연방의 법학계는 소권을 실체법상 개념인 청구권으로 보고 있고, 또 청구권의 적용범위에는 개인의 권리뿐만 아니라 '보호가치 있는 이익' 역시 포함하는 게 당연하므로, 동조 문언상 소송시효의 보호 대상이 되는 '소권'의 의미에는 '침해된 권리'와 더불어 당연히 '보호가치 있는 이익' 역시 내포한다고 해석하는 게 중론이다.[8]

3. 소송시효제도의 목적(존재이유)

한국에서는 학설상 많은 논의가 있으나 통설[9]과 판례[10]는 ① 거래안전 및 사회

---

6) Крашенинников Е. А., *Понятие и предмет исковой давности*, М-во общ. и проф. образования РФ, Ярослав. гос. ун-т им. П. Г. Демидова-Ярославль: ЯрГУ, 1997, С. 5.
7) 다만, 학계에서는 채권자의 민사상 권리를 아울러서 '주관적 민사권(субъективное гражданское право)'이라 통칭하고, 일부 판례에서는 "청구권(притязание)"이란 표현을 사용하기도 한다.
8) Савин К.Г., *Исковая давность в современном отечественном и зарубежном гражданском праве*, Дис. канд. юрид. наук, М., 2019, С. 23.

질서의 유지라는 공익적 측면, ② 증명곤란으로부터의 구제, ③ 권리행사 태만에 대한 제재를 주된 존재이유로 들고 있다. 러시아연방 역시 거래안전 및 증명곤란의 구제를 소송시효의 주된 목적으로 보고 있지만, 권리행사 태만에 대한 제재라고 보지 않는다는 점에서 한국과 다르다. 물론, 과거에는 지금과 다르게 소멸시효의 목적이 권리행사 태만에 대한 제재로 보던 시절이 전혀 없었던 것은 아니다.

예컨대, 러시아제국 시대의 민법학자인 메이어(Мей ер Д. И.: 1819~1856)는 "법은 무관심이 용납되는 영역이 아니며, 사회는 모든 국민에게 자신의 권리를 소중히 여길 것을 요구할 권리가 있다. 국민의 사회적 인격은 권리로써 나타나기 때문이다. 그러므로 만약 누군가가 자신의 권리를 행사하지 않고, 타인에게 그 이익을 누리도록 내버려 둔다면, 그 자는 자신의 권리를 박탈당할 만하다. 이것은 그 자에게 도덕적으로 공정한 처벌이다"[11]라고 밝히며, 소송시효의 목적이 권리행사 태만에 대한 제재에 있다고 주장한 바 있다.

그러나 이러한 메이어의 견해는 후대의 민법학자인 셰르셰네비치(Шершеневич, Г. Ф.: 1863~1912)에 의해 일축된다. 셰르셰네비치는 "권리주체가 자신의 권리에 무관심하다는 이유로 이를 처벌하려는 입법자의 의도에서 시효의 근거를 찾을 수는 없다. 왜냐하면, 민사권의 본질은 그 권리행사의 여부가 완벽하게 자유인 데 있으며, 권리를 오랫동안 불행사한다고 하여 이를 처벌받아야 마땅한 행위로 볼 수 없기 때문이다"[12]고 말하며 권리행사 태만의 제재설을 부정하였다.

아울러, 셰르셰네비치와 동시대에 활동하던 민법학자 중 바시코프스키(Васьковский Е. В.: 1866~1942)는 소송시효제도가 사법이 아니라 공법에 기반한다는 새로

---

9) 고상룡, 「민법총칙(제3판)」, 법문사, 2003, 661면; 곽윤직, 「민법총칙(신판)」, 박영사, 1998, 445~446면.

10) 대법원 1976. 11. 6. 선고 76다148 판결: "시효제도는 일정기간 계속된 사회질서를 유지하고 시간의 경과로 인하여 곤란하게 되는 증거보전으로부터의 구제 내지는 자기 권리를 행사하지 않고 소위 권리 위에 잠자는 자는 법적 보호에서 이를 제외하기 위하여 규정된 제도라 할 것이다."

11) Мей ер Д. И., *Русское право гражданское право*, 10-е издание, Пг., 1915, С. 215. 원문으로는 "Область права не есть приют беспечности, общество вправе требовать от каждого гражданина, чтобы он радел о своих правах, ибо в совокупности права гражданина выражается его общественная личность, и поэтому если лицо не заботится об осуществлении своего права, если предоставляет другому пользоваться его выгодами, то указанное лицо заслуживает лишения этого права: это для него нравственно справедливое наказание."

12) Шершеневич Г.Ф., *Избранное. Т. 5: Учебник русского гражданского права,* М.: Статут, 2017, С. 190. 원문으로는 "Нельзя видеть основания давности в желании законодателя наказать субъекта права за нерадение к нему, потому что сущность гражданских прав заключается в полной свободе осуществления их, а неосуществление права, хотя бы и продолжительное, не составляет наказанного дей ствия."

운 학설을 제기하였다. 이 학설에 따르면, 소송시효의 근거는 공법에 있고, 사회적 효용과 법적 질서에서 참작할 수 있으며, 소송시효가 소련 시절 계획경제 체제에 기초하였기 때문에 이를 경제적 채산성을 강화하는 수단으로 보곤 하였다.[13] 이는 당시 사법보다 공법을 우선시한 사회주의의 시대상이 반영된 것으로 보인다. 더욱이, 소련 시절에는 '소송시효 변경합의 무효' 조항을 신설하였고(1964년 민법전 제80조), 소송시효가 완성하더라도 법원이 소를 각하하지 않고 재판을 심리하도록 하였으며(1964년 민법전 제81조), 더 나아가 소송시효를 법원의 직권탐지사항으로 규정하였다(1964년 민법전 제82조).

그러나 현재 러시아연방의 법학계에서는 그 누구도 소송시효의 취지가 ① 거래안전 및 사회질서의 유지, ② 증명곤란으로부터의 구제라는 점을 부정하지 않고 있다.

판례 역시 같은 견지다. 러시아연방 헌법재판소는 지난 2006년 "민법에서의 소송시효제도는 민사거래를 정돈하고, 법률관계의 명확성과 안정성을 도모하며, 민사거래의 참가자들을 규율하고, 민사상 법률관계 주체들의 권리와 이익을 적시에 보호하는 데 그 목적이 있다. 만약 민사상 권리침해의 구제를 강구하기 위한 합리적 시간의 제약이 없다면, 피고 및 제3자의 법률상 보호되는 권리와 이익이 침해될 수 있으며, 이들이 재판에 중요한 정보와 사실을 사전에 수집하고 보존할 필요성을 항상 예견할 수는 없는 노릇일 것이다. 법원이 분쟁당사자의 주장에 따라 소송시효를 적용하는 것은 민사거래의 참가자들을 부당한 청구권[14]으로부터 보호하고, 동시에 이들이 적시에 본인의 권리를 행사하고 보호할 수 있도록 유도한다"고 판시한 바 있다.[15]

---

13) Новицкий И.Б., *Сделки. Исковая давность// Избранные труды по гражданскому праву*. В 2-х т. Т. I., М.: Статут, 2006, С. 337. 원문으로는 "Основание исковой давности есть в публичном праве, в соображениях общественной пользы и правового порядка. В советское время исковая давность нередко основывалась плановым ведением хозяйства и рассматривалась как средство укрепления хозяйственного расчета."

14) 해당 판결에서는 청구권(притязание; anspruch)이라는 표현을 적시한 바 있다.

15) Определение КС РФ от 3 ноября 2006 г. №. 445-О.

Ⅱ. 러시아연방에서의 소송시효의 법리

1. 시효완성의 효과

(1) 권리소멸의 대상범위

한국에서는 시효완성으로 권리가 당연히 소멸한다는 견해(절대적 소멸설)와 시효완성으로 권리 자체가 소멸하는 것은 아니고 시효의 이익을 받을 자에게 원용권이 생길 뿐이라는 견해(상대적 소멸설) 간에 학설대립이 있지만, 상대적 소멸설에 따르더라도 시효원용권자가 원용권을 행사하면 권리는 결국 소멸한다. 판례는 절대적 소멸설을 따르며, 변론주의 원칙상 시효원용권자의 원용권을 인정하고 있다.[16)]

그러나 러시아연방의 경우 시효완성이 있더라도 채권자의 실체법상 권리 — 채권 및 청구권 — 는 소멸하지 않고, 단지 이해관계자가 소송시효의 완성을 주장(원용)할 경우, 채권자가 채무자에게 채무이행의 청구를 소구할 권리를 잃을 뿐으로 본다. 즉, 러시아법상 시효완성시 채무자에게는 소구력 및 집행력 없는 자연채무가 남는다.

(2) 당사자의 시효항변(원용)

러시아민법 제199조 소송시효의 적용

1. 침해된 권리의 보호에 관한 청구는 소송시효의 만료와 무관하게 법원이 수리하여야 한다.
2. 법원은 오직 분쟁당사자 일방이 법원의 판결 선고가 있기 전에 한 주장에 의하여만 소송시효를 적용한다.
   분쟁당사자 일방이 법원에 주장한 소송시효의 만료는, 법원에 의한 소기각판결 선고의 사유가 된다.
3. 소송시효가 만료된 보호대상 권리의 행사를 위한 일방적 행위(상계, 납입자의 승낙을 요하지 않는 자동이체, 재판외적 담보권 실행 등)는 불허된다.

한국민법에는 시효완성의 효과에 관한 규정이 없고 애초에 원용이라는 용어 자체가 없지만, 학설대립에도 불구하고 — 절대적 소멸설이든, 상대적 소멸설이든 — 당사자의 원용이 없다면, 법원이 직권으로 소멸시효를 고려할 수 없다고 한다.[17)]

---

16) 대법원 1979. 2. 13. 선고 78다2157 판결.

반면, 러시아민법은 이에 관한 명문의 규정을 두고 있다. 러시아민법 제199조 제2항 제1문에서 "법원은 오직 분쟁당사자 일방이 법원의 판결 선고가 있기 전에 한 주장에 의하여만 소송시효를 적용한다"고 명시한 까닭에, 반드시 당사자의 재판상 시효완성의 주장(원용)이 있어야만 법원은 소송시효를 적용(판단)할 수 있다.

나아가, 러시아민법 제199조 제1항은 "침해된 권리의 보호에 관한 청구는 소송시효의 만료와 무관하게 법원이 수리하여야 한다"고 규정한바, 시효완성의 사실이 소장에서 명백히 드러나더라도, 당사자의 주장(원용)이 없는 한, 이는 불수리(각하) 사유가 될 수 없으며, 더 나아가, 동조 제2항 제2문에서는 "분쟁당사자 일방이 법원에 주장한 소송시효의 만료는, 법원에 의한 소장반려(기각)판결 선고의 사유가 된다"고 덧붙인바, 러시아연방은 시효완성의 효과를, 이에 관한 당사자의 주장(원용)을 조건으로 한 소장반려(기각)사유의 발생으로 보고 있다.

즉, 의무부담자는 시효완성의 주장(원용)을 통해 급부이행을 거절할 수 있는 시효의 항변을 재판상 주장할 수 있다. 하지만 이는 소송상 공격방어의 방법이지, 채무자에게 채무이행의 거절권을 뜻하는 실체법상 항변권이 생긴다는 의미는 아니다.

(3) 러시아연방에서 '원용권자' 개념

한국은 1979년도 판례(대법원 1979. 2. 13. 선고 78다2157 판결)를 통해 '시효의 이익을 받을 자(시효원용권자)의 원용권'이란 개념을 인정해 왔다. 그러나 러시아연방은 근래에 들어서야 유사한 개념을 판례 변경으로써 도입하였다.

종전의 러시아연방의 판례[18]는 러시아민법 제199조 제2항의 제1문을 아주 엄격히 해석하여, 분쟁당사자가 아닌 제3자의 시효완성의 주장(원용)을 소기각판결의 사유로 인정하지 않았었다. 즉, 시효완성의 주장은 반드시 분쟁당사자만이 할 수 있다는 입장이었다. 하지만 2015년 판례 변경으로,[19] 제3자의 시효완성 주장(원용)을 제한적으로 인정하기 시작하였다. 변경된 판례에 따르면, 시효완성의 주장은 분쟁당사자가 하는 것이 여전히 원칙이지만, 청구인용된 사건의 피고로부터 구상권 또는 손해배상을 청구당할 소지가 있는 제3자에게는 예외적으로 시효완성의 주장(원용)을 할 수 있도록 길을 열어주었다.

---

17) 최우진, "소멸시효 제도의 입법적 개선을 위한 소견", 「재산법연구」, 제41권 제1호, 한국재산법학회, 2024, 4면.
18) Абзац 1 п. 4 Постановления N 15/18 (현재는 폐지).
19) п. 10 Постановления Пленума ВС РФ от 29 сентября 2015 г. №. 43.

(4) 소송시효에 관한 입법과 학설의 변천사

1) 러시아제국

오늘과 달리, 과거 러시아제국 기본법(Свод законов Российской Империи)에서는, 시효가 완성하면 소권과, 채무에 대한 실체법상 권리(채권 및 청구권) 모두 상실하는 것으로 규율하였다.

러시아제국의 11대 황제 니콜라이 1세(1796~1855) 치세에 1832년 편찬된 기본법 제10권 제694조에서는 "소제기와 민사소송은 10년의 시효로 제한된다. 이 기간 내에 소제기를 하지 않거나, 소제기를 하였더라도 관청[20]을 가지 아니한[21] 자는 자기의 권리를 상실한다[22]"고 규정하였고, 나아가 제1549조에서는 "계약의 최종적 이행을 위한 기한이 흐른 후 10년의 시효가 경과하고, 이와 더불어 그 계약에 대해 집행신청이 없었거나, 집행신청시부터 10년 내에 아무도 관청을 가지 않았다면[23], 그 계약은 효력을 상실한다"[24]고 하였다.

그러다가 러시아제국의 12대 황제 알렉산드르 2세(1818~1881) 치하에 들어서는 사법부를 행정부에서 분리하는 사법개혁을 단행하면서, 1864년에 첫 근대적 민사소송법인 민사재판법(Устав гражданского судопроизводства)을 공포하였는데, 동소송법 제706조에서 "법원은 청구를 제기하지 아니한 대상물에 대해 판결할 수 없으며, 소송당사자가 청구한 것 그 이상을 판결할 수도 없고, 소송당사자가 시효를 주장하지 아니한 경우에는 시효에 관한 문제 역시 제기할 수 없다"[25]고 규정하면서, 채무에 대한 실체법상 권리는 시효완성으로써 소멸하지 않는 것으로 보는 게 바람직하다는—당대의 실체법과 소송법을 조화한—학설이 유력설로 터잡게

---

20) 당시에는 사법부가 행정부로부터 분리되지 않았다.

21) 소제기 후 심리절차에 참여하지 아니한 경우, 즉 재판불참석한 경우로 이해된다.

22) 원문으로는 «Иски так же, как и тяжбы ограничиваются общею земскою десятилетнею давностью. Кто в течение оной иска не предъявил, или, предъявив, хождения по оному в присутственных местах не имел, тот теряет свое право»

23) 집행신청 후 심리절차에 참여하지 아니한 경우, 즉 재판불참석한 경우로 이해된다.

24) 원문으로는 «договор прекращается, если от срока, назначенного для окончательного его действия, протекла десятилетняя давность и договор не был представлен ко взысканию (а), или когда не было по оному хождения в присутственных местах в течение 10 лет со времени предъявления ко взысканию (б)…»

25) 원문으로는 "Суд не имеет права ни постановлять решения о таких предметах, о коих не предъявлено требования, ни присуждать более того, что требовалось тяжущимся, ни возбуждать вопроса о давности, если тяжущиеся на нее не ссылались."

된다.

이후 러시아제국의 13대 황제 알렉산드르 3세(1845~1894) 치하에 들어서면서, 첫 민법전 편찬 작업이 1882년에 개시되고, 그 초안이 1913년 국가두마(하원)에 상정되었다. 동법전 초안의 제105조는 "소권은 법률로써 정한 소송시효 기간 내에 불행사한 경우 소멸한다"고만 규정하고, 채무에 대한 실체법상 권리의 소멸 여부에 대해서는 명문의 규정을 두지 않았다. 하지만 동법전 초안의 해설서에 따르면, 소장에 기재된 실체법상 권리는 소멸하는 게 아니라 존속하는 것이며, 이때 이해관계자는 시효완성의 항변을 통해 자기에게 제기된 청구(소송)의 강제집행(소구력)을 저지할 수 있도록 설계되었다.[26]

그러나 1917년 러시아 혁명으로 러시아제국이 무너지면서, 아쉽게도 러시아제국 민법전 초안은 끝내 입법되지 못하고 기록으로만 남게 된다.

2) 소 련

소련 시절의 러시아공화국은 1922년에 역사상 첫 민법전(이하 '1922년 민법전'이라 한다)을 제정하였고, 1964년에 다시 새롭게 민법전(이하 '1964년 민법전'이라 한다)을 제정한 바 있다.

1922년 민법전 제44조는 "소권은, 법률로써 달리 정하지 않는 한, 3년의 기간(소송시효)이 만료함으로써 소멸한다"고 규정하며, 시효완성된 채무에 대한 실체법상 권리의 소멸 여부에 대해서는 여전히 함구하였다. 그리하여 당시에는 ㉠ 소송시효가 완성된 채무는 법적 채무가 아니므로 채무는 소멸한 것으로 보는 시각과 ㉡ 소송시효가 완성하더라도 채권자에게 계속 권리가 존속한다는 시각 간에 첨예한 학설대립이 있었다.[27]

그리하여 1964년 민법전은 입법정책적 결단을 내렸는데, 시효완성이 있더라도 법원이 소를 각하하지 않고 재판심리를 강행하도록 하였으며(동법전 제81조), 더 나아가 소송시효를 법원의 직권탐지사항으로 규정하는 데까지(동법전 제82조) 이르게 된다.

---

26) Тютрюмова И. М., *Гражданское уложение. Проект Высочайше учрежденной Редакционной Комиссии по составлению проекта Гражданского уложения (С объяснениями, извлеченными из трудов Редакционной Комиссии)*, Т.1., 1910, С. 113; 115.

27) Савин К.Г., *Исковая давность в современном отечественном и зарубежном гражданском праве,* Дис. канд. юрид. наук, М., 2019, С. 170~171.

3) 러시아연방

러시아연방은 러시아민법을 제정함으로써 소송시효를 더 이상 법원의 직권탐지 사항이 아닌, 분쟁당사자의 시효완성의 주장을 요하는 변론주의 적용대상으로 확정하였다.

아울러, 러시아민법에 따르면, 소송시효가 완성하더라도 채권자의 실체법상 권리는 소멸하지 않고, 단지 이해관계자가 시효완성의 주장을 할 경우, 채권자가 채무자에게 채무이행의 청구를 소구할 권리를 잃을 뿐으로 본다.

2. 소송시효의 대상적격

(1) 학설과 판례

한국민법은 소멸시효의 대상을 채권과 소유권 이외의 재산권으로 정하고 있으므로, 가족권 및 인격권에 대해서는 소멸시효가 적용되지 않는 것으로 본다. 나아가 학설[28)]은 ① 소유권 및 소유권에 기한 부수적 권리, ② 점유권 및 유치권, ③ 담보물권, ④ 용익물권, ⑤ 항변권에 대해서는 시효의 대상적격을 부정하고 있다.

하지만 러시아민법의 경우 채권과 청구권의 개념구분 없이 중립적인 표현인 '청구'를 사용하고 있고, 또 시효를 '소송'시효로 명칭하였기 때문에, '어떠한 종류의 소'가 소송시효에 걸리느냐를 두고 오랜 학설대립이 있다. 따라서 러시아민법상 소송시효의 대상적격 문제에는 대체로 소송시효에 걸리는 이행의 소(청구권)뿐만 아니라, '형성의소'과 '확인의소' 역시 문제가 된다.

러시아법상 일반적 견해에 따르면, 채권채무관계에서의 형성의소는 소송시효 대상이 될 수 있다고 한다.[29)]

하지만 확인의소의 경우에는 상황이 다르다. 대부분의 확인의소는 소송시효에 걸리지 않는다는 게 중론인데, 그 이유로는, 확인의소만으로는 채무자에게 작위의무를 부과할 수 없으므로 침해된 권리를 보호하기 어렵다는 점,[30)] 청구원인에 기재된 사실관계의 존재를 판결이유에서 확인하고 그 이유로 소송절차가 개시되었는데, 판결주문에서 시효완성의 항변을 이유로 청구를 받아들이지 않는 것은 모순

---

28) 명순구, 「민법학원론(보정판)」, 박영사(2017), 132면.

29) 형성의소라 하더라도, 그 소송물에는 여러 성격의 권리주장이 내포된 수 있으므로, 형성의소의 소송시효 대상적격 여부를 일률적으로 판단하기에는 한계가 있는 것이 사실이다.

30) 즉, 원/피고에게 법률관계의 변동을 일으키지 않는다.

이라는 점[31]을 들고 있다.

그런데 러시아민법은 '무효인 법률행위' 및 '취소할 수 있는 법률행위'에 대한 무효 / 취소확인청구 — 각 강학상 확인의소 및 형성의소 — 를 소송시효의 대상으로 정하였다(제181조).[32]

특히, 무효행위의 재판상 무효확인청구에 관하여, 러시아민법 제181조(무효확인의 소송시효) 제1항에서는 "무효인 법률행위의 무효효과의 적용에 관한 청구 및 해당 법률행위의 무효확인에 관한 청구의 소송시효는 3년으로 한다. 해당 청구의 소송시효는 무효인 법률행위의 이행을 착수한 날로부터 기산하며, 법률행위의 당사자가 아닌 자가 소를 제기한 경우에는, 해당자가 그 이행의 착수를 알았거나 알 수 있는 날부터 기산한다. 이때 법률행위의 당사자가 아닌 자를 위한 소송시효는 법률행위의 이행착수일로부터 10년을 결코 초과할 수 없다"고 규정한다.

'무효인 행위의 무효효과의 적용에 관한 청구'는 성질상 원상회복의무의 이행의 소이기 때문에 청구권으로서 소송시효에 걸리는 게 타당하지만, '무효행위의 무효확인에 관한 청구'는 단지 확인의소이므로, 일반적으로 소송시효의 적용 대상으로 보기는 어렵다.

2013년 전면개정 이전의 러시아민법 제181조 제1항은 오직 '무효인 법률행위의 무효효과의 적용에 관한 청구', 즉 원상회복의무의 이행청구만을 소송시효의 대상으로만 규정했었지, 무효행위의 무효확인청구에 관해서는 언급이 없었다. 하지만 러시아민법의 2013년 전면개정으로 말미암아 무효행위의 무효확인청구가 동조 문언에 포섭하게 되었는데, 그 배경에는 러시아연방의 판례의 영향이 있었다. 무효행위는 무효확인판결과 무관하게 애초부터 확정적으로 당연무효이지만, 당사자 이외의 제3자가 법률행위무효에 따른 원상회복의무의 이행청구를 할 수 있으려면, 무효행위의 무효(부존재)를 재판상 확인받는 것이 전제되기 때문에, 이 제3자에게 무효행위의 무효(부존재)확인을 청구할 법률상 이익이 있다면, '무효인 법률행위의 무효효과의 적용에 관한 청구(원상회복의무의 이행청구)'와 무관하게, 무효행위의 무효확인청구권을 보장해야 한다는 일관된 사법해석[33]이 있었고, 이러한 법원의 견

---

31) Сергеев А. П., Терещенко Т.А., *Начало течения срока исковой давности по иску из неосновательного обогащения*, Закон, N 7, 2012, С. 83.

32) 취소할 수 있는 법률행위의 재판상 무효 청구는 결국 취소권 행사에 해당하고, 취소권은 강학상 제척기간에 걸려야 하는 형성권인데, 러시아민법에서는 소송시효에 걸리도록 규정하고 있다.

33) п. 32 Постановления пленумов ВС РФ и ВАС РФ от 1 июля 1996 г. № 6/8 (현재는 폐지).

지는 2013년 전면개정을 통해 러시아민법 전반에 투영되었다.

하지만 결론적으로, 동조의 문언상, 무효행위에 대한 무효확인청구를 굳이 소송시효에 걸리도록 설계한 것은, 오히려 강행규정 등으로 정한 법률행위의 무효사유를 회피하기 위한 수단으로서 소송시효제도가 악용될 수 있다는 점에서 부적절하다.

그러나 다행스럽게도 러시아연방의 대법원은 동규정의 입법상 오류를 의식하여, "법원은, 피고가 무효인 법률행위에 기초한 원고의 청구에 대해 한 항변에 있어, 해당 법률행위의 무효확인청구의 시효완성 여부와 상관없이, 그 내용을 평가해야 한다"고 해석함으로써,[34] 동규정에 반하지 않는 범위에서, 무효행위에 기초한 청구에 대해 — 그 원인인 무효행위의 시효완성과 무관하게 — 소송상 항변이 허용된다고 판시하였다.[35]

(2) 러시아민법 규정

위 학설과 별도로, 러시아민법 제208조는 소송시효의 대상이 될 수 없는 청구의 유형을 나열하고 있다.

> **러시아민법 제208조 소송시효 불적용 청구**
>
> 소송시효는 다음 각호의 1의 청구에는 적용하지 아니한다.
> - 인격적 비재산권 및 그 밖의 비재산적 이익의 보호에 관한 청구, 단 법률로써 정한 경우에는 제외한다.
> - 예금자의 은행에 대한 예금반환 청구.
> - 국민의 생명과 건강에 가한 손해의 배상에 관한 청구. 그러나 이러한 손해배상청구권이 발생한 때로부터 3년이 경과한 후 제기된 청구에 대하여는 소제기가 있기 전 3년 이내의 과거의 기간에 한하여 인정된다. 단 "테러 방지에 관한 연방법(제35－Ф3호, 2006.03.06. 제정)"에서 규정한 경우는 제외한다.
> - 소유자 또는 그 밖의 점유자의 권리침해제거청구로서, 그 침해가 점유상실(제304조)과 무관한 경우.
> - 법률로써 정한 그 밖의 청구

34) абз. 4 п. 71 Постановления Пленума Верховного Суда РФ от 23.06.2015 №. 25.

35) 무효행위의 무효확인을 소구한 자가 시효완성으로 기각판결을 받은 상황이더라도, 해당 무효행위에 기초한 권리를 소구한 제3자에 대해 법률행위의 무효 항변을 할 수 있고, 그리하면 제3자의 청구는 기각된다.

1) 인격적 비재산권 및 그 밖의 비재산적 이익의 보호에 관한 청구

러시아연방 역시 한국과 마찬가지로 인격권과 같은 비재산적 권리는 소송시효의 대상이 아니라고 본다. 러시아민법상 '비재산적 이익'이란, ㉠ 생명과 건강, ㉡ 개인의 존엄, ㉢ 인신의 불가침, ㉣ 명예와 명성, ㉤ 사회적 평판, ㉥ 사생활의 불가침, ㉦ 주거의 불가침, ㉧ 개인과 가족의 비밀, ㉨ 이전의 자유, ㉩ 거소와 주소 선택의 자유, ㉪ 성명권, ㉫ 저작권 등이 있다(제150조).

인격적 비재산권 및 비재산적 이익의 침해에 따른 정신적 피해보상(위자료) 청구에 대해서는 소송시효가 적용되지 않지만, 재산권 침해에 따른 위자료 청구는 소송시효의 적용대상이 된다.[36)]

2) 예금자의 은행에 대한 예금반환 청구

은행제도, 예금자보호 등 거래안전 및 사회질서를 위한 것으로 이해된다. 한국에서 예금채권은 상사채권으로서 상사시효가 적용되지만, 민상합일주의를 택한 러시아민법은 민사채권과 상사채권을 구별하지 않을뿐더러, 예금반환청구를 애당초 소송시효의 대상으로 불인정하는 입법정책을 취하고 있다.

3) 국민의 생명과 건강에 가한 손해의 배상에 관한 청구

생명과 건강에 끼친 손해에 관한 배상청구에 대해서는 소송시효를 적용하지 않는 것이 원칙이지만, 해당 손해배상청구권이 발생한지 3년이 경과한 이후에 행사하는 경우에는 손해배상의 범위를 실제 청구일(소제기일) 기준 3년 이내에 입은 손해에 한정한다는 취지이다.

생명과 건강상 입은 손해의 배상 범위를 소제기일 직전의 3년의 기간으로 제한한 이유는, 피해자가 사망하거나 후유장애가 발생하여 계속적 손해배상으로서 정기금 지급을 청구하는 경우를 고려한 것이라고 한다. 그러므로 만약 피해자가 가해자에게 4년 전에 입은 신체상 피해 ― 가령 치료비 ― 에 대해 정기금이 아닌 일시금 지급으로 손해배상을 청구한다면, 법원은 시효완성을 이유로 피의자의 손해배상청구를 기각할 수 없다고 한다.[37)]

---

36) п. 7 Постановления Пленума ВС РФ от 20 декабря 1994 г. №. 10.

37) Карапетов А.Г., *Сделки, представительство, исковая давность: постатейный комментарий к статьям 153-208 Гражданского кодекса Российской Федерации*, М-Логос, 2018, С. 1259.

나아가 판례는, 신체상 피해배상채무의 불이행 및 이행지체의 발생이 가해자의 과실에 기인한 것이라면, 소제기일 기준 3년 이내의 기간보다 더 오래전 기간에 입은 피해에 대해서도 손해배상청구가 가능하다고 판시한바,[38] 해당 논리에 따라 1986년 체르노빌 원전사고 피해자들의 가해기관에 대한 손해배상청구 역시 소송시효의 적용을 받지 않는다.[39]

4) 소유자 또는 그 밖의 점유자의 권리침해제거청구

재산의 점유침탈 상태를 해소하기 위한 권리침해제거청구는 소송시효의 배제대상이라고 한다. 문언상, 점유상실과 무관한 권리침해의 경우를 규정한 점을 미루어 볼 때, 여기서 말하는 권리침해제거청구란, 점유상실을 행사요건으로 하는 '점유권에 기한 물권적 청구권(점유보호청구권)'을 뜻하는 것이 아니라, 점유침탈을 행사요건으로 하는 '소유권에 기한 물권적 청구권만을 뜻하는 것으로 이해된다. 판례[40] 역시 권리침해제거청구가 아닌 물권적 청구는 시효배제대상이 아니라고 하며, 그 예로 타인의 점유하에 있는 재산에 대한 소유물반환청구를 들고 있다.

권리침해제거청구의 유형으로는 ㉠ 상가건물주의 상가 로비에 설치된 매대의 철거청구,[41] ㉡ 부동산의 점유를 상실하지 아니한 부동산소유자의 부동산소유권 확인청구,[42] ㉢ 소유자 또는 점유자의 권리(및 제한부담)부존재확인청구,[43] ㉣ 부동산소유권의 등기명의인이 동일한 부동산의 다른 등기명의인에 대해 한 권리부존재확인청구 등이 있다.[44]

판례[45]에 따르면, 법률로써 달리 정함이 없는 한, 등기된 권리에 대한 무효확인을 구하는 청구(등기말소청구등)에 대해서는 일반소송시효를 적용하지만, 부동산등기부에 실체관계에 부합하지 아니한 사항이 등기되어 권리침해가 발생하였는데 그 원인이 점유상실과 무관한 경우의 등기말소청구는 소송시효의 적용대상에서 배제된다고 한다.

---

38) п. 7 Постановления Пленума ВС РФ от 26 января 2010 г. № 1.
39) Определение КС РФ от 3 ноября 2006 г. № 445-О.
40) п. 7 Постановления Пленума ВС РФ от 29 сентября 2015 г. № 43.
41) п. 1 Информационного письма Президиума ВАС РФ от 15 января 2013 г. № 153
42) Постановление Президиума ВАС РФ от 2 августа 2005 г. № 1206/05, от 6 ноября 2007 г. № 8665/07.
43) п. 7 Постановления Пленума ВС РФ от 29 сентября 2015 г. № 43.
44) п. 12 Информационного письма Президиума ВАС РФ от 15 января 2013 г. № 153.
45) п. 57 Постановления пленумов ВС РФ и ВАС РФ от 29 апреля 2010 г. № 10/22.

5) 법률로써 정한 그 밖의 청구

위 소송시효의 대상이 될 수 없는 청구의 유형은 위 목록에 한정되지 않는다. 특히 가족관계에서는 소송시효의 적용을 배제하는 것이 원칙이다. 이와 관련하여 러시아연방의 가족법(이하 '러시아가족법'이라 한다)은 "침해된 권리의 보호를 위한 기간이 러시아가족법에서 특정된 경우[46]를 제외하고, 가족관계에서 비롯한 청구에 대해서는 소송시효를 적용하지 아니한다"고 규정한다(러시아가족법 제9조 제1항).

3. 시효완성 후 변제의 효과 및 시효이익의 포기

러시아민법은 시효완성 후 변제의 효과를 '급부반환청구의 불허'로, 시효완성 후 채무자의 채무승인의 효과표시(시효이익의 포기)를 '새로운 소송시효의 진행'으로 설명하고 있다.

러시아민법 제206조 소송시효의 만료 후 의무의 이행

1. 소송시효가 만료된 후 의무를 이행한 채무자 또는 그 밖의 의무자는 의무이행을 하였을 당시 소송시효의 만료를 알지 못한 경우에도 이행한 것의 반환을 청구할 수 없다.
2. 만약 소송시효가 만료된 후 채무자 또는 그 밖의 의무자가 서면으로 자기의 채무를 승인한다면, 소송시효의 기간은 다시 시작한다.

동조 제1항에 따르면, 시효완성된 채무를 임의로 이행한 자는 유효한 변제를 한 것이므로, 이미 급부한 것에 대해서는 부당이득반환 청구가 불가능하다. 다시 말해, 러시아는 시효완성된 채무를 자연채무로 보고 있다. 이는 시효완성된 채무를 자연채무로 보느냐에 관해 학설대립이 있는 한국과 사뭇 다른 상황이다.

제2항은 시효완성 이후에 한 채무승인의 효과로서 "소송시효의 기간은 다시 시작한다"고 규정한다. 이는 한국의, "시효완성 후에 채무승인을 한 때에는 시효완성의 사실을 알고 그 이익을 포기한 것이라고 추정할 수 있다"고 본 판례[47]와

46) 러시아가족법상 이에 해당하는 청구로는, 배우자동의서의 공증 없이 한 법률행위의 취소확인청구(러시아가족법 제35조 제3항; 1년의 시효), 혼인이 해소된 부부의 공동재산에 대한 분할청구(러시아가족법 제38조 제1항, 3년의 시효); 양육비지급청구(러시아가족법 제107조 제2항; 3년의 시효), 성병 및 에이즈 감염 사실 은폐에 따른 혼인의 불성립확인청구(러시아가족법 제169조 제4항 및 제15조 제4항; 1년의 시효).

47) 대법원 1967. 2. 7. 선고 66다2173 판결.

"채무자가 시효완성 후 채무 일부를 변제함으로써 시효이익을 포기한 경우, 그때부터 새로이 소멸시효가 진행한다"고 본 판례[48]와 궤를 같이한다.

동항에서 규정한 채무승인은 시효중단사유에 해당하는 관념의 통지로서의 채무승인이 아니라, 시효이익이 있는 채무자가 시효이익을 포기한다는 의사표시로서의 채무승인을 의미한다. 한국에서도 역시 시효중단사유의 채무승인과 시효이익포기표시행위로서의 채무승인을 구별하는 판례[49]가 존재한다.

4. 시효에 관한 합의

소멸시효의 단축 또는 경감을 허용하는 한국민법(제184조 제2항)과 달리, 러시아 민법은 소송시효를 변경하는 약정을 불허한다.

> **러시아민법 제198조 소송시효 변경 합의의 무효**
>
> 소송시효 및 그 계산 절차는 당사자의 합의로 변경할 수 없다.
> 소송시효 진행의 정지사유 및 중단사유는 동법전 및 그 밖의 법률로써 정한다.

이는 소송시효 및 그 계산 절차의 변경에 관한 합의는 무효라는 강행규정을 도입한, 소련 시대의 1964년 민법전의 유산으로 볼 수 있다.

> **1964년 민법전 제80조 소송시효 변경 합의의 무효**
>
> 소송시효의 기간 및 그 계산 절차에 관한 당사자의 합의는 불허된다.

하지만, 위에서 주지하였듯, 시효완성 후 채무자의 채무승인으로써 소송시효의 기간은 다시 시작한다고 규정한바, 채권자와 채무자 간에 소송시효 연장에 관한 합의가 없더라도, 채무자 스스로 채무승인의 의사표시를 함으로써 새로운 소송시효가 시작할 수 있다는 점에서, 러시아민법상 소송시효 규정에도 사적자치가 작동한다는 것을 확인할 수 있다.

---

48) 대법원 2013. 5. 23. 선고 2013다12464 판결.
49) 대법원 2013. 2. 28. 선고 2011다21556 판결.

5. 제척기간과의 구별

러시아연방도 한국과 마찬가지로 제척기간 제도를 인정하지만 그 개념을 민법 조항으로써 규정하지는 않는다.

한국의 학설은 제척기간을 법률관계의 조속한 확정을 위하여 법률이 규정한 권리의 존속기간(다수설) 또는 행사기간으로 이해하고 있다.[50] 러시아연방은 제척기간을 권리의 존속기간으로 본다.[51]

한국과 러시아연방 양국 모두 제척기간을 소멸시효와 대비하면서 제척기간의 특징을 도출하는데, 한국의 경우 ① 제척기간에는 소멸시효에서와 같은 정지나 중단이 인정되지 않고, ② 소급효가 없으며, ③ 시효이익의 포기와 유사한 문제가 생기지 않고, ④ 제척기간은 소멸시효와 달리 법원의 직권조사사항이라고 설명한다.[52]

러시아연방의 학설도 한국의 상황과 유사하게 제척기간의 특징으로, ① 제척기간은 당사자의 제척기간만료 주장 여부와 무관하게 법원이 직권으로 적용한다는 점, ② 제척기간은 정지, 중단 등이 불가하다는 점, ③ 제척기간의 만료로써 제척기간에 걸리는 권리는 소멸한다는 점, ④ 제척기간 이내의 권리행사에 대한 증명 부담은 권리자에게 있지만, 시효완성의 증명 부담은 의무자에게 있다는 점 등을 들고 있다.[53]

다만 한국과 러시아연방의 차이점은, 러시아연방의 경우, 소송시효의 완성의 효과는 권리소멸이 아니기 때문에, 권리소멸을 전제로 한 제척기간과의 구별이 용이하다는 특징을 갖는다.

아울러, 제척기간은 취소권과 같은 형성권이 그 적용대상이다. 그리고 형성권은 제척기간에 걸려야 하는 권리지만, 이상하게도, 앞서 언급한 바 있지만, 러시아연방에서는 일부 형성권을 소송시효에 걸리는 것으로 규정하고 있다.

예컨대, 러시아민법 제181조(무효확인의 소송시효) 제2항에서는 "취소할 수 있는 법률행위의 무효확인에 관한 청구 및 그 무효(취소)효과의 적용에 관한 청구의 소

50) 김진우, "소멸시효와 제척기간", 「재산법연구」, 제25권 제3호, 한국재산법학회, 2009, 165면.
51) Гонгало Б. М., *Гражданское право: Учебник.*, Т. 1., Статут, 2017, С. 295.
52) 김진우, "소멸시효와 제척기간", 「재산법연구」, 제25권 제3호, 한국재산법학회, 2009, 165면.
53) Асосков А. В. *Пресекательные сроки и их соотношение с другими видами гражданско-правовых сроков*, Вестник гражданского права, 2018, N 4, С. 57.

송시효는 1년으로 한다. 위 소송시효는 강요 또는 강박에 의하여 법률행위가 행하여진 때에는 그 강요 또는 강박이 그친 날로부터 또는 원고가 법률행위의 무효사유가 되는 그 밖의 사정을 알았거나 알 수 있는 날로부터 기산한다"고 하며, 제척기간으로 규정해야 할 취소권을 소송시효로 규정하고 있다.

러시아민법상 규정에 따른다면, 취소권 행사의 '소송시효'가 만료하더라도 채권자의 취소권은 소멸하지 않고, 소구력 및 집행력을 잃은 채 의무부담자에게 자발적 이행을 요청 및 기대할 수만 있지, 채무자에게 이행강제 및 손해배상청구를 할 수 없게 된다.

또한, 러시아가족법에서는, 혼인이 해소된 부부의 공동재산에 대한 분할청구를, 제척기간이 아닌, 3년의 소송시효에 걸리도록 규정하였으며(제38조 제7항), 판례는 특이하게도, 재산분할청구의 소송시효의 기산점을, 혼인해소시가 아니라, 배우자가 공동재산에 대한 자기의 권리침해 사실을 알았거나 알 수 있었을 때로 해석하고 있다.[54]

Ⅲ. 소송시효의 기산점

한국에서 소멸시효는 권리를 행사할 수 있는 때로부터 진행하고(한국민법 제166조 제1항), 불법행위로 인한 손해배상청구권(한국민법 제766조 제1항) 및 유류분반환청구권(제1117조 본문)의 단기시효를 제외하면, 시효의 기산에 관해 권리행사자의 주관적 인식가능성을 배제하고 있으므로,[55] 시효제도의 입법적 개선을 위해서는 권리자의 주관적 인식가능성도 고려한 이원적(주관적/객관적) 체계를 구성하는 것이 적절하다는 주장이 제기되고 있다.[56]

한편, 현행 러시아민법은 소송시효의 기산에 있어 권리의 객관적 발생일과 권리자의 주관적 인식가능성을 모두 고려하는 이원적 체계를 갖추고 있는데, 이는 약 1세기에 걸친 학계의 논의와 입법의 산물로 여겨진다. 아래에서는 러시아연방 소송시효의 기산점 규정의 변천사를 살펴본다.

---

54) п. 19 Постановления Пленума ВС РФ от 05.11.1998 N 15 «О применении судами законодательства при рассмотрении дел о расторжении брака»).

55) 최우진, "소멸시효 제도의 입법적 개선을 위한 소견", 「재산법연구」, 제41권 제1호, 한국재산법학회, 2024, 30면.

56) 최우진, "소멸시효 제도의 입법적 개선을 위한 소견", 「재산법연구」, 제41권 제1호, 한국재산법학회, 2024, 52면.

1. 1922년 민법전

1922년 민법전 제45조. 소송시효의 진행은 소제기권이 발생한 시점부터 기산한다.
채권자의 청구시 이행하는 채무에 있어서 소송시효의 진행은 채무의 발생시로부터 기산한다.

1922년 민법전은 현재의 한국민법처럼 소송시효의 기산에 관하여 권리자의 주관적 인식가능성을 전혀 고려하지 않고, 소제기권의 발생일이라는 객관적 기준만을 고려하였다.

이 때문에 당시 소련 시절에는, 소제기권이 발생한 시점과 소제기권자가 자기의 소제기권을 인지하게 된 시점이 불일치하는, 불법행위를 원인으로 한 손해배상청구소송의 시효를 기산하는 데 난관을 겪는다. 그러나 이러한 법규의 공백은 다행히 소련 대법원의 판례로 보충할 수 있었는데, 당시 소련의 대법원은 "손해배상소송의 소제기권은 원고가 손해의 발생을 알았거나 알 수 있었을 때부터 기산한다"라고 판시하며,[57] 권리자의 주관적 '권리행사'가 아닌 '권리침해'에 관한 인식가능성을 고려한 이원적(주관적/객관적) 체계 마련의 초석을 판결례로 세웠다.

2. 1964년 민법전

1964년 민법전 제83조. 소송시효 진행의 기산점

소송시효의 진행은 소권의 발생시부터 기산한다. 소권은 당사자가 자기의 권리가 침해된 사실을 알았거나 알 수 있었던 날로부터 기산한다. 본 규정의 예외 및 소송시효 진행의 정지사유와 중단사유는 소련의 법률 및 동법에 따른다.

이후 새롭게 제정된 1964년 민법전은, 시효의 기산에 있어 소제기권의 발생일이라는 객관적 기준만 제시한 1922년 민법전의 법적 공백에 관해 권리자의 침해사실 인지라는 주관적 요소 또한 가미해야 한다는 당시 소련 대법원의 판례를 수용하여, 소송시효 기산에 있어서 소권의 발생일과 더불어 권리자의 주관적 권리침해에 관한 인식을 병렬적으로 규정한 이원적 체계를 도입하였다.

---

57) Стучка П. И., *Общая часть гражданского права. Учебное пособие,* М., 1929, С. 271.

3. 러시아민법: 2013년 전면개정 이전

제200조 소송시효 계산의 기산점

1. 소송시효의 진행은, 당사자가 자기의 권리가 침해된 사실을 알았거나 알 수 있었던 날로부터 기산한다. 동 규정의 예외는 동법전 및 그 밖의 법률로써 정한다.
2. 특정한 이행기가 있는 채무에 관하여 소송시효의 진행은 그 이행기가 종료한 때로부터 기산한다.
   특정한 이행기가 없거나, 청구시를 이행기로 정한 채무에 관하여 소송시효의 진행은 채권자에게 채무이행을 청구할 권리가 발생한 때를 기산점으로 하며, 만약 채무자가 당해 채무를 이행하도록 유예기간을 정한 경우, 소송시효는 당해 기간이 만료한 때부터 기산한다.
3. 구상채무에 관하여 소송시효는 주채무를 이행한 시점부터 기산한다.

소련을 승계한 러시아연방은 1994년에 러시아민법을 제정하였다. 러시아민법 역시 1964년 민법전과 마찬가지로 시효의 기산에 있어 객관주의와 주관주의를 모두 관철한 이원적 체계를 두었다. 다만, 러시아민법은 주관적 기산점을 먼저 규정하고 그 다음에 객관적 기산점 규정을 후술한다는 점에서, 그 반대로 객관적 기산점을 먼저 규정하고 그 후에 주관적 기산점 규정을 둔 1964년 민법전과 미묘한 차이가 있다.

4. 러시아민법: 2013년 전면개정 이후

제200조 소송시효 계산의 기산점

1. 소송시효의 진행은, 법률로써 달리 정하지 않는 한, 당사자가 자기의 권리가 침해된 사실 및 자기의 침해된 권리를 보호하기 위한 소송에 적격한 피고를 알았거나 알 수 있었던 날로부터 기산한다.
2. 특정한 이행기가 있는 채무에 관하여 소송시효의 진행은 그 이행기가 종료한 때로부터 기산한다.
   특정한 이행기가 없거나, 또는 청구시를 이행기로 정한 채무에 관하여 소송시효는 채권자가 채무이행을 청구한 때를 기산점으로 하며, 만약 채무자에게 당해 채무의 이행기를 정한 경우, 소송시효는 당해 채무의 이행기가 만료한 때부터 기산한다. 한편, 소송시효의 기간은 어떠한 경우에도 채무가 발생한 날로부터 10년을 초과할 수 없다.
3. 구상채무에 관하여 소송시효는 주채무를 이행한 날로부터 기산한다.

러시아민법은 2013년 총칙 및 채무편의 전면개정을 거쳤는데, 이 과정에서 소송시효의 기산점에 관해 다음 사항을 추가하였다.

먼저, 시효기산의 주관주의에 따라 시효기간이 무기한 연장될 수 있는 문제점을 해소하기 위해 객관적 기산점에서 10년의 상한기간(максимальный срок давности; verjährungshöchstfrist; long stop)이 도과하면 권리자의 주관적 인식과 상관없이 시효가 완성되도록, 동조 제2항 말미에 "소송시효의 기간은 어떠한 경우에도 채무가 발생한 날로부터 10년을 초과할 수 없다"는 단서를 추가하였다.

나아가, 소송시효 기산의 주관적 기준에 한 가지 요소를 더 추가하였는데, 이는 '원고의 적격피고에 관한 인지'라는 요소이다. 개정된 러시아민법 제200조 제1항은 "법률로써 달리 정하지 않는 한, 소송시효의 진행은 당사자가 자기의 권리가 침해된 사실 및 자기의 침해된 권리를 보호하기 위한 소송에 적격한 피고를 알았거나 알 수 있었던 날로부터 기산한다"고 규정함으로써, 사실상 불법행위로 인한 손해배상청구에 있어서는 원고가 가해자인 피고를 인지했을 시점부터 소송시효가 기산하도록 하였다.

더 나아가, 최근에는 소송시효 기산의 주관적 기준에 '원고의 청구에 필수적 내용이 되는 중요사실(청구의 종류, 청구금액 등)' 역시 추가해야 한다는 주장이 학계에서 제기되고 있다.[58]

Ⅳ. 시효의 장애

러시아민법은 소송시효의 장애로 중단, 정지 및 회복(восстановление)을 규정한다. 특히 소송시효의 회복은 한국에서는 다소 생소한, 러시아민법상 특유의 개념인데, 권리자가 부득이한 일신상 이유(중병, 무기력, 문맹 등)로 소송시효를 실기한 경우 법원이 이를 사실상의 장애사유로 인정하는 것이다.

---

58) Савин К.Г., *Исковая давность в современном отечественном и зарубежном гражданском праве.* Дис. канд. юрид. наук. М., 2019, С. 37.

러시아민법은 시효의 중단사유로 채무승인만을 인정한 대신, 시효의 정지사유를 넓게 규정한다. 러시아민법상 시효정지사유는 [1] 재판에 의한 시효정지(러시아민법 제204조), [2] 불가항력 등에 의한 정지(제202조 제1항), [3] 대체적분쟁해결 절차진행에 의한 정지(제202조 제3항)가 있다. 러시아민법상 명문의 규정은 없지만, 판례[59]에서는 추가적으로 [4] 제한능력자를 위한 정지를 언급하고 있다.

러시아민법상 독특한 점은, 상속재산에 관한 채권자의 청구를 소송시효의 대상으로 삼고는 있지만[60], 제1175조 제3항의 두 번째 문단에서 "채권자가 피상속인에게 청구를 한 때에는, 해당 청구의 소송시효는 중단, 정지 또는 회복이 불가하다"고 함으로써 상속재산에 대한 권리행사의 장애의 성립을 불인정한다는 것이다.

아울러, '최고(재판외적 청구)에 의한 잠정적 중단', '협의에 의한 정지' 및 '혼인의 종료 등 가족관계에 의한 정지'는 러시아법에 존재하지 않는 개념이다.

1. 정지사유

(1) 재판에 의한 시효정지

제204조 침해된 권리의 재판상 보호의 경우의 소송시효의 진행

1. 침해된 권리의 보호를 위해 적법한 절차에 따라 법원에 소제기를 한 날부터 침해된 권리의 재판상 보호가 행사되는 기간 내내 소송시효는 진행하지 아니한다.
2. 법원이 소를 각하한 경우, 재판상 권리보호의 각하사유에서 달리 비롯하지 않는 한, 소제기시 전에 진행이 시작된 소송시효의 진행은 일반적 절차에 따라 계속된다.

법원이 형사사건상 제기된 소[61]를 각하한 경우, 소제기 전에 진행이 시작된 소송시효는 소각하판결 선고의 효력이 발할 때까지 그 진행을 정지한다.

3. 만약 소각하판결 후 소송시효의 잔여기간이 6개월 미만인 경우, 소송시효는 6개월까지 연장된다. 단, 소각하판결 선고의 사유가 원고의 작위(부작위)에 의한 경우는 제외한다.

1922년 민법전 및 1964년 민법전 상에서 재판상 보호를 위한 소제기(이하 '재판상 청구'라고 한다)는 소송시효의 중단사유에 해당하였으나, 러시아민법은 이를 정

59) п. 2 Постановления Пленума ВС РФ от 29 сентября 2015 г. No. 43.
60) 1964년 민법전에서는 해당 청구가 상속개시일 기준 6개월의 제척기간에 걸린다고 규정하였다(제554조).
61) 한국의 '배상명령신청'에 해당하는 제도다.

지사유로 규정하고 있다. 엄격하게는 재판상 청구시 소송시효가 '정지한다'가 아니라 '진행하지 아니한다'고 명시하는데, 이는 표현의 문제이지, 시효불진행이나 시효정지나 실질적으로 시효완성의 유예 효과는 동일하다는 점에서 이 두 개념을 굳이 구분할 실익은 없기 때문에, 동조를 정지사유로 취급해도 무방하다고 판단된다. 더욱이, 동조 제2항에서는 '형사절차상 배상명령신청의 소를 각하한 경우'에 시효의 진행을 '정지'한다고 적시하고 있다.

러시아연방의 판례는 사법기관인 법원에 소제기하는 것뿐 아니라, 중재기관에 중재신청을 하는 것 역시 재판상 청구에 준하는 것으로 취급하며, 지급명령과 같은 간이재판절차(приказное производство)를 신청하거나, 파산사건 절차에 참여하는 것 또한 재판상 청구의 유형으로 본다.[62]

재판상 청구의 시효정지효가 발생하는 시점과 관련하여, 판례는 관련 소장이 우체국에 접수되거나 또는 신청인에 의해 직접 법원에 제출(수리)된 시점으로 보며, 전자소송의 경우에는 소장이 일정 양식에 따라 작성되어 법원 웹사이트에 게시된 시점으로 본다.[63]

따라서 소장에 기재된 청구취지를 변경하는, 예컨대 일부청구 후 청구액을 확장하는 경우, 판례는 최초 제출한 소장상 일부청구액에 대해서는 법원의 최초 소장의 수리시부터 시효정지효가 발생하며, 이후 청구취지 변경을 통해 확장한 액수에 대해서는 법원이 변경된 소장을 수리하는 시점부터 시효정지효가 발생한다고 한다.[64]

또한 동조는 재판상 청구가 '적법한 절차에 따라'야 한다고 규정하므로, 소장은 형식적 요건을 엄격히 갖춰야 함은 물론이고, 소제기에 있어 소송법상 기타 필수적 요건(인지대 납부)도 함께 충족되어야 한다. 만약 소장의 요건 불충족, 재판관할 위반 등 소제기 절차의 하자가 있는 경우에는 소송시효의 정지사유에 해당하지 아니한 것으로 본다. 그러나 법원이 소제기의 절차상 하자를 이유로 소장각하를 명하였음에도, 신청인이 소장각하의 원인이 된 하자를 치유하여 법원이 소장각하 명령을 취소한다면, 소장이 수리된 시점부터 시효정지효가 소급하여 발생한다고 한다.[65]

---

62) п. 17 Постановления Пленума ВС РФ от 29 сентября 2015 г. № 43.
63) п. 17 Постановления Пленума ВС РФ от 29 сентября 2015 г. № 43.
64) п. 14 Постановления Пленума ВС РФ от 29 сентября 2015 г. № 43.
65) п. 17 Постановления Пленума ВС РФ от 29 сентября 2015 г. № 43.

(2) 불가항력 등에 의한 정지 및 대체적분쟁해결 절차에 의한 정지

제202조 소송시효의 정지

1. 다음 각호의 1의 경우, 소송시효의 진행은 정지된다.
   1) 긴급하고, 그러한 여건 하에서의 불가피한 상황(불가항력)이 소제기를 방해한 경우
   2) 원고 또는 피고가 전시 상황의 러시아군에 소속한 경우
   3) 러시아연방정부가 법률에 따라 채무이행의 유예(모라토리엄)를 정한 것에 의한 경우
   4) 당해 관계를 규율하는 법률 또는 그 밖의 법령의 효력이 정지된 것에 의한 경우
2. 동조 제1항에 명시된 경우가 소송시효 최후의 6개월 내에 발생하거나 또는 계속되고 있는 조건하에서 소송시효의 진행은 정지되며, 만약 전체기간이 6개월이거나 또는 그 미만인 소송시효의 경우, 그 소송시효의 기간 내내 정지된다.
3. 만약 당사자들이 법률에 규정된 재판외적 분쟁해결절차(조정, 중개, 행정절차 등)를 이용하였다면, 법률에 규정된 당해 절차의 진행기간 동안 소송시효 기간이 정지되며, 당해 절차의 진행기간이 법률에 규정되어 있지 않은 경우에는 당해 절차가 개시된 날로부터 6개월 동안 정지된다.
4. 소송시효의 진행은, 그 소송시효의 정지사유에 해당한 경우가 종료한 날로부터 계속된다. 만약 소송시효의 잔여기간이 6개월 미만인 경우, 그 소송시효는 6개월까지 연장되며, 만약 전체기간이 6개월이거나 또는 그 미만의 소송시효의 경우, 당해 소송시효의 전체기간까지 연장된다.

1) 불가항력 등에 의한 정지

소송시효의 진행 도중에 또는 만료할 무렵에 채권자에게 불가항력 등 본인 통제 밖에 있는 사실상 및 법률상 장애로 인해 정지사유가 발생할 경우, 그 기간 동안에는 소송시효의 만료가 유예된다. 참고로, 이러한 유예의 효과는 주관적 시효기간에 적용되는 것이지 객관적 시효에는 적용되지 않는다.[66] 왜냐하면 러시아민법이 2013년 전면개정을 거치면서, 객관적 기산점에서 10년의 상한기간이 도과하

66) Карапетов А.Г., *Сделки, представительство, исковая давность: постатейный комментарий к статьям 153-208 Гражданского кодекса Российской Федерации*, М-Логос, 2018, С. 1212.

면 권리자의 주관적 인식과 상관없이 시효가 완성하도록 단서규정이 추가되었기 때문이다(제200조 제2항).

천재 기타 사변만을 정지사유로 인정하는 한국민법과 달리, 러시아민법은 더 넓은 의미의 불가항력(vis major)을 정지사유로 명시하고, 이와 유사한 성격의 기타 불가항력적 사유를 포괄적으로 규율한다. 그러나 러시아민법 제202조 제1항의 적용범위는 객관적 사실관계로 제한되는바,[67] 제3자의 행위로 인한 장애사유의 발생은 불가항력적 사유가 될 수 없다.

2) 대체적분쟁해결 절차에 의한 정지

분쟁당사자가 분쟁해결을 위해 중재, 조정 등 법률에서 정한 대체적분쟁해결 절차로 회부한 경우에는 이를 정지사유로 인정받아, 해당 법정된 대체적분쟁해결 절차가 존속한 기간 동안 시효정지효를 인정받는다.

다만, 위 조항의 문구상 '법률에 규정된' 재판외적 분쟁해결절차에 따라야 하는바, 관련 법률규정이 없는 '협의' 절차는 재판외적 분쟁해결절차에 해당하지 않고[68], 재판외적 청구에 해당하는 '최고' 역시 관련 규정이 러시아민법에 없으므로, 러시아연방에서 '협의' 및 '최고'는 그 자체만으로 소송시효의 중단사유가 될 수 없다.

한편, 러시아법상 특정 유형의 소제기를 위해서는 분쟁당사자가 필수적으로 '이의제기 절차' — 한국의 '소송전 화해절차'와 성격이 유사하다 — 를 거쳐야 하는데, 이 절차는 소송법에 규정된 절차이므로, 이의제기 절차는 법정된 대체적 분쟁분쟁해결 절차로서 소송시효의 중지사유가 된다는 데 이견이 없다.[69]

살피건대, 만약 분쟁당사자 양방 간에 이의제기 절차를 진행하자는 합의가 있다면 — 이를테면, 채권자가 소제기에 앞서 채무자에게 채무이행을 청구(최고)하면서 화해합의를 위한 협상개시를 제안하고, 상대방인 채무자가 이를 승낙하는 의사표시를 한다면 —, '이의제기 절차' 테두리 내에서의 '협의' 또는 '재판외적 청구'는

---

67) Карапетов А.Г., *Сделки, представительство, исковая давность: постатейный комментарий к статьям 153-208 Гражданского кодекса Российской Федерации*, М-Логос, 2018, С. 1212

68) Карапетов А.Г., *Сделки, представительство, исковая давность: постатейный комментарий к статьям 153-208 Гражданского кодекса Российской Федерации*, М-Логос, 2018, С. 1216.

69) п. 16 Постановления Пленума ВС РФ от 29 сентября 2015 г. №. 43.

충분히 소송시효의 중단사유가 될 수 있을 것이다. 그러나 이의제기 절차의 요건을 충족하지 아니한 협의나 최고는 그 자체만으로 러시아법상 소송시효의 정지사유가 될 수 없다.

2. 중단사유

> **제203조 소송시효의 중단**
>
> 소송시효의 진행은 의무자의 채무승인을 증명하는 행위에 의하여 중단된다.
>
> 중단 후 소송시효의 진행은 다시 시작되며, 중단시까지 경과한 기간은 새로운 기간에 불산입한다.

러시아민법상 소송시효의 중단사유는 채무승인이 유일하다. 여기서 채무승인은 준법률행위로서 관념의 통지를 의미하는데, 채무승인의 행위주체는 의무자이지만, 채권자 역시 의무자의 채무승인 행위를 증명함으로써 소송시효의 중단을 도모할 수 있다.

위 조항의 문리적 해석 및 학설[70]에 따르면, 채무승인의 형식은 서면에 제한되지 않고 구두로도 가능하며, 이는 실체법상 문제가 아닌, 소송법상 증명의 문제이기 때문이라고 설명한다. 더욱이 러시아민법은, 법률로써 달리 정한 경우를 제외하고, 계약의 서면 형식을 계약성립의 필수적 요건으로 두고 있지 않다(제162조).

나아가 판례[71]는 '의무자의 채무승인을 증명하는 행위'의 예시로 ① 이의제기의 인정, ② 채무자가 채무인정을 한다는 취지의, 채무자 측의 권한 있는 자가 행한 계약서 변경 및 계약서 변경 요청(납금연기 요청 또는 분할납금 요청 등), ③ 채무자 측의 권한 있는 자가 서명한 정산서를 들고 있으며, 더 나아가, 이의제기에 대한 답변서에 채무를 인정한다는 표현의 명시가 없을 경우, 이는 채무승인을 한 것으로 볼 수 없다고 해석하고 있다.

---

70) Черепахин Б. Б., *Исковая давность по обязательствам из причинения вреда по Гражданскому кодексу*, Право и жизнь, 1926, Кн. 4-5, С. 38.

71) п. 20 Постановления Пленума ВС РФ от 29 сентября 2015 г. №. 43.

3. 소송시효의 회복

> **第205조 소송시효의 회복**
>
> 원고의 인격과 관련한 사정(중병, 무기력한 상태, 문맹 등)과 관련하여, 법원이 이를 소송시효를 실기한 이유로 부득이하다고 인정하는 예외적인 경우, 개인의 침해된 권리는 보호되어야 한다. 소송시효 실기의 이유가 부득이하다고 인정되기 위해서는, 그 실기의 이유가 소송시효 최후의 6개월 내에 발생하여야 하며, 만약 소송시효의 기간이 6개월 또는 그 미만인 경우, 그 기간 중에 실기의 이유가 발생해야 한다.

(1) 의의 및 연혁적 배경

"법은 선과 형평의 예술이다(ius est ars boni et aequi)"라는 법언에 따라, 러시아 민법은 권리자가 시효완성 6개월 이전에 발생한 중병, 무기력, 문맹 등 부득이한 사정으로 소송시효를 실기한 것을 권리행사의 사실상 장애로 취급하여, 법원으로 하여금 원고의 신청에 따라 시효연장효의 인정 여부를 판단할 수 있도록 한다.

1922년 민법전 및 1964년 민법전에서도 위 조항과 유사한 규정을 찾을 수 있는데, 법원이 원고의 신청에 의한 시효의 연장효를 인정함으로써 사회적 형평을 도모하는 데 그 취지가 있다고 할 수 있다.

> **1922년 민법전 제49조.**
>
> 모든 경우에 있어, 법원이 소멸시효의 실기 이유가 타당하다고 인정한다면, 법원은 소멸시효를 연장할 수 있다.
>
> **1964년 민법전 제87조. 소송시효 만료의 효과**
>
> 소제기 전 소송시효의 만료는 소기각의 사유가 된다.
>
> 만약 법원, 중재기관 또는 중재원이 소멸시효를 실기한 이유를 부득이하다고 인정한다면, 침해된 권리는 보호 대상이 된다.

(2) 원고의 인격과 관련한 사정(중병, 무기력한 상태, 문맹 등)의 범위

소련 시대에는 심지어 법인도 부득이한 사유(집단농장 임원의 집단농장 사무에 대한 불법적 개입, 대표자의 권리남용 등)를 주장하여 소송시효를 회복할 수 있었다.[72] 하지만 현재는 영리활동과 관련한 법인 및 개인사업자의 청구에 대해 시효의 회복을 불인정한다.[73] 사실상 자연인의 부득이한 일신상 사정만을 신청사유로 본다는 점에서 동조의 적용범위가 대폭 축소되었다고 할 수 있다.

판례는 정신병, 암 등을 중병의 범주로 인정하기에[74], 급격한 건강악화만으로는 중병으로 인정받기 어렵다. 또한, 판례[75]상 무기력한 상태란, 볼모 또는 인질로 잡힌 무방비의 상태를 의미하고, 문맹에 관해서는 러시아어를 구사하지 못하는 상태를 일컫는다. 즉, 법의 무지는 문맹과 무관하다. 살피건대, 이는 재판의 언어인 러시아어를 모르는 소수민족의 재판권 보호를 위한 것으로 이해된다.

(3) 추후보완과 비교

'소송시효의 회복'은 러시아법 특유의 제도로 평가된다. 한국 등 다른 나라의 경우, 이와 유사한 효과를 일으키는 방식으로, 일반시효기간보다 긴 특별한 시효기간을 정하거나, 시효기산의 유예에 관한 규정을 두는 것[76]이 일반적인데, 러시아연방은 채권자의 부득이한 사유로 인한 재판상 청구(소제기)의 실기를, 마치 소송법상 '추후보완' 제도처럼, 귀책사유 없는 실기로 보아 법원의 개별적 판단을 통해 그 적법성을 인정하고 있는 셈이다. 하지만, 소송시효의 회복은 실체법상 행위인 재판상 청구의 실기를 대상으로 하고, 추후보완은 소송행위의 재판상 불변기간 실기를 대상으로 한다는 점에서 차이점이 있다.[77]

V. 맺음말

러시아연방의 소송시효제도를 개괄적으로, 그리고 연혁적으로도 살펴보았다. 러시아연방에서는, 시효가 완성하더라도 채권자의 권리는 소멸하지 않고, 이해관계

---

72) п. 16 Пленум Верховного Суда СССР от 26.03.1960 N 3 «О судебной практике по гражданским колхозным делам»

73) п. 12 Постановления Пленума ВС РФ от 29 сентября 2015 г. № 43.

74) определения КГД ВС РФ от 11 марта 2014 г. № 15-КГ13-6, от 14 июля 2015 г. № 5-КГ15-83, от 23 мая 2017 г. № 19-КГ17-10.

75) п. 40 (а) Постановления Пленума ВС РФ от 29 мая 2012 г. № 9.

76) 한국의 경우, 미성년 성범죄피해자의 손해배상청구권은 성년이 된 시점부터 기산한다.

77) 러시아연방 역시 추후보완 제도를 '절차상 기간의 회복(восстановление процессуальных сроков)'이라는 개념으로 소송법에서 따로 규율하고 있다.

자가 소송시효의 완성을 주장한 경우에 비로소 채권자가 채무자에게 채무이행의 청구를 소구할 권리를 상실한 것으로 본다. 채권법 측면에서는, 시효완성시 채무자에게 소구력 및 집행력 없는 자연채무가 남게 된다고 볼 수 있다.

러시아민법에서는 '채권'과 '청구권'의 구별이 없고, 시효제도를 설명함에 있어서 이른바 '소권'을 중심으로 한 조문체계를 두고 있지만, 실질적으로는 이를 '청구권'으로 해석하고 있다는 점에서, 시효완성의 효과 부분을 제외한다면, 채권 및 소유권 이외의 재산권을 시효의 대상으로 정한 한국민법과 유사성을 확인할 수 있었다. 특히, 러시아민법에서 설명하는 시효완성 후의 급부이행에 관한 효과는, 시효이익의 포기에 관한 우리의 법리 및 판례와 일치한다.

한편, 소련의 법 제도를 계승한 러시아민법의 특수성도 확인할 수 있었다. 특히, 한국에서는 생소한, '시효의 회복' 제도는, 권리자가 중병, 문맹 등의 부득이한 사정으로 인해 시효를 실기했을 경우 법원이 이를 사실상의 장애로 인정해 시효의 연장을 허용할 수 있다는 점에서, 법의 사회적 형평성을 중시하는 러시아연방의 입법정책을 가늠할 수 있었다. 나아가, 러시아민법은 시효의 중단사유로 오직 채무승인만을 인정하고, 나머지 장애사유를 정지사유로 규정하며, 심지어는 재판상 청구 역시 정지사유로 취급한다는 점이 인상적이었다.

또한, 러시아민법은 소송시효의 기산에 있어 권리의 객관적 발생일과 권리자의 주관적 권리침해에 관한 인식을 병렬적으로 규정한 이원적 체계를 갖추고 있다는 점에서, 권리자의 권리행사 가능 여부만을 일원적으로 고려한 우리의 객관적 기산체계에 시사하는 바가 크다고 생각된다.

그러나 러시아민법은 제척기간에 관한 규정이 미비하고, 취소권 등 일부 형성권을 제척기간이 아닌, 소송시효에 걸리는 권리로 규정한 점에서 다소 아쉬운 면이 있다고 생각된다. 그렇지만 러시아민법의 입법자들은 법 개정을 통해 소송시효제도를 보완하고 있으며, 특히 2013년 러시아민법의 전면개정을 통해서는 소송시효의 객관적 기산점에 10년의 상한기간 등을 도입하기도 하였다. 관련 규정이 도입된 지 10년이 지난 지금, 객관적 기산점의 상한기간에 관한 사건들이 러시아법원의 판단을 받게 될 것인바, 앞으로 이에 관한 러시아법원의 해석과 판례의 형성에 그 귀추가 주목된다.

Ⅵ. 소송시효 규정의 변천사(번역)

1. 1922년 민법전

Гражданский кодекс РСФСР 1922 г. Общая часть V. Исковая давность	1922년 러시아공화국 민법전 총칙 V. 소송시효
Ст. 44. Права на иски погашаются по истечении трехлетнего срока (исковая давность), если в законе не установлен иной срок давности.	제44조. 소권은, 법률로써 달리 정하지 않는 한, 3년의 기간(소송시효)이 만료함으로써 소멸한다.
Ст. 45. Течение исковой давности начинается с того времени, когда возникло право на предъявление иска. По обязательствам, подлежащим исполнению по востребованию кредитора, течение исковой давности начинается со времени возникновения обязательства.	제45조. 소송시효의 진행은 소제기권이 발생한 시점부터 기산한다. 채권자의 청구시 이행하는 채무에 관하여 소송시효의 진행은 채무의 발생시로부터 기산한다.
Ст. 46. С погашением давностью иска по главному требованию погашаются также иски и о придаточных требованиях.	제46조. 주된 청구의 대한 소송시효의 소멸로써 종된 채권에 관한 소송 역시 소멸[78]한다.
Ст. 47. В случае исполнения обязательства должником по истечении давности он не вправе требовать обратно уплаченного, хотя бы в момент уплаты он и не знал об истечении давности.	제47조. 소송시효가 만료된 후 의무를 이행한 채무자는 지급하였을 당시 소송시효의 만료를 알지 못하였을지라도 지급한 것의 반환을 청구할 수 없다.
Ст. 48. Течение исковой давности приостанавливается: 1) когда истец вследствие непреодолимой силы был лишен возможности предъявить иск, если препятствия эти наступили в последние шесть месяцев давностного срока; 2) в силу объявленного для обязательств моратория; 3) для состава Красной армии и флота, приведенного на военное положение, пока последнее продолжается. Примечание. Со дня прекращения обстоятельств, послуживших основанием для приостановления течения давности, течение срока продолжается, причем	제48조. 다음 각호의 1의 경우, 소송시효의 진행은 정지된다. 1) 원고가 불가항력으로 인하여 소제기의 가능성이 박탈되었을 때, 그 장해가 소송시효 최후의 6개월 내에 도래한 경우 2) 채무의 유예(모라토리엄)가 선포된 것에 의한 경우 3) 전시 상황의 소련 붉은군대[79] 및 해군에 소속한 경우 참고. 소송시효의 진행은, 그 소송시효의 정지사유에 해당한 경우가 종료한 날로부터 계속된다. 만약 소송시효의 잔여기간이 6개월 미만인 경우, 그 소송시효는 6개월까지 연장된다.

в случаях, когда остающий ся срок менее 6 месяцев, таковой удлиняется до 6 месяцев.	
Ст. 49. Во всех случаях, когда суд признает основательными причины, по которым пропущен срок исковой давности, он может продлить этот срок.	제49조. 모든 경우에 있어, 법원이 소멸시효의 실기 이유가 타당하다고 인정한다면, 법원은 소멸시효를 연장할 수 있다.
Ст. 50. Исковая давность прерывается предъявлением иска, а также совершением со стороны обязанного лица дей ствий , свидетельствующих о признании долга.	제50조. 소송시효는 소제기로써 중단되며, 의무자의 채무승인을 증명하는 행위에 의하여도 중단된다.
Ст. 51. После перерыва исковая давность начинается снова, причем истекшее перед тем время не зачисляется в новый срок.	제51조. 소송시효는 중단 이후에 다시 시작되며, 중단시까지 경과한 기간은 새로운 기간에 불산입한다.

2. 1964년 민법전

Гражданский кодекс РСФСР 1964 г. Раздел I. Общие положения Глава 6. Исковая давность	**1964년 러시아공화국 민법전 제1편 총칙 제6장 소송시효**
Статья 78. Общие сроки исковой давности	**제78조 일반소송시효**
Общий срок для защиты права по иску лица, право которого нарушено (исковая давность), устанавливается в три года, а по искам государственных организаций , колхозов и иных кооперативных и общественных организаций друг к другу－в один год.	권리가 침해된 자의 소권을 보호하기 위한 일반소송시효(소송시효)는 3년으로 하며, 국가기관, 집단농장 및 기타 협동조합 및 사회단체 간의 소송에 관하여는 1년으로 한다.
Статья 79. Сокращенные сроки исковой давности	**제79조 단기소송시효**
Сокращенные сроки исковой давности устанавливаются законодательством Союза ССР для отдельных видов требований , вытекающих из отношений , регулирование которых отнесено к ведению Союза ССР, и настоящим Кодексом －для иных требований . Сокращенный срок давности продол	소련의 관할에 속하는 관계에서 비롯한 별도 유형의 청구에 관하여는 소련의 법률로써 단기소송시효를 정하고, 기타 청구에 관하여는 동법전으로써 단기소송시효를 정한다. 다음 각호의 1의 경우, 6개월의 단기시효기간이 적용된다. 1) 위약벌(위약금, 지체상금) 지급청구에 관

78) 직역으로는 '소멸한다'가 맞지만, 주어가 '소송'이므로 '종결한다'로 의역할 수도 있다.

79) 육군에 해당한다.

жительностью в шесть месяцев применяется, в частности, по искам:

1) о взыскании неустой ки (штрафа, пени);

2) о недостатках проданных вещей (статья 249);

3) вытекающим из поставки продукции ненадлежащего качества (статья 262), а также некомплектной продукции.

К искам о недостатках выполненной по договору подряда работы применяются сроки давности, указанные в статье 365 настоящего Кодекса.

К искам, вытекающим из перевозки грузов, пассажиров и багажа, применяются сокращенные сроки давности, указанные в статье 384 настоящего Кодекса, а к искам, вытекающим из отношений органов связи с клиентурой , —сокращенные сроки давности, указанные в Уставе связи Союза ССР.

한 소송

2) 매도한 물건의 하자(제249조)에 관한 소송

3) 부적합 품질의 제품의 공급(제262조) 및 제품의 불완전성[80]에서 비롯한 소송

도급계약상 용역의 하자에 관한 소송에 대하여는 동법전 제365조에서 규정한 시효기간이 적용된다.

화물, 여객 및 수하물 운송에서 비롯한 소송에 대하여는 동법전 제384조에 규정한 단기시효기간이 적용되며, 통신기관과 이용자 간의 관계에서 비롯한 소송에 대하여는 소련의 통신약관에서 규정한 단기시효기간이 적용된다.

Статья 80. Недей ствительность соглашения об изменении сроков исковой давности

Изменение по соглашению сторон сроков исковой давности и порядка их исчисления не допускается.

제80조 소송시효 변경 합의의 무효

소송시효의 기간 및 그 계산 절차에 관한 당사자의 합의는 불허된다.

Статья 81. Рассмотрение иска независимо от истечения исковой давности

Требование о защите нарушенного права принимается к рассмотрению судом, арбитражем или третей ским судом независимо от истечения срока исковой давности.

제81조 소송시효의 만료 여부와 무관하게 소송 심리

침해된 권리의 보호에 관한 청구는 소송시효의 만료 여부와 무관하게 법원, 중재기관 또는 중재원에 의하여 심리된다.

Статья 82. Обязательность применения исковой давности

Исковая давность применяется судом, арбитражем или третей ским судом независимо от заявления сторон.

제82조 소송시효 적용의 의무

소송시효는 당사자의 주장 여부와 무관하게 법원, 중재기관 또는 중재원에 의하여 적용된다.

Статья 83. Начало течения срока исковой давности

Течение срока исковой давности начинается со дня возникновения права на иск; право на иск возникает со дня, ко

제83조 소송시효 계산의 기산점

소송시효의 진행은 소권의 발생시부터 기산한다. 소권은 당사자가 자기의 권리가 침해된 사실을 알았거나 알 수 있었던 날로부터 기산한

гда лицо узнало или должно было узнать о нарушении своего права. Изъятия из этого правила, а также основания приостановления и перерыва течения сроков исковой давности устанавливаются законодательством Союза ССР и настоящим Кодексом.

다. 본 규정의 예외 및 소송시효 진행의 정지사유와 중단사유는 소련의 법률 및 동법전에 따른다.

Статья 84. Срок исковой давности при перемене лиц в обязательстве

第84조 채무의 당사자 변동시 소송시효

Перемена лиц в обязательстве не влечет за собой изменения срока исковой давности.

채무에서의 당사자 변동은 소송시효의 변경을 불러일으키지 아니한다.

Статья 85. Приостановление течения срока исковой давности

第85조 소송시효의 정지

Течение срока исковой давности приостанавливается:

1) если предъявлению иска препятствовало чрезвычайное и непредотвратимое при данных условиях событие (непреодолимая сила);

2) в силу установленной Советом Министров СССР и Советом Министров РСФСР отсрочки исполнения обязательств (мораторий);

3) если истец или ответчик находится в составе Вооруженных Сил СССР, переведенных на военное положение.

Течение срока исковой давности приостанавливается при условии, если указанные в настоящей статье обстоятельства возникли или продолжали существовать в последние шесть месяцев срока давности, а если этот срок менее шести месяцев, —в течение срока давности.

Со дня прекращения обстоятельства, послужившего основанием приостановления давности, течение ее срока продолжается, при этом остающаяся часть срока удлиняется до шести месяцев, а если срок исковой давности был менее шести месяцев, — до срока исковой давности.

다음 각호의 1의 경우, 소송시효의 진행은 정지된다.

1) 긴급하고, 그러한 여건 하에서의 불가피한 상황(불가항력)이 소제기를 방해한 경우

2) 소련 장관평의회 및 러시아공화국 장관평의회가 채무이행의 유예(모라토리엄)를 정한 것에 의한 경우

3) 원고 또는 피고가 전시 상황의 소련군에 소속한 경우

동조에 명시된 경우가 소송시효 최후의 6개월 내에 발생하거나 또는 계속되고 있는 조건하에서 소송시효의 진행은 정지되며, 만약 전체기간이 6개월 미만인 소송시효의 경우, 그 소송시효의 기간 내내 정지된다.

소송시효의 진행은 그 소송시효의 정지사유에 해당한 경우가 종료한 날로부터 계속되고, 소송시효의 잔여기간은 6개월까지 연장되며, 만약 전체기간이 6개월 미만인 소송시효의 경우, 당해 소송시효의 기간까지 연장된다.

Статья 86. Перерыв течения срока исковой давности

第86조 소송시효의 중단

Течение срока исковой давности пре

소송시효의 진행은 일정 절차에 따른 소제기

рывается предъявлением иска в установленном порядке.

По спорам, в которых одной или обеими сторонами являются граждане, течение срока исковой давности прерывается также совершением обязанным лицом действий, свидетельствующих о признании долга.

После перерыва течение срока исковой давности начинается снова; время, истекшее до перерыва, не засчитывается в новый срок.

Если иск оставлен судом без рассмотрения, то начавшееся до предъявления иска течение срока исковой давности продолжается в общем порядке.

Если судом оставлен без рассмотрения иск, предъявленный в уголовном деле, то начавшееся до предъявления иска течение срока исковой давности продолжается со дня вступления в законную силу приговора, которым иск оставлен без рассмотрения.

로써 중단된다.

개인이 일방 또는 양방 당사자로 있는 소송에 관하여, 소송시효의 진행은 의무자의 채무승인을 증명하는 행위에 의하여 중단된다.

중단 후 소송시효의 진행은 다시 시작한다. 중단시까지 경과한 기간은 새로운 기간에 불산입한다.

만약 법원이 소를 각하한다면, 소제기시 전에 진행이 시작된 소송시효의 진행은 일반적 절차에 따라 계속된다.

만약 법원이 형사사건상 제기된 소[81]를 각하한다면, 소제기 전에 진행이 시작된 소송시효는 소각하의 발효일로부터 그 진행이 계속된다.

Статья 87. Последствия истечения срока исковой давности

제87조 소송시효 만료의 효과

Истечение срока исковой давности до предъявления иска является основанием к отказу в иске.

Если суд, арбитраж или третейский суд признает уважительной причину пропуска срока исковой давности, нарушенное право подлежит защите.

소제기 전 소송시효의 만료는 소기각의 사유가 된다.

만약 법원, 중재기관 또는 중재원이 소멸시효를 실기한 이유를 부득이하다고 인정한다면, 침해된 권리는 보호 대상이 된다.

Статья 88. Приостановление, перерыв и восстановление сокращенных сроков давности

제88조 단기소송시효의 정지, 중단 및 회복

Правила о приостановлении, перерыве и восстановлении сроков исковой давности (статьи 85 – 87) распространяются также на сокращенные сроки давности, если законом не установлено иное.

소멸시효의 정지, 중단 및 회복에 관한 규정(제85조~제87조)은, 법률로써 달리 정하지 않는 한, 단기소송시효에도 적용된다.

Статья 89. Исполнение обязанности должником по истечении срока исковой давности

제89조 소송시효의 만료 후 채무자의 의무이행

В случае исполнения обязанности должником по истечении срока исковой давности он не вправе требовать испо

소송시효가 만료된 후 의무를 이행한 채무자는 의무이행을 하였을 당시 소송시효의 만료를 알지 못한 경우에도 이행한 것의 반환을 청구할

ленное обратно, хотя бы в момент исполнения он и не знал об истечении давности.	수 없다.
Исполнение обязанности после истечения срока исковой давности между социалистическими организациями допускается лишь в случаях, предусмотренных законодательством Союза ССР.	소송시효가 만료된 이후의 사회주의단체 간의 의무이행은 소련의 법률로써 정한 경우에 한하여 허용된다.
Статья 90. Требования, на которые исковая давность не распространяется	**제90조 소송시효 불적용 청구**
Исковая давность не распространяется:	소송시효는 다음 각호의 1의 청구에는 적용하지 아니한다.
на требования, вытекающие из нарушения личных неимущественных прав, кроме случаев, предусмотренных законом;	인격적 비재산권 침해에서 비롯한 청구, 단 법률로써 정한 경우에는 제외한다.
на требования государственных организаций о возврате государственного имущества из незаконного владения колхозов и иных кооперативных и общественных организаций или граждан;	집단농장 및 기타 협동조합 및 사회단체의 불법점유 하에 있는 국가재산의 반환에 관한 국가기관의 청구
на требования вкладчиков о выдаче вкладов, внесенных в государственные трудовые сберегательные кассы и в Государственный банк СССР;	국가노동저축은행 및 소련 국가은행에 예치한 예금의 반환에 관한 예금자의 청구
в случаях, устанавливаемых законодательством Союза ССР, —и на другие требования.	소련의 법률로써 정한 경우 및 그 밖의 청구
Статья 91. Применение исковой давности к искам по дополнительным требованиям	**제91조 부수적 청구에 관한 소송에 대한 소송시효의 적용**
С истечением срока исковой давности по главному требованию считается истекшим срок исковой давности и по дополнительным требованиям (неустойка, поручительство и т.п.).	부수적 청구(위약벌, 보증 등)의 소송시효는, 주된 청구에 대한 소송시효의 만료에 따라 만료한 것으로 본다.

80) 주로 제품의 구성품이 불완전한(일부누락된) 경우를 뜻한다.
81) 한국의 '배상명령신청'에 해당하는 제도다.

3. 러시아민법

Гражданский кодекс Российской Федерации Часть первая Раздел I. Общие положения Подраздел 5. Сроки. Исковая давность Глава 12. Исковая давность	러시아연방 민법전 제1부 제1편 총칙 제5분편 기간, 소송시효 제12장 소송시효
Статья 195. Понятие исковой давности	**제195조 소송시효의 개념**
Исковой давностью признается срок для защиты права по иску лица, право которого нарушено.	소송시효라 함은 권리가 침해된 자의 소권을 보호하기 위한 기간을 뜻한다.
Статья 196. Общий срок исковой давности	**제196조 일반소송시효**
1. Общий срок исковой давности составляет три года со дня, определяемого в соответствии со статьей 200 настоящего Кодекса. 2. Срок исковой давности не может превышать десять лет со дня нарушения права, для защиты которого этот срок установлен, за исключением случаев, установленных Федеральным законом от 6 марта 2006 года N 35-ФЗ "О противодействии терроризму."	1. 일반소송시효는 동법전 제200조에서 정한 날로부터 3년으로 한다. 2. 소송시효는 보호의 대상이 되는 권리가 침해된 날로부터 10년을 초과할 수 없다. 단, "테러 방지에 관한 연방법(제35-Ф3호, 2006.03.06. 제정)"에서 규정한 경우는 제외한다.
Статья 197. Специальные сроки исковой давности	**제197조 특별소송시효**
1. Для отдельных видов требований законом могут устанавливаться специальные сроки исковой давности, сокращенные или более длительные по сравнению с общим сроком. 2. Правила статьи 195, пункта 2 статьи 196 и статей 198 - 207 настоящего Кодекса распространяются также на специальные сроки давности, если законом не установлено иное.	1. 별도 유형의 청구에 관하여는 법률로써 특별소송시효로 일반소송시효보다 짧게 또는 길게 정할 수 있다. 2. 동법전 제195조, 제196조 제2항 및 제198조~제207조의 규정은, 법률로써 달리 정하지 않는 한, 특별소송시효에도 적용한다.
Статья 198. Недействительность соглашения об изменении сроков исковой давности	**제198조 소송시효 변경 합의의 무효**
Сроки исковой давности и порядок их исчисления не могут быть изменены соглашением сторон.	소송시효의 기간 및 그 계산 절차는 당사자의 합의로 변경할 수 없다. 소송시효 진행의 정지사유 및 중단사유는 동

Основания приостановления и перерыва течения сроков исковой давности устанавливаются настоящим Кодексом и иными законами.	법전 및 그 밖의 법률로써 정한다.
Статья 199. Применение исковой давности	**제199조 소송시효의 적용**
1. Требование о защите нарушенного права принимается к рассмотрению судом независимо от истечения срока исковой давности.	1. 침해된 권리의 보호에 관한 청구는 소송시효의 만료와 무관하게 법원이 수리하여야 한다.
2. Исковая давность применяется судом только по заявлению стороны в споре, сделанному до вынесения судом решения.	2. 법원은 오직 분쟁당사자 일방이 법원의 판결 선고가 있기 전에 한 주장에 의하여만 소송시효를 적용한다.
Истечение срока исковой давности, о применении которой заявлено стороной в споре, является основанием к вынесению судом решения об отказе в иске.	분쟁당사자 일방이 법원에 주장한 소송시효의 만료는, 법원에 의한 소기각판결 선고의 사유가 된다.
3. Односторонние действия, направленные на осуществление права (зачет, безакцептное списание денежных средств, обращение взыскания на заложенное имущество во внесудебном порядке и т.п.), срок исковой давности для защиты которого истек, не допускаются.	3. 소송시효가 만료된 브호대상 권리의 행사를 위한 일방적 행위(상계, 납입자의 승낙을 요하지 않는 자동이체, 재판외적 담보권 실행 등)는 불허된다.
Статья 200. Начало течения срока исковой давности	**제200조 소송시효 계산의 기산점**
1. Если законом не установлено иное, течение срока исковой давности начинается со дня, когда лицо узнало или должно было узнать о нарушении своего права и о том, кто является надлежащим ответчиком по иску о защите этого права.	1. 소송시효의 진행은, 법률로써 달리 정하지 않는 한, 당사자가 자기의 권리가 침해된 사실 및 자기의 침해된 권리를 보호하기 위한 소송에 적격한 피고를 알았거나 알 수 있었던 날로부터 기산한다.
2. По обязательствам с определенным сроком исполнения течение срока исковой давности начинается по окончании срока исполнения.	2. 특정한 이행기가 있는 채무에 관하여 소송시효의 진행은 그 이행기가 종료한 때로부터 기산한다.
По обязательствам, срок исполнения которых не определен или определен моментом востребования, срок исковой давности начинает течь со дня предъявления кредитором требования об исполнении обязательства, а если должнику предоставляется срок для исполнения такого требования, исчисление срока исковой давности начинается по оконч	특정한 이행기가 없거나, 또는 청구시를 이행기로 정한 채무에 관하여 소송시효는 채권자가 채무이행을 청구한 때를 기산점으로 하며, 만약 채무자에게 당해 채무의 이행기를 정한 경우, 소송시효는 당해 채무의 이행기가 만료한 때부터 기산한다. 한편, 소송시효의 기간은 어떠한 경우에도 채무가 발생한 날로부터 10년을 초과할 수 없다.

ании срока, предоставляемого для исполнения такого требования. При этом срок исковой давности во всяком случае не может превышать десять лет со дня возникновения обязательства.

3. По регрессным обязательствам течение срока исковой давности начинается со дня исполнения основного обязательства.

3. 구상채무에 관하여 소송시효는 주채무를 이행한 날로부터 기산한다.

Статья 201. Срок исковой давности при перемене лиц в обязательстве

제201조 채무의 당사자 변동시 소송시효

Перемена лиц в обязательстве не влечет изменения срока исковой давности и порядка его исчисления.

채무에서의 당사자 변동은 소송시효의 기간 및 그 계산 절차의 변경을 불러일으키지 아니한다.

Статья 202. Приостановление течения срока исковой давности

제202조 소송시효의 정지

1. Течение срока исковой давности приостанавливается:

1) если предъявлению иска препятствовало чрезвычайное и непредотвратимое при данных условиях обстоятельство (непреодолимая сила);

2) если истец или ответчик находится в составе Вооруженных Сил Российской Федерации, переведенных на военное положение;

3) в силу установленной на основании закона Правительством Российской Федерации отсрочки исполнения обязательств (мораторий);

4) в силу приостановления действия закона или иного правового акта, регулирующих соответствующее отношение.

2. Течение срока исковой давности приостанавливается при условии, что указанные в пункте 1 настоящей статьи обстоятельства возникли или продолжали существовать в последние шесть месяцев срока исковой давности, а если этот срок равен шести месяцам или менее шести месяцев, в течение срока исковой давности.

3. Если стороны прибегли к предусмотренной законом процедуре разрешения спора во внесудебном порядке (процедура медиации, посредничество, адми

1. 다음 각호의 1의 경우, 소송시효의 진행은 정지된다.

1) 긴급하고, 그러한 여건 하에서의 불가피한 상황(불가항력)이 소제기를 방해한 경우

2) 원고 또는 피고가 전시 상황의 러시아군에 소속한 경우

3) 러시아연방정부가 법률에 따라 채무이행의 유예(모라토리엄)를 정한 것에 의한 경우

4) 당해 관계를 규율하는 법률 또는 그 밖의 법령의 효력이 정지된 것에 의한 경우

2. 동조 제1항에 명시된 경우가 소송시효 최후의 6개월 내에 발생하거나 또는 계속되고 있는 조건하에서 소송시효의 진행은 정지되며, 만약 전체기간이 6개월이거나 또는 그 미만인 소송시효의 경우, 그 소송시효의 기간 내내 정지된다.

3. 만약 당사자들이 법률에 규정된 재판외적 분쟁해결절차(조정, 중개, 행정절차 등)를 이용하였다면, 법률에 규정된 당해 절차의 진행기간 동안 소송시효 기간이 정지되며, 당해 절차의

нистративная процедура и т.п.), течение срока исковой давности приостанавливается на срок, установленный законом для проведения такой процедуры, а при отсутствии такого срока – на шесть месяцев со дня начала соответствующей процедуры.

진행기간이 법률에 규정되어 있지 않은 경우에는 당해 절차가 개시된 날로부터 6개월 동안 정지된다.

4. Со дня прекращения обстоятельства, послужившего основанием приостановления течения срока исковой давности, течение ее срока продолжается. Остающаяся часть срока исковой давности, если она составляет менее шести месяцев, удлиняется до шести месяцев, а если срок исковой давности равен шести месяцам или менее шести месяцев, до срока исковой давности.

4. 소송시효의 진행은, 그 소송시효의 정지사유에 해당한 경우가 종료한 날로부터 계속된다. 만약 소송시효의 잔여기간이 6개월 미만인 경우, 그 소송시효는 6개월까지 연장되며, 만약 전체기간이 6개월이거나 또는 그 미만의 소송시효의 경우, 당해 소송시효의 전체기간까지 연장된다.

Статья 203. Перерыв течения срока исковой давности

제203조 소송시효의 중단

Течение срока исковой давности прерывается совершением обязанным лицом действий, свидетельствующих о признании долга.

소송시효의 진행은 의무자의 채무승인을 증명하는 행위에 의하여 중단된다.

После перерыва течение срока исковой давности начинается заново; время, истекшее до перерыва, не засчитывается в новый срок.

중단 후 소송시효의 진행은 다시 시작되며, 중단시까지 경과한 기간은 새로운 기간에 불산입한다.

Статья 204. Течение срока исковой давности при защите нарушенного права в судебном порядке

제204조 침해된 권리의 재판상 보호의 경우의 소송시효의 진행

1. Срок исковой давности не течет со дня обращения в суд в установленном порядке за защитой нарушенного права на протяжении всего времени, пока осуществляется судебная защита нарушенного права.

1. 침해된 권리의 보호를 위해 적법한 절차에 따라 법원에 소제기를 한 날부터 침해된 권리의 재판상 보호가 행사되는 기간 내내 소송시효는 진행하지 아니한다.

2. При оставлении судом иска без рассмотрения течение срока исковой давности, начавшееся до предъявления иска, продолжается в общем порядке, если иное не вытекает из оснований, по которым осуществление судебной защиты права прекращено.

2. 법원이 소를 각하한 경우, 재판상 권리보호의 각하사유에서 달리 비롯하지 않는 한, 소제기시 전에 진행이 시작된 소송시효의 진행은 일반적 절차에 따라 계속된다.

Если судом оставлен без рассмотрения иск, предъявленный в уголовном деле, начавшееся до предъявления иск

법원이 형사사건상 제기된 소[82]를 각하한 경우, 소제기 전에 진행이 시작된 소송시효는 소각하의 효력이 발할 때까지 그 진행을 정지

а течение срока исковой давности приостанавливается до вступления в законную силу приговора, которым иск оставлен без рассмотрения.	한다.
3. Если после оставления иска без рассмотрения неистекшая часть срока исковой давности составляет менее шести месяцев, она удлиняется до шести месяцев, за исключением случаев, если основанием оставления иска без рассмотрения послужили действия (бездействие) истца.	3. 만약 소각하 후 소송시효의 잔여기간이 6개월 미만인 경우, 소송시효는 6개월까지 연장된다. 단, 소각하의 사유가 원고의 작위(부작위)에 의한 경우는 제외한다.
Статья 205. Восстановление срока исковой давности	**제205조 소송시효의 회복**
В исключительных случаях, когда суд признает уважительной причину пропуска срока исковой давности по обстоятельствам, связанным с личностью истца (тяжелая болезнь, беспомощное состояние, неграмотность и т.п.), нарушенное право гражданина подлежит защите. Причины пропуска срока исковой давности могут признаваться уважительными, если они имели место в последние шесть месяцев срока давности, а если этот срок равен шести месяцам или менее шести месяцев – в течение срока давности.	원고의 인격과 관련한 사정(중병, 무기력한 상태, 문맹 등)과 관련하여, 법원이 이를 소송시효를 실기한 이유로 부득이하다고 인정하는 예외적인 경우, 개인의 침해된 권리는 보호되어야 한다. 소송시효 실기의 이유가 부득이하다고 인정되기 위해서는, 그 실기의 이유가 소송시효 최후의 6개월 내에 발생하여야 하며, 만약 소송시효의 기간이 6개월 또는 그 미만인 경우, 그 기간 중에 실기의 이유가 발생해야 한다.
Статья 206. Исполнение обязанности по истечении срока исковой давности	**제206조 소송시효의 만료 후 의무의 이행**
1. Должник или иное обязанное лицо, исполнившее обязанность по истечении срока исковой давности, не вправе требовать исполненное обратно, хотя бы в момент исполнения указанное лицо и не знало об истечении давности.	1. 소송시효가 만료된 후 의무를 이행한 채무자 또는 그 밖의 의무자는 의무이행을 하였을 당시 소송시효의 만료를 알지 못한 경우에도 이행한 것의 반환을 청구할 수 없다.
2. Если по истечении срока исковой давности должник или иное обязанное лицо признает в письменной форме свой долг, течение исковой давности начинается заново.	2. 만약 소송시효가 만료된 후 채무자 또는 그 밖의 의무자가 서면으로 자기의 채무를 승인한다면, 소송시효의 진행은 다시 시작한다.
Статья 207. Применение исковой давности к дополнительным требованиям	**제207조 부수적 청구에 대한 소송시효의 적용**
1. С истечением срока исковой давности по главному требованию считаетс	1. 주된 청구에 대한 소송시효가 만료한 후에 발생한 부수적 청구를 비롯하여, 부수적 청구

я истекшим срок исковой давности и по дополнительным требованиям (проценты, неустойка, залог, поручительство и т.п.), в том числе возникшим после истечения срока исковой давности по главному требованию.	(이자, 위약벌, 담보, 보증 등)에 대한 소송시효는, 주된 청구에 대한 소송시효의 만료에 따라 만료한 것으로 본다.
2. В случае пропуска срока предъявления к исполнению исполнительного документа по главному требованию срок исковой давности по дополнительным требованиям считается истекшим.	2. 주된 청구에 대한 집행문 부여의 신청을 실기한 때에는, 부수적 청구에 대한 소송시효가 만료된 것으로 본다.
Статья 208. Требования, на которые исковая давность не распространяется	**제208조 소송시효 불적용 청구**
Исковая давность не распространяется на:	소송시효는 다음 각호의 1의 청구에는 적용하지 아니한다.
–требования о защите личных неимущественных прав и других нематериальных благ, кроме случаев, предусмотренных законом;	–인격적 비재산권 및 그 밖의 비재산적 이익의 보호에 관한 청구, 단 법률로써 정한 경우는 제외한다.
–требования вкладчиков к банку о выдаче вкладов;	–예금자의 은행에 대한 예금반환 청구.
–требования о возмещении вреда, причиненного жизни или здоровью гражданина. Однако требования, предъявленные по истечении трех лет с момента возникновения права на возмещение такого вреда, удовлетворяются за прошлое время не более чем за три года, предшествовавшие предъявлению иска, за исключением случаев, предусмотренных Федеральным законом от 6 марта 2006 года N 35–ФЗ "О противодействии терроризму";	–개인의 생명과 건강에 가한 손해의 배상에 관한 청구. 그러나 이러한 손해배상청구권이 발생한 때로부터 3년이 경과한 후 제기된 청구에 대하여는 소제기가 있기 전 3년 이내의 과거의 기간에 한하여 인정된다. 단 "테러 방지에 관한 연방법(제35–Ф3호, 2006.03.06. 제정)"에서 규정한 경우는 제외한다.
–требования собственника или иного владельца об устранении всяких нарушений его права, хотя бы эти нарушения не были соединены с лишением владения (статья 304);	–소유자 또는 그 밖의 점유자의 권리침해제거청구로서, 그 침해가 점유상실(제304조)과 무관한 경우.
–другие требования в случаях, установленных законом.	–법률로써 정한 그 밖의 청구

82) 한국의 '배상명령신청'에 해당하는 제도이다.

▮ 참고문헌 ▮

▣ 국내 문헌

고상룡, 『민법총칙(제3판)』, 법문사, 2003.

곽윤직, 『민법총칙(신판)』, 박영사, 1998.

명순구, 『민법학원론(보정판)』, 박영사, 2017.

김진우, "소멸시효와 제척기간", 「재산법연구」, 제25권 제3호, 한국재산법학회, 2009.

최우진, "소멸시효 제도의 입법적 개선을 위한 소견", 「재산법연구」, 제41권 제1호, 한국재산법학회, 2024.

▣ 외국 문헌

Асосков А.В., *Пресекательные сроки и их соотношение с другими видами гражданско-правовых сроков, Вестник гражданского права*, 2018, N 4.

Карапетов А.Г., *Сделки, представительство, исковая давность: постатейный комментарий к статьям 153-208 Гражданского кодекса Российской Федерации*, М-Логос, 2018.

Крашенинников Е. А., *Понятие и предмет исковой давности*, М-во общ. и проф. образования РФ. Ярослав. гос. ун-т им. П. Г. Демидова. - Ярославль: ЯрГУ, 1997.

Савин К.Г., *Исковая давность в современном отечественном и зарубежном гражданском праве*, Дис. канд. юрид. наук, М., 2019.

제3자 확인의 소의 재고*

– 채권의 귀속에 관한 소송을 중심으로 –

정 상 민**

Ⅰ. 머리말

확인의 소에서 오로지 당사자 사이의 권리관계만이 확인의 대상이 될 수 있는 것은 아니다. 당사자 일방과 제3자 사이의 권리관계 또는 제3자 사이의 권리관계에 관해서도 당사자 사이에 다툼이 있어서 당사자 일방의 권리관계에 불안이나 위험이 초래되고 있고, 다른 일방에 대한 관계에서 그 법률관계를 확정시키는 것이 당사자의 권리관계에 대한 불안이나 위험을 제거할 수 있는 유효·적절한 수단이 되는 경우에는 당사자 일방과 제3자 사이의 권리관계 또는 제3자 사이의 권리관계에 관해서도 확인의 이익이 있다는 것이 판례의 입장[1])이자 통설적 견해이다.[2])

그러나 민사소송은 분쟁의 상대적 해결을 원칙으로 하고, 판결의 효력이 원칙적으로 그 소송의 당사자 사이에만 발생할 뿐이라고 한다면, 타인 간의 법률관계에

---

* 본 논문은 은사이신 정영환 교수님의 정년을 맞아 스승께서 걸으신 학문과 섬김, 베풂의 길을 이어가겠다고 다짐하며 작성한 것이기도 합니다.

** 충남대학교 법학전문대학원 조교수, 변호사

1) 대법원 2021. 5. 7. 선고 2021다201320 판결.

2) 정영환, 신민사소송법 제3판(법문사, 2023), 417면; 정동윤/유병현/김경욱, 민사소송법 제10판(법문사, 2023), 428면; 강현중, 민사소송법 제8판(박영사, 2023) 389면; 김홍엽, 민사소송법 제11판(박영사, 2023), 288면; 박재완, 민사소송법강의 제5판(박영사, 2024), 247면; 손한기, 민사소송법 제4판(홍문사, 2022), 324면; 이시윤, 신민사소송법 제17판(박영사, 2024), 236면; 전병서, 강의 민사소송법 제5판(박영사, 2025), 277면; 전원열, 민사소송법 강의 제4판(박영사, 2024), 275면; 한충수, 민사소송법 제4판(박영사, 2025), 385면; 호문혁, 민사소송법 제15판(법문사, 2024), 314면.

대해 확인판결을 얻는 것이 원고의 권리 또는 법적 지위에 존재하는 위험·불안의 제거를 위해 유효적절하다고 할 수 있는지, 잘못된 분쟁해결방법의 선택이 아닌지라는 근본적인 의문이 제기된다.

한편 실체법과 절차법이 항상 일치할 수는 없겠으나, 그렇다 하더라도 실체법상 권리의무의 주체 내지 법률관계의 당사자가 아닌 제3자가 그 소송의 주체 내지 소송당사자가 되어 해당 권리, 법률관계의 당부를 다투도록 하는 것이 과연 바람직한 것인지도 되돌아 볼 필요가 있다.

그리고 제3자에 의한 확인의 소가 적법한 경우에도 본래 권리의무의 귀속주체인 제3자에게 절차참여의 기회가 보장되어야 제3자의 법률관계를 확인하는 판결의 당위성, 규범력이 확보되고 이는 다시 이해관계인들이 해당 판결을 자발적으로 준수하여 분쟁을 사전적, 예방적으로 일거에 해결한다는 확인의 소 본래의 기능과 장점을 구현할 수 있는 것은 아닌지도 의문이다.

본고는 이러한 문제의식을 바탕으로 제3자의 법률관계에 대한 확인의 소의 적법성 내지 당위성, 타당성에 대하여 주로 외국에서의 최근의 논의를 바탕으로 약간의 고찰을 시도하고자 한다.

이하에서는 먼저 독일에서의 학설의 동향, 특히 제3자 확인의 소 자체의 부적법성을 논증하는 유력한 견해를 살펴보고(Ⅱ), 우리와 비슷한 판례군을 형성하여 왔던 동시에 최근에 판결의 효력이 미치지 않음을 이유로 확인의 이익을 부정한 판례가 나타난 일본의 상황을 살펴본 다음(Ⅲ), 위 논의로부터 되새겨보아야 할 이론적 쟁점을 검토해 보기로 한다(Ⅳ). 이러한 논의를 바탕으로 우리 대법원에서 제3자 법률관계의 확인이 문제된 사례 등을 독일, 일본의 그것과 비교·대조하여 고찰하고(Ⅴ), 가장 바람직한 접근법을 되새겨 보며 부족한 글을 마치고자 한다(Ⅵ).

Ⅱ. 독일에서의 논의

1. 종래의 통설 및 판례: 적법설

독일에서도 소송의 당사자가 아닌 자의 법률관계에 대하여 확인을 구하는 이른바 ‘제3자 사이의 법률관계에 관한 확인의 소(Feststellungsklage über Drittrechts verhältnisse)' 내지 '제3자 확인의 소(Drittfeststellungsklage)'는 적법·가능하다고 보는 견해가 판례 내지 종래의 통설이다.[3]

(1) 연혁적 검토

먼저 이와 같이 적법설이 통설, 판례로 확립된 경위 및 연혁을 살펴보면, 다음과 같다.

확인의 소(Feststellungsklage)가 1877년 독일 제국민사소송법(CPO)에 규정된 즈음에는 실체법상 청구권이 있어야 소를 제기할 수 있다고 보는 사법적 소권설(私法的 訴權說)이 지배적이었다.[4] 따라서 확인의 소 내지 그 전신(前身)인 승인의 소(Anerkennungsklage)를 인정하려면 상대방에게 법률관계의 승인을 구하는 실체법상 승인청구권(materiellrechtlicher Anerkennungsanspruch)을 상정하여야 하였다.[5][6] 법

3) RGZ 128, 92 (94); RGZ 170, 358 (374); BGHZ 123, 44 (46); BGHZ 164, 249 (255); BGHZ 165, 192 (196); BGHZ 196, 254 (Rn. 18); Stein/Jonas/*Roth*, Kommentar zur Zivilprozessordnung, 23. Aufl., Bd. 3. Tübingen 2016, § 256 Rn. 33; Rosenberg/Schwab/Gottwald, Zivilprozessrecht, 18. Aufl., München 2018, § 91 Rn. 11; Thomas/Putzo/Reichold, Zivilprozessordnung, 42. Aufl., München 2021, § 256 Rn. 9; Schilken, Zivilprozessrecht, 7. Aufl., München 2014, S. 85: Jacoby, Zivilprozessrecht, 18. Aufl., München 2022, S. 90; Henckel, Parteilehre und Streitgegenstand im Zivilprozess, Heidelberg 1961, S. 89, 114; Bauer, Feststellungsklage über Drittrechtsverhältnisse, München 1971, S. 101, 174f; E. Schumann, Verfassungs- und Menschenrechtsbeschwerde gegen richterliche Entscheidungen, 1963, 79; Habscheid, Rechtsverhältnis und Feststellungsinteresse, ZZP 112 (1999), S. 37ff.; Brehm, Rechtsschutzbedürfnis und Feststellungsinteresse, 50 Jahre Bundesgerichtshof FG aus der Wissenschaft, Bd. 3. München 2000, S. 89ff. 106.

4) 종래 로마의 악치오(*actio*) 체계 하에서는 개별적인 이익정형(定型)마다 판결획득의 요건이 정하여져 있고 그 요건 하에서만 소송이 허용되었기 때문에 사법상의 권리 안에 소권이 매몰되어 있고 양자는 분리할 수 없는 관계에 있었으나, 19세기 중엽 독일에서 위 '악치오'로부터 청구권(Anspruch)가 분리되고 후자가 순수한 실체법상의 개념으로 독립함에 따라, 이 사권과 소를 제기하여 판결을 구할 수 있는 권리와의 관련성을 탐구하게 되었고, 이로부터 소권(Klagerecht)은 실체법과 소송법을 가교하는 수단으로 논의되기 시작하였다. 이러한 '소권론'에서 최초로 주장된 것은, 독일 보통법 시대에 사비니(Savigny), 빈트샤이트(Windscheid)에 의하여 제창된 것으로, 소권을 私權(특히 청구권)의 단순한 부속물 또는 사권의 침해에 의하여 발생하는 변형물로 보는 사법적 소권설(privatrechtliche Klagerechtstheorie)이었다.

5) 확인의 소를 실체법상 승인청구권에 대응하는 것으로 본 초기 문헌으로는, Hahn, Die gesammten Materialien zu den Reichs Justizgesetzen, Bd. 2: Die gesammten Materialien zur Civilprozeßordnung und dem Einführungsgesetz vom 30. Januar 1877, Abt. 1. Berlin 1880, S. 255; Bähr, Die Anerkennung als Verpflichtungsgrund. 2. Aufl., Cassel/Göttingen 1867, S. 314f..; 해당 논의의 상세는, Kadel, Zur Geschichte und Dogmengeschichte der Feststellungsklage nach § 256 der Zivilprozeßordnung, Köln/Berlin 1967, S. 421f.: Jacobs, Der Gegenstand des Feststellungsverfahrens. Tübingen 2005, S. 113ff.; 호문혁, "19世紀 獨逸에 있어서의 確認訴訟의 生成", 민사재판의 제문제 7권, 1993, 230면; Stein/Jonas/Roth, § 256 Rn. 3; 伊藤隼, "補助參加制度の機能に關する一考察(2)", 法協 137巻10号(2020) 1748頁.

6) 승인의 소나 실체법상 승인청구권의 관념은 독일 민사소송법(ZPO)에 "문서(진정성립)의 승인(Annerkennung einer Urkunde)"이라는 문언으로 그 흔적이 남아있다(Stein/Jonas/Roth, § 256 Rn. 14; vor § 253 Rn. 8).

률관계의 당사자 중 어느 일방이 상대방에게 실체법상 권리 내지 법률관계의 '승인'을 청구하였음에도 이에 불응하거나 다툰다면 비로소 이를 소구할 수 있다는 것으로, 이러한 이론구성 하에서는 확인의 대상이 되는 법률관계는 당사자 사이에 존재하여야 한다.[7)]

그러나 청구권의 행사를 중심으로 하는 이행의 소 이외의 소송유형으로 확인의 소, 형성의 소가 정립되고 특히 실체법상 권리의 존재를 전제하지 않는 채무부존재확인의 소가 등장함에 따라 사법적 소권설 내지 그에 따라 관념된 실체법상 승인청구권은 그 설득력을 잃게 되었다.[8)]

이후 바흐(A. Wach)는 확인청구권(Feststellungsanspruch)은 공법적 성질을 가지는 권리보호청구권(Rechtsschutzanspruch)의 일종이라고 하여[9)] 종래의 사법적 소권설을 극복하고 확인의 소와 실체법상의 청구권과의 직접적인 결합 관계는 불필요하다고 보았다.[10)] 이로써, 확인의 소를 순수한 소송법상 제도(prozessrechtliches Institut)로 파악할 이론적 기초가 마련되는 동시에 제3자 확인의 소를 허용할 여지가 생겨났다. 특히 바흐는 채권의 귀속에 관한 소송, 즉, 참칭(僭稱)채권자와 진정한 채권자 사이의 소송(Prätendentenstreit; CPO 72조(現 ZPO 75조))[11)]을 주된 소재로 삼아, 확인의 대상인 권리 또는 법률관계는 당사자 간에 존재할 필요가 없다는 점을 논증하였다.[12)]

---

7) 그러한 입장을 취한 독일제국법원 초기의 판례로는, RGZ 7, 418 (419); RGZ 27, 345 (316).

8) 정동윤/유병현/김경욱, 앞의 책, 27면.

9) Wach, Der Feststellungsanspruch - Ein Beitrag zur Lehre vom Rechtsschutzanspruch, FG Windscheid, Leipzig 1888, S. 731. 소권을 판결에 의한 권리보호를 요구하는 권리로 본다. 즉, 소권을 국가에 대한 공권(公權)으로 본다는 점에서 공법적 소권설의 하나에 해당하고, 보다 구체적으로는 구체적 소권설 또는 권리보호청구권설이라고도 한다. 이 견해는 독일에서 19세기 후반에 바흐 및 라반트(Laband)가 주창한 것으로, 이후 헬비히(K. Hellwig), 슈타인(Stein), 골드슈미트(Goldschmidt) 등의 지지를 받아 20세기 초반 독일의 학계를 지배하였던 견해이다. 그 상세에 관하여는, 정영환, 앞의 책, 36면; 정동윤/유병현/김경욱, 앞의 책, 27면 등.

10) 확인청구권에 관한 바흐의 논의의 상세에 대해서는, 山本弘, "権利保護の利益概念の研究(一)", 法協 106巻2号(1989) 157頁 이하; 伊藤隼 前掲論文(주5) 1749頁; 다만, 바흐도 실체법적인 사고방식에서 완전히 벗어날 수는 없었다는 지적으로는, Stoll, Typen der Feststellungsklage aus der Sicht des bürgerlichen Rechts, FS Bötticher, Berlin 1969, S. 341ff.

11) 현행 독일민사소송법(ZPO) 제75조는 채권자소송(Gläubigerstreit)이라는 제목 하에, '피고가 된 채무자가 소송에서 주장된 채권을 자기의 것이라고 청구하는 제3자에 대하여 소송고지를 하고 그 제3자가 소송에 참가한 경우, 피고는 다투는 채권자들을 위하여 회수청구권을 포기하고 채권액을 공탁한 다음, 신청을 하여 자신의 부당한 이의로 말미암아 발생한 비용을 부담하는 판결을 받고 소송에서 탈퇴하고, 채권의 귀속에 관한 소송은 다투는 채권자들 사이에서만 속행된다. 승소자에 대하여는 공탁된 액수를 인용하는 판결을, 패소자에 대하여는 피고에게 부당한 이의로 말미암아 발생한 비용을 제외한 비용에 공탁비용을 포함하여 상환하도록 명하는 판결을 한다.'고 규정하고 있다.

12) Wach, a.a.O., S. 121-123.; G. Lüke, Zur Klage auf Feststellung von Rechtsverhältnissen mit

이와 같이 확인의 소에서 실체법적 요소를 배제하면, 이론적으로는 확인의 대상인 법률관계가 반드시 당사자 사이에 존재하는 것일 필요가 없고, 이에 한정하여야 하는 것도 아니다.[13] 한편 실체법상 청구권과 소송상 청구를 준별하였던 헬비히(Hellwig)[14]는 일반적으로 확인의 대상인 법률관계는 당사자 사이에 존재할 필요는 없고, 다만 (i) 원고가 그것에 관여하고 있거나 (ii) 원고가 법률관계의 주체가 아니더라도 그에 관하여 소송담당자로서 소송을 수행할 수 있는지 어느 하나에 해당하면 충분하다고 보았다.[15] 이후 헨켈(Henckel)도 확인의 소에서는 보호받을 권리와 확인하여야 할 권리는 일치하지 않아도 되므로, 원고가 자기의 권리 또는 이익을 보호하거나 이로써 보호할 수 있는 경우에는 제3자 확인의 소도 적법하다고 보았다.[16]

이상의 논의는 오늘날에도 널리 받아들여지고 있으며, 학설상 다수의 지위를 점하고 있다.

(2) 현재의 통설의 이해

나아가 제3자 확인의 소의 일반적인 적법성을 인정함에 있어 보완된 논거는 다음과 같다.

오늘날에도 확인의 소는 실체법상 승인청구권을 소송상 행사하는 것이 아니라는 점에 이견이 없다. 오히려 실체법적·주관적 권리를 기초로 그 이행 또는 형성을 목표로 하는 법적보호형식(ex 이행의 소, 형성의 소)과 달리, 그러한 실체법상 권리 없이도 소송상 확인이라는 법적보호형식을 제공한다는 것이 확인의 소의 특징 내지 독자적 의의로 강조되고 있다.[17]

이러한 확인의 소에 대한 절차적 이해에 따르면, 확인의 소가 적법·가능하더라도 상대방에게 확인을 구할 수 있는 주관적·실체적 권리가 창설되는 것은 아니다.[18] 이는 독일 민법(BGB) 제194조(소멸시효의 대상) 소정의 '다툼이 있는 법률관계

---

oder zwischen Dritten, FS Henckel Berlin 1995, S. 563ff. 569(바흐의 논의에서 알 수 있듯이, 채권의 귀속에 관한 소송은 제3자 확인의 소의 원형이다).

13) Brehm, a.a.O., S. 89ff.; Jacobs, a.a.O., S. 303(제3자 확인의 소가 허용되는 것이야말로 확인의 소가 실체법과는 관계가 없다는 것의 증거라고 할 수 있다); 伊藤隼 前揭論文(주5) 1750頁.

14) Hellwig, Anspruch und Klagrecht, Leipzig 1900, S. 153ff.

15) Hellwig, a.a.O., S. 428f.

16) Henckel, a.a.O., S. 89. 114.

17) Stein/Jonas/Roth, § 256 Rn. 14.

18) E.J. Habscheid ZZP 112 (1999) 37, 39, 50.

의 존재 또는 부존재에 대한 승인(Anerkennung des Bestehens oder Nichtbestehens des streitigen Rechtsverhältnisses)'이라는 의미에서 실체법상 승인의무를 전제하는 것도 아니다.[19] 만일 어떠한 실체법상 '승인 내지 확인' 의무가 있는 것으로 본다면, 확인의 소는 실질적으로 독일 민사소송법(ZPO) 제894조 소정의 의사진술의 이행을 구하는 소[20]에 다름 아니고, 그렇게 본다면, 확인의 소라는 법적보호형식을 규정한 독일 민사소송법(ZPO) 제256조는 불필요한 과잉의 것(überflüssig)이 될 것이기 때문이다.[21]

한편 일반규정의 형식으로 확인의 소를 규정하고 있는 독일 민사소송법(ZPO) 제256조는 어떠한 의무자를 상정하지 않고 있는 것으로 해석된다.[22] 동 규정은 권리침해가 발생하기 전에는 이행할 의무자가 존재하지 아니하는 절대권에도 적용되는바, 이를 확장하면 당사자 사이의 법률관계뿐만 아니라 제3자에 대한(gegen Dritte) 상대권에도 적용되어야 한다는 결론이 도출된다.[23] 이는 해당 법률관계가 피고에 대한 이행청구를 뒷받침하거나 이를 준비하기 위한 것일 필요도 없다.[24] 이와 같이 원고[25]나 당사자 중 일방[26]이 해당 법률관계의 당사자일 필요가 없기 때문에 제3자도(durch einen Dritten) 그 확인을 구할 수 있는 것이 된다.

이에 따라 확인의 소의 당사자 사이에 반드시 법률관계가 존재할 필요는 없고, 당사자 간의 분쟁에 중요한 의미가 있고[27] 원고에게 즉시 확정의 정당한 이익이 있는 경우라면 당사자 일방이 제3자에 대하여 또는 제3자와 제3자 사이에(zu oder zwischen Dritten) 어떠한 법률관계가 존재하는 것으로 충분하다고 본다. 물론 확

---

19) Stein/Jonas/Roth, § 256 Rn 3; Wieczorek/Schutze/Assmann, § 256 Rn. 3.

20) ZPO § 894(Fiktion der Abgabe einer Willenserklärung). 동 규정은 채무자에게 의사진술을 명하는 판결이 선고된 때에는 그 판결이 확정됨으로써 해당 의사를 진술한 것으로 본다고 규정하고 있다.

21) Stein/Jonas/Roth, § 256 Rn 33.

22) Stein/Jonas/Roth, § 256 Rn. 23(모든 종류의 절대권과 상대적·주관적 권리(absolute and relative subjektive Rechte aller Art)가 확인의 소의 대상이 된다는 점에 논쟁의 여지가 없다); BGH NJW RR 2015, 398 Rn. 17.

23) BGH NJW 1984, 2950; OLG Köln NJW 1952, 1301(원고와 제3자 사이의 법률관계).

24) BGH LM §2100 BGB Nr. 5; Henckel, a.a.O., S. 189.

25) BGHZ 164, 249, 255(Mangusta/Commerzbank II)=NJW 2006, 374; NJW 1978, 1520; MDR 1971, 1000, 1001; NJW 1969, 136(피고와 제3자 사이의 법률관계).

26) BGHZ 121, 257(GmbH의 경영자); BGH LM § 325 ZPO Nr. 4(법률관계와 관련된 소송당사자가 존재하지 아니함); BGH LM § 256 ZPO Nr. 25 sub II.

27) Stein/Jonas/Roth, § 256 Rn 33; BGHZ 165, 192, 196; 83, 122, 125 NJW 1982, 1703; BGH NJW 2012, 3647 Rdnr. 24; NJW-RR 2008, 1484 Rdnr. 28(자산관리(Grundstücksverwaltung)); verneint in BGH NJW 2004, 1798, 1799; ausführlich 상세는, Haas FS Gottwald, 2014, 215, 222; Jäckel NZG 2009, 1132, 1133.

인소송이 민중소송으로 무제한 확대될 위험이 있으나, 그 법률관계의 존재 또는 부존재가 원고의 고유한 법적 영역에(in seiner Rechtssphäre) 간접적으로 영향을 미치는 경우(mittelbar betroffen)에만 이를 허용하게 된다면 그 위험을 회피할 수 있다.[28] 이와 같이 피고와 사이에 원고에게 즉시 확정의 이익이 존재하는 한 제3자 확인의 소도 적법하다는 것이 독일연방대법원의 확립된 입장[29]이자 통설적 견해이다.

2. 새로운 유력설: 不適法說

적법설은 통설적 지위를 누리고 있었으나, 1970년대 이후로는 관련 판례의 분석을 바탕으로 제3자 확인의 소의 적법・타당성에 대하여 의문을 제기하는 견해가 점차 유력해지고 있다.

(가) 비판적 고찰의 효시로서, **트자스칼릭**(Trzaskalik)은 확인판결이 당사자에게 구속력 있는 행동지침이 된다는 그 기능과 역할을 완전히 실현할 수 있는 것은 확인의 대상이 되는 법률관계가 원고 및 피고와 결부된 경우로 한정된다는 문제의식에 더하여,[30][31] 그 기판력이 발생하는 것은 원고와 피고 사이의 권리 및 법률관계에 한정되므로, 확인의 대상이 되는 법률관계는 해당 소송의 당사자 사이에 반드시 존재하여야 한다고 보았다.[32]

---

28) BGH NJW 2012, 3647 Rdnr. 24; 2011, 1667 Rdnr. 11 (공개된 인적회사(Publikumspersonengesellschaft)의 사원권(Mitgliedschaft)에 대한 분쟁).

29) BGHZ 196, 254 Rdnr. 18 (beihilferechtliches Durchfuhrungsverbot; 국가지원법/보조법/원조법에 따른 실행/집행금지); NJW 2006, 510 (감사위원회 위원의 선임이 무효라는 확인에 대한 주주의 주식합자회사(KGaA)에 대한 소송); NJW 2006, 374 (Mangusta Commerzbank II; 집행기관의 업무집행행위가 무효라는 확인을 위해 회사를 상대로 한 소송); BGHZ 123, 44, 46 NJW 1993, 25 (두 명의 잠정적 채무자 중 어느 쪽이 채무에 대한 책임이 있는지에 대한 확인); 83, 122, 125 ff. (자회사로 경영상 분할); BGH NJW 2012, 3647 Rdnr. 24; 2008, 69 Rdnr. 22; 2007, 589, 592 Rdnr. 24 (해산된 주식회사(AG)의 이사회 구성원이 청산에 대한 책임이 있다는 확인); NJW-RR 2006, 182, 183(유한책임회사(GmbH)의 두 책임사원 사이의 누가 경영자인지에 대한 확인); NJW-RR 2001, 316(피해자에 대한 (가해자의) 책임보험사의 보상의무를 확인하기 위하여 피해자가 소를 제기한 경우); NJW 1998, 229 (농업협동조합의 전환 또는 분할); NJW-RR 1996, 869; NJW 1996, 2028; NJW-RR 1992, 593, 595; NJW 1990, 2627f.; NJW-RR 1987, 1522; NJW 1984, 2950; MDR 1961, 219; LM § 256 ZPO Nr. 4, 25, 34; RGZ 41, 345; 128, 92, 142, 223; 170, 358, 370; LAG Hamm ZIP 2000, 325, 327; OLG Köln ZIP 1999, 816; KG NZA 1991, 24, OLG Schleswig FamRZ 1987, 3841.; OGHZ 1, 41, 378; LG Koblenz AG 2002, 102; LG München I AG 2002, 467, 468.

30) Trzaskalik, Die Rechtsschutzzone der Feststellungsklage im Zivil- und Verwaltungsprozeß, Berlin 1978, S. 156.

31) 제3자가 그 확인판결을 존중하거나 고려할 것이 기대되거나 심지어 판결에 따르겠다는 의사를 표명하고 있다는 사정이 있더라도, 이것만으로는 원고가 피고와의 관계에서 소송을 수행하거나 확인판결을 받아야 할 충분한 이유가 되지 아니한다고 본다(Trzaskalik, a.a.O., S. 159)

즉, 제3자의 법률관계는 소송당사자 사이의 분쟁에 대한 선결문제로서 중요할 수도 있으나, 당사자가 이를 다투고 있다는 이유만으로 바로 제3자의 법률관계를 확인하여서는 아니 된다.[33] 제3자의 법률관계 확인은 그 제3자에 대하여도 실질적으로는 중요할 수도 있으나, 일반적으로 그 제3자를 구속하는 것이 아니다.[34] 그렇다면 원고와 피고 사이에서 제3자의 법률관계가 실상 중요하거나 의미가 있다는 이유만으로 그 확인을 구하는 소는 정당하다고 보는 종래의 통설은 지지할 수 없다.[35] 또한 확인의 대상인 법률관계는 반드시 당사자 사이에 존재할 필요는 없고, 다만 피고에 대하여 확인의 이익이 있으면 충분하다고 보는 통설적 견해는 확인의 대상과 확인의 이익 사이의 연결 관계를 충분히 고려하고 있지 않다고 비판한다.[36]

(나) 한편 **미하일리스**(Michaelis)도 제3자가 그 판결에 구속되지 않는 경우라면, 제3자 확인의 소는 당사자 사이의 불확실성의 제거라는 확인의 소의 목적을 달성할 수 없다는 점을 지적하며 그 적법성에 의문을 제기하였다.[37]

특히 실증적 분석을 통해 제3자 법률관계의 확인을 인정한 것처럼 보이는 판례들은 실제로는, ① 제3자의 법률관계는 당사자 사이의 권리 또는 법률관계의 전제가 되는 것에 불과하여 진정한 확인의 대상이 되지는 아니하거나 ② 그 판시사항에는 제3자 법률관계의 확인이 가능하다는 법리를 인용하고 있으나, 실은 당사자 사이에 법률관계가 존재하거나 또는 사실관계가 불명이거나 ③ 제3자가 판결의 구속력을 받지 않는다면 확인의 이익은 충족될 수 없다고 하면서도, 제3자가 판결을 임의로 승인하는 등 다른 방법으로 그 구속력이 확보될 수 있는 우회로가 있는 경우의 어느 하나의 사정이 있다고 보았다.[38]

이러한 분석 결과를 근거로 미하일리스는 '제3자 법률관계도 즉시 확정의 법률상 이익이 있다면 확인의 소의 대상이 될 수 있다'는 명제는 그대로 유지될 수 없다고 하고, 확인의 대상인 법률관계는 (소송담당의 경우를 제외하고) 항상 당사자 사

---

32) Trzashalik, a.a.O., S. 157f, 166.
33) Trzashalik, a.a.O., S. 162, 166(타인의 권리에 관한 확인의 소는 소송담당의 방법으로만 할 수 있다).
34) Trzaskalik, a.a.O., S. 156.
35) Trzaskalik, a.a.O., S. 156f.
36) Trzaskalik, a.a.O., S. 157.
37) Michaelis, Der materielle Gehalt des rechtlichen Interesses bei der Feststellungsklage und bei der gewillkürten Prozeßstandschaft, FS Karl Larenz 80. Gbtg. Munchen 1983. S. 443ff. 452.
38) Michaelis, a.a.O., S. 452f., 453-460.

이에 존재하여야 한다고 본다.[39)]

제3자의 법률관계는 판단의 전제가 되는 쟁점 내지 선결적 법률관계로서 그 판단에 기판력이 발생하지는 아니하는 형태로 심리・판단될 수는 있는 것에 그친다. 이를 주된 확인의 대상으로 삼는 제3자 확인의 소가 확인의 이익 흠결로 각하되는 것을 면하려면, 제3자의 소송참가 또는 청구취지의 변경이 필요하다고 본다.[40)] 제3자가 임의로 그 판결을 준수할 가능성이 있다더라도 제3자 확인의 소는 허용되지 아니한다.[41)]

(다) 이어 **해제마이어**(Häsemeyer)는, 제3자 확인의 소를 인정한 판례로 알려진 것들은 대부분 당사자 사이의 법률관계 자체를 대상으로 한 것이었다는 미하일리스의 분석 결과를 원용하면서, 당사자 사이의 법률관계의 전제 내지 선결문제로서가 아니라 순수하게 제3자 법률관계의 확인을 구하는 것을 '진정한 제3자 확인의 소(echte Drittfeststellungsklage)'라고 칭한 다음, 이러한 진정 제3자 확인의 소는 부적법하다고 하였다.[42)]

확인의 소에서 구속력 있는 확인의 대상이 될 수 있는 것은 오직 구체적인 법률관계뿐인데,[43)]진정 제3자 확인의 소는 실체법상 의존관계에 있지 아니한 제3자의 구체적 법률관계에는 아무런 효력도 미치지 않으므로, 그 '확인'은 단순히 추상적인 법예측(Rechtsprognose)에 그치는 것이다. 나아가 확인의 소의 패소당사자를 이중으로 괴롭히는 한편, 판결의 모순・저촉의 위험을 초래하기 때문에 이는 부적법하다고 보아야 한다는 것이다.[44)]

(라) **뤼케**(G. Lüke)도 판례의 분석을 통해 제3자 확인의 소가 허용되는 경우는 (i) 당사자 사이의 법률관계의 전제문제의 해명에 이바지하거나,[45)] (ii) 채권의 귀속에 관한 소송의 어느 하나에 불과한 반면, 제3자의 법률관계의 확인 그 자체가

---

39) Michaelis, a.a.O., S. 460f..

40) Michaelis, a.a.O., S. 460f..

41) Michaelis, a.a.O., S. 461(가사 제3자가 해당 판결을 승인하더라도, 후에 이를 부인, 철회하지 않을 것이라는 점을 담보할 수 없는 이상 제3자 확인의 소는 허용되지 아니한다).

42) Häsemeyer, Drittinteressen im Zivilprozeß, ZZP 101 (1988), S. 385ff, 396.

43) Häsemeyer. a. a O., S. 396f.

44) Häsemeyer, a.a.O., S. 397.

45) Lüke. Zur Klage auf Feststellung von Rechtsverhältnissen mit oder zwischen Dritten. FS Wolfram Henckel 70. Gbtg. Berlin 1995, S. 565-569, 573(그렇다면 원고와 피고 사이의 법률관계를 확정함에 있어 제3자의 법률관계는 그 전제문제 또는 구성요소에 불과하므로 원고로 하여금 새롭게 적절히 청구를 변경하도록 (석명)하여야 하며, 이것이 제대로 이루어지지 않는 경우에는 확인의 이익이 없는 것이 된다).

유일한 목적인 경우에는 소가 부적법하므로, 통설적 견해에는 문제가 있다는 입장이다.[46)]

한편 통설이 널리 인정하고 있는 제3자 확인의 소는 '지향점 내지 핵심적 대상(Stoßrichtung)'을 원고와 피고 사이의 법률관계에서 제3자의 법률관계로 바꾸는 것이다. 이를 감안하여 통설은 제3자의 법률관계를 확인하는 것이 (i) 당사자 사이에 또는 원고와 제3자 사이에 중요한 의미가 있다거나, (ii) 원고의 법률상 지위에 영향을 주어야 한다는 것 등을 요구하고 있으나, 이는 결국 그 기저에 놓인 '실체법상 법률관계'와 '소송절차를 통해 소구하는 것(Klagebegehren)' 사이의 관련성을 고려하겠다는 것이므로 이론적 결함이 있다고 비판한다.[47)] 앞서 보았듯이 당사자 사이의 법률관계가 아닌 제3자 법률관계의 확인은 실체법과의 단절을 통해서만 정당화될 수 있는 것인데, 당위성을 부여하고 한계를 설정함에 있어서는 다시 실체법과의 연관성 내지 관계를 고려하는 것이 되어 논리가 일관되지 않고 모순된다는 것이다.

무엇보다도 가장 큰 문제는 그 판결의 기판력이 제3자에게 미치지 않는다는 점이다. 그렇다면 제3자의 법률관계를 확인하더라도 원고의 권리보호는 실현되지 아니하므로 원고에게는 확인의 이익이 없다.[48)] 피고에 대한 법률관계를 확정함에 있어 제3자의 법률관계는 그 전제문제이거나 구성요소에 불과하므로 당사자 사이의 법률관계로 확인의 대상을 정리하여야 하며 그렇지 아니하면 소는 부적법하다.[49)] 한편 채권의 귀속에 관한 소송에서 문제가 되는 것은 제3자의 법률관계의 확인이 아니라 당사자인 채권주장자의 고유한 권리의 확인이라고도 한다.[50)]

(마) **야콥스**(Jacobs)도 제3자 확인의 소는 허용되지 않는다는 입장이다. 제3자 확인의 소는 그 실체법상 법률관계의 당사자인 제3자에게 기판력이 미치지 않고, 제3자가 그 판결을 얼마든지 무시할 수 있다.[51)] 그렇다면, 그 확인판결은 구속력이 없는 추상적인 법예측에 지나지 않고,[52)] 법적안정성 · 명확성을 가져오고 분쟁을 예방한다는 확인의 소의 목적은 달성할 수 없게 된다.[53)] 결국 제3자의 법률관

46) Lüke, a.a.O., S. 563ff. 565-571.
47) Lüke, a.a.O., S. 571f.
48) Lüke, a.a.O., S. 572.
49) Lüke, a.a.O., S. 573.
50) Lüke, a.a.O., S. 573-574.
51) Jacobs, a.a.O., S. 308f.
52) Jacobs, a.a.O., S. 309f. 362

계에 대한 확인판결은 원고가 자신의 법적 지위를 강화하고자 법원을 상대로 그 법률의견을 구하는 법감정(法鑑定; gerichtlichhe Rechtsgutachten)에 가까운 것으로, 원고의 피고에 대한 권리의 실현 내지 보호라는 민사소송의 목적을 달성하기에는 충분하지 않다.

제3자가 임의로 판결을 존중할 것이라는 기대도 중요하거나 결정적이지 않다고 본다. 그러한 '기대'를 인정할 요건은 무엇인지, 소송상 이를 어떻게 조사·확정할 수 있는지, 그 기대와 달리 제3자가 판결을 존중하지 않는 경우 등의 문제가 남아 있고 이는 모두 불확실하기 때문이다.

나아가 제3자에게 기판력이 미치지 아니하는 이상 같은 법률관계에 대하여 제3자는 여전히 직접 소를 제기할 수도 있다. 따라서 판결 사이에 고순이 발생할 우려가 있는 동시에 피고의 입장에서는 2중, 3중의 불필요한 응소의 부담이 발생하게 된다는 난점도 지적된다.[54]

(바) 최근에는 **베커-에버하르트**(Becker-Eberhard)도, '원고에게 확인의 이익이 있다면 제3자의 법률관계도 확인의 대상이 될 수 있다'는 통설에 대하여 다음과 같이 비판하였다.[55]

확인의 소를 이론적(dogmatisch)으로는 절차법상 제도로 보더라도 확인판결은 실체법상의 법적 상황 내지 법률상 지위(Rechtslage des materiellen Rechts)도 적절히 반영하여야 하고, 소송에서는 그에 상응하는 주관적·실체법적 권리가 소송상 주장되기도 한다.[56] 따라서 확인의 소 역시 당사자 또는 그 소송담당으로서(als Prozessstandschafter) 그 실체법상의 주관적 권리를 주장할 수 있는 자만이 제기할 수 있고, 제3자 확인의 소도 그러한 경우에만 정당화될 수 있다. 그러나, 종래의 통설은 확인소송에서도 마찬가지로 적용되어야 할 소송수행권(Prozessführungs befugnis)의 법리를 충분히 고려하지 않아 문제라는 것이 그 비판의 요지이다.[57]

이상의 비판 내지 논의를 바탕으로, 최근에도 제3자 확인의 소에 대한 부적법설이 유력한바, 여전히 통설과 유력설의 지위가 바뀌지는 않았다고도 평가되나, 많

53) Jacobs, a.a.O., S. 308f.
54) Jacobs, a.a.O., S. 311.
55) Becker-Eberhard, Die Regulierungswirkung der besonderen Prozessvoraussetzungen der Feststellungsklage, FS Herbert Roth 70. Geburtstag, Tübingen 2021, 159 (165).
56) Becker-Eberhard, a.a.O., S. 166.
57) Becker-Eberhard, a.a.O., S. 166(종래의 통설은 확인소송에서 이러한 측면을 고려하지 않고 전적으로 확인의 이익에 관한 판단에만 맡기고 있다).

은 주요 주석서와 교과서 및 다수의 문헌이 독일연방대법원의 판례 및 통설적 견해에 대하여 의문을 제기하고 있다.[58]

3. 독일의 논의로부터의 시사점

이상으로부터는 확인의 소를 순수한 절차법적 제도로 이해하는 과정에서 제3자 확인의 소가 전면 허용될 수 있었던 점을 먼저 살펴볼 수 있었다.

이어 그에 대한 비판적 견해 내지 부적법설을 보면, 제3자 확인의 소가 적법하다고 하거나 이를 인정한 것으로 보여진 사안의 대부분이 실은 당사자 사이의 법률관계가 문제가 되고 있었다는 평가가 확산되면서, 그런 제3자 확인의 소에 대하여는 특히 제3자가 확인판결에 구속되지 않고 이를 존중하지 않을 가능성이 있으므로 기판력에 의하여 원고의 권리 또는 법적 지위에 대한 위험·불안을 제거한다는 확인의 소의 목적을 달성할 수 없다는 문제의식을 살펴볼 수 있었다.

부적법설은 확인의 소는 원칙적으로 소송물인 법률관계의 실체법상 주체 사이에 행해져야 하거나 적어도 제3자 소송담당이어야 한다는 발상, 즉 확인의 소에서도 당연히 원고적격 내지 소송수행권이 인정되어야 한다는 생각에 입각하고 있다고 할 수 있으며, 그러한 의미에서 확인의 소의 기초에 실체관계를 요구하는 것이라고도 할 수 있다.[59] 그런데 진정(echte) 제3자 확인의 소는 실체법상 의존관계에 있지 아니한 제3자의 법률관계에는 아무런 판결의 효력도 미치지 않으므로, 그 확인판결은 구속력이 없는 단순한 추상적인 법예측(Rechtsprognose) 내지 법감정(法鑑定; gerichtlichhe Rechtsgutachten)에 지나지 않고, 나아가 확인의 소의 상대방을 이중으로 괴롭히는 동시에 판결의 모순·저촉의 위험을 초래한다고 본다.

무엇보다도 제3자에 대하여 기판력이 미치지 않는 이상 분쟁의 사전적 예방적 해결이라는 확인소송 본연의 기능도 달성할 수 없다는 점이 지적된다. 제3자의 법률관계는 판단의 전제가 되는 쟁점 내지 선결적 법률관계로서 그 판단에 기판력이 발생하지 아니하는 형태로 심리·판단될 수는 있는 것에 그친다. 이를 주된 확

---

58) MünchKommZPO/Becker-Eberhard § 256 Rn. 36: Musielak/Voit/Foerste § 256 Rn. 5(독일의 판례가 지나치게 나간 측면이 있다(Die Rspr. geht daher zu weit)); Hk-ZPO/Saenger § 256 Rn. 6(판례에 대한 비판은 정당하다(zu recht Kritik)고 본다); Jauernig/Hess ZPR 30. Aufl., §34 Rn. 6(대부분의 판례는 제3자 법률관계가 아니라 당사자 간의 법률관계에 대한 사례로 분석된다); Zöllner AcP 190 (1990) 471, 490ff.; W. Lüke ZGR 1994, 273; E. Schumann FS Musielak, 2004 457, 465 ff..

59) 伊藤隼, "他人間の法律關係の確認の訴えの適法性", 中島弘雅先生古稀祝賀論文集: 民事手続法と民商法の現代的潮流(弘文堂, 2024), 39頁.

인의 대상으로 삼는 제3자 확인의 소가 확인의 이익 흠결로 각하되는 것을 면하려면, 제3자의 소송참가 또는 청구취지의 변경이 필요하고, 가사 제3자가 임의로 그 판결을 준수할 가능성이 있다더라도 제3자 확인의 소는 허용되지 아니한다고 본다.

부적법설은 제3자의 임의이행·준수라는 사실상의 기대에 불과한 제3자 확인의 소의 분쟁해결기능의 박약함을 밝힘으로써 확인의 소의 기능·곡적의 관점에서 그 적법성을 재고하는 계기를 제공하고 있다. 한편 부적법설의 비판의 핵심은 확인의 대상인 법률관계가 당사자 사이에 존재하지 않는 것이라기보다는, 확인판결에 의해서 한 번에 원고·피고 간의 법률관계의 기본방향이 종국적으로 결정되는지 여부에 있다고도 평가된다.[60]

이에 관하여는 일본에서의 논의를 살펴본 다음 Ⅳ.항에서 함께 살펴보기로 한다.

Ⅲ. 일본에서의 논의

1. 판례의 동향

(1) 제3자 확인의 소를 긍정한 판례

일본 대심원(大審院) 및 최고재판소 판례에도 제3자의 법률관계에 대하여도 확인할 수 있다고 일반 법리를 설시하거나 구체적 사안에서 그 확인을 긍정한 것이 다수 존재한다.

먼저, 日大判大正9年2月26日(民録26輯207頁; 이하 '①판결')은, '당사자 간에 존재하는 법률관계뿐만 아니라 당사자 일방과 제3자 사이의 법률관계라 하더라도 당사자 사이에 그 존부를 확인할 법률상 이익이 있는 때에는 확인소송을 제기할 수 있는 것으로 해석함이 상당하다'고 하면서도, 해당 사안은 제3자의 법률관계의 확인은 아니라고 보았다.[61] 이어 日大判昭和5年7月14日(民集9巻730頁; 이하 '②판결')은 토지전차인이 토지의 불법점유자에 대하여 전대인에 대한 토지사용권의 확

60) 伊藤隼, 前揭論文(주59) 39頁.

61) 원고는 피고에 대하여 수리권(水利權; 이에 따라 발생하는 법률관계)의 확인 및 방해공사의 배제·복구를 구하면서 그 이유로 제3자가 원고의 수리권을 침해하는 경우 피고에게 방지의무가 있다고 주장한 것에 불과하고, 원고와 제3자 사이의 법률관계의 확인을 요구한 것은 아니었다(伊藤隼, 前揭論文(주59), 29頁).

인을 구하는 동시에 소유자를 대위하여 방해배제를 구한 사안에서, '채권자가 제3자에 대하여 채권침해의 불법행위에 기한 청구 및 일본민법 제423조에 의한 대위권을 행사하자, 제3자가 채권자와 채무자 사이의 채권의 존부를 다투는 경우에는 채권자는 먼저 그 제3자에 대하여 자기의 채무자에 대한 채권관계의 확인을 구할 법률상의 이익을 가진다'고 판시하였다.

특히, 日大判昭和15年5月14日(民集19巻840頁; 이하 '③판결')은 2번 저당권자가 1번 저당권자에 대하여 1번 저당권의 말소와 함께 그 피담보채권의 부존재확인을 구한 사안에서, 그 확인의 이익을 긍정하였다.[62] 나아가, 日最判平成5年3月30日(民集47巻4号3334頁; 이하 '④판결')은 압류채권자가 채권양수인에 대하여 본소로 공탁금환급청구권의 확인을 구하자 채권양수인이 압류채권자에 대하여 반소로 공탁금환급청구권의 확인을 구한 사안에서, 양소 모두 적법하다고 보았다.

일본에서도 제3자 확인의 소는 적법하다고 본 판례는, 이를 일반론으로 설시함에 그친 것(①판결), 법정소송담당으로서 당사자적격이 있는 것(②판결), 원고 고유의 법률상 이익이 있다거나 원고에게 직접 법률관계가 있다고도 볼 수 있는 것(③ 및 ④판결)이었음을 살펴볼 수 있다.

(2) 제3자 확인의 소를 부정한 판례

반면, 제3자 확인의 소의 적법성을 부정한 판례도 존재한다. 초기의 것으로, 日大判大正13年7月15日(民集3巻356頁, 이하 '⑤판결')은 구(区) 소유의 재산인 산림의 입회권을 가지는 원고가 구(区)와 피고 사이의 산림매매계약의 무효확인을 구한 사안에서 '확인소송의 원고는 법률관계의 당사자일 필요는 없다고 하면서도, 법률상 소송을 하여야 할 적격자로서 인용될 수 있는 자일 것을 요한다'고 하고,[63] 日大判昭和10年12月10日(民集14巻2077頁, 이하 '⑥판결')은 경계확정소송 계

62) 해당 판례는, 2번 저당권자가 1번 저당권자에 대하여 저당권의 말소를 청구하면서 그 전제문제로서 피담보채권의 부존재확인도 함께 청구한 것으로 제3자 확인의 소를 독립적으로 제기하지는 아니하였다. 저당권의 말소를 구할 수 있음에도 피담보채권 또는 저당권의 부존재확인을 구할 이익이 인정되는지는 별개의 문제이고, 日大判昭和8年11月7日民集12巻2691頁도 2번 저당권자가 1번 저당권자에 대하여 1번 저당권의 부존재 확인 등을 요구한 경우에 대하여 원고가 1번 저당권을 가진 것의 확인을 구하면 충분하다고 하여 확인의 이익을 부정하였다. 이러한 논의의 상세는, 안철상, "근저당권 피담보채무부존재확인청구의 소와 확인의 이익", 민사재판의 제문제 11권, 2002, 942-946면; 이현재, "근저당권설정자가 피담보채무부존재확인과 함께 근저당권설정등기의 말소를 구하는 경우, 피담보채무부존재확인을 구할 소의 이익이 있는지 여부 -대법원 2000. 4. 11. 선고 2000다5640 판결을 위한 변론-", 성균관법학 제27권 제1호, 2015. 3., 159면 이하; 최성호, "근저당권의 피담보채무에 관한 부존재확인의 소에 관한 검토-대법원 2013. 8. 23. 선고 2012다17585 판결을 소재로-", 민사소송(제18권 제2호), 2014 등

속 중 피고로부터 토지를 가장매수한 자에 대하여 그 매매계약의 무효확인을 구한 사안에서, '소송물은 자기의 권리에 속하지 않으며, 자기의 이름으로 타인의 권리의무에 대한 관리권을 행사하는 경우도 아니므로, 확인의 이익을 따질 필요도 없이 우선 당사자적격을 결여한다'고 하여, 제3자 확인의 소에 당사자적격의 법리를 그대로 적용한 것들이었다.

(3) 일본의 2020년(令和2年) 판결

1) 사실관계 및 일본최고재판소의 판단

최근 日最判令和2年9月7日(民集74巻6号1599頁; 이하 '일본 2020년(令和2年) 판결')은 특허의 통상실시권자(X)가 특허권자(Y)에 대하여, Y에게 제3자(Z)에 대한 특허권 침해를 이유로 한 손해배상청구권이 존재하지 아니함의 확인을 구한 사안에서, '확인청구를 인용하는 판결이 확정된다고 하더라도 그 판결의 효력은 Y와 Z 사이에는 미치지 못하여 Y가 Z에 대하여 손해배상청구권을 행사하는 것은 방해받지 않는 것'을 주된 이유로 그 확인의 이익을 부정하였다.

사실관계 및 주요 경과를 보면, 이 사건 특허[64]의 통상실시권자인 X는 2005년경 특허권자인 X의 경합회사 Z(한국법인)의 前身인 외국법인(Z0)에 이 사건 기계장치를 판매하면서, Z측이 위 기계장치의 사용과 관련하여 제3자의 특허권 주장으로 손해를 입는 경우 X가 그 손해를 보상한다는 합의(이하 '이 사건 보상합의')를 하였다. 이후 Z가 한국에서 위 기계장치를 사용하여 폴리이미드필름 등을 제조하여 이를 일본 및 미국에 수출하므로, 특허권자 Y는 Z를 상대로 미국특허권의 침해를 이유로 손해배상을 구하는 소를 제기하였고, 2017년 5월경 미국법원은 Z에 대하여 손해배상을 명하는 판결을 선고하였다. 이에 특허실시권자 X는 같은 해 8월경 Y를 상대로 '특허권자 Y의 Z에 대한 일본특허권 침해를 이유로 한 손해배상청구권'의 부존재 확인을 구하는 소를 제기하였다. 이후 X는 Z에게 소송고지를 하였고, Z는 X측에 보조참가하였다.[65]

이에 대하여 일본최고재판소는, (i) 이 사건 청구는 Z의 Y에 대한 손해배상채무

63) 동 판결의 상세에 관하여는, 伊藤隼, 前掲論文(주59) 31頁.

64) 수지필름의 제조방법, 장치 및 설비에 관한 특허로 일본국특허 제2696244호, 미국특허 제6075064호이다.

65) 주요 경과 및 사실관계의 상세는, 加藤新太郎, "通常實施權者による特許權者と第三者との間の損害賠償請求權不存在確認の訴えの利益", NBL 1203号(2021. 10.), 113-115頁; 田中成志, "確認の利益 -最判令和2年9月7日を素材として-", 民事法の現在地と未來: 小林秀之先生古稀祝賀論文集, 弘文堂, 2022, 147-151頁.

의 부존재확인을 구하는 것이어서 X 자신의 권리의무 또는 법적지위를 확인의 대상으로 하는 것이 아니고, 이 사건 확인청구를 인용하는 판결이 확정되어도 그 판결의 효력은 Z와 Y 사이에는 미치지 아니하므로, Y가 Z에 대하여 손해배상청구권을 행사하는 것이 방해받지 아니하고(확인판결의 효력), (ii) 실제로 Z의 손해를 보상하는 등 X에게 손해가 발생하였는지는 불확실하고, X는 Y를 상대로 실시허락계약 위반을 이유로 손해배상청구의 소를 제기할 수도 있으므로, 이 사건 청구로 (Y의 Z에 대한) 손해배상청구권의 부존재를 확인하는 것이 X의 권리 또는 법적 지위의 위험 또는 불안을 제거하기 위하여 필요하고도 적절한 것이 아니며(위험・불안 제거의 필요・적절성), (iii) 이 사건 확인청구와 (X의 Y에 대한) 손해배상청구의 주요사실에 관한 인정판단이 일부 중복되더라도 그러한 이유로 위 손해배상청구에 앞서 이 사건 소송에서 그 인정・판단을 미리 받아두는 것이 필요하고도 적절하다고 할 수 없는 점(주요사실을 앞당겨 판단하는 것의 유익성)[66] 등을 이유로 이 사건 확인청구는 확인의 이익을 흠결한 것이라고 판단하였다.

2) 일본 2020년(令和2年) 판결의 의의

동 판결에 관하여는 그 구체적 사실관계에 비추어 즉시 확정의 이익을 부정한 것에 불과하고, 제3자 확인의 소의 적법성 자체를 전면 부정하는 것은 아니고 그 적용범위는 제한적인 것으로 평가된다.[67] 그렇더라도 제3자 확인의 소는 그 판결의 효력이 제3자에게 미치지 않는 이상,[68] 이 점을 강조하여 확인의 이익을 부정한 것은 제3자 확인의 소의 적법성에 의문을 낳는다.[69] 즉, 제3자의 권리・법률관계를 확인의 대상(소송물)으로 하는 경우 그 판결의 기판력은 당사자 이외의 제3

66) 반면, 2심(日知財高判平成30年12月25日民集74巻6号1628頁)은, (i) 특허권자 Y가 Z에 대하여 손해배상청구권을 행사하여 Z가 손해를 입게 된 경우에는, (ii) X는 Z에 대하여 본건 보상합의에 따라 동 손해를 보상하여야 하고, (iii) X는 다시 그 보상액에 관하여 Y에 대하여 실시허락계약 위반을 이유로 한 손해배상을 청구할 수 있는바, 위 (X의 Y에 대한) 청구권의 존부의 판단에 필요한 주요사실에 관한 인정판단은 이 사건 손해배상청구권의 존부의 판단에 필요한 주요사실에 관한 인정판단과 중복되므로, 이 사건 확인청구는 X의 Y에 대한 권리・법률관계를 밝히고 그 불안을 제거하기 위하여 유효적절한 것으로 보아 확인의 이익을 인정하였다.

67) 笹本哲朗, 最判解民事篇令和2年度, 242-243頁; 越山和広 「判批」 民商 157巻6号(2022) 1191, 1199頁, 工藤敏隆, “判批”, 法学研究95巻1号(2022) 139-151頁; 大渕真喜子, “第三者との法律関係の確認訴訟における確認の利益—最判令和2年9月7日民集74巻6号15頁を契機として”, 筑波ロー・ジャーナル vol. 37(2024. 12.); 上田竹志, “他人間の債務不存在確認の利益”, 法学セミナー798号(2021).

68) 일정한 경우 제3자에게도 판결의 효력이 미치는 회사소송, 행정소송은 본고의 논의에서는 제외하기로 한다.

69) 伊藤隼, 前掲論文(주59), 28頁.

자에게는 미치지 않기 때문에, 확인의 대상의 선택이 과연 타당한지가 문제된다.[70]

2. 학설의 논의 상황

(1) 종래의 통설적 논의

일본에서도 확인의 대상이 되는 권리 또는 법률관계는 당사자 사이의 것에 한하지 아니하여 당사자 일방과 제3자 사이의 법률관계라는 것만으로는 확인의 대상적격성을 흠결한 것은 아니고 즉시 확정의 이익이 있다면 제3자의 법률관계의 확인을 구하는 소도 적법하다고 본다.[71]

그 예로는, 제3자를 위한 계약(일본민법 제537조), 타인을 위한 보험계약(일본보험법 제8조, 제42조, 제71조), 타인을 수익자로 하는 신탁계약과 관련하여 제3자로부터 혹은 제3자에 대하여 계약의 존재 또는 부존재를 전제로 하는 권리·법률관계 확인의 소, 2번 저당권자로부터 동일 저당물에 대한 소유권자와 1번 저당권자(공동피고)에 대한 1번 저당권 부존재확인의 소(위 ③판결),[72] 채권자대위소송에서 피고인 제3채무자가 채무자에 대한 피보전채권을 다투는 경우 채권자가 제기한 채권존재확인의 소(위 ②판결) 등을 들 수 있다.[73] 나아가 저당목적물의 제3취득자가 저당권자를 피고로 하여 (저당권말소청구와 병행하여) 그 피담보채권의 부존재확인를 구하는 소도 허용된다고 본다.[74]

다만 위 사례들은, 비록 제3자의 법률관계를 확인의 대상으로 하지만 원고가 주장하는 권리의 직접 발생원인이거나 그 근거가 되는 법률관계의 확인을 구하는 것으로[75] 원고의 권리 또는 법률상 지위에 대한 현실의 위험·불안이 인정되고 이를 제거하기 위하여 확인의 판결을 하는 것이 필요하고 적절하다고 평가되어

---

70) 加藤新太郎, 前掲論文, 115頁.

71) 新堂幸司, 新民事訴訟法[第6版] (弘文堂, 2019) 277頁; 高橋宏志, 重点講義 民事訴訟法(上)[第2版補訂版] (有斐閣, 2013) 373頁; 中野貞一郎＝松浦馨＝鈴木正裕編, 新民事訴訟法講義[第3版] (有斐閣, 2018) 165-166頁〔福永有利]; 三木浩一ほか, 民事訴訟法 [第4版] (有斐閣, 2023) 373-374頁 [垣内秀介]; 高田裕成ほか編, 注釋民事訴訟法 第3巻 (有斐閣, 2022) 67頁[越山和広].

72) 秋山幹男ほか, コメンタール民事訴訟法Ⅲ[第2版], (日本評論社, 2018), 77頁.

73) 秋山幹男ほか, 前掲書, 77頁; 兼子一原著/松浦馨ほか, 條解民事訴訟法[第2版] (弘文堂, 2011), 775-776頁[竹下守夫].

74) 兼子一原著/松浦馨ほか, 前掲書, 776頁[竹下守夫]; 다만, 日大判昭和8年6月20日民集12巻1597頁은 이러한 소는 중간확인의 소로서만 적법하다고 한다.

75) 단, 보험자에 대한 청구와 같이 제3자 또는 타인이 직접청구권을 갖게 되는 경우에는, 그 제3자 법률관계 확인의 소는 그 자체로 당사자 간 법률관계 확인을 구하는 것으로 볼 여지가 있다.

즉시 확정의 이익이 비교적 손쉽게 인정되는 사안들이다.[76)]

(2) 확인의 이익의 판단에 관한 신중론

다만 일본에서도 제3자 확인의 소에 대하여는 당사자 사이의 법률관계에 대한 확인의 소에 비하여 그 확인의 이익이 보다 엄격하게 판단되어야 한다는 점이 지적되어 왔다.[77)] 예를 들어, 확인의 이익이 인정되려면 권리관계의 존부 확인과 원고의 이익이나 지위의 안정 사이에 법률적 관련이 필요하다거나,[78)] 확인의 소가 분쟁해결에 있어서 유효・적절한지 여부는 제3자에게 원칙적으로 기판력이 미치지 않는 것과 관련하여 신중한 검토를 요한다거나,[79)] 제3자 법률관계의 확인을 구하는 경우에는 그 확정에 의해 자기의 법적 지위 안정을 도모할 수 있어야 하며 그렇지 않은 경우 확인의 이익이 흠결된다고 하거나,[80)] 한편, 이론적으로는 확인의 대상을 현재의 권리관계의 존부에만 한정하는 것은 상당하지 않고 제3자의 법률관계의 확인도 확인의 이익이 인정되는 한 허용된다고 해석하여야 할 것이지만, 실제로는 현재 원고의 지위에 생긴 위험・불안을 제거하기 위하여는 곧바로 당사자 사이의 법률관계를 확인의 대상으로 하는 것이 가장 유효・적절한 것이 통상적이라는 점에도 주의할 필요가 있다는 지적[81)] 등이 그러하다.

즉, 제3자의 법률관계는 원칙적으로 확인의 대상이 될 수 있다고 보되, 다만 확인의 이익에 대해 보다 엄격한 심사가 이루어져야 하는 점이 논의되고 있었다. 그렇지만, 제3자에게 판결의 효력이 미치지 않는 경우, 원고의 법률상 지위나 당사자 사이의 법률관계의 안정이나 그 예측가능성은 어떻게 도모할 것인지, 어떠한 사정이 있으면 제3자 확인의 소가 유효적절하다고 할 수 있는지, 제3자 확인의 소로도 결국 분쟁이 해결되지 않을 가능성은 무엇으로써 배제할 수 있는지 등의 구체적인 문제에 대하여까지는 상세히 논의되지 아니하였다.[82)]

76) 加藤新太郎, 前揭論文, 115頁; 笹本哲朗, 前揭論文, 244頁.
77) 伊藤隼, 前揭論文(주59), 33頁.
78) 兼子一, 新修民事訴訟法体系[増訂版] (酒井書店, 1965) 157頁.
79) 三木浩一ほか, 前揭書, 374頁 [垣内秀介]
80) 秋山幹男ほか, 前揭書, 87頁.
81) 兼子一原著/松浦馨ほか, 前揭書, 776頁[竹下守夫]
82) 伊藤隼, 前揭論文(주59), 33頁.

Ⅳ. 쟁점별 검토

앞서 살펴본 논의, 즉, 제3자의 법률관계의 확인의 소는 일반적으로 적법하다고 보던 종래의 통설적 견해에 대하여 비판하거나 적어도 의문을 제기하는, (i) 독일의 유력설, (ii) 일본의 2020년(令和2年)판결 등으로부터 재고하여 보아야 할 쟁점은 다음과 같다.

[1] 제3자 확인의 소가 순수한 절차법상 제도인지, 그렇다면 실체적 법률관계를 고려하는 것에 일정한 한계설정이 필요한지, [2] 제3자 확인의 소를 제기함에 있어 원고에게 소송수행권이 있어야 하는지, [3] 제3자에게 기판력이 미치지 않는 점에 비추어 제3자 확인의 소는 무용하다고 볼 것인지, [4] 법률관계의 당사자 내지 권리의무의 귀속주체의 절차보장의 문제 등이 그것이다.

1. 쟁점별 검토

(1) 확인의 소가 순수한 절차적 제도인지 여부: 실체법상 권리관계의 고려

앞서 보았듯이, 독일에서 제3자 확인의 소는 확인의 소가 승인청구권(Anerkennungsanspruch) 등 실체법상 법률관계와는 관계없는 순수한 절차법상 제도라는 점이 이론적으로 규명된 이후에야 비로소 그 당위성이 확립될 수 있었다. 한편, 독일의 부적법설은 (소송담당의 경우를 제외하고) 확인의 소는 소송물인 실체법상 법률관계의 당사자 사이에서만 적법하다는 것을 전제로 하므로 확인의 소의 기초에 실체관계를 요구하는 것이라고 할 수 있다.

이에 따라 제3자의 법률관계라 하더라도 그것이 자신의 법적 영역(Rechtssphäre)에 간접적으로 영향을 주는 이상 확인의 이익이 인정된다는 통설에 대하여는, 제3자 확인의 소에서 그 확인의 이익을 인정하거나 그 한계를 설정함에 있어서 다시 실체법상 권리관계를 고려하는 것은 논리모순이자 자가당착이라는 비판이 부적법설로부터 제기된다. 본래 당사자 사이의 법률관계를 소송물로 삼아야 할 것임에도 타인의 법률관계를 소송의 대상으로 삼아 실체법과의 관련성을 절단하였으면서, 그 제3자의 법률관계가 당사자 사이의 법률관계에 대하여 영향을 미칠 것을 요구하여 실체법과의 연관성에 재차 눈을 돌리는 것은 일관성이 없다는 것이다.[83]

---

83) Lüke, a.a.O., S. 571f.

그러나 이러한 비판은 온당치 못하다. 즉, 확인의 소 자체는 추상적·이론적(dogmatisch)으로는 절차법상 제도로 보는 것이 맞고, 다만, 개별 소송절차 및 판결에서는 구체적인 법적 상황 및 실체법상 권리(Rechtslage des materiellen Rechts)를 적절히 고려하고 반영할 수밖에 없는 것인바,[84] 양자를 구분하여 생각해야 한다. 따라서 제3자 사이의 법률관계에 관한 확인의 소(echte Drittrechtsbeziehungen), 즉, 진정 제3자 확인의 소는 실체법상 관련성이 흠결된 것으로 고유한 절차법상 제도로만 설명되는 이상 이는 부적법하다는 견해[85]는 잘못된 것이다. 순수한 절차법상 제도라는 점은 이행의 소나 형성의 소와 구별되는 확인의 소의 고유한 특성(Eigenschaften der Feststellungsklage)이기 때문이다.[86] 확인되는 법률관계와 보호되는 법률관계는 다를 수 있고, 제3자 확인의 소가 허용된다는 점이야말로 확인의 소는 실체법과 연관되지 아니함을 보여준다.[87]

다만 이러한 논의로부터도 제3자 확인의 소의 허용범위 내지 그 한계를 설정함에 있어서는 실체법상의 권리관계를 고려하지 않을 수 없고, 이는 개별 사안에서 확인의 이익으로 풀어나갈 수밖에 없는 문제임을 엿볼 수 있다.

즉, 확인의 소를 실체법에서 분리(Ablösung der Feststellungsklage vom materiellen Recht)한다면, 민사재판권의 임무나 민사소송의 목적과 양립할 수 없는 확인소송이 진행될 위험이 있다. 더욱이 통설, 판례가 제3자 법률관계(Drittrechtsverhältnisse)에 대한 확인의 소를 허용하고 있어 이러한 위험이 현실화되거나 더욱 증폭될 수 있다. 확인의 소의 소송요건으로서 확인의 이익은 이러한 위험에 대응하기 위한 핵심개념이다. 즉, 확인의 이익은 소송절차의 중복(Prozessverdoppelungen)으로부터 법원을 보호하기 위한 것이 아니라, 오히려 불필요한 소송으로부터 피고를 보호(Schutz des Bekl)하는 것이 그 주된 목적이다.[88] 이행의 소나 형성의 소는 그 소송의 대상과 당사자적격이 한정되어 있어 민중소송(Popularklagen)으로 나타날 위험도 거의 없는 반면, 확인의 소는 무제한적으로 확대될 여지가 있기 때문이다. 따라서 확인의 이익(Feststellungsinteresse)은 확인의 소의 핵심개념으로 평가되고,[89] 제3자 확인의 소에서도 궁극적으로느 확인의 이익으로 그 허용범위와 한계

84) Becker-Eberhard, a.a.O., S. 166.
85) Zöller/Greger §256 Rdnr. 3b; Zöllner AcP 190 (1990) 471, 490 ff.
86) Stein/Jonas/Roth, § 256 Rn 2, 34.
87) Brehm, a.a.O., S. 106; Jacobs, Der Gegenstand des Feststellungsverfahrens. Tübingen 2005, S. 303.
88) Stein/Jonas/Roth § 256 Rn 45, 59

를 규율할 필요가 있다.

(2) 당사자적격 내지 소송수행권의 문제

확인의 소의 경우에도 원고에게는 소송수행권(Prozessführungsbefugnis)이 인정되어야 하는바, 원고가 당사자 또는 적어도 그 소송담당(Prozessstandschaft)이어야 하고, 그렇다면 제3자 확인의 소는 법률의 규정이 있거나 권리자의 동의가 없는 한 원칙적으로 부적법하다는 비판을 독일의 유력설에서 엿볼 수 있었고,[90] 일본의 판례에서도 이러한 관점에서 제3자 확인의 소의 당부를 고찰한 것들을 일부 살펴볼 수 있었다.

그러나 다른 사람의 권리나 법률관계는 오로지 제3자 소송담당 내지 그 확장된 법리에 의하여만 소송상 주장될 수 있다는 비판에 대하여, 독일의 통설은 오히려 제3자의 법률관계에 대한 확인의 소는 '제3자 소송담당이 제기한 확인의 소'와는 구별되어야 한다고 재반박하고 있다.[91] 제3자 소송담당으로 제기하는 확인의 소는 제3자(Dritte)를 보호하는 것을 주된 목적으로 하므로, 원고는 판결의 효력의 확장(Rechtskrafterstreckung)의 의미에서 자신이 그러한 이해관계나 자격이 있음을 입증해야 한다.[92] 반면 제3자의 법률관계에 대한 확인의 소는 원고 자신을 보호(Schutz des Kl)하는 것을 목표로 한다. 따라서 원고는 이 판결을 통해 자신이 법률상 보호를 받을 수 있다는 것을 밝히면 충분하고, 그에 따라 소송수행권의 문제는 법률상 이익, 즉, 확인의 이익의 존부로 대체되기 때문에 자신에게 소송수행권이 있음을 따로 증명할 필요는 없다고 본다.[93]

일본의 통설도, 제3자 소송담당과 달리 제3자 확인의 소를 제기하는 원고는 제

---

89) Stein/Jonas/Roth § 256 Rn 7; E. Schumann GS Michelakis, 1972, 553, 554.

90) Hk-ZPO/Saenger §256 Rdnr. 6; Musielak/Voit/Foerste §256 Rdnr. 5.; Zöller/Greger §256 Rdnr. 3b; W. Lüke ZPR Rdnr. 128; G. Lüke FS Henckel, 1995, 563, 576; BGH VersR 2000, 866; Henckel, a.a.O., S. 89. 114(원고는 (확인의 대상이 아닌) 보호받을 권리에 관하여 소송수행권을 가질 필요가 있고, 제3자 확인의 소는 확인되는 권리의 주체에게는 기판력이 미치지 않기 때문에 처분권자의 동의는 필요하지 않지만, 타인의 권리 그 자체를 보호하고 싶은 경우에는 처분권자의 동의를 얻는 임의적 소송담당의 방법에 의할 필요가 있다); BGH NJW 2011, 1667 Rn. 12(독일민법(BGB) 제744조 제2항에 따른 공동권리자(Mitberechtigten) 등 제3자의 동의가 불충분하다는 이유로 제3자의 법률관계 확인의 소가 허용되지 않을 수 있다고 본 사례).

91) Stein/Jonas/Roth § 256 Rn 34; BGH LM §325 ZPO Nr. 4; BeckOK ZPO/Bacher, 55. Ed. 1.12.2024, ZPO § 256 Rn. 5.1.

92) Stein/Jonas/Roth § 256 Rn 127.

93) Stein/Jonas/Roth § 256 Rn 34, 45; Brehm FG BGH Bd. 3, 2000, 89; BeckOK ZPO/Bacher § 256 Rn. 5.1.

3자의 권리·법률관계에 대한 관리처분권을 갖고 있어야 하는 것이 아니라고 하고, 그러한 취지로 판시한 위 5 내지 6 판결[94]은 이를 잘못 판단하여 그르친 것이라고 일축한다.[95]

생각건대, 제3자의 권리관계에 대한 확인의 소와 파산관재인이나 대위채권자가 제기하는 확인의 소와 같이 제3자 소송담당에 의한 확인의 소는 구별함이 타당하다.[96] 소송담당으로서 제기한 확인의 소는 1차적으로 해당 권리주체의 권리보호를 목적으로 하는 것인 반면, 제3자 확인의 소는 원고 자신의 이익보호를 목적으로 하는 것으로, 단지 그 외형이 유사할 뿐 본질적으로 전혀 다른 것이기 때문이다. 따라서 제3자 확인의 소에서도 소송수행권을 엄격히 요구할 것은 아니고 원고에게 확인의 이익이 있는 한 타인의 권리관계도 확인의 대상이 될 수 있다고 보아야 한다. 즉, 제3자 확인의 소에서는 원고적격 내지 소송수행권은 따로 문제되지 않고 이는 확인의 이익으로 대체되는바, 이를 충족하는 이상 소는 적법하다.[97]

또한 애초에 민사소송에서의 당사자는 자기의 이름으로 권리보호를 요구하거나 요구받으면 족하고 실체법상의 권리의무의 주체일 필요는 없다. 이와 같이 실체법상 권리와 완전히 분리되어 순형식적으로 또는 소송법상으로 당사자의 개념을 정하는 것을 형식적 당사자개념(formeller Parteibegriff)이라고 하고 오늘날에는 형식적 당사자개념이 통설로 되어 있다.[98] 종래 역사적으로 19세기 말엽까지 지배적이던 견해로서 소송에서 다투어지는 권리관계의 주체가 당사자라고 하는 실질적 당사자개념(materieller Parteibegriff)이 다름 아닌 제3자의 소송담당 또는 다른 사람 사이의 권리관계의 확인의 소에서의 당사자의 지위를 설명할 수 없었으므로 현재는 형식적 당사자개념으로 대체되기에 이른 점[99]을 감안하면, 부적법설의 비판은 본말이 전도된 느낌이 있다.

한편, 독일에서 디젤스캔들을 계기로 도입된 표본확인절차(Musterfeststellungsverfahren)는 제3자 확인의 소의 특칙으로 볼 여지가 있고, 마찬가지로 일본에서

---

94) 日大判大正13年7月15日(民集3巻356頁) 및 日大判昭和10年12月10日(民集14巻2077頁).

95) 兼子一原著/松浦馨ほか著, 條解民事訴訟法[第2版] (弘文堂, 2011), 776頁[竹下守夫]

96) 주석민사소송법 제8판 139면[김상연 집필부분]

97) 주석민사소송법 제8판 139면[김상연 집필부분]; Stein/Jonas/Roth Rn 34; BeckOK ZPO/Bacher § 256 Rn. 5.1.

98) 정동윤/유병현/김경욱, 앞의 책, 189면; Henckel, Parteilehre und Strietgegenstand im Zivilprozesss (1961), S. 15. ff.

99) 정동윤/유병현/김경욱, 앞의 책, 189-190면.

도 소비자의 재산적피해의 집단적 회복을 위한 민사재판절차에 관한 특별법(消費者の財産的被害の集団的な回復のための民事の裁判手続の特例に関する法律; 이하 '소비자재판절차특례법')에 따라 도입된 소비자 집단소송에서도 소비자단체가 그 1단계에서 공통의무 '확인'의 소(共通義務確認の訴え)를 제기하도록 하고 있다. 이와 같이 현대형 소송에서 제3자 확인의 소의 대상적격 혹은 소송수행자가 확대가 되어야 할 현실적인 필요성이 인정됨은 물론 이를 반영한 특별법이 다수 관찰되는 상황에서, 당사자적격 내지 소송수행권의 문제를 지나치게 엄격하게 해석하는 것(부적법설)은 다소 고루하거나 시대착오적인 논의로도 보인다.

다만 이러한 논의는 확인의 대상이 되는 법률관계의 주체와 확인판결로 보호되는 법률관계의 주체가 가급적 일치하도록 요청한다는 점에서 의미가 있다.[100] 그러나 이 착안점을 원고적격이나 소송수행권 차원에서만 논의하면서 그에 매몰되는 것은 바람직하지 않고, 결국 확인의 이익에서 그 경계를 설정할 문제인 것으로 보인다. 확인의 소에 있어서는 확인의 이익을 갖는 자가 당사자적격을 가지게 된다고 보는 보는 것이 통설적 견해이다. 확인의 이익에 관한 판단에는 누가 정당한 판단을 받을 자격이 있는지, 즉 당사자적격의 문제를 포함하고 있기 때문이다.[101] 따라서 이는 확인의 이익의 단계에서 판단하는 것이 적확하다.

한편 부적법설에 따르더라도 법정소송담당으로 소송수행권이 있다고 볼 수 있는 대위채권자에 의한 채권자대위소송의 경우에도 이를 당사자적격의 문제로만 이해하고 해결할 것이 아니라, 대위채권자 자신의 고유한 확인의 이익이 있는 것으로 바라볼 필요가 있다.

(3) 판결의 효력의 관점

한편 제3자의 법률관계에 대하여 확인판결을 받더라도 그 판결의 효력은 상대적인 것이어서 당사자에게만 미치고 정작 그 제3자 등에게는 미치지 아니한다는 점은 확실히 중요한 문제이다. 그에 따라 확인판결을 통해 분쟁이 사전적·예방적으로 해결되지 아니하고, 확인판결을 내려도 분쟁이 궁극적으로 해결되지 않을 우려가 있는 이상 제3자 확인의 소는 부적절한 것이 아닌지가 독일의 유력설이나 일본의 2020년(令和2年)판결의 문제의식이다.

100) 伊藤隼, 前掲論文(주59), 41頁.
101) 정동윤/유병현/김경욱, 428면; 정영환, 앞의 책, 445면; 다만 확인의 소에서도 당사자적격이 독립적인 의미를 가질 여지가 있다고 지적하는 견해로는, 新堂幸司, 前掲書, 181頁.

확실히 확인판결이 그 권리・법률관계의 주체인 제3자에게 아무런 효력을 갖지 않는다고 하면, 제3자가 그 확인판결을 준수하거나 임의로 이행할 것을 항상 기대하거나 담보할 수 없으므로 그 확인의 소의 유효・적절성에는 의문이 제기될 수 밖에 없다.

일찍이 독일에서 확인의 소가 절차법상 제도임을 규명하여 제3자 확인의 소가 널리 허용되는 기반을 닦은 바흐(A. Wach)조차도, 그 확인판결이 당사자 및 제3자에게 미치는 효력을 감안하여 확인의 이익이 고찰되어야 하고, 채무자 등에 대하여는 판결의 효력이 미치지 아니하여 법적안정성을 확보할 수 없는 이상 확인의 이익이 부족하다는 점을 지적한바 있다.[102)]

일본에서도 제3자에게 판결효가 미치지 아니한다고 하여 곧바로 제3자 확인의 소가 부적법한 것은 아니라는 견해가 종래의 통설임은 앞서 살펴본 바와 같다. 그러나 2020년(令和2年)판결은 확인판결을 인용하더라도 제3자에게 판결의 효력이 미치지 않는 이상 확인의 이익이 부정된다고 하여 이에 제동을 걸었다. 나아가 위 판결을 계기로, 제3자에게 판결의 효력이 미치지 않는데다 제3자가 이를 임의로 이행하거나 준수하지 않아 결국 원고의 권리보호나 소송상 구제는 달성할 수 없다면, 무엇을 근거로 확인의 대상인 법률관계의 실체법상 주체가 아닌 자가 법원에 소를 제기하고 상대방을 소송에 끌어들이는 것을 정당화할 수 있는지 의문이 제기되고, 통설은 제3자에게 판결의 효력이 미치지 않는다는 점을 과소평가하고 있었다는 의견도 있었다.[103)]

그러나 제3자에게 판결의 효력이 미치지 않는 이상 제3자 확인의 소는 부적법하다는 논의도 지나치게 과도한 것이어서 선뜻 받아들이기 어렵다. 물론 확인판결이 제3자에 대한 관계에서는 사실상의 효력밖에 없고 제3자가 판결을 존중하지 아니한다면 제3자 확인의 소는 유효적절한 분쟁해결수단이 될 수 없다. 그러나 그러한 판결이 제3자에 대한 관계에서도 통용되거나 제3자가 이를 준수하지 않더라

---

102) Wach, a.a.O., S. 126, 128f. ① 확인판결만으로는 구상청구로부터 보호될 수 없으므로, 채권양도인은 채무자 또는 참칭채권자에 대하여 양도한 채권의 존재확인소송을 제기할 수 없고, ② 마찬가지로 매도인은 추탈(追奪)을 주장하는 제3자에 대하여 매매계약의 유효확인소송을 제기할 수 없는데, 확인판결만으로는 번복할 수 없는 법적안정성을 확보할 수 없는 이상, 확인의 이익이 부족하며(이 경우 보조참가를 통해 보호받는다고 본다), ③ 심지어 채권의 귀속에 관한 소송의 경우에도, 그 기판력이 채무자에게는 미치지 않는다는 사정을 감안할 때, 당사자 사이의 확인이 채무자에 대하여도 의미를 갖는 상황이 필요하다고 본다.

103) 伊藤隼, 前揭論文(주59), 41頁; 加藤新太郎, 前揭論文, 116頁.

도 소송당사자 사이에는 의미가 있는 경우도 충분히 상정해 볼 수 있다. 후자의 경우에는 확인의 소의 목적과 기능을 어느 정도 달성할 수 있음에도 이러한 경우에도 일률적으로 제3자 확인의 소는 부적법하다고 보는 것은 타당하지 않다.[104]

다만 부적법설의 문제 제기는 원고의 권리 또는 법적 지위에 존재하는 위험·불안의 제거라는 확인의 소의 목적에 비추어 판결이 내려지더라도 분쟁이 해결된다는 법적·제도적 보장이 없는 경우에는 소를 부적법하다고 보는 발상을 되새겨 보게 한다는 점에서 나름대로 가치가 있다.[105] 그런데 부적법설이 문제 삼는 것은 확인의 대상인 법률관계가 당사자 사이에 존재하지 않는 것도 있지만, 제3자에게 기판력이 미치지 않기 때문에 확인판결을 받더라도 원고의 권리 또는 법적 지위에 현존하는 불안·위험을 확실히 제거하여 법적안정성을 도모할 수 없다는 것에도 있다. 그렇다면 관건은 그러한 확인판결에 의하여 원고·피고 사이의 권리나 법률관계가 종국적으로 확정되거나 원고, 피고, 제3자 사이에 분쟁이 실제로 종결되는지 여부에 있다고 볼 수 있다.[106]

따라서 제3자의 법률관계라는 이유로 이를 확인의 소의 대상에서 일률적으로 배제하기보다는 제3자 확인의 소가 유효적절한 구제수단으로서 종국적인 분쟁해결방법을 제공하는지를 기준으로 그 당부를 판단하는 것이 바람직한바, 그 범위나 한계의 설정은 확인의 대상에서 논의하기보다는 확인의 이익에서 합리적으로 규율함이 타당하다고 생각된다.

(4) 제3자의 절차참여 기회의 보장

앞서 살펴본 일본 2020년(令和2年) 판결의 경우 특허실시권자인 원고(X)가 실체법상 권리주체, 즉 특허권자 Z에게 소송고지하여 Z가 X를 위하여 보조참가하였다. 이와 같이 제3자 확인의 소에서는 원고에게 과연 확인의 이익이 있는지 아니면 적어도 제3자 소송담당으로서 소송수행권이 있는지 여부에 관계없이, 즉 제3자 확인의 소가 적법한 경우에도 가급적 그 실체법상 권리자 내지 법률관계의 당사자에게도 소송절차에 참여할 기회를 보장하는 것이 바람직하다.

그런데 통설과 같이, 확인의 대상은 반드시 당사자 간의 법률관계일 필요는 없고, 피고와의 관계에서 즉시 확정의 이익이 존재하는 한 당사자 일방과 제3자 간

104) 伊藤隼, 前揭論文(주59), 40頁.
105) 伊藤隼, 前揭論文(주59), 44頁.
106) 伊藤隼, 前揭論文(주59), 41頁.

의, 제3자와 제3자 상호간의 법률관계여도 좋다고 여기는 경우에는 아무래도 이 부분이 중요하게 다루어지기 어렵다. 이미 원고 측의 사정만으로 소 자체가 적법하다고 평가되고 있기 때문이다. 오히려 분쟁의 대상이 되는 법률관계의 주체를 소송 당사자로 추가하거나 포함시키는 것은 독일 민사소송법(ZPO) 제62조에 따른 필수적 공동소송의 경우에만 필요하다는 식[107]의 이론적이거나 편의적인 태도로 흐르기 쉽다. 그렇다면 실체법상 권리주체를 현행과 같이 공동소송적 보조참가인으로서 참가할 수 있도록 하는 것에 그치는 이외에 그 소송상 지위를 더욱 강화하거나 심지어 그 참가 자체를 강제하는 등으로 그 소송수행권을 강화하는 것이 문제된다.

나아가 주권리자가 소송수행권을 회복하거나 원고로부터 그 주도권을 가져오려는 경우에는 이를 어떻게 처리할 것인지도 중요한 문제이다. 여기서는 이에 관하여 상세히 논의할 수 없으나, 부적법설은 제3자 확인의 소의 본질과 그 내재적 한계를 환기시킨다는 점에서 그 의의가 크다.

2. 소결: 확인의 이익을 통한 합리적 규율

위와 같이 제3자 확인의 소를 둘러싼 여러 이론상 난점을 검토한 결과 대체로 확인의 소의 기능과 목적, 그 정당화라는 원점으로 돌아와, 그 확인의 대상은 제3자의 법률관계를 포함하여 보다 폭넓게(feststellungsfähige Rechtsverhältnis weiter), 확인의 이익은 그 제한법리로서 개별 사안에서 확인의 소가 부적절하게 확대되는 것을 시정하기 위한 도구로 바라볼 필요가 있다.[108]

다만 타인 사이의 권리관계에 대한 확인의 소의 확인의 이익에는 각별한 주의가 필요한바,[109] 이에 대해서는 그 분쟁이 종국적 해결되는지 여부를 구체적인 사안마다 확인의 이익 유무를 판단하는 것도 하나의 접근법이 될 수 있다.[110] 이는 다음 V.항에서 유형별로 살펴보기로 한다.

---

107) BeckOK ZPO/Bacher, § 256 Rn. 5; BGH NJW-RR 2017, 1317 Rn. 28.
108) Stein/Jonas/Roth § 256 Rn 4.
109) 주석민사소송법 제8판 138면[김상연 집필부분].
110) 伊藤隼, 前揭論文(주59), 42頁.

V. 유형별 검토

1. 채권의 귀속에 관한 소송

(1) 채권의 귀속에 관하여 다툼이 있는 경우

참칭채권자 사이의 소송, 즉 채권의 귀속에 관한 소송이야말로 제3자 내지 타인의 법률관계에 대한 확인의 소에 관한 논의의 출발점이었음은 앞서 살펴본 바와 같다.

이와 관련하여 대법원은 하나의 채권에 관하여 2인 이상이 서로 채권자라고 주장하고 있는 경우 어느 한쪽이 상대방에 대하여 채권의 귀속에 관한 확인을 구할 이익이 있다고 본다. '일반적으로 채권은 채무자로부터 급부를 받는 권능이기 때문에 소송상으로도 채권자는 통상 채무자에 대하여 채권의 존재를 주장하고 그 급부를 구하면 되는 것이지만 만약 하나의 채권에 관하여 2인 이상이 서로 채권자라고 주장하고 있는 경우에 있어서는 …(중략)… 참칭채권자가 채무자로부터 변제를 받아버리게 되면 진정한 채권자는 그 때문에 자기의 권리가 침해될 우려가 있어 그 참칭채권자와의 사이에서 그 채권의 귀속에 관하여 즉시 확정을 받을 필요가 있고 또 그들 사이의 분쟁을 해결하기 위하여는 그 채권의 귀속에 관한 확인판결을 받는 것이 가장 유효적절한 권리구제수단으로 용인되어야 할 것'이라는 이유에서이다.[111]

이와 같이 채권의 귀속에 관하여 다툼이 있는 경우, 채권자라고 주장하는 자들 사이에 채권이 자기에게 속한다는 확인을 구할 이익이 있다는 것이 대법원의 입장이다.[112] 다만 하나의 채권에 대하여 두 사람 이상이 서로 자신이 채권자라고 주장하는 때에는 어느 한쪽이 상대방에 대하여 채권의 귀속에 관하여 적극적으로 확인을 구하는 청구를 해야 하며, 그 상대방(참칭채권자)과 제3자(채무자) 사이의 채무부존재확인을 구하는 소극적 확인은 허용되지 아니한다.[113] 소극적 확인의 소

---

111) 대법원 1988. 9. 27. 선고 87다카2269 판결.

112) 대법원 1996. 10. 29. 선고 95다56910 판결(반면, 수용 당시의 소유명의자를 상대로 수용보상금청구권이 자기에게 속한다는 채권의 귀속에 관한 확인을 구하는 경우, 그 주장사실이 인정되더라도 수용보상금청구권 자체가 등기청구권자라고 주장하는 자에게 귀속되는 것은 아니므로 그 확인청구는 주장 자체로 이유 없음이 명백하여 허용될 수 없다고 본 사례); 김홍엽, 앞의 책, 299면.

113) 김인수, "참칭채권자 사이의 채권귀속에 관한 확인을 구할 이익이 있는지의 여부", 법조 38권 6호(1989. 6.), 131면; 박철, "채권의 귀속에 관한 확인의 이익", 국민과 사법(윤관대법원장퇴임기념, 1991. 1.), 228면.

에서 승소판결을 받는다고 하더라도 그 판결로 인하여 상대방에 대한 관계에서 자기의 권리가 확정되는 것도 아니고, 그 판결의 효력이 제3자에게 미치는 것도 아니어서 그러한 부존재확인의 소는 자기의 권리 또는 법률상 지위에 현존하는 위험·불안을 해소시키기 위한 유효적절한 수단이 될 수 없기 때문이다.[114] 그에 따라 원·피고가 각자 자신이 받은 압류 및 전부명령에 기하여 채무자의 제3채무자에 대한 금전채권이 자신에게 전부(轉付)되었다고 주장하는 경우, 적극적으로 그 금전채권이 원고에게 귀속된다는 확인을 구하는 것이 아니라 소극적으로 그 금전채권이 피고에게 귀속되지 않았다는 확인을 구하는 소는 확인의 이익이 없어 부적법하다.[115][116]

(2) 검 토

이상 판례가 확인의 이익이 있다고 보는 채권의 귀속에 관한 소송, 즉 자칭채권자 사이에서 그 채권이 자신에게 귀속된다는 적극적 확인의 소에 대하여도, 그 판결의 효력이 채무자에게 미치지 아니하는 점을 감안하여 그 방법 선택이 부당하다고 보는 견해도 얼마든지 있을 수 있다.

먼저 일본에는 채권자 중 어느 한쪽이 채권자로 확인되더라도 정작 채무자에게는 그 판결의 효력이 미치지 아니하여 채무자에 대한 관계에서 채권자라는 것이 확정되지 아니하므로,[117] 위 채권의 귀속에 관한 소송에서 승소하더라도 결국 채무자로부터 변제를 받으려면 다시 채무자에 대하여 이행의 소를 제기하여야 하는 바, 자신의 권리와 양립할 수 없는 권리를 주장한다고 하여 굳이 참칭채권자를 상대로 채권존재확인의 소를 제기하는 것은 부적법하다고 보는 견해가 있다. 현실적으로는 채무자가 임의 이행할 가능성이 높겠지만, 채무자에 대한 이행의 소라는 직접적인 방법이 있는 이상 참칭채권자에 대한 확인의 소 제기를 인정할 필요성

114) 대법원 1995. 10. 12. 선고 95다26131 판결; 대법원 2012. 6. 28. 선고 2010다54535, 54541 판결; 김홍엽, 앞의 책, 300면; 이에 대하여 권리의 귀속이 다투어지는 경우 그 적극적 확인을 구하는 것이 분쟁의 종국적이고 발본색원적인 해결책이나, 그렇다고 하여 상대방의 소극적 확인을 일률적으로 부적법하다고 판단하여서는 아니 되고, 해당 소송에서 나타난 분쟁에 따라 개별적·구체적으로 판단하여야 한다는 견해로는, 윤우정, "권리의 귀속을 다투는 소에 있어서의 소극적 확인의 이익", 대법원판례해설 3호(1984년 하반기), 129면.

115) 대법원 2004. 3. 12. 선고 2003다49092 판결.

116) 한편 **채무자**가 채권의 존재 자체를 다투는 경우라면, 채무자가 채권의 존재 자체를 다투는 이상 채권자는 다시 채무자를 상대로 이행을 구하여야 하므로 참칭채권자를 상대로 채권의 귀속에 관한 확인의 소를 제기하는 것은 종국적인 분쟁해결수단으로 볼 수 없다(김홍엽, 앞의 책, 300면).

117) 예를 들어 채권이 이중으로 양도된 경우를 상정할 수 있다(笹本哲朗, 前揭論文, 255頁).

은 낮다.[118)]

독일에서도, 원고가 어떤 경우든 나중에 이를 이행할 의무가 있고, 단지 채권자가 누구인지 확실하지 않은 경우라면, 제3자 확인의 소는 허용되지 않는다고 제한 해석한 사례도 있다.[119)]

반면 우리 대법원은, 하나의 채권에 관하여 2인 이상이 서로 채권자라고 주장하고 있는 경우 어느 한쪽이 상대방에 대하여 채권의 귀속에 관한 확인을 구할 이익이 있다고 본다. 다만 대법원은 이를 제3자(참칭채권자와 채무자)의 법률관계가 아니라 진정한 채권자 자신의 법률관계로 파악하는 점에 주목할 필요가 있다.

즉, 대법원은 '만약 하나의 채권에 관하여 2인 이상이 서로 채권자라고 주장하고 있는 경우에 있어서는 그 채권의 귀속에 관한 분쟁은 채무자와의 사이에 생기는 것이 아니라 스스로 채권자라고 주장하는 사람들 사이에 발생하는 것으로서 참칭채권자가 채무자로부터 변제를 받아버리게 되면 진정한 채권자는 그 때문에 자기의 권리가 침해될 우려가 있어 그 참칭채권자와의 사이에서 그 채권의 귀속에 관하여 즉시 확정을 받을 필요가 있고 또 그들 사이의 분쟁을 해결하기 위하여는 그 채권의 귀속에 관한 확인판결을 받는 것이 가장 유효적절한 권리구제수단'이라 한다. 이 경우 진정한 채권자에게 자신의 법률관계에 관하여 확인의 이익이 있는 것은 당연하다.[120)]

참칭채권자 사이의 소송(Prätendentenstreit)에 관한 논의를 보다 일반화한다면, 제3자에 대해 서로 양립할 수 없는 권리를 주장하는 청구인들 사이의 분쟁(Streit zweier Forderungsprätendenten)은 이들 사이에 확인할 수 있는 법률관계를 만들어 내는데,[121)] 이는 제3자의 법률관계라기보다는 진정한 권리자 자신의 법률관계로 포착할 수도 있을 것이다.

(3) 보론 – 독일에서의 논의

이와 관련하여 독일민법전에는 권리주장자의 다툼(Prätendentenstreit)은 현상광고(Auslobung)에 관한 것만 명시적으로 규정되어 있으나(§ 660 Abs. 2 BGB), 명문

118) 伊藤隼, 前揭論文(주59), 43頁.
119) BGH VersR 2000, 866; BGH NZA 2000, 1122 (1123).
120) 뤼케(Lüke)도 자칭채권자 사이의 소송에서 문제되는 것은 제3자의 법률관계의 확인이 아니라 당사자의 고유한 법률관계의 확정으로 본다. Lüke, a.a.O., S. 573,
121) Stein/Jonas/Roth § 256 Rn 33; BGH NJW 2012, 2034 Rdnr. 49.

의 규정이 없더라도 권리를 주장하거나 참칭하는 자들 사이의 권리 귀속에 관한 소송은 절차적으로 폭넓게 인정되고 있다.[122)]

이에 따라 독일의 통설은 양립할 수 없는 권리를 주장하는 자(Prätendent eines Rechts), 채권양수인(Zessionar)이나 채권질권자(Pfandgläubiger)와 같이 청구권을 주장하는 자는 자신의 권리에 대한 적극적 확인은 물론 피고의 권리에 대한 소극적 확인을 구할 수 있다고 본다.[123)] 그 판결이 정작 채무자에 대하여는 어떠한 판결의 효력(Rechtskraft)도 발생하지 않는다고 하더라도 원고는 자신의 권리 보호 내지 타인의 권리 방어를 추구할 수 있다는 것이다.[124)]

따라서 양 참칭채권자(beiden Forderungsprätendenten) 사이에는 확인의 대상적격이 있는 법률관계가 존재하고, 채권주장자 간의 분쟁이 해결되면 일반적으로 채무자는 이를 자발적으로 이행할 것(freiwillig leisten)이라는 점에 기하여 확인의 이익을 인정할 수 있다.[125)] 나아가 두 명의 잠재적 채무자들 사이에(zwischen zwei möglichen/potentiellen Schuldnern) 누가 책임이 있는지를 명확히 하기 위한 확인의 소도 허용된다.[126)]

2. 공탁금출급청구권의 확인

(1) 대법원의 입장

변제공탁의 공탁금출급청구권자는 피공탁자 또는 그 승계인이고, 피공탁자는 공탁서의 기재에 의하여 형식적으로 결정되므로 실체법상의 채권자라 하더라도 피공탁자로 지정되어 있지 않다면 공탁금출급청구권을 행사할 수 없다. 따라서 피공탁자 아닌 사람이 그 청구권의 귀속을 다투고 있다고 하더라도, 피공탁자로서는 직접 공탁관에 대하여 공탁금출급청구권을 행사하여 공탁금을 수령하면 되므로, 구태여 피공탁자가 될 수 없는 사람을 상대로 공탁금출급청구권의 확인을 구하는 것은 확인의 이익이 없고,[127)] 반대로 피공탁자 아닌 제3자가 피공탁자를 상대로

---

122) Stein/Jonas/Roth § 256 Rn 36.
123) Stein/Jonas/Roth § 256 Rn 36.
124) Stein/Jonas/Roth § 256 Rn 36; BGH NJW 2012, 2034 Rdnr. 49 ff.; NJW-RR 1992, 1151; 1987, 1439f.; ZIP 1981, 157; OLG Köln NJW 1952, 1301; Picker FS Flume Bd. 1, 1978, 657, 720.
125) Stein/Jonas/Roth § 256 Rn 36; BGH NJW 2012, 2034 Rdnr. 52.
126) BGHZ 123, 44, 46; BGH NJW 1993, 2539(2540). 반대: Häsemeyer ZZP 107 (1994) 231, 232.
127) 대법원 2001. 6. 26. 선고 2001다19776 판결, 대법원 2006. 8. 25. 선고 2005다67476 판결; 김태우 "공탁출급청구권 확인소송의 상대방", 판례연구(부산판례연구회) 9집(1998. 12.), 411쪽 이하.

하여 공탁금출급청구권의 확인을 구하는 것도 확인의 이익이 없다.[128]

다만, 상대적 불확지 변제공탁에서 피공탁자 가운데 한 사람을 채무자로 하여 그의 공탁금출급청구권에 대하여 채권압류 및 추심명령을 받은 추심채권자가 자기의 이름으로 다른 피공탁자를 상대로 하여 공탁금출급청구권이 추심채권자에게 있음의 확인을 구하는 것은 확인의 이익이 있고,[129] 절대적 불확지 변제공탁에서도 공탁자를 상대로 공탁금출급청구권의 확인을 구하는 것은 확인의 이익이 있다는 것이 우리 대법원의 입장이다.[130]

(2) 검 토

상대적·불확지 변제공탁에서 피공탁자가 아닌 자가 제기하는 공탁물출급청구권의 확인 청구는 제3자가 공탁소인 관계로 그 판결을 준수할 것이 예상되는바 피공탁자 내지 공탁자와 권리주장자 사이는 물론 공탁소와의 관계에서도 분쟁이 종국적으로 확정된다는 점에서 그 확인의 이익을 인정하는 대법원의 입장은 타당하다. 다만 원고에게 공탁물출급청구권이 있다는 확인은 이를 제3자의 법률관계라기보다는 원고 자신의 법률관계의 확인으로 이해할 수도 있을 것이다.[131]

일본의 경우에도 채권자 불확지를 이유로 공탁한 경우에는 피공탁자 사이의 공탁물출급청구권의 확인의 소는 적법하다고 하였다.[132] 이는 애초 당사자 사이의 법률관계의 확인의 소라고 볼 수 있을 뿐 아니라, 공탁금환급청구권의 귀속이 확정되면 이는 환급청구권의 증명문서가 되어 환급청구권자가 누구인지 종국적으로

128) 대법원 2007. 5. 31. 선고 2007다3391 판결.

129) 대법원 2011. 11. 10. 선고 2011다55405 판결(상대적 불확지 변제공탁에서 피공탁자 가운데 한 사람이 공탁금출급청구를 하기 위해서는 다른 피공탁자의 승낙서나 그를 상대로 한 공탁금출급청구권확인의 승소확정판결이 있으면 된다); 대법원 2008. 10. 28. 선고 2007다35596 판결.

130) 대법원 2014. 4. 24. 선고 2012다40592 판결(채권자가 사망하고 과실 없이 그 상속인을 알 수 없다는 이유로 채무자가 민법 제487조 후문에 따라 변제공탁을 하는 경우 피공탁자인 망인의 상속인이 공탁자를 상대방으로 하여 공탁금출급청구권의 확인을 구하는 것은 확인의 이익이 있다); 대법원 1997. 10. 16. 선고 96다11747 전원합의체 판결(기업자가 수용보상금을 절대적 불확지공탁한 경우, 수용 토지의 소유자가 공탁금 출급을 위해 기업자를 상대로 공탁금출급청구권이 자신에게 있다는 확인을 구하는 소송이 확인의 이익이 있다); 대법원 2007. 2. 9. 선고 2006다68650, 68667 판결(공익사업을 위한 토지 등의 취득 및 보상에 관한 법률 제40조 제2항 제1호의 규정에 따라 사업시행자가 보상금을 공탁한 경우, 정당한 공탁금수령권자이면서도 공탁공무원으로부터 공탁금의 출급을 거부당한 자가 공탁자인 사업시행자를 상대방으로 하여 그 공탁금출급권의 확인을 구하는 소송을 제기할 이익이 있다); 강용현, "절대적 불확지공탁의 경우 공탁금출급청구권의 상대방", 국민과 사법(윤관대법원장퇴임기념, 1999. 1.), 554쪽 이하.

131) 伊藤隼, 前掲論文(주59), 30頁; Lüke, a.a.O., S. 573, 574.

132) 日最判平成5年3月30日(民集47巻4号3334頁), 앞서 ④ 판결로 소개한 것으로, 압류채권자가 채권양수인에 대하여 공탁금환급청구권의 추심권을 가지는 것의 확인청구가 적법하다고 한 사례.

결정되어 그 소송결과가 제3자(공탁소)에게도 그대로 통용된다거나 제3자가 이에 반하는 행동을 한다는 것을 상정하기 어렵기 때문에[133] 이는 순수한 제3자 확인의 소와 동일하게 볼 수 없다는 이유에서이다.[134] 독일에서도 채무자가 공탁한 경우 그 환급청구권을 주장하는 원고는 피공탁자로 지정된 피고에 대하여 독일민법(BGB) 제816조 제2항[135]를 유추하여 공탁물의 환급에 대한 동의 또는 환급청구권의 확인을 구할 수 있는데, 이는 제3자(채무자-공탁소)의 법률관계라기보다는 원고의 고유한 법률관계로 보는 견해가 있다.[136]

3. 소유권 귀속에 관한 확인

(1) 대법원의 태도

대법원은 소유권의 귀속에 관하여 다툼이 있는 경우에 적극적으로 자기 소유권의 확인을 구하지 않고 소극적으로 상대방 소유권의 부존재확인을 구하는 것은 확인의 이익이 없다고 본다. 이는 소유권의 귀속에 관한 분쟁을 근본적으로 해결하는 방법이 되지 못한다거나,[137] 설령 그 확인의 소에서 승소판결을 받는다고 하더라도 그 판결로 인하여 상대방에 대한 관계에서 자기의 권리가 확정되는 것도 아니고 그 판결의 효력이 제3자에게 미치는 것도 아니어서, 그와 같은 부존재 확인의 소는 자기의 권리 또는 법률적 지위에 현존하는 불안, 위험을 해소시키기 위한 유효적절한 수단이 될 수 없으므로 확인의 이익이 없다는 이유에서이다.[138]

한편 피고가 매도인의 소유권을 부인하고 오히려 자기의 소유권을 주장하면서 그 등기회복을 방해하더라도 피고의 행위가 곧 매도인에 대한 원고의 소유권이전등기청구권을 부인 내지 침해하는 것이 아니어서 원고가 이로 인하여 직접적인 위협을 받는 것도 아니므로 소유권 확인의 소는 확인의 이익이 없다고 본다.[139]

---

133) 日本法務省 供託Q&A(https://www.moj.go.jp/MINJI/minji06_00055.html> Q42-45 참조.
134) 伊藤隼, 前揭論文(주59), 30頁.
135) BGB 816조 2항 : 무권리자에 대하여 권리자와의 관계에서 유효한 급부가 이루어진 경우에는 무권리자는 권리자에 대하여 급부된 물건을 인도할 의무를 진다.
136) Lüke, a.a.O., S. 573, 574.
137) 대법원 2016. 5. 24. 선고 2012다87898 판결(그러한 판결만으로는 자기의 소유권이 확인되지 않아 소유권자로서 지적도의 경계에 대한 정정을 신청할 수도 없으므로 확인의 이익이 없다).
138) 대법원 1995. 10. 12. 선고 95다26131 판결
139) 대법원 1971. 12. 28. 선고 71다1116 판결; 반면, 원고가 제3자를 대리인으로 하여 단독매수한 부동산에 대하여 제3자가 피고 명의로 소유권이전등기를 경료한 경우 그 소유권이전등기는 무효이고, 원고로서는 오로지 원래 소유자를 대위하여 피고 명의의 소유권이전등기가 실체 권리관계에 부합하지 않음을 이유로 무효임을 주장할 수 있을 뿐이고 적극적으로 자기의 소유권을 주장할 수 없는 처지이

반면, 대법원은 채권자가 대위권에 기하여 제기하는 채무자의 권리 확인,[140] 상속재산관리인의 상속재산 소유권 확인[141]을 허용한다. 토지거래신고구역 내에 있고 토지대장상 소유자미복구로 되어 있는 토지를 매수한 자는 소유권이전등기청구권을 보전하기 위하여 매도인을 대위하여 위 토지가 매도인 소유라는 확인을 구할 수 있고,[142] 甲 종중이 명의신탁을 주장하며 국가를 상대로 소유권확인을 구한 토지에 대하여 乙 종중이 자신의 명의신탁을 주장하며 명의수탁자를 대위하여 독립당사자참가로써 소유권확인을 구하는 경우, 확인의 이익이 있다고 보았다.[143]

(2) 검 토

이상과 같이 '당사자의 일방과 제3자 사이 또는 제3자 상호간의 법률관계의 확인에 확인의 이익이 있기 위하여는 그 법률관계에 따라 원고의 권리 또는 법적 지위에 현존하는 위험, 불안이 야기되어야 하고, 그 위험, 불안을 제거하기 위하여 그 법률관계를 확인의 대상으로 한 확인 판결에 의하여 즉시로 확정할 필요가 있고 또한 그것이 가장 유효적절한 수단이 되어야 하는바, 자기의 권리 또는 법률상의 지위가 타인으로부터 부인당하거나 또는 그와 저촉되는 주장을 당함으로써 위협을 받거나 방해를 받는 경우에는 그 타인을 상대로 자기의 권리 또는 법률관계의 적극적 확인을 구하여야 한다'는 판례의 입장은, 독일의 통설・판례와 같이 확인의 이익을 중심으로 제3자의 법률관계가 원고의 법적 영역에 영향을 미치는지를 주된 기준으로 판단한다는 것으로, 이는 기본적으로 바람직한 접근법으로 생각된다.

다만 상대방 주장의 권리에 대한 소극적 확인을 구하는 것에 확인의 이익이 없는 것을 두고, 대법원은 그 확인판결로 상대방에 대한 관계에서 자기의 권리가 확정되는 것도 아니고 그 판결의 효력이 제3자에게 미치는 것도 아니어서, 그러한 부존재 확인의 소는 자기의 권리 또는 법률적 지위에 현존하는 불안, 위험을 해소시키기 위한 유효적절한 수단이 될 수 없다고 하였으나, 제3자에게 판결의 효력이

므로 이와 같은 경우에는 피고의 소유권에 대한 소극적 확인을 구할 이익이 있다고 본 경우로는, 대법원 1984. 3. 27. 선고 83다카2337 판결.

140) 대법원 1976. 4. 27. 선고 73다1306 판결.

141) 대법원 1977. 1. 11. 선고 76다184, 185 판결.

142) 대법원 1993. 3. 9. 선고 92다56575 판결(나아가 토지를 매수한 자는 망인의 상속인들에 대한 토지거래허가신청절차의 협력의무의 이행청구권을 보전하기 위하여 상속인들을 대위하여 위 토지가 상속인들 소유임의 확인을 구할 수 있다).

143) 대법원 1997. 6. 10. 선고 96다25449, 25456 판결.

미치지 아니하는 점은 확인의 이익을 부정하는 하나의 판단요소이고, 이를 결정적인 기준으로 삼는다거나 제3자 확인의 소 일반에 널리 적용하고 있는 것은 아니다. 이 점에서 대법원의 태도는 앞서 본 일본 2020년(令和2年) 판결과는 다른 입장으로 이해된다.

한편 판례가 제3자 확인의 소를 인정하고 있는 것의 대부분은 원고가 제3자를 대위하여 그 제3자의 소유권 확인을 구하는 것인데, 이는 '제3자의 권리관계에 대한 확인의 소'와 '제3자 소송담당에 의한 확인의 소'는 구별하여야 한다는 논의에 비추어 추가 검토를 요한다. 즉, 상속재산관리인의 상속재산 소유권 확인[144]과 같이 상속재산관리인 고유의 독자적인 이익보호를 위한 것이 아닌 제3자 소송담당에 의한 확인의 소와 달리, 대위채권자가 제기하는 확인의 소는 (비록 통설, 판례가 대위채권자를 제3자 소송담당으로 이해하고 있기는 하나) 실질적으로 대위채권자 자신의 이익 보호를 위한 것으로, 이는 순수한 제3자의 법률관계라기보다는 대위채권자의 고유한 이익 보호를 위한 것으로 이해하고 그 확인의 이익을 폭넓게 인정할 필요가 있다.[145] 따라서 제3자 확인의 소에서 소송수행권을 엄격히 요구할 것은 아니고 원고에게 확인의 이익이 있는 한 타인의 권리관계도 확인의 대상이 될 수 있다고 보아야 한다.

4. 후순위권리자에 의한 선순위권리자의 권리 부존재 확인

(1) 사 례

물상보증인이 근저당권자의 채권에 대하여 다투고 있는 경우 근저당권자가 물상보증인을 상대로 제기한 피담보채무의 확정을 위한 확인의 소,[146] 2번 저당권자가 1번 저당권자와 저당권설정자를 상대로 하여 1번 저당권의 부존재확인을 구하는 경우[147] 등이 이에 해당한다.

---

144) 대법원 1977. 1. 11. 선고 76다184, 185 판결(상속재산관리인이 상속재산 소유권 확인을 구하는 경우에 그가 구태여 상속인일 필요가 없다).

145) 대법원 1976. 4. 27. 선고 73다1306 판결(채무자의 권리가 제3자로부터 방해를 받아 그에 관하여 분쟁이 생겨 그에 관한 확정을 보지 못하고 있는 경우, 채권자의 채무자에 대한 채권도 그 내용에 실질적인 영향을 받아 불안정한 상태에 놓이게 되므로 채권자는 그 권리관계의 확인을 위하여 채무자를 대위하여 제3자를 상대로 소를 제기할 수 있다).

146) 대법원 2004. 3. 25. 선고 2002다20742 판결(물상보증인이 근저당권자의 채권에 대하여 다투고 있을 경우 그 분쟁을 종국적으로 종식시키는 유일한 방법은 근저당권의 피담보채권의 존부에 관한 확인의 소라고 할 것이므로, 근저당권자가 물상보증인을 상대로 제기한 확인의 소는 확인의 이익이 있어 적법하다).

최근, 담보신탁계약에서 정한 신탁재산의 처분사유가 발생하여 신탁재산이 공매 절차에 따라 처분되거나 공매 절차에서 정해진 공매 조건에 따라 수의계약으로 처분되는 경우, 해당 처분절차에서 매수인으로 결정된 사람과 신탁회사 사이에 체결된 매매계약의 효력에 따라 그와 경쟁하여 신탁재산을 취득하고자 했던 입찰자 또는 매수제안자(이하 '입찰자 등')의 법적 지위나 법률상 보호되는 이익이 직접 영향을 받게 된다. 따라서 이러한 입찰자 등은 특별한 사정이 없는 한 그에 관한 불안이나 위험을 유효·적절하게 제거하기 위하여 매매계약에 대하여 무효 확인을 구할 수 있다고도 하였다.[148] 다만 이 경우 소를 제기하기 위해 매매계약이 무효로 확인되면 이후의 신탁재산 처분절차에서 반드시 매수인이 된다거나 될 개연성이 있다는 요건까지 갖추어야 하는 것은 아니지만, 적어도 기존에 실시한 공매 또는 수의계약 절차 등 처분절차에 참여하여 입찰자 등의 지위에 있었을 것이 요구된다.[149]

(2) 검 토

이에 대하여는 2번 저당권자가 1번 저당권의 실행을 저지하는 경우라면 몰라도, 1번 저당권의 말소로 인한 자기의 저당권 순위의 상승을 노리고 있는 경우라면 1번 저당권자에 대하여 말소등기청구를 하면 충분하다고 할 수 있으므로, 선순위저당권 부존재확인의 소는 확인의 이익이 부정되어야 한다고 보는 견해도 있다.[150]

그러나 피담보채권이 변제되어 저당권이 소멸하였음에도 불구하고 선순위 저당권자가 채권의 소멸을 인정하지 아니하고 등기가 잔존하는 상황은 후순위 저당권자의 채권양도 또는 저당권 실행에 상당한 장해가 될 수 있다. 따라서 후순위 권리자가 선순위 권리자에 대하여 그 권리의 부존재 확인의 소를 제기하는 것은 자신의 권리에 대하여 부당하게 불이익한 상태를 제거하고 그 정당한 가치 및 순위를 확보하는 것으로,[151] 확인의 이익이 있다고 봄이 타당하다. 경쟁입찰자가 제기한 담보신탁재산의 공매계약 무효확인도 마찬가지로 볼 수 있을 것이다.

---

147) 정영환, 앞의 책, 417면; 정동윤/유병현/김경욱, 앞의 책, 428면; 日大判昭和15年5月14日(民集19巻840頁; 위 '[3]판결'); 한편, 日大判昭和8年11月7日民集12巻2691頁는 원고(2번 저당권자)가 1번 저당권을 가진 것의 확인을 구하면 충분하다고 하여 확인의 이익을 부정하였다.

148) 대법원 2021. 5. 7. 선고 2021다201320 판결. 동 판결의 상세에 관하여는, 정민희, "담보신탁재산 처분을 위한 신탁공매와 수의계약에 대한 법적 규율", 비교사법 제30권 제1호 (2023. 2.), 257-297면.

149) 대법원 2021. 5. 7. 선고 2021다201320 판결.

150) 伊藤隼, 前掲論文(주59), 43頁.

151) 日大判昭和15年5月14日(民集19巻840頁; 위 '[3]판결').

5. 보증보험과 관련된 분쟁

(1) 보증보험의 보증계약으로서의 실질과 주계약과의 관련성

보증보험(Guaranty Insurance)은 보증을 보험의 형식으로 영위하는 제도로, 대법원은 종래부터 보증보험이 피보험자와 특정 법률관계가 있는 보험계약자(주계약상 채무자)의 채무불이행으로 인하여 피보험자(주계약상 채권자)가 입게 될 손해의 전보를 보험자가 인수하는 것을 내용으로 하는 손해보험으로서, 형식적으로는 채무자의 채무불이행을 보험사고로 하는 보험계약이나 실질적으로는 보증의 성격을 가지고 보증계약과 같은 효과를 목적으로 한다고 하고,[152] 이행보증보험은 피보험자는 보증보험에 터잡아 물품공급 등 계약을 체결하거나 이미 체결한 계약에 따른 의무를 이행하는 것이라고 판시하여 왔다.[153] 이후 상법 개정(2014. 3. 11. 법률 제12397호)으로 보증보험에 관한 규정(제726조의5부터 제726조의7까지)이 신설되어, 보증보험계약의 보험자는 보험계약자가 피보험자에게 계약상의 채무불이행 또는 법령상의 의무불이행으로 입힌 손해를 보상할 책임이 있다고 정하는 한편(제726조의5), 보증보험계약에 관하여는 그 성질에 반하지 아니하는 범위에서 보증채무에 관한 민법의 규정을 준용하도록 하였다(제726조의7).

(2) 대법원의 태도

이러한 보증보험계약의 보증으로서의 실질과 주계약과의 중첩적 구조와 관련하여, 대법원은, (i) 피고 甲이 피고 乙 보증보험에 대하여 이행보증보험계약에 따른 보험금지급채권을 가지는지 여부는 원고가 피고 甲에 대하여 규정손실금 등의 지급의무를 부담하는지 여부에 따라 저절로 결정되는 것이므로, 원고로서는 피고 甲에 대하여 리스계약이 해지·해제되었음을 이유로 위 리스계약에 따른 채무의 부존재확인을 구하는 것이 원고와 피고 甲 사이의 현재의 분쟁을 해결하는 가장 유효적절한 방법인 만큼 <u>원고가 리스료 지급채무의 부존재확인이라는 발본색원적인 수단에 중복하여 피고 甲과 피고 乙 보증보험 사이의 보험금청구채권 존부에 관한 법률관계의 확인을 구하는 것은 원고의 지위를 위협하는 현재의 불안제거에</u>

152) 대법원 1992. 5. 12. 선고 92다4345 판결; 대법원 1997. 10. 10. 선고 95다46265 판결; 대법원 1999. 7. 13. 선고 98다63162 판결; 대법원 2014. 9. 4. 선고 2012다67559 판결.

153) 대법원 2001. 2. 13. 선고 99다13737 판결

필요한 한도 내에 속한다고 볼 수 없을 뿐만 아니라 현재의 법률관계를 우회적으로 해결하는 것으로 분쟁해결의 가장 유효적절한 방법이라고 볼 수 없으므로, 확인의 이익이 없다고 하고(이하 '㉮ 판결'),[154] (ii) 수급인 甲 회사가 도급인 乙 법인에 대한 선급금 반환채무를 보증하기 위하여 丙 보증보험과 체결한 선급금이행보증보험계약에 따라, 丙 회사가 乙 법인에 보험금을 지급하자 甲 회사의 丙 회사에 대한 구상금 채무를 연대보증한 丁이 乙 법인을 상대로 丙 회사의 乙 법인에 대한 보험금 지급채무 부존재 확인을 구한 사안에서, 丁이 주장하는 법적 지위의 불안은 丁의 丙 회사에 대한 구상금 채무의 존부이므로 丁은 이미 소멸한 丙 회사의 乙 법인에 대한 보험금 채무의 부존재 확인이라는 우회적인 방법으로 丁과 丙 회사 사이의 분쟁을 해결할 것이 아니라 직접적으로 丙 회사를 상대로 현재의 법률관계인 구상금 채무의 부존재 확인을 구하는 것이 분쟁 해결에 가장 유효·적절한 방법인바, 丁의 청구는 확인의 이익이 없다고 하며(이하 '㉯ 판결'),[155] (iii) 보증보험계약이 체결된 후 보험금이 아직 지급되지 않은 상태에서 주계약 당사자인 보험계약자와 피보험자 사이에 주계약에 따른 채무의 존부와 범위에 관하여 다툼이 있는 경우, 이는 보험자의 피보험자에 대한 보험금지급채무 존부와 범위에도 영향을 미칠 수 있으므로, 그러한 경우 주계약의 채무자이기도 한 보험계약자로서는 우선 그 계약상 채권자인 피보험자를 상대로 주계약에 따른 채무부존재 확인을 구하는 것이 분쟁을 해결하는 가장 유효적절한 방법이라고 하였다(이하 '㉰ 판결').[156]

(3) 검 토

이행보증보험을 둘러싼 법률관계에서는 주계약에 따른 채무의 존부와 범위가

---

154) 대법원 1994. 11. 8. 선고 94다23388 판결(피고가 이행보증보험계약의 보증인들 소유 재산에 대하여 가압류집행을 하였다 하더라도 달리 볼 것은 아니다).

155) 대법원 2015. 6. 11. 선고 2015다206492 판결, 동 판결의 상세에 관하여는, 김경욱, "2021년 민사소송법 중요 판례 분석", 안암법학 제64호(2022. 5.), 299-358면.

156) 대법원 2022. 12. 15. 선고 2019다269156 판결; 원심(인천지방법원 2019. 9. 5. 선고 2018나72386 판결)은, 원고가 확인의 소를 제기한 근본적 목적은 장차 보증보험회사가 원고에 대하여 할 구상금청구를 면하기 위한 것으로 보이는데, 원고가 이 사건 소송에서 승소하더라도 그 승소판결의 기판력은 원고와 피고 사이에서만 미칠 뿐이므로, 장차 보증보험이 피고의 청구를 받아들여 보험금을 지급하고 원고에게 구상할 경우 원고는 이 사건 승소판결로써 대항할 수 없다는 이유를 들어 확인의 이익이 없다고 판단하였으나 파기되었다. 여기서도 판결의 효력이 제3자에게 미치지 아니한다는 점은 결정적이지 않다는 점을 엿볼 수 있다. 동 판결의 상세에 관하여는, 전병서, "2022년 민사소송법 중요판례평석", 인권과 정의 제513호(2023. 5.), 60-89면.

보험금 지급의무의 기본적 법률관계로서 원고의 지위를 위협하는 현재의 불안제거 및 분쟁해결의 가장 유효적절한 방법이라고 볼 수 있을 것이다(㉮ 판결). 특히 보험금을 아직 지급하지 않은데다 주계약의 당사자 사이에 그 채무의 존부와 범위에 관하여 다툼이 있는 경우라면, 보험계약자로서는 우선 피보험자를 상대로 주계약에 따른 채무의 부존재확인을 구하는 것이 분쟁을 해결하는 가장 유효적절한 방법이라고 봄이 타당하다(㉰ 판결).

그러나 보험금을 이미 지급한 경우라면 그 보험금 지급에 따른 구상금 채무에 대하여 연대보증한 자로서는 당면한 현재의 법률관계인 구상금 채무에 대하여 부존재확인을 구하도록 하는 것이 타당하다(㉯ 판결). 이는 일응 위 ㉮ 및 ㉰ 판결과 모순·저촉되는 것으로 보일 수도 있으나, 원고의 법률관계에 영향을 끼친다는 이유로 제3자의 법률관계에 대한 확인이 유효·적절하다고 본다면, 해당 사안에서는 구상금채무의 연대보증인인 丁으로서는 ① 직접적으로 丙 회사에 대한 구상금 채무의 존부에 대한 확인을 구하는 이외에도, ② 이미 소멸한 丙 회사의 乙 법인에 대한 보험금 채무의 부존재 확인 또는 ③ 甲 회사가 도급인 乙 법인에 대한 선급금 반환채무의 존부를 다투는 확인의 소를 제기하는 등 무제한적으로 불필요하게 확인의 대상을 확장할 수 있는 것이 되나, 위 ② 내지 ③의 청구는 불필요하고도 우회적인 것임을 알 수 있다. 따라서 대법원의 입장은 구체적 타당성이 있고 확고한 기준을 제시하는 것으로 모두 타당하다고 생각된다.

이러한 점에 비추어 볼 때, 원고의 권리 영역에 간접적인 영향만 미친다면 제3자 확인의 소는 적법하다는 독일의 통설은 그 허용범위를 확대할 위험성이 있다.[157] 반면 일률적으로 제3자 확인의 소는 부적법하다거나 적어도 진정 제3자 확인의 소는 부적법하다는 견해도 지나친 것으로, 확인의 이익이 있는 한 제3자 확인의 소를 인정하되 그 확인의 이익을 인정함에 있어 각별한 주의를 기울이는 동시에 구체적 타당성을 확보하는 것이 가장 바람직하다.

Ⅵ. 맺음말

확인의 소의 대상은 반드시 당사자 사이의 법률관계에 한하지 않고, 원고에게

---

157) 계약이행보증인과 주보증인 사이에 법적분쟁이 있다면, 채권자와 주채무자 사이에 체결된 계약이 유효한지 여부에 대하여 중간확인의 소가 허용된다(BGH NJW 2011, 2195 Rn. 20f.).

즉시 확정의 이익이 존재하는 한 당사자 일방과 제3자 또는 제3자와 상호 간의 법률관계여도 무방하다는 것이 종래의 통설 및 판례의 입장이었다. 이에 대하여, 최근 독일과 일본에서는 종래 제3자의 법률관계의 확인이라고 여겨진 것이 실은 원고의 고유한 권리나 법률상 지위에 관한 것이라고 하거나, 정작 그 제3자가 판결의 효력을 받지 않기 때문에 확인의 소의 기능과 목적에 비추어 제3자 확인의 소는 부적법하다고 보아야 한다는 견해가 점차 유력한 지위를 점하고 있다.

그러나 실체법상 권리의무의 귀속주체나 그 소송담당만이 확인의 소를 제기할 수 있다는 등 소송수행권의 논의는 결국 확인의 소가 무제한적인 민중소송으로 확대되지 않도록 발전되어 온 소송요건인 확인의 이익의 문제로 귀결되어야 한다. 또한 제3자가 확인판결에 구속되지는 않고 제3자의 법률관계에 관하여 법적 안정성이 확보되지 않거나 분쟁이 종국적으로 해결되지 않더라도 곧바로 확인의 소가 부적법하다는 논의는 타당하지 않고,[158] 오히려 확인판결로 인해 선결적 법률관계나 전제문제가 확정되면 제3자가 사실상 이를 준수하거나 임의로 이행할 것이 기대되는 경우에는 그 확인의 이익을 인정할 수 있다고 보아야 한다.[159]

다만, 원고의 권리나 법적 영역에 간접적인 영향을 미친다면 제3자 확인의 소는 적법하다는 독일의 통설은 지나치게 그 범위를 확대할 위험성이 있다. 반면 일률적으로 제3자 확인의 소는 부적법하다거나 적어도 진정 제3자 확인의 소는 부적법하다는 유력설도 확실히 지나친 것으로, 구체적 유형 및 사례를 검토하여 본 결과, 확인의 이익이 있는 한 제3자 확인의 소를 인정하되 그 확인의 이익을 인정함에 있어 각별한 주의를 하는 대법원의 태도가 가장 합리적이었다.

다만, 실체적 법률관계와 소송절차의 당사자를 가급적 일치시킬 필요가 있는 점, 그렇지 않은 경우 그 제3자의 절차참여를 보장할 필요가 있다는 점에 경종을 울린다는 점에서 유력설의 비판은 경청할 가치가 있다고 생각된다. 이는 사법정책적인 판단이 필요한 문제일 수도 있으나,[160] 이를 계기로 제3자 법률관계의 확인의 소의 활용성과 그 한계에 대하여 되새겨 볼 필요가 있다.

---

158) Stein/Jonas Roth, § 256 Rn. 35.

159) Stein/Jonas Roth, § 256 Rn. 36.

160) 加藤新太郎, 前掲論文, 116頁 및 工藤敏隆, 前掲論文, 148頁은 어떠한 경우에 확인의 이익을 인정할 것인지는 사법자원을 고려하여 사법의 영역(間口)을 어디까지 넓힐 것인지의 균형에 관한 문제라고도 한다.

▮ 참고문헌 ▮

▣ 국내 문헌

강현중, 민사소송법 제8판(박영사, 2023).
김홍엽, 민사소송법 제11판(박영사, 2023).
박재완, 민사소송법강의 제5판(박영사, 2024).
손한기, 민사소송법 제4판(홍문사, 2022).
이시윤, 신민사소송법 제17판(박영사, 2024).
전병서, 강의 민사소송법 제5판(박영사, 2025).
전원열, 민사소송법 강의 제4판(박영사, 2024).
정동윤/유병현/김경욱, 민사소송법 제10판(법문사, 2023).
정영환, 신민사소송법 제3판(법문사, 2023).
편집대표 민일영, 주석 민사소송법(Ⅱ) 제9판 (한국사법행정학회, 2023).
현승종/조규창, 로마법 증보판(법문사, 1996).
한충수, 민사소송법 제4판(박영사, 2025).
호문혁, 민사소송법 제15판(법문사, 2024).

강용현, "절대적 불확지공탁의 경우 공탁금출급청구권의 상대방", 國民과 司法 : 尹館大法院長退任紀念(1999. 1.)
김경욱, "2020년 민사소송법 중요 판례 분석", 안암법학 제62호(2021. 5.)
______, "2021년 민사소송법 중요 판례 분석", 안암법학 제64호(2022. 5.)
김인수, "참칭채권자 사이의 채권귀속에 관한 확인을 구할 이익이 있는지의 여부", 법조 38권 6호(1989. 6.)
김홍규, 確認의 訴의 訴의 利益, 司法行政 제162호(1974. 6.)
박우동, "確認의 利益이 인정되는 限界", 民事法의 諸問題 : 溫山方順元先生古稀記念(1984. 4.)
박찬주, "確認의 對象과 權利保護의 利益", 법학논총 제17권 제1호(2010. 3.)
박 철, "債權의 歸屬에 관한 確認의 利益", 國民과 司法 : 尹館大法院長退任紀念(1999. 1.)
안정호, "溫泉發見申告者 名義變更을 求하는 履行의 訴 및 確認의 訴에 있어서의 訴의 利益", 民事判例研究 28卷(2006. 2.)
안철상, "근저당권 피담보채무부존재확인청구의 소와 확인의 이익", 민사재판의 제문제 11권(2002)
유병현, "2009年度 民事訴訟法 學界의 回顧와 法律 및 判例의 動向", 考試界 55卷 2號

(2010)

윤우정, "권리의 귀속을 다투는 소에 있어서의 소극적 확인의 이익", 대법원판례해설 3호(1984년 하반기).

이우재, "구 민사소송법(2002.1.26 법률 제6626호로 전문 개정되기 전의 것)에 의한 부동산임의경매의 배당절차에서 근저당권자의 채권에 대하여 배당이의를 한 물상보증인을 상대로 근저당권자가 채권의 확인을 위한 소를 제기한 경우 소의 적법 여부", 대법원판례해설 49號(2004 상반기)(2004.12).

이충상, "확인의 이익의 확대 - 단체결의의 무효확인을 중심으로 -", 법학연구 제20권 제3호(2017. 9.)

이현재, "근저당권설정자가 피담보채무부존재확인과 함께 근저당권설정등기의 말소를 구하는 경우, 피담보채무부존재확인을 구할 소의 이익이 있는지 여부 - 대법원 2000. 4. 11. 선고 2000다5640 판결을 위한 변론 -", 성균관법학 제27권 제1호(2015. 3.)

전병서, "2016년 민사소송법 중요 판례", 인권과 정의 제464호(2017. 3.)

______, "2022년 민사소송법 중요판례평석", 인권과 정의 제513호(2023. 5.)

정민희/김제완, "담보신탁재산 처분을 위한 신탁공매와 수의계약에 대한 법적 규율: 수의계약의 무효사유와 무효확인의 이익을 중심으로 - 대상판결: 대법원 2021. 5. 7. 선고 2021다201320 판결 -", 비교사법 제30권 1호(2023. 2.)

최성호, "근저당권의 피담보채무에 관한 부존재확인의 소에 관한 검토 - 대법원 2013. 8. 23. 선고 2012다17585 판결을 소재로 -", 민사소송 제18권 제2호(2014)

호문혁, "19世紀 獨逸에 있어서의 確認訴訟의 生成", 민사재판의 제문제 7권(1993)

▣ 외국 문헌

高橋宏志, 重點講義民事訴訟法(上) [第2版補正版] (有斐閣, 2013)

高田裕成ほか編, 注釋民事訴訟法 第3卷 (有斐閣, 2022)

兼子 一, 條解民事訴訟法 [第2版] (弘文堂, 2011)

______, 新修民事訴訟法体系[增訂版] (酒井書店, 1965)

秋山ほか編, コンメンタール民事訴訟法Ⅱ(第3版), 日本評論社(2022)

三ケ月章, 民事訴訟法 [第3版] (弘文堂, 1992)

新堂幸司, 新民事訴訟法 [第6版] (弘文堂, 2019)

中野貞一郎＝松浦馨＝鈴木正裕編, 新民事訴訟法講義 [第3版] (有斐閣, 2018)

三木浩一ほか, 民事訴訟法 [第4版] (有斐閣, 2023)

加藤新太郎, "通常實施權者による特許權者と第三者との間の損害賠償請求權不存在確認の訴えの利益", NBL 1203号(2021. 10.)

工藤敏隆, "判批", 法學研究 95卷1号(2022)

大渕真喜子, "第三者との法律関係の確認訴訟における確認の利益—最判令和2年9月7

日民集74巻6号15頁を契機として", 筑波ロー・ジャーナル vol. 37(2024. 12.).
渡部美由紀, "通常實施權者による, 特許權者の第三者に對する特許權侵害を理由とする損害賠償請求權不存在確認の訴えの利益", 令和2年度重要判例解説2021年4月臨時増刊(2021. 4.)
上田竹志, "他人間の債務不存在確認の利益", 法学セミナー798号(2021).
笹本哲朗, "最判解民事篇令和2年度(下); 特許権の通常実施権者が, 特許権者を被告として, 特許権者の第三者に対する特許権侵害を理由とする損害賠償請求権が存在しないことの確認を求める訴えにつき, 確認の利益を欠くとされた事例 / ジュリスト2021年6月号(2021. 6.)
越山和広, "判批", 民商法雜誌 157巻6号(2022)
伊藤　隼, "他人間の法律關係の確認の訴えの適法性", 中島弘雅先生古稀祝賀論文集: 民事手続法と民商法の現代的潮流(弘文堂, 2024)
_______, "補助參加制度の機能に關する一考察(2)", 法協 137巻10号(2020)
田中成志, "確認の利益 - 最判令和2年9月7日を素材として -", 民事法の現在地と未來: 小林秀之先生古稀祝賀論文集(弘文堂, 2022).

Jacoby, Zivilprozessrecht, 18. Aufl., München, 2022.
Jauernig/Hess, Zivilprozessrecht, 30. Aufl., München, 2011.
Kaser/Knütel/Lohsse, Römisches Privatrecht, 22. Aufl.(2021)
Musielak/Voit, ZPO, 20. Aufl., München, 2023.
Münchener Kommentar zur Zivilprozessrecht, 7. Aufl., München, 2025.
Rosenberg/Schwab/Gottwald, Zivilprozessrecht, 18. Aufl., München, 2018
Schilken, Zivilprozessrecht, 7. Aufl., München, 2014.
Stein/Jonas/Roth, Komentar zur Zivilprozessordnung, 23. Aufl. Bd. 3. Tübingen, 2016.
Thomas/Putzo/Reichold, Zivilprozessordnung, 42. Aufl., München 2021
Zöller/Greger, ZPO, 35. Aufl, Köln, 2023.

Bauer, Manfred, Feststellungsklage über Drittrechtsverhältnisse, München, 1971.
Becker-Eberhard, Ekkehard, Die Regulierungswirkung der besonderen Prozessvoraussetzungen der Feststellungsklage, FS Herbert Roth 70. Geburtstag, Tübingen 2021.
Brehm, Wolfgang, Rechtsschutzbedürfnis und Feststellungsinteresse, 50 Jahre Bundesgerichtshof, FG aus der Wissenschaft, Bd. 3, München, 2000.
Habscheid, Edger J., Rechtsverhältnis und Feststellungsinteresse, ZZP 112 (1999)
Häsemeyer, Ludwig, Drittinteressen im Zivilprozeß, ZZP 101 (1988)
Henckel, Wolfram, Parteilehre und Streitgegenstand im Zivilprozess, Heidelberg,

1961.

Jacobs, Matthias, Der Gegenstand des Feststellungsverfahrens, Tübingen, 2005.

Kadel, Horst, Zur Geschichte und Dogmengeschichte der Feststellungsklage nach § 256 der Zivilprozeßordnung, Köln/Berlin, 1967.

Lüke, Gerhard, Zur Klage auf Feststellung von Rechtsverhältnissen mit oder zwishen Dritten, FS Wolfram Henckel 70. Geburtstag, Berlin, 1995.

Lüke, Wolfgang, Prozeßführung bei Streitigkeiten im Innenverhältnis der BGB-Gesellschft, ZGR 1994, 266.

Michaelis, Karl, Der materielle Gehalt des rechtlichen Interesses bei der Festellungsklage und bei der gewillkürten Prozeßstandschaft, FS Karl Larenz 80. Geburtstag Gbtg., München, 1983.

Schumann, Ekkehard, Die Prozessermächtigung (die gewillkürte Prozeßstandschaft) und der Rechtsschutz des Beklagten, FS Musielak 70. Geburtstag Gbtg., München 2004.

Trzaskalik, Christoph, Die Rechtsschuntzzone der Feststellungsklage im Zivil- und Verwaltungsprozeß, Berlin, 1978.

Wach, Adolf, Der Feststellungsanspruch - Ein Beitrag zur Lehre vom Rechtsschutzanspruch, FG Windscheid, Leipzig 1888.

공정한 재판과 석명권 확대에 관한 논의의 필요성

윤 세 교*

Ⅰ. 서 론

우리 민사소송법 제1조 제1항에서 "법원은 소송절차가 공정하고 신속하며 경제적으로 진행되도록 노력하여야 한다"고 규정함으로써 "올바르고 과오 없는 진실발견의 재판"이 소송의 가장 중요한 요소임을 명시하고 있다.[1] 민사소송도 기본적으로는 실체적 진실의 발견을 추구하여야 하는 제도인바, 양 당사자 사이에 다툼이 있다면 그 사실관계에 관하여 실체적 진실이 무엇인지 파악하는 것을 목표로 하여야 할 것이고,[2][3] 이를 위해서는 법원과 당사자의 협력이 필요할 것이다.[4] 즉 재판의 공정성과 실질적 정의를 실현할 수 있다면 법원은 당사자의 주장 사실과 증명할 사항이 변론에 최대한 현출될 수 있도록 기회를 제공하고 이를 기초로 사실인정을 해야 한다.[5]

최근 우리 판례는 석명권을 보다 적극적으로 해석하고 행사하는 방향으로 변화

* 법무부 법무심의관실 전문위원

1) 정영환, 신민사소송법, 법문사, 2023, 55면; 정동윤 · 유병현 · 김경욱, 민사소송법, 법문사, 2023, 30면; 이시윤, 신민사소송법, 박영사, 2023, 25면.

2) 민사와 형사절차 모두 재판과정이라는 점에서 민사재판에서 위법수집증거를 허용하면 안 된다는 견해로 한충수, 민사소송법, 박영사, 2021, 446면 참조.

3) 민사소송에서의 진실은 모든 사람에게 보편타당한 정의가 아니라 소송당사자 사이에서만 상대적으로 타당한 해결을 의미한다는 견해로 이시윤, 신민사소송법, 박영사, 2023, 25면.

4) 이종엽, "당사자주의와 직권주의가 조화된 적정한 재판운영", 사법정책연구원, 2019, 143면.

5) 김홍엽, 민사소송법, 박영사, 2023, 404면.

하고 있으며, 이는 절차의 공정성과 당사자의 의견 진술권을 실질적으로 보장하기 위한 전환점으로 평가된다. 더 나아가 독일 민사소송법상의 실질적 소송지휘권이나, 일본 민사소송법상의 석명제도는 우리에게 석명권 강화의 근거를 제시할 수 있다고 생각되는바, 이러한 흐름에 따라 본 논문은 먼저 우리 민사소송에 있어 사실인정의 기본원칙에 대한 문제를 제기하고, 이러한 문제를 해결할 수 있는 방안으로 법원의 소송지휘권 중에 하나인 석명권 행사의 강화를 제안하려고 한다. 이를 위해 우리나라의 석명제도의 운용과 판례의 흐름을 분석하고, 다음으로 대륙법계 국가인 독일과 일본의 입법례를 비교법적으로 검토한 후에 이를 기초로 변론주의와 증명도를 극복하고 공정한 재판으로 나아가기 위한 정책 방안 및 입법을 제안하려고 한다.

Ⅱ. 우리 민사소송에서의 사실인정에 관한 기본원칙 및 한계

우리 민사소송에서의 사실인정에 관한 기본원칙은 자유심증주의로 그 개념을 민사소송법 제202조에 규정하고 있다. 즉 자유심증주의는 ① 변론주의를 기초로 당사자가 수집·제출한 증거조사의 결과와 당사자의 증명활동, 그리고 변론전체의 취지를 참작하여, ② 자유로운 심증으로 ③ 사회정의와 형평의 이념에 입각하여 ④ 논리와 경험칙에 따라 ⑤ 당사자의 사실 주장이 진실인지 아닌지를 판단하여야 한다는 5가지 요건을 포함하고 있다.

1. 자유심증주의의 의미

자유심증주의는 법관이 증거법칙의 제약을 받지 않고, 당사자가 제출한 소송자료를 기초로 민사소송법 제202조에 규정된 5가지 요건을 따라 그 주장이 진실한 것인지 아닌지 자유로운 심증으로 확정할 수 있는 원칙을 의미한다. 이는 법관의 양심과 이성을 전적으로 신뢰하여 그의 자유로운 심증에 의해 당사자의 사실 주장의 진실 여부를 판단하도록 규정한 법칙이라 할 수 있다.[6)]

다만, 민사소송에서의 진실 여부에 대한 당사자의 증명은 무오류성을 요구하는 논리적 증명이 아니라 개연성에 바탕을 둔 역사적 증명인바. 당사자가 어느 정도

6) 정영환, 신민사소송법, 법문사, 2023, 793면; 정동윤·유병현·김경욱, 민사소송법, 법문사, 2023, 574-575면.

의 증명을 하여야 법관이 주장된 사실을 진실이라고 인정할 수 있는지에 관한 증명도 즉 증명의 정도는 해석의 영역에 놓여 있다.[7]

2. 변론주의

(1) 변론주의 개념 및 목적

우리 민사소송법은 변론주의에 관해 직접적인 근거 규정을 두고 있지는 않지만[8] 이는 우리 민사소송의 내용적인 심리 원칙으로서 증거조사를 위한 소송자료의 수집・제출에 관한 책임은 당사자에게 있고 법원은 당사자가 수집・제출한 소송자료만을 기초로 하여야 재판해야 한다는 원칙이다.[9]

민사 분쟁은 사적 자치의 원칙에 기해서 발생하게 되는 것이므로 당사자가 주체적인 지위에서 분쟁을 해결하는 것이 타당[10]하기에 변론주의는 당사자의 자기책임 원칙을 확립하고, 소송의 절차적 평등성을 확보하며, 법관의 중립성 보장 및 민사소송의 경제성과 신속성을 유지하는데 기여하고 있다.

(2) 변론주의 한계

다만, 변론주의에 따르면 당사자가 요건사실에 관해 주장하지 않거나 증거를 누락한 경우, 법원은 이를 알고 있다고 하더라도 당사자가 제출하지 않은 소송자료에 대한 판단은 불가하므로 실제 권리 있는 자라도 패소할 수도 있다. 또한 변론주의는 당사자의 증거 수집・제출에 관한 평등을 추구하지만, 그들 사이의 실질적 능력 차이가 발생할 수 있어 이로 인해 공정하지 못한 재판 결과를 초래할 가능성 또한 배제할 수 없다.[11]

3. 증명의 정도

자유심증주의는 민사소송에서 당사자의 주장이 진실한지를 판단하는 기준인 증명도를 검토하는 것으로부터 시작한다. 증명의 정도는 증명의 대상인 사실을 진실한 것으로 인정하려면, 그 존재 또는 부존재의 개연성이 어느 정도이어야 하는가

---

7) 민일영, 주석 민사소송법(Ⅱ), 한국사법행정학회, 2018, 183면.
8) 최성호, “변론주의의 근거와 적극적 석명에 대한 검토”, 경기법조 제18호, 2012, 579면.
9) 변론주의는 직권탐지주의에 대립되는 원칙이다. 정영환, 앞의 책, 2023, 535면.
10) 정영환, 위의 책, 2023, 539면; 정동윤・유병현・김경욱, 앞의 책, 2023, 372면.
11) 정영환, 위의 책, 2023, 549면.

라는 일반적 판단기준의 문제이다.

(1) 증명도에 관한 기준

우리나라 통설은 법관은 확신에 따라 심증을 형성하여야 하고, 확신이라는 것은 고도의 개연성만큼의 믿음, 80－90%의 확신, 일반인이 일상생활에서 그러한 판단을 하였을 때 특별히 의심할 여지가 없을 정도의 확실성이 있는 경우, 그때 그 사실을 진실한 것으로 인정해야 한다고 설명한다. 즉 객관적으로는 고도의 개연성, 주관적으로는 법관의 확신이 필요하다는 것이다.[12][13]

대법원 역시 증명도에 관해 민사소송에서의 사실에 대한 증명은 무오의 의심이 허용되지 않는 자연과학적인 증명은 아니지만, 경험법칙에 비추어 모든 증거를 종합적으로 고려했을 때 어떠한 사실이 있었음을 인정할 수 있는 고도의 개연성을 증명해야 하는 것이고, 그 판단의 기준은 일반인이 의심을 품지 않을 정도를 의미한다고 판시한다(대법원 2010. 10. 28. 선고 2008다6755 판결[14] 등).

(2) 증명도의 완화

우리 민사소송은 자유심증주의를 채택하여 사실에 관한 판단을 법관에게 전적으로 맡기면서도 사실인정에 관한 당사자의 증명도에 대해서는 고도의 개연성을 요구하고 있기 때문에, 고도의 개연성을 요구할 필요가 없거나, 그것을 요구하면 부당한 결과를 초래할 만한 우려가 있을 때는 그 증명도를 완화[15]하기도 한다. 그래서 공해소송, 의료과오소송, 제조물책임소송 등 현대형 소송에서는 과실이나 인과관계에 대한 증명도를 경감[16]하고, 손해액의 증명에 해당하는 장래 수익 산정 등[17]에서도 상당한 개연성이 있는 증명으로 그 증명의 정도를 완화하고 있다.

---

12) 민일영, 앞의 책, 2018, 185면.

13) 민사소송은 소송구조에 있어서 형사소송과 다르고, 그래서 민사소송에서의 진실은 당사자 사이의 상대적 진실을 의미하는바, 민사소송에서의 증명도는 합리적 의심이 없는 정도보다 낮은 "증거의 우월"로 족할 것이라는 견해로 오석락, 입증책임론, 박영사, 1983, 216-219면 참조.

14) 대법원 1990. 6. 26. 선고 89다카7730 판결; 대법원 2013. 11. 24. 선고 2015두54759 판결.

15) 민일영, 앞의 책, 2018, 185-186면.

16) 대법원 1984. 6. 12. 선고 81다558 판결; 1997. 6. 27. 선고 95다2692 판결; 대법원 2019. 11. 28. 선고 2016다233538, 233545 판결 등.

17) 대법원 1989. 12. 26. 선고 88다카1687 전원합의체 판결; 대법원 1967. 6. 13. 선고 66다1904 판결; 대법원 1963. 1. 2. 선고 4294민상66 판결; 대법원 2013. 9. 26. 선고 2012다60602 판결; 대법원 2016. 7. 27. 선고 2016다214599 판결 등.

(3) 증명도의 한계

결국 실제 소송에서 증명도를 어떻게 설정하는가는 증명의 성공 여부를 좌우한다고 볼 수 있다. 당사자가 변론에서 최선을 다해 증명한다 하더라도 그 증명도가 높게 설정되어 있으면 증명에 실패하게 되고, 반대로 낮게 설정되어 있으면 증명에 성공할 수 있게 된다. 증명도의 이러한 기능을 고려한다면 증명도의 높은 설정은 대부분의 당사자가 증명에 실패하도록 이끄는 요인이 될 수 있다.

또한 현대형 소송의 경우에도 고도의 개연성을 동일하게 적용한다면 사회정의와 형평의 이념에 반하는 결과를 낳게 될 수도 있는바, 이때는 사실인정 판단에 예외로서 증명도를 경감할 수밖에 없는 한계가 발생한다.[18)]

4. 문제의 제기

우리 민사 분쟁에 있어서 당사자 사이의 사실관계를 확정하기 위한 원칙에 한계가 존재하고 있음은 위에서 확인한 바와 같다. 만일 법원이 이와 같은 상황에 대해 방관한다면 소송법적으로 공정한 재판 결과를 이끌어내기 어려울 수 있는바, 민사소송법에서 민사소송의 이상, 신의칙을 규정하고 있는 취지는 당사자와의 협력을 통해 민사소송의 이상을 달성할 수 있고, 달성하게 하기 위함이라 판단된다. 이러한 관점에서 법원의 소송지휘권 중의 하나인 법관의 석명권 행사는 당사자 사이의 사실관계를 분명히 하여 진실에 가까운 사실관계를 발견하고 확정하는데 기여할 수 있을 것으로 판단되는바, 양 당사자 사이의 권리를 공평하게 실현시켜 절차적 실효성을 확보하고, 우리 민사소송에서의 사실확정의 원칙인 변론주의와 증명도의 한계를 극복할 수 있는 방안으로 석명권의 적극적 활용을 제안해 보려고 한다.

Ⅲ. 우리 석명제도

1. 소송지휘권으로서의 석명권의 이해

소송지휘권은 소송절차를 효율적으로 진행하고, 심리를 충실히 하여 분쟁을 공정하고 신속하게 해결할 수 있도록 법원에게 인정한 권능이다.[19)] 따라서, 법원은

18) 민일영, 앞의 책, 2018, 185면.

소송 진행의 상황에 따라 기민하게 판단해야 하고 그 판단에 따라 상황에 맞는 적절한 조치를 해야 한다. 이러한 소송지휘권의 유연한 속성 때문에 법원에 대한 재량성이 인정될 수밖에 없다.[20] 결국 소송지휘권에 대한 획일적 규제는 사실상 불가능하다는 것이고,[21] 이는 당사자가 소송지휘권 행사를 신청하여도 법원의 직권발동의 촉구 그 이상의 의미는 없는 것이다.

소송지휘는 종국판결 이외의 법원의 소송행위 전부를 포함하는데[22] 그 내용을 구체적으로 보면 순수하게 ① 소송절차적인 측면만 규율하는 것도 있지만, ② 절차적인 측면에 어느 정도의 실체적인 측면이 관련된 사항을 규율하는 것도 있고, ③ 절차적인 측면과 실체적인 측면이 밀접하게 관련된 사항을 규율하는 것도 있다.[23]

절차적인 측면과 실체적인 측면이 밀접하다는 것은 절차에 대한 소송지휘권의 행사가 분쟁 해결의 기초가 되는 구체적인 사실과 상당히 관련이 있다는 것을 의미하는 것이고, 민사소송의 이상 내지 목적이 분쟁의 공정한 해결이라는 것을 미루어 짐작해 볼 때 이러한 경우에는 재량보다는 의무가 더 강조될 수밖에 없다. 즉 법원에게 소송지휘권을 부여한 이유는 우리 민사소송이 심리의 내용적인 면에

---

19) 소송지휘는 그 성질에 따라 형식적 소송지휘와 실체적 소송지휘로 나눌 수 있는데, 법원은 형식적 절차진행에 대해서도 책임을 져야하지만, 사건 자체와 관련한 소송 목적이 달성될 수 있도록 실질적으로 소송을 지휘하여야 한다(정선주, "실체적 소송지휘와 법관의 중립성", 민사소송 제25권 2호, 한국민사소송법학회, 2021. 6., 147면).

20) 석명권이나 석명처분, 변론의 제한 · 분리 · 병합, 변론의 재개 등 법령에 구체적으로 규정하고 있는 절차적 재량권행사를 본래적 절차재량이라 하고, 법령에 명시적으로 규정되어 있지 않은 경우에도 법원은 합목적적 범위 내에서 법에서 명시하고 있는 규정과의 상호 균형을 고려하여 재량권을 행사할 수 있는데 이와 같은 재량권 행사를 창설적 절차재량이라고 구분하는 견해도 있다. 권혁재, "법원의 소송지휘권 행사와 변론재개결정", 인권과 정의 제416호, 2011. 4, 58면.

21) 김상원, "소송지휘권", 사법행정 230호, 한국사법행정학회, 1980, 58면.

22) 민사소송의 규정된 주요한 소송행위는 다음과 같은 것들이 있다. ① 직권송달(제174조), 기일의 지정 · 변경(제165조), 기간의 재정 · 신축(제172조), 소송절차의 중지 · 정지(제246조), 중단절차의 속행(제244조)과 같은 절차의 진행, ② 변론의 제한 · 분리 · 병합(제141조), 변론의 재개(제142조), 다른 재판부로의 이부, 재량이송(제34조 제2항, 제35조)과 같은 심리의 정리, ③ 관할권 있는 법원에의 이송(제34조 제1항), 소장 · 상소장의 각하(제254조, 제402조, 제425조) 등 부적법한 소송행위의 배척과 같은 절차의 합법화, ④ 변론준비절차에의 회부(제258조, 제279조), 쟁점확인(민사소송규칙 제28조 제1항), 주장 · 증거 · 요약준비서면의 제출명령(제147조, 제278조, 제280조), 재정기간의 결정(제147조), 실기한 공격방어방법의 각하(제149조)와 같은 심리의 집중과 촉진, ⑤ 변론의 지휘(제135조, 당사자나 대리인의 발언 허가 · 금지 등)와 같은 기일에 하는 소송행위의 정리, ⑥ 석명권의 행사와 간과한 법률적 관점의 지적(제136조), 석명처분(제140조)과 같은 불분명한 소송자료의 노충 · 정리, ⑦ 판결을 하기에 성숙한 시기의 조속한 포착과 변론의 종결(제198조), 자백 등으로 불필요한 증거신청의 각하, 화해권고나 화해권고결정(제145조, 제225조), 조정절차에의 회부(민사조정법 제6조), 직권조정(민사조정법 제30조)과 같은 가장 간편한 방법에 의한 분쟁의 종결 등이 있다. 정영환, 앞의 책, 법문사, 2023, 593-594면; 정동윤 · 유병현 · 김경욱, 앞의 책, 법문사, 2023, 412면.

23) 김현철, "변론재개의 직권성 · 재량성과 변론재개의무", 법학논총 제41권 제1호, 2024, 295면.

서 처분권주의와 변론주의를 채택하고 있더라도 법원은 분쟁을 효율적이고 적정·공평하게 해결할 책임이 있다는 의미인바,[24] 법원의 재량이 축소될 수밖에 없는 것이다.

이를 대표할 수 있는 권능 중 하나가 바로 석명권인데, 이는 변론주의를 보완하여 당사자 사이의 구체적인 사실관계를 변론에 최선으로 현출하게 하여 법원이 정당한 판단을 할 수 있도록 보충하는 기술적 권능이기 때문에 절차적인 면과 실체적인 면이 밀접하게 연결된 사항을 규율하는 소송지휘권이라 볼 수 있다.

따라서 석명권을 행사하는 법관은 민사소송의 이상을 최대한 실현할 수 있도록 사안의 성질 및 쟁점의 내용, 증거 간의 관련성 등을 염두에 두면서, 한편으로는 소송 진행의 상황, 당사자의 의사, 심리의 효율성 등을 고려하여 당사자에게 충분한 절차권을 보장하는 방식으로 행사해야 할 것이다.[25] 특히 당사자에게 공격·방어할 수 있는 충분한 기회를 부여하여 당사자가 전혀 예상하지 못했던 결과를 얻지 않도록 행사해야 할 것이다.

결론적으로 소송지휘권의 하나인 석명권 행사는 소송절차적인 측면과 분쟁의 실체적인 측면이 밀접하게 관련된 사항을 해결하기 위해 행사되는 권능이라는 점, 그래서 소송지휘권의 의무성이 더 부과될 필요가 있다는 전제로 아래에서 석명제도의 논의를 이어가려고 한다.

2. 석명제도의 일반

(1) 석명권의 의의

석명이란 '풀어서 밝힌다'는 뜻으로 그 본래의 의미는 당사자의 변론이나 증명활동에서 불분명하고 모호한 사항을 분명하게 밝히는 것을 의미한다. 민사소송법 제136조에서 규정하고 있는 석명권은 소송관계를 명확하게 하기 위하여 당사자에게 사실상 또는 법률 사항에 관하여 질문을 하거나 증명을 촉구할 수 있고(제1항, 제2항, 이하 '소극적 석명권 행사'), 당사자가 간과했음이 분명하다고 인정되는 법률 사항에 관해서 의견 진술의 기회를 주는(본조 제4항) 법관의 권능을 의미한다.

---

24) 김현철, 위의 논문, 법학논총 제41권 제1호, 2024, 295면.
25) 권혁재, "법원의 소송지휘권 행사와 변론재개결정", 인권과 정의 제416호, 2011. 4, 58면.

(2) 변론주의와 증명도, 석명권의 관계

변론주의는 사적자치의 원칙을 중시하여 당사자에게 소송자료의 수집과 제출책임을 부여하고 법원의 개입은 최소화하는 것을 의미한다.

따라서 변론주의는 양 당사자 모두에게 충분한 소송수행 능력이 있는 경우, 즉 당사자 사이의 소송능력에 차이가 없을 때는 당사자 사이의 진실발견이나 절차를 보장하는데 가장 적합하게 운영될 수 있다.

그러나 현실에서는 일방 당사자가 충분한 소송수행 능력을 갖지 못하여 양 당사자의 능력에 차이가 있는 경우가 생각보다 많고, 이로 인해 변론에서 당사자의 주장이 불분명하거나 모순이 발견되기도 하며, 더욱이 당연히 제출되어야 할 증거가 제출되지 못하는 경우가 자주 있다. 게다가 우리 민사소송의 경우 법원 설득에 대한 당사자의 증명도를 높게 설정하고 있기 때문에 이러한 경우 변론주의 원칙을 엄격하게 고수하고, 증명의 정도에 따른 증명책임분배의 원칙만을 예외 없이 적용하게 되면 본래 승소해야 할 사람이 패소하는 상황이 발생할 수 있고, 결국 진실발견 또는 정의에 부합하지 못한 결론에 도달할 수도 있다. 또한 당사자가 명백히 간과한 법률 사항을 기초로 하여 어떠한 예고도 없이 당사자가 예상한 것과 다른 판결이 내려지게 된다면 이 또한 당사자에게는 불의의 타격이 된다. 결국 재판에서 변론주의 원칙과 증명도를 적용할 때 원칙만을 지나치게 고집하면 불합리한 결과가 발생할 수 있고, 이는 국민의 사법 신뢰도를 떨어뜨리는 요인이 될 수도 있다. 이러한 문제점들을 수정・보완하기 위한 방안으로 석명제도를 두고 있으나, 변론주의와 증명도의 원칙, 그리고 석명권 중 어떤 것을 더 중시하느냐에 따라 석명권의 범위가 지나치게 축소될 수도, 혹은 변론주의 원칙이 무시되어 서로 충돌할 수 있는바, 석명권의 변론주의에 대한 수정・보완 기능이 충분히 발휘될 수 있도록 그 활용에 대해서 신중하게 재설정할 필요가 있다고 보여진다.

따라서, 아래에서는 우리 판례의 입장, 대륙법계의 입법례 등을 검토함으로써 우리 석명권 활용의 재설정을 위한 시사점을 검토하기로 한다.

3. 석명권에 관한 우리나라의 논의

(1) 석명권 행사에 관한 기존 학설 및 판례의 변화

기존 법관의 석명권 행사에 관련 우리의 입장은 소극적 석명권 행사로 제한하고,

특히 당사자가 생각하지 못한 사실관계에 대한 적극적 석명권 행사는 허용되지 않는다고 하였다.[26)]

대법원 역시 당사자가 주장하지 아니한 법률효과를 발생시키는 요건에 해당하는 사실에 대한 주장이나 독립된 공격방어 방법을 시사하여 그 제출을 권유하는 것과 같은 행위는 변론주의 원칙에 위배되고, 석명권 행사의 한계를 벗어나는 것이라고 판시했었다.[27)] 즉 대법원은 변론주의를 처분권주의[28)]와 함께 소송에서의 “당사자의 사적자치”를 의미하는 개념으로 받아들여,[29)] 변론주의가 인정할 수 없는 영역이거나, 아니면 변론주의에 따라 당사자가 제출한 사실자료와 증거조사에 따른 증거자료와의 구분이 불분명한 경우에 법관이 석명권을 행사할 수 있도록 하였다.

이후 2000년대 초반까지도 기존 입장과 크게 다르지 않았으나[30)] 2000년대 중반 이후부터 대법원 태도에 큰 전환에 있었는데, 이러한 변화에 중요한 선례 역할을 한 것이 2002. 1. 25. 선고 2001다11055 판결이다.

해당 사안의 사실관계를 살펴보면, 다음과 같다. 피고는 소외인 소유의 임야에 대해 1997년 3월 10일 채권최고액 4,500만원의 근저당권을 설정하는 한편, 원고(대한민국)는 종합소득세 체납을 이유로 같은 해 7월 12일 해당 임야에 대해 압류등기를 마쳤다. 피고는 근저당권에 기하여 1998년 11월 임의경매를 신청하였고, 원고는 낙찰기일(1999. 9. 21.) 전인 9월 16일 체납세액 일부(8,885만원 중 2,645만원이 우선순위 주장 가능)를 교부 청구하였는데, 낙찰 이후인 1999년 12월 11일, 원고는 교부청구 금액을 수정하여 총 1억 6,395만원을 청구하였고 이 중 8,475만원이 근저당권보다 우선한다고 주장하였다. 하지만 경매법원은 낙찰기일 전의 청구만을 기초로 하여 원고에게 2,645만원만 배당하고, 피고에게 4,500만원을 배당하였다. 이에 원고는 피고에 대해 부당이득 반환을 청구하였고, 원심은 피고가 실제 배당

---

26) 정동윤 · 유병현 · 김경욱, 앞의 책, 2023, 395면.

27) 대법원 2013. 2. 15. 선고 2012다48855 판결; 대법원 1999. 7. 9. 선고 98다13754, 13761 판결.

28) 처분권주의는 민사소송에서의 소송의 개시 · 진행 · 소송물의 처분 등을 당사자에게 맡기는 것을 의미한다.

29) 호문혁, 민사소송에 있어서의 이념과 변론주의에 관한 연구”, 서울대학교 법학 제30권 제3호, 1989, 221-222면.

30) 대법원 1995. 11. 10. 선고 95다13685 판결(단독 소유로 건물인도를 청구하는 경우, 해당 청구가 공유물 보존행위로 인한 청구인지는 석명할 필요가 없다고 판시); 대법원 2001. 10. 9. 선고 2001다15576 판결(피고는 계약사실을 부인하며 본인은 그 금전을 제3자에게 지급하였다고 주장한 것과 관련하여 주장과 관계없는 변제 혹은 공제 항변에 대해서 법관이 석명할 의무가 없다고 판시) 등.

금을 수령하지 않았기 때문에 원고의 청구는 인정될 수 없다고 보아 기각하였다.

대법원은 원심 판단에 대해 원고가 부당이득반환이 아닌 배당금지급채권 반환을 구해야 한다는 점을 석명하지 않았고, 원고에게 의견 진술의 기회도 부여하지 않은 점에 대해 문제 삼았는데, 즉 원고의 주장이 법률적으로 불명료하거나 오해가 있는 상황에서 법원이 이에 대해 명확히 지적하지 않았다면 이는 석명권 미행사로 심리미진의 위법이 있는바 이를 파기하고, 사건을 다시 심리하도록 환송하였다.

대법원은 위 사안에 관한 판단에서 법원은 당사자 사이의 실체적 분쟁에 관해서 먼저 판단한 뒤 그에 따른 가장 적합한 해결 방법을 당사자에게 시사[31)]할 필요가 있고, 법적 관점에 대한 당사자의 의견이 무엇인지 석명을 구할 의무가 있다고 판시했다는 점에서 기존 판례들과 그 관점을 달리했다. 이 판결은 석명권의 실질적 행사 즉 적극적 행사를 재확인한 대표적인 사례로, 법원은 단순한 판단자가 아닌 절차 관리자로서 당사자의 법적 이해에 관한 부족을 보완하고, 실질적 정의 실현을 위해 적극적으로 석명권을 행사해야 한다는 원칙을 강조하였다.

아울러 위 판결 이전의 판결들은 해당 사안에 대해서만 영향을 미쳤다면, 위 판결 이후부터는 동일 취지의 대법원 판결들[32)]에게 영향을 미쳐 법관의 적극적인 석명권 행사에 선례의 역할을 하고 있다는데 큰 의미가 있다.[33)]

(2) 석명권 행사의 확장을 지지하는 이론 등장

이렇듯 2000년대 이후부터 법관은 당사자의 구체적 주장을 요하는 주요사실에 구속받지 않고 소송물을 넘는 영역에까지 석명권 행사 범위를 넓혀오게 되는데 이러한 석명권 행사 확장을 뒷받침하는 학설로서 크게 두 가지가 있다. 그 첫 번째는 법관의 석명권 행사는 변론주의를 엄격히 적용한다면 당사자 능력의 불균형에 따라 불평등한 결과가 초래되는바, 당사자의 진실의무 등에 따라 부당한 결과

31) 설민수, "한국 민사소송에서 법관의 석명권 행사범위 확장의 원인과 그 문제점", 법조 제688호, 2014, 204-205면에서는 이를 지적의무의 위반이라고 지적하는 견해도 있다고 소개하고 있으나, 대법원은 판결 이유에서 "…이러한 사정에 비추어보면 이 사건의 분쟁은 위 배당금을 누가 수령하여야 하는가라는 점에서 비롯되었고, 이를 해결하는데 있어서 적절하고도 간명한 방법은 배당이의의 소이며…"라고 설시하고 있다.

32) 대법원 2009. 7. 23. 선고 2009다13200 판결; 대법원 2009. 11. 12. 선고 2009다42765 판결; 대법원 2007. 4. 27. 선고 2005다64033 판결; 대법원 2009. 1. 15. 선고 2007다51703 판결; 대법원 2005. 11. 10. 선고 2004다37676 판결; 대법원 2003. 1. 10. 선고 2002다41435 판결 등은 법관의 적극적 석명의무를 강조하였다.

33) 설민수, 앞의 논문, 법조 제688호, 2014, 204-205면.

를 해결하거나 실질적인 평등을 실현시키기 위한 수단으로 법관에게 제한적이지만 적극적인 석명권 행사를 정당화할 수 있다는 견해, 두 번째로는 변론주의만으로는 진실의 발견이 어려운바, 협동주의 내지 분쟁의 적절한 해결 등을 위해 법관의 변화된 역할이 필요하고, 이에 따른 법관의 적극적 석명권 행사가 필요하다는 견해가 있다.[34)]

4. 최근 판례의 동향

2000년대 중반 이후 석명권 행사에 관한 대법원 입장이 전환[35)]된 후 어떠한 변화가 있었는지 정리하기 위해서 아래에서 최근 판례의 동향을 검토하려 한다.

(1) 대법원 2016. 6. 28. 선고 2014다31721 판결

1) 사실관계

이 사건은 대전 동구 소재 임야에 대한 부당이득 반환 청구와 관련된 일련의 소송 진행 중에 정기금지급 판결이 확정된 이후 제기된 '정기금 변경의 소'에 관한 것이다.

2003년경, 토지의 전 소유자는 주식회사 케이티(이하 '피고')가 임야를 무단 점유하고 있다며 매월 일정 금액의 부당이득금 반환을 구하는 소송을 제기하였고, 2007년 1월경 "피고는 토지 인도 시까지 매월 605,250원을 지급하라"는 정기금 지급 판결이 확정되었다(이하 '전소 확정판결'). 이후 해당 임야는 2007년 3월경 여러 필지로 분할되었고, 2008년 1월경 원고는 이들 분할된 토지 전체에 대한 소유권을 취득하였는데, 그 후 원고는 "전소 확정판결에서 정한 금액이 현재의 점유상황에 비추어 부당하고, 형평성에 반한다"고 주장하며, 정기금 변경의 소를 제기하였다.

2) 대법원 판단

대법원은 원고 청구를 부적법하다고 하면서 다음과 같이 판단하였다. 정기금의 변경을 구하는 소는 확정된 정기금판결의 기판력을 예외적으로 배제하기 위한 것

---

34) 최성호, 앞의 논문, 경기법조 제18호, 2012, 594-596면.

35) 2014년부터 2019년까지 5년 동안의 193건의 석명권이 문제되었던 대법원 판례들을 보면 적극적 석명권의 불행사를 이유로 원심을 파기한 사례가 전체의 34%에 이르는데, 이를 결코 적은 비율이라고 말할 수 없다. 이종엽, 앞의 논문, 사법정책연구원, 2019, 98-99면.

으로, 민사소송법 제252조가 정한 '정기금 변경의 소'를 제기할 수 있는 자는 원칙적으로 그 확정판결의 당사자 또는 민사소송법 제218조 제1항에 의해 기판력이 미치는 자(예를 들어 변론종결 후의 승계인)만이 제기할 수 있다는 점을 확실히 하였다. 따라서, 해당 사안에서의 원고는 전소 확정판결의 당사자가 아니고, 단지 변론종결 후에 토지 소유권을 취득한 자일 뿐이므로, 민사소송법 제218조 제1항에서 말하는 기판력의 승계인에 해당하지 않는다고 판단하였다. 그 결과, 전소 확정판결의 기판력이 원고에게 미치지 않으므로, 해당 정기금판결에 대해 원고가 변경의 소를 제기할 원고적격이 없다고 보아 본안 판단에 나아갈 필요 없이 각하되어야 한다고 보아 원심을 파기하고 자판으로 각하하였다.

3) 석명권 행사에 대한 대법원 입장

이 사안은 당사자의 주장이나 증명 부족이 아니라, 소송의 본안 판단을 하기 전 소 제기의 적법성 요건인 원고적격이 불비인 사안인바, 이러한 경우는 법원이 직권으로 판단할 수 있는 영역으로 간주된다고 판시하였다.

실제로 대법원은 이 사건에서 원고적격이 없음을 들어 본안 판단 없이 소를 각하하면서, 별도의 석명이나 의견진술의 기회를 제공하지 않아도 위법이 아니라고 보았다. 이는 석명의무가 발생하려면 해명의 쟁점이 형성될 가능성이 있어야 하고, 당사자의 주장이 법적으로 보완 가능한 경우에 한해 그 의무가 인정된다는 것이다.

(2) 대법원 2023. 5. 18. 선고 2022다230677 판결

1) 사실관계

피고는 "농산물 숙성지연 및 살균효과"가 있다고 광고하면서 일정 장치를 제조·판매하였고, 원고는 이를 구입해 자신의 저온 창고에 설치하고 약 1,900상자의 사과를 저장하였다. 그런데 원고의 저장된 사과 중 일부에 갈변 및 함몰 증상이 발생하여 국립원예특작과학원의 조사를 의뢰하였고, 그 결과 해당 증상의 원인은 장치에서 발생한 오존으로 확인되었으며, 조사대상 중 약 63%에서 피해가 발견되었다.

피고가 제공한 사용설명서에는 "작동시간 설정이 중요하다"는 일반적 안내는 있었으나, 오존 농도가 높을 경우 농작물에 치명적 영향을 줄 수 있다는 구체적 위험에 대한 고지는 누락되어 있었고 오히려 "오존은 인체에 무해한 농도로 조정

되어 발생된다"는 표현으로 오해의 여지가 있는 상황이었다.

원심은 위 사안에서 국립원예특작과학원장의 조사 결과를 근거로, 해당 장치에서 발생하는 오존이 사과에 갈변 증상을 유발하는 주요 원인이라는 사실을 인정하였으나, 피고가 오존의 위험성에 대해 사용자에게 명시적으로 고지할 법적 의무는 없었다고 보았고, 장치의 작동시간을 적절히 설정하지 않은 점에 대해서는 피고의 과실이 인정된다고 보아, 이에 따른 손해에 대해서는 배상 책임을 인정하였다.

결과적으로 원심은 피고에게 일부 과실이 있다고 판단하여 손해배상 책임을 인정하였지만, 오존의 위험성에 대한 고지의무 위반은 부정하였고, 손해액 산정 기준 시점도 장치의 가동 중단일로 보아 원고 청구의 일부만 인용하였다.

2) 대법원 판단

대법원은 이 사건 장치에서 발생하는 오존이 원고의 사과에 갈변 증상을 일으킨 사실, 그리고 사용설명서에 적절한 주의사항이 구체적으로 기재되지 않았다는 점 등을 종합적으로 검토하여, 원고가 민법상 손해배상청구에 관한 주장을 하였더라도 원심에서 제조물책임법상 '표시상의 결함'을 방지하기 위한 피고의 고지의무 위반을 부정한 것은 법리를 오해한 잘못이라고 판단하면서 위 사안은 민법상 불법행위책임과 제조물책임법상의 책임이 모두 문제될 수 있으며, 법원은 민법보다 특별법인 제조물책임법을 우선 적용해야 한다는 점도 강조하였다. 따라서 환송심에서는 제조물책임법 적용 여부에 관한 당사자의 의견을 듣고 이를 기초로 다시 판단해야 한다고 판시하였다.

3) 석명권 행사에 대한 대법원 입장

즉 대법원은 법관의 석명권 행사와 관련하여 원고가 민법상 손해배상을 청구하였다고 하더라도, 제조물책임법의 적용 가능성 여부에 대해 직권으로 심리 방향을 제시할 수 있다고 하여 당사자가 간과한 법적 관점에 대해 법원이 적극적으로 석명권을 행사해야 한다는 입장을 취하였다.

(3) 대법원 2024. 9. 27. 선고 2024다224645(본소), 2024다224652(반소) 판결

1) 사실관계

원고(반소피고)는 블록체인 기반 시스템 개발업체이고, 피고(반소원고)는 부동산 임대관리 플랫폼 업체이다. 양 당사자는 2020년 10월 블록체인 기반 부동산임대

관리 시스템 개발에 관한 전략적 업무제휴 및 공동사업 계약(이하 '이 사건 계약')을 체결하였다. 계약에 따르면 피고는 3억 8천만원 중 2억원을 개발비로 분담하고, 원고는 그에 맞춰 시스템을 개발하기로 하였다. 양 당사자가 합의한 계약서 제11조에는 만일 피고가 계약을 이행할 능력이 없다고 판단되는 경우 계약을 해지할 수 있도록 계약의 해지 사유 및 해지 시 의무사항을 규정하고 있었다. 피고는 이 계약에 따라 1억 4,000만원을 우선 지급하였는데, 원고는 제11조를 피고의 이행능력 부재하다는 이유로 근거로 계약 해지를 통지하였다. 원고는 피고의 귀책사유로 계약이 해지되었으므로 미지급금 6,000만원을 청구한 반면 피고는 위 계약은 합의 해지된 것이므로 오히려 원상회복으로 기지급금 1억 4,000만원을 반환받아야 한다고 주장하며 반소를 제기하였다.

원심은 사안에서 위 계약의 법적 성격을 조합계약으로 판단하고 조합계약은 계약 해제·해지가 아닌 오직 조합의 해산이나 탈퇴로만 활동의 종료가 가능한바, 조합의 법리를 적용하여 원고의 본소 및 피고의 반소를 모두 기각하였다.

2) 대법원 판단

대법원은 원·피고 모두 계약의 종료 원인이 계약의 해제 또는 해지라고 주장하였음에도 원심이 민사소송법 제136조에 따라 원심이 당사자에게 석명이나 의견진술 기회조차 제공하지 않고 조합의 법리를 적용하여 판단을 내린 것은 당사자에게 예상 밖의 재판 결과를 안기게 한 것으로, 석명의무 위반에 해당한다고 판시하였다.

3) 석명권 행사에 대한 대법원 입장

대법원은 법원의 석명권 행사에 관해 다음과 같은 점을 강조하였는데, 당사자가 조합계약이라는 점은 언급하였지만, 계약 종료 방식에 따라 조합 계약에 따른 것이 아니고, 조합의 해산, 탈퇴, 제명과 같은 조합 법리 적용 가능성에 관한 당사자 사이의 다툼이 있었거나 쟁점화되지도 않았더라도, 이 상황에서 법원이 당사자에게 의견 진술의 기회를 부여하거나 석명의 조치를 취하지 않고 조합의 법리를 적용하여 판단했다면 이는 민사소송법상 석명의무를 다하지 않은 것으로서, 결과적으로 심리 불충분 및 절차 위법에 해당한다고 판단했다. 즉 대법원은 계약의 법적 성질 및 종료 사유가 당사자에 대한 절차적 의견 진술의 기회 없이 변경된 것에 관해 문제 삼으며, 법원이 주도적으로 쟁점을 명확히 하고 필요한 법률적 설명을 제공함으로써 소송절차의 공정성과 실질적 정의 실현에 기여해야 한다는 점을 분명히 하였다.

(4) 대법원 2024. 10. 25. 선고 2024다232066(본소), 2024다232073(반소) 판결

1) 사실관계

이 사안은 부동산 개발투자를 둘러싼 투자약정 및 보증채무 이행, 그리고 그로 인한 구상금 청구에 대한 본소와 반소의 쌍방 청구가 결합된 사안이다.

원고와 피고는 제3자인 D가 주체가 된 부동산 개발사업에 연대보증인으로 참여하였다. D는 피고 계좌로 10억원을 송금하여 사업에 투자하였고, 이후 개발사업이 무산되자 투자금 반환을 요구하였다. 원고는 2016년에 D에게 총 10억원을 변제하였고, 이로 인해 피고 명의 토지에 설정된 근저당 일부가 말소되었다. 피고는 이후 D와의 사이에서 추가 변제와 말소청구소송을 거쳐 화해권고결정에 따라 나머지 근저당도 말소되었고, D에게 총 8,000만원을 지급하였다. 이후 원고는 본소로 피고를 상대로 자신이 변제한 금액 중 피고 부담분(3억원)에 대한 구상금을 청구하였고, 피고는 본소채권과 상계되는 자동채권이 존재한다며 대여금, 약정금, 구상금을 근거로 반소를 제기하였다.

문제는 피고가 제1심에서 본소청구에 대한 상계항변을 명시적으로 하였음에도 불구하고, 원심에서는 반소청구 내용만 일부 수정하며 상계항변의 철회 여부를 명확히 밝히지 않았는데, 원심은 이를 곧바로 상계항변 철회로 해석하여 본소청구와 반소청구만 판단하였다.

2) 대법원 판단

대법원은 민사소송법 제136조 제4항을 근거로, 당사자가 법률상 쟁점에 대해 부주의 또는 오해로 간과한 경우 또는 그 주장이 법리적으로 모순되거나 불명료한 경우, 법원은 석명을 통해 당사자에게 의견진술 기회를 부여해야 한다고 명시하였다. 이는 의견진술권 보장의 일환으로 이해될 수 있으며, 이를 게을리할 경우 석명의무 위반으로 절차 위법이 된다고 보았다. 피고는 제1심에서 본소청구에 대한 상계항변을 주장하였고, 원심에서도 반소청구 내용을 일부 변경하면서도 상계항변을 철회한다고 명시적으로 진술하지 않았는데, 원심이 당사자의 의사를 석명 등을 통해 확인하지 않은 채 피고가 상계항변을 철회한 것으로 간주한 것은 잘못된 판단이라고 보았다. 나아가 원고의 구상금 청구에서 주장된 분담비율, 피고의 반소 중 구상금 청구에 관련된 주채무 총액 산정 방식 등에 대하여도 법리에 오해가 있고, 필요한 석명이 이루어지지 않았다고 판시하였다.

3) 석명권 행사에 대한 대법원 입장

결국 대법원은 상계항변 철회 여부, 주채무 총액의 기준, 부담비율 계산 방식 등 핵심 쟁점에 대해 원심이 석명의무를 이행하지 않아 판단을 누락한 점을 중대한 절차 위법으로 보아 판결을 전부 파기하고 환송하면서 법원의 석명의무 위반은 원심판결 전부의 파기 사유가 될 수 있다는 점을 다시금 확인시켜주었다. 특히 당사자의 주장 구조가 복잡하거나 불명확할 때 법원이 적극적으로 법률적 해석 방향을 제시하고, 당사자의 의견을 청취해야 할 의무가 있다는 점을 분명히 하였다.

5. 소 결

위에서 소개한 판결들이 석명권에 관한 대법원의 입장을 모두 대변할 수는 없지만 대법원 판시 내용을 살펴보면, 2000년대 이후 석명권에 대한 입장 전환 후 최근까지도 사안에 대해 적극적 석명권을 인정하려는 입장이 지속되고 있음을 알 수 있다.

2024다224645 판결에서는 당사자가 주장한 바 없는 법률적 판단에 앞서 석명권 행사를 통한 당사자의 방어권 보장이 반드시 선행되어야 함을 명확히 하였고, 2024다232066 판결은 민사소송에서 당사자의 주장이나 소송구조가 복잡하고 불명확할 경우, 법원이 이를 명확히 하기 위한 석명의무를 충실히 이행해야 함을 강조하였다.

한편, 2014다31721 판결의 경우 대법원은 이 사안에서 석명권 행사에 대해 문제 삼지 않았으나, 분쟁의 1회적 해결을 위해서는 이를 파기환송하여 원심이 소제기 당사자에게 지적의무를 행사할 기회를 주도록 하는 것이 당사자의 절차권 보장과 불의타 방지라는 측면에서 바람직하는 견해도 있다.[36]

이렇듯 우리나라 대법원은 석명권의 실효성, 실질적 정의 실현, 예측 가능성, 절차적 정의 실현 등을 중시하며 석명권을 보다 명확하고 적극적으로 운용하려는

36) 허정인, “정기금판결에 대한 변경의 소에 있어서 변론종결 후의 승계인의 원고적격 －대법원 2016. 6. 28. 선고 2014다31721 판결을 중심으로－”, 안암법학 제58호, 2019, 154면.

경향이 있음을 알 수 있다.

Ⅳ. 대륙법계의 석명제도

1. 독 일

(1) 규 정

1877년 통일 독일의 민사소송법(Civilprozeßordnung, 이하 '독일 민사소송법') 제정 당시에는 개인주의와 자유주의를 배경으로 하여 당사자 자치를 강조하는 입장이었기에,[37] '석명'이라는 것을 법원의 의무로 규정하여야 하는지 여부에 관해 다툼이 있었다. 하지만 이를 당사자 자치에만 맡겨두어서는 곤란하다는 생각과[38] 그 후 소송의 신속 및 소송 진행상 법관의 역할을 강화하여야 한다는 주장이 제기되면서 석명을 법원의 의무로 규정하게 되었다.[39][40] 독일에서는 석명의무에 대해서 소송자료의 수집과 제출을 당사자에게 맡기는 변론주의와 배치되는 것으로 보일 수 있지만, 이는 변론주의를 실질적으로 수정·보완하기 위한 것으로 설명된다.[41]

그 이후 1977년 민사소송법 개정에서는 불의의 재판으로부터 당사자를 보호한다는 취지에서 지적의무 규정(제278조 제3항)을 신설하였고, 2002년 개정 시 법원과 당사자와의 토론의무를 규정하고 지적의무의 대상도 법률상 측면에 더해 사실상 측면까지 포함하여 법원은 당사자가 명백히 간과하거나 중요하지 아니한 것으로 간주한 경우 뿐 아니라 법원이 양 당사자의 판단과 다른 판단을 하려는 경우에도 지적의무를 부담하게 되었다.[42]

현행 독일 민사소송법 제139조[43]는 "실질적 소송지휘"라는 표제하에 석명권을

---

37) 호문혁, 민사소송법, 법문사, 2024, 13면.

38) 김영, "석명권의 연혁과 그 행사의 정도", 법학논총 제1권 1호, 2008, 125면.

39) 1877년 민사소송법 개정과 관련하여 이는 사회적인 성격이 부족하고, 신속한 소송 진행을 방해한다는 비판이 제기되었고, 소송을 단순화하고 집중할 필요에 관한 요청이 있었다. 김영, 앞의 논문, 2008, 127면.

40) 개정 당시 독일 민사소송법 제130조는 "재판장은 질문을 하여 분명하지 않은 신청을 해명하게 하고, 주장된 사실의 불충분한 진술을 보완, 증거방법의 표시 등 사실관계의 확정을 위해 필요한 모든 것이 진술되도록 하여야 한다. 그리고 직권으로 고려해야 할 점에 관한 의문사항을 지적하여야 한다"는 규정을 두었다.

41) 전원열, 민사소송법, 박영사, 2024, 279면.

42) 민일영, 앞의 책, 2018, 323면.

43) 독일 민사소송법은 2002년 개정(2001.12.31.) 시에 소송자료에 관한 포괄적 법적 해명에 대해 법원의 책임을 강조하기 위해 법원의 실체적인 소송지휘의무에 관한 규율들(제139조, 제273조 제1항 제2문, 제278조 제3항)을 제139조로 통합하였다.

법관의 권리이자 법원의 의무로 입법화하여, 석명권(Aufklärungsrecht)로 불리고 있다.[44] 현행 독일 민사소송법 제139조는 아래와 같다.[45][46]

2002년 독일은 제1심의 강화를 위해서 민사소송법을 개정하였는데[47] 개정안의 주요 내용은 사실관계는 제1심에서 확정하고, 항소심은 그 흠결을 규율하고 제거하는 데만 집중하도록 하였다. 이를 위하여 제1심에서 단독판사를 적극적으로 활용하고 법관의 소송지휘(석명의무)를 강화, 화해를 통한 분쟁 해결 장려 등을 그 주요 내용으로 포함하고 있는데, 이는 사실관계 확정에 석명의무가 주요 역할을 하고 있음을 인정하는 것으로 볼 수 있다. 한편 독일 연방헌법재판소는 석명의무에 관하여 이것은 소송상 배려 의무 중 일부에 해당할 뿐이고,[48] 당사자에 대하여 법관이 행해야 하는 조력의 범위는 계속 확대되어 가고 있다고 평가하고 있다.[49] 현행 독일 민사소송법 제139조는 아래와 같다.[50][51]

제139조 실질적 소송지휘

① 법원은 사실관계 및 분쟁관계에 관하여 필요하다면, 사실상 혹은 법률상의 측면에서 당사자와 토론과 질문하여야 한다. 법원은 당사자가 모든 중요한 사실에 관하여 적시에 완전한 주장을 할 수 있도록 하여야 하며, 특히 주장된 사실이 충분하지 못한 경우 이를 보완하게 하고 증거방법을 표시하고 적절한 신청을 할 수 있도록 하여야 한다.

② 당사자가 명백히 간과하거나 중요하지 아니한 것으로 간주한 관점에 대하여는, 그것이 부수적 청구가 아닌 한, 그 점에 관한 지적을 하여 그에 관한 의견진술의 기회를 당사자에게 부여한 경우에만 법원이 재판의 기초로 할 수 있다. 법원이 양 당사자 생각과 다르게 판단하는 관점에 대해서도 동일하다.

---

44) 전원열, "한국의 변론주의에 대한 검토", 저스티스 통권 제205호, 2024, 265-267면.
45) 독일의 석명의무 규정에 관한 해석은 민일영, 앞의 책, 2018, 323-324면의 해석 참조.
46) 프랑스(Article 442)에도 석명권·석명의무에 해당하는 조항이 있다. "Le président et les juges peuvent inviter les parties à fournir les explications de droit ou de fait qu'ils estiment nécessaires ou à préciser ce qui paraît obscur."; 전원열, 앞의 논문, 2024, 참조.
47) Gesetz zur Reform des Zivilprozesses(ZPO-RG), BGBl. 2001 Ⅰ, S. 1887. 개정법에 관한 문헌으로는 Herzler, NJ 2001, S. 617 ; Hartmann, NJW 2001, S. 2577; Schellhammer, MDR 2001, S. 1081.
48) BVerfGE 42, 64. 78.
49) 전원열, 앞의 논문, 2024, 265-266면.
50) 독일의 석명의무 규정에 관한 해석은 민일영, 앞의 책, 2018, 323-324면의 해석 참조.
51) 프랑스(Article 442)에도 석명권·석명의무에 해당하는 조항이 있다. "Le président et les juges peuvent inviter les parties à fournir les explications de droit ou de fait qu'ils estiment nécessaires ou à préciser ce qui paraît obscur."; 전원열, 앞의 논문, 2024, 참조.

③ 법원은 직권으로 고려해야 할 사항에 관하여 지적을 하여야 한다.

④ 이 규정에 의한 지적은 가능한 조기에 하여야 하고 서면에 기재되어야 한다. 지적을 하였다는 것은 서면의 내용에 의해서만 증명할 수 있다. 서면의 내용에 대해서는 위조의 증명만 허용된다.

⑤ 법원의 지적에 대하여 당사자가 바로 진술을 할 수 없을 때에는 법원은 그의 신청에 따라 당사자가 그 진술을 서면으로 제출할 수 있는 기간을 정하여야 한다.

(2) 적극적 석명에 대한 논의 및 입법화

2002년 독일은 제1심의 강화를 위해서 민사소송법을 개정하였는데[52)]개정안의 주요 내용은 사실관계와 관련된 사항은 제1심에서 확정하고, 항소심은 그 흠결을 규율하고 제거하는 데만 집중하도록 하였다. 이를 위하여 제1심에서 단독판사를 적극적으로 활용하고 법관의 소송지휘(석명의무)를 강화, 화해를 통한 분쟁 해결 장려 등을 그 주요 내용으로 포함하고 있다. 즉 독일은 제1심에서의 소송지휘를 강화하여 조기에 실체적 진실을 밝히고 이를 확정할 수 있도록 개정하였는데, 표제도 구법의 "법관의 석명의무(Richterliche Aufklärungspflicht)"에서 "실질적인 소송지휘(materielle Prozessleitung)"로 변경했다. 개정법은 제1심의 소송절차가 단순히 제2심으로 가기 위한 디딤돌로서 악용되는 것을 막기 위해 종전의 석명의무의 내용을 보다 구체적으로 규정하면서, 가능한 한 빠르게 법률적 · 사실적 사항을 지적하고, 이를 조서나 소송기록에 기재되도록 하였다. 독일의 이러한 입법화는 석명의무가 사실확정에 주요 역할을 하고 있음을 인정하는 것으로 볼 수 있다. 한편 독일 연방헌법재판소는 석명의무에 관하여 이것은 소송상 배려 의무 중 일부에 해당할 뿐이고,[53)] 당사자에 대해 법관이 행해야 하는 조력의 범위가 계속 확대되고 있다고 평가하고 있다.[54)]

특히 개정 사항 중 주목할 만한 내용은 당사자 일방이 분명히 간과하거나 중요하지 않은 사항으로 간주한 관점, 그리고 법원이 양 당사자의 생각과 다르게 판단하려고 하는 관점까지 법관에 의해서 반드시 지적되어야 하고, 이에 대해 당사자에게 의견 진술의 기회를 준 경우에만 법원은 이를 사실인정을 위한 재판의 기초

52) Gesetz zur Reform des Zivilprozesses(ZPO-RG), BGBl. 2001 Ⅰ, S. 1887. 개정법에 관한 문헌으로는 Herzler, NJ 2001, S. 617; Hartmann, NJW 2001, S. 2577; Schellhammer, MDR 2001, S. 1081.

53) BVerfGE 42, 64. 78.

54) 전원열, 앞의 논문, 저스티스 통권 제205호, 2024, 265-266면.

로 삼을 수 있다는 것이다.

물론 이러한 개정에 대해 비판의 목소리가 없는 것은 아니지만, 대표적으로 Koblenz 고등법원장인 Bamberger는 자신의 사적 경험을 기초로 석명권의 강화를 매우 긍정적으로 평가하고 있다. 그의 평가에 따르면 법원의 지적이나 석명이 소송 초기에 신속하게 행해지면 당사자는 소송절차 진행에 있어 필요하고도 중요한 인식을 할 수 있게 되어 이를 통해 소를 취하하거나 불필요한 신청 등이 남발되지 않는 효과를 발생시킨다는 것이다. 아울러 법원에 대한 석명의무의 부여는 당사자가 변론에서 더 적극적으로 의견을 진술할 수 있도록 하여 집중심리와 구술심리 원칙이 준수될 수 있고, 이는 항소를 감소시키는 효과까지 가져오게 된다고 평가하며, 결과적으로 석명의 의무화로 인해 법관의 부담이 증가한 것은 아니라고 평가하고 있다.[55)]

2002년 개정에 관해 가장 긍정적으로 평가되는 부분은 해당 개정으로 법관의 지적의무가 실제적으로 확장되었다기보다 절차의 공정한 진행을 위해 적용되어야 하는 기준들이 더 분명해졌다는 의미를 가지는 것이라 하였다.[56)] 즉 실무에서는 독일의 제139조 제1항 내지 제3항의 개정으로 인해 종전보다 석명권을 더 적극적으로 행사하고, 좀 더 이른 시기에 지적이나 석명권 행사를 행하게 된다고 보고 있다.[57)]

(3) 정 리

독일 민사소송법은 석명을 법원의 의무로 보고 '법관은 양 당사자에게 소송상 중요한 모든 사실에 관해서 충분히 설명하게 하여야 하도록 규정하고 있다.

특히 주장된 사실이 불충분한 경우에는 진술을 보충시키고 증거방법을 표시하여 신청을 촉구하여야 하며, 이러한 목적 실현을 위해서 "필요한 경우 사실상 및 법률상 측면에서 해명하고 질문하여야 한다"고 규정하고 있는 까닭에 당사자가 소를 변경함으로써 이와 같은 목적이 달성될 수 있다면 법관은 그 가능성에 대하여 석명해야 하는 것으로 이해하고 있다.[58)] 물론 당사자에 의해 제출된 소송자료에서

---

55) 예컨대 Rheinland-Pfalz의 경우, 2001년에 비해 2002년 고등법원의 항소사건은 18.3%, 지방법원은 11.8% 줄어들었으며, 지방법원은 2003년의 경우 2002년에 비해 12.5% 줄어들었는데, 이것이 법관의 실체적 소송지휘를 강화한 결과라는 것이다. Bamberger, Die Reform der Zivilprozessordnung-Eine Wirkungskontrolle, ZRP 2004, 138.

56) Hommerich/Prütting, Evaluation ZPO-Reform, S.93 f.

57) 설문조사에 응한 61%의 변호사가 이를 인정하였다, Hommerich/Prütting, S.94.

어떠한 근거도 찾을 수 없는데도 새로운 청구나 주장을 할 수 있도록 하는 것과 같이 석명권 행사를 무제한적으로 인정할 수는 없겠지만 독일의 규정과 판례는 보다 신속하게 당사자의 분쟁 종결을 도모할 수 있고, 정의에 부합한다면 소 변경이나 필요한 경우 반소청구도 시사할 수 있다고 하여 적극적 석명을 인정하고 있다.[59]

2. 일 본

(1) 규 정

일본은 1890년 독일 민사소송법의 취지에 따라 제112조에서 '석명의무'를 규정하였다. 그 후 1926년 개정 시에 석명에 관한 의무조항이 변론주의를 제한할 수 있을 것이라는 우려로 인해 석명권을 법원의 '의무'에서 법원의 '권리'인 것처럼 그 표현을 바꾸고, 제127조 '석명권'이라는 표제 하에 '할 수 있다'는 재량적 규정으로 개정하였다.

현행 일본 민사소송법은 이를 제149조로 옮겨 규정[60]하면서 여전히 석명권이라는 용어를 사용하고 있지만, 일본의 학설과 판례는 석명권을 법원의 권리이자 의무로 설명하고 있다.[61] 현행 일본의 석명권 규정은 아래와 같다.

제149조 석명권 등

① 재판장은 구술변론기일 또는 기일 외에 소송관계를 밝히기 위하여 당사자에게 사실상 또는 법률상 사항에 대하여 질문을 하거나 입증을 촉구할 수 있다.
② 배석재판관은 재판장에게 알리고 제1항에 규정한 조치를 할 수 있다.
③ 당사자는 구술변론기일 또는 기일 외에 재판장에게 필요한 질문을 하여 줄 것을 요구할 수 있다.
④ 재판장 또는 배석재판관이 구술변론기일 외에 공격방법 또는 방어방법에 중대한 변경이 생길 수 있는 사항에 대하여 제1항 또는 제2항의 규정에 따른 조치를 한 때에는 그 내용을 상대방에게 통지하여야 한다.

58) 오용호, "독일민사소송법에 있어서의 법관의 석명의무", 재판자료 제15집: 외국사법연수논집(4), 1982, 38면.
59) 윤진수, "토지임차인의 매수청구권행사와 법원의 석명의무", 인권과 정의 제236호, 1996, 122면.
60) 1998년 개정법에서 이에 관한 내용을 제149조로 옮겼다.
61) 일본 석명권에 대한 규정 해석은 민일영, 앞의 책, 2018, 324면을 참조, 三木浩一 外, 民事訴訟法 第3版, 有斐閣(2018), 218면 등.

(2) 적극적 석명에 대한 논의

1) 학 설

적극적 석명에 관한 일본 학설을 소개하자면 첫 번째 학설은 적극적 석명의 일반적 요건을 정하여 적극적 석명을 인정하자는 것인데, ① 판결에 있어서 승패가 전환될 가능성 즉 만일 양 당사자 사이에 승패가 전환될 가능성이 높다면 적극적 석명을 인정, ② 당사자의 신청·주장에 있어서 당사자가 선택한 법률적 사항이 적당하지 않고, 적용되어야 할 실체법에 관해서 법원과 당사자 간에 법적 견해가 다르다면 이를 시정하기 위한 석명의무 인정, ③ 기대가능성 즉 법원이 당사자에게 석명권을 행사한 경우 당사자가 석명에 응하여 적절한 신청과 주장 그리고 증명을 하였을 것이라면 석명의무를 인정, ④ 다만, 당사자의 공평 즉 법관의 석명이 당사자 사이의 공평을 해하는 결과를 야기한다면, 석명의무를 불인정, ⑤ 기타 요소 즉 분쟁의 일회적 해결에 기여한다면 석명의무를 인정하고, 만일 석명권 행사가 소송 지연의 결과를 낳게 된다면 석명의무를 불인정해야 한다는 방식으로 적극적 석명의 여부를 판단해야 한다는 이론이 있다. 또 다른 학설은 적극적 석명의 인정 기준에 대해 ① 승패 전환의 가능성 ② 석명권 행사로 인한 적정한 해결이 당사자의 진의 내지는 당사자가 합리적으로 기대할 수 있는 범위 내에 있는가를 일반적 기준으로 고려하고, 특별 기준으로 ③ 당사자가 해당 사안에 관한 의견제시를 할 수 있을 것이라 기대할 수 없는 경우에는 당사자에게 소송행위를 할 수 있는 합리적 기회를 보장하기 위하여 석명의무를 인정해야 한다는 입장이다.

이외에도 '승패가 전환될 가능성'을 가장 중요한 석명의무의 인정 기준으로 해석하는 이론이 있다.[62)]

2) 판례의 입장

일본의 판례의 경향은 1935년쯤부터 석명의무 위반으로 하여 사실심 판결을 파기한 판례가 점점 증가하다가 최고재판소 시대에서는 그 흐름이 전환되어 1955년 쯤 까지는 석명권 불행사를 위법으로 보고 이를 파기한 판례는 거의 보이지 않았다.[63)]

---

62) 新堂幸司, 「新民事訴訟法」 第3版, 弘文堂, 2004, 413面, 中野貞一郞, 過失の推認, 弘文堂, 1978, 230面.

63) 법원이 피고에게 손해배상에 대한 의무가 있음이 인정되지만 손해액에 관한 입증이 없는바, 손해배상

그러나, 1955년쯤부터 1965년 무렵까지는, 석명권 불행사를 위법으로 본 판례가 증가하다가 1965년 이후에는 내용적으로도 적극적 석명의무를 긍정하는 판례가 증가[64]하게 되었다. 그 경향은 현재까지 이어져 다음과 같은 최고재판소 판결[65]이 나오게 되었는데 그 내용을 소개하자면 다음과 같다.

원고는 계쟁 토지에 대한 소유권 확인을 구하는 소를 제기하였고, 제1심은 원고의 청구를 인용하였다. 그러나 원심은 원고가 청구한 계쟁 토지의 전부 또는 일부가 원고의 소유인지에 의문이 있어, 원고가 청구한 계쟁 토지의 전부를 원고 소유라고 인정하기 어렵다고 하여 원고 청구를 기각하였다.

원고는 제2심의 두 번째 변론기일에서 예비적으로 위 토지의 시효취득의 주장을 하였다가, 세 번째 변론기일에서 위 주장에 착오가 있다는 것을 이유로 이를 철회하게 되는데, 이에 대하여 최고재판소는 만일 상고인이 토지의 시효취득의 주장을 유지하였다면 추가적인 증명 활동이 없더라도 취득시효에 기한 이 사건 계쟁 토지 부분의 소유권 확인청구가 인용될 사안이었는데, 원고의 오해 또는 부주의로 그 주장을 철회를 했다고 볼 만한 사정이 있음에도 원심은 그 철회에 대하여 석명하지 않고 기각판결 하였고, 대법원은 원심의 석명권 불행사에 위법이 있다고 판단하여 원심판결을 파기하였다. 이 판결 이후에도 같은 취지로 석명권을 행사하지 않은 것에 대해 위법으로 판단한 판결이 있었는데, 이와 같은 경향은 석명 의무를 강화하고 있는 것이라 볼 수 있다.[66][67]

3. 시사점

위에서 검토한 것과 같이 독일과 일본은 변론주의를 채택하고는 있으나. 전체적인 심리에 관한 권한은 법관이 주도하고 있음을 알 수 있다. 독일도 석명권 행사

청구를 배척한 것은 석명권 불행사 또는 심리미진의 위법이 없다고 본 판례가 이 때 대표적 예시이다. 昭和28年11月20日/最高裁判所第二小法廷/判決/昭和27年(オ)第230号.

64) 昭和51年7月17日/最高裁判所第一小法廷/判決/昭和50年(オ)第847号.

65) 平成9年7月17日/最高裁判所第一小法廷/判決/平成7年(オ)第1562号.

66) 최성호, “변론주의와 적극적 석명권에 관한 연구”, 법학논고 제7집, 2011, 301-303면.

67) 건설중기 대금청구사건에서의 세무서 채권 압류에 대해 채무자는 채권 압류와 관련된 채무는 이미 제3채무자가 변제했다고 항변하였는데 해당 압류는 지연 손해금에 대한 것이고, 원본 변제를 위한 압류는 아니었는바, 압류가 타당하다는 취지로 원심은 판결하였다. 이에 대해 최고재판소는 제3채무자가 원본 및 지연 손해금 전액을 변제했다고 생각했고, 담당 직원도 같은 취지로 영수증을 발행했다는 사정이 있음에도 원심은 해당 압류가 원본 채권에 관한 것인지 여부에 대해 주장의 보정과 증명 여부에 대해 석명하지 않고 판결하였으므로 이는 석명권 불행사의 위반이 있다고 판단하여 원심판결을 파기·환송하였다.; 平成17年7月14日, 最高裁判所第一小法廷, 判決, 平成16年(オ)第1653号, 平成16年(受)第1799号.

를 '필요하다면'으로 제한하고는 있지만 법관의 소송지휘권을 강화함으로써 석명의무를 강조하고 있고, 일본의 경우도 법원의 재량을 인정하고 있는 듯하나 학설 또는 판례에 따르면 이를 석명의무로 간주하는 등 양 국 모두 그 행사의 정도를 지속적으로 강화하고 있음을 알 수 있다.

독일과 일본의 석명의무에서 주목해야 할 사항 중 몇 가지 요약해 보면, 독일의 경우 ① 필요하다면 법률상의 측면뿐 아니라 사실상의 측면에서도 석명권 행사를 의무화하고 있다는 점, ② 법원은 의견 진술의 기회를 부여한 사실만을 법원의 재판기초로 삼을 수 있다는 점, ③ 법원의 생각과 당사자 생각이 다른 경우에도 법원의 석명의무를 인정하고 있다는 점이다. 일본의 경우에는 적극적 석명을 인정할 수 있는 기준을 구체적으로 설정하여 제시하고 있다는 점이 놀라웠는데, 여러 이론 중 공통적인 기준인 "승패가 전환될 가능성"이라는 것이 가장 주목할 만하다고 생각된다. 아래는 한국과 독일, 그리고 일본 석명제도의 주요 차이점을 표로 정리했다.

[표 1] 한국 · 독일 · 일본 석명 제도의 차이점

구분	한국	독일	일본
법적 명칭	석명권(제136조)	실질적 소송지휘 (ZPO §139)	석명권 등(제149조)
성격	재량적 권한	법적 의무	의무적으로 해석
대상 범위	법률적 쟁점만 의무	사실과 법률적 쟁점	우리나라와 동일
미이행시의 효과	절차상 위법을 소극적으로 인정하나 지속적 확대 경향	청문권 침해	절차상 위법을 인정하나, 지속적 확대 경향
법원 역할	중립적 심판자	적극적 관리자	적극적 관리자의 입장 강조

Ⅴ. 정책 방향 및 입법 제안

우리뿐 아니라 대륙법계 국가에서는 변론주의나 증명도의 원칙적인 적용이 공정하지 못한 재판이나 사회정의와 형평의 이념에 반하는 결과를 낳게 되는 등 한계가 발생할 수 있음을 인지하고 이에 대한 개선책으로 석명제도를 인정하고 있다.

물론 법관의 석명권 행사 권한을 강화하고 확대하는 것은 석명권 행사를 인정하는 것과는 별개의 문제이기 때문에 석명권 강화로 인해 변론주의의 형해화, 법관의 중립성에 대한 위협, 소송대리인의 소송수행 능력 저하, 법관의 업무 부담 증가 등의 우려가 있을 수 있다는 것을 무시할 수는 없다.[68] 그러나 법관은 사회적 불평등으로 인해 당사자 사이에 발생할 수도 있는 진실의 왜곡을 방지하여야 할 의무가 있기 때문에 법관의 적극적인 석명권 행사를 지지하는 견해도 다수이다.[69][70]

석명권 강화의 필요성이 제안되는 가장 큰 이유는 석명권의 불행사로 인해 소송에서 이겨야 할 사람이 패소하는 것은 결국 불공정한 재판을 초래한다는 것이다. 물론 변론주의와의 관계 등을 고려하여 재판의 적정성과 실질적 정의를 실현할 수 있는 범위 내에서 법원이 당사자에게 주장 및 증명을 보완할 기회를 제공하도록 해야 할 것이고, 이를 통해 석명권의 실효적 강화를 꾀하면서, 법관의 석명권 행사의 기준, 그 범위 등에 관해서는 더 치밀하게 설계되고 설정될 필요가 있다.

생각건대 법관의 석명권은 법관이 사안에 대해 충실하게 심리할 수 있도록 하여 사실관계의 주요 쟁점, 증명의 평가 등에 대한 법원의 인식 내용을 당사자에게 알리고 본인이 주장·제출한 내용과 동일한지 여부를 인식하게 하여 법원의 인식과 다른 내용에 대해서는 당사자가 의견을 진술하거나 증명하도록 당사자의 협력을 구하는 것이다.[71] 이렇듯 법관에게 석명의무를 부여하려는 것은 소송지휘의 절차적인 측면과 실체적인 측면이 밀접한 경우, 당사자가 증명 활동을 다했음에도 여전히 법관의 심증 형성이 어려운 경우 당사자로 하여금 그들 사이의 사실관계를 진술하도록 하여 사실주장에 대한 법관의 해석과 타당한 법률 적용을 통해 보다 적정하고도 공평한 분쟁 해결을 하려는 것에 있다고 본다.

우리 민사소송에 있어서 사실확정에 관한 문제점을 지적한 것과 같이 우리나라에서 채택하고 있는 변론주의와 고도의 개연성이라는 증명도가 공정한 재판, 당사자의 피해 구제를 어렵게 할 수 있다는 문제를 인식하고, 우리 판례가 적극적 석명으로 나아가고 있다는 점, 대륙법계의 국가에서의 입법례와 학설 등의 입장 등을 참고하여 실천적 제안으로서 정책 방향 및 입법을 제안하고자 한다.

---

68) 설민수, 앞의 논문, 2014, 225, 227, 229-231.

69) 최성호, 앞의 논문, 2011, 289-294면.

70) 특별히 이들은 2000년대 중반 이후에는 민사소송법 제136조 제4항의 지적의무를 바탕으로 석명권을 확장하고 있다는 점에 대해서도 호의적이다. 권혁재, "법원의 석명권 행사범위와 법적 관점 지적의무", 인권과 정의 제360호, 2006, 18-22면.

71) 전병서, "적정하면서 충실한 심리를 위한 민사 제1심 강화 방안", 인권과 정의 제460호, 2016, 19면.

1. 정책의 방향

(1) 법관의 석명 의무화를 사실상 사항까지 확대할 필요

현행 민사소송법 제136조 제1항과 제4항과의 관계에서 제1항은 사실상 또는 법률상 사항에 대해서 석명권 행사를 할 수 있다는 법관의 재량성을 부여하고 있으나, 제4항은 "법원은 당사자가 간과하였음이 분명하다고 인정되는 법률상 사항에 관하여 당사자에게 의견을 진술할 기회를 주어야 한다."고 하여 법률상 사항에 관해서 법관의 의무를 강조하고 있다.

생각건대 법률적 사항이라는 것은 구체적 사실관계에 대한 충분한 이해가 전제되는 것인데, 당사자로서 사실관계에 따른 법률적 관점을 정확하게 판단하여 주장하고, 증명하는 것이 쉽지 않고, 법관의 법률적 관점 또한 당사자에 의해 사실적인 사항이 변론에 충분히 현출될 때 비로소 결정되고, 판단될 수 있다고 생각되는바, 독일과 같이 '사실상 사항'에 대해서도 법원이 의무적으로 석명하도록 전환할 필요가 있다. 다만, 법원이 '필요다고 생각하면'이라는 조건으로 법원의 재량성을 어느 정도 인정하되, 사실상 사항과 법률상 사항을 구분하지 말고 석명을 의무화하도록 입법하여, 당사자 사이의 사실관계가 충분히 변론에 현출되도록 법원의 협력의무를 강화할 필요가 있다고 생각된다. 이를 통해 법관의 관점이 당사자와 다르다는 것을 당사자에게 알리고, 당사자가 이에 대해 의견을 진술할 수 있도록 기회를 보장하여, 의견 진술의 기회가 주어진 경우에만 이를 재판의 기초로 삼을 수 있도록 규정하여 절차적 공정성을 보장할 수 있어야 한다.

(2) 적극적 석명권 행사 기준을 지침화할 필요

법관이 석명권 행사를 하는데 있어서 어느 정도까지 재량을 제한하고, 의무화할 것인지, 그리고 행사에 대한 통일을 기하기 위하여 "언제, 어떤 내용으로, 어느 정도까지 석명이 인정되는지", 그 구체적 기준을 설정할 필요가 있다. 이와 같은 기준 설정은 좀 더 구체적인 검토와 연구가 필요한 것으로 보이나, 우리의 축적된 판례를 중심으로, 독일과 일본의 입법례 및 판례, 그리고 일본 학설에서의 적극적 석명 기준을 참고하여 법관이 석명할 수 있는 기준 등을 가이드라인, 매뉴얼 혹은 법원 지침으로 마련할 필요가 있다.

2. 입법 제안

독일 민사소송법 제139조 제1항이 법관에게 실질적 소송지휘권을 부여하여 사실 사항과 법률 사항 모두에 대해서 법원의 지적과 당사자와의 토론에 대해 의무화하고 있다는 점을 참고하여, 우리 민사소송법 제136조도 법원이 필요하다고 판단하는 경우에 석명을 의무적으로 행사할 필요가 있음을 분명히 할 필요가 있다. 따라서 그 표제를 "석명의무 · 구문권"으로 변경하고, 제1항과 제4항을 통합 · 수정하고, 제4항을 삭제하는 입법을 제안하고자 한다.

예를 들어 제1항을 재판장은 소송관계를 분명히 하기 위하여 "필요한 경우"에 당사자에게 "사실상 또는 법률상 사항"에 대하여 질문하여 "의견 진술의 기회를 제공"하고, "증명하도록 촉구"해야 한다는 식으로 개정하거나 혹은 "법원은 당사자의 주장 또는 증명이 명확하지 아니하거나 권리 실현에 중대한 장애 혹은 승패가 전환될 가능성이 있는 경우 사실상 · 법률상 사항에 대하여 석명하여야 한다" 등으로 개정하여 법관의 석명권 행사가 판사 개인의 성향에 따라 행사 여부를 달리할 수 있는 것이 아니라 적극적 관리자로서 반드시 행사해야 할 소송지휘임을 정립할 필요가 있다.

[표 2] 민사소송법 제136조의 표제 입법 제안

현행	개정안
제136조(석명권 · 구문권 등) ①재판장은 소송관계를 분명하게 하기 위하여 당사자에게 사실상 또는 법률상 사항에 대하여 질문할 수 있고, 증명을 하도록 촉구할 수 있다.	제136조(**석명의무 · 구문권등**) ①재판장은 소송관계를 분명하게 하기 위하여 필요한 경우 당사자에게 **사실상 또는 법률상 사항**에 대하여 질문하여 **의견 진술의 기회를 제공**하고, 증명하도록 **촉구해야 한다.** 혹은 제136조(**석명의무 · 구문권등**) ①법원은 **당사자의 주장 또는 증명이 명확하지 아니하거나 권리 실현에 중대한 장애 혹은 승패가 전환될 가능성이 있다고 판단**되는 경우 **사실상 · 법률상 사항에 대하여 석명하여야 한다.**

3. 부수적인 기대효과

석명권 행사의 강화를 통해 생각해 볼 수 있는 기대효과는 먼저 법원의 입장에서는 적극적인 석명권 행사를 통해 사건 해결의 의지 및 성실성을 확보할 수 있고, 분명해진 사실관계로 인한 법관의 사실관계에 관한 해석의 충실화 및 타당한 분쟁 해결 가능, 이로써 판결에 대한 권위 및 신뢰 확보, 상소율의 감소로 인한 업무 감소 등의 흐름으로 예상해 볼 수 있다. 또한 당사자 입장에서는 소송자료의 수집・제출에 대한 실질적 공평이 가능해지고, 변론주의 및 고도의 개연성으로부터 발생하는 불합리의 개선, 실체적 권리관계에 부합한 당사자 구제, 분쟁의 1회적 해결 가능성을 통한 소송 경제 등을 기대해 볼 수 있다.

물론 석명권 범위와 관련해서는 그 확대가 무제한적일 수는 없고 그 기준까지 구체적이고 명확하게 입법화할 수는 없기에, 위에서 제안한 것과 같이 이에 대한 구체적 논의는 현재까지 축적된 판례를 기준으로 한 합리적 범위, 공평에 부합하는 경우 등에 관해서 충분하게 논의하고 결정하여, 허용되는 범위 혹은 기준을 지침화할 수 있을 것이다.[72]

Ⅵ. 결 론

우리 민사소송에서는 변론주의나 증명도의 원칙적인 적용이 공정하지 못한 재판이나 사회정의와 형평의 이념에 반하는 결과를 낳게 되는 등 한계가 발생할 수 있음을 인지하고 이에 대한 개선책으로 현행 민사소송법은 법관의 석명권 행사를 인정하고 있다.

법관에게 실질적인 소송지휘권을 부여한 이유는 당사자가 증명활동을 다했음에도 여전히 법관의 심증 형성이 어려운 경우 법관이 소송의 중재자로서 소송에 적극적으로 개입하여 당사자에게 그들 사이의 사실관계를 진술할 수 있도록 소통을 강화하고, 이를 통해 보다 적정하고도 타당한 분쟁 해결[73]을 하려는 것에 있다고 본다.

우리나라에서 채택하고 있는 변론주의와 고도의 개연성이라는 증명도가 당사자의 피해 구제를 어렵게 한다는 문제의식으로부터 당사자의 주장이 법원에 의해

72) 김홍엽, "민사소송에 있어서 신모델 방식의 운용상 문제점", 재판자료 제106집, 2005, 82면.

73) 미국의 디스커버리 제도의 도입을 염두에 두고 이에 대한 연구가 활발한 것도 같은 취지라고 생각된다. 다만, 미국의 경우에도 판사의 역할이 점점 적극적이고 능동적으로 변화하고 있다는 점, 그러한 변화의 주된 원인이 사건의 증가와 복잡화에 따른 효율성의 요청 때문이라는 것에 주목할 필요가 있다. 이종엽, 앞의 논문, 사법정책연구원, 2019, 203면.

그 해석이 확대되지 않도록 적극적 석명을 통해 당사자 사이의 구체적 사실관계가 분명하게 현출되도록 하고, 그 주장들을 명확히 한 상태에서 사실확정을 해야 공정한 재판에 이를 수 있다.

다만, 석명의 정도를 강화하기 위해 반드시 고려해야 할 사항은 어떻게 하면 법관의 석명을 통해 법원과 당사자의 협력과 소통을 강화할 수 있을지, 어느 정도의 기준이 충실한 소송심리를 촉진하고 실체적 진실의 발견에 보다 가까이 접근할 수 있을지, 결론적으로 적정한 재판을 도모하고 민사소송의 이상과 목적 등을 제대로 실현할 수 있는 방안은 무엇인지 등에 관한 것이다. 따라서 우리나라에 축적된 판례와 그 흐름, 대륙법계 국가의 입법례, 석명권 행사를 통한 기대효과 등을 종합적으로 고려하여 법관이 적극적으로 석명권을 행사할 수 있는 방안을 마련한다면 석명제도는 공정한 재판에 기여하는 보완책으로서 훌륭한 도구가 될 것이다. 이와 같은 방향성을 가지고 제안된 정책 방향 및 개정안이 미흡하지만 공정한 재판에 이르는 데 일조하기를 바라본다.

참고문헌

▣ 국내 문헌

〈단행본〉

김홍엽, 민사소송법, 박영사, 2023.
민일영, 주석 민사소송법(Ⅱ), 2018.
______, 주석 민사소송법(Ⅲ), 2018.
오석락, 입증책임론, 박영사, 1983.
이시윤, 신민사소송법, 박영사, 2021.
전원열, 민사소송법, 박영사, 2024.
정동윤 · 유병현 · 김경욱, 민사소송법, 법문사, 2023.
정영환, 신민사소송법, 법문사, 2023.
한충수, 민사소송법, 박영사, 2021.
호문혁, 민사소송법, 법문사, 2024.

〈논문〉

권혁재, "법원의 석명권 행사범위와 법적 관점 지적의무", 인권과정의 제360호, 2006.
김두얼, "사법통계의 현황과 개선방안", 사법정책연구원, 2023,
김 영, "석명권의 연혁과 그 행사의 정도", 법학논총 제1권 1호, 2008.
김차동, "민사소송에서의 증명도 기준의 개선에 관한 연구", 법조 통권 제735호, 2019.
김홍엽, "민사소송에 있어서 신모델 방식의 운용상 문제점", 재판자료 제106집, 2005.
류승훈, "판례와 함께 살펴본 소송물론의 현대적 과제", 법학논고 제37집, 2011.
반흥식, "민사소송법에 있어서의 증명도-독일에서의 논의를 중심으로", 민사소송 제18권 제2호, 2014.
설민수, "민사 · 형사재판에서의 입증의 정도에 대한 비교법적 · 실증적 접근," 인권과 정의 제388호, 2008.
______, "한국 민사소송에서 법관의 석명권 행사범위 확장의 원인과 그 문제점", 법조 제688호, 2014.
오용호, "독일민사소송법에 있어서의 법관의 석명의무", 재판자료 제15집 : 외국사법연수논집(4), 1982.
유병현, "변론주의의 적용범위", 고시계, 1998년 12월호.
윤진수, "토지임차인의 매수청구권행사와 법원의 석명의무", 인권과 정의 제236호, 1996.
이종엽, "당사자주의와 직권주의가 조화된 적정한 재판 운영", 사법정책연구원, 2019.

전병서, “적정하면서 충실한 심리를 위한 민사 제1심 강화 방안”, 인권과 정의 제460호, 2016.

전성희, “한국 민사법정변론의 소송원칙과 현대적 의의”, 인권과 정의 제516호, 2023.

전원열, “한국의 변론주의에 대한 검토”, 저스티스 통권 제205호, 2024.

정영수, “민사소송제도의 목적, 소권, 소송물 그리고 일부청구에 관한 이론의 전개와 의미”, 연세법학 제41호, 2023.

최성호, “변론주의와 적극적 석명권에 관한 연구”, 법학논고 제7집, 2011.

______, “변론주의의 근거와 적극적 석명에 대한 검토”, 경기법조 제18호, 2012.

호문혁, 민사소송에 있어서의 이념과 변론주의에 관한 연구”, 서울대학교 법학 제30권 제3호, 1989.

▣ 외국 문헌

Arens/Lüke, Zivilprozessrecht I, 11. Aufl., C.H. Beck, 2011.

Hartmann, NJW 2001.

Herzler, NJ 2001, S. 617.

Schellhammer, MDR 2001.

三木浩一 外,「民事訴訟法」, 第3版, 有斐閣, 2018.

新堂幸司,「新民事訴訟法」, 第3版, 弘文堂, 2004.

中野貞一郎,「過失の推認」, 弘文堂, 1978.

민사소송과 기록관리*

장 완 규**

Ⅰ. 서 론

오늘날 민사소송은 절차적 정의의 실현과 증거 중심주의 원칙을 구현하는 사법적 메커니즘으로 자리매김하고 있다.[1] 소송 당사자는 자신의 주장과 권리를 입증하기 위하여 다양한 유형의 증거를 제출해야 하며, 이 중 문서 및 기록은 다투는 쟁점을 증명하기 위한 핵심적 수단으로 기능한다. 특히 민사소송이 점점 더 복잡해지는 양상과 정보의 전자화는 기록 관리와 보존의 문제를 실무적으로 더욱 중요하게 만들고 있다.[2]

민사소송에서 사용되는 기록은 단순한 업무문서를 넘어서 법적 효력을 지니는 증거자료로 이용된다. 문서의 진본성(authenticity), 무결성(integrity), 접근성(accessibility)은 모두 기록의 보존 상태와 생성, 유지, 폐기 과정에 의해 영향을 받으며,[3] 이러한 속성은 재판에서 해당 문서가 증거로 채택될 수 있는지를 판단하는

---

* 이 글은 필자의 스승이자 학자적 대선배이신 고려대학교 법학전문대학원 정영환 교수님의 2025년 8월 정년퇴임을 기념하여 이를 축하드리며 감사와 고마움의 인사를 전하고자 작성된 논문입니다.

** 용인예술과학대학교 경찰·법률과 교수, 법학박사

1) Shira A. Scheindlin, Electronic Discovery and Digital Evidence in a Nutshell (2nd Ed.), West Academic Publishing, 2016.

2) 김정환, “기계학습(Machine Learning)과 전자증거 - 기술기반 검토(Technology Assisted Review)에 대한 미국의 논의를 중심으로”, 부산대 「법학연구」 제59권 제1호(통권 제95호), 2018.2., 25-26면.

3) 구찬미·김순희, “기록관리 관점에서 본 연구기록물의 가치와 특성 분석”, 「한국기록관리학회지」 제17권 제3호, 2017, 59면.

기준이 된다.[4)]

기록관리(Record Management)는 단지 행정기능이나 문서보관 차원의 문제가 아니라, 사법 절차의 정당성과 신뢰성을 지탱하는 구조적 장치이자 법적 의무로 점차 발전하고 있다.[5)] 전자소송제도의 도입 및 확대, IT 기반의 전자문서유통시스템 도입 등은 소송절차와 기록관리 간의 통합성을 요구하고 있으며, 이는 단지 편의성 제고를 넘어서 사법절차의 합리성 확보라는 관점에서도 논의되어야 한다.

이에 본 논문은 민사소송 절차에서 기록의 기능과 법적 지위를 분석하고, 미국의 기록관리 기준 및 제도와의 비교를 통해 우리나라에서의 기록보존 정책의 실효성을 고찰하며, 궁극적으로 민사소송의 실질적 공정성과 투명성을 강화할 수 있는 제도적 정비 방향을 제시하고자 한다.

Ⅱ. 기록관리의 개념 및 법적 의의

기록관리(Records Management)는 조직의 업무수행 과정에서 생성되거나 수집된 문서, 데이터, 파일 등 모든 형태의 정보를 구조화하여 체계적으로 분류, 보존, 평가 및 폐기하는 일련의 절차를 의미한다.[6)] 기록관리의 궁극적 목적은 조직의 행위에 대한 책임성과 투명성을 확보하는 데 있으며, 법적 분쟁이나 소송에 대비한 사후검증 기능 또한 핵심 요소로 여겨진다.[7)]

기록은 중요한 정보 자산이자 법적 증거물로서의 성격을 동시에 지닌다. 특히 민사소송에 있어 기록은 당사자의 주장과 방어를 뒷받침하는 핵심적 수단이 되며, 그 진본성(authenticity), 무결성(integrity), 신뢰성(reliability), 이용가능성(usability)은 기록이 생성된 시점부터 보존·폐기에 이르기까지의 전체 수명주기(life cycle) 관리에 의해 보장된다.[8)] 이러한 관리가 결여된 기록은 소송과정에서 증거능력을 상실하거나, 오히려 상대방의 주장을 강화하는 불리한 자료로 기능할 수 있다.

---

4) 박서인·김지현, "법적 증거로서 기록의 활용을 위한 공기업 기록관리 현황분석 및 개선방안", 「한국기록관리학회지」 제20권 제2호, 2020, 45면.

5) 박서인·김지현, 위의 논문, 45-47면.

6) ISO 15489 (Information and documentation-Records management), 2025. 3. 20. 방문. ≪https://www.iso.org/obp/ui/en/#iso:std:iso:15489:-1:ed-2:v1:en≫

7) 박서인·김지현, 앞의 논문, 47-48면.

8) ISO 15489 (Information and documentation-Records management), 2025. 3. 20. 방문. ≪https://www.iso.org/obp/ui/en/#iso:std:iso:15489:-1:ed-2:v1:en≫

특히 디지털 환경으로의 급격한 전환은 기록관리의 방식과 구조에 근본적인 변화를 초래하고 있다. 전통적인 종이문서 기반의 기록관리에서는 물리적 보존 상태와 관리자의 통제가 중요시되었지만, 전자기록의 경우 복제와 변경이 용이하다는 특성으로 인해 그 진본성과 위변조 가능성의 여부가 주요 쟁점으로 부상한다. 이에 따라 국제표준인 ISO 15489-1:2016에서는 전자기록의 신뢰성을 확보하기 위한 기본 원칙으로 진본성(authenticity), 무결성(integrity), 신뢰성(reliability), 이용가능성(usability) 등을 제시하고 있으며, 이는 기록관리의 전 과정에서 법적인 효력 확보를 위한 핵심 기준으로 작용한다.[9]

우리나라의 관련 법제도 역시 이러한 국제기준을 부분적으로 반영하고 있다. 「공공기록물 관리에 관한 법률」 제3조 제2호는 '기록물'을 "공공기관이 업무와 관련하여 생산하거나 접수한 문서·도서·대장·카드·도면·시청각물·전자문서 등 모든 형태의 기록정보 자료와 행정박물(行政博物)"로 정의하고 있으며, 공공기관에는 기록물의 생산·분류·정리·등록·이관·수집·평가·보존·폐기까지를 포함하는 체계적 관리 의무를 부과하고 있다(법 제3조 제3호). 또한 같은 법 제19조는 일정기준 이상의 기록물에 대하여 영구보존 또는 이중보존의 의무(법 제21조)를 명시하고 있으며, 공공기관의 행정기록이 일정 기간 이후에도 법적·행정적으로 활용될 수 있는 기반을 제도적으로 마련하고 있다.

전자문서의 경우, 「전자문서 및 전자거래 기본법」 제4조에서 "전자적 형태로 되어 있다는 이유만으로 법적 효력이 부인되지 아니한다."고 규정하여 전자문서도 종이문서와 동일한 효력을 갖는 것으로 규정함으로써, 디지털 환경에서의 기록도 법적 효력을 갖는다는 점을 명확히 하고 있다. 그러나 현실에서는 전자기록의 위·변조 가능성과 진본성 등 증명의 어려움이 지속적으로 제기되고 있으며, 디지털 서명, 메타데이터 관리, 감사이력(audit trail)[10]의 확보 등 기술적인 보완이 필요하다.[11] 특히 소송상 분쟁이 발생한 이후 제출되는 전자기록에 대하여는 생성 시점의 정당성과 변경 이력의 무결성이 함께 입증되어야 하는 바, 이러한 요건은

9) 이젬마, "기록의 개념과 성립요건-정보와 증거로서의 기록의 함의를 기록물법에 적용하기-", 한국기록학회·국가기록원 공동발표회 발표문, 2019. 6. 8., 8-10면.

10) '감사이력(audit trail)'은 컴퓨터 사용자를 추적할 수 있도록 컴퓨터의 모든 활동을 시간별로 자동 기록해 놓은 것이다. 즉 특정 작업, 절차, 이벤트에 영향을 미치는 일련의 활동 증거를 제공하는 기록의 출처와 도착지, 그리고 기록의 집합, 시간순 보안 관련 기록을 말한다.

11) 2025. 3. 20. 방문.
≪https://web.archive.org/web/20120227163121/http://www.cnss.gov/Assets/pdf/cnssi_4009.pdf≫

단순히 문서 자체의 존재 유무를 떠나 기록관리 시스템의 운영 역량과 정책적인 기반을 토대로 한다.

이와 같은 맥락에서 기록관리의 법적 의의는 단순한 행정 효율성의 제고에 그치지 않는다. 특히 소송에서 서증(書證)이라는 증거조사절차에 의하여 (전자)문서를 열람하고 거기에 기재된 의미와 내용을 증거자료로 삼는다.[12] 이렇듯 기록은 민사소송절차에서 사실관계를 구성하는 기초자료로 기능하며, 법적 책임의 분배와 증명의 수단으로 작용한다. 만약 기록이 없다면 권리의 존재를 주장할 근거도, 그 이행을 증명할 방법도 없게 된다. 즉 기록은 법적 관계를 확인하고 보장하는 '증거의 틀'이자, 소송의 핵심 요소이다. 따라서 기록의 생애주기를 고려한 통합 관리 체계의 도입은 민사소송의 공정성과 투명성을 실현하는 전제 조건이라 할 수 있다.[13]

Ⅲ. 민사소송절차에서 기록이 갖는 의의

본 장에서는 민사소송에서 당사자 간 제출되는 '증거자료' 외에도, 소송절차 중 법원이 생성하거나 당사자가 형식적으로 작성·제출하는 문서들을 '소송기록'으로 정의하고, 그 절차적 기능 및 사건관리적 효용성 측면에서 별도 구분하여 살펴보기로 하겠다.

민사소송은 당사자 간의 권리·의무 관계에 관한 분쟁을 해결하기 위한 절차로서 법원이 증거를 기초로 사실을 확정하고 법적 판단을 내리는 과정이다. 이 과정에서 기록은 단순한 참고자료를 넘어 소송행위의 기초가 되며, 증명책임 분배와 쟁점 정리에 중심적 역할을 수행한다.[14]

민사소송법은 여러 조항에서 문서를 제출하는 방식의 증거 제출과 진정 성립의 요건을 명시하고 있다. 예컨대, 법 제355조는 문서를 증거로 제출할 수 있음을 규정하고 있으며, 법 제356조 내지 제358조에서는 문서가 진정한 것임을 증명하여야 증거로 사용할 수 있음을 명시하고 있다. 이에 따라 당사자는 자신이 보유한 문서의 생성 경위 및 목적, 작성자, 관련성 여부, 보존상태 등을 통해 그 진정성과

12) 정영환, 신민사소송법[제3판], 법문사, 2023, 752면.
13) 박서인·김지현, 앞의 논문, 48-49면.
14) 정영환, 앞의 교과서, 802-804면.

신뢰성을 증명해야 한다.[15)]

소송은 일반적으로 원고의 소제기로 개시되며, 이후 피고의 답변서 제출, 변론준비, 본안심리 및 증거조사, 판결 선고에 이르기까지 순차적인 절차를 거친다. 이 과정에서 각 단계는 쟁점의 명확화, 증거의 제출, 법적 판단이라는 구조를 갖추고 있으며, 기록은 각 단계마다 핵심적인 자료로 작용한다. 특히 민사소송에서 증명책임은 주장하는 자에게 있으므로 기록의 존재 유무는 권리의 실현 여부에 직접적으로 영향을 미친다. 증거조사 단계에서 제출된 문서들은 본안심리의 방향을 결정짓는 기준점이 된다. 「민사소송 등에서의 전자문서 이용 등에 관한 법률」 제13조에서 전자문서에 대한 증거조사를 규정하고 있으며, 동법 규칙 제9조는 소송절차상의 문서제출을 전자문서의 형태로 제출하도록 명시하고 있다. 이 과정에서 기록의 분류 및 표준화 여부, 시간정보(Time stamp),[16)] 전자서명 유무 등은 문서의 신뢰성 확보에 결정적인 요건으로 작용한다.

특히 영미의 증거개시절차(Discovery)는 민사소송에서 기록의 기능이 가장 적극적으로 발현되는 단계이다. 상대방이 보유한 정보를 요구하고 교환하며, 이때 제출된 기록은 사건의 쟁점과 직접 연결되므로, 그 관리수준이 소송전략의 핵심 요소가 된다.[17)] 미국의 Federal Rules of Civil Procedure(약칭, FRCP) Rules 26~37은 전자기록(electronically stored information, ESI)의 식별・보존・제출에 대한 기준을 상세히 규정하고 있으며, Rule 37(e)는 전자적으로 저장된 정보의 보존실패, 즉 고의적 삭제에 대해 불리한 추정을 허용하고 제재(sanctions)를 명시하고 있다.[18)] 이는 기록의 보존상태 여부가 실질적으로 소송의 결과를 좌우할 수 있음을 보여주는 것이다.

전자소송의 확대는 기록의 관리양식을 점점 전자기록 중심으로 전환시키고 있다. 기존의 종이문서 기반 시스템에서는 물리적인 원본의 존재가 진본성 확보의 근거였으나, 전자기록의 경우 해당 파일의 생성정보, 수정 이력, 접근권한 기록 등 부가적 정보(메타데이터)가 필수적으로 제출되어야 한다.[19)] 이는 단순히 제출된 내

15) 이젬마, 앞의 발표문, 9-10면.
16) '타임스탬프'란 분산 데이터베이스의 병행수행 제어나 데드록 방지를 위해서 각 사건에 그 사건이 발생한 시간을 붙여준 것을 말한다. <출처, 컴퓨터 정보용어대사전>
17) 김정환, "증거보존조치(Legal Hold)의 내용과 그 도입가능성 - 증거개시절차 도입에 관한 논의와 관련하여 -", 「서강법률논총」 제12권 제2호, 서강대 법학연구소, 2023.5., 34-35면.
18) 2025. 3. 20. 방문.
≪https://www.federalrulesofcivilprocedure.org/frcp/title-v-disclosures-and-discovery/≫

용의 타당성 여부를 넘어 문서가 소송상 정당한 증거로 기능할 수 있는지를 판단하기 위한 판단 요소로 기능한다.

더불어 기록은 단지 증거 그 자체에 머물지 않고, 소송절차 전반에 영향을 미친다. 소장, 답변서, 준비서면 등은 모두 소송절차의 핵심 요소이며, 이들 기록은 사건번호, 접수일시, 관련 증거자료와의 연결정보 등이 정리된 상태로 보관된다. 기록의 표준화된 분류체계는 다수의 사건이 병존하는 현대 민사소송에서 사건관리를 효율화하고, 오류를 줄이며, 사법처리의 신뢰성을 높이는 수단이 된다.

일본의 경우에도 세계적인 기록관리 표준을 따르고 있으며, 민사소송법에 있어서 문서제출의무는 국제표준으로 공통적인 사항이고 이는 정보공개와 설명책임을 의미한다.[20] 따라서 소송 리스크의 회피 차원에서 문서의 작성, 문서의 보존, 문서의 폐기·소거에 이르기까지 문서(기록)의 라이프 사이클 관리의 구조를 만들어야 하며, 그 중에서도 가장 중요한 것은 보존스케줄관리와 비밀문서관리의 구조를 충실하게 하는 데에 있다.[21] 이는 기록이 단지 법정에서의 증거로서 그치는 것이 아니라, 전체 소송절차 내에서 사실심리의 기초이자, 투명성 확보의 매개로 기능하고 있음을 알 수 있다.

결국 기록은 단지 소송을 위한 증거가 아니라, 그 자체가 소송절차를 구성하는 실체로 기능하며, 당사자의 주장과 법원의 판단을 구체화하는 핵심요소가 된다. 따라서 기록의 구성·분류·보존이 증거의 신뢰성과 진본성에 미치는 영향은 결정적이며,[22] 이는 곧 기록관리 정책이 민사소송절차를 운영하는 전략과 직결되어야 함을 의미한다.

Ⅳ. 기록의 증거능력과 진본성 확보

민사소송절차에서 '증거자료'로서 제출되는 기록, 즉 기록이 민사소송에서 증거로 채택되기 위해서는 원칙적으로 해당 문서가 법적으로 요건을 충족하고 진본성(authenticity)을 확보하고 있어야 한다. 여기서 '진본성'이란 문서가 특정 시점에

19) 송병호, "진본성 확보를 위한 전자기록물 관리방안", 「한국비블리아학회지」 제16권 제2호, 2005.11., 47-49면.
20) 村岡正司. "民事訴訟法と文書管理", 「日本記録管理学会誌」 第37號, 1998, 21면.
21) 村岡正司. 위의 논문, 23면.
22) 설문원, "법적 증거의 기록학적 의미", 「한국기록관리학회지」 제22권 제1호, 2022. 2., 224-226면.

특정 주체에 의해 생성되었으며, 이후 무단으로 변경되지 않았음을 의미한다.[23) 우리 민사소송법 제356조는 "사문서는 그것이 진정한 것임을 증명하여야 한다."고 규정하고 있으며, 이 조항은 문서의 증거력 인정에 있어 '진정 성립' 여부를 가장 기본적인 기준으로 제시하고 있다. 이때 '진정성립'은 당해 문서가 당사자 또는 관계인에 의해 실제로 작성되었다는 것을 의미하지, 그 기재내용에 허위나 위조가 존재하지 않음을 의미하는 것은 아니다.[24)]

따라서 민사소송에서 기록이 실질적인 증거로 활용되려면 문서의 작성주체, 작성일시, 보존방식, 수정 이력 등 전반에 대한 명확한 자료가 요구된다. 그래서 민사소송법상 기록이 증거력을 확보하기 위해서는 그 해당 문서가 정당한 작성권자에 의하여 진정하게 성립되고(형식적 증거력), 그 내용이 증명의 대상이 되는 사실에 어느 정도 가치가 있어야 한다(실질적 증거력).[25)] 그리고 민사소송법 제355조 제1항은 "법원에 문서를 제출하거나 보낼 때에는 원본, 정본 또는 인증이 있는 등본으로 하여야 한다."고 규정하고 있다. 이는 기록의 진본성이 단지 기술적인 형식의 문제가 아닌, 전체적인 문서관리체계와 소송전략 전반에 영향을 미치는 실질적인 문제임을 알 수 있다.

전통적인 종이문서의 경우 작성자의 서명이나 날인이 진본성의 주요 근거로 활용되었지만, 디지털 기록(전자문서)의 경우 디지털 환경에서는 물리적 원본 개념이 모호해지기 때문에 일반적으로 메타데이터, 전자서명, 해시값, 기록보존 시스템의 감사이력(audit trail) 등이 진본성을 보완하는 수단으로 활용된다.[26)] 이러한 기준은 국제기록관리표준 ISO 15489-1:2016 (Information and documentation-Records management)에서 핵심원칙으로 명시하고 있다.[27)]

「전자문서 및 전자거래 기본법」 제4조 제1항에서 "전자문서는 전자적 형태로 되어 있다는 이유만으로 법적 효력이 부인되지 아니한다."고 규정하여 전자문서도

23) ISO 15489-1:2016 (Information and documentation – Records management), 2025. 3. 20. 방문. ≪https://cdn.standards.iteh.ai/samples/62542/fe383f4fe10448d5b22ce628b1542ed6/ISO-15489-1-2016.pdf≫
24) 정영환, 앞의 교과서, 756면.
25) 정영환, 앞의 교과서, 755면.
26) ISO 15489-1:2016 (Information and documentation – Records management), 2025. 3. 20. 방문. ≪https://cdn.standards.iteh.ai/samples/62542/fe383f4fe10448d5b22ce628b1542ed6/ISO-15489-1-2016.pdf≫
27) ISO 15489-1:2016 (Information and documentation – Records management), 2025. 3. 20. 방문. ≪https://cdn.standards.iteh.ai/samples/62542/fe383f4fe10448d5b22ce628b1542ed6/ISO-15489-1-2016.pdf≫

종이문서와 동일한 법적 효력을 가지며, 동법 제4조의2는 전자문서가 서면으로 동일한 효력을 가지기 위해서는 "열람가능성", "재현가능성", "보존성"이 갖춰져야 하고, 또 동법 제5조에서는 작성자, 작성일시, 그 내용과 형태의 동일성 등 전자문서의 진본성을 요구하고 있다.[28] 이는 문서의 형식이 전자적이라고 하여 그 효력이 부정되지 않음을 확인하는 동시에, 진본성의 확보가 필수조건임을 확인하고 있다. 따라서 법률상 진본성을 보장하기 위한 기술적인 조치가 전제되지 않으면, 해당 기록은 서면이나 보관으로 인정되지 않을 수 있다.

법원은 기록의 신뢰성과 생성 경위를 확인하기 위해 다양한 방법을 활용한다. 예컨대, 전자문서의 경우 서버의 로그파일, 전자서명 여부, 시간정보, 접근권한변경 이력 등이 제출되고, 필요한 경우 전문가의 감정을 통해 문서의 진정성을 판단한다. 또한 증거로 제출된 문서에 대하여 상대방이 문서의 진정 성립을 부인하는 경우, 문서작성자를 증인으로 신청하거나 원본 대조를 요구할 수 있다(민사소송법 제218조 및 제219조). 특히 최근에는 블록체인기술 기반의 문서검증 시스템이나,[29] 문서저장 서버의 무결성 점검 시스템 등이 신뢰성 확보를 위한 보완 수단으로 도입되고 있다.

기록의 증거능력은 단지 소송절차 중의 문제에 국한되지 않는다. 기록이 법적으

---

28) 「**전자문서 및 전자거래 기본법**」 **제4조(전자문서의 효력)** ① 전자문서는 전자적 형태로 되어 있다는 이유만으로 법적 효력이 부인되지 아니한다.
제4조의2(전자문서의 서면요건) 전자문서가 다음 각 호의 요건을 모두 갖춘 경우에는 그 전자문서를 서면으로 본다. 다만, 다른 법령에 특별한 규정이 있거나 성질상 전자적 형태가 허용되지 아니하는 경우에는 서면으로 보지 아니한다.
1. 전자문서의 내용을 열람할 수 있을 것
2. 전자문서가 작성·변환되거나 송신·수신 또는 저장된 때의 형태 또는 그와 같이 재현될 수 있는 형태로 보존되어 있을 것
제5조(전자문서의 보관) ① 전자문서가 다음 각 호의 요건을 모두 갖춘 경우에는 그 전자문서를 보관함으로써 관계 법령에서 정하는 문서의 보관을 갈음할 수 있다. 다만, 다른 법령에 특별한 규정이 있는 경우에는 갈음할 수 없다. <개정 2020. 6. 9.>
1. 제4조의2에 따라 서면으로 보는 전자문서일 것
2. 전자문서의 작성자, 수신자 및 송신·수신 일시에 관한 사항이 포함되어 있는 경우에는 그 부분이 보존되어 있을 것
② 제1항에도 불구하고 종이문서나 그 밖에 전자적 형태로 작성되지 아니한 문서(이하 "전자화대상문서"라 한다)를 정보처리시스템이 처리할 수 있는 형태로 변환한 전자문서(이하 "전자화문서"라 한다)가 다음 각 호의 요건을 모두 갖춘 경우에 그 전자화문서를 보관함으로써 관계 법령에서 정하는 문서의 보관을 갈음할 수 있다. 다만, 다른 법령에 특별한 규정이 있는 경우에는 갈음할 수 없다. <개정 2020. 6. 9.>
1. 전자화문서가 제1항 각 호의 요건을 모두 갖출 것
2. 전자화문서가 전자화대상문서와 그 내용 및 형태가 동일할 것

29) 이아름·신용태, "블록체인을 활용한 전자문서관리 시스템에 관한 연구", 2019년 춘계학술발표대회 논문집 제25권 제1호, 2019. 5., 142-143면.

로 효력을 가지기 위해서는 생성 초기부터 분류, 보존, 폐기까지의 전 과정이 관리・통제되고 있어야 하며, 이는 조직 내부의 기록관리 정책(Records Management Policy)을 통해 구현된다. 기록물에 대한 접근권한 제어, 변경이력 자동기록, 감사로그 보존 등은 사전적・예방적 차원의 진본성 확보 장치라 할 수 있다.[30)]

소송과 관련된 기록은 특히 그 중요성이 크다. 분쟁의 발생이 예견되는 시점부터는 모든 관련 기록에 대한 폐기를 중단하고, 자동 또는 수동적인 보존조치를 발동해야 하며, 이른바 '증거보존조치(legal hold)'[31)] 체계가 요구된다.[32)] 미국의 FRCP Rule 37(e)는 이와 관련하여 명확한 제재규정을 두고 있으며, 당사자가 고의적으로 기록을 삭제하거나 변경한 경우, 법원은 불리한 추정 또는 소송비용 부담 등의 다양한 제재를 가할 수 있다.[33)] 이러한 제도는 기록이 소송절차에서 어떤 지위를 갖는지를 보여주는 동시에, 기록관리의 실패가 곧 소송상 패소로 이어질 수 있음을 보여준다.

결론적으로 기록의 증거능력은 법률적 요건의 충족뿐 아니라, 기록시스템의 설계 및 기록관리 정책에 따른 보존환경의 통제 여부에 의하여 실질적으로 보장된다. 이는 기록관리의 기술적・제도적 완결성이 곧 법적 효력과 직결된다는 점을 의미한다.

V. 민사소송에서 기록보존 제도의 현황과 한계

기록보존은 민사소송 대응의 핵심이며, 사전 준비와 사후 입증가능성을 좌우하는 결정적 요소이다. 기록은 분쟁의 발생 이전부터 수년간 생성・보존되는 정보를 포함하며, 해당 기록이 정확히 존재하고 온전히 보관되어 있어야만 법적 증거로서의 기능을 수행할 수 있다. 그러나 우리나라의 기록보존 제도는 공공부문 중심으

30) 국가기록원, 기록관리시스템 기능요건 표준, 2007. 12.

31) 'Legal Hold'는 단순히 민사소송뿐 아니라, 형사소송, 규제조사, 감사, 기타 법적 절차 전반에서 광범위하게 활용되는 반면에, 'Litigation Hold'는 주로 민사소송 과정에서 증거자료로 활용될 전자기록(ESI)의 관리에 강조점을 두고 있다. 하지만 일반적으로 법률 및 e-Discovery 분야에서는 'legal hold'와 'litigation hold'가 동일한 의미로 사용되며, 두 용어 간의 차이를 명확하게 구분하지 않는 경우도 많다; Michael R. Arkfeld, Arkfeld's Best Practices Guide for Legal Hold, LexisNexis, 2024-2025 Edition.

32) 김정환, 앞의 논문(주19), 20-27면.

33) 2025. 3. 20. 방문.
≪https://www.federalrulesofcivilprocedure.org/frcp/title-v-disclosures-and-discovery/≫

로 정비되어 있으며,[34] 사법부와 민간 영역에서의 실질적 연계 및 실효성은 제한적이다.

현행 「공공기록물 관리에 관한 법률」은 공공기관을 중심으로 기록물의 생산, 분류, 평가, 활용 및 보존의무를 부과하고 있다. 그러나 사법기관 및 민간 기업은 이 법의 직접 적용대상이 아니며, 그에 따라 민사소송의 중요한 근거가 되는 문서들에 대한 장기적이고 체계적인 보존기준은 사실상 각각의 내부규정에 의존하고 있다. 이러한 규범의 이원화는 기록물 관리의 구조적 취약성을 드러낼 수밖에 없다.

특히 2010년도부터 전자소송 제도가 확대됨에 따라 관련 기록은 대부분 전자문서 형태로 존재하지만, 그에 대한 기록관리 정책은 「민사소송 등에서의 전자문서 이용 등에 관한 규칙」 제23조에 간략히 규정되어 있을 뿐,[35] 대법원 예규에서도 기록물의 보존포맷 표준, 변환이력 기록, 해시값 관리 등 기술적 기준이나 메타데이터 보존체계에 대한 구체적 내용은 미비하다.[36]

실제 기록관리 및 보존의 중요성을 잘 보여준 사례로서, 2000년 8월, 미국의 반도체 설계업체인 램버스(Rambus)는 자사의 특허기술이 무단으로 사용되었다는 이유로 우리나라 기업인 하이닉스를 상대로 특허침해소송을 제기한 사건이 있었다. 이에 하이닉스는 미국 연방민사소송규칙상 증거개시절차(Discovery)를 활용하여, 램버스가 특허를 출원하던 시기에 작성되거나 송수신된 이메일, 보고서 등 일체의 관련 자료를 제출할 것을 요구하였다. 램버스 측은 이와 같은 자료의 제출을 거부하거나 일부를 누락할 경우 소송에서 불리한 판단을 받을 수 있었기에, 해당 요구에 응할 수밖에 없었다. 이후 하이닉스는 Discovery를 통해 제공받은 자료를 면밀히 검토하던 중, 특정 기간 동안 생성된 문서들이 누락되었음을 확인하고, 램버스가 소송에서 불리할 수 있는 증거를 고의로 은닉하거나 파기하였다는 점을 강하게 주장하였다. 그 결과, 2011년 5월 미국 연방항소법원은 램버스가 소송에 불리한 증거를 삭제하고 폐기한 사실이 인정된다고 보아, 해당 사건을 파기 환송하였고, 최종적으로 하이닉스가 승소하는 판결이 내려졌다.[37]

---

34) 공공기록물 관리에 관한 법률

35) **민사소송 등에서의 전자문서 이용 등에 관한 규칙 제23조(법원사무관등에 의한 전자기록 관리)** ① 법원사무관등은 전자문서의 형태, 제출방식, 전자소송시스템 이용 방식 등에 관하여 필요한 사항을 지적하고 보정을 권고할 수 있다.
② 법원사무관등은 전자적으로 제출된 소송서류가 전자소송포털에서 요구하는 방식과 달리 등재되거나 소송서류에 관한 정보 입력이 잘못된 때에는 재판장등의 허가를 얻어 이를 정정·변경할 수 있다.

36) 민사소송 등에서의 전자문서 이용 등에 관한 업무처리지침(재일 2012-1)

이러한 판결 결과가 사회적으로 알려지자, 그때부터 국내 기업들은 미국의 증거개시절차(Discovery)에 대해 본격적인 관심을 갖기 시작하였다. 특히 2006년 미국 연방민사소송규칙(Federal Rules of Civil Procedure)의 개정을 통해 전자정보를 포함한, 이른바 전자적 증거개시절차(e-Discovery)가 도입되면서 관련 제도에 대한 주목도 또한 높아지게 되었다.[38)]

그러나 이러한 제도에 대한 관심과는 별개로 국내 기업들은 실제 국제 분쟁에 직면하였을 때 관련 전자증거자료의 확보 및 보존 체계가 미비한 상태에서 소송을 진행하는 사례가 빈번하게 나타나고 있다. 특히 미국과의 민사소송이 증가하는 추세임에도 불구하고, e-Discovery에 대한 체계적인 대응 전략이 부재하여 현지 재판과정에서 불이익을 입는 경우도 적지 않게 보고되고 있다.[39)]

이와 같이 민간기업의 경우, 중소기업과 개인사업자 등은 기록보존을 위한 표준화된 시스템이나 내부지침이 없는 경우가 대부분이며, 분쟁발생 시 필요한 자료가 존재하지 않거나, 존재하더라도 진본성 입증이 곤란하여 법적 불이익을 받는 경우를 흔히 볼 수 있다. 이는 단순한 기술 인프라의 부족 문제가 아니라, 기록의 법적 가치와 증거성에 대한 인식의 부재에서 비롯된 결과다.

결국 우리나라의 기록보존 제도는 공공영역에서의 제도적 법률은 존재하나, 민사소송 실무와의 연계성, 민간의 참여 기반, 기술표준의 구체화 등 다양한 측면에서 한계를 내포하고 있다. 기록을 단지 행정의 부산물이 아닌, 법적 행위의 구성요소로 이해하는 시각의 전환이 이루어지지 않는 한, 현재의 기록보존 제도는 법적 효력의 불확실성과 소송 대응의 취약성이라는 문제를 반복할 수밖에 없다. 향후에는 사법기관과 기록기관 간의 협업 체계를 기반으로 통일된 기술표준, 장기보존 시스템, 실무 교육체계 등을 병행하여 정비할 필요가 있다.

Ⅵ. 미국의 사례를 통한 시사점

미국은 연방정부 차원에서 기록관리 시스템을 법제화하고 전자기록을 중심으로 한 통합정보 인프라를 구축함으로써 민사소송절차의 효율성을 제고하는 데 성공

37) 경향신문 인터넷 기사. 2025. 3. 21. 방문. ≪https://www.khan.co.kr/article/201209232159485≫
38) 장완규, “기업 전자기록의 증거력 확보전략과 미국 e-Discovery제도의 시사점”, 「기록인」 2015 가을호(Vol. 32), 국가기록원, 2015, 35면.
39) 장완규, 위의 글, 35면.

하였다. 이러한 구조는 「Federal Records Act」(44 U.S.C. Chapter 31 – RECORDS MANAGEMENT BY FEDERAL AGENCIES)를 중심으로 연방정부의 모든 문서의 생산과 보존에 대해 구체적인 기준을 제시하고 있으며, 이 법률은 문서가 향후 법적 분쟁에서 증거로 활용될 수 있음을 전제로 하여 기록의 생성 및 관리에 대한 공적 책임을 강조하고 있다.[40][41]

또한 연방기록관(National Archives and Records Administration, 이하 'NARA')은 이러한 법률의 실효적인 집행기관으로서 연방기관의 기록관리 정책수립과 전자기록의 보존 및 이관기준을 제정하고 있으며, 2008년도부터는 Electronic Records Archives (ERA) 프로그램 시스템을 이용하여 전자기록에 대한 요구사항을 명확히 하고 있다.[42] 대표적으로 NARA는 이메일 관리를 위한 General Records Schedule (GRS) 6.1. Capstone Approach[43]를 통해 고위 공직자의 이메일 전체를 자동보존 대상으로 규정하고, 민사소송이나 사법절차에서 이를 요청할 경우 즉시 접근 가능한 시스템이 되도록 권장하고 있다.[44]

미국의 민사소송절차는 이러한 기록관리 시스템과 직접적으로 연계되어 운영된다. 특히 Federal Rules of Civil Procedure(연방 민사소송규칙)는 사전절차(Discovery)를 소송의 핵심으로 규정하고 있으며, 이 중 제26조(f) 및 제34조는 전자기록(electronically stored information, ESI)에 대한 당사자의 정보공개와 제출 의무를 명시하고 있다.[45] 이에 따라 각 기관이나 기업은 잠재적 소송에 대비하여 'litigation hold'를 포함한 사전(事前)적인 기록보존 조치를 취해야 하며, 이는 일

40) 44 U.S.C. § 3101 이하 (Federal Records Act), 2025. 3. 21. 방문. ≪https://uscode.house.gov/view.xhtml?path=/prelim@title44/chapter31&edition=prelim≫
41) 2025. 3. 21. 방문. ≪https://www.law.cornell.edu/uscode/text/44/chapter-31≫
42) 2025. 3. 21. 방문. ≪https://www.archives.gov/era≫
43) 'Capstone Approach'란 연방기록관(NARA)에서 개발한 이메일의 기록관리 방법으로 개별 이메일 내용이 아닌 계정 소유자의 역할이나 직위에 따라 이메일 보관을 분류하여 이메일 관리를 간소화하고 자동화하는 접근방식을 말한다(National Archives and Records Administration, White Paper on The Capstone Approach and Capstone GRS, 2015. 4.), 2025. 3. 21. 방문. ≪https://www.archives.gov/files/records-mgmt/email-management/final-capstone-white-paper.pdf≫
44) 2025. 3. 21. 방문. ≪https://www.archives.gov/records-mgmt/bulletins/2023/2023-02?_ga=2.188314027.2037412205.1743957093-355765055.1743957093≫
45) 2025. 3. 21. 방문. https://www.federalrulesofcivilprocedure.org/frcp/title-v-disclosures-and-discovery/rule-34-producing-documents-electronically-stored-information-and-tangible-things-or-entering-onto-land-for-inspection-and-other-purposes/≫

반 행정문서의 관리와는 구분되는 특수한 기록관리 정책으로 자리잡아 가고 있다.[46)]

이와 같은 사전조치의 법적인 필요성은 미국 뉴욕남부 연방지방법원의 판례인 Zubulake v. UBS Warburg LLC 사건에서 명확히 확인된 바 있으며, 이 판결은 소송을 예견할 수 있는 시점부터 관련 전자기록을 적극적으로 보존하지 않은 경우 당사자가 법적 제재를 받을 수 있다는 원칙을 확립하였다.[47)] 이러한 판례는 전자기록의 보존의무를 단순한 윤리적 권고가 아니라 실질적인 법적 의무로 전환시킨 계기가 되었다.

결국 미국의 기록관리 시스템은 단순히 행정의 효율성을 위한 수단을 넘어 민사소송에서의 사실인정과 증거능력 확보를 위한 핵심적인 요소로 기능하고 있다. 이와 같은 제도적·기술적 연계구조는 기록관리와 소송절차가 상호의존적이며, 이를 통합적으로 설계할 때 정보 거버넌스와 사법정의가 동시에 실현될 수 있음을 보여주는 좋은 사례라 할 수 있다.

Ⅶ. 개선방안

민사소송에서의 기록관리 및 보존 문제는 단지 기술적·운영상의 개선을 넘어서 제도적 통합과 법적 정합성의 확보가 핵심 과제이다. 특히 전자소송 환경 및 국제화된 민사절차의 확대 속에서 기록의 체계적인 보존과 진본성 보장을 위한 법제도적 정비가 시급하다. 국내 제도의 구조적 한계로는 사법정보시스템과 기록정보시스템의 단절, 소송기록과 일반기록간 이원화, 그리고 소송절차에서 기록관리 및 보존의 중요성에 대한 인식부재 등에서 비롯되며 이를 극복하기 위해서는 구조적·제도적인 접근이 병행되어야 한다.

1. 민사소송 대비 '증거자료보존정책(Litigation Hold Policy)'의 제도화

(전자)기록이 민사소송에서 유효한 증거로 기능하기 위해서는 해당 기록이 생성

---

46) 전자증거개시(e-Discovery)와 관련하여 기업의 증거보존 의무를 강조한 Zubulake v. UBS Warburg 판결과 증거 보존 실패에 따른 제재를 다룬 Board of Regents of the University of Nebraska v. BASF Corp 판결 사례, 2025. 3. 21. 방문. ≪https://www.ned.uscourts.gov/internetDocs/cle/2010-07/LitigationHoldTopTen.pdf≫

47) Zubulake v. UBS Warburg LLC.

된 시점부터 폐기까지 전 과정이 검증 가능해야 하며, 이를 위해 조직 내 '기록보존 정책'이 사전에 수립되어야 한다. 특히 소송이 예상되는 경우, 자동 삭제나 정기적인 폐기가 중단되는 '증거자료보존 조치(litigation hold)' 체계가 필수적으로 작동해야 한다. 미국의 경우, 연방민사소송규칙(FRCP) 제37조(e)에 따라 의도적으로 전자기록을 삭제한 당사자에게 불리한 추정을 허용하고, 보존의무 위반에 따른 제재도 명문화되어 있다.[48)]

우리나라에서 이 제도를 도입하기 위해서는 다음과 같은 정책적·입법적 조치가 요구된다. 첫째, 소송 리스크가 식별되는 시점을 기준으로 보존명령이 발동되는 기준을 명확히 해야 한다. 이 시점은 통상적으로 법무담당 부서, 준법감시인 또는 외부 법률자문 상담을 통해 특정 사건과 관련된 법적 절차개시 가능성을 인지한 때로 정의할 수 있다. 둘째, 보존의 대상은 전자기록(ESI)을 포함한 모든 형태의 문서로서, 이메일, 내부 보고서, 회의록, 로그파일, 서버기록, 클라우드 저장정보 등 폭넓게 설정되어야 한다. 셋째, 내부적으로는 다음의 실질적인 절차가 수반되어야 한다: ⅰ) 보존 대상 문서의 목록화, ⅱ) 담당자 지정 및 관련자에 대한 통지(legal hold notice), ⅲ) 자동 삭제기능 중단 및 접근권한 제한, ⅳ) 보존이행 여부에 대한 감사 및 기록(log) 유지. 넷째, 위반시 제재를 위한 제도적 장치로는 요구된 정보가 누락, 훼손, 은폐 등으로 판명될 경우 법원에서의 불리한 추정(adverse inference)에 의한 손해배상명령, 소송비용의 전가, 제재명령(sanction)의 가능성까지 염두해 두어야 한다. 마지막으로, 현행 「개인정보보호법」, 「산업기술의 유출방지 및 보호에 관한 법률」 등과의 충돌 가능성을 고려하여 보존조치의 범위와 기간을 제한하고, 필요한 경우 데이터 마스킹[49)] 또는 접근통제 등의 보완조치를 병행하는 방식으로 법체계 내에서 정합성을 확보해야 한다. 이와 같은 구체적인 조치들이 수반될 때, 증거자료보존정책(litigation hold policy)은 단순한 원칙이 아니라 실질적인 소송대응 전략으로 기능할 수 있을 것이다.

2. 법원-기록관리 기관간 연계 시스템의 구축

민사소송의 (전자)기록은 법원내 전산시스템에 저장되며, 기록기관의 기록관리

48) 2025. 3. 21. 방문. ≪https://www.federalrulesofcivilprocedure.org/frcp/title-v-disclosures-and-discovery/≫

49) '데이터 마스킹'은 민감한 정보를 보호하기 위해 데이터를 변형하는 방법을 말한다.

시스템(Record Management System, 'RMS')과 분리되어 운영되고 있다. 이로 인해 소송 관련 기록의 이관·보존·폐기 과정에서 메타데이터 손실, 파일변형, 접근기록 단절 등이 발생하며, 사후 재사용 또는 증거 제출시 불일치 문제가 자주 나타난다. 이러한 문제를 해결하기 위해서는 법원과 기록관리기관 간 시스템의 기술적 연계와 법적 협력구조를 구축해야 한다.

이를 위하여 우선적으로 '문서식별번호 통합체계'를 도입하고, 전자소송기록과 기록관리시스템 간의 메타데이터를 연계할 수 있는 표준화된 API(Application Programming Interface) 설계를 마련해야 한다. 또한 문서형식의 표준화(XML 기반의 통일형식), 기록생성 및 열람이력의 상호공유 시스템, 공동접근통제 모델 등 기술적 조치를 포함하는 연계 플랫폼이 요구된다.

법적으로는 사법부와 행정부 간의 정보거버넌스 협약체결을 통해 이관기준, 보존연한, 폐기조건 등에 대한 통일된 정책이 필요하며, 이와 관련된 기술표준은 국가기록원 주관 하에 정기적으로 갱신되어야 할 것이다. 이를 통해 기록의 생성에서부터 보존, 폐기까지 전주기를 아우르는 공공정보 인프라가 구축될 수 있으며, 민사소송의 투명성과 효율성이 동시에 제고될 수 있다.

3. e-Discovery 대응방안

앞서 언급한 미국의 연방민사소송규칙(FRCP)에 따르면, 증거개시절차(Discovery)는 소송과정에서 가장 많은 시간, 인력, 비용이 소요되는 절차로 평가되며, 실제로 미국 내 대부분의 민사사건이 이 과정을 통해 해결될 만큼 핵심적인 소송절차로 자리매김하고 있다. 특히 e-Discovery는 종이문서와 달리 전자적으로 저장된 정보(Electronically Stored Information, 'ESI')에 대해 적용되며, 그 식별, 보존, 수집, 분석, 제출 등 전 과정을 체계적으로 수행할 것을 요구한다.

e-Discovery는 다음과 같은 특징을 갖는다. 첫째, 정보의 범위가 방대하고, 비정형 데이터(이메일, SNS, 로그기록 등)가 다수 포함된다. 둘째, 데이터의 위치가 다양한 저장매체 및 클라우드 환경에 분산되어 있어 수집에 기술적 장치가 필요하다. 셋째, 증거채택시 메타데이터의 보존 여부, 진본성 확보를 위한 해시값 및 감사이력(audit trail) 등이 필수로 요구된다. 넷째, 기술보조검토(Technology Assisted Review, 'TAR'), 키워드 검색, 기계학습 기반의 분류기법이 활용되며, 이는 기존의 수작업 중심의 증거검토 방식과는 명확히 구분된다.

이에 따라 우리나라 기업은 국제 민사소송에 대비하여 e-Discovery의 각 단계별 절차에 대해 사전적으로 대응전략을 마련해야 한다. 예를 들어, Legal Hold 조치의 발동, 보존대상 데이터의 선별과 목록화, 수집 및 복제시 진본성 보존을 위한 조치, 분석 및 분류기준 설정, 법원 제출을 위한 포맷 및 진술서 작성 등의 절차가 포함되어야 한다. 또한 기업 내부지침에는 e-Discovery 대상 정보를 명확히 구분하고, 각 정보유형에 따른 보존방식, 접근제어, 제출권한을 명문화할 필요가 있다. 특히 금융, IT, 바이오헬스 등의 소송 리스크가 높은 산업군에서는 전담 법무 및 기록관리 팀의 상시 운영이 요구되며, 사내 시스템과 외부 법률전문가 간의 협업을 통해 기술적·법적 정합성을 확보해 나가야 한다. 이러한 준비가 체계적으로 이루어질 때, e-Discovery는 단순한 대응이 아니라 전략적인 증거확보의 수단으로서 기능할 수 있을 것이다.

그렇지만 다른 한편으로 기업 입장에서는 실제 소송과의 직접적 연관성이 명확하지 않은 방대한 양의 전자정보를 일상적으로 보관·관리해야 한다는 점이 비용적·물리적으로 상당한 부담으로 작용할 수밖에 없다. 그럼에도 불구하고 세계화의 진전에 따라 해외에 진출한 다국적 기업들이 국제적 법률분쟁에서 생존하고 경쟁력을 유지하기 위해서는 사내 문서 및 정보보존관리 정책을 체계적으로 정립하고 이에 따라 전자적으로 저장된 정보(Electronically Stored Information, 'ESI')를 철저히 관리하는 것이 필수적이다. 아울러 법적 분쟁 발생에 대비하여 증거자료보존(Litigation Hold) 조치에 관한 사전적 교육과 내부지침이 충분히 마련된다면, 의도하지 않은 자료의 삭제나 보존 실패로 인하여 불필요한 증거인멸 혐의를 받거나 소송에서 불리한 판결을 받는 상황을 방지할 수 있을 것이다. 이는 궁극적으로 국제 민사소송에서 e-Discovery에 대한 불확실성과 부담을 해소하고, 국내 기업이 국제소송 환경 속에서도 실질적인 경쟁력을 발휘할 수 있는 기반이 될 것이라 생각한다.

4. 민사소송 중심의 기록관리 지침과 교육의 확대

현재의 기록관리 교육은 주로 공공기관의 일반 행정문서를 중심으로 설계되어 있으며, 소송 대응을 전제로 한 특화된 기록관리 교육은 거의 부재한 실정이다. 특히 민사소송에서 활용되는 기록은 단지 행정적 참고자료가 아닌 법적 증거로서 기능하는 점에서, 그 작성, 보존, 제출 방식 모두가 엄격한 요건을 충족해야 하며 이에 대한 실무교육이 필수적이다.

이에 따라 다음과 같은 민사소송 중심의 독창적인 교육 및 지침체계의 정비가 요구된다. 첫째, (전자)기록의 진본성 판단기준, 메타데이터 분석, 감사이력(audit trail) 작성방법 등 기술 기반의 증거력 평가모듈을 포함한 실습중심의 교육과정이 필요하다. 둘째, 미국의 e-Discovery 및 litigation hold 제도를 반영하여 관련 절차의 모의훈련과 대응 시나리오 기반의 워크숍을 실시할 수 있는 커리큘럼을 마련해야 한다. 셋째, 법원·국가기록원·대한변협 간의 협업을 통해 기록관리 지침의 통합화를 추진하고, 이를 바탕으로 통일된 표준지침서 및 실무매뉴얼을 제작하여 법조 실무자와 기록관리자에게 보급해야 한다. 넷째, 교육의 실효성을 높이기 위해서는 관련 인증제도 또는 역량검정시험을 도입하여 교육성과를 제도적으로 평가할 필요가 있다. 특히 기록의 진본성 및 증거능력 확보를 위한 블록체인 기반의 기록검증 기술, AI 기반 자동분류 및 검색시스템, 클라우드 기록보존 기술 등 최신 기술을 반영한 교육내용도 병행되어야 하며, 이는 차츰 전자소송 기반의 민사절차에서 필수적인 전문역량으로 자리매김할 것이다.

결국 이러한 기록관리 지침과 교육체계의 확장은 단순한 행정적 교육을 넘어 소송실무에 직접 적용이 가능한 전략적 지식과 기술을 전달하는 수단으로 작용하며, 민사소송의 증거관리 역량을 제고하는 기반이 될 것이다.

Ⅷ. 결 론

전술한 바와 같이 기록은 단순한 행정적인 생산물이나 참고자료에 그치지 않고 민사소송의 사실관계를 확정하고 권리 보호를 위한 핵심 수단으로 이용된다. 소송절차는 법원의 심리를 통해 쟁점을 정리하고, 이를 증거에 근거하여 판단하는 일련의 구조를 가지며, 이때 기록은 모든 행위의 출발점이자 종착점이 된다. 특히 전자소송 환경이 정착되면서 기록의 물리적 보존보다는 형식의 정합성, 진본성, 무결성, 신뢰성, 이용 가능성 등에 대한 법적인 요구사항이 강조되고 있으며,[50] 이는 전자기록관리 체계의 법제화와 직결되는 문제이다.

본 논문은 민사소송에서 기록관리 및 보존의 중요성을 강조하는 한편, 제도적

50) 이젬마·오경묵, “진본성, 신뢰성 개념을 적용한 공신력 있는 기록의 판단기준에 관한 연구”, 「한국기록관리학회지」 제20권 제3호, 2020. 8.

기반을 다양한 측면에서 고찰하였다. 먼저 기록관리의 개념과 법적 의의를 통해 기록이 단순한 정보 보관의 기능을 넘어서 사법적 정당성과 투명성을 실현하는 데 중추적인 역할을 수행함을 살펴보았다. 이어 민사소송절차 속에서 기록은 각 단계별, 즉 소장제출, 증거조사(또는 증거개시), 본안심리, 판결 선고 등에서 실질적인 작용을 한다는 점이다. 특히 영미의 증거개시절차(Discovery) 하에서 기록의 진본성 확보와 증거능력 유지 여부는 소송결과에 결정적인 영향을 미친다.

전자기록은 그 편의성에도 불구하고 진본성 판단의 어려움, 기술적인 위·변조의 가능성, 보존 형식의 다양성 등으로 인하여 법적 효력을 확보하는 데에 장애요인이 될 수 있다. 이에 따라 「전자문서 및 전자거래 기본법」, 동 규칙 등은 전자기록(전자문서)의 법적 지위를 규정하고 있으나, 현행법 체계는 여전히 기술적인 기준과 실무적용 간에 간극을 해소하지 못하고 있다. 이러한 점에서 민사소송에서 기록관리 체계를 재정비하고, 실질적 대응이 가능하도록 하는 법제화가 요청된다.

본 논문은 미국의 모범 사례를 분석하여 미국이 기록과 소송을 통합관리하고 있다는 점을 확인하였다. 특히 미국의 'litigation hold'는 기록(증거자료)의 법적 효력을 사전적으로 확보하기 위한 실천적인 제도이며, 기술적·조직적 정비가 동시에 이루어지고 있음을 보여주는 것이다.[51] 반면 우리나라의 경우, 기록보존은 행정기관 중심으로 이루어지고 있으며, 민사소송법과의 유기적 연계는 미비한 실정이다. 기록의 폐기 기준, 보존형식, 전자문서의 법적 인증 등에서 실무 혼란이 발생하고 있고, 특히 민간기업과 중소기업은 보존정책 자체가 부재한 경우가 다수이다.[52]

결론적으로 이 글에서 다음과 같은 정책적·제도적 개선방안을 제시하였다. 첫째, 소송대비를 위한 '증거자료보존 정책(litigation hold policy)'의 제도화를 통해 사전 대응체계를 구축할 필요가 있다. 이는 기업, 공공기관 등 모든 기록 보유주체에게 법적 보존의무를 분명히 하는 근거로 작용할 수 있다. 둘째, 법원과 기록관리 기관간의 연계 시스템을 구축하여, 사건기록의 생성–제출–보존–이관이 일관된 흐름 내에서 이루어지도록 해야 한다. 셋째, 국내 기업은 소송 과정에서 전략적으로 필요한 증거를 선제적으로 확보하고, 이를 통해 소송의 주도권을 효과

---

51) Stephanie F. Stacy, Litigation Holds: Ten Tips in Ten Minutes, Article, 2025. 3. 21. 방문. ≪https://www.ned.uscourts.gov/internetDocs/cle/2010-07/LitigationHoldTopTen.pdf≫

52) 과학기술정보통신부·한국인터넷진흥원, 중소기업을 위한 전자문서관리 안내서, 2021. 3.

적으로 확보하기 위하여 미국의 증거개시절차(Discovery)에 대한 사전적이고 구체적인 대응 전략을 마련해 둘 필요가 있다. 이는 첫 번째 개선방안인 증거자료보존 정책의 제도화와 밀접하게 연결된다. 넷째, 민사소송 중심의 기록관리 교육과 지침을 확대하여 법조 실무자 및 기록관리 전문가 간의 협업 구조를 형성해야 한다.

궁극적으로 기록관리와 민사소송의 결합은 단지 증거관리의 효율성뿐만 아니라 사법제도의 공정성과 신뢰성을 실현하는 핵심이 된다. 기록이 소송의 흐름을 재구성하고, 각 당사자의 주장과 증명을 가능하게 하는 전제가 되며, 소송 후에도 사실 확인의 근거로 기능하는 점에서 기록관리의 체계화는 법치주의의 또 다른 실현방식이라 할 수 있다. 따라서 민사소송법과 기록물관리법의 연계를 강화하고 전자적인 환경에 부합하는 통합형 법제도를 구축하는 작업은 더 이상 선택이 아니라 필수라 할 수 있다.

▮ 참고문헌 ▮

▣ 국내 문헌

〈논문〉

구찬미 · 김순희, "기록관리 관점에서 본 연구기록물의 가치와 특성 분석", 「한국기록관리학회지」 제17권 제3호, 2017.

김도훈, "전자증거에 대한 민사소송법상 취급에 관한 연구", 연세대학교 박사학위논문, 2007.

김정환, "증거보존조치(Legal Hold)의 내용과 그 도입가능성 - 증거개시절차 도입에 관한 논의와 관련하여 -", 「서강법률논총」 제12권 제2호, 서강대 법학연구소, 2023.5.

______, "기계학습(Machine Learning)과 전자증거-기술기반 검토(Technology Assisted Review)에 대한 미국의 논의를 중심으로", 부산대 「법학연구」 제59권 제1호(통권 제95호), 2018. 2.

김태성 · 이상진, "디지털자료 파기명령 집행절차에 대한 연구", 「정보보호학회논문지」 제27권 제4호, 2017. 8.

박서인 · 김지현, "법적 증거로서 기록의 활용을 위한 공기업 기록관리 현황분석 및 개선방안", 「한국기록관리학회지」 제20권 제2호, 2020.

설문원, "법적 증거의 기록학적 의미", 「한국기록관리학회지」 제22권 제1호, 2022. 2.

설문원 · 이해인, "전자증거개시상의 위험에 대응한 기업기록정보관리 방안", 「한국기록관리학회지」 제16권 제4호, 2016. 11.

송병호, "진본성 확보를 위한 전자기록물 관리방안", 「한국비블리아학회지」 제16권 제2호, 2005. 11.

이규철, "민사소송절차에서 전자적 정보의 증거조사에 관한 연구", 충남대학교 박사학위논문, 2014.

이보람, "마이데이터 시대 레코드 컨티뉴엄에 기반한 기업의 기록으로서 개인정보 및 데이터 관리 - 전자증거개시 제도 활용을 중심으로 -", 한국외국어대학교 박사학위논문, 2023.

이수진 · 임진희, "소송기록의 사안파일 특성 연구", 「한국기록관리학회지」 제13권 제3호, 2013. 12.

이승일, "법원기록관리체제 연구", 「한국기록관리학회지」 제10권 제1호, 2010. 6.

이젬마, "기록의 개념과 성립요건 - 정보와 증거로서의 기록의 함의를 기록물법에 적용하기 -", 한국기록학회 · 국가기록원 공동발표회 발표문, 2019. 6. 8.

이젬마 · 오경묵, "진본성, 신뢰성 개념을 적용한 공신력 있는 기록의 판단기준에 관한 연구", 「한국기록관리학회지」 제20권 제3호, 2020. 8.
이아름・신용태, "블록체인을 활용한 전자문서관리 시스템에 관한 연구", 2019년 춘계학술 발표대회 논문집 제25권 제1호, 2019. 5.
장완규, "기업 전자기록의 증거력 확보전략과 미국 e-Discovery제도의 시사점", 「기록인」 2015 가을호(Vol. 32), 국가기록원, 2015.

〈단행본〉

정영환, 신민사소송법[제3판], 법문사, 2023.
국가기록원, 기록관리시스템 기능요건 표준, 2007. 12.
______, 기록학 개론, 기록관리학 총서 시리즈, 2011.
과학기술정보통신부・한국인터넷진흥원, 중소기업을 위한 전자문서관리 안내서, 2021. 3.
민사소송 등에서의 전자문서 이용 등에 관한 업무처리지침(재일 2012-2).
한국기록관리학회, 기록관리의 이론과 실제, 조은글터, 2018.
Theodore R.Schellenderg 著・이원영 譯, 현대기록학개론, 진리탐구, 2002.

▣ 외국 문헌

村岡正司. "民事訴訟法と文書管理". 「日本記録管理学会誌」 第37號, 1998.
Michael R. Arkfeld, Arkfeld's Best Practices Guide for Legal Hold, LexisNexis, 2024-2025 Edition.
Shira A. Scheindlin, Electronic Discovery and Digital Evidence in a Nutshell (2nd Ed.), West Academic Publishing, 2016.
National Archives and Records Administration, White Paper on The Capstone Approach and Capstone GRS, 2015. 4.

▣ 참조 웹사이트

https://www.iso.org/obp/ui/en/#iso:std:iso:15489:-1:ed-2:v1:en
https://web.archive.org/web/20120227163121/http://www.cnss.gov/Assets/pdf/cnssi_4009.pdf
https://www.federalrulesofcivilprocedure.org/frcp/title-v-disclosures-and-discovery/
https://cdn.standards.iteh.ai/samples/62542/fe383f4fe10448d5b22ce628b1542ed6/ISO-15489-1-2016.pdf
https://www.khan.co.kr/article/201209232159485
https://uscode.house.gov/view.xhtml?path=/prelim@title44/chapter31&edition=prelim
https://www.law.cornell.edu/uscode/text/44/chapter-31
https://www.archives.gov/files/records-mgmt/email-management/final-capstone-white-paper.pdfhttps://www.archives.gov/era

https://www.archives.gov/records-mgmt/bulletins/2023/2023-02?_ga=2.188314027.2037412205.1743957093-355765055.1743957093

https://www.federalrulesofcivilprocedure.org/frcp/title-v-disclosures-and-discovery/rule-34-producing-documents-electronically-stored-information-and-tangible-things-or-entering-onto-land-for-inspection-and-other-purposes/

https://www.ned.uscourts.gov/internetDocs/cle/2010-07/LitigationHoldTopTen.pdf

화물자동차 허가 총량제 입법과 정책의 취지 유지방안 및 이를 둘러싼 문제상황* **

-입법론과 민사소송법적 쟁점을 중심으로-

유 제 헌***

Ⅰ. 서 론

택배산업은 장치 산업으로서의 특징을 갖는다. 택배산업은 전국적인 단위로 택배사업자별로 일관성 내지 일괄성을 가지고 사업을 하는 특징을 갖고, 집하지와 배송지가 전국 단위의 가변성을 가지고 있기 때문에 전국 주요 거점에 화물의 분류를 위한 택배터미널을, 또한 화물의 집하 또는 배송을 위하여 집하지와 배송지를 기준으로 터미널보다 더 가까운 작은 지역 단위의 분류를 위한 집배센터를 필요로 한다.[1] 또한 화물의 분류를 위한 장비와 시설 역시 필수적으로 갖출 것이 요

---

* 본고는 법관으로서, 민사소송법학자로서, 그리고 후학을 양성하는 교수로서 우리나라 민사소송법의 발전에 큰 기여를 하신 고려대학교 법학전문대학원 정영환 교수님의 정년을 기념하여 그 가르침에 감사를 드리고자 작성한 논문입니다.

** 본고는 정영환 교수님의 지도하에 작성한 유제헌, "택배업 관련 법률관계 및 분쟁해결절차에 관한 연구", 고려대학교 대학원 박사학위논문, 2025.에 포함되어 있는 내용 중 일부 쟁점에 관한 논의를 발췌하여 새롭게 수정 및 정리한 것입니다. 위 학위논문을 지도해주신 정영환 교수님과 심사를 통해 값진 조언을 해주신 고려대학교 법학전문대학원의 유병현 교수님, 김경욱 교수님, 강윤희 교수님, 건국대학교 법학전문대학원의 최광선 교수님께 깊은 감사의 말씀을 드립니다.

*** 변호사, 법학박사

1) 조경철, 「택배의 이해와 운영」, 물류신문사, 2000, 82면.

구되며, 화물자동차 운수사업법(이하 '화물자동차법'이라 함) 제3조에 따라 허가받은 화물자동차를 화물의 운송에 필요한 대수만큼 갖출 것도 필수적으로 요구된다. 즉 택배업은 화물자동차법에 따라 허가받은 화물자동차 운송사업을 위한 화물자동차[2]를 이용하여야 한다[생활물류서비스산업발전법(이하 '생활물류서비스법'이라 함) 제2조 제3호 가목]. 이러한 점에서 항공기를 이용하는 항공운송업이나 선박을 이용하는 해상운송업과 구별된다.

화물자동차 운송사업은 "다른 사람의 요구에 응하여 화물자동차를 사용하여 화물을 유상으로 운송하는 사업"으로 정의된다(화물자동차법 제2조 제3호). 화물자동차 운송사업은 화물을 지역별로 분류하는 작업이 없는 경우도 많으므로 분류작업이 필수적으로 수반되는 택배사업이 화물자동차 운송사업에 포함되는 관계는 아니고, 화물자동차 운송사업은 화물의 규격에 제한이 없다는 점에서 상대적으로 경량, 소형 위주의 화물을 대상으로 하는 택배업에 화물자동차 운송사업이 포함되는 관계도 아니다. 즉 택배업과 화물자동차 운송사업은 화물자동차 운송사업이 택배업에 이용되기도 하고, 이 경우 배송에 한정하면 택배업이 화물자동차 운송사업의 한 종류가 되기도 하는 상호 보완적 관계라고 볼 수 있다.

한편 화물자동차 운송사업의 허가제와 신규허가금지 정책으로 인하여 택배업에 필요한 허가받은 화물자동차의 확보가 매우 중요하다. 우리나라의 화물자동차법 개정의 연혁을 통해 이를 확인하고자 한다.

그런데 이와 관련하여 다음과 같이 입법론상의 개선 필요성과 이를 둘러싼 분쟁상황이 존재한다.

첫째, 화물자동차법의 입법형식의 공백으로 인하여 이와 같은 엄격한 이른바 화물자동차 총량규제의 취지가 몰각될 위험이 존재하는바, 이에 대한 개선방안을 논하기로 한다.

둘째, 이와 관련하여 택배사업자와 전자상거래업체 사이에 분쟁이 발생한 바 있

2) 화물자동차법상 '화물자동차'는 "자동차관리법의 구분기준에 따른 화물자동차와 특수자동차"로 정의되며(화물자동차법 제2조 제1호), 세부적으로는 "일반형, 덤프형, 밴형 및 특수용도형 화물자동차와 견인형, 구난형 및 특수용도형 특수자동차"가 있다(화물자동차법 시행규칙 제3조). 자동차관리법은 '화물자동차'를 "화물을 운송하기에 적합한 화물적재공간을 갖추고, 화물적재공간의 총적재화물의 무게가 운전자를 제외한 승객이 승차공간에 모두 탑승했을 때의 승객의 무게보다 많은 자동차"로 정의하고 있고(자동차관리법 제3조 제1항 제3호), '자동차'를 "원동기에 의하여 육상에서 이동할 목적으로 제작한 용구 또는 이에 견인되어 육상을 이동할 목적으로 제작한 용구"로 정의하고 있으며(자동차관리법 제2조 제1호), "건설기계, 농업기계, 군수품관리법에 따른 차량, 궤도 또는 공중선에 의하여 운행되는 차량, 의료기기는 제외된다(자동차관리법 시행령 제2조)".

다. 복수의 택배사업자들이 하나의 전자상거래업체를 상대로 금지청구와 손해배상 청구의 소를 제기한 것이다. 그 내용은 전자상거래업체가 화물자동차법상의 허가를 받지 않은 자가용화물자동차를 이용하여 자신의 물품을 구매한 소비자에게 해당 물품을 배송하는 것이 유상운송에 해당하여 화물자동차법에 위반되고, 이러한 위법한 행위로 인하여 화물자동차 운송사업 허가를 받은 화물자동차를 사용하여 운송을 하고 있는 택배사업자들에게 영업이익 상실의 손해가 발생하였다는 주장이다. 이 분쟁과 관련하여 불법행위를 원인으로 한 금지청구소송이 인정되는지 여부가 문제되는바, 이에 대하여 논하여보기로 한다. 또한 이 분쟁에서 직접 쟁점이 된 것은 아니나, 관련문제로서 금지청구 및 손해배상청구의 소를 제기하여 종국판결을 받은 후 소를 취하한 자가 기간을 달리하는 손해를 주장하면서 동일한 피고를 상대로 금지청구 및 손해배상 청구의 소를 제기한 경우 민사소송법 제267조 제2항이 규정하는 재소금지원칙에 반하는지 여부가 문제되는바, 이 쟁점들에 대하여 논하기로 한다.

Ⅱ. 택배업 및 화물자동차 운송사업 관련 법령의 개정 연혁[3]

1. 법제화 이전 시기와 소화물일관운송업 허가제의 실시

우리나라는 1970년대 심부름센터, 시내 물품배달 등 택배와 유사한 사업이 형성되었고,[4] 1970년대 후반 나타나기 시작한 상업서류송달업체가 1980년대에 급속히 증가하는 시장환경의 변화에 따라 1989. 12. 30. 법률 제4190호로 자동차운수사업법[이하 자동차운수사업법은 모두 '구(舊) 자동차운수사업법'이라 칭함] 개정 법률이 공포되고, 1991. 1. 29. 대통령령 제13262호로 같은 법 시행령이, 1991. 9. 27. 교통부령 제960호로 같은 법 시행규칙이 각 개정 및 공포되어 '소화물일관운송업'[5]의 허가제가 실시되면서 택배업의 법제화가 시작되었다. 당시 구 자동차운

3) 본고의 전체 분량과 비교할 때 논지의 전제사실에 불과한 화물자동차법 개정 연혁의 서술에 다소 많은 분량을 할애한 측면이 있다. 이는 현행 화물자동차 운송사업 허가제, 그리고 법령과 정책을 통하여 화물자동차의 신규허가가 엄격히 통제되어오고 있는 것이 연혁적으로 긴요하고 필수적이었다는 것을 현출함으로써 현재 존재하는 입법 공백이 이러한 입법 연혁과 정책의 취지에 정면으로 배치되는 상황이라는 논지의 중요한 실마리로 삼기 위함이다.

4) 임석민, "전자상거래와 한국의 택배산업", 「무역상무(貿易商務)연구」 제16권, 한국무역상무 학회, 2001, 299면.

5) 1989. 12. 30. 법률 제4190호로 개정된 구 자동차운수사업법 제16조의2 조항의 제목은 '소화물일관수

수사업법이 정하는 화물자동차 운송사업의 종류로는 노선 화물자동차 운송사업,[6)] 전국 화물자동차 운송사업,[7)] 일반 구역화물자동차 운송사업,[8)] 용달 화물자동차 운송사업,[9)] 특수 화물자동차 운송사업[10)]이 있었는데(구 자동차운수사업법 제3조 제2항, 같은 법 시행령 제2조 제2호),[11)] 그 중 소화물일관운송업의 허가 대상인 운송사업자는 노선 화물자동차 운송사업자, 일반 구역화물자동차 운송사업자, 용달 화물자동차 운송사업자에 한정되었다(구 자동차운수사업법 제16조의2 제1항, 같은 법 시행령 제2조의4). 이후 소화물일관운송사업 허가 대상 운송사업자에 변화가 있었는데, 1993. 8. 30. 대통령령 제13970호로 개정된 구 자동차운수사업법 시행령에서 전국 화물자동차 운송사업자가 추가되고, 일반 구역화물자동차 운송사업자 중 일반화물자동차 운송사업자로 한정되는 것으로 축소되었으며(구 자동차운수사업법 제16조의2 제1항, 같은 법 시행령 제2조의4), 1995. 1. 21. 대통령령 제14511호로 개정된 시행령에서 특수화물자동차 운송사업자가 추가되었다(구 자동차운수사법 제16조의2 제1

송'으로 되어 있으나, 제1항 및 제2항에 수범(受範) 주체를 "소화물을 송화인으로부터 위탁받아 수화인에게 일관하여 운송하고자 하는 자", "소화물의 일관운송을 하고자 하는 자"라고 표현하고 있으므로 '소화물일관수송'과 '소화물일관운송'은 동일한 의미의 용어로 보면 될 것이라 생각된다.

6) '노선 화물자동차 운송사업'은 "노선에 따라 교통부령이 정하는 자동차를 사용하여 화물을 운송하는 사업"으로 정의되며[구 자동차운수사업법 시행령(1991. 1. 29. 대통령령 제13262호로 개정된 것) 제2조 제2호 가목], 여기서 '노선'은 "자동차운수사업법에 따라 자동차운송사업의 면허를 받은 자가 당해 사업용 자동차를 정기적으로 운행할 수 있는 구간으로서 그 구간의 거리, 기점, 경유지 및 종점이 명시된 것"으로 정의되고 있다(구 자동차운수사업법 시행령 제1조의2 제1호).

7) '전국 화물자동차 운송사업'은 "전국을 사업구역으로 하여 적재정량이 1톤을 초과하는 자동차로서 교통부령이 정하는 자동차를 사용하여 화물을 운송하는 사업"으로 정의된다((구 자동차운수사업법 시행령 제2조 제2호 나목).

8) '일반 구역화물자동차 운송사업'은 "교통부령이 정하는 사업구역 안에서 적재정량이 1톤을 초과하는 자동차로서 교통부령이 정하는 자동차를 사용하여 화물을 운송하는 사업"으로 정의되며, "일반화물자동차 운송사업, 컨테이너 운송사업, 덤프트럭 운송사업"으로 구분된다(구 자동차운수사업법 시행령 제2조 제2호 다목).

9) '용달 화물자동차 운송사업'은 "교통부령이 정하는 사업구역 안에서 적재정량이 1톤 이하인 자동차로서 교통부령이 정하는 자동차를 사용하여 화물을 운송하는 사업"으로 정의된다(구 자동차운수사업법 시행령 제2조 제2호 라목).

10) '특수 화물자동차 운송사업'은 "교통부령이 정하는 사업구역 안에서 교통부령이 정하는 특수한 구조·장치 또는 설비를 갖춘 자동차를 사용하여 화물을 운송하거나 고장·사고 등으로 운행이 곤란한 자동차를 견인하는 자동차운송사업"으로 정의되며, 냉장·냉동차운송사업, 탱크로리운송사업, 차량 및 중기운송사업, 오가크레인운송사업, 현금 및 귀금속 운송사업 및 자동차견인운송사업으로 구분된다(구 자동차운수사업법 시행령 제2조 제2호 마목).

11) 구 자동차운수사업법 시행령(1991. 1. 29. 대통령령 제13262호로 개정된 것) 제2조 제1호에서는 여객자동차 운송사업의 종류를 시내버스 운송사업, 시외버스 운송사업, 전세버스 운송사업, 특수여객자동차 운송사업, 일반택시 운송사업, 개인택시 운송사업으로 세분화하여 각 정의를 내리고 있고, 같은 법 시행령 제2조 제2호에서는 화물자동차 운송사업의 종류를 노선 화물자동차 운송사업, 전국 화물자동차 운송사업, 일반 구역화물자동차 운송사업, 용달 화물자동차 운송사업, 특수 화물자동차 운송사업으로 세분하여 각 정의를 내리고 있다.

항, 같은 법 시행령 제2조의4).[12] 이 당시 소화물일관운송업의 허가 대상인 소화물은 개당 30KG 이하인 화물로 정의되었다(구 자동차운수사업법 제16조의2 제1항, 같은 법 시행규칙 제24조의2).

당시 소화물일관운송업의 허가를 받기 위하여 일정한 시설 및 장비를 갖출 것을 요하였다(구 자동차운수사업법 제16조의2 제1항, 같은 법 시행규칙 제24조의3 별표 3).

당시 소화물일관운송업자는 운임 및 요금을 교통부장관에게 신고해야 하고(구 자동차운수사업법 제16조의2 제2항, 같은 법 시행규칙 제18조의2), 다른 종류의 자동차운송사업자와 마찬가지로 ① "사업의 종류", ② "운임 및 요금의 수수 또는 환급에 관한 사항", ③ "운송인수에 관한 사항", ④ "화물취급에 관한 사항", ⑤ "인수・인도 및 보관에 관한 사항", ⑥ "운송책임의 시기 및 종기, 면책에 관한 사항", ⑦ "손해배상에 관한 사항", ⑧ "기타 필요한 사항"을 기재한 운송약관을 정하여 "교통부장관의 인가"를 얻어야 하고(구 자동차운수사업법 제9조, 같은 법 시행규칙 제19조), "운임 및 요금과 운송약관을 일반 공중에 게시"할 의무가 있는 것으로 규율되었다(구 자동차운수사업법 제10조).

2. 소화물일관운송업 허가제의 폐지

기업활동에 대한 규제 완화의 일환으로 1997. 4. 10. 법률 제5328호로 "기업활동 규제완화에 관한 특별조치법"이 개정되면서, 화물자동차 운송사업자는 건설교통부장관의 허가를 받지 아니하고 소화물을 운송할 수 있게 되고, 운임 및 요금을 신고할 필요가 없게 되었으며(기업활동 규제완화에 관한 특별조치법 제60조의9 제3항), 운송약관의 인가제에서 신고제로 변경되었다(기업활동 규제완화에 관한 특별조치법 제60조의9 제1항). 그에 따라 자동차운수사업법이 규정하고 있던 여객자동차 운송사업과 화물자동차 운송사업 중 화물자동차 운송사업은 1997. 8. 30. 법률 제5408호로 제정된 화물자동차 운수사업법[이하 현행 화물자동차법 이전의 것을 '구(舊) 화물자동차법'이라 칭함]의 제정과 함께 별도로 분리되어 규율되기 시작하였다. 노선 화물자동차 운송사업, 전국 화물자동차 운송사업, 일반 구역화물자동차 운송사업, 용달 화물자동차 운송사업, 특수 화물자동차 운송사업, 소화물일관운송사업의 6가지 종류로 구분하여 면허제 또는 등록제[13]로 규정되어오던 화물자동차 운송사

12) 박찬익, "한국 택배산업 20년사 - 분야별 리포트 - 법・제도 부문", 「한국 택배산업 20년사」, 물류신문사, 한국통합물류협회, 2012, 138면-147면.

업은 일반 화물자동차 운송사업,[14] 개별 화물자동차 운송사업,[15] 용달 화물자동차 운송사업[16]의 세 가지 종류[17]로 축소되어 구분되었고[구 화물자동차법 제3조 제3항, 같은 법 시행령 제3조(1998. 2. 17. 대통령령 제15633호로 제정된 것)], 모두 등록제로 되었으며(구 화물자동차법 제3조 제1항), 이러한 세 가지 중 어느 하나의 화물자동차 운송사업자의 요건을 갖춰 구(舊) 건설교통부장관에게 등록한 자는 누구나 소화물일관운송사업, 즉 택배업을 신고, 등록, 허가 기타 어떠한 규제도 없이 자유롭게 영위할 수 있게 되었다.[18]

3. 화물자동차 운송사업 허가제의 실시

(1) 개 요

그런데 이러한 규제 완화의 결과 소화물일관운송사업 뿐만 아니라 화물자동차 운송사업을 비롯한 화물자동차 운수업 전체적으로 공급과잉 현상이 나타났고, 2003년 화물 연대의 두 차례 파업으로 인한 이른바 '물류 대란'이 발생하였다. 이를 계기로 화물자동차 운송사업의 초과공급에 따른 수급 불균형을 해소하고, 화물자동차 운수업과 관련한 집단적인 운송거부행위로 인한 화물운송망의 마비 등 위기상황에 대비하며, 화물운송의 비정상적인 거래관계를 개선하기 위하여[19] 2004. 1. 20. 법률 제7100호로 개정된 화물자동차법에서 화물자동차 운송사업이 종전의

13) 전국 화물자동차 운송사업, 특수 화물자동차 운송사업은 등록제가 실시되었고(구 자동차운수사업법 제4조 제1항 단서, 같은 법 시행령 제2조의2), 이 두 가지 종류를 제외한 나머지 네 가지 화물자동차 운송사업을 경영하고자 하는 자는 사업계획을 제출하여 구(舊)교통부장관의 면허를 얻도록 규정하고 있었다(구 자동차운수사업법 제4조 제1항 본문). 이후 구 화물자동차법(1997. 8. 30. 법률 제5408호로 제정된 것)이 제정되기 전까지 등록제에는 일반 구역화물자동차 운송사업 중 컨테이너 운송사업, 덤프트럭 운송사업도 추가되었다가[구 자동차운수사업법 시행령(1993. 2. 24. 대통령령 제13865호로 개정된 것)], 일반 구역화물자동차 운송사업 중 덤프트럭운송사업은 등록제 대상에서 제외되었다[구 자동차운수사업법 시행령(1994. 10. 4. 대통령령 제14396호로 개정된 것)].

14) '일반 화물자동차 운송사업'은 "일정대수 이상의 화물자동차를 사용하여 화물자동차를 운송하는 사업"으로 정의된다[구 화물자동차법 시행령(1998. 2. 17. 대통령령 제15633호로 제정된 것) 제3조 제1호].

15) '개별 화물자동차 운송사업'은 "화물자동차 1대를 사용하여 화물을 운송하는 사업"으로 정의된다(구 화물자동차법 시행령 제3조 제2호).

16) '용달 화물자동차 운송사업'은 "소형의 화물자동차를 사용하여 화물을 운송하는 사업"으로 정의된다(구 화물자동차법 시행령 제3조 제3호).

17) 이후 2018. 4. 17. 법률 제15602호로 개정된 구 화물자동차법에서 화물자동차 운송사업의 종류가 "20대 이상의 화물자동차를 사용하여 화물을 운송"하는 '일반화물자동차 운송사업'과 "화물자동차 1대를 사용하여 화물을 운송"하는 '개인화물자동차 운송사업'의 두 가지 종류로 변경되었다(구 화물자동차법 제3조 제1항, 같은 법 시행령 제3조 제1항).

18) 박찬익, 앞의 논문, 155면.

19) 제16대(2000~2004) 국회 제244회 제2차, "국회본회의회의록", (2003. 12. 22.), 19면. (웹사이트 : https://likms.assembly.go.kr/bill/main.do, 검색일 2024. 5. 6.)

등록제에서 허가제로 변경되었다(제3조 제1항). 그에 따라 택배업 자체는 이를 수행하기 위한 허가나 등록, 신고 기타 어떠한 규제도 없으나, 택배업에 화물자동차를 사용하기 위하여 필수적으로 화물자동차 운송사업의 허가를 받도록 변경되었다. 다만 "이 법 시행 당시 종전의 규정"에 의하여 이미 "화물자동차 운송사업을 등록한 사업자"는 "이 법에 의한 허가"를 받은 것으로 간주되었다(부칙 제5조).

(2) 허가 요건

화물자동차 운송사업의 허가 또는 증차를 수반하는 변경허가는 다음 두 가지 기준의 요건을 모두 충족하여야 한다[구 화물자동차법(2004. 1. 20. 법률 제7100호로 개정된 것) 제3조 제5항].

1) 화물의 운송수요를 감안한 공급기준 요건

"구(舊) 건설교통부장관이 화물의 운송수요를 감안하여 화물자동차 운송사업의 업종별로 고시하는 공급기준"에 적합해야 한다(구 화물자동차법 제3조 제5항 제1호). 그런데 이 요건과 관련하여 구 건설교통부장관은 2004년부터 대년 고시한 운송사업의 허가(증차를 수반하는 변경허가 포함)를 위한 공급기준에서 화물자동차 운송사업의 신규 공급(허가, 증차를 수반하는 변경허가 포함)을 원칙적으로 금지하였다.[20]

2) 운송시설 등 허가기준 요건

"화물자동차의 대수, 자본금 또는 자산평가액, 차고지 등 운송시설 그 밖에 구(舊) 건설교통부령이 정하는 기준"에 적합해야 한다[구 화물자동차법 제3조 제5항 제2호, 같은 법 시행규칙(2004. 4. 21. 건설교통부령 제399호로 개정된 것) 제13조 별표 1].

구 화물자동차법(2004. 1. 20. 법률 제7100호로 개정된 것)에서 화물자동차 운송사업의 허가제를 실시한 이래로 현행 화물자동차법(2024. 1. 9. 법률 제19988호로 개정된 것)에 이르기까지 화물자동차 운송사업의 허가제는 유지되고 있다. 한편 위에서 살펴본 바와 같이 종전 화물자동차 운송사업의 종류를 대통령령에 위임하여 일반화물자동차 운송사업, 개별화물자동차 운송사업, 용달화물자동차 운송사업 세 가

---

20) 정부조직의 변경에 따라 2004. 4.부터 2007. 12.까지 건설교통부장관, 2008. 12.부터 2012. 4.까지 국토해양부장관, 2013. 4.부터 국토교통부장관으로 명칭이 변경되어 매년 화믈자동차 운수사업에 관한 공급기준을 고시해오면서 일관되게 신규 공급(허가, 증차를 수반한 변경허가 포함)을 원칙적으로 금지해왔다.

지로 분류하던 것을 구 화물자동차법(2018. 4. 17. 법률 제15602호로 개정되어 2019. 7. 1. 시행된 것) 제3조 제1항에서 일반화물자동차 운송사업과 개인화물자동차 운송사업의 두 가지 종류로 변경하였다.[21]

4. 택배 전용 화물자동차 운송사업의 예외적 허가

(1) 개 요

전자상거래가 발달하고, TV홈쇼핑이나 인터넷을 통한 물품 구매 등 비대면 거래가 증가하면서 소형, 소량 화물의 배송에 대한 수요가 급격히 증가하였다.

2001년 이후 국내 택배시장 물동량은 꾸준히 증가하는 추세를 보이는데, 2001년 202,690,000(2억269만)박스에서 2021년 3,629,670,000(36억2,967만)박스의 물동량을 기록함으로써 20년만에 물동량이 17.9배가 되었다.[22]

그런데 위에서 살펴본 바와 같이 화물자동차 운송사업의 신규허가가 원칙적으로 금지되는 이른바 '총량제' 내지 '수급조절제'[23]가 오랜 기간동안 유지되어 온 관계로, 폭발적으로 증가되는 택배 수요를 감당하기에는 허가받은 택배용 차량이 거래계에 매우 부족하였다. 그로 인하여 많은 이들이 택배 용역을 수행하기 위해 자가용 화물차를 운행함으로써 화물자동차법을 위반하는 사례가 빈번하였다.[24] 이와 같은 현실적인 문제의 해결을 위한 제도와 정책을 연혁적으로 살펴보면 다음과 같다.

(2) 전속 운송하도급계약자에 대한 예외적 허가

구 화물자동차법(2004. 1. 20. 법률 제7100호로 개정된 이후의 것) 제3조가 화물자동차 운송사업을 경영하기 위하여서는 주무부장관의 허가를 받도록 규정하면서,

---

21) 종전 일반화물자동차 운송사업, 개별화물자동차 운송사업, 용달화물자동차 운송사업의 세 가지였던 화물자동차 운송사업의 종류가 2018. 4. 17. 법률 제15602호로 개정되어 2019. 7. 1. 시행된 구 화물자동차법에서 "20대 이상의 화물자동차를 사용하여 화물을 운송"하는 '일반화물자동차 운송사업'과 "화물자동차 1대를 사용하여 화물을 운송"하는 '개인화물자동차 운송사업'의 두 가지 종류로 변경되었다[구 화물자동차 운수사업법 제3조 제1항, 같은 법 시행령(2018. 11. 27. 대통령령 제29315호로 개정되어 2019. 7. 1. 시행된 것) 제3조 제1항].

22) 한국통합물류협회 "물류통계 > 생활물류통계 > 연도별 생활물류실적 > 택배 물동량 추이" 통계자료 (웹사이트 : https://nlic.go.kr/nlic/parcelServiceLogistics.action, 검색일 2024. 5. 6.); 강동수 외, 「택배용 화물자동차 운송사업 신규 공급 방안 연구」, 교통안전공단, 2015, 27면 참고.

23) 국토교통부 2016. 8. 30.자 "소형화물차 증차규제 12년 만에 풀린다" 보도자료, 국토교통부, 2016, 3면. (웹사이트 : https://www.molit.go.kr/USR/NEWS/m_71/lst.jsp, 검색일자 2024. 5. 6.)

24) 강동수 외, 「택배용 화물자동차 운송사업 신규 공급 방안 연구」, 교통안전공단, 2015, 23면.

허가를 받기 위한 구체적 절차는 시행규칙에 위임하고 있고, 허가의 요건을 규정하고, 그 요건의 구체적인 내용에 관하여는 시장수요를 고려하여 국토해양부장관(현재 국토교통부장관)이 공급기준을 고시하도록 하고, 운송시설 등 허가기준 요건은 시행규칙에 위임하고 있는바, 다음과 같은 일련의 방식으로 택배업에 활용할 화물자동차 운송사업의 예외적 허가가 이루어졌다.

① 구 화물자동차법 제3조 제5항 제1호의 위임에 따라 국토해양부장관(현재 국토교통부장관)이 2012. 4. 13. 국토해양부 고시 제2012-192호 "2012년도 화물자동차 운수사업 공급기준 고시"를 통해 "화물자동차 운송사업(일반·개별·용달 화물자동차 운송사업)의 신규 허가"를 종전과 같이 "원칙적으로 금지"하되, 예외적으로 "소화물의 집화·배송(택배 등)에 소요되는 최대적재량 1.5톤 미만의 밴형 화물자동차량"에 대하여 "화물의 운송수요 및 차량 공급상황 등을 종합적으로 고려하여 허가"할 수 있게 하였고, "허가대상, 대수, 조건, 시기, 방법 및 절차 등을 국토해양부장관이 따로 고시"하도록 하였다.

② 2012. 12. 6. 국토해양부령 제546호로 개정되어 2012. 12. 7. 시행된 구 화물자동차법 시행규칙 제6조 제3항은 "개별화물자동차 운송사업 또는 용달화물자동차 운송사업의 허가를 받으려는 자 중 화물을 집화·분류·배송하는 형태의 운송사업을 하는 운송사업자와 전속 운송계약을 통해 화물의 집화·배송(이하 "집화등"이라 한다)만을 담당하고자 허가를 신청하는 자는 허가신청서에 첨부할 서류로 국토해양부장관이 정하여 고시하는 서류를 추가로 제출하여야 한다."라고 명시하는 한편, 제13조 별표 1 운송시설 등 허가기준 요건에 "집화등만을 위해 허가를 받으려는 경우 국토교통부장관이 고시하는 시설 및 장비기준을 갖추고, 화물을 집화, 분류, 배송하는 형태의 운송사업을 하는 운송사업자, 즉 택배사업자와의 전속 운송계약을 통해 그 운송사업자의 명의로 사업을 수행할 것"을 조건으로 추가함으로써, 택배사업용 화물자동차 운송사업의 예외적 허가의 근거를 마련하는 한편 택배사업자가 갖춰야 할 시설 및 장비기준은 국토교통부장관이 고시하도록 위임하였다.

③ 2012. 12. 6. 국토해양부령 제546호로 개정되어 2012. 12. 7. 시행된 구 화물자동차법 시행규칙 제13조 별표 1의 위임에 따라 국토해양부장관이 2012. 12. 12. 제정하여 고시한 국토해양부 고시 제2012-898호 "화물의 집화·배송 관련 화물자동차 운송사업 공급기준 및 허가 요령"에서, "화물을 집화·분류·배송하는

형태의 운송사업과 관련한 허가절차, 허가 후 관리 등 공급기준의 세부내용"과, "화물의 집화·배송만을 담당하기 위해 허가를 신청하는 자의 추가제출 서류" 및 "화물자동차 운송사업자가 화물을 집화·분류·배송하는 형태의 운송사업 즉 택배사업을 경영하기 위하여 갖추어야 할 기준"(제1조)을 정하였다.

④ 국토해양부장관은 2012. 12. 12.자 국토해양부 고시 제2012-898호 "화물의 집화·배송 관련 화물자동차 운송사업 공급기준 및 허가 요령"에서 위와 같은 택배사업자의 시설 및 장비기준 외에, 화물의 집화·배송만을 담당하기 위해 허가를 신청하는 자의 추가제출 서류(구 화물자동차법 시행규칙 제6조 제3항)로 ⓐ "택배사업자에게 소속되기 위한 계약(이른바 전속 운송하도급 계약)을 통하여 화물의 집화·배송만을 담당하고 있음을 증명하는 서류", ⓑ "최대적재량 1.5톤 미만의 밴형 화물자동차를 사용하여 집화 등을 담당한 기간 및 운송실적을 증명하는 서류", ⓒ "교통사고 경력을 증명하는 서류, 장래 운송물량 확보를 증명하는 서류" 등을 명시하였다(제4조). 이에 따라 화물의 집화등을 하는 형태의 운송사업을 하는 운송사업자, 즉 택배사업자를 선정할 필요가 발생하였는데, 주무부서인 국토해양부(현재 국토교통부)는 다음과 같은 절차를 통해 요건을 충족한 사업자들을 선정하여 택배사업자로 인정하였다.

⑤ 국토해양부장관은 같은 날인 2012. 12. 12. 국토해양부 공고 제2012-1525호 "화물을 집화·분류·배송하는 형태의 운송사업자 신청 공고"를 통해 "화물의 집화·배송 관련 화물자동차 운송사업 공급기준 및 허가 요령"(국토해양부 고시 제2012-898호) 제3조 제1항 별표 1이 정하고 있는 택배사업자의 시설 및 장비 기준 충족 여부 확인 및 2012. 4. 13.자 국토해양부 고시 제2012-192호 "2012년도 화물자동차 운수사업 공급기준 고시"에 따른 "소화물의 집화·배송(택배 등)에 소요되는 최대적재량 1.5톤 미만의 밴형 화물자동차량"의 예외적 허가대수 산정을 위한 관계 서류의 제출기한, 제출방법, 구체적 서류내용 등을 공고하였고, 이에 따라 확인을 거쳐 위 2012. 12. 12.자 국토해양부 고시 제2012-898호 "화물의 집화·배송 관련 화물자동차 운송사업 공급기준 및 허가 요령"에 정한 요건을 갖춰 신청한 운송사업자들을 2013. 1. 16.자 국토해양부 공고 제2013-42호 "화물의 집화·분류·배송하는 형태의 화물자동차 운송사업자 공고"를 통해 적격 택배사업자로 선정하고, 2013. 2. 15.자 국토해양부 고시 제2013-108호 "화물의 집화·배송 관련 신규 허가대수 고시"를 통해 2012. 4. 13.자 국토해양부 고시 제2012-

192호 “2012년도 화물자동차 운수사업 공급기준 고시”에 따른 화물의 집화・배송에 소요되는 최대적재량 1.5톤 미만 밴형 화물자동차의 예외적 신규 허가대수를 13,500대 이내로 정해서 고시하였다.

이후에도 이와 같은 방식으로 ⓐ 화물자동차법의 위임에 따른 같은 법 시행규칙의 규정, ⓑ 같은 법 또는 같은 법 시행규칙의 위임에 근거하여 주무부장관이 고시, 공고를 하는 일련의 방식으로 공급기준에서 예외적 허가기준 마련하여, 적격 택배사업자를 선정하고, 그 택배사업자와의 전속 운송하도급계약을 체결한 개인 화물자동차 운송사업자에 대하여 허가받은 차량을 택배 전용으로 사용하는 것을 조건으로 예외적인 허가를 해오고 있다. 이처럼 화물자동차법 제3조에서 정하고 있는 화물자동차 운송사업의 허가를 위한 기준요건인 ⓐ ‘화물의 운송수요를 감안한 공급기준 요건’, ⓑ ‘운송시설 등 허가기준 요건’ 전부에 부합하게 정책이 진행되어오고 있다.

(3) 생활물류서비스법에 의한 택배사업자 등록제도

현행 화물자동차법(2024. 1. 9. 법률 제19988호로 개정되어 2024. 7. 10. 시행된 것) 제3조는 여전히 화물자동차 운송사업을 위하여서는 주무부장관인 국토교통부장관의 허가를 받도록 규정하고 있다. 또한 계속 늘어나는 택배수요에 대응하기 위하여 택배전용 개인 화물자동차 운송사업의 예외적 허가 정책도 유지되고 있다.

택배, 이륜차에 의한 퀵・배달대행 등 생활물류시장이 급격히 성장하고 있으나, 이를 충분히 육성 및 지원할 법적 근거가 마련되어 있지 않고, 현행 화물자동차법은 화물자동차 운송사업, 화물자동차 운송주선사업의 신규공급(허가) 제한, 허가된 화물자동차 외의 화물자동차에 의한 유상운송행위 금지 등에 주안점을 두고 있어서, 운송용 차량뿐 아니라 신속한 배송과 분류를 위한 정보망, 시설 등 체계적 시스템이 필요한 생활물류에 관하여 종전 법령으로 함께 규율하기에는 한계가 있고, 뿐만 아니라 조세특례, 창업 지원, 전문인력의 육성 및 관리 등 생활물류산업의 발전을 위한 사항, 표준계약서의 활용, 계약갱신청구권, 서비스평가 도입 등 생활물류 관련 종사자 및 소비자의 보호에 관한 종합적인 규율을 통한 국민편익 증진 등의 필요성으로[25] 총 9개의 장, 51개의 조문으로 구성된 생활물류서비스법이

---

25) 제21대(2020～2024) 국회 제383회 제3차, “국회국토교통위원회 생활물류서비스산업발전법안 심사보고서”, (2020. 12. 24.), 16면.
(웹사이트 : https://likms.assembly.go.kr/bill/main.do, 검색일 2024. 5. 6.); 민연주/이지선 외, “생활

2021. 1. 26. 법률 제17911호로 제정되어 2021. 7. 27. 시행되었다.

생활물류서비스법에 의하면 “택배서비스사업의 대상이 되는 화물의 집화・배송만을 담당하기 위하여 화물자동차법 제3조 제1항에 따라 허가받은 자의 화물자동차 운송사업에 사용되는 화물자동차”를 “택배서비스 전용 화물자동차”라고 정의하면서, 이러한 택배서비스 전용 화물자동차를 이용하여 택배업을 하려는 자 즉 택배사업자는 두 가지 요건 즉 ① “화물자동차 운송사업 허가를 받은 운송사업자”로서의 요건(제1호) ② “시설・장비 및 영업점 등 대통령령으로 정하는 기준 충족”(제2호) 등의 요건을 갖춰 “국토교통부장관에게 등록”하도록 규정하고 있다(생활물류서비스법 제5조 제1항).

이러한 생활물류서비스법 제5조 제1항 제2호의 위임을 받아 같은 법 시행령 제2조 제1항 별표에서 택배서비스사업의 시설・장비 및 영업점 등 등록기준을 정하고 있다.

즉 생활물류서비스법이 취하고 있는 택배사업자 등록제도는 택배사업을 영위하고자 하는 화물자동차 운송사업자 모두에게 등록을 요구하고 있는 것이 아니라, 택배서비스 전용 화물자동차를 이용하여 택배사업을 영위하고자 하는 화물자동차 운송사업자에게만 등록을 요구하고 있는 것이다. 이는 생활물류서비스법 제정 과정에서 각계의 의견을 수렴한 결과 택배업 이외의 화물자동차 운송업계의 의견이 반영된 것으로 보여진다.[26] 이러한 등록된 택배사업자와의 전속운송계약을 체결하고자 하는 자에게만 택배 전용으로 이용할 것을 조건으로 예외적인 화물자동차 운송사업 허가가 이루어지고 있는 것이다.

5. 소 결

이상 살펴본 바와 같이 우리나라의 경우 1970년대에 심부름센터 등 택배와 유

물류서비스산업 발전을 위한 법・제도 개선방안연구”, 「수시연구보고서」 21-02호, 한국교통연구원, 2021, 24면.

26) 제21대(2020~2024) 국회 제383회 제3차, “국회 국토교통위원회회의록”, (2020. 12. 24.), 9면에 기록된 바에 따르면, 이헌승 교통법안심사소위원장이 제정안에 대한 교통법안심사소위원회의 수정의결 결과를 보고하면서, “화물업계의 의견을 반영하여 생활물류서비스의 정의에 ‘소형・경량 위주의 화물’을 배송한다는 점을 명시하고”라고 언급하였고, “택배서비스사업 등록제와 관련하여서는 택배전용차량인 ‘배’ 번호판 차량을 이용하여 택배서비스사업을 하는 경우 등록하도록 규율하려는 취지임을 명확히 하기 위하여 택배서비스전용화물차를 이용하여 택배서비스사업을 하려는 자가 등록하도록 수정하였습니다.”라고 언급하였다.
(웹사이트 : https://likms.assembly.go.kr/bill/main.do, 검색일 2024. 5. 6.)

사한 사업이 형성되기 시작하여 1991년 소화물일관운송업의 허가제가 실시되면서 택배업의 법제화가 시작되었다. 1997년 기업활동 규제완화의 일환으로 소화물일관운송업 자체의 허가제는 폐지되었으나, 화물자동차 운수업 전체적인 공급과잉 현상이 나타나 수급균형을 유지하기 위한 입법으로 2004년부터 화물자동차 운송사업이 등록제에서 허가제로 변경됨에 따라 장치산업으로서의 택배업에 필수적인 화물자동차를 택배에 이용하기 위하여 필요한 화물자동차 운송사업 허가를 받은 화물자동차를 확보하는 것이 용이하지 않게 되었다. 그 이후로 화물자동차 운송사업 허가제는 현재에 이르기까지 유지되고 있고, 여기에 더하여 화물자동차의 초과공급으로 인한 수급불균형을 막기 위하여 정책적으로 화물자동차 운송사업의 신규허가를 원칙적으로 금지해오고 있어서 장치산업으로서의 택배업에 필수적인 화물자동차의 수급이 자유롭지 못하나, 한편으로는 택배수요의 폭발적인 증가에 대응하기 위하여 택배사업자와 전속운송계약을 맺는 택배종사자에 한정하여 택배전용 화물자동차의 허가가 예외적으로 이루어지고 있다.

Ⅲ. 화물자동차 수급정책 적용상의 문제와 그 개선방안

1. 개 요

택배업을 영위하기 위하여서는 화물자동차 운송사업 허가를 받은 화물자동차가 필수적으로 요구된다. 그런데 ‘허가’란 “질서 유지 또는 위험 방지를 목적으로 법령으로 일반적이고 상대적으로 금지한 행위를 일정한 요건이 갖춰진 경우에 해제하여 적법하게 행할 수 있도록 회복시켜주는 행정행위”를 의미하는바,[27] 화물자동차 운송사업 허가에 관하여 살펴보면, 우리나라에서 화물자동차를 이용하여 유상으로 육상물건운송을 하는 것은 원칙적으로 금지되고 화물자동차 운송사업 허가를 받은 경우에 예외적으로 허용된다(화물자동차법 제3조). 이와 같이 규정하고 있는 것은 화물자동차 운송사업의 초과공급에 따른 수급불균형을 해소하기 위함에 그 이유가 있다.[28] 이러한 이유로 2004. 1. 20. 법률 제7100호로 구 화물자동차법

27) 김남진/김연태, 「행정법Ⅰ」 제28판, 2024, 259면; 박균성, 「행정법론(상)」 제23판, 박영사, 2024, 380면; 하명호, 「행정법」 제6판, 박영사, 2024, 132면; 홍정선, 「행정법원론(상)」 제32판, 박영사, 2024, 395면.

28) 제16대(2000~2004) 국회, 앞의 회의록(註19), 19면.

이 개정되어 화물자동차 운송사업의 등록제가 허가제로 변경된 이래 20년이 지난 현재까지 이러한 화물자동차 운송사업의 예외적 허가제는 계속 유지되고 있다. 한편 화물자동차 운송사업의 허가는 "국토교통부장관이 화물의 운송 수요를 고려하여 업종별로 고시하는 공급기준"에 맞아야 하고(화물자동차법 제3조 제7항 제1호), 국토교통부장관은 택배전용차량, 전기자동차나 수소전기자동차(화물자동차법 제3조 제7항 제1호 다목) 등의 예외를 제외하고는 신규 허가를 원칙적으로 금지하고 있다. 그런데 화물자동차의 입법 형태에 공백이 존재하여 화물자동차 운송사업의 초과공급에 따른 수급불균형을 해소하기 위한 입법 취지가 몰각되는 결과가 초래될 수 있다. 아래에서 이 문제를 살펴보고 그 개선방안을 검토해보기로 한다.

2. 화물자동차 운송사업과 여객자동차 운송사업의 입법형식 비교

화물자동차 운송사업을 영위하기 위하여서는 "국토교통부장관의 허가"를 받아야 하고(화물자동차법 제3조), 여객자동차 운송사업을 영위하기 위하여서는 "국토교통부장관의 면허"를 받아야 한다[여객자동차 운수사업법(이하 '여객자동차법'이라 함) 제4조].[29] 화물자동차 운송사업은 "다른 사람의 요구"에 응하여 "화물자동차"를 사용하여 "화물을 유상으로 운송"하는 사업이라고 정의되는 반면(화물자동차법 제2조 제3호 전문), 여객자동차 운송사업은 "다른 사람의 수요"에 응하여 "자동차"를 사용하여 "유상으로 여객을 운송"하는 사업이라고 정의된다(여객자동차법 제2조 제3호).

3. 유상운송행위에 사용되는 자동차의 범위 문제와 그 개선방안

(1) "화물자동차" 사용을 허가대상으로 하여 발생한 입법취지의 몰각 가능성과 그 개선방안

화물자동차 운송사업과 여객자동차 운송사업의 차이 중 하나는 전자는 "화물자동차"를 사용하기 위하여 허가를 받아야 하는 것이고, 후자는 "자동차"를 사용하기 위하여 면허를 받아야 한다는 점이다.

이러한 차이점에서 확인할 수 있는 사실로 인하여 화물자동차 운송사업의 허가

29) '면허'는 '허가', '인허', '승인', '인가', '지정' 등과 함께 실무상 사용되는 용어로서, 그 의미는 강학상 허가에 해당한다. 즉 '면허'도 법령으로 일반적이고 상대적으로 금지한 행위를 일정한 요건이 갖춰진 경우에 해제하여 적법하게 행할 수 있도록 허용하는 행정행위이다(김남진/김연태, 앞의 책, 259면; 박균성, 앞의 책, 381면; 하명호, 앞의 책, 132면).

제에 입법 공백이 발생한다. 즉 여객자동차법은 어떠한 자동차이든 면허를 받지 않으면 다른 사람의 수요에 응하여 유상으로 여객을 운송하는 것이 금지되는 것으로 규정하고 있는 반면, 화물자동차법은 오로지 "화물자동차"에 한정하여 허가를 받지 않으면 다른 사람의 요구에 응하여 유상으로 화물을 운송하는 것이 금지되는 것으로 규정하고 있다. 이를 반대해석하면, 여객자동차 운송사업과 달리 화물자동차 운송사업은 "화물자동차가 아닌 자동차" 예컨대 승용차에 대하여는 아무런 규정이 없기 때문에 다른 사람의 요구에 응하여 승용차를 사용하여 화물을 유상으로 운송하는 사업을 영위하는 것이 이론적으로 가능하다.

그러나 이러한 형태의 규정 형식은 두 가지 측면에서 큰 문제를 안고 있다.

첫째, 입법자의 입법목적에 부합하지 않는다. 구 자동차운수사업법(1997. 12. 13. 법률 제5448호로 개정되기 전의 것)에서 화물자동차 운송사업과 여객자동차 운송사업을 모두 규정하다가, 화물자동차법이 1997. 8. 30. 법률 제5408호로 신규 제정되고, 종전의 구 자동차운수사업법은 1997. 12. 13. 법률 제5448호로 여객자동차법으로 개정되었다. 종전의 구 자동차운수사업법은 "자동차운송사업"을 "타인의 수요에 응하여 『자동차』를 사용하여 『여객』 또는 『화물』을 유상으로 운송하는 사업"으로 정의하고(구 자동차운수사업법 제2조 제1호), "자동차운송사업"의 종류를 "여객자동차 운송사업"과 "화물자동차 운송사업"으로 나누어 전자를 "주로 사람을 운송하기에 적합하도록 제작된 자동차를 사용하여 여객을 운송하는 사업"으로, 후자를 "주로 화물을 운송하기에 적합하도록 제작된 자동차를 사용하여 화물을 운송하는 사업"으로 구분하고 있었다(구 자동차운수사업법 제3조 제1항). 당시 자동차운송사업을 경영하려면 원칙적으로 주무부장관인 교통부장관의 면허를 얻어야 했다(구 자동차운수사업법 제4조 제1항). 즉, 화물자동차법과 여객자동차법으로 분리되기 전 구 자동차운수사업법은 화물자동차 운송사업과 여객자동차 운송사업 모두 면허제로 규율하면서, 그 대상은 "자동차"를 사용하여 "유상으로" 운송하는 사업이었다. 그리고 현재 화물자동차법상 화물자동차 운송사업과 여객자동차법상 여객자동차 운송사업 모두 강학상 허가에 해당하는 허가제, 면허제로 규율되고 있으므로, 입법자의 입법목적이 구 자동차운수사업법과 전혀 다르지 않다. 그럼에도 불구하고 여객자동차 운송사업의 허가대상이 "자동차"를 운송하는 것으로 유지되는 것과 달리 화물자동차 운송사업의 허가대상이 "화물자동차"를 운송하는 것으로 축소된 것은 입법자의 입법목적에 전혀 부합하지 않는 것이며, 그 원인은 화물자동차법을 별도로 분리하는 과정에서 화물자동차 운송사업의 정의규정을 분리해내면서 이러한 부작용을 고려하지 않은 채 정의규정을 새롭게 한 데에 기인하는 것으로 보인다. 그러나 이와 같은 입법목적에 부합하지 않는 불일치는 아무런 타당한 목적이나 근거가 없는 것이므로 바로잡아야 할 것으로 생각된다.

둘째, 위와 같은 화물자동차법의 규정 형식으로 인하여 화물자동차 운송사업의 초과공급에 따른 수급불균형을 해소하기 위하여 화물자동차 운송사업 허가제를 실시하고 원칙적으로 신규 허가를 금지하고 있는 입법취지를 몰각하는 결과를 초래할 수 있고, 이른바 '사업용 화물자동차 총량제'를 추진하고 있는 입법과 정책에 의한 모든 노력이 무의미해질 위험이 있다.

이를 개선하기 위하여서는 여객자동차법 제2조 제3호에 규정된 "여객자동차 운송사업"의 정의규정에 착안하여 화물자동차 운수사업법 제2조 제3호의 "화물자동차 운송사업"의 정의를 다른 사람의 요구에 응하여 "자동차"를 사용하여 화물을 유상으로 운송하는 사업이라고 개정할 필요가 있다고 생각된다.

(2) "다른 사람의 요구"가 있는 경우를 허가대상으로 하여 발생한 입법취지의 몰각 가능성과 그 개선방안

화물자동차 운송사업과 여객자동차 운송사업의 차이 중 또다른 하나는 전자는 "다른 사람의 요구"에 응하여 운송사업을 하기 위하여 허가를 받아야 하는 것이고, 후자는 "다른 사람의 수요"에 응하여 운송사업을 하기 위하여 면허를 받아야 한다는 점이다. 면허는 강학상 허가에 해당하는 용어임은 앞에서 본 바와 같다.

여기에서 "다른 사람"이 화물자동차 운송사업자에게 화물을 위탁한 사람 즉 화주에 한정되는지, 전자상거래사업자로부터 상품을 매수한 구매자도 포함되는 것인지 문제된다. 만약 전자로 해석된다면 전자상거래 사업자가 구매자에게 판매한 물품을 구매자의 간접적 요구에 의하여 화물자동차를 사용하여 유상으로 운송하는 것은 화물자동차 운송사업에 해당하지 않게 되고, 따라서 이를 위하여 국토교통부장관의 허가를 받을 필요가 없게 되고, 후자로 해석된다면 전자상거래 사업자가 구매자에게 판매한 물품을 구매자의 요구에 의하여 화물자동차를 사용하여 유상으로 운송하는 것은 화물자동차 운송사업에 해당하므로 이를 위하여서는 국토교통부장관의 허가를 받아야 한다. 하급심 판례는 "화물자동차법 제2조 제3호에서의 '다른 사람'이란 일반적으로 '화주'를 의미하는데, '화주'는 운송계약에 기하여 운송인에게 운송을 위탁한 사람으로 운송계약의 당사자의 지위를 갖는 자를 의미한다”라고 판시함으로써 전자로 해석하는 입장을 취한 바 있다.[30)]

통상적으로 운송을 요구하는 주체는 운송계약의 송하인이라는 점에서 볼 때 이러한 판례의 해석은 수긍할 만하다.[31)] 그러나 화물자동차 운송사업에 대한 정의규정의 현재 입법 형태로 인하여 다음과 같은 문제가 발생할 수 있다. 화물자동차 운송사업은 원칙적 금지, 예외적 허가라는 입법과 신규허가(공급) 금지라는 정책의 결합으로 사업용 화물자동차의 증가가 엄격히 통제되는 반면, 자가용 화물자동차는 사용신고로 충분하고(화물자동차법 제55조),[32)] 유상으로 화물운송용으로 제공하거나 임대하는 것이 금지될 뿐(화물자동차법 제56조), 자가용 화물자동차로 자기 소유의 물건을 직접 운송하는 것은 법적 규제로부터 자유롭다. 이에 따라, 실질적으로는 화물자동차 운송사업을 영위하고자 하는 사업자가 화주와의 운송계약의 형태가 아니라, 실질적인 송하인과 구매계약이라는 형식의 계약을 체결하여 화물의 소유권을 취득한 후 실질적인 수하인과도 판매계약이라는 형식의 계약을 체결하여 직접 소유권을 취득한 화물을, 실질적인 수하인에 해당하나 형식적으로는 구매자에 해당하는 자에게 운송하는 형태를 갖춘다면 자기 소유의 물건을 직접 운송하는 것으로 평가되어 자가용 화물자동차로 운송하는 것이 가능해지는 결과가 되는데, 이 결과 역시 화물자동차 운송사업의 초과공급에 따른 수급불균형을 해소하기 위하여 화물자동차 운송사업 허가제를 실시하고 원칙적으로 신규 허가를 금지하고 있는 입법 취지를 몰각시키는 결과를 초래할 수 있고, 입법과 정책에 의해 추진하는 이른바 ‘사업용 화물자동차 총량제’에 관한 모든 노력이 무의미해질 위험이 있다.

이를 개선하기 위하여서는 위와 같은 탈법행위를 막기 위한 개정이 필요하다고

---

30) 서울중앙지방법원 2017. 7. 18. 선고 2016가합53087 판결. 이에 대하여 원고들이 항소하였으나 항소기각되었고(서울고등법원 2018. 5. 9. 선고 2017나205081 판결), 원고들이 상고한 이후 상고를 취하함으로써 항소심판결이 확정되었다.

31) 김천수, “화물자동차 운송규제 분석연구－자가용 화물자동차 유상운송 금지를 중심으로－”, 인하대학교 물류전문대학원 박사학위논문, 2017, 34면; 박세화, “2017년 상법총칙·상행위법 판례의 동향과 분석”, 「상사판례연구」 제31권 제1호, 한국상사판례학회, 2018, 69면.

32) ‘신고’란 사인이 행정기관에 알려야 할 의무를 알리는 것을 의미하는바, 신고에는 사인의 신고행위 자체로 행위에 대한 금지가 해제되는 ‘단순신고’(‘자기완결적 신고’라고도 함)와, 행정청의 수리라는 사실행위가 있어야 행위에 대한 금지가 해제되는 ‘수리를 요하는 신고’(‘등록’이라고도 함)로 구분되는데, 허가의 경우 행정청이 허가 요건에 대하여 실질적 심사를 하는 반면, 수리를 요하는 신고에 있어서 행정청의 수리를 위한 심사는 형식적 심사에 그친다고 보는 것이 통설적 견해이다(홍정선, 「행정법특강」 제5판, 박영사, 2006, 217면).

생각된다. 그 중 제시할 수 있는 한 가지 방안은 화물자동차법 제2조 제3호의 "화물자동차 운송사업"의 정의를 "다른 사람(화주에 한정되지 않음)에게 인도하기 위하여" "자동차"를 사용하여 화물을 유상으로 운송하는 사업이라고 개정하는 것이다. 화물자동차법과 여객자동차법으로 분리되기 전의 구 자동차운수사업법은 "자동차 운송사업"을 "[타인의 수요]에 응하여 『자동차』를 사용하여 『여객』 또는 『화물』을 유상으로 운송하는 사업"으로 정의하고 있었던 점(구 자동차운수사업법 제2조 제1호)을 고려하면, [타인의 수요]의 "타인" 즉 "다른 사람"에 화물을 인도받을 당사자인 수하인이 포함되는 것으로 해석될 여지가 충분하고, 여객자동차법이 여객자동차 운송사업을 [타인의 수요]에 응하는 것으로 유지하는 것과 달리 화물자동차법이 화물자동차 운송사업을 특별한 이유 없이 [타인의 요구]에 응하는 것으로 개정함에 따라 위에서 살펴본 바와 같은 탈법행위의 여지가 존재하는 것으로 확인되고, 그로 인하여 화물자동차 운송사업 허가의 총량제를 엄격하게 유지해오던 법령과 정책이 탈법행위에 의하여 형해화된다면 과거의 입법형식으로 회귀하여 문제점을 제거하는 것이 타당하다고 본다.

4. 소 결

이상 살펴본 바와 같이, 화물자동차법상 화물자동차 운송사업이 허가제를 유지하면서, 정책적으로 택배종사자가 택배사업자 또는 집배송대리점과 전속운송계약을 체결하여 화물의 집하와 배송에만 이용하는 조건으로 택배전용차량의 예외적 허가를 받는 외에 화물자동차의 신규 허가가 20년째 금지됨으로써 화물자동차의 수급이 엄격히 통제되고 있음에도 불구하고, 입법의 공백으로 인하여 이러한 엄격한 제도와 정책이 추구하는 목적을 달성할 수 없게 될 위험이 발견되고 있어, 법의 개정을 통해 입법 공백을 메울 필요가 있음을 확인하였다.

Ⅳ. 금지청구소송에서 재소금지의 원칙

1. 개 요

앞에서 살펴본 바와 같이 2004년 화물자동차의 등록제가 허가제로 변경된 이후로, 20년째 허가제가 유지되면서 정책적으로 원칙적으로 신규허가를 금지하고 있는 상황이다. 이와 관련하여 문제되는 분쟁의 상황은 다음과 같다.

【분쟁사례 1】

어떤 전자상거래업체가 자신의 물품을 소비자에게 화물자동차법상 허가받지 않은 자가용화물자동차를 이용하여 배송하자, 여러 택배사업자들이 해당 전자상거래업체를 상대로 불법행위를 원인으로 한 배송금지청구 및 손해배상 청구의 소를 제기하는 분쟁이 발생한 바 있다. 이에 불법행위를 원인으로 하여 금지청구의 소를 제기할 수 있는지에 관하여 학설과 판례의 입장을 살펴보고자 한다.

【분쟁사례 2】

관련문제로서, 금지청구 및 손해배상청구소송에서 법원이 재소금지의 예외로서 '정당한 사정'을 인정한 판례가 있다. "제1심에서 부정경쟁방지 및 영업비밀보호에 관한 법률(이하 '부정경쟁방지법'이라 함) 제4조, 제5조에 기하여 침해금지청구와 2004. 1. 1.부터 2007. 6. 30.까지의 부정경쟁행위로 인한 손해배상청구를 하였다가 패소한 후 항소심에서 위 청구를 철회하고 상표법 제65조, 제67조에 기한 침해금지청구 및 손해배상청구를 하는 것으로 청구원인을 변경하는 준비서면을 제출한 자가, 다시 부정경쟁방지법 제4조, 제5조에 기하여 2007. 7. 1.부터 2008. 3. 3.까지의 부정경쟁행위로 인한 침해금지청구 및 손해배상청구를 추가하는 준비서면을 제출한 사안"에 관한 판례이다.

재소금지의 요건을 살펴보면서 해당 판례의 의미를 확인하되, 택배사업자가 전자상거래업체를 상대로 배송금지청구 및 손해배상청구의 소를 제기하는 경우를 상정하여 이를 논해보기로 한다.[33]

2. 불법행위를 원인으로 한 금지청구소송의 가능성

우리 민법이 규정하고 있는 금지청구권으로 소유권에 기한 물권적청구권으로서 방해배제청구권, 방해예방청구권(민법 제214조), 점유권에 기한 물권적청구권으로서

33) 【분쟁사례 1】이 실제로 택배사업자가 전자상거래업체를 상대로 소를 제기한 실제 사건에 관한 것인 반면, 【분쟁사례 2】는 두 가지 가정을 전제로 택배사업자가 전자상거래업체를 상대로 금지청구 및 손해배상청구의 소를 제기하여 종국판결을 받은 후 소를 취하한 다음 다시 시기를 달리하여 금지청구 및 손해배상청구의 소를 제기하는 경우를 상정하고, 해당 민사소송법적 쟁점에 관련된 판례를 참고하여 사례화한 것이다. 여기에서 전제되는 두 가지 가정 중 첫 번째는 본고의 첫 번째 논지인 입법론이 실제 현실화된 경우이고, 두 번째는 전자상거래업체가 실질은 화물의 운송행위임에도 불구하고 판매라는 형식을 취하는 탈법행위가 화물자동차법에 위반되는 위법행위에 해당하는 경우이다.

방해제거청구권(민법 제205조 제1항), 방해예방청구권(민법 제206조 제1항)이 있다. 부정경쟁방지법은 "부정경쟁행위 등에 대한 금지청구권"(부정경쟁방지법 제4조)과 "영업비밀 침해행위에 대한 금지청구권"(부정경쟁방지법 제10조)을 규정하고 있다. 우리나라 부정경쟁방지법은 부정경쟁행위에 대하여 한정적 열거주의방식을 취하고 있다.[34)]

불법행위에 대하여 민법은 손해배상책임을 규정하고 있을 뿐(민법 제750조), 금지청구권을 규정하고 있지 않아서 불법행위를 원인으로 한 금지청구의 소를 제기하는 것이 가능한지 여부가 문제된다. 불법행위를 원인으로 한 금지청구권의 인정 여부에 관한 학설은 다음과 같이 나뉜다.

즉 불법행위제도는 위법행위에 의한 손해를 사후에 전보하도록 하는 것일뿐이므로 위법행위의 배제나 예방은 인정할 수 없다는 부정설과[35)], 불법행위제도의 취지상 침해의 배제나 예방을 인정할 수 있다는 긍정설[36)]로 나뉜다.

판례는 택배사업자들이 전자상거래업체를 상대로 불법행위를 원인으로 한 배송금지청구 및 손해배상청구의 소를 제기한 사건을 비롯한 여러 사건에서 "경쟁자가 상당한 노력과 투자에 의하여 구축한 성과물을 상도덕이나 공정한 경쟁질서에 반하여 자신의 영업을 위하여 무단으로 이용함으로써 경쟁자의 노력과 투자에 편승하여 부당하게 이익을 얻고 경쟁자의 법률상 보호할 가치가 있는 이익을 침해하는 행위는 부정한 경쟁행위로서 민법상 불법행위에 해당하는바, 위와 같은 무단이용 상태가 계속되어 금전배상을 명하는 것만으로는 피해자 구제의 실효성을 기대하기 어렵고 무단이용의 금지로 인하여 보호되는 피해자의 이익과 그로 인한 가해자의 불이익을 비교·교량할 때 피해자의 이익이 더 큰 경우에는 그 행위의 금지 또는 예방을 청구할 수 있다."라고 판시함으로써 불법행위를 원인으로 한 금지청구권과 예방청구권을 인정하고 있다.[37)]

사견으로는, 불법행위에 대하여 금전배상만을 인정한다면 불법행위상태가 지속되는 경우 피해자에 대한 보호에 공백이 존재한다는 점을 고려할 때 긍정설이 타당하다고 생각된다.

---

34) 최민수, "부정경쟁행위와 불법행위법상 금지청구권－대법원 2010. 8. 25.자 2008마2541 결정－", 「법조」 제62권 제1호, 법조협회, 2013, 262면.
35) 김증한/김학동, 「채권각론」, 박영사, 2006, 899면.
36) 김기선, 「한국채권법각론」, 법문사, 1988, 455면-456면.
37) 서울중앙지방법원 2017. 7. 18. 선고 2016가합530876 판결; 대법원 2010. 8. 25.자 2008마1541 결정.

다만 택배사업자들이 전자상거래업체를 상대로 제기한 【분쟁사례 1】의 금지청구의 소에서 판례는 “택배사업자들이 구축한 성과물을 무단으로 이용하였다고 보기 어렵고, 배송의 금지를 통해 보호되는 택배사업자들의 이익이 그로 인한 전자상거래업체의 불이익보다 크다고 볼 수 없다”고 보아[38] 금지청구를 기각하였다.

3. 금지청구소송에서 재소금지의 요건 관련 판례

민사소송법 제267조 제2항은 “본안에 대한 종국판결 후에 소를 취하한 사람은 같은 소를 제기하지 못하도록” 이른바 ‘재소(再訴)의 금지’를 규정하고 있다. 본안에 관한 종국판결이 아닌 소송판결, 즉 당연무효판결,[39] 소각하 판결, 소송종료선언[40] 등이 있은 후에 원고가 소를 취하하고 나서 동일한 본안의 소를 제기하는 것은 금지되지 않는다.[41] 강학상 이를 보통 ‘재소(再訴)의 금지’라고 한다. 이는 소취하와 재소를 남용하는 것을 방지하여[42] 재판의 효율적 진행, 사법경제, 재판절차상 신뢰 보호를 도모하기 위한 제도라고 볼 수 있다.[43] 판례도 재소금지 규정의 취지를 “소취하로 인하여 그 동안 판결에 들인 법원의 노력이 므용화되고 종국판결이 당사자에 의하여 농락당하는 것을 방지하기 위한 제재적 취지의 규정”이라고 설시하고 있다.[44]

재소금지의 요건은 ① “전소와 재소가 같은 소일 것”, ② “본안의 종국판결 후 소를 취하한 자가 재소할 것”이다. 이 중 ①의 요건은 세부적으로 ⓐ “당사자가 동일할 것”, ⓑ “소송물이 동일할 것”, ⓒ “권리보호이익이 동일할 것”으로 구분하는 것이 일반적인 견해[45]이고, 그 중 ⓒ 권리보호이익에 대하여는 “소의 이익”이

---

38) 제1심 서울중앙지방법원 2017. 7. 18. 선고 2016가합530876 판결; 항소심 서울고등법원 2018. 5. 9. 선고 2017나2050851 판결. 이에 대하여 원고들이 상고 후 상고취하하여 항소심 판결이 확정되었다.

39) 대법원 1968. 1. 23. 선고 67다2494 판결.

40) 대법원 1968. 11. 5. 선고 68다1773 판결. 이 판결은 “제1심판결이 있은 후 항소심판결이 제1심판결을 취소하고 그 소가 제1심 당시 취하된 것으로 간주되어 이미 종료된 것이라는 취지의 선언을 한 경우에는 동일한 소를 제기할 수 있다.”고 판시하여 소취하간주 후 재소가 가능하다는 판결이나, 소취하 후 재소가 가능하다는 결론으로 연결될 수 있다고 생각된다.

41) 정동윤/유병현/김경욱, 「민사소송법」 제10판, 법문사, 2023, 739면; 정영환, 「신민사소송법」 제3판, 법문사, 2023, 1118면.

42) 김홍엽, 「민사소송법」 제11판, 박영사, 2023, 741면; 정동윤/유병현/김경욱, 앞의 책, 735면; 정영환, 앞의 책, 1114면.

43) 정영환, 앞의 책, 1114면.

44) 대법원 1998. 3. 13. 선고 95다48599 판결. 이에 대하여 ‘판결의 농락 방지’는 권위주의적 표현이어서 ‘재소권 남용 방지’라는 표현을 사용하여야 한다는 견해로 호문혁, 「민사소송법」 제14판, 법문사, 2020, 806면.

45) 김홍엽, 앞의 책, 741면-748면; 이시윤, 「신민사소송법」 제17판, 박영사, 2024, 600면-604면; 정동윤/

라고 표현하는 견해,[46] "소제기를 필요로 하는 정당한 사정이 없을 것"과 동일한 의미로 파악하는 견해,[47] "재소를 허용할 만한 사정이 없을 것"으로 표현하는 것이 더 적절하다는 견해[48]가 있다.

【분쟁사례 2】에서 판례는 재소금지에 관한 민사소송법 제267조 제2항의 규정을 "소취하로 인하여 그동안 판결에 들인 법원의 노력이 무용화되고 종국판결이 당사자에 의하여 농락당하는 것을 방지하기 위한 제재적 취지의 규정"으로 보고, 따라서 "본안에 대한 종국판결이 있은 후 소를 취하한 자라 할지라도 이러한 규정의 취지에 반하지 아니하고 소제기를 필요로 하는 정당한 사정이 있다면 다시 소를 제기할 수 있다"라고 봄으로써, 해당 사안이 "소제기를 필요로 하는 정당한 사정이 없을 것'이라는 요건에 해당하지 않는다"고 판단하는 한편,[49] "원고가 원심에서 부정경쟁방지법 제4조, 제5조에 기하여 2007. 7. 1.부터 2008. 3. 3.까지의 부정경쟁행위로 인한 침해금지청구 및 손해배상청구를 추가한 것은 피고들이 제1심 변론종결 이후에도 계속하여 부정경쟁행위를 하고 있음을 전제로 하여 그 침해행위의 금지를 청구함과 아울러 제1심에서 청구하지 아니하였던 기간에 해당하는 손해배상청구를 한 것이므로 이는 원고가 제1심에서 청구하였던 침해금지청구 및 2004. 1. 1.부터 2007. 6. 30.까지의 손해배상청구와는 소송물이 동일하다고 보기 어렵고"라고 판시함으로써[50] 해당 사안이 '소송물이 동일할 것'이라는 요건에 해당하지 않는다고 판단하였다.[51]

위 판례는 【분쟁사례 2】에서 원고가 종국판결 후 소취하 후 다시 제기한 금지청구 및 손해배상청구의 소가 침해상황의 계속으로 인하여 재소금지의 요건 중 '소송물이 동일할 것'의 요건과 '권리보호이익이 동일할 것'의 요건에 부합하지 않아 재소금지원칙에 반하지 않는다는 논리를 잘 보여주고 있다고 생각된다. 또한 소송물의 식별기준에 관하여 구실체법설을 취하는 판례가 일정 기간동안 지속적인 침해행위로 인하여 발생하는 손해에 대하여 기간을 달리하여 별도로 제기한

유병현/김경욱, 앞의 책, 735면; 정영환, 앞의 책, 1114면.

46) 정동윤/유병현/김경욱, 앞의 책, 737면.

47) 김홍엽, 앞의 책, 741면.

48) 호문혁, 앞의 책, 811면.

49) 대법원 2009. 6. 25. 선고 2009다22307 판결. 이 판례를 권리보호이익 요건에서 인용한 견해로 김홍엽, 앞의 책, 746면 註1.

50) 대법원 2009. 6. 25. 선고 2009다22307 판결.

51) 이 판례를 소송물 요건에서 인용한 견해로 정영환, 앞의 책, 1116면 註43.

각 소에서 행한 청구권 주장을 별개의 소송물로 보고 있음을 확인할 수 있다.[52)]

4. 소 결

이상 살펴본 【분쟁사례 1】, 【분쟁사례 2】에 관한 논의를 종합하여 택배사업자가 전자상거래업체를 상대로 배송금지청구 및 손해배상청구의 소를 제기하는 사례를 상정해보면, 만약 전자상거래업체가 법에 위반되는 형태로 배송행위를 하고, 그 행위가 계속됨으로 인하여 택배사업자에게 손해가 발생하는 상황이 지속되고 인과관계가 인정되어 불법행위를 구성한다면, 택배사업자는 불법행위를 원인으로 하여 전자상거래업체를 상대로 배송금지청구 및 손해배상청구의 소를 제기할 수 있고, 종국판결 후 소를 취하한 뒤에도 지속되는 손해의 기간을 달리해서 다시 금지청구 및 손해배상청구의 소를 제기하는 것은 ① 우리나라 판례가 취하는 구실체법설을 기준으로 보면 소송물이 다르고, ② 권리보호이익이 다르므로, 즉 소제기를 필요로 하는 정당한 사정이 있는 것으로 볼 수 있으므르, 민사소송법 제267조 제2항이 규정하는 재소금지 원칙에 반하지 않을 것이라 생각된다.

Ⅴ. 결 론

우리나라에서 택배업을 영위하기 위하여 필요한 화물자동차를 확보하기 위한 화물자동차 운송사업에 대한 허가가 법령과 정책이라는 수단으로 엄격히 통제 되어오고 있다. 한편 전자상거래, TV홈쇼핑 등 미디어, IT기술 등 인접 산업의 발달과 상호 작용하며 택배수요의 폭증과 함께 택배산업이 성장해왔다.

이러한 택배업을 영위하기 위하여 택배사업자는 화주와의 사이에 택배계약을 체결하여 화물의 택배운송을 위탁받아 수행하고 그 대가인 운임을 받는 내용의 법률관계를 형성하는 한편, 화주로부터 택배운송을 위탁받은 화물을 전국 단위로 효율적으로 수행하기 위하여 전국을 범위로 하여 장비와 부동산과 시설 등의 인프라를 직접 갖추거나 임대인과의 임대차계약을 통해 갖추고, 택배운송의 단계를 구분하여 각 단계별, 요소별 용역 중 집하와 배송을 집배송대리점에게, 집하터미널과 배송터미널 사이의 운송을 구간운송사에게, 택배터미널에서의 화물의 분류를

52) 정영환, 앞의 책, 1116면.

터미널 현장수급업체에게 각 위탁한다. 그 운영과정에서 화물의 집하에서 배송에 이르기까지 화물의 이동상황을 기록하고 관리할 수 있는 전산 시스템과 정보 시스템이 필수적으로 요구된다. 이러한 점에서 택배업은 장치산업이자 네트워크산업, 혁신산업, 그리고 노동집약적 산업으로서의 특징을 갖는다. 장치산업으로서의 특징을 갖는 택배업에 필수적인 화물자동차의 신규허가가 오랜 기간 동안 법령과 제도에 의해 엄격히 통제되어오고 있음에도 불구하고, 화물자동차법의 입법형식의 공백으로 인하여 수급균형이라는 엄격 통제의 목적과 취지가 형해화 또는 몰각되거나 탈법행위가 발생할 여지가 존재하는바, 이러한 화물자동차 수급정책 적용상의 괴리 문제를 해결하기 위하여 화물자동차법상 화물자동차 운송사업의 정의규정을 여객자동차법상 여객자동차 운송사업의 정의규정에 착안하여 개정하는 한편, 탈법행위를 방지하기 위한 방안의 신설도 필요하여 개선방안에서 이에 대한 의견을 제시하였다.

화물자동차 허가제 및 신규허가의 원칙적 금지를 통한 엄격한 수급조절제도와 관련하여, 만약 어떤 당사자가 화물자동차법에 위반되는 형태로 배송행위를 하고, 그 행위가 계속됨으로 인하여 택배사업자에게 손해가 발생하는 상황이 지속되고 인과관계가 인정되어 불법행위를 구성한다면, 택배사업자는 불법행위를 원인으로 하여 그 당사자를 상대로 배송금지청구 및 손해배상청구의 소를 제기할 수 있고, 종국판결 후 소를 취하한 뒤에도 지속되는 손해의 기간을 달리해서 다시 금지청구 및 손해배상청구의 소를 제기하는 것은 우리나라 판례가 취하는 구실체법설을 기준으로 보면 소송물이 다르고, 소제기를 필요로 하는 정당한 사정이 있는 것으로 볼 수 있으므로, 재소금지의 요건에 해당하지 않을 것이라는 결론을 내릴 수 있다.

참고문헌

▣ 국내 문헌

〈단행본〉

강동수 외, 「택배용 화물자동차 운송사업 신규 공급 방안 연구」, 교통안전공단, 2015.

김기선, 「한국채권법각론」, 법문사, 1988.

김남진 · 김연태, 「행정법 I 」 제28판, 2024.

김증한 · 김학동, 「채권각론」, 박영사, 2006.

김홍엽, 「민사소송법」 제11판, 박영사, 2023.

박균성, 「행정법론(상)」 제23판, 박영사, 2024.

이시윤, 「신민사소송법」 제17판, 박영사, 2024.

조경철, 「택배의 이해와 운영」, 물류신문사, 2000.

정동윤 · 유병현 · 김경욱, 「민사소송법」 제10판, 법문사, 2023.

정영환, 「신민사소송법」 제3판, 법문사, 2023.

하명호, 「행정법」 제6판, 박영사, 2024.

호문혁, 「민사소송법」 제14판, 법문사, 2020.

홍정선, 「행정법원론(상)」 제32판, 박영사, 2024.

홍정선, 「행정법특강」 제5판, 박영사, 2006.

〈학위 논문〉

김천수, "화물자동차 운송규제 분석연구 - 자가용 화물자동차 유상운송 금지를 중심으로 -", 인하대학교 물류전문대학원 박사학위논문, 2017.

유제헌, "택배업 관련 법률관계 및 분쟁해결절차에 관한 연구", 고려대학교 대학원 박사학위논문, 2025.

〈논문〉

민연주 · 이지선 외, "생활물류서비스산업 발전을 위한 법 · 제도 개선방안연구", 「수시연구보고서」 21-02호, 한국교통연구원, 2021.

박세화, "2017년 상법총칙 · 상행위법 판례의 동향과 분석", 「상사판례연구」 제31권 제1호, 한국상사판례학회, 2018.

박찬익, "한국 택배산업 20년사 - 분야별 리포트 - 법 · 제도 부문", 「한국 택배산업 20년사」, 물류신문사, 한국통합물류협회, 2012.

임석민, "전자상거래와 한국의 택배산업", 「무역상무(貿易商務)연구」 제16권, 한국무역상무 학회, 2001.
최민수, “부정경쟁행위와 불법행위법상 금지청구권 - 대법원 2010. 8. 25.자 2008마2541 결정 -”, 「법조」 제62권 제1호, 법조협회, 2013.

▣ 기타 문헌

국토교통부 2016. 8. 30.자 “소형화물차 증차규제 12년 만에 풀린다” 보도자료, 국토교통부, 2016.

▣ 웹사이트

국회 의안정보시스템: https://likms.assembly.go.kr/bill/main.do

집단적 소비자 분쟁을 해결하기 위한 소송제도 정비 방안에 관한 소고*

-부권소송에 관한 미국의 제도를 포함하여-

최 광 선**

Ⅰ. 서 론

제22대 국회가 2024년 5월 30일 개시되었다. 제21대 국회에도 집단적 소비자 분쟁 해결을 위한 여러 입법이 존재했지만, 임기 만료로 폐기되었고. 이제 제22대 국회의 입법을 기대해야 하는 상황이 되었다. 제17대 국회에서 소비자단체소송이 도입된 이래 집단적 소비자 분쟁을 해결할 수 있는 소송제도의 개선에 대하여 꾸준한 요구가 있었지만 거의 반영되지 못한 결과, 오늘날 여전히 소비자들은 효과적으로 집단적 피해를 구제받기 어렵기 때문에 소액 다수의 피해자는 그 피해를 수인하여야 하는 경우가 적지 않다.

최근에도 집단적 소비자 분쟁을 해결하기 위하여 다양한 제안이 있었지만, 지금까지 견해의 일치를 보지는 못하고 있다. 이 글을 논의할 때 유지하고자 하는 방향은 균형감각이다. 어느 나라이건 집단적 분쟁 해결을 위한 소송에 있어서 사업자단체는 도입에 소극적이지만, 소비자단체는 도입에 적극적인 경우가 일반적이다. 우리나라도 예외는 아닌바, 지금까지는 사업자에게 경영상 애로를 주지 않으

---

* 이 논문은 고려대학교 법학전문대학원 정영환 교수님의 정년퇴임을 기념(2025.6.)하여 작성되었습니다.

** 건국대학교 법학전문대학원 교수, 법학박사, 변호사

려는 입장이 우세하여 집단적 분쟁 해결을 위한 소송 입법은 교착상태에 있다고 보인다. 그러나 소송제도라는 것은 누구의 편을 들기 위한 것이 아니다. 집단적 분쟁을 한 번에 해결한다는 장점이 있으므로 소비자의 경우 소송경제와 분쟁의 일회적 해결에 부합하고, 사업자의 경우 추가적인 소송에 휘말리지 않고 분쟁을 종료시킬 수 있어서 양측에 긍정적 효과를 발생시킬 수 있다. 따라서 집단적 분쟁 해결을 위한 소송제도의 정비는 소비자와 사업자 모두를 완전히 만족시키지는 못하더라도 어느 정도 타협을 도출시키는 방안으로 정비될 수 있다. 실제로 문제가 되는 부분은 소송의 형태가 아닌 것으로 보인다. 증거자료의 수집 방법과 손해배상의 액수가 실제로 문제된다. 사업자는 단체소송인지 대표당사자소송인지는 큰 관심이 없고 '내가 패소할 가능성이 얼마나 되는가? 패소한다면 얼마만큼 물어줘야 하는가?'이기 때문이다. 쉽게 말해 사업자는 규범의 당위성보다는 재무제표에 반영될 수치에 관심이 있는 것이다.

그럼에도 소송제도의 개선은 중요하다. 현재처럼 일방적으로 사업자가 우위를 점한다면 우리나라 국민은 국제기준에 미치지 못하는 법의 보호를 받는 상태에 놓이기 때문에 언제까지나 입법부가 이런 현상을 두고 볼지는 의문이다. 국제적으로 글로벌 스탠드가 정립되어 가고 있어서 입법의 대세적 흐름을 언제까지나 막을 수 있는 것은 아니기 때문이다. 나아가 소송제도를 이용해 봤자 이기지도 못한다는 자조적인 태도는 법에 대한 불신을 넘어 국가에 대한 불신까지도 초래하게 된다. 따라서 소송제도의 개선을 언급한 증명책임제도 문제와 손해배상의 문제를 결합해 현재의 교착상태를 해결하는 것이 타당하다고 생각한다.

여기서는 제21대 국회에서 논의되었던 소비자단체소송에 대하여 간략히 검토한 뒤, 미국에서 논의된 사항을 비교법적으로 검토하고자 한다. 특히 미국의 부권소송(parens patriae)이라는 제도를 살피고자 한다. 부권소송은 우리나라에서도 소개되어 있는데 주로 공정거래법 분야에 도입 가능한지에 관한 논문이 주를 이룬다.[1] 이 글에서는 소비자 분야, 특히 집단적 권리구제가 필요한 부분에 부권소송이 가지는 시사점에 대하여 검토하고자 한다. 이후 우리나라에 도입되어야 할 집단적

1) 유정화, "미국의 부권 소송에 관한 연구－우리나라 독점규제법 분야에의 도입가능성을 중심으로－", 고려법학 제89호, 고려대학교 법학연구원, 2018.6.; 이규호, "공정거래법분야에 있어 미국의 부권소송에 대한 연구", 법학연구 제15권 제1호, 연세대학교 법학연구원, 2005.; 이문지, "미국의 반트러스트 국가후견소송", 경영법률 제10권, 한국경영법률학회, 2000.; 장품 · 김승현, "공정거래법의 사적 집행수단: 국가후견소송을 중심으로", 경쟁법연구 제38권, 한국경쟁법학회, 2018.

소비자 분쟁 해결을 위한 소송제도에 대하여 본격적으로 논의하고자 한다. 제21대 국회에서도 소비자기본법에 대한 여러 개정안이 발의되었지만 윤영덕 의원이 대표발의한 소비자기본법이 단체소송의 전반을 다루고 있는 거의 유일한 개정안이기 때문에 이에 대하여 자세히 검토한다. 이와 더불어 최초의 법무부 집단소송시안(1996년) 및 이른바 2단계 구제소송을 통한 시사점의 모색을 겸하도록 한다. 이를 바탕으로 집단적 소비자 분쟁 해결을 위한 소송제도의 정비를 위하여 현재 시행 중인 민사소송법과 그 특별법의 체계가 서로 정합적으로 존속하는 방안을 검토한다.

Ⅱ. 미국의 부권소송 제도

1. 서 설

미국은 어떤 자들을 대신하여 소제기를 할 수 있는 제도로서 대표당사자소송(class action) 뿐만 아니라 부권소송(parens patriae)이라는 제도를 두고 있다. 부권소송[2]이라는 제도는 영국식 제도에서 기원한 것으로 과거 영국의 국왕으로 하여금 스스로 법적인 보호를 할 수 없는 자들을 위하여 후견인으로서 소송을 하게 해주는 데서 유래하였다. 부권소송 제도는 원래 고아, 정신병자 등과 같은 자들을 대표하여 오던 데에서 기인한 것이다. 미국에서는 이러한 과거 영국식 부권소송제도를 수용하여 국왕의 역할을 각 주에게 수여하였고, 주는 준주권적 이익(quasi-sovereign interest)[3]을 수호하는 자격으로 소를 제기할 수 있게 되었다. 일반적으로는 이러한 부권소송은 미국 헌법에 근거한다고 해석한다.[4]

현대적 의미에서 보면 일반적으로 주(州)는 주민들을 위하여 소를 제기할 수 있는 당사자적격을 가지지는 않지만, 부권소송에서는 주정부가 시민을 대신하여 소

---

2) 부권소송이라는 용어 외에도 국가후견소송이라는 용어를 쓰는 경우도 있다. 이문지, "미국의 반트러스트 국가후견소송", 경영법률 제10권, 한국경영법률학회, 2000. 그러나 미국의 주 정부에 의한 제도를 곧바로 우리나라의 국가에 대입시키는 것에 어려움이 있고, 주정부가 피해자들을 대신하여 소를 제기하는 것이므로 제3자 소송담당의 성격을 가지는 것으로 보이는데 이를 후견으로 보기에도 어려움이 있다. 따라서 단어의 원문에 가깝게 부권소송이라는 용어를 사용하기로 한다. 이규호, "공정거래법분야에 있어 미국의 부권소송에 대한 연구", 법학연구 제15권 제1호, 연세대학교 법학연구원, 2005, 153면.

3) Susan Harriman, "Parens Patriae Actions on Behalf of Indirect Purchasers: Do They Survive Illinois Brick", Hastings Law Journal Vol. 34, Issue. 1, 1982, p.181.

4) Susan Harriman, op.cit., p.181.

를 제기하는 자격을 가진다.[5] 이때 부권소송에서 주가 당사자적격을 가지기 위해서는 독립적(separate)이고, 주권적 이익(sovereign interest)을 가져야 한다.[6] 미국의 부권소송은 다음과 같은 사례들에서 구체적으로 정립되기 시작했다. 뉴저지주에서 오염된 물을 뉴욕항으로 방출하려는 시도에 대하여 뉴욕주가 이를 막으려는 사안에서 부권소송을 이용하였다. 주는 미국 헌법상 법원에 이러한 소를 제기하여 구제를 취할 수 있는 권리 또는 방어할 수 있는 권리를 가진다는 판례법이 정착되기 시작한 것이다.[7] Missouri v. Illinois, 180 U.S. 208, 241 (1901) 사건에서도 주의 거주민의 건강과 평온이 위협된다면 주는 그들을 대리하여 방어할 수 있는 당사자적격을 가진다고 판시하였다. 이러한 사건 이후 법원은 오히려 당사자적격을 좁히는 경향을 보이기도 하였다. 특히 Pennsylvania v. New Jersey, 426 U.S. 660, 665 (1976) 사건에서는 개인이 독립적인(separate) 주권적 이익을 가져야 함은 물론 주도 스스로 고유의 주권적 이익을 가져야 한다고 판시하였다.

2. 부권소송에 관한 검토

(1) 미국 연방 성문법 검토

1) 클레이트(Clayton)법에 규정된 내용

1976년 Hart-Scott-Radino 법을 통하여 반독점법인 Clayton법이 개정되었다.[8] 이는 종전에 판례법상으로 인정되던 부권소송을 반독점법 영역에서 성문법으로 정비한 것으로 현재 15 U.S. Code § 15c-Actions by State attorneys general 부분에 규정되어 있다. 이 법의 시행으로 주정부는 반독점 소송에서 사업자의 법 위반 행위에 대하여 명시적으로 소비자를 대표할 권한을 부여받았다.[9] 이 제도는 피해 소비자에 대한 배상, 가해자의 불법이익 환수, 장래 법위반의 억제, 연방집행기관과 주정부의 협력 확대 등을 목적으로 하고 있다. 이때 주 법무부장관은 해당 주에 거주하는 자연인들을 대표하여 주의 이름으로 금전 배상을 청구한다. 이때

5) Amy Widman & Prentiss Cox, "State Attorneys General's Use of Concurrent Public Enforcement Authority in Federal Consumer Protection Laws", Cardozo Law Review, Vol, 33, 2011, p.63.
6) 부권소송의 개념과 사례 정리에 대하여는 다음의 사이트를 참조(최종방문, 2024. 11. 30.) https://constitution.congress.gov/browse/essay/artIII-S2-C1-6-6-3/ALDE_00013005/#ALDF_00017190
7) New York v. New Jersey, 256 U.S. 296, 301 - 02 (1921).
8) 유정화, 전게논문, 214면.
9) 유정화, 전게논문, 220-221면.

손해는 담합과 독점으로 인하여 발생한 손해를 의미하며 이에 더한 손해 3배 원칙과 변호사 비용이 배상의 범위에 포함된다. 부권소송의 특징은 주정부가 담합행위 등으로 인하여 직접적으로 손해를 받지 않았음에도 불구하고 주의 자연인들을 위하여 소를 제기할 수 있다는 점이다.

1976년의 Hart-Scott-Radino 법을 통하여 주요하게 개선된 점은 ① 손해의 증명(15 U.S. Code § 15d) ② 고지(15 U.S. Code § 15f) 및 기판력(15 U.S. Code § 15c (b)) ③ 손해배상금의 분배(15 U.S. Code § 15e)에 관한 부분이다. ① 손해의 증명에 관하여 본다면, 주 법무부장관은 손해를 입은 총원에 포함되는 개개인이 입은 손해의 정확한 액수를 증명할 필요 없이 손해배상금을 추정하여 청구할 수 있다. 손해배상금 산정방식이 합리적인 방식을 유지한다면 통계적인 방식 또는 기타 표본조사 방식을 사용할 수 있는 것이다. 반면 이 법은 이중배상금지의 원칙도 규정한다. 이미 특정 법익침해에 대하여 손해배상판결이 선고되었다면 부권소송을 통하여 중복적으로 손해배상청구하는 것은 배제된다고 한다. ② 고지 및 기판력에 관하여 보면 다음과 같다. 주 법무부장관은 주민의 수권을 받지 아니하고 부권소송을 개시하는 것이며, 담합이나 독점 등 위반행위로 인한 피해자들에게 고지할 필요는 없다. 다만 법원이 주 법무부장관에게 법원이 정한 기일을 법원이 정한 방식 및 내용으로 통지하도록 할 수는 있다. 부권소송에서 손해를 입은 구성원들은 고지받은 것으로 추정되고 소송에서 제외신고를 할 수 있는 기회를 받은 것으로 추정받기 때문에 손해를 입은 개인이 제외신고를 하지 아니하는 한 손해를 입은 자들에게 기판력을 가지게 된다(15 U.S. Code § 15c (b)). 소송상 화해에는 법원의 승낙이 필요하며 법원의 명령에 따라 고지한다. ③ 손해배상금의 분배 제도 역시 탄력적으로 운영되고 있다. 15 U.S.C. §15e에서는 손해를 입은 자들에 대한 손해배상금의 분배 규정을 마련하고 있다. 기본적으로 손해배상 분배 및 분배의 허가에 대하여 법원은 광범위한 재량권을 가진다. 특히 법원은 손해배상금의 성격을 민사벌(civil penalty)로 평가하여 소를 제기한 주정부의 일반세입(general fund)에 귀속시키도록 할 수 있다(15 U.S. Code § 15e). 일반세입은 주정부가 자유롭게 사용할 수 있는 예산이 되는 것이지만 손해를 입은 자에게도 자기의 몫을 확보할 기회가 충분히 제공되어야 한다. 참고로 부권소송의 변호사 비용에 관하여 보면, 법원이 변호사 보수를 정하도록 하고 있고, 주 법무부장관이 악의적인 소송을 한 것으로 판단하였으면 합리적인 변호사 보수를 부과시킬 수 있다(15 U.S. Code § 15c (d)). 미국식 소송은 악의적 소송수행자에게 상대방의 변호사 비용을 전가시킬 수 있다는 점이 특징이라고 하겠다.

2) 기타 연방 성문법에 규정된 내용

위에서 설명한 클레이튼 법 이외에도 몇 가지 부권소송 조항이 더 있다.[10] 15 U.S. Code § 6504 부분에도 부권소송에 관하여 규정하고 있다. 이 부분에서는 인터넷에서 아동에 관한 개인정보 수집 및 사용이 관련된 불공정하고 사기적인 행위 및 실무에 관한 규제 조항을 위반했을 때 부권소송을 이용할 수 있음을 규정하고 있다. 따라서 관련 규정을 위반한 행위로 인하여 주 거주자의 이익이 위협을 받거나 부정적인 영향을 받았다고 인정할 만한 상당한 이유가 있는 경우 주 법무부장관이 부권소송을 이용하여 주 거주자를 대신하여 부권소송 형태의 민사소송 절차를 이용하여 금지청구, 규정 준수의 이행강제, 주 거주자를 대신하여 손해배상 또는 손실보상을 청구 등을 비롯하여 법원이 적절하다고 판단하는 구제수단을 강구할 수 있다. 15 U.S. Code § 6103 부분에서도 부권소송에 관하여 규정하고 있다. 이 규정은 위법한 텔레마케팅 관련 패턴이나 실무를 규율하기 위한 것이다. 텔레마케팅 규정 위반으로 인하여 주 거주자의 이익을 위협하거나 부정적인 영향을 주는 경우 주 법무부장관은 부권소송을 이용하여 손해배상, 손실보상 청구, 금지청구를 비롯하여 법원이 적절하다고 판단하는 구제수단을 강구할 수 있다. 18 U.S. Code § 1595: Civil remedy 부분에서도 부권소송에 관하여 규정하고 있다. 18 U.S. Code 제77장(Chapter 77)에서 규정하고 있는 빚을 갚기 위한 노역(PEONAGE), 노예계약(SLAVERY), 인신매매(TRAFFICKING IN PERSONS) 등으로 인하여 피해를 받은 자는 가해자 및 가해자의 공범과 가해행위로 인하여 고의적으로 이익을 얻은 자에게 민사소송을 이용하여 손해배상금과 변호사 비용을 청구할 수 있다. 이 경우에도 민사소송 절차에 부권소송을 이용할 수 있다. 즉 주 법무부장관은 18 U.S. Code § 1591을 위반한 행위로 인하여 주 거주자의 이익이 위협을 받거나 부정적인 영향을 받았다고 보이는 경우 부권소송을 이용한 민사소송으로 적절한 구제수단을 강구할 수 있다. 노역과 인신매매 등에 관한 형사책임이 문제된 경우 이에 대한 손해배상 등을 위하여 주정부는 부권소송을 통한 민사소송을 진행할 수 있는 것이다.

10) 미국 법령은 다음의 사이트 참조(최종방문, 2024. 12. 5.) https://www.law.cornell.edu

(2) 최근 미국에서 문제가 된 사례 검토

1) 미국 연방대법원 사례

연방대법원의 Snapp 판결을 통하여 부권소송에 관한 판례법상의 요건을 판시하였는데 이를 정리하면 다음과 같다.[11] 푸에르토리코 정부는 푸에르토리코 동쪽 해안(east coast)의 사과재배업자가 푸에르토리코 주민인 근로자를 차별하였다는 이유로 연방법(Wagner-Peyser Act)을 위반했다고 하여 부권소송을 이용하여 소를 제기하였다. 미국 연방 버지니아 지방법원은 당사자적격이 없음을 이유로 소를 각하하였고 푸에르토리코 정부는 항소하였는데, 미국 연방항소법원은 원심판결을 파기하고 원심으로 환송할 것을 선고하였다. 이에 피고 사과재배업자가 부권소송의 당사자적격 부분에 대한 법리에 관하여 상고하였고 미국 연방대법원은 푸에르토리코 정부가 부권소송을 제기할 당사자적격을 가진다고 종국적으로 판시하였다.

이 사건에서 문제가 된 연방법의 내용과 목적은 푸에르토리코 시민을 포함한 미국 근로자에게 이 나라에서 가능한 일자리에 대해 일시 체류의 성격을 가지는 외국인 근로자보다 우선권을 부여하고, 외국인 근로자가 유입될 때 국내 근로자의 근무 조건이 부정적인 영향을 받지 않도록 한다. 이 연방법은 외국인 근로자를 선호하는 것을 막아서 미국 근로자를 보호하는 목적을 가지고 있었다. 그런데 이러한 연방법이 있음에도 피고는 푸에르토리코 주민에게 일자리를 제공하지 않았거나, 푸에르토리코 주민들이 일시 체류 외국인 근로자보다도 못한 근로조건을 부담하게 하거나, 기존 푸에르토리코 주민과의 계약을 부당하게 종료하기도 하였다. 이는 궁극적으로 푸에르토리코의 경제 상황에도 부정적인 영향을 미친다는 평가를 받게 된다.[12] 이에 푸에르토리코 정부는 부권소송을 통하여 사과재배업자를 상대로 푸에르토리코 주민들이 보다 쉽게 일자리를 구할 수 있도록 주민들의 권익을 보호하려고 하였다.[13]

---

11) Alfred L. Snapp & Son, Inc. v. Puerto Rico ex rel. Barez 458 U.S. 592, 73 L. Ed. 2d 995.이 판례에 대하여는 주정부의 부권소송 요건을 확립하였다는 평가가 있으며 부권소송의 요건을 준주권적 이익의 존재와 피해자가 전체 인구에서 차지하는 비율의 충분성을 요건으로 하고 있다고 평가한다. 이문지, 전게논문, 434면.

12) John B. Hoke, “Parens Patriae: A Flawed Strategy for State-Initiated Obesity Litigation”, William & Mary Law Review, Vol. 54, , 2013, p.1757.

13) 참고로 푸에르토리코는 별도의 독립된 국가가 아니라 미국의 속령으로서 미국법이 적용되고 있다는 점이다. 푸에르토리코는 미국의 정식 주는 아니지만 미국의 주권이 적용되는 영토이고 사법권 역시 적용된다.

부권소송이 유지되기 위해서는 주는 특정 사인이 가지는 이익을 넘어서는 이익을 가지고 있어야 한다. 이를 준주권적 이익(quasi-sovereign interest)이라고 하는데 이는 일반적으로 주민들의 물질적 정신적인 건강과 복리를 포함하게 된다. 특정 집단인 주민의 손해를 넘어서는 수준이어야 하므로 간접적 손해라고 하더라도 주가 실질적으로 충분한 수의 주민이 손해를 입었는지 아닌지에 따라 부권소송의 대상이 될 수 있다. 준주권적 이익이란 연방법 체계에서 적법하지 않다고 인정되는 경우에는 부인되므로 주 및 그 주민들은 연방법 체계의 보호를 받고 있음을 전제로 한다. 이런 원칙에 비추어 볼 때 사업자가 푸에르토리코인을 다른 미국 근로자들 보다 불리하게 취업 관련 법령을 적용한 점, 그러한 고용악화로 인하여 푸에르토리코의 경제 상황에도 영향을 줄 수 있는 점 등은 푸에르토리코 주민들의 입장에서 보았을 때 충분히 준주권적 이익에 대한 침해라고 주장할 수 있었다. 사과재배업자의 업무수행 형태가 푸에르토리코 주민들에게는 다른 이민자들에 비하여 오히려 불리한 여건에 처하게 할 수 있기 때문이다. 한편 이 사건에서는 피해자의 수가 충분하지 않았다는 점도 쟁점이 되었다. 미국 연방대법원은 이 문제에 대하여 푸에르토리코 정부가 자신의 주권적 권한으로서 입법권을 행사하여 이해를 조정할 수 있을 만한 손해인가를 기준으로 제시하였으며, 이 사안에서는 787회의 취업 기회가 문제되었고 이 정도 규모라면 푸에르토리코 정부에게 부권소송을 제기할 이익이 있다고 판시하였다.[14)]

2) 플로리다 주대법원 사례

소비자 피해를 구제하는 법률은 주별로 독자적인 모습을 가지고 있는 경우가 많다. 따라서 미국의 소비자에 대한 집단적 권리구제를 위한 대표당사자소송은 주로 주별로 행하여진다고 한다.[15)] 최근 소비자 보호와 관련하여 선고된 플로리다 주법원의 판결에서도 부권소송이 논의된 바 있다.[16)] 이 사건은 플로리다 주 마이애미 소재 Smartbiz Telecom, LLC라는 통신회사(이하 피고 회사)가 해외에서 미국으로 보내는 로보콜(AI를 이용하여 무단으로 거는 전화)을 전달하는 행위를 막기 위하여 플로리다 주의 법무부장관이 제기한 소이다. 위 법무부 장관은 플로리다 사

14) Alfred L. Snapp & Son, Inc. v. Puerto Rico ex rel. Barez 458 U.S. 592, 73 L. Ed. 2d 995.

15) 이세인, “미국 소비자집단소송에 관한 연구”, 법학연구 제48권 제1호, 부산대학교 법학연구소, 2007, 12면.

16) 플로리다 주의 소비자 소송을 부권소송으로 진행한 사례 (최종방문, 2024. 11. 20.) https://www.myfloridalegal.com/newsrelease/court-action-against-company-sending-robocalls

기 및 불공정 거래 실무법(the Florida Deceptive and Unfair Trade Practices Act), 전화 소비자 보호법(the Telephone Consumer Protection Act), 텔레마케팅 판매 규칙(the Telemarketing Sales Rule)에 의거해서 보전처분(injunctive relief) 및 배상청구(consumer restitution), 민사금전벌(civil money penalty)을 청구하였다.

플로리다 주 법무부장관은 피고 회사가 수백만 건의 해외로부터 걸려온 로보콜이 미국으로 전송되는 것을 용이하게 했으며, 피고 회사가 다수의 경고를 받았음에도 이를 이행하지 않았기 때문에 이러한 소에 이르게 되었다고 하였다. 이 사안에서 피고 회사가 문제가 된 이유는 로보콜 전화가 마치 911에서 온 것처럼 가장한 전화로 보여서 문제가 되었으며 2020년 이후 피고 회사가 전송을 조력한데 대하여 연방통신위원회로부터 250차례 이상 경고를 받았기 때문이다. 이러한 사안에서 플로리다 주 법무부장관은 부권소송절차를 이용하여 절차를 진행하였고 플로리다 주 지방법원은 원고인 주 법무부장관이 이를 이용할 수 있는 당사자적격이 있음을 인정하였다.

3) 소 결

부권소송이 인정되는 분야는 매우 광범위하여 주 또는 연방의 차별금지법, 주의 소비자보호 관련 규정에 근거한 구제소송, 연방의 반독점법 등 다양하게 인정되고 있다고 한다.[17] 최근에는 연방 소비자보호 규정을 통하여 주 법무부장관으로 하여금 연방법 위반으로 인하여 주민들이 입은 손해를 배상하도록 정하고 경우가 빈번하게 있다.[18] 이때 부권소송은 피해자들이 손해배상을 받을 민사상 권리를 대행하는 것으로서 새로운 청구권을 창설한 것이 아님을 유의할 필요가 있다. 미국 연방대법원도 Hart-Scott-Radino 법이 새로운 실체법상 책임을 규정한 것이 아니라 이미 존재하는 피해 회복의 권리를 실현하기 위한 새로운 절차적 장치에 해당한다고 판시하였다.[19] 이를 보면 미국의 부권소송은 순수한 절차법적 구제수단으로서 원고적격을 미리 정해 놓은 방식으로서 대표당사자소송 이외에 집단적 분쟁해결 수단을 정한 절차로 평가할 수 있겠다. 특히 연방대법원이 Eisen 판결에서 대표당사자소송의 원고가 집단구성원들에게 소송 전에 하는 통지에 대한 비용부담

17) 이문지, 전게논문, 435면.

18) Margaret H. Lemos, “AGGREGATE LITIGATION GOES PUBLIC : REPRESENTATIVE SUITS BY STATE ATTORNEYS GENERAL”, HARVARD LAW REVIEW, Vol, 126:486, 2012, p.496.

19) Kansas v. UtiliCorp United. Inc., 497 U.S. 199, 100 S. Ct. 2807, 111 L. Ed. 2d 169.

을 한다고 해석한 결과 원고 입장에서는 비용부담이라는 장벽이 생겼음을 감안[20] 해 볼 때 주정부가 부권소송을 수행하기 위해 비용을 부담한다는 점에서 대표당사자소송과 구별되는 실익이 있다.

그러면 부권소송은 문제점이 없을까? 부권소송에 대하여는 전통적으로 정치적 중립성이 문제되어 왔다. 주 법무부장관은 선거로 선출되는 경우가 상당히 많은데 이는 정파적으로 독립되기 어렵다는 강력한 방증(傍證)이 되기도 한다.[21] 이 제도를 우리나라에 그대로 들여오면 소송이 순수한 권리구제수단에서 벗어나 정책적 판단의 도구 또는 정쟁의 도구로 전락할 우려가 있게 된다. 우리나라와 같은 강력한 중앙집중형 대통령제 아래에서는 국가가 집단적 분쟁해결 수단까지도 독점하게 되면 권력비대가 심화될 가능성이 매우 높으므로 주의를 요한다. 미국은 연방정부에 부권소송의 당사자적격을 인정하지 않고 있음을 참고할 필요가 있다. 그러나 부권소송은 우리나라 실정에 맞게 수정될 필요는 있고 개별 소비자가 주체적으로 이용할 수 있는 제도와 병립하여 이용된다면 실익이 있을 수 있다. 부권소송의 실익은 개인의 사적 이익 추구가 닿지 않는 곳으로서 공익 추구가 필요한 부분에 있다고 보인다. 부권소송이라는 개념 자체가 준주권적 이익에서 출발한 것으로 공익소송을 전제로 성립하고 있다. 앞서 검토했듯이 준주권적 이익이란 주민들의 일반적인 건강 및 물리적·경제적 복리에 밀접하게 관계되어 있음을 알 수 있기 때문이다.

(3) 집단적 소비자 구제에 곤란함을 더한 미국의 최근 실무 동향

미국은 최근 중재조항의 혁명이라고 부를 수 있는 실무적 경향의 변화로 인하여 대표당사자소송 수행에 어려움을 더하고 있다고 한다.[22] 대표당사자소송에 이르기도 전에 강제 중재조항을 통하여 분쟁을 해결하도록 하는 중재청구가 가능하기 때문이다. 다시 말해 강제 중재조항에 합의하도록 함으로써 구성원들은 대표당사자소송을 포기하게 된다. 대표당사자소송이 될 만한 사건에 관하여 미리 피고가

20) 이문지, 전게논문, 441면.

21) PATRICK HAYDEN, "Parens Patriae, the Class Action Fairness Act, and the Path Forward: The Implication of *Mississippi ex rel. Hood v. AU Optronics Corp.*", THE YALE LAW JOURNAL, Vol. 124, No. 2, 2014, p.571. 그 외에도 주 법무부장관을 움직일 수 있을 정도의 유력한 개인이라면 준주권적이익을 가장하여 그 개인의 이해를 대변하는 제도로 변질될 우려도 있다고 한다. p.568.

22) BENNET CHO-SMITH, "State Attorneys General, You're My Only Hope: How to Fill the Enforcement Gap in Federal Consumer Protection Law with Parens Patriae Litigation", Georgetown Journal of Law & Public Policy, Vol. 22, 2024, p.307.

될 수 있는 자가 고용계약 등을 체결할 경우에 강제적 중재합의 조항을 넣는 경우가 많아졌다.[23] 이에 따라 고용 관련 소송이 98% 정도 감소하였고 집단적 소송이 될 수 있는 개인은 굳이 중재불복 소송을 할 이유가 없다.[24] 일반적인 개개인은 변호사의 도움이 있더라도 소송제도를 이용하기 쉽지 않고 그나마 개별적 소송은 비용이 적지 않게 들어간다고 한다. 또한 Spokeo 사건에서 당사자적격의 문턱 역시 높여서 추측 또는 가정적(conjectural and hypothetical) 손해는 인정되지 아니하고 실제적이고 급박한(actual and imminent) 손해만 인정된다고 하였으며, TransUnion 사건에서 단순히 미래에 손해가 발생할 위험만으로는 구체적인 손해가 발생한 것으로 볼 수 없다고 판시하였다.[25]

소답서면(pleading)[26] 작성단계에서도 기준을 높였다. 소답절차상 각하를 면하기 위하여 소장에 개연성이 있는 청구로서 증거로 어느 정도 뒷받침이 된 청구만이 소답절차 각하를 면한다는 판례를 Twombly and Iqbal 사건에서 확립한 결과 원고들에게 증명책임적 요소가 강화되었다.[27]

제23조(b)(3) 유형의 대표당사자소송에서 집단인증(certification) 기준이 Walmart 사건 이후로 대폭 강화되었다. 특히 공통성 요건을 판단할 때 집단 전체의 쟁점 해결을 가능하게 하는 성질을 내포하여야 한다고 하였다.[28] 집단의 청구가 같은 사실관계 문제 또는 법률문제를 공유하는 것과 같이 집단구성원이 같은 손해를 가질 것을 요구하여 공통성의 요건을 강화하였다. 월마트 사건의 하급심 판결은 150만 명에 달하는 여성근로자들이 급여와 승진에서 성차별을 당하였고 인권법 제7절을 위반했다는 정도에서 공통성을 인정하였지만 월마트 사건의 연방대법원 판결은 이 정도만으로는 공통성 요건을 갖추었는지 분명하지 않다고 판시하였다.[29] 따라서 월마트 사건에서 공통성이 충족되려면 하나의 판결로 전제적인 쟁점이 해결될 수 있어야 한다는 방식을 고수하게 되었다.[30] 다시 말해 150만명 분의

---

23) BENNET CHO-SMITH, op. cit., p.307.
24) J. Maria Glover, “Mass Arbitration”, 74 Stanford Law Review. 1283, 2022, p.1304.
25) BENNET CHO-SMITH, op. cit., p.308, 317.
26) 소답서면이란 민사소송에서 정식사실심리에 앞서 쟁점을 명확히 하기 위하여 당사자 사이에 서면을 교환하는 소송절차 또는 그러한 서면을 일컫는다. 田中英夫, 『英米法事典』, 東京大學出版会, 2001, 643頁.
27) BENNET CHO-SMITH, op. cit., p.308.
28) BENNET CHO-SMITH, op. cit., p.309.
29) Wal-mart Stores, Inc. v. Dukes, 564 U.S. 338, 350, 2011.
30) Wal-mart Stores, Inc. v. Dukes, 564 U.S. 338, 350, 2011.

차별을 한꺼번에 해결할 수 있도록 차별행위의 공통성이 증명되어야 한다고 본 것이다. 그런데 150만명에 달하는 월마트 여성 노동자들의 침해 유형을 단순하게 분류하기 어렵다는 점이 드러나서 결국 대표당사자소송으로 구제받지는 못하였다. 종전에는 사회학적 분석, 통계적 분석을 통한 경향성이 있으면 공통성이 인정되는 것으로 판시하였었는데 이 판결 이후로 전체 집단을 관통하는 차별행위의 공통성을 피해자측이 증명하도록 하여 공통성의 원칙이 상당히 엄격해졌다. 물론 피해자들은 개별적인 구제를 받는 것이 가능하지만 대표당사자소송이 아니라는 점에서 피고가 행한 불법행위에서 부담하는 책임의 정도는 감소하였다. 특히 제1기 트럼프 행정부가 연방대법관 지명을 하여 진보와 보수의 균형적 구도가 깨진 이후 대표당사자소송에 대한 이용을 보다 엄격히 할 것이라는 점은 어느 정도 예견할 수 있는 상황이다.

3. 대표당사자소송과 비교 검토

(1) 대표당사자소송의 개념과 요건

연방민사소송규칙 제23조를 간략히 분석하면 다음과 같다. 제23조(a)에는 대표당사자소송이 되기 위한 전제조건으로 다음의 네 가지를 규정하고 있다. ① 소송의 당사자 숫자가 지나치게 많아 구성원들의 소송 병합이 불가능한 경우 ② 집단에 공통되는 사실관계 문제 또는 법률문제가 있는 경우 ③ 대표당사자의 청구 또는 항변이 집단의 청구 또는 항변과 전형성을 가지는 경우 ④ 대표당사자가 집단의 이익을 공정하고 적절하게 보호하는 경우이다. 이를 가리켜 다수성, 공통성, 전형성, 대표의 적절성으로 표현하기도 한다.

제23조(b)에는 대표당사자소송의 유형이 규정되어 있다. 다시 말해 제23(a)의 네 가지 요건을 충족하면서 제23조(b) 요건을 각각 충족해야 하는 것이다. 제23(b)에서 규율하고 있는 대표당사자소송의 유형에 관한 내용은 다음과 같다.

> (1) 개별적인 집단구성원에 의하여(혹은 개별적인 집단구성원에 대하여) 개별적인 소를 제기함으로써 다음과 같은((A) 또는 (B)) 위험을 발생시키는 경우
> (A) 상대방 당사자에 대하여 일관되지 못한 기준을 제기하게 되어 개별적인 집단구성원에 대한 판결이 불일치하거나 다양하게 되는 경우 (B) 개별적인 집단구성원에 대한 판결이, 당사자가 아닌 다른 구성원들의 이익을 결정하거나 당

사자가 아닌 다른 구성원들의 이익을 보호할 능력을 실질적으로 손상시키거나 방해하는 경우

(2) 집단의 상대방 당사자가 집단에게 일반적으로 적용되는 작위 또는 부작위로 인하여 종국적인 금지명령이나 확인명령이 필요한 경우

(3) 집단에게 공통된 사실관계문제 또는 법률문제가 개별적인 구성원에게만 영향을 미치는 문제보다 압도적이고, 대표당사자소송이 쟁점을 공정하고 효과적으로 판단하는 방법으로 우월하다는 점을 법원이 인정한 경우. 이 경우 법원은 (A) 개별적인 소 제기 또는 항변이 영향을 미치는 집단구성원의 이익 (B) 집단구성원에 의하여(혹은 집단구성원에 대하여) 이미 개시된 다른 소송에서 관련된 쟁점의 범위와 성격 (C) 특정한 관할 법원에 소송을 병합시키는 것이 타당한지 여부 (D) 대표당사자소송을 관리하는 것이 곤란한지 여부 등을 고려하여야 한다.

흔히 미국식 대표당사자소송은 제외신고(opt-out) 방식을 취한다고 알려져 있는데 실제로 제23조(b)(3)에 근거한 소송에서만 제외신고 방식을 채택하고 있을 뿐이지 그 외의 유형인 제23조(b)(1), (2)는 제외신고 방식을 채택하지 않고 있음을 유념할 필요가 있다. 제외신고 방식은 소제기에 따른 판결의 효력을 받지 않는다는 표시를 한 자에 한하여 절차에서 탈퇴하게 하는 방식으로 탈퇴한 자에게는 대표당사자소송 판결의 효력이 미치지 아니한다.[31]

미국식 대표당사자소송에서 손해배상의 분배는 기본적으로 사이 프레(cy-pres) 법리, 즉 근접배상 원칙을 취한다. 이 법리는 개별 구성원들에 대한 배상금을 합의하는 것이 아니라 전체 구성원에 대한 합의금을 정하므로 잔여금 처리가 문제된다.[32] 대표당사자소송에서 손해배상 분배는 우리나라의 전보배상과는 달리 개개인에게 차액설에 따른 손해배상을 하는 것이 아니라 피해자들이 받은 손해에 근접한 내용을 추정하여 배상하도록 하는 법리이다.[33] 또한 지나치게 많은 당사자들이 배상을 받게 되면 그 개개의 구성원들에게 돌아가는 배상액은 소액의 쿠폰으로 지급되는 경우가 많다.[34] 손해배상의 분배 사무처리를 위하여 법원은 일반적으

31) 반면 참가신고 방식은 직접 참가신청을 한 자에게만 판결의 효력을 받게 하는 방식이다.

32) 이준범, “집단소송법에 대한 사이 프레 법리 도입방안”, 법조 제70권 제4호(통권 제748호), 법조협회, 2021.8, 250면.

33) 이준범, 전게논문, 251면. 전체 손해금을 도출하고 개별 피해자들에게 분배하는 구조이기 때문에 거의 항상 잔여금 처리가 문제된다고 한다.

로 특별관리인(special master)을 둔다.[35]

(2) 부권소송과 대표당사자소송의 비교 검토

대표당사자소송은 우리나라에서 집단소송(class action)으로 자주 소개되고 있으며, 미국 연방민사소송규칙 제23조에 근거를 두고 있다. 대표당사자소송은 집단 총원 중 어느 당사자가 그 집단 총원의 피해를 구제하기 위하여 법원으로부터 인증을 받아 집단 총원을 대신하여 판결을 구하는 소송절차라고 할 수 있다. 연방민사소송규칙 제23조는 민사소송법이 적용되는 모든 영역에서 기능하는 것으로 심지어 연방대법원은 연방법이 문제되는 사안에서 주 법무부장관(state attorney general)이 대표당사자소송을 이용할 수 있다고 한다.[36] 또한 부권소송은 사인의 집합적 소송에 대한 대체물로 기능하는 경우가 많아서 부권소송과 사인의 대표당사자소송은 공익과 사익을 대표하는 대리인이 공통된 구제를 구하도록 기능하는 절차라고 평가하기도 한다.[37]

이를 보면 미국의 집단적 피해 구제수단은 대표당사자소송과 부권소송이 중첩해서 이루어지고 있음을 알 수 있다. 대표당사자소송은 연방민사소송규칙에 의하여 규율되며 대부분의 주에서 이를 받아들이고 있는 것이지만 부권소송은 연방법에서는 클레이튼법과 같이 반독점법을 중심으로 반영되어 있고 판례법으로 구체적으로 형성되어 있는 것으로 보인다. 물론 주에서는 부권소송이 소비자 보호 등 다양한 분야에서 사용되고 있음도 살펴보았다.

부권소송은 주정부의 결단에 따라 집단인증(certification)과 같은 제한 없이 제기할 수 있다는 특징이 있다.[38] 참고로 클레이튼법에 따라 반독점 소송을 진행하면 주 법무부장관은 주민들의 수권이 필요하지 않은 등 원고적격의 심사에 별도의 심사가 필요 없다고 한다.[39] 이를 보면 부권소송은 입법에서 원고적격을 이미 정

---

34) CHRISTOPER R. LESLIE, "The Need to Study Coupon Settlements in Class Action Litigation", 18 Geo. J. Legal Ethics, 2004-2005, p.1395.

35) Rhonda Wasserman, "Cy Pres in Class Action Settlements", 88 Southern California Law Review 97, 2014, p.105.

36) State Teachers Retirement Bd. v. Fluor Corp, 73 F.R.D. 569, 572 (S.D.N.Y.), 1976.

37) Margaret H. Lemos, op. cit., p.499.

38) 장품 · 김승현, "공정거래법의 사적 집행수단 : 국가후견소송을 중심으로", 경쟁법연구 제38권, 한국경쟁법학회, 2018, 292면.

39) PATRICK HAYDEN, "Parens Patriae, the Class Action Fairness Act, and the Path Forward: The Implication of *Mississippi ex rel. Hood v. AU Optronics Corp.*", THE YALE LAW JOURNAL, Vol. 124, No. 2, 2014, p.571.

해둔 것으로 볼 수 있어 향후 우리나라의 입법에서 어떻게 참조할 것인지에 대한 화두를 던지고 있다고 생각한다.

대표당사자소송은 주의 법무부장관이든 피해자 중 1인이든 누군가가 집단을 대표하여 소를 제기하는 것임에 비하여 부권소송은 주정부가 직접 소를 제기할 수 있다는 차이가 있다. 다시 말해 대표당사자소송은 연방민사소송규칙에 규정된 요건을 모두 충족해야 함에 비하여 부권소송은 비교적 단순한 요건, 즉 준주권적 이익의 존재와 피해자가 전체 인구에서 차지하는 비율의 충분성 정도만 존재하면 개시될 수 있다는 점에서 부권소송이 대표당사자소송보다 소송을 수행함에 있어 우월한 측면이 있다고 할 수 있다.[40] 미국에서 대표당사자소송을 이용할 수 없는 경우에 부권소송은 하나의 대안이 될 수 있다. 부권소송에는 연방민사소송규칙 제23조의 요건을 필요로 하지 않기 때문이다. 특히 미국의 대표당사자소송은 법원의 판결을 통하여 집단인증을 받아야 함에 비하여 부권소송은 이미 소송의 주체가 정해져 있다는 점에서 큰 차이를 가진다. 그런 차이에 비하여 부권소송의 소송물은 대표당사자소송과 본질적인 차이가 있어 보이지 않는다. 이는 향후 우리나라에서 미국식 대표당사자소송이 존재하는 경우에도 그 제도와 충돌이 되지 않도록 새로운 제도를 도입하는 데 있어서 중요한 시사점이 된다고 보인다. 참고로 텍사스 주의 대법원은 텍사스 주의 기망적 거래실무법(Deceptive Trade Practices Act)에 따른 주 법무부장관의 소비자보호소송을 "사실상 대표당사자소송"으로 보고 있다.[41] 이러한 내용을 종합하면 부권소송은 대표당사자소송의 보완재로서 충분히 기능할 수 있으며 우리나라에 맞게 수용될 필요가 있다.

Ⅲ. 종전에 제안되었던 법률안과 입법 동향에 대한 검토

1. 제21대에 발의된 소비자기본법 개정법률안

(1) 주요 내용

제21대 국회에서 2023. 5. 25. 의안번호 제2122261호(대표발의 윤영덕)로 소비자기본법 일부개정법률안(이하 '윤영덕 의원안'이라고 함)이 발의되었다. 비록 제21대

40) Pennsylvania v. Budget Fuel Oil Co. 122 F.R.D. 184, 186 E.D. Pa, 1988.
41) George B. Curtis, "The Checkered Career of Parens Patriae : The State as Parent or Tyrant?", 25 DePaul Law Review, 895, 1976, p.895.

국회의 임기 만료로 인하여 폐기되었지만, 소비자 분쟁해결을 위한 소송제도의 개선에 중요한 시사점을 가지는 내용을 담고 있어 소개할 필요성이 있다. 제22대 국회에도 이와 유사한 법률이 발의될 가능성이 높으므로 윤영덕 의원안을 검토하여 이를 바탕으로 더욱 진전된 법안을 제시할 필요가 있다.

이 법안은 현행 소비자 단체소송 제도를 집단적 분쟁을 보다 효과적으로 해결할 수 있도록 활성화시키는 것이 핵심으로 주요 내용은 다음과 같다. 소송주체와 관련하여 제소적격단체를 공정거래위원회가 지정하도록 하여 남소의 가능성을 차단하도록 하였다. 따라서 기존의 소송남용 방지책인 단체소송의 소송허가 제도는 폐지한다. 소송물과 관련하여, 기존의 금지·중지청구 이외에 소비자의 권익침해가 계속될 것이 명백히 예상되는 경우 또는 피해 예방을 위한 공익상 필요가 있는 경우에 예방적 금지청구를 도입하였다. 나아가 단체소송의 주체인 소비자단체가 소비자를 대신하여 소비자가 입은 손해에 대한 배상청구를 할 수 있는 손해배상청구소송을 도입하였다. 당사자의 증거수집과 관련하여 기존 민사소송법에 인정되던 문서제출명령과는 별도로 단체소송의 원고가 침해의 증명 또는 손해액의 산정에 필요한 정보의 제출을 법원에 신청할 수 있는 정보제출명령제도를 도입하였다. 소송비용과 관련하여 패소자 부담주의를 채택하지 아니하고 각자 부담주의를 채택하였다.

(2) 윤영덕 의원안에 대한 검토

먼저 소송주체에 관하여 살펴본다. 제소적격단체 지정 제도는 사실상 소송허가 제도의 폐지에 갈음하는 것으로 보인다. 현행법상 단체소송의 소송허가 규정은 사실상 본안판단의 요건[42]이므로 굳이 소송요건과 유사한 소송허가 제도를 둘 필요가 없다는 점에는 찬성한다. 증권관련집단소송과 같이 소제기시 집단이 특정되지 않은 상태에서 집단을 구체적으로 특정하기 위해서는 일반적인 소송절차 외에 집단인증을 위한 별도의 소송허가가 필요하다(증권관련 집단소송법 제7조). 반면 단체소송의 경우 이미 원고적격이 법률에서 정한 단체로 규정되어 있기 때문에 별도의 집단인증이 필요하지 않다. 따라서 소송허가를 폐지하는 것은 불필요한 중복규제를 폐지하는 것이어서 찬성한다.[43] 단체소송에서 소송허가 절차가 지나치게

42) 소비자기본법 제74조에서는 소송허가요건을 규정하는데 같은 조 제1호에서 "물품 등의 사용으로 인하여 소비자의 생명·신체 또는 재산에 피해가 발생하거나 발생할 우려가 있는 등 다수 소비자의 권익보호 및 피해예방을 위한 공익상의 필요가 있을 것"을 규정하고 있다.

오랜 시간이 걸리는데 비하여 실질적으로 본안에서 심사해야 할 쟁점이 포함[44]되어 있어서 예전부터 소송허가는 필요하지 않다는 주장이 우세하였고 윤영덕 의원안은 이를 반영한 것이라고 보인다. 문제는 단체소송의 제소권자가 이미 단체소송의 근거 법률인 소비자기본법이나 개인정보보호법에 정해져 있음에도 별도로 제소적격단체 사전지정을 운영하는 것은 제도의 실익이 있는지 의문이라는 견해가 유력하다.[45] 그러나 단체소송의 파급효과가 크다는 점을 감안하면 어느 정도 검증된 단체가 단체소송을 제기할 수 있어야 하므로 입법 정책적으로는 수긍할 요인이 있다고 생각한다. 단체소송을 기존의 제도에서 일반적인 제도로 확대할 경우, 그 제소권자를 법률로 규정해 두지 않으면 결국 시행령, 공정위 내규 등 다른 방법으로 위임하게 되는데 차라리 법률로서 기본적인 자격을 정하여 두어서 예견가능성을 확고히 하게 되는 효과가 있을 수 있기 때문이다.[46] 대표당사자소송의 성격을 가지는 증권관련 집단소송과 단체가 그 구성원을 대신하는 단체소송은 일반소송보다 훨씬 파급력이 크기 때문에 그러한 소송의 상대방 입장에서는 자연스럽게 남소의 우려를 할 수 있다. 제소권자와 적격제소권자를 구별하지 말고 하나의 제도로 운영하여 법적안정성과 남소의 방지를 도모할 수 있다.

다음으로 소송물에 관하여 살펴본다. 현재의 금지·중지청구 이외에 예방적 금지청구 도입 부분에는 특별히 이견이 있어 보이지 않는다. 2021. 10. 22. 정부가 발의한 소비자기본법 일부법률개정안(의안번호 2112923)에서도 예방적 금지청구를 도입하려고 시도하였고 제20대 국회의 의원입법(의안번호 2017831 유동수 의원 대표발의) 등에서도 마찬가지의 시도가 있었다.[47] 이는 소비자 단체소송의 활성화에 기여함과 동시에 소비자들에게 예상되는 피해를 사전에 방지하는데, 역할을 할 것으로 보여 긍정적으로 평가할 수 있다. 독일의 부정경쟁방지법상에도 금지·중지청구의 범위에 위법행위 발생 우려를 포함하고 있으며 일본의 소비자계약법에서

43) 함영주, "프랑스 소비자단체소송법 제정의 의의와 시사점", 민사소송 제20권 제2호, 한국민사소송법학회, 2016, 328-329면. ; 서희석, "소비자단체소송제도의 발전적 확대방안 - 집단적 소비자피해의 구제를 위한 소송제도의 정비", 사법 제53호, 사법발전재단, 2020.9, 81면.

44) 최광선, "현행 단체소송 제도의 문제점과 개선방안에 관한 연구", 인권법평론 제28호, 전남대학교 공익인권법센터, 2022, 348-349면.

45) 정무위원회(전문위원 최용훈), 소비자기본법 일부개정법률안 검토보고, 2023.11, 20면.

46) 반면 개별 소비자 및 소비자단체의 제소권이 지나치게 정부의 통제를 받게 되는 상황도 발생할 수 있다는 점도 상정할 수 있으므로 제소가능한 단체를 특정하는 문제는 균형성을 가지고 접근해야 한다.

47) 법안 검색은 다음의 사이트 참조(최종방문 2024. 12. 5.)
https://likms.assembly.go.kr/bill/billDetail.do?billId=PRC_M1W8W1J2N2V7H1R8Y2N4M3A4M0H1L4

도 마찬가지로 금지·중지청구의 범위에 사업자의 부당한 행위로 소비자에게 피해를 줄 우려를 포함시키고 있다.48)

소송물 중 가장 논란이 있는 부분은 단체소송의 방법으로 소비자단체가 사업자를 상대로 손해배상청구를 할 수 있도록 한 점이다. 독일의 전통적인 단체소송의 모습은 금지·중지청구를 위주로 구성되어 있었기 때문에 단체소송은 손해배상청구와 친하지 않은 제도로 이해되고 있었다. 그런데 2020년 EU 소비자집단이익보호 대표소송지침이 개정됨에 따라 단체도 단체의 구성원을 위한 손해배상청구를 할 수 있는 것으로 개정되었다.49) EU 지침을 수용하여 독일에서도 민사소송법 등을 정비하여 단체소송에 구제청구소송을 도입하였다.50) 이 부분에 관한 독일법은 현재 어느 정도 분석이 나와 있으나 향후 우리나라에 어떻게 적용시켜야 할 지는 보다 깊은 연구가 더 필요할 것으로 보인다. 비록 제21대 국회에서 단체소송의 손해배상청구소송 인정여부에 대하여 심도 있는 검토가 되지 않았지만, 이 논문에서는 단체소송의 구제청구소송 이외에 다른 방법으로 소비자의 손해배상을 구할 수 있는지를 살펴볼 것이고 여기에 대하여 앞서 논의한 부권소송을 결부시켜 보고자 하여 항을 바꾸어 검토한다.

마지막으로 증거조사와 소송비용에 관하여 살펴본다. 개정안이 제시한 정보제출명령 제도는 현행 민사소송법의 문서제출명령을 강화하여 인정한 것으로서 증거의 구조적 편재를 시정하기 위한 것이다. 문서제출명령에서는 제출대상인 문서가 민사소송법에 열거되어 있음에 비하여 윤영덕 의원안의 정보제출명령에서는 침해의 증명 또는 침해로 인한 손해액 산정에 필수적인 정보라고 하여 포괄적으로 규정되어 있다. 지나치게 포괄적인 규정으로 인하여 정보제출명령제도가 사업자의 영업상 비밀침해할 여지가 있다는 견해도 일응 수긍할 수 있다. 그러나 현행 민사소송법상 문서제출명령 제도가 그 범위의 제한, 제재수단의 경미성 등으로 인한 한계로 인하여 실효성이 의심받는 경우가 많아서 기본적으로 정보제출명령제도가 가지는 실익은 크다고 할 것이다. 그만큼 사업자의 영업상 비밀도 중요하기 때문에 이를 보호하기 위하여 사업자에게도 비밀유지명령 신청권과 같은 대응수단이

48) 이명민, "소비자단체소송에 관한 연구", 고려대학교 대학원 박사학위논문, 2014.12, 94, 128면.

49) 김지안·김신영·정우영, "소비자의 집단적 구제 절차에 관한 EU 지침(2020)의 내용과 시사점", 한국법학원 연구보고서, 2021.8, 52면.

50) 문영화, "독일의 '소비자 권리의 일괄 실행에 관한 법률'의 내용과 그 제정 경위에서의 시사점", 저스티스 통권 제202호, 한국법학원, 2024.6, 45-46면.

마련되어야 하고, 정보제출명령 관련 법률을 위반하는 자에 대하여 강력한 제재조치가 수반되어야 할 것이다. 이는 미국의 디스커버리를 보더라도 명확히 알 수 있다. 포괄적 증거개시제도인 디스커버리에서도 마찬가지로 영업비밀 보호가 문제되고 있고 사업자는 보호명령(protect order)을 통하여 구제를 받고 있으며 소각하, 변호사 비용부담 전환, 법정 모독과 같은 강력한 제재수단의 뒷받침을 받고 있다.[51)]

소송비용 역시 꾸준히 문제가 되어 왔던 분야이다. 원고와 피고가 대등하게 1대 1로 소송을 진행하는 경우에 패소자 부담주의는 매우 설득력 있는 원리이다. 본안의 결과에 따라 결국 패소의 결과를 받은 사람이 책임을 부담한다는 원칙에 기반하여 소송비용을 패소자에게 전가시킨다는 의미로서 본안의 결과와 소송비용을 결부시키는 것이 합리적으로 보이기 때문이다.[52)] 우리나라를 비롯한 많은 나라들이 채택하고 있기도 하다.[53)] 반면 각자 부담주의 역시 고려해 볼 수 있는 제도이다. 결과가 어찌 되었든 소송 과정에서 원고, 피고 모두 절차를 이용한 사실에는 변함이 없으므로 기본적으로 각자 소송비용을 부담하는 것이 형평성에 부합할 수 있다. 그러나 각자 부담주의를 채택하는 것으로 알려진 미국에서는 상당히 많은 경우 비용부담이 상대방에게 전가된다.[54)] 소송절차에서 유책한 사항이 드러나면 유책사항을 유발한 상대방에게 소송비용을 부담시키는 것이 타당하기 때문이다. 그러나 패소자 부담주의 또는 각자 부담주의 어느 원칙도 소비자소송을 포함하는 공익소송에서 소송비용이 어떻게 전개되어야 하는가에 대하여 명확한 기준을 제시하지 못한다. 각자 부담주의 조차 공익소송을 통하여 소를 제기한 자에게 책임을 부담시키게 되고 사회제도의 개선을 목적으로 소액 다수의 피해자를 위하여 소를 제기한 자에게도 소송비용을 부담시키게 되므로 공익소송에 대하여 상당한 금전적 부담으로 작용할 수 있다.[55)] 공익소송의 특징으로 첫째 확산이익, 즉 불특정 다수에게 영향을 줄 수 있게 되어 합계 소송가액이 커지는 결과 소가를 기준으로 한 소송비용이 다액이 되는 경우가 많고, 둘째 증거의 구조적 편재, 즉 공익을

51) Stuart Rossman · Charles Delbaum, 『CONSUMER CLASS ACTION』, 9TH EDITOR, NATIONAL CONSUMER LAW CENTER, 2016, p.137-138, 139.

52) 이시윤, 『신민사소송법』(제17판), 박영사, 2024, 716면. 여기서는 결과책임으로 평가한다. 패소의 이유 또는 패소자의 유책사항을 불문하기 때문이다.

53) 이시윤, 전게서, 715면.

54) Stuart Rossman · Charles Delbaum, op. cit., p. 351.

55) 대한변호사협회, "공익소송도 돈이 있어야 하나요? 공익소송 패소비용 제도개선을 위한 입법방안 모색 국회 토론회", 2021. 3, 16-17면(박호균).

주장하는 측에 충분한 증거가 구비되어 있지 못한 경우가 많은 등 공익소송을 주장하는 측의 승소가능성이 현저하게 낮아진 경우가 많다. 따라서 소송비용 규정을 경직되게 적용하면 금전적으로 공익소송의 비용을 부담할 수 있는 자만이 소송을 수행할 수 있게 되어 공익소송 제도의 본래 취지는 물론 활성화에도 장애요인으로 작용한다.[56] 반면 공익소송이라는 명분으로 소권의 남용이 문제될 수 있는 바, 구체적인 사건에서 법원이 남소의 위험성을 고려하여 담보제공명령을 마련하여 조화를 꾀할 수 있다고 보인다.[57] 공익소송의 개념[58]을 정치하게 정해 놓고 공익소송에 대한 소송비용은 면제 내지 감액할 수 있도록 하여 금전적 부담을 경감시키고 남소의 위험을 막기 위하여 개별 사안에서 법관에게 담보제공을 명령할 수 있는 권한을 부여할 필요가 있다는 의미이다. 그렇게 되면 공익소송 영역에서는 원칙적 비용부담 감면, 예외적 담보제공의 구조로 소송비용의 체계가 짜여질 수 있다. 윤영덕 의원안은 일방적으로 소송비용을 각 당사자가 분담하도록 하고 있는 구조이므로 여전히 단체소송이 공익소송으로 기능하는 경우 비용부담을 당사자에게 일방적으로 부여하고 있다는 문제가 있다. 차라리 제21대에 발의되었던 양정숙 의원안의 방식처럼 공익신고자 보호법 기타 대법원 규칙으로 정하는 사건에서 소송비용을 전부 또는 면제할 수 있도록 하는 방법론을 차용함이 타당하다고 생각한다.[59]

2. 제21대 국회 회기에 입법예고된 법무부 집단소송안

법무부에서도 지난 2020년 12월 집단소송법안을 입법예고(이하 '입법예고안'이라고 함)하였다. 이 법안은 증권관련 분쟁에 한정적으로 적용되고 있는 현행 대표당사자소송을 분야의 제한 없이 확대하고 있다는 특징을 가진다. 이 입법예고안은 손해배상청구권만을 소송물로 하고 있어 현행법상 단체소송에서 인정되는 중지·금지청구는 대상에서 제외하고 있다. 따라서 이 입법예고안에 따르면 소비자 집단분쟁에 있어서 손해배상청구는 미국식 대표당사자소송을 통하여 가능하다는 의미가 되므로 소비자 집단분쟁은 크게 두 가지로 나누어지게 된다. 종래의 단체소송

56) 최광선, 전게논문, 386면.
57) 최광선, 전게논문, 387면.
58) 사법개혁위원회, "국민과 함께하는 사법개혁: 사법개혁위원회 자료집(VII)", 2005, 236면. 여기서는 공익소송을 '약자 및 소수자의 권익보호, 국가권력으로부터 침해된 시민의 권리구제 등을 통하여 불합리한 사회제도를 개선하고 국가권력의 남용을 억제하는 데 도움이 되는 소송'으로 정의한다.
59) 최광선, 전게논문, 392면.

에 따라서 소비자단체 등이 제기하는 금지・중지청구와 입법예고안에 따라서 대표당사자가 제기하는 손해배상청구이다.

이 입법예고안은 보다 미국식 집단소송에 가깝게 설계되어 있다. 미국은 연방민사소송규칙 제23조에 대표당사자소송에 관하여 규정하여 절차적 근거를 마련하였다. 이때 실체법적 근거는 각 일반 법률에 따르게 된다. 예를 들어 미국의 증권관련 집단소송은 미국 증권거래위원회규칙(SEC Rule) 위반을 통하여 손해배상청구권이 확정되면 연방민사소송규칙 제23조 적용이 되는지를 검토하여 대표당사자소송으로 진행할지를 결정하게 되는 것이다.[60] 다시 말해 미국은 대표당사자소송의 운영에 있어서 실체법과 절차법이 분리되어 있다. 미국은 어느 경우이든 실체법상 손해배상청구권이 인정되기만 하면 이와 별도로 연방민사소송규칙 제23조의 이용여부를 고려하게 되는 것이다. 나아가 미국은 금지・중지청구에서도 얼마든지 연방민사소송규칙 제23조(b)를 이용할 수 있어서 대표당사자소송의 범주가 손해배상청구에 국한되어 있지 않다는 특징을 가진다. 우리나라는 특정 청구권 또는 특정분야에 해당하여야 증권관련 집단소송이나 단체소송을 이용할 수 있다는 점에서 차이를 보인다.[61]

이 입법예고안은 그동안 증권관련 집단소송과 단체소송에서 소송허가 제도가 소송을 지연시킨다는 지적을 반영하여 소송허가 결정이 내려지면 이에 대한 불복은 제한되고 그러한 불복은 본안재판에서 다투도록 하였다. 또한 입법예고안은 현재 형사재판에 도입되어 있는 국민참여재판을 집단소송 허가결정이 내려진 본안 제1심 사건에 도입하도록 제안하고 있다.

3. 1996년에 검토된 법무부 집단소송법 시안

우리나라에 집단적 분쟁해결을 위한 특별한 소송제도가 도입되기 전부터 법무부가 단체소송과 대표당사자소송을 연구하였는데 그 첫 결실이 1996년 집단소송법 시안(이하 '집단소송법 시안'이라고 함)이다. 이 제도의 가장 큰 특징은 미국식 대표당사자소송과 독일식 단체소송을 하나의 법률에서 규율을 함으로써 집단소송에 관하여 대한민국 고유의 방식으로 규율하고자 했다는 점이다. 대표당사자소송과

---

60) ROBERT H. KLONOFF, 『Class Actions and Other Multi-Party Litigation - in a nutshell』, 4TH Ed., West, 2012, p.358.

61) 임철현, "집단소송 확대 도입방안에 관한 법적 검토 – 2020년 집단소송법 정부 입법예고안을 중심으로 –", 법학논총 제30집 제1호, 조선대학교 법학연구원, 2023.4, 60-61면.

대표단체소송을 합쳐서 집단소송의 범주에서 규율하고 있었으며 민사소송 이외에 행정소송에도 적용할 수 있도록 하여 제도의 실효성을 제고하고자 하였다.

소송의 구조는 현재의 증권관련집단소송과 소비자 단체소송, 개인정보보호 단체소송과 같다. 즉 공통이 이익을 가진 다수인 전원을 의미하는 총원과 총원을 구성하는 자인 구성원이라는 개념을 설정하여 대표당사자 소송의 기초 개념을 마련하였다. 대표당사자소송은 총원을 위하여 소의 제기 등을 수행하는 구성원에 의하여 수행되고 대표당사자소송의 기판력은 제외신고를 하지 아니한 구성원에 대하여 미치게 된다. 단체소송은 총원을 위하여 소의 제기 등을 수행하는 대표단체에 의하여 수행되며 대표단체를 대표하는 자는 대표자라고 한다.

집단소송법 시안에 따르면 대표당사자소송과 대표단체소송은 모두 소 제기와 동시에 소장과 소송허가 신청서를 제출하여야 한다.[62] 이 점은 지금 현행법(증권관련 집단소송법, 소비자기본법 등)에서 규율되고 있는 소송허가절차와 본안소송절차에 반영되어 있다. 집단소송법시안은 대표당사자와 대표단체가 수인의 명시적인 의사에 의하지 아니하고 당사자가 되어 피해에 대한 원상회복·손해전보, 가해행위의 중지·예방, 위법의 확인, 의무이행 등을 구하는 소송을 제기하여 수행할 수 있도록 하여 사실상 소송의 범위와 소송물에 제한을 두지 않고 있다.

여기서 주목해 볼 만한 점은 대표단체소송이라는 개념을 두어 단체소송으로서 손해배상청구를 할 수 있도록 하였으며 분배절차에 대표단체가 참여하여 피해자에게 손해배상을 받을 수 있도록 하는 것이 가능했다는 점이다(집단소송법시안 제4장). 분배절차는 대표당사자소송과 대표단체소송의 구조와 원리가 동일하다. 집단소송법시안은 상당히 시대를 앞서간 입법[63]이었고 최근 개정된 EU 지침에 비슷한 내용이 반영되어 있다. 이제 더 이상 단체가 활동영역의 대상으로 삼는 구성원들을 위하여 손해배상청구 소송을 수행하는 것에 비교법적인 걸림돌은 많이 사라졌다고 할 수 있다.

---

62) 집단소송법 시안 제6조(소의 제기 및 허가신청) ① 집단소송을 제기하고자 하는 대표당사자나 대표단체는 이 법이 정하는 방식에 의한 소장과 소송허가신청서(이하 "허가신청서"라 한다)를 법원에 제출하여야 한다.

63) 장송청, "집단소송제도에 관한 연구 - 한국법과 중국법의 비교를 중심으로", 성균관대학교 박사학위논문, 2009, 218면.

4. EU 지침의 최신 동향

EU는 10년간의 논의를 거쳐 2020년 11월 25일 '소비자의 집단적 이익 보호를 위한 단체소송에 관한 지침'(이하 '지침'이라고 함)을 채택하였다.[64] 이 지침은 미국식 대표당사자소송이 아닌 유럽 고유의 단체소송의 방식을 지향하고 있다. 미국식 제도와는 달리 적격단체를 통하여 소송을 수행하도록 하고 있다.

지침은 적격단체라는 개념을 도입하여 소송능력을 사전에 검증하여 남소를 예방하도록 하고 있다. 다시 말해 선발된 단체만이 단체소송(집단소송)을 제기할 수 있도록 하는 것이다. 미국식 대표당사자소송 제도는 개인이든 법인이든 별도의 집단인증을 받아야 하지만, 지침은 적격단체가 소를 제기하면 법원에 의한 별도의 집단인증이나 소송허가를 요구하지 아니한다. 지침은 적격단체의 요건에 대한 기준을 제시하고 있는바, 적격단체 지정 전 12개월간 실적이 있어야 하고, 정관상 소비자보호가 목적으로 적시되어 그에 수반되는 활동이 존재하여야 하고, 도산 또는 파산절차의 전력이 없어야 하며, 사업자나 소비자로부터 중립적인 기관이면서 적격단체 자체의 이해상충이 없어야 하고, 소비자와 소송비용 자금 지원자와의 이해충돌방지를 위한 시스템 구축되어야 하며, 적격단체의 요건구비, 내용 등에 대한 공시가 되어 있어야 한다(지침 제4조 3(a)~(f)).

중요하게 살펴볼 점은 소비자에 대한 조치이다. 종전에 독일식 단체소송에서 인정되어 오던 금지청구 일변도의 구제방식에서 벗어나 소비자보호를 위하여 손해배상청구를 추가하여 인정하게 된 것이다. 금지청구(예방적 금지까지 포함) 위반시 금전벌 등의 제재를 받는 등 불이행에 대한 벌칙이 실효적으로 적용되고 있어 실질적 구제수단 중 하나로 평가받는다.[65] 개정 지침은 여기서 한 걸음 더 나아가 소비자에게 손해배상, 수선, 교체, 대금감액, 계약종료 또는 환불 등을 요구할 수 있는 구제조치 수단을 규정하고 있다. 소비자가 스스로 소제기하는 방식이 아니라, 위에서 언급한 적격소비자단체가 구제조치를 위한 소를 제기한 경우 소비자는 이 소송에 opt-in 방식으로 참가하거나 opt-out 방식으로 참가하지 않겠다는 의사를 표명하여야 한다. 이때 회원국은 어느 방식으로 할 지를 선택할 수 있다(지침

---

64) EU 지침은 아래의 사이트를 참조(최종방문 2024. 12. 5.)
https://eur-lex.europa.eu/legal-content/EN/TXT/?uri=celex%3A32020L1828

65) 김지안 · 김신영 · 정우영, 전게보고서, 51면.

제9조). 다만 국경을 넘는 소송의 경우에는 opt-in 방식을 취하게 되어 있다(지침 제9조). 문제는 적격소비자단체가 구제수단으로서 손해배상청구를 할 수 있다고 하더라도 그 이후의 과정에 대하여는 특별한 언급이 없어 사실상 각 나라의 실정에 맞게 분배절차를 규정하게 한다는 점이다(지침 제9조). 그럼에도 이 규정이 의미가 있는 이유는 이제 유럽에서는 단체가 그 단체의 구성원들을 위하여 구제청구를 하는 것이 법리적으로 용납되고 있다는 점이다. 이는 전통적인 당사자적격이론에서 한 발 벗어나서 집단적 분쟁해결 절차의 특수성을 인정하는 법발전이라고 보인다. 종전에는 프랑스는 자국법으로 그룹소송의 형태로서 소비자단체에게 제소자격을 부여하였는데 이제는 유럽연합의 지침으로 수준이 격상되었고 이제 회원국들은 이 방침을 수용하게 되었다.

지침은 소송을 위한 자금지원을 받을 수 있다는 점을 명문으로 인정하였다(지침 제10조). 다시 말해 적격소비자단체라는 개념을 도입하여 검증된 단체만이 단체소송을 이용할 수 있다고 하더라도 소비자의 집단적 분쟁은 대규모로 이루어지므로 소송의 효율적 수행을 위해서는 충분한 자금지원이 필요할 수 있다. 따라서 영미권 국가에서는 종래부터 제3자의 소송비용지원 제도가 있었는데 이 지침을 통하여 EU 차원에서 명문으로 인정받게 되었다. 그러나 제3자에 의한 소송자금 지원은 이해충돌 문제를 발생시킬 수 있다. 소송자금을 지원하는 자의 이익을 위하여 적격소비자 단체가 휘둘릴 수 있기 때문이다. 법원은 이해충돌의 문제가 발생했을 경우 자금지원을 제한하고 적격소비자단체의 원고적격을 부인하는 조치를 취할 수 있다(지침 제10조).

지침은 소송비용에 대하여도 별도의 규정을 두고 있다(지침 제12조). 지침은 기본적으로 소송비용 패소자 부담주의를 취한다. 이 경우 단체소송에 관하여 개별적 소비자는 원칙적으로 소송비용을 지급하지 아니하게 되어 있다. 물론 이러한 지침은 회원국에서 탄력적으로 변용될 수 있으며 통상적으로 부담하는 소송비용에는 당사자들이 지출한 실제 변호사 비용 전액이 포함되지 않음이 일반이다. 패소자 부담주의의 채택은 집단소송의 남소 방지책의 하나로 고안된 것으로 보인다.[66]

66) 김지안 · 김신영 · 정우영, 전게보고서, 53면.

5. 소결론 – 각 법안에 대한 검토

(1) 윤영덕 의원안

여기서는 집단적 분쟁해결을 위한 제도에 대하여 모두 검토하기는 어렵고 소비자 집단적 분쟁분야로 좁혀서 논의를 전개한다. 우선 윤영덕 의원안을 살펴본다. 긍정적인 측면을 먼저 살펴보면 다음과 같다. 증권관련 집단소송과는 달리 단체소송에서 소송허가 제도는 불필요하다는 점이 종전부터 지적되어 오고 있었다. 비교법적으로 보더라도 유럽식 단체소송에 미국식 집단인증이 필요없기 때문이다. 유럽식 단체소송은 이미 실체가 명확하게 드러나 있어 집단 특정이 필요가 없고, 단체소송의 제소권자가 법정되어 있어 법적으로 등록되는 과정에서 이미 남소를 할 수 있는 단체가 아님은 어느 정도 검증되어 있기 때문이다.

소비자기본법 제74조 제1항 제1호는 소송허가 요건으로 "물품 등의 사용으로 인하여 소비자의 생명·신체 또는 재산에 피해가 발생하거나 발생할 우려가 있는 등 다수 소비자의 권익보호 및 피해예방을 위한 공익상의 필요가 있을 것"을 규정하고 있다. 이 규정을 보면 피해의 발생 및 발생 우려를 비롯하여 공익상의 필요 부분은 모두 본안에서 판단해야 할 문제로 보인다. 소송허가는 단체소송으로 진행하는 것이 적합한가를 따지는 절차이지 금지·중지청구의 적법성을 따지는 절차는 아님에도 불구하고 사실상 본안 내용 중 핵심적인 내용인 피해의 발생을 판단하고 있기 때문이다. 이에 비견될 수 있는 증권관련집단소송에서 소송허가는 제12조 제1항에서 "1. 구성원이 50인 이상이고, 청구의 원인이 된 행위 당시를 기준으로 그 구성원이 보유하고 있는 증권의 합계가 피고 회사의 발행 증권 총수의 1만분의 1 이상일 것, 2. 제3조 제1항 각 호의 손해배상청구로서 법률상 또는 사실상의 중요한 쟁점이 모든 구성원에게 공통될 것, 3. 증권관련집단소송이 총원의 권리 실현이나 이익 보호에 적합하고 효율적인 수단일 것, 4. 제9조에 따른 소송허가신청서의 기재사항 및 첨부서류에 흠이 없을 것"으로 규정하고 있다. 증권관련집단소송에서 소송허가는 본안 판단 이전에 소송허가를 신청한 자가 집단을 구성할 수 있는지 여부에 대한 판단을 하는 것에 불과하므로 증권관련 집단소송의 소송물이 되는 손해배상청구권과는 직접적인 관련이 없다. 이 증권관련 집단소송법상의 소송허가는 대표당사자소송의 집단을 특정함으로써 대표당사자소송의 성격을 인정받게 하는 절차로서 반드시 필요하다고 하겠다. 단체소송의 본래의 취지,

소송허가를 규정한 목적, 소송의 장기화 방지 등을 감안하면 단체소송에서 소송허가는 폐지하는 게 타당하다.

정보제출명령제도는 충분히 타당성이 있다고 보인다. 현재의 문서제출명령 제도만으로는 증거의 구조적 편재를 시정하는데 역부족이기 때문이다. 정보제출명령제도가 제출의 대상을 넓혔다는 점에서는 실익이 존재하지만, 미제출자에 대한 실효적인 제재가 부족한 점에 대하여는 여전히 대안을 제시하지 못하고 있는 점에서는 미흡한 측면이 있다.

소송비용부담에서 각자 부담주의의 채택은 반드시 재고할 것을 요한다. 각자부담 원칙이든 패소자 부담 원칙이든 소비자단체소송의 특징을 반영하지 못한다는 문제가 있다. 소비자단체소송의 특성상 소비자 개인이 접근하기 어려운 공익적 소송이 중심이 되는 것이고, 증거의 구조적 편재로 인하여 승소가 난망한 경우가 많기 때문이다. 따라서 일정한 소송사건의 경우에는 소송비용을 감면할 수 있도록 할 필요가 있다. 2021. 4. 30. 발의된 민사소송법 일부개정안(대표발의 양정숙 의원)은 공익신고자 보호법 제2조 제1호의 공익침해행위로서 별표에 규정된 법률의 벌칙에 해당하는 행위 및 대법원규칙으로 정하는 행위를 의미한다고 한다. 양정숙 의원안의 시도는 좋지만 소송비용 감면의 대상과 범위가 너무 넓어지게 되면 소송비용이 면제되는 만큼 사실상 소송비용이 국가로 전가되는 문제가 발생하므로 어느 정도 합리적인 범위로 축소해야 할 필요가 있다. 양정숙 의원안에서 얻을 수 있는 착안점은 다음과 같다. 먼저 공익침해행위라는 개념을 차용하였는데 공익신고자 보호법을 보면 공익침해행위를 "국민의 건강과 안전, 환경, 소비자의 이익, 공정한 경쟁 및 이에 준하는 공공의 이익을 침해하는 행위로서 다음 각 목의 어느 하나에 해당하는 행위"로 규정하여 공익이라는 개념을 어느 정도 법률에 수용하였다는 점이다. 학문적으로는 공익소송을 "목적의식을 가진 공익법 운동단체 또는 공익변호사가 이제까지 적절한 법적 구제를 받지 못했던 확산이익에 대하여 새로운 법원의 판례를 이끌어내기 위하여 제기하는 소송"[67]으로 정의하고 있다. 그런데 학문적 성과가 직접적으로 공익소송으로 아직 전면적, 직접적으로 입법화되지는 아니하였는데 공익신고자 보호법에 간접적으로 규정된 것이다. 따라서 공익침해행위에서 유추해 보면 공익이란 국민의 건강과 안전, 환경, 소비자의 이익, 공정한 경쟁 및 이에 준하는 이익으로 볼 수 있다. 비록 입법의 시도는 학문적 성과를

67) 이상돈, 『공익소송론』, 세창출판사, 2006, 18면.

적절히 반영했는지 의문이 든다고 할 수 있으나 적어도 공익에 대한 개념 정의를 시도하였다는 점에서 의미가 있다고 생각한다. 여기서 주목해 볼 점은 소비자의 이익이 포함되었다는 점이다. 소비자 소송의 기본적인 특성이 소액 다수의 피해자가 전제된 경우가 많아서 확산이익의 개념에 포섭될 수 있다는 점에도 주목할 필요가 있다. 어차피 모든 소비자 소송에 소송비용 면제가 되기 어려운 상황이 발생한다면 적어도 소송비용이 감면될 수 있는 영역이 특정되어야 한다. 그 대표적인 분야가 집단적 소비자분쟁에 관한 소송이 될 것이고 소비자단체소송이 그중의 하나가 될 수 있음에는 변함이 없다. 따라서 소비자단체소송은 소제기자에게 소송비용부담이 감면될 수 있도록 제도가 정비될 필요가 있다.

(2) 법무부 입법예고안

다음으로 법무부 입법예고안을 살펴본다. 이 법안은 증권관련 집단소송을 전 영역에 확대하여 소비자 분쟁도 이에 포함시켰다. 입법예고안은 손해배상청구에 대하여만 집단적 분쟁해결을 위한 소송을 확대했다는 특징이 있다. 사실 손해배상청구가 소비자에게는 주요한 구제수단이기는 하지만 그것이 전부일 수는 없다. 손해배상은 사후적 구제수단의 의미를 가지기 때문에 사전적 구제 또는 분쟁의 예방과는 관계가 없다. 손해배상청구가 중요한 구제수단이나 이것만이 소송의 목적이 되어서는 소비자에 대한 본질적인 구제수단이 되지는 않는다는 것이다. 이 입법예고안에 대하여는 비교법적 검토가 필요하다.

첫째 미국식 대표당사자소송은 손해배상만 인정하고 있지 않다. 확인판결 청구 등을 비롯하여 다양한 구제수단이 고려될 수 있다. 따라서 입법예고안의 구제방법이 지나치게 제한적이라고 보이므로 개선되어야 한다고 보인다.

둘째 유럽식 단체소송의 경우 적격단체가 소를 제기할 수 있다는 점을 염두에 두어야 한다. 이 점은 집단소송의 주체가 누가 되어야 할 것이냐로 연결된다. 미국식 대표당사자소송 제도는 개인이 중심이 된 집단인증(certification)에 초점을 맞춘다. 단체도 대표당사자소송을 이용할 수 있으나 당사자 중의 하나가 될 뿐 특수한 지위를 가지지는 못한다. 반면 유럽식 제도는 단체가 중심이 되어 소송허가 없이 소비자들을 대신하여 소송을 수행하는데 초점을 맞춘다. 이를 보면 미국식 제도는 사익의 추구에 좀 더 유리하게 유럽식 제도는 공익의 추구에 좀 더 유리하게 설계되어 있다고 평가할 수 있다.[68] 미국식 제도는 거액의 손해배상을 통하여 변호사가 막대한 성공보수를 가져갈 수 있음에도 소비자 개인은 쿠폰 화해라는 오명을 들을 정도로 경미한 배상을 받는 경우가 많다. 유럽식 제도는 단체가 소송의 주체가 될 뿐 소비자 개개인은 단체소송에서 전면에 드러나지 않는다. 최근에서야 EU 지침을 통하여 소비자 개개인의 손해배상을 구할 수 있게 되어 있을 뿐이지만 이 역시 개개인이 아니라 단체를 통해서만 가능하다. 이는 유럽식 제도가 금지·중지청구를 통하여 사업자의 위법한 행위를 근절하는 데 초점을 맞추었기 때문이다. 미국식과 유럽식 제도가 어느 정도 수렴해 간다는 점은 부인할 수 없다. 미국식 제도 역시 민권운동에서 인권침해 행위를 대표당사자소송을 통하여 구제하기도 하고 유럽에서도 소비자 개개인의 손해배상을 단체소송으로 소구하고 있기 때문이다. 문제는 우리나라의 사례이다. 이미 우리나라는 미국식 대표당사자소송과 유럽식 단체소송을 모두 수용하고 있는 나라이다. 어느 한 시스템에 치우치지 않게 양자의 조화를 도모시키는 것이 필요하다고 생각한다.

셋째, 미국식 대표당사자소송과 유럽식 단체소송을 조화시키는 방안의 출발점은 앞서 언급하였던 부권소송에서 찾을 수 있다. 미국식 부권소송은 주정부가 주민의 준주권적 이익을 위하여 주민을 대신하여 소를 제기해 준다는 특징이 있다. 이 점은 충분히 공익적인 사안으로 해석할 수 있다. 개개인이 직접 소를 제기하기는 어렵지만 주의 주민들에게 전반적으로 영향을 미치는 이익이 있는 경우 주정부가 소를 제기해 주기 때문이다. 앞서 살펴본 플로리다 주의 사례에서도 주민들에게 스팸 전화를 보내는 것을 방조하는 회사에게 이러한 행위를 금지시키고 손해배상청구를 하는 것은 그 가해자인 회사의 자력이 충분하지 않는 한 일반적으로 변호사들이 관심을 가지지 않을 가능성이 높다. 따라서 미국에서도 이미 대표당사자소송으로 감당하기 어려운 영역을 부권소송을 통하여 구제하고 있는 것이다. 문제는 우리나라는 주정부라는 개념이 없다는 점이다. 미국은 연방국가로서 사실상 주에 입법, 사법, 행정의 독립성이 유지되어 있어서 주의 독자적인 사법권이 인정되어 있는 상태이며, 주적상이(州籍相異) 사건이나 법률이 정한 경우에 최종적으로 연방이 주의 문제를 관할하도록 되어 있다.[69] 따라서 주정부가 부권소송을 이용한다고 하더라도 주법원은 물론 연방법원도 이를 통제할 여지가 있다. 반면 우리나라의 경우 대한민국 정부가 소제기를 하는 방식으로 운영한다면 지나치게 정부의

---

68) 최광선, 전게논문, 389면.

69) Mary LEE, Joseph KIM, 『미국법 총정리』, 다산처럼 출판사, 2015, 38-39면.

권력이 비대해 질 우려가 존재한다. 미국에서도 연방정부가 부권소송을 이용하는 것이 아님을 주의할 필요가 있다. 부권소송은 연방주의가 작동하여 연방과 주가 서로 견제와 균형을 이루는 사이에 도출된 제도로 이해할 수 있는 것이다.

그렇다면 부권소송을 우리나라에 적용하기 위하여 주정부에 상응하는 존재로 무엇을 상정할 수 있을까. 앞서 언급했던 단체소송의 제소권자를 생각해 볼 수 있다. 이미 인적 물적 시설을 갖추고 있고 정부에 등록된 단체가 공익활동의 실적을 갖춘 상태에서 부권소송과 같은 형태로 단체소송을 이용하게 할 수 있다고 보인다. 미국의 부권소송도 연방법에 규정된 형태를 기본으로 하여 각 주에서 개별법으로 수용하고 있는바, 주정부가 주정부 및 주민들이 준주권적 이익을 가지는 사안에 대하여 주민을 대신하여 소제기를 하고 금지·중지청구는 물론 손해배상을 청구할 수 있으며 인정된 손해배상을 각 시민에게 분배할 수 있도록 되어 있다. 우리나라의 관점에서 보면 부권소송과 같은 소송법적 내용은 그대로 인정하되 소제기의 주체를 주정부 대신 공익적 활동을 하는 검증된 단체에게 인정한다면 사실상 한국형 부권소송의 형태가 될 것으로 보인다. 법에서 인정받는 단체를 통하여 단체소송을 수행하도록 하되 정부는 그 단체의 등록에 관한 사무를 수행하여 부적격 업체를 걸러내거나 남소의 가능성을 사전적으로 예방하는 임무를 수행할 수 있어 견제와 균형의 원리에 부합할 수 있다.

(3) 집단소송시안

마지막으로 집단소송시안에 대하여 살펴본다. 이 방안은 미국식 대표당사자소송제도와 유럽식 단체소송을 우리나라에 맞게 수용했다는 평가를 받을 수 있다. 앞서 살폈듯이 미국식 대표당사자소송은 손해를 입은 개인, 소비자소송에서는 개별소비자가 주축이 되어 이용하도록 할 수 있지만 유럽식 단체소송은 공익적 활동을 하는 단체, 소비자소송에서는 소비자단체가 주축이 되어 이용하도록 할 수 있다는 장점이 있다. 물론 여기서는 대표단체를 보다 명확히 하는 작업이 필요하다. 하지만 현재 소비자기본법에 규정된 단체소송의 제소권자는 특별한 사정이 없다면 단체소송의 제소권자가 될 수 있을 것이다. 여기에 개인정보보호법상 단체소송이 인정되므로 개인정보보호 유관 단체 역시 제소권자가 될 수 있다. 만약 대표단체라는 개념이 사전에 등록된 단체가 아니라면 현행법처럼 소송허가제도가 필요할 수 있으나 단체소송 원래의 취지를 참작하면 정부에서 어느 정도 검증된 소비자단체가 단체소송을 이용할 수 있도록 하는 것은 입법정책상 필요하다. 집단소송에 있어서 대표단체는 미국식 부권소송과 어느 정도 유사한 점이 있을 것으로 보인다는 점에서 제도의 조화를 도모할 수 있다.

Ⅳ. 집단적 소비자 분쟁해결을 위한 소송제도에 관한 제언

1. 이른바 2단계 구제소송에 대한 검토

종래에 일본에서 도입한 2단계 구제소송에 대한 선행연구는 다수 존재한다. 이 제도는 프랑스에서도 그룹소송의 형식으로 받아들여져 있었고 일본이 채택하여 시행 중이다. 2단계 구제소송을 거칠게 요약하자면 소비자단체 등 제소단체가 먼저 손해배상확인청구와 같은 소를 먼저 제기하고 확정판결을 받으면 그 이후 개별적인 피해자들이 좀 더 간이한 방법(예를 들어 비송)을 통하여 이행청구를 함으로써 직접 구제를 받도록 하는 프로세스라고 일컬을 수 있다. 이 제도는 소비자단체와 개별 소비자의 역할 분담을 전제로 설계되었다. 일본에서는 나름대로 성과를 내고 있다는 평가도 있다.[70)]

그런데 2단계 구제소송에 대하여는 다음과 같이 비판할 수 있다. 소비자단체가 얻은 판결이 존재한다고 하더라도 개별 소비자가 다시 청구하는 후소, 심지어 비송이라고 하더라도 사업자단체가 어떤 전략을 취하느냐에 따라 얼마든지 절차가 지연될 수 있다고 한다.[71)] 다시 말해 현행법에서 문제되고 있는 소송허가와 본안판결 구조에서 사실상 6심제가 유지된다는 비판이 그대로 통용될 수 있다. 개별 소비자가 비송과 같은 간이한 방법으로 배상을 받는다고 이론적으로 구상가능하더라도 실제 문제에서 사업자가 얼마든지 불복과 지연전술을 통하여 신속한 배상이 실현되지 않을 수 있으므로 현재 있는 제도를 더욱 효율적으로 이용하도록 함이 먼저라는 취지이다. 프랑스와 일본은 우리나라의 증권관련 집단소송과 같은 제외신고 방식의 입법을 전혀 도입하지 않은 나라라는 점을 참고할 필요가 있다.

그 다음으로 제도의 과잉적 도입이 문제가 될 수 있다. 이미 증권관련 집단소송에서는 미국식 대표당사자소송이 도입되어 있고 이는 opt-out 형식으로 도입되

70) 서희석, 전게논문, 65면.
71) 최광선, 『증권관련 집단소송법제에 관한 연구』, 고려대학교 박사학위논문, 고려대학교 대학원, 2016.8, 304-305면.

어 있는데 다시 유럽식 단체소송을 도입하여 opt-in 형식이 채택된다면 혼란이 발생할 수도 있는 것이다. 예를 들어 ESL 투자상품을 금융기관으로부터 구입했는데 금융기관이 하자 있는 상품을 판매했다면 이는 증권관련 집단소송의 대상이 된다. 그런데 장래에 2단계 구제소송이 입법되어 소비자단체 혹은 소비자 개인에게 손해배상청구를 인정하게 된다면 양 제도의 충돌이 발생할 수 있다. 다시 말해 ELS 상품 구매자는 증권관련 집단소송에서 배상을 받을 수도 있고, 장래의 소비자 단체소송에서도 배상을 받을 여지도 존재한다. 하나의 소비자가 두 특별법의 수범자가 될 가능성이 존재한다는 의미이다. 미국에서도 부권소송의 경우에 이중배상금지 규정이 들어와 있음을 볼 수 있었다. 비단 손해배상의 문제만이 아니라 기판력의 문제 역시 발생할 수 있다. 제외신고는 제외신고를 한 자가 아니면 기판력이 미치는 데 비하여 참가신고는 신고를 한 자에 대하여만 기판력이 미치기 때문이다. 만약 2단계 구제소송이 도입된다면 반드시 조정 규정을 두어야 할 것이다. 따라서 대표당사자소송과 단체소송을 조화롭게 도입하는 것이 타당하므로 하나의 소송법 내에서 체계적으로 규율함이 합당하다고 보인다. 소송의 영역을 쪼개어서 소송절차를 도입하게 되면 예상치 못한 부분에서 소송법상 충돌이 발생할 수 있으므로 아예 집단소송을 통일적으로 관할하는 시도가 필요한데, 종래의 2단계 구제소송은 소송법상의 정합성과 통일성에 대한 고민을 더 해야 한다는 평가를 받을 수 있다.

그 다음으로 2단계 구제소송은 사실상 현행 민사소송법의 특칙으로도 존재할 수 있는 성질을 가진다. 일본에서 갑자기 새로운 제도를 도입한 것처럼 보이지만 일본이든 우리나라든 민사소송법을 검토하다 보면 유사한 제도가 있음을 알 수 있다. 선정당사자, 중간판결과 같은 제도가 있기 때문이다. 선정당사자 제도는 원칙적으로 공동의 이해관계를 가진 여러 사람이 그 가운데서 모두를 위하여 당사자가 사람을 선정하여 소송을 수행하도록 하는 제도이다(민사소송법 제53조 제1항). 이때 대법원은 "공동의 이해관계란 다수자 상호 간에 공동소송인이 될 관계에 있고 또 주요한 공격방법을 공통으로 하는 것을 의미하므로, 다수자의 권리・의무가 동종이며 그 발생원인이 동종인 관계에 있는 것만으로는 공동의 이해관계가 있다고 할 수 없어 선정당사자의 선정을 허용할 것이 아니다"[72]라고 판시하여 소비자단체와 소비자 사이는 원칙적으로 선정당사자를 이용하기 어렵게 하고 있다. 또한

72) 대법원 2007. 7. 12. 선고 2005다10470 판결.

선정당사자는 비법인사단의 경우에는 대표자가 없는 경우에만 가능하다. 따라서 선정당사자는 같은 손해를 입은 개인 당사자 중에서 한 명이 나서서 하는 소송수행을 전제로 설계되어 있다. 그러나 선정당사자는 이해관계가 있는 자 중에 하나를 선정할 수 있으므로 특칙을 통하여 공동의 이해관계 개념을 다소 넓혀서 공동의 이해관계를 소비자 피해로 확대하고 소비자가 입은 피해를 대신 소제기할 수 있는 방향으로 설정하기 위한 선정당사자의 특칙의 입법은 충분히 입론 가능하다고 보인다. 이 경우 선정당사자도 굳이 개인으로 할 필요가 없다. 결국 선정당사자 제도는 변호사 대리 원칙의 잠탈 방지, 소송신탁의 금지와 같은 취지에서 성립하고 있으므로 이러한 취지에 어긋나지 않는 한 소비자단체가 선정당사자가 될 수 있는 법안을 검토해 볼 여지도 있다.[73)]

나아가 중간확인의 소와 중간 판결 제도를 이용하면 오히려 2단계 구제소송보다 더 빠르게 진행될 여지가 있다. 우리나라 민사소송법상의 중간확인의 소는 2단계 구제소송에서 소비자단체가 손해배상채무 존재확인의 소로 기능할 수 있고 이에 따라 중간판결이 내려지면 이에 기하여 소비자들에 대한 개별적인 본안판결이 내려질 수 있는 것이다. 이때 중간판결은 별도의 항소가 인정되지 않고 본안판결에 대한 항소를 하면서 동시에 이루어져야 하므로 사실상 3심제의 원칙을 흔들지도 않게 된다. 소송허가 3심, 본안 3심으로 이루어지는 현행 소비자단체소송과는 큰 차이가 있게 된다. 선정당사자의 특칙이 인정되면 소비자단체를 선정당사자로 삼아 손해배상 채무존재확인의 소를 제기하여 그에 따른 중간판결이 나오면 그 이후 선정자들이 추가 가입하여 본안소송을 진행시키는 것이 가능하다. 그런데 종전의 2단계 구제소송은 기존의 민사소송법상 기본법리에 대한 고민을 충분히 하지 않기 때문에 소송법학 측면에서 쉽게 동의받지 못하였다.

요약하면 소비자단체가 선정당사자가 되지 못한다고 하더라도 현행법상 피해자인 소비자 중 누군가가 선정당사자가 되어 민사소송법상 선정당사자 제도를 이용할 수 있고 사업자에게 중간판결로 책임을 물은 뒤 개별 소비자가 참가신청을 하여 손해배상을 묻는 구조가 현행 민사소송법상 이론적으로 입론 가능하다.[74)] 문제

---

73) 현행법상 선정당사자에 있어서 이해관계자의 범위를 넓히더라도 소비자단체는 선정당사자의 대상이 될 수 없다. 따라서 새로운 법정소송담당으로서 소비자단체가 선정당사자가 되는 입법안은 충분히 고려될 수 있다. 이어서 검토하듯이 현행법상으로는 단체가 직접 선정당사자가 될 수는 없고 피해자인 소비자 중 누군가가 선정당사자가 될 수 있을 뿐이다.

74) 소비자의 피해양상이 다르기 때문에 모든 소비자가 선정당사자가 될 수는 없고 다수의 피해자인 소비자들 상호 간에 공동소송인이 될 관계에 있고 또 주요한 공격방법을 공통으로 하는 소비자인 경우에

는 우리나라의 실무가 중간확인의 소, 중간판결을 이용하기를 매우 꺼지고 있으므로, 이 부분은 향후 법원과 실무협의가 필요하다고 하겠다. 소비자소송에서 특칙을 도입한다고 하더라도 민사소송법상 특칙의 하나로서 구현을 하여야지 민사소송법에서 벗어난 소비자소송법을 별도로 창설하자는 논리는 아직까지 시기상조가 아닌가 한다.

2단계 구제소송은 개별 소비자의 집단소송 제소권이 제약되어 있다는 문제가 생길 수 있다. 소비자단체에게만 제소권을 인정한 결과 개별 소비자는 적어도 단체소송에서는 주체적인 역할을 하기 어렵게 된다. 따라서 제소권은 소비자단체와 개별 소비자가 겸유하는 것이 타당하지 어느 한쪽이 독점하는 방향이 타당한지는 의문이 있을 수 있다. 이때 논의되는 것이 미국식 제도인데 미국은 이미 연방민사소송규칙의 대표당사자소송을 개인과 단체는 물론 심지어 부권소송의 당사자적격을 가진 주 법무부장관마저 이용할 수 있어 제소권자의 독점이 존재하지 않는다. 그렇다면 우리나라도 제소권을 어느 한쪽에 독점시킬 것이 아니라 개인과 단체 모두 제소권을 가질 수 있는 방향으로 제도를 설계함이 타당하다.

2. 현행 집단소송의 활성화 방안

2단계 구제소송은 집단소송을 활성화하기 위한 방편에서 논의된 것으로 보인다. 종전의 소비자단체소송은 물론 증권관련 집단소송의 이용실적이 저조하기 때문이다.[75] 그런데 이러한 제도가 왜 실적이 부진한지에 대하여는 어느 정도 연구결과가 나와 있다.[76] 소비자단체소송은 소송허가 제도가 너무 까다롭고 중지・금지청구 소송으로 국한되어 있으며 예방적 중지・금지청구 역시 인정되어 있지 않다. 증권관련 집단소송은 증권분야 중 특수한 청구권에만 국한하고 있는 데다가 실제로 대표당사자소송 중 가장 특정이 쉽고 자기 방어를 충분히 할 수 있는 금융투자자들이기 때문에 어찌 보면 대표당사자소송이 없어도 구제할 수 있었던 분야에 절차가 도입된 형국이다. 따라서 단체소송에서는 소송허가의 폐지가, 증권관련집단소송에서는 대표당사자소송의 적용 범위의 확장이 우선적인 개선 과제였다. 또

선정당사자 제도를 이용할 수 있다. 각주 72번의 대법원 2007. 7. 12. 선고 2005다10470 판결 참조.

75) 정무위원회(전문위원 최용훈), 소비자기본법 일부개정법률안 검토보고, 2023.11, 13-14면. 도입 이후 이용 실적은 8건으로 집계되었다. 증권관련 집단소송은 소비자단체소송보다는 실적이 많다. 자세한 내용은 다음 사이트 참조(최종방문 2024. 12. 5.). 사건 번호를 종합하면 17건 정도로 보인다. https://www.scourt.go.kr/portal/notice/securities/securities.jsp

76) 서희석, 전게논문, 50-52면에서 이에 대하여 정리하고 있다.

한 소송절차 외에도 증거수집, 소송비용과 같은 쟁점 역시 중요한 과제이다. 따라서 새로운 소송제도를 도입하기 전에 기존의 제도를 보완하면서 활성화시키는 작업을 해보는 것이 우선이라고 생각한다.

3. 바람직한 집단적 소비자 분쟁해결 소송의 설계 방향

앞서 검토했듯이 우리나라는 이미 증권관련집단소송에서 미국식 대표당사자소송을, 소비자기본법 등에서 독일식 단체소송을 도입하였다. 현재 어느 한 제도를 폐지할 수 없으므로 두 제도가 조화롭게 운용될 수 있도록 함이 바람직함은 이론의 여지가 없다. 이러한 집단적 분쟁해결을 위한 소송제도가 기능을 하기 위한 방향은 다음과 같다. 대표당사자소송은 사익의 구제를, 단체소송은 공익의 구제를 위한 제도로 방향 설정이 되어야 한다. 따라서 대표당사자소송에서는 집단인증을 면밀히 검토할 수 있도록 하고 단체소송에서는 단체의 요건을 명확히 규정하고 어느 정도의 위임입법을 통하여 제소권자가 명확히 특정될 수 있어야 한다.[77)]

증권관련 집단소송과 소비자 단체소송의 이용 실적이 저조한 점을 볼 때 지나치게 소송기간이 장기화할 수밖에 없는 소송구조와 실무는 개선이 불가피하다. 증권관련 집단소송에서도 소송허가 결정에 대한 불복을 제한한다든가, 소비자단체소송에서 소송허가를 폐지한다든가 하는 점이 대표적인 예시이다. 반면 소제기를 당하는 피고의 입장도 고려하여야 한다. 이 점은 피고의 주의의무위반 판단에 있어서 책임 제한이 가능하도록 하는 입법이 필요하다. 다시 말해 사업자단체가 지킬 수 있는 정도의 규범을 마련하고 이를 전부 준수하였다면 책임이 감면되는 방향의 제도 설계가 필요하다. 대한민국은 어떻게 되었든 사회적 파급 효과가 큰 결과가 발생하면 사실상 결과책임을 부담하게 된다는 사회적 인식이 강하기 때문에 이를 벗어나기 위하여 피고 측에 대한 책임의 가이드라인을 현실적으로 설정할 필요가 있다는 의미이다.[78)] 민법 제756조의 사용자책임에 있어서 사용자가 면책될 수 있다고 규정하고 있지만 사실상 그 사문화되어 피용자의 불법행위가 인정되면 사용자가 면책받는 것이 너무 어렵다는 점 등을 예로 들 수 있겠다.[79)] 지킬

77) 단체소송을 제기할 수 있는 단체는 현재 상황에서는 소비자기본법과 개인정보보호법에 근거를 둔 단체로 국한될 것이다. 차후 환경오염사건은 환경단체가 수행하는 등 그 영역이 확대될 가능성을 열어두는 것이 타당하다고 생각한다. 이 경우에도 제소권자로서 요건을 갖추어야 함은 물론이다.

78) 최광선, “집단소송제와 기업정책”, 국가전략연구 제3권 제4호, 세종대학교 국가전략연구소, 2020. 12, 71면.

79) 편집대표 김용덕, 『주석 민법(채권각칙8)』(제5판), 한국사법행정학회, 2022, 322면(이원범 집필). 여기

수 있는 법을 만들고 이를 위반했을 경우 책임을 물어야 하는 것이지 지킬 수 없는 법을 만들어 놓고 결과가 발생하면 어떻게든 책임을 부담하라고 하는 것은 사업자에게도 가혹할 수 있다.

증거조사 문제 역시 해묵은 숙제이다. 미국식 증거조사인 디스커버리 제도가 전면 도입이 되기에는 시간이 오래 걸릴 것으로 예상되지만 현재까지 민사소송법 등 현행 증거법은 증거의 구조적 편재에 대하여 대안을 주지 못하고 있다. 오히려 특허법에서는 다양한 시도가 있지만 민사소송법은 상대적으로 더딘 상황이다. 이 부분은 특별법의 제정을 통하여 타개할 필요가 있고 집단소송법시안과 같이 대표당사자소송과 단체소송을 규율하면서 동시에 증거조사의 특칙을 둘 필요가 있다고 보인다. 각자 별개의 소송이 별개의 법률로 규정되어 있다면 증거법 역시 통일성을 잃을 수 있기 때문이다. 참고로 윤영덕 의원안이 제시한 정보제출명령은 진일보된 입법이지만 법 위반시 제재수단이 여전히 미온적이므로 보완이 필요하다고 보인다.

소송비용 역시 중요한 문제이다. 현재까지 소비자단체소송은 모두 공익적인 목적으로 제기되었다. 소비자기본법의 소송요건에 공익성 요건이 추가되기도 하였고 소비자단체가 공익적 목적을 위하여 설립되었기 때문이다. 그럼에도 소송비용은 패소자 부담의 원칙을 적용받고 있고 증거의 구조적 편재로 인한 증거확보의 곤란은 크게 반영되고 있지 않다. 이점에 대하여 충분히 소비자단체소송과 같이 공익목적으로 제기되는 소에는 소송비용부담의 감면을 고려해 볼 필요가 있다.

마지막으로 단체소송에서 손해배상청구소송을 설계할 때 증권관련 집단소송의 분배절차를 차용하는 것이다. 아쉽게도 윤영덕 의원안은 소비자단체소송으로 손해배상청구는 인정했지만, 그 후속조치인 분배절차에 관한 규정이 없었다. 미국의 부권소송을 보면 대표당사자소송과 유사하게 분배절차를 진행할 수 있으므로 이를 참고할 필요가 있다. EU 지침 역시 단체소송의 손해배상청구권을 인정하면서 개별 소비자들에 대한 분배절차를 규정하고 있었다. 이 경우 손해배상청구는 제소권을 가지는 단체의 고유한 손해인지 아니면 개별 소비자의 손해인지 문제될 수 있을 것이나 기본적으로 단체소송은 제3자 소송담당의 성질을 가지므로 원칙적으로는 개별 소비자의 손해를 그들에게 분배해 준다는 의미를 가진다고 하겠다.

서는 사용자책임이 사실상 무과실책임으로 운영되고 있다고 평가한다.

4. 부권소송과 단체소송의 연결점

집단소송법시안은 대표단체라는 개념을 사용하여 대표당사자소송은 물론 단체소송 역시 소송허가를 통하여 집단소송이 가능하도록 고안하였다. 이는 유럽식의 전통적인 단체소송과는 다르다. 집단소송법 시안은 법령에 정한 단체라고 하더라도 소송허가를 통하여 단체소송으로 진행하도록 설계하였다. 그런데 이 점은 앞서 검토한 바와 같이 단체소송에는 소송허가는 삭제하는 것이 타당하고 제소단체의 요건을 법정함으로써 남소의 우려를 불식시킬 필요가 있다. 따라서 단체소송에 있어서는 집단소송법시안에 변형을 가하여 소송허가 없이 바로 본안으로 진행할 필요가 있다. 우선 현행법에 포함되어 있는 소비자단체소송, 개인정보보호 단체소송의 제소권자부터 대표단체로 편입시키고 이후 입법적 합의로 대표단체의 범주가 정해져야 한다.

집단소송법 시안은 단체소송을 진행시킬 수 있는 단체를 다음과 같이 정하고 있다(제10조 제2호).

> 대표단체는 한국소비자보호원, 대한법률구조공단 기타 법률이나 대법원 규칙으로 정하는 법인 또는 다음 각목의 요건을 갖춘 단체일 것
> 가. 정관에 의하여 상시적으로 소비자보호, 환경보호 기타 이에 준하는 공익의 추구를 주된 목적으로 하는 비영리법인일 것
> 나. 법인의 지역적 활동범위가 1개 이상의 특별시, 광역시, 도 전역에 걸칠 것
> 다. 법인의 인적 구성 및 활동실적으로 보아 객관적으로 소비자보호, 환경보호 기타 이에 준하는 공익을 추구하는 임무를 적절히 수행할 수 있을 것
> 라. 법인의 목적을 지지하는 모든 자에게 가입이 개방되어 있을 것

이 요건을 보면 미국의 부권소송과 집단소송법 시안의 단체소송은 충분한 공통점을 가지고 있다고 평가할 수 있다. 대표단체가 공익 추구를 주된 목적으로 하는 비영리법인일 것이 분명히 드러나는데 이는 부권소송의 준주권적 이익과 유사하다고 볼 수 있다. 주민들의 물질적 정신적인 건강과 복리는 비영리단체의 공익범위에 포함된다. 오히려 비영리단체의 공익범위는 단체마다 더 구체적으로 공익에 부합할 수 있다. 개인정보보호, 환경보호, 식품위생 보호 등 다양하게 설정될 수

있기 때문이다. 또한 대표단체가 될 수 있는 법인의 지역적 범위가 사실상 전국에 걸쳐 있으므로 얼마든지 그 법인의 분야에서는 사실상 정부의 역할을 감시・견제하는 역할을 하게 된다. 이는 주정부가 연방법 체계에서 주민들의 권익을 위하여 소송담당자 역할을 한다는 점과 유사하다. 법인의 업무수행이 어느 정도 검증이 되어야 한다는 점을 보면 주정부가 주권의 실현을 위하여 기능하고 있는 것과 유사하다. 또한 법인의 목적을 지지하는 모든 자에게 가입이 개방되어 있을 것이라는 요건은 주정부에 대하여 선거를 통한 민주적 정당성이 확보된다는 점과도 유사하다. 이러한 점들을 종합하여 보면 미국식 부권소송제도는 한국식 단체소송으로 치환되어도 큰 무리가 없다고 보인다. 이렇게 되면 대표당사자소송과 공통되는 분배절차를 가지게 되고 이 역시 미국의 부권소송과 대표당사자소송의 분배절차의 관계 및 전반적인 프로세스와도 비슷한 점을 가지게 된다. 원래 부권소송이 영국에서 국왕이 행사하던 것인데 미국에서는 주정부에서 행사하는 것으로 변용되었다. 반면 부권소송의 대상은 쉽게 집단적으로 구제받기 어려운 자들을 위한 것이었다. 이처럼 부권소송은 소송의 주체가 누구인지 보다 그 기능을 충실히 수행할 수 있는 방향으로 설계되어야 하므로 우리나라 사정에서는 검증된 단체가 수행하는 것이 타당하다. 그럼에도 제도의 실효성을 위하여 소송주체에 정부 또는 지방자치단체를 추가할지는 추후 좀 더 검토해 볼 여지가 있다. 소비자가 상대해야 하는 거대한 기업에게 민간 비영리법인의 소송이 얼마나 큰 억제 효과가 있을지 의문이 제기될 수 있기 때문이다.

V. 결 론

이 글에서는 집단적 소비자 분쟁을 해결하기 위한 소송제도 정비 방안에 대하여 논하였다. 이를 위하여 비교법적인 관점에서 출발하였는데 미국의 부권소송과 대표당사자소송을 비교 검토해 보았다. 그 결과 미국은 개인이 주도할 수 있는 대표당사자소송, 주정부가 주도할 수 있는 부권소송이 있다는 점을 알 수 있었다. 부권소송은 소비자소송에서도 널리 사용되고 있으며 주민들의 공익에 이바지하고 있다. 또한 유럽연합은 최근 단체소송지침을 개정하여 소비자단체에도 개별 소비자를 위한 손해배상청구를 인정하고 있었다. 이 점은 향후 우리나라가 참고해야 할 것이다. 이를 위하여 현행법에 근거한 증권관련 집단소송과 소비자 단체소송의 영역을 일반 민사소송의 특례로 규정하여 민사소송법의 기본원리에 따르도록 함으로써 법원리의 통일성을 도모할 필요가 있다.

소비자단체소송의 문제를 2단계 구제소송으로 이론 구성하는 것은 비교법적으로 볼 때 의미있는 시도라고 생각하지만, 이글에서는 현행 민사소송법의 틀 안에서 대표당사자소송과 단체소송에 대해 이론구성을 할 수 있다고 검토하였다. 우리나라의 경우 이미 증권관련집단소송법과 소비자기본법 등에 집단소송이 도입되어 있으므로 기존에 있는 제도를 먼저 이용해 보고 그 제도가 원활하게 작동하게 하는 것이 우선이라고 보인다. 특히 소비자단체소송의 경우 미국의 부권소송과 유사하게 공익적 역할을 할 수 있는 단체가 그 역할을 수행할 수 있는바, 우리나라의 실정에는 현행 단체소송의 제소권자가 그 역할을 대신할 수 있다고 사료된다. 그렇다면 1996년에 논의되었던 집단소송법시안을 발전적으로 보완시켜 집단적 분쟁해결 수단을 정비하는 것이 타당한 대안 중 하나라고 할 수 있다.

생각건대 개인은 사익 보호, 단체는 공익 보호에 초점을 맞추어야 하므로 양측 모두에게 집단적 분쟁해결을 위한 제소권을 주는 것이 타당하다. 그렇다면 우리나라는 전 범위 집단소송을 도입하되 대표당사자소송과 단체소송을 모두 인정하는 방식을 전제로 하게 되고. 이렇게 되면 우리나라는 단체소송에서 어떻게 손해배상을 접목할 것인가의 문제가 남는다. 비록 우리나라가 대표당사자소송과 단체소송을 별도로 분리하여 규정하고 있으나 집단소송법 시안에서는 이를 묶어서 규율하려는 시도를 한 적이 있다는 점, 단체소송에서도 손해배상을 청구할 수 있다는 점이 비교법적, 이론적으로 검증이 된 점, 미국의 부권소송을 우리나라에 그대로 적용하기는 어렵지만 미국의 주정부가 할 수 있는 공익적 이익을 수행하는 단체에게 제소권을 주어도 무방하다는 점, 그러한 제소권이 단체에게 인정된다면 미국의 대표당사자소송과 부권소송이 병존하여 시너지를 낼 수 있다는 점 등을 감안하면 우리나라에도 대표당사자소송과 단체소송을 병존시켜 유사한 효과를 낼 여지가 충분하다고 생각한다. 소비자가 사익을 추구할 경우 대표당사자소송을 이용하는 방향으로, 단체가 공익에 이바지해야 할 경우 단체소송을 이용하는 방향으로 제도를 설정할 필요가 있다.

참고문헌

▣ 국내 문헌

〈단행본〉

이상돈, 『공익소송론』, 세창출판사, 2006.

이시윤, 『신민사소송법』(제17판), 박영사, 2024.

정영환, 『신민사소송법』(제3판), 법문사, 2023.

최광선, 『증권관련 집단소송법제에 관한 연구』, 고려대학교 박사학위논문, 고려대학교 대학원, 2016. 8.

정무위원회(전문위원 최용훈), 소비자기본법 일부개정법률안 검토보고, 2023. 11.

편집대표 김용덕, 『주석 민법(채권각칙8)』(제5판), 한국사법행정학회, 2022.

Mary LEE & Joseph KIM, 『미국법 총정리』, 다산처럼 출판사, 2015.

〈논문〉

김성천, “EU 소비자집단이익보호 대표소송지침안의 주요 내용과 시사점”, 소비자정책동향 91권, 한국소비자원, 2018.

김지안・김신영・정우영, “소비자의 집단적 구제 절차에 관한 EU 지침(2020)의 내용과 시사점”, 한국법학원 연구보고서, 2021. 8.

문영화, “독일의 ‘소비자 권리의 일괄 실행에 관한 법률’의 내용과 그 제정 경위에서의 시사점”, 저스티스 통권 제202호, 한국법학원, 2024. 6.

박민영, “미국의 소비자보호 Class Action에 관한 연구”, 미국헌법연구 제20권 제2호, 사단법인 미국헌법학회, 2009. 9.

서희석, “소비자단체소송제도의 발전적 확대방안 - 집단적 소비자피해의 구제를 위한 소송제도의 정비”, 사법 제53호, 사법발전재단, 2020. 9.

유정화, “미국의 부권소송에 간한 연구 - 우리나라 독점규제법 분야에의 도입가능성을 중심으로 -”, 고려법학 제89호, 고려대학교 법학연구원, 2018. 6.

이규호, “공정거래법분야에 있어 미국의 부권소송에 대한 연구”, 법학연구 제15권 제1호, 연세대학교 법학연구원, 2005.

이문지, “미국의 반트러스트 국가후견소송”, 경영법률 제10권, 한국경영법률학회, 2000.

이세인, “미국 소비자집단소송에 관한 연구”, 법학연구 제48권 제1호, 부산대학교 법학연구소, 2007. 8.

이준범, “집단소송법에 대한 사이 프레 법리 도입방안”, 법조 제70권 제4호(통권 제748호), 법조협회, 2021. 8.

장송청, "집단소송제도에 관한 연구 - 한국법과 중국법의 비교를 중심으로 -", 성균관대학교 박사학위논문, 2009.

장품 · 김승현, "공정거래법의 사적 집행수단: 국가후견소송을 중심으로", 경쟁법연구 제38권, 한국경쟁법학회, 2018.

최광선, "집단소송제도의 확대 가능성 및 그 전제조건에 대한 검토", 사법 제53호, 사법발전재단, 2020. 9.

_____, "현행 단체소송 제도의 문제점과 개선방안에 관한 연구", 인권법평론 제28호, 전남대학교 공익인권법센터, 2022.

_____, "집단소송제와 기업정책", 국가전략연구 제3권 제4호, 세종대학교 국가전략연구소, 2020. 12.

함영주, "집단소송제의 발전경과와 우리나라 집단소송법의 개선방향에 대한 검토", 사법 제53호, 사법발전재단, 2020. 9.

▣ 외국 문헌

Stuart Rossman & Charles Delbaum, 『CONSUMER CLASS ACTION』, 9TH EDITOR, NATIONAL CONSUMER LAW CENTER, 2016.

Amy Widman & Prentiss Cox, "State Attorneys General's Use of Concurrent Public Enforcement Authority in Federal Consumer Protection Laws", Cardozo Law Review, Vol, 33, 2011.

Amy Widman, "Protecting Consumer Protection: Filling the Federal Enforcement Gap", Buffalo Law Review Vol. 69, No. 4, 2021.

BENNET CHO-SMITH, "State Attorneys General, You're My Only Hope: How to Fill the Enforcement Gap in Federal Consumer Protection Law with Parens Patriae Litigation", Georgetown Journal of Law & Public Policy, Vol. 22, 2024.

CHRISTOPER R. LESLIE, "The Need to Study Coupon Settlements in Class Action Litigation", 18 Geo. J. Legal Ethics, 2004-2005.

George B. Curtis, "The Checkered Career of Parens Patriae: The State as Parent or Tyrant?", 25 DePaul Law Review, 895, 1976.

Margaret S. Thomas, "PARENS PATRIAE AND THE STATES' HISTORIC POLICE POWER", 69 SMU LAW REVIEW Rev, 759, 2016.

Margaret H. Lemos, "AGGREGATE LITIGATION GOES PUBLIC: REPRESENTATIVE SUITS BY STATE ATTORNEYS GENERAL", HARVARD LAW REVIEW, Vol, 126:486, 2012.

PATRICK HAYDEN, "Parens Patriae, the Class Action Fairness Act, and the Path Forward: The Implication of *Mississippi ex rel. Hood v. AU Optronics Corp.*", THE

YALE LAW JOURNAL, Vol. 124, No. 2, 2014.

J. Maria Glover, "Mass Arbitration", 74 Stanford Law Review. 1283, 2022.

John B. Hoke, "Parens Patriae: A Flawed Strategy for State-Initiated Obesity Litigation", William & Mary Law Review, Vol. 54, 2013.

Rhonda Wasserman, "Cy Pres in Class Action Settlements", 88 Southern California Law Review 97, 2014.

Susan Harriman, "Parens Patriae Actions on Behalf of Indirect Purchasers: Do They Survive Illinois Brick", Hastings Law Journal Vol. 34, Issue. 1, 1982.

소비자분쟁조정제도의 발전방안에 관한 소고* **

이 찬 향***

Ⅰ. 서 론

소비자분쟁이란 민사 분쟁의 넓은 영역 중에서 일부분에 속한다고 볼 수 있는 것으로서, 직관적으로 설명한다면 분쟁의 당사자는 소비자와 사업자이고 그들과의 관계 내에서 소비자에게 피해가 발생하였거나 소비자불만이 생겨서 다툼으로 번진 경우 등을 말한다. 여기에 소비자가 재화와 서비스를 이용하고 소비하는 과정 또는 이와 관련이 있는 다툼이 발생하고 소비자에게 피해나 손해가 발생한 것을 소비자분쟁이라고 할 수 있다.

이 소비자분쟁은 소송을 통해서 해결하는 것이 원칙적인 것이지만, 소송을 대신할 수 있는 소송외 대체적 분쟁해결제도(ADR, Alternative Dispute Resolution)를 통해서 해결하는 것도 가능하다. 이것은 형식적으로는 재판제도에 의하지 아니하는 방법으로써 분쟁을 해결하는 절차를 가리키고 실질적으로는 법원이 아닌 다른 방

* 본 논문은 재판관이자 민사소송법학자로서 그리고 후학을 양성하는 법학교수로서 우리나라 민사소송법학의 발전에 지대한 공헌을 하신 고려대학교 법학전문대학원 정영환 교수님의 정년을 맞이하여 스승의 가르침에 감사드리고자 작성한 논문입니다.

** 본 논문은 정영환 교수님의 지도하에 작성한 이찬향, “소비자분쟁조정제도의 실효성 확보를 위한 개선방안 연구”, 고려대학교 대학원 박사학위논문, 2025에 포함되어 있는 내용 중 일부 쟁점에 관한 논의를 발췌하여 수정 · 정리한 글입니다. 학위논문을 지도하여 주신 정영환 교수님과 심사를 통해서 깊은 조언을 해주신 고려대학교 법학전문대학원의 유병현 교수님, 김경욱 교수님, 강윤희 교수님, 건국대학교 법학전문대학원의 최광선 교수님께 감사의 말씀을 드립니다.

*** 법학박사, 한국소비자원 피해구제국, 고려대학교 법학연구원

식을 통하여 당사자 사이의 이해와 양보를 기반으로 합의를 이끌어 냄으로써 분쟁을 해결하는 것을 말한다. 소송외 대체적 분쟁해결제도는 유형별로 그 형태가 조금씩 다를 수 있지만 당사자들에게 분쟁에 관한 내용을 소통시키는 제3자의 역할이 존재한다는 공통점을 지니고 있다. 그리고 소송외 대체적 분쟁해결제도는 소송절차에 비하여 분쟁해결이 신속하고 간편하며 소요되는 기간에 있어서 유리할 뿐만 아니라 접근도 비교적 용이하다고 할 수 있다. 즉 소송에 비해 좀 더 단순하고 유연한 분쟁해결 방식으로서 분쟁을 가장 효율적으로 해결하기 위해 소송이 가지고 있는 장점과 소송외 대체적 분쟁해결제도가 지닌 장점을 두루 살필 필요가 있다.[1)]

그런데 이러한 소비자분쟁은 한 명 또는 여러 명의 소비자와 불특정다수 또는 매우 많은 수를 대상으로 재화와 서비스를 제공하는 사업자와의 대결구도로 볼 때 해결이 쉽지 않을 때가 있다. 단순히 개인의 문제가 아니라 자본주의를 표방하고 있는 현대사회의 구조적인 문제로 볼 수 있어서 분쟁의 모습이 때로는 단순하지 않다. 다양한 이해관계가 얽혀 있는 경우도 있으며 분쟁의 원인이나 피해의 범위 등을 산정하는 데에도 어려움이 있는 경우가 있다.[2)]

Ⅱ. 소비자분쟁조정제도

1. 소비자분쟁조정의 개념

「소비자기본법」은 한국소비자원에 소비자상담 및 피해구제에 이어 소비자분쟁을 조정할 수 있는 소비자분쟁조정위원회를 설치하여 운영하도록 규정하고 있다. 이는 소비자분쟁사건이 법원에서 민사소송을 진행하기 전에 전문기관으로서 한국소비자원의 조력을 통하여 당사자 간에 자율적인 협의를 거쳐 합의에 이르도록 함으로써 소비자의 권익증진 및 사회적 효익을 최대화하기 위한 제도이다.

소비자분쟁이라 함은 소비자가 소비생활을 영위하기 위하여 사업자가 제공한 재화와 서비스를 사용 또는 이용하는 과정에서 발생하는 분쟁을 말한다. 이러한 소비자분쟁은 소비생활의 전 과정에 걸쳐 발생할 수 있는데, 특히 제품의 결함으

---

1) 정영환, 『신민사소송법』 제3판, 법문사, 2023, 32면.
2) 류승훈, “소비자분쟁의 효과적 해결을 위한 제언”, 외법논집 제9집, 한국외국어대학교 법학연구소, 2000. 12., 372면.

로 인하여 생명이나 신체에 손해를 입었거나 재산상의 피해를 입은 경우 소비자피해가 확산될 수 있거나 피해 양상이 심각해질 수 있다. 또한 일단 소비자피해가 발생했더라도 피해의 원인이 어느 단계에서 발생했는지 조차 알 수 없는 경우도 많아서 분쟁해결이 용이하지 않은 경우도 있다.[3)]

오늘날에는 산업이 고도화되고 경제가 급격히 성장하면서 소비자 권익에 대한 인식도 달라지고 있는데, 현대사회에 이르러 소비자분쟁의 유형과 형태도 복잡해지고 다양해지고 있고 때로는 사회적 관심을 불러일으킬 정도의 큰 문제로 나타나기도 한다. 하지만 소비자분쟁은 다수의 소비자에게 발생하면서도 대부분 피해금액이 소액인 특성이 있어 소비자가 직접 소송을 통해 권리구제에 나서는 경우는 매우 적은 편이다. 따라서 소비자와 사업자 사이의 불균형을 해소하고 부족한 점을 보완하고자 「소비자기본법」을 마련함으로써 소비자분쟁조정제도를 체계적으로 운영 중에 있는데, 그 절차가 간이하고 신속하게 분쟁을 해결할 수 있다는 점에서 긍정적인 평가를 받고 있다. 무엇보다 당사자의 자율적인 의사에 바탕을 두고 자주적인 분쟁해결을 도모할 수 있다는 점에서 그 의의와 효용성을 인정받고 있다.[4)]

2. 대체적 분쟁해결 방식

소비자분쟁을 해결하기 위해서 법원을 통한 권위적이고 강제적인 해결방식을 선택할 수 있지만, 그 전에 분쟁 관련자들이 모여 상호 협의를 거쳐서 가장 효율적이면서도 효익이 높은 결론에 이를 수 있는 소송외 대체적 분쟁해결 방식을 선택하여 분쟁을 해결할 수도 있다.[5)]

이처럼 날이 갈수록 그 이용 빈도가 늘어나고 있는 소송외 대체적 분쟁해결제도가 많은 관심을 끌게 된 이유 중 하나는 재판을 통한 분쟁해결이 현실에서 여러 가지 문제를 유발하기 때문이다. 소비자분쟁의 특징에 비추어 보았을 때 분쟁해결에 시간과 비용이 많이 소요된다면 막상 해결이 되었더라도 소비자가 취할 수 있는 이익이 매우 적거나 없을 수 있다. 그래서 소비자분쟁은 대체적 분쟁해결제도에 의존하는 경향이 강할 수 밖에 없으며 그것이 당사자들의 이익이 가장 부합하

---

3) 최병록, "소비자분쟁의 소송외적 해결제도", 소비생활연구 제11호, 한국소비자보호원, 1993, 69면.
4) 류승훈, 전게논문, 392면.
5) 하혜영, "정부의 대체적 분쟁조정제도에 대한 고찰", 한국행정학회 동계학술대회, 2010, 1-15면.

는 것일 수 있다.

소비자분쟁의 원활한 해결을 위해 고안된 소비자분쟁조정제도는 그 목적이나 효과를 기준으로 본다면 여러 가지 유형으로 나눌 수 있다. 소비자분쟁은 자유경쟁 시장체제 하에서는 스스로 해결되기 어려운 경우가 많아 이를 극복하고 신속하고 공정하게 분쟁을 해결함으로써 소비자의 권리를 실현하고자 국가와 지방자치단체 및 공공기관 등이 소비자분쟁해결 과정에 개입하는 제도를 가리킨다.[6] 이러한 소비자분쟁조정제도는 소송에 비해 절차가 복잡하지 아니하면서도 분쟁해결이 신속하게 이루어질 수 있도록 당사자 간의 격차를 줄이고 소비자의 불충분한 부분을 보완하여 분쟁해결을 도모하는 데 그 의의가 있는 것이며, 당사자의 의사에 기초하여 분쟁을 자주적으로 해결할 수 있다는 점에서 그 효용성을 인정받고 있다.

소비자분쟁조정제도의 또 다른 특징으로는 분쟁조정 시 해당 분야의 전문가가 비법률적인 사안에 대하여 오랜 경험과 지식을 지닌 전문가의 입장에서 기술적인 역량을 다하여 개입함으로써 사건 해결에 도움을 주기도 하고 감정을 하기도 하는 등 분쟁해결에 전문가가 직접 참여가 가능함으로써 보다 진일보한 조정결정이 가능하다. 그리고 당사자는 분쟁조정과 관련하여 비용을 일절 지불하지 않으므로 무료로 조정절차를 진행할 수 있어 소비자분쟁조정제도에 접근하기가 한층 쉽다는 특징이 있다.[7]

3. 분쟁조정을 통한 해결

일반적인 분쟁을 해결함에 있어 민사소송은 최종적이 서도 가장 강력한 방식이지만 강제적으로 분쟁을 해결하는 제도이다. 여기서 강제적으로 분쟁을 해결한다는 뜻은 달리 표현하면 모든 당사자들에게 가장 만족스러운 결과를 도출하는 것이 목적이 아니라 사실관계에 입각하여 법률적인 시비를 가림으로써 당사자들에게 법률에 입각한 권리구제를 우선적인 목적으로 한다는 뜻이다. 또한 민사소송은 설령 당사자들이 요구하는 바에 최대한 가까운 협의점을 찾지 못하였더라도

6) 김윤정, "소비자분쟁조정제도의 현황과 과제", 소비자문제연구 제46권 제3호, 한국소비자원, 2015. 12., 232-252면.

7) 소비자의 소비자분쟁조정제도에 대한 무분별한 남용을 방지하고 분쟁조정을 신중하게 신청할 수 있도록 독려하기 위한 방법으로서 피해금액이 매우 소액일지라도 조정인지액 신설 및 납부를 통하여 제도화하는 방안이 추진되고 도입되어야 할 것이다.

그들에게 심리적인 만족감을 주는 것이 주요한 목적은 아니기에 법률적인 타당성을 추구하는 방향으로 결과가 도출되었을 것이다. 당사자에게 만족감을 주는 것은 별로 고려대상이 되지 않을 것이다.

따라서 바라보는 시각에 따라서 민사소송만이 분쟁의 유일한 해결방법은 아닐 수 있겠다. 당사자들끼리 서로의 요구를 이해하고 양보하는 과정에서 자율적으로 협의점을 찾아가는 것이야말로 사회적으로는 가장 바람직한 분쟁해결 방법이라고 생각하며, 여기에 바로 소송외 대체적 분쟁해결제도의 존재이유와 목적이 있다고 본다. 그렇다면 특히 소비자분쟁은 여러 분쟁의 형태 중에서 분쟁사건의 수가 다수인 편에 속할 것이고, 따라서 소비자분쟁조정제도는 민사소송절차를 대체할 수 있는 가장 넓은 범위의 분쟁 형태일 것이다.

소비자분쟁의 경우도 마찬가지로 가장 강력하고 확실한 방법은 민사소송을 통한 해결이지만, 소비자분쟁의 특성 상 소송을 통한 해결이 만만치 않은 경우가 많다. 우선 당사자에게 비용과 시간이 부담으로 다가올 것이고 비교적 피해금액이 적은 경우가 많아 선뜻 소송절차에 들어가기는 쉽지 않아 그만 포기하는 경우가 많을 것이다. 따라서 특히 소비자분쟁의 경우는 민사소송 보다 해당 분야의 전문가가 모여서 분쟁해결을 도모하는 방식이 더욱 바람직할 것이다. 현재 우리나라는 소송외 대체적 분쟁해결제도로서 민사소송에 과하게 의존하고 있는 듯 보이기도 하지만 소송절차를 겪어본 당사자는 시간적이든 경제적이든 간에 소송수행 부담이 적지 않다는 것을 알고 있다. 따라서 상대적으로 무게감이 가볍고 비교적 경미한 일반적인 소비자분쟁 분쟁사건의 경우에는 대체적 분쟁해결제도를 이용하는 것이 당사자에게나 사회 전체의 관점에서도 가장 효용이 큰 해결 방식으로 보인다. 이에 소비자분쟁해결제도를 발전시킬 점에 관하여 알아볼 필요가 있다.

Ⅲ. 소비자분쟁조정위원회

1. 분쟁조정위원회 개요

(1) 분쟁조정절차 안내

「소비자기본법」은 소비자와 사업자와의 관계에서 소비자분쟁이 발생하는 경우에 이를 조정하고자 소비자분쟁조정위원회를 둔다고 규정하고 있다. 소비자분쟁조정위원회는 소비자와 사업자의 자율적인 의사를 바탕으로 양보와 대화를 통해 협의함으로써 소비자분쟁을 원만하게 해결하여 피해를 회복하며 갈등을 해소할 수 있는 분쟁조정제도이다. 또한 사회 구성원의 불만을 진정시키는 역할을 하기도 하고 사회적으로 큰 관심을 끄는 소비자분쟁을 해결함으로써 사회혼란을 해소하는 역할을 하기도 한다. 이렇듯 소비자분쟁조정위원회는 소비자와 사업자 상호간의 이해를 바탕으로 입장 차이를 인식시키고 당사자의 태도 변화를 관철함으로써 사회의 갈등을 조정하고 통합함으로써 우리 사회에 긍정적인 영향을 미치고 있다.

소비자분쟁조정위원회는 소비자분쟁을 조정하기 위한 절차를 진행하는데 조정결과는 조정결정문의 형태로 생성되며 당사자의 불수락의사의 표시가 없다면 조정결정문이 성립되어 재판상 화해와 동일한 효력이 인정된다. 하지만 당사자의 불수락의사의 표시가 있다면 그 이유를 불문하고 조정결정문은 성립되지 아니하고 법률적 효력을 가지지 못하는데 이는 조정절차의 특징으로 볼 수 있다. 그러나 소비자분쟁조정제도는 법원에서 수행하는 소송이나 재판상 화해나 제소전 화해 또는 민사조정 등과 같은 사법적 절차보다 유연성을 가질 수 있고 비용을 소모하지 않아 유익한 점이 있으며, 법률적 판단을 중시하는 소송과는 달리 경우에 따라서는 당사자의 사정을 헤아려서 조정결정을 함으로써 합의 가능성에 무게를 둘 수도 있는 점 등 장점이 있다.

그리고 분쟁의 당사자는 일정한 결과를 기대하면서 소송을 진행하지만 당사자가 원하는 판결이 반드시 나오는 것을 보할 수는 없는 것이므로 때에 따라서는 소송을 진행함으로써 갈등이 해소되지 아니한 채 고착된 상태로 굳어질 여지가 있다. 반면, 당사자는 소비자분쟁조정위원회를 통해 불만과 애로사항을 자유롭게 이야기할 수 있고 상대방의 의견을 충분히 청취할 수 있어 상대방을 이해할 수 있는 기회를 가질 수 있다. 이로써 당사자 간의 입장 차이를 좀 더 객관적으로 바라볼 수 있게 하며 표면적인 마찰을 줄여 상대방에게 양보하고 상대방을 이해하고 배려하는 모습을 가짐으로써 자율적인 협의에 이르고 소비자분쟁을 원만하게 해결할 수 있는 것이다.

[그림 1] 한국소비자원 분쟁조정사건 처리 절차도

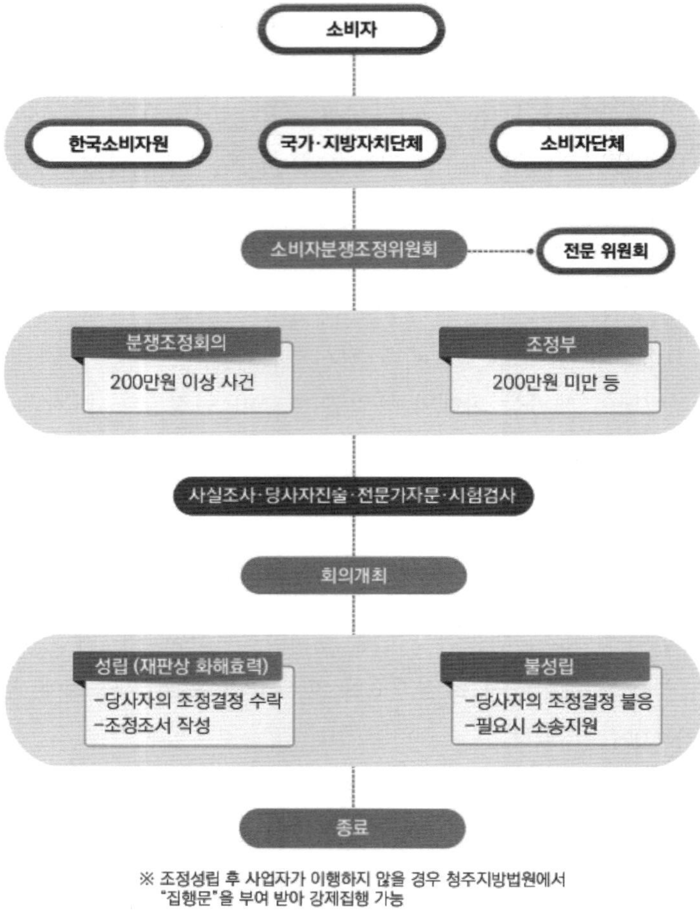

또한 현대 사회에서는 복잡하고 다양한 재화와 서비스가 존재하여 기존의 법률과 규정으로는 소비자분쟁을 적절하게 대처하기 어려울 수 있다. 이에 소비자분쟁조정제도를 활용함으로써 사실관계에 가장 부합하는 시각에서 쟁점을 판단하고 나아가 국가 또는 해당 사업자에게 적절한 대책을 마련할 것을 촉구할 수도 있다. 따라서 소비자분쟁조정제도는 소비자와 사업자 사이의 교두보로서 궁극적으로 사회통합의 기능을 수행함으로써 사회 발전을 도모하는 역할을 하고 있다.[8] 그리고 소비자분쟁조정위원회의 조정절차에 참여하는 소비자는 소비자로서의 권리와 의

8) 백병성, "소비자분쟁조정의 역할과 효율적인 조정기구 운영", 소비자문제연구 제23호, 한국소비자보호원, 2000. 6., 43면.

무를 재인식할 수 있어서 향후에 스스로의 책임 하에 자주적인 소비생활을 영위할 수 있는 힘을 기를 수 있다. 이와 함께 사업자는 조정절차를 통해 소비자의 불만과 요구사항이 무엇인지를 명확하게 파악할 수 있고 시장에서 소비자의 요구사항이 무엇인지를 알 수 있으므로 소비자분쟁조정위원회를 겪는 과정에서 습득한 것들을 경영활동에 반영한다면 사업자로서의 역량 강화에 보탬이 될 수 있을 것이다.

한국소비자원에 소비자분쟁조정위원회를 둔다고 규정한 「소비자기본법」에 따르면 소비자분쟁조정위원회는 순수한 정부조직이라기 보다는 한국소비자원에 소속된 하나의 준정부조직의 성격을 띠고 있다고 볼 수 있다.[9] 여기서 준정부조직이란 정부의 목적을 효율적으로 달성하기 위하여 새롭게 만든 조직이라 할 것이다. 그런데 준정부조직에 의해 정부가 확장되는 것을 감출 수 있고 정부에 적용되는 통제를 회피하기 쉬우며 공공의 책임을 감소시키는 등 여러 비판이 있긴 하다.

하지만 준정부조직은 정부에서 추진하고자 하는 목적을 위하여 구성된 새로운 형태의 행정수단으로서 정부의 역할을 분담하여 수행하는 역할을 한다. 따라서 정부와 준정부조직은 공공서비스를 생산하고 전달하는데 있어 상호 협력의 관계를 형성하는데, 준정부조직이 정부에 비하여 특정 부분의 공공서비스를 보다 효율적으로 공급하는 데에 더욱 전문성이 있다고 보는 것이다. 이러한 준정부조직은 정부와 민간으로 구성되어 있는 영역의 중간에 위치하여 이 두 영역을 연결시키는 역할을 하고 있고, 정부로부터 일정한 권한을 부여받아 준정부조직의 특성에 맞는 여러 다양한 유형의 업무를 수행하는 것이 목적이다. 따라서 이 중 소비자분쟁조정위원회는 소비자분쟁을 조정하는 사법부의 역할을 겸하고 있기 때문에 준사법적인 조직이라고 할 수 있을 것이다.

한편 소비자분쟁조정위원회는 소송외 대체적 분쟁해결제도 중 하나인데 합리적인 조정결정을 통해 소비자와 사업자 합의를 할 수 있도록 자유롭게 조정하는 권한만 있으며 조정의 특성 상 만일 합의가 이루어지지 아니한다면 조정결정은 효력을 발휘하지 못하고 소송을 통해 다투어야 한다. 이러한 소비자분쟁조정위원회는 한국소비자원 내에 두어 국가 또는 지방자치단체가 당사자가 아닌 모든 소바자분쟁에 대하여 심의 및 조정한다.

---

9) 임학순, "준정부조직의 성장과 기능에 관한 연구", 서울대학교 대학원 박사학위논문. 1994, 9-10면.

(2) 분쟁조정위원회의 설치 및 구성

「소비자기본법」이 2017년 10월 31일 개정되면서 소비자분쟁조정위원회는 위원장 1명을 포함하여 기존 50명에서 현재 150명 이하의 위원으로 구성하되 위원장을 포함하여 5명의 상임위원과 나머지 145명의 비상임위원으로 한다. 조정위원회는 분쟁조정위원회와 조정부로 구분되는데, 조정위원회는 위원장, 상임위원과 위원장이 회의 시 마다 지명하는 5명에서 9명 사이의 위원으로 구성하는 회의이고, 조정부는 위원장, 상임위원과 위원장이 회의 시 마다 지명하는 2명에서 4명 사이의 위원으로 구성하는 회의이다. 위원의 임기는 3년으로 하고 연임이 가능하도록 되어 있고 법에서 규정한 사유가 아니라서 면직되지 아니함을 규정함으로써 위원의 신분을 보장하고 있다. 또한 위원의 제척, 기피, 회피 제도도 규정되어 있다. 한편 조정부는 원활한 운영을 위하여 지역별, 분야별로 조정부를 설치하여 운영하고 있지만 실질적인 차이가 있는 것은 아니다. 조정위원회 업무를 보다 효율적으로 수행하고자 필요한 경우를 위해 분야별로 전문위원회를 둘 수 있다.

위원장은 분쟁조정 업무의 효율적 수행을 위하여 분쟁조정을 신청받은 날로부터 10일 이내에 분쟁당사자에게 배상방법에 대한 합의 권고를 할 수 있다. 위원장은 부득이한 사유가 없는 이상 회의를 소집하기 3일 전까지 회의의 일시, 장소 및 조정사건의 내용 등 회의에 부치는 사항을 정하여 각 위원에게 서면으로 통지하여야 한다. 조정위원회의 회의는 위원 과반수의 출석 및 출석위원 과반수의 찬성으로 의결하는데, 이때 조정위원회 회의에는 소비자와 사업자를 각각 대표하는 조정위원 각 1명 이상이 균등하게 들어가야 한다. 소비자분쟁조정위원회는 특별한 사정이 없다면 분쟁조정을 신청받은 날부터 30일 이내에 분쟁조정을 종료해야 하며, 원인규명을 위한 사실조사, 시험검사 등 정당한 사유가 있는 경우에는 진행기간을 연장 가능하다. 이 경우에는 연장하는 사유 및 기한을 명시하여 당사자나 대리인에게 통보해야 한다. 소비자분쟁조정위원회는 보다 전문적인 판단이 필요한 경우 전문위원회에 자문할 수 있고 이해관계인, 소비자단체나 관계기관 등의 의견을 들을 수 있다.

소비자분쟁조정위원회의 회의는 비공개를 원칙으로 하고 허가 없이 녹음, 녹화, 촬영 등을 하지 못한다. 당사자들은 원하는 경우 회의에 출석하여 의견을 진술하거나 관련된 증거자료를 제출할 수 있다. 소비자분쟁조정위원회는 사실조사, 현장

조사, 전문가자문, 시험검사, 양 당사자의 진술 등 여러 자료를 검토한 후 치우침 없이 공정하게 위원들 간의 의견을 모아서 양당사자가 합의에 이를 수 있도록 조정결정을 내린다. 조정결정의 내용은 지체 없이 당사자 모두에게 통보되는데, 당사자는 조정결정문을 받은 날로부터 15일 이내에 조정결정 수락 거부의 의사를 표시하는 경우에만 조정결정은 성립되지 않으며 당사자 중 어느 일방이라도 수락 거부의 의사를 표시하는 경우 조정은 성립되지 않는다. 만일 조정결정문에 기명・날인하거나 수락 의사를 표시하는 경우 조정은 성립된다. 만일 조정이 성립되었다면 소비자분쟁조정위원회는 조정결정문를 작성하고 재판상 화해와 동일한 효력이 부여되므로 기판력이 인정되기에 해당 소비자분쟁에 대하여는 소를 제기할 수 없다. 그리고 조정 성립 후에 당사자가 그 내용을 이행하지 아니하는 경우에는 대법원규칙에 따라 집행법원을 통해 집행문을 부여받아 강제집행에 나설 수 있다. 한편 소비자분쟁조정위원회의 조정결정에 일방 당사자가 수락 거부의 의사를 표시함으로써 조정결정이 성립되지 않는다면 법원에서 소송을 진행하여야 하며, 만일 조정결정이 성립되었다면 「소비자기본법」 상에는 재심의 절차가 규정되어 있지 않으므로 법원에 동 조정결정에 대한 재심을 청구함으로써 해당 소비자분쟁에 대한 다른 판단을 구할 수 있다.

「소비자기본법」은 소비자단체 및 한국소비자원의 업무로서 소비자의 불만과 소비자피해를 처리하기 위한 상담・정보제공 및 당사자 간에 합의 권고를 행하도록 규정하고 있고 소비자는 재화 및 서비스 등의 사용으로 인한 피해의 구제를 한국소비자원에 신청할 수 있다고 규정하고 있으므로 소비자분쟁을 해결하기 위한 사전 절차로서 1차는 소비자단체 및 한국소비자원에서 상담・정보제공 등의 소비자 불만처리를 행하고 다음으로 2차는 한국소비자원에서 피해구제를 처리하도록 하고 있다. 그런데 만일 피해구제를 통한 합의권고에도 불구하고 당사자 간에 합의가 이루어지지 아니하여 소비자분쟁이 해결되지 않는 경우에는 소비자분쟁조정위원회에 분쟁조정을 신청할 수 있도록 규정하고 있는데, 통상 30일 이내에 분쟁조정을 마치도록 되어 있다.[10)]

10) 만일 30일 이내에 분쟁조정을 종료할 수 없는 때에는 그 기간을 연장하고, 당사자 및 대리인에게 당사자의 요구, 현장 조사, 전문위원회 또는 전문위원 자문, 시험검사, 기타 위원장이 필요하다고 인정하는 경우에 의한 것임과 함께 기한을 통지하여야 한다.

2. 분쟁조정사건 처리현황

소비자분쟁조정위원회가 운영된 지 30년 이상이 된 현재 분쟁조정사건의 수는 지속적으로 증가하여 2022년에는 4,119건이 접수된 것으로 집계되었고, 2023년에는 6,390건이 접수되었고 2024년에는 약 8,400여 건이 접수될 것으로 예상된다고 한다. 근래에 들어 분쟁조정사건의 수가 급격히 증가한 원인으로는 여러 가지를 유추하여 해석해 볼 수 있는데 소비자의 권리의식이 발달하였기 때문이기도 하지만 소송 보다는 조정을 통하여 분쟁을 해결하는 것을 원한다는 소비자의 의지가 반영된 것으로 볼 수 있다. 또한 분쟁조정사건의 수가 급격히 증가하면서 미결건수도 덩달아 많아지고 있고 처리기간도 이와 함께 증가하는 등의 문제가 나타나고 있어 조정 업무에 상당한 부담이 발생하였다는 것을 알 수 있다. 따라서 소비자분쟁조정위원회를 이용하려는 수요는 지속 증가할 것이 예상되고 급증한 조정사건을 효율적으로 처리하기 위한 조정절차를 효과적으로 운영하기 위한 개선방안이 필요한 시점이라고 할 수 있다.[11)]

〈표 1〉 일반 분쟁조정사건 처리현황[12)]

(단위: 건, %)

년도	2007년	2008년	2009년	2010년	2011년	2012년	2013년	2014년	2015년
접수건수	1,003	1,373	2,545	1,147	1,540	1,841	3,249	3,040	3,771
년도	2016년	2017년	2018년	2019년	2020년	2021년	2022년	2023년	합계
접수건수	3,655	2,790	3,147	3,392	5,265	4,803	4,119	6,390	53,070

3. 분쟁조정제도의 의의

소비자분쟁을 해결하려 한다면 소비자분쟁조정제도를 활용하는 것이 시간과 비용 측면에서 매우 유리하다. 특히 소비자분쟁조정제도는 비용이 일절 발생하지 않으므로 당사자는 부담 없이 동 제도에 접근할 수 있는 장점이 있다.[13)] 물론 소비

11) 신속조정부를 확대 운영하고 소비자 친화적인 간이 조정결정서를 작성하도록 하며 개인정보 활용동의 절차를 개선하는 방안을 마련하는 등 분쟁조정제도의 운영에 노력하고 있으나 분쟁조정사건의 수가 급격한 증가를 극복할 수 있는 개선방안이 필요해 보인다.

12) 한국소비자원, 『2023년 기관운영 및 사업추진 실적집』, 268면.; 한국소비자원, 『2017년 기관운영 및 사업추진 실적집』, 328면.; 한국소비자원, 『2011년 기관운영 및 사업추진 실적집』, 349면.

13) 그러나 비용이 일절 발생하지 않는다는 사실로 인하여 자신의 주장만을 무턱대로 주장하는 소비자를 양성한다는 비판이 있다.

자분쟁을 가장 강력하고 확실하게 해결하는 방법은 법률이 정한 엄격한 절차에 의한 소송을 진행하는 것이지만, 소송은 일반적으로 상당한 시간과 비용이 소요되고 당사자가 소를 제기하고 진행하는 일련의 과정 모두에 깊이 개입해야 하는 등 당사자에게는 절차를 진행함에 있어 접근성이나 편의성이 보장되어 있는 것은 아니다. 여기서 조정제도를 이용한다면 형식에 구애받지 않고 신속하게 분쟁해결을 도모할 수 있는 것이다.

그리고 소송의 결과 판결은 당사자가 선택할 수 있는 것이 아니며 종국에는 수용하지 않을 수 없지만 조정은 일정한 절차를 거치긴 하나 조정의 결과인 결정에 대하여 당사자가 자율적인 의사로서 수용 여부를 가릴 수 있다. 만일 조정결정이 수락되지 않더라도 그 내용에 따라 소송을 진행할 때에 유리한 증거로 제출할 여지도 있는 것이다. 법률의 테두리 안에서 자유도 없이 딱딱하게 판단을 받아야 하는 소송과는 달리 조정은 법률의 틀을 쉽게 벗어나서 보다 현실을 반영한 결정을 도출할 수 있다는 점도 상당히 매력적인 측면이라 할 수 있다. 조정은 당사자의 자율적인 의사를 전제로 진행될 수 있으므로 보다 당사자에게 친화적인 분쟁해결 방식이라고 할 수 있는 것이다.[14)]

또한 소송은 증거주의에 입각하여 법률에 따른 판단을 최우선시할 수 밖에 없는 절차이므로 당사자의 여과되지 아니한 감정이나 관련이 없는 주관적인 사정 따위를 감안하기 쉽지 않을 것으로 보이지만, 조정은 당사자의 감정과 사정을 모두 두루 살필 여유가 있는 편이기에 당사자의 동의를 얻으려고 노력하는 과정 속에서 당사자는 심리적인 위로를 받는 경우도 있고 소비자분쟁조정위원회를 통해 담당자의 사실적인 정보제공이나 전문위원 등을 통한 기술적인 감정 결과 등을 통해 다투고 있는 사안을 좀 더 객관적으로 이해할 수 있는 기회를 가지기도 한다. 따라서 소송을 진행하는 것 보다 소비자분쟁조정제도를 통하여 소비자만족을 좀 더 이끌어 낼 수 있는 가능성이 있는 것이다.

14) 법원의 재판 절차와는 달리 소비자분쟁조정제도는 당사자 간의 자율적인 협의를 분쟁해결의 기본원리로 하고 있어 조정절차 내에서도 법률적용에 여유를 두고 당사자의 의사를 최대한 반영하기 위해 노력한다.

Ⅳ. 소비자분쟁조정제도의 발전방안

1. 분쟁조정위원에 관하여

소비자분쟁조정제도의 중요한 요소이자 핵심 가치는 전문성과 중립성이라 할 수 있다. 분쟁조정위원은 조정절차의 특성에 비추어 분쟁조정사건의 당사자에 대한 신뢰를 전제로 하여 분쟁조정절차를 진행하는 구성원이다. 분쟁조정위원은 분쟁조정 사건의 당사자가 해결방법을 스스로 찾을 수 있도록 도움을 주고 지원하는 역할을 한다. 이는 곧 조정절차를 지배하고 있는 당사자의 자기책임의 원칙에도 상응하는 것이다.[15] 또한 분쟁조정위원은 소비자분쟁을 해결하기 위하여 당사자에게 단순히 의견이나 조정결정문을 전달하는 것에 그치지 않고 조정절차를 통해 당사자들이 소통의 장으로 나올 수 있도록 기회를 제공한다. 이에 분쟁조정위원은 전문적인 지식과 경험을 갖추어서 분쟁조정 사건에 대한 사실관계를 명확하게 확인하고 쟁점을 정확하게 파악한 다음 당사자들 간에 균형이 잡힌 협상 조건이나 협상 절차를 마련하고 제공할 수 있어야 한다. 그리고 당사자가 수용할 수 있는 최적의 해결방법을 도출하여 능숙하고 노련한 방법으로 해결책을 제시하며 당사자들이 수용할 수 있도록 설득하고 독려할 줄 알아야 한다. 이러한 분쟁조정위원은 당사자들 간의 이익과 손해를 충실하게 고려하고 적절하게 조율하므로 분쟁조정위원에 대해 요구되는 핵심 가치는 전문성과 중립성일 것이다.

(1) 구성요건 강화

국내의 여러 다양한 분쟁조정기관들은 일반적으로 법률적 쟁점을 다투고 있는 분쟁사건을 주로 다루는데, 대부분의 법률적 쟁점이 분쟁의 원인이자 분쟁해결의 목표이기 때문에 그것을 정리하고 확인하고 판단하여 해결방법을 모색하는 것이 당면한 과제이다. 소비자분쟁도 이와 마찬가지로 법률적 쟁점이 다뤄져야 하므로 분쟁조정위원에게 법률적 소양이 요구된다. 그런데 현행 소비자분쟁조정위원회의 분쟁조정위원의 구성을 살펴보면, 전체 145명의 비상임위원 중에서 33명만이 법학교수 또는 변호사의 자격을 갖추고 있는 법조계 위원이며, 기타 소비자대표 28명, 사업자대표 28명, 분야별전문가 57명 정도로 확인된다.[16] 소비자분쟁조정위원

15) 정선주, "2012년 독일 조정법의 내용과 평가", 민사소송 제16권 제2호, 한국민사소송법학회, 2012. 11., 422면.

회를 구성할 때 분쟁조정위원의 자격조건으로 법률전문가를 반드시 포함하는 것으로 규정하고 있는지 그리고 위원회의 유형[17]에 따라 일정한 인원 수나 일정 비율 이상의 법률전문가를 포함하는지 등을 세부적으로 규정할 필요가 있어 보인다. 이로써 소비자분쟁에 관한 법률적 쟁점을 보다 전문적이고 객관적인 관점에서 인식하고 판단할 수 있을 것이며 분쟁의 신속한 해결에도 도움이 될 것이고 분쟁조정의 결정 내용에 관한 당사자의 수용도를 높일 수 있을 것으로 기대한다.[18]

(2) 전문성 강화

소비자분쟁조정위원회에 관한 규정은 분쟁조정위원의 자격 요건으로 소비자권익과 관련된 업무에 관한 학식이나 경험이 풍부한 자로 구성할 수 있도록 하고 있는데, 소비자분쟁에 관한 분쟁조정위원의 전문성을 확보하기 위한 것이다. 하지만 당사자들 간에 다투고 있는 갈등을 원만하게 조율하여야 하는 관점에서 소비자분쟁을 해결하는 데에 조정능력이 필요한 것도 사실이다. 그런데 우리나라는 여러 종류의 분쟁조정위원회를 구성하고 있는 상당수의 분쟁조정위원들 중에서 탁월한 조정능력을 갖춘 분쟁해결전문가가 족한 것이 사실이다.[19] 또한 관련 법률에서는 분쟁조정위원의 자격 요건 중 하나로서 해당 분야에서 일정 기간 이상 근무한 이력이 있는 자로 규정하고 있는데 사실상 분쟁조정위원을 하나의 경력 정도로 생각하는 풍토도 만연해 있다고 한다.[20] 그래서 한국행정연구원에서는 우리나라 분쟁조정제도에 대한 전문가 분석 결과를 바탕으로 분쟁조정위원에 대한 전문교육의 필요성을 강조하고 있는 실정이고,[21] 국내에는 분쟁조정위원에 대한 조정능력

---

16) 한국소비자원, 전게서, 269면.

17) 「소비자기본법」 제63조 (조정위원회의 회의)

① 조정위원회의 회의는 다음 각 호에 따라 구분한다.

1. 분쟁조정회의: 위원장, 상임위원과 위원장이 회의마다 지명하는 5명 이상 9명 이하의 위원으로 구성하는 회의

2. 조정부: 위원장 또는 상임위원과 위원장이 회의마다 지명하는 2명 이상 4명 이하의 위원으로 구성하는 회의

18) 법률전문가의 참여비율이 높은 경우 분쟁조정절차가 보통의 재판절차와 유사하게 운영될 여지가 있다는 가능성을 배제할 수 없을 것이므로, 법률전문가에만 상당 부분 의존하기 보다는 다양한 분야의 조정전문가 또는 해당 분야에 대한 전문적인 지식과 경험을 갖춘 자를 분쟁조정위원으로 함께 구성해야 한다는 의견도 있다.

19) 임동진, "대안적 갈등해결방식(ADR)제도의 운영실태 및 개선방안 연구", 한국행정연구원, 2012, 384면.

20) "현행 법제하에서 조정위원이 되기 위해서는 해당 직종에서 일정 기간의 경력만 있으면 되기 때문에 조정위원을 하나의 경력으로 생각하는 풍토가 있다"; "[법의 날 특집] 'ADR 활성화' 넘어야 할 산은", 법률신문, 2013. 4. 26., https://www.lawtimes.co.kr/Legal-News/Legal-News-View?serial=74403 <2023. 7. 1. 확인>

을 함양하는 실질적인 교육은 거의 없는 것으로 보인다.[22)]

하지만 외국의 사례를 살펴보면, 분쟁조정인을 대상으로 해당 분야에서 전문성을 갖출 수 있도록 체계적인 전문교육 시스템이 갖추어져 있는 것을 확인할 수 있다. 분쟁조정제도가 상당히 활성화되어 있는 미국의 경우 연방법무부 분쟁해결국, 정부부처합동 분쟁조정 실무그룹 그리고 주정부 외에도 주법원들은 물론 민간부문의 조정기구들과도 다양한 분쟁조정 교육을 실시하고 있다. 특히 주법원의 주도로 분쟁조정교육이 활성화되어 있는데, 주마다 조금씩 다르기는 하지만 분쟁조정 절차에서의 의사소통기법, 문제해결기법, 합의안작성법, 조정실습 등 실무에 중점을 둔 교육을 실시하면서 분쟁조정인에 대하여 재교육을 주기적으로 실시하고 있다.[23)] 일본의 경우는 미국에서 운영 중인 체계적인 조정기법에 더하여 일본의 법원조정 등에서 얻은 경험과 지식을 바탕으로 정부가 주도하여 자국의 사정에 잘 맞는 분쟁조정교재를 제작 및 배포하기도 하였다. 그리고 법률적인 소양과 해당 분야에 관한 전문적 지식, 원활한 조정을 위한 협상기법 등 분쟁조정인으로서 갖추어야 할 실질적인 조정능력을 배양하는 데에 중점을 둔 분쟁조정을 위한 전문교육이 실시되고 있다.[24)] 독일은 분쟁조정인에게 적합한 교육과 정기적인 연수를 받도록 하고 있으며 이론은 물론이고 실무상으로 지식과 경험을 쌓을 수 있도록 분쟁조정인을 위한 체계적인 교육 내용에 협상기법, 의사소통기술, 분쟁해결 능력, 사례연습 등을 포함하도록 조정법[25)]을 제정하여 규정하고 있다. 그리고 독일의 연방법무부와 소비자보호국은 공인 분쟁조정인의 훈련 및 추가 훈련에 관한 조례[26)]

21) 임동진, 상게논문, 449면.

22) 일부 분쟁조정기관은 분쟁조정에 대한 개별적인 교육과정을 운영하고 있으나 분쟁조정위원 전문가 양성을 위한 교육과정은 아닌 것으로 보인다. 예를 들어 언론중재위원회가 운영하고 있는 언론중재아카데미 전문교육과정에서는 대상별 맞춤형 교육과정을 운영하고 있는데, 언론인 교육과정의 경우 언론보도를 통한 분쟁의 조정 및 중재, 판결의 소개, 시정권고심의기준과 선거기사심의기준의 적용사례, 언론중재위원회를 이용한 언론분쟁의 해결절차 등을 교육 내용으로 하고 있다. 또한 대한상사중재원은 조정전문가 과정이 있긴 하지만 교육시간으로 볼 때 전문적인 조정위원을 양성하는 데에는 부족한 것으로 보인다. 우리나라는 아직 전문조정인을 양성하는 체계적인 시스템이 갖추어져 있지 않은 것으로 보인다.

23) 황승태 · 계인국, "한국형 대체적 분쟁 해결(ADR)제도의 발전 방향에 관한 연구", 사법정책연구원, 2016, 80면 이하.

24) 김상찬, "일본의 조정인 양성현황과 시사점", 법학연구 제59권, 한국법학회, 2012. 9., 199면 이하.

25) 「Mediationsgesetz」

§ 5 Aus- und Fortbildung des Mediators; zertifizierter Mediator

(1) Der Mediator stellt in eigener Verantwortung durch eine geeignete Ausbildung und eine regelmäßige Fortbildung sicher, dass er über theoretische Kenntnisse sowie praktische Erfahrungen verfügt, um die Parteien in sachkundiger Weise durch die Mediation führen zu können.

를 제정하였는데, 이 조례에 따르면 이러한 분쟁조정인을 위한 전문교육을 최소 4년 마다 주기적으로 130시간을 이수하도록 규정하고 있다.

(3) 중립성 강화

소비자분쟁조정위원회를 통해 소비자분쟁을 해결하기 위해서는 모든 당사자가 조정위원회를 신뢰할 수 있어야 조정절차가 원활하게 진행될 수 있음은 당연하다. 여기서 소비자분쟁의 당사자가 조정위원회를 신뢰한다는 것은 구성원인 분쟁조정위원을 신뢰한다는 것과 같고 이는 곧 분쟁조정위원에 대한 중립성 문제로 이어진다. 그래서 분쟁조정위원은 조정절차를 중립적으로 진행하고 모든 당사자를 공평하게 대우하여야 하며 분쟁조정에 대한 정보와 조정절차 등을 동일하게 안내하고 당사자들이 조정절차에 참여할 기회도 차별 없이 제공해야 한다.

만일 분쟁조정위원에게 중립성 측면에서 흠이 발견된다면 곧 조정위원회에 대한 신뢰성 문제와 직결된다. 일례로 한국행정연구원이 실시한 우리나라 분쟁조정제도에 대한 전문가 분석결과를 보면 일부 분쟁조정위원회의 중립성이 상당히 부족한 것으로 인식되고 있다. 특히 정부부처나 지방자치단체가 법령에 의하여 여러 분쟁조정위원회를 운영 중인 상황에서 분쟁조정위원의 중립성에 관한 문제가 나타나고 있는 것으로 보인다.[27] 소비자분쟁조정위원회의 경우는 당사자 중 일방이 행정기관도 아니므로 소비자분쟁에 관하여 행정기관이 영향력을 행사할 이유가 없을 것이고, 정부부처에서 임명 및 위촉하는 분쟁조정위원에게 중립성을 보장하기 위하여 당사자의 신청에 따른 분쟁조정위원에 대한 제척・기피・회피에 관한 규정을 두고 있어 중립성을 확보하고 있다. 또한 분쟁조정위원의 신분을 보장하고 임기에 관한 규정이 있어 당사자를 포함하여 외부로부터의 영향력을 배제하고 있다.

하지만 분쟁조정위원에 대하여 중립성을 확보하기 위해 관련 규정이 법률에 명

---

26) Verordnung über die Aus- und Fortbildung von zertifizierten Mediatoren
§ 2 Ausbildung zum zertifizierten Mediator
(3) Der Ausbildungslehrgang muss die in der Anlage aufgeführten Inhalte vermitteln und auch praktische Übungen und Rollenspiele umfassen.
§ 3 Fortbildung des zertifizierten Mediators
(1) Der zertifizierte Mediator hat nach Abschluss der Ausbildung regelmäßig an Fortbildungsveranstaltungen teilzunehmen. Der Umfang der Fortbildungsveranstaltungen beträgt alle vier Jahre mindestens 40 Zeitstunden. Erfüllt der zertifizierte Mediator seine Verpflichtungen nicht, so entfällt seine Berechtigung zur Führung der Bezeichnung "zertifizierter Mediator". Die Vierjahresfrist beginnt erstmals mit Ausstellung der Bescheinigung nach § 2 Absatz 6 zu laufen.

27) 임동진, 전게논문, 440-441면.

시되어 있지만 분쟁조정위원에 대한 정보가 공개되어 있는 것이 아니므로 분쟁당사자는 분쟁조정절차를 진행하는 과정에서 진입해서야 비로소 분쟁조정위원에게 이해관계가 있는지 여부를 살필 수 있다. 그러기에 사실상 분쟁조정인의 제척이나 자발적인 회피 외에 당사자에 의한 기피신청은 활용되기 어려운 것이 현실이다. 만일 독일과 같이 조정법[28]에서 분쟁조정인이 중립성에 영향을 줄 수 있는 모든 정보를 당사자에게 사전에 공개하도록 한다면 당사자에 의한 기피신청이 활성화될 수 있고, 이는 곧 분쟁조정절차의 공정성을 보장하는 것이며 신뢰를 줄 수 있어 결과적으로 분쟁해결 가능성을 높일 것이다. 따라서 소비자분쟁조정위원회의 분쟁조정위원에 대한 정보도 사전에 공개하는 것이 필요해 보인다.

2. 분쟁조정 당사자에 관하여

(1) 자율성 보장

소비자분쟁조정제도는 당사자의 자율적인 의사를 전제하고 있다. 조정의 특성상 당사자는 절차를 참여함에 있어 부담을 느껴서는 안 되고 자발적으로 참여하도록 해야 한다. 소비자분쟁조정제도가 활성화되려면 사실상 당사자에게 참여를 독려하거나 조정절차에 적극적으로 개입하도록 유인책을 제시하는 것이 필요하다. 당사자에게 소비자분쟁조정제도를 통해 원하는 결과가 도출될 수 있도록 신뢰를 줄 필요가 있고 이는 당사자의 참여를 통하여 가능할 것이다.

현재 우리나라의 여러 분쟁조정제도를 살펴보면 당사자를 조정절차에 참여하도록 간접적으로 강제하고 있는 경우도 있음을 알 수 있는데, 주로 과태료 또는 합의간주라는 형태를 통해서 이루어진다. 건설이나 하자심사 분쟁 절차를 살펴보면 당사자 일방이 조정결정에 불응하고 이행하지 아니하는 경우 1천만 원 이하의 과태료를 부과하고 있고, 언론중재의 경우 상대방 당사자가 절차에 2회 이상 출석하지 아니하면 정정 보도 등에 합의한 것으로 간주한다. 하지만 이러한 분쟁조정절차도 진행 중에 법원에 소를 제기한 사실이 알려지면 조정절차는 즉시 중단되고 당사자는 언제든지 조정절차에서 이탈할 수 있으며, 만일 조정결정이 도출된 다음

---

28) 「Mediationsgesetz」
§ 3 Offenbarungspflichten; Tätigkeitsbeschränkungen
(1) Der Mediator hat den Parteien alle Umstände offenzulegen, die seine Unabhängigkeit und Neutralität beeinträchtigen können. Er darf bei Vorliegen solcher Umstände nur als Mediator tätig werden, wenn die Parteien dem ausdrücklich zustimmen.

조정결정이 불리하다고 생각되면 이를 수락하지 않을 수 있다.

그런데 당사자가 조정절차에 부정적이고 소극적이라 하여 과태료를 부과하고 합의간주를 하는 것은 당사자의 자율적인 의사를 침해하는 데에 이견이 없다고 본다. 분쟁조정제도가 매우 활성화되어 있는 미국의 사례만 보더라도 당사자가 조정절차에 부정적이고 소극적이라 하여 결코 과태료를 부과하거나 합의를 간주하는 경우는 없다.[29] 즉 소비자분쟁조정절차에 얼마나 참여하고 어느 정도나 개입하는지는 어디까지나 당사자의 자율적인 영역인 것이다. 그래서 과태료나 합의간주의 방식 보다는 조정절차에 당사자가 적극적이고 자발적으로 참여하도록 방법을 강구할 필요가 있다.

(2) 적극적인 참여권 보장

분쟁조정절차에서 당사자가 의견을 진술하고 자료를 제출하며 상대방의 의견을 청취하고 제출된 자료를 검토하는 등의 과정은 조정절차에 적극적으로 참여함으로써 가능한 일이다.[30] 이는 당사자가 주장과 제출된 자료에 근거하여 분쟁에 대한 사실관계를 확정함으로써 분쟁을 원만하게 해결하는 것이므로 분쟁조정절차에서 당사자의 절차적 참여권은 보장되어야 할 필수 요소이다.[31]

법원은 「민사조정법」에 의하여 당사자에게 의견 진술권을 충분하게 부여하고 있고 사건에 대한 협의 과정과 빙식에 대한 절차적 참여권을 분명하게 보장하고 있는데, 소비자분쟁조정절차도 당사자에게 절차적 참여권을 보장하기 위해 「소비자기본법」에 관련 규정을 정비할 필요가 있다. 그런데 현행 「소비자기본법」은 소비자분쟁조정위원회가 당사자의 의견진술에 관한 사항을 동법 시행령에 따른 별도의 운영세칙에서 정하고 있다. 당사자는 분쟁조정사무국의 담당자를 통하여[32]

---

29) 분쟁조정절차에 관한 당사자의 자율성 보장은 사법기관이 관여하는 분쟁조정절차에까지 적용할 것은 아닐 것이다. 왜냐하면 사법 절차의 특성 상 당사자의 강제성을 확보하지 아니하면 오히려 당사자에게 부당한 결과를 초래할 수도 있기 때문에 과태료 등의 제재를 통하여 분쟁조정절차로의 적극적인 개입을 유도하는 것이다.; 황승태 · 계인국, 전게보고서, 435면.

30) 「중재법」 제19조는 "양쪽 당사자는 중재절차에서 동등한 대우를 받아야 하고, 자신의 사안에 대하여 변론할 수 있는 충분한 기회를 가져야 한다"고 규정하고 있다.

31) 박철규, 『대체적 분쟁해결 총론』, 도서출판 오래, 2016, 393면.

32) 소비자분쟁조정규칙 제15조(사실조사의 방법) ② 조정관은 위원장의 명을 받아 다음 각 호의 방법으로 사실조사를 한다.

1. 당사자 또는 참고인 진술청취
2. 당사자에 대한 입증자료 제출 요구
3. 시험검사, 전문가 또는 전문위원에 대한 자문의뢰
4. 관계기관에 대한 사실조회 및 문서송부요청

또는 조정위원회에 참석함으로써[33] 비로소 의견을 진술하거나 자료를 제출할 수 있도록 규정하고 있는 것이다. 이는 당사자의 절차적 참여권에 사실상의 제한을 가한 것으로 풀이할 수 있다.

한편 당사자에게 적극적인 참여권을 보장할수록 분쟁조정절차가 지연될 것이라는 우려가 있을 수 있지만, 분쟁조정제도의 절차적 정당성과 신뢰성을 확보한다는 측면에서 분쟁조정절차에 있어 당사자의 적극적인 참여권은 비중 있게 고려되어야 한다. 「소비자기본법」은 특별히 정한 사항이 없다면 「민사조정법」을 준용하도록 하고 있음을 본다면, 소비자분쟁조정절차는 법원으 민사조정절차에 비하여 당사자에게 절차적 참여권을 소극적으로 규정하고 있다고 볼 수 있는데, 이를 명시적으로 보장할 필요가 있다.[34]

(3) 분쟁조정위원의 선정권 부여

분쟁조정의 당사자에게 소비자분쟁조정제도의 구성원인 분쟁조정위원을 선정할 수 있는 권리를 부여한다면 조정절차에 대한 신뢰성을 더욱 높일 수 있다. 여기서 당사자들 간에 합의를 거쳐서 분쟁조정위원을 선임하거나 먼저 분쟁조정위원을 선정한 다음 당사자의 동의를 구하거가 또는 당사자에게 거부 의사를 묻는 방식으로 분쟁조정위원을 선임하는 등 여러 가지가 있을 수 있다.

한편 「소비자기본법」에 따르면 분쟁조정위원을 기피 신청할 수 있으므로 당사자에게 분쟁조정위원을 배제할 수 있는 기회를 부여하고 있지만, 당사자가 적극적으로 분쟁조정위원을 선정할 수 있는 절차를 두고 있는 것은 아니다. 소비자분쟁조정제도에 있어 분쟁조정위원을 기피 신청할 수 있는 당사자의 권리는 사실상 제한적이고 소극적인 측면이 있다. 그런데 당사자의 자율성을 최대한으로 보장하고 당사자의 의사를 존중한다는 측면에서는 당사자에게 분쟁조정위원을 선정할

---

5. 현장조사, 사진촬영 등 기타 적정한 방법

33) 소비자분쟁조정규칙 제22조(당사자의 출석) ① 당사자는 회의에 출석하여 진술하거나 관련된 증거자료를 제출할 수 있다. 출석을 희망하는 당사자는 회의 개최 3일 전까지 위원장에게 출석 의사를 통지하여야 한다.

34) 전자소송 하에서 법정의 심리에 집중하는 여러 개선 사항 중, 소송진행 과정에서 당사자 사이에 다툼없는 사실이나 증거조사 중 확정된 사실 등을 법정에서 즉시 정리하여 당사자에게 스크린 등을 통하여 직접 확인시키고 변론조서의 내용 등을 기재하는 등의 방법으로 당사자를 소송절차에 직접 참여시킨다면 당사자가 재판절차를 더욱 신뢰할 수 있을 것이고 나아가 판결에 대한 신뢰로 이어질 수 있음을 내용으로 하는 '소송 진행 중 사실관계의 정리 및 확인'에 관하여 고려해 보아야 할 것이다.; 정영환, "우리 사법시스템에 대한 새로운 고찰 -전자소송 등의 상황에서-", 저스티스 통권 제146-2호 (한국법률가대회 특집호Ⅰ), 한국법학원, 2015. 2., 423-425면.

수 있는 권리를 부여하는 것으로 분쟁조정절차에 대한 자발적인 참여를 독려할 수 있으며 이는 결과적으로 분쟁조정제도에 대한 절차적 정당성을 확보하는 일이다. 따라서 당사자에게 분쟁조정위원에 대한 전문분야의 지식과 배경, 교육과 경험 등에 관한 제반 정보를 제공할 수 있도록 제도화하고 이를 법률에 명문의 규정으로 두어서 당사자가 자율적으로 행사할 수 있는 고유한 권리 중 하나로서 분쟁조정위원을 자유롭고도 적극적으로 선정할 수 있는 권리와 절차를 규정할 필요가 있다.[35)]

3. 분쟁조정제도의 운영에 관하여

(1) 조정제도의 비밀유지의무 강화

소비자분쟁조정제도를 운영함에 있어 조정위원회에 참여하는 당사자 및 분쟁조정위원 등이 자유롭게 의사를 표현할 수 있고 의견을 말하는 데 방해를 받지 않기 위해서는 분쟁조정절차에 관하여 비밀이 보장되어야 한다. 이는 곧 분쟁조정위원에 대한 중립성을 확보할 수 있도록 하고 당사자에게 신뢰를 줄 수 있는 배경이 되기도 하다. 그래서 분쟁조정절차는 비공개로 이루어지고 있는데, 이를 통해 당사자 및 분쟁조정위원 등은 외부로부터 영향력을 받을 가능성을 최소화할 수 있다. 하지만 소비자분쟁조정위원회를 포함한 대부분의 분쟁조정위원회는 관련 법률에 비밀유지의무에 관한 규정을 두고 있지 않기 때문에 비밀우지의무를 위반한 경우에 법률상의 제재가 쉽지 않은 것이 사실이다.[36)] 또한 소비자분쟁조정위원회는 「소비자기본법 시행령」에 따라 별도의 운영세칙을 정하여 분쟁조정절차에 관여하는 자는 정당한 사유 없이 조정과정, 위원의 의견 및 그 직무수행 중에 알게 된 타인의 비밀을 누설하여서는 아니 된다고 규정하고 있다.[37)] 그러나 이러한 비

---

35) 참고로 우리나라의 「민사조정법」 제10조의2 및 「중재법」 제12조 제2항은 당사자에게 분쟁조정위원 또는 중재위원에 대한 선정권을 보장하고 있으며, 미국과 독일 등에서는 분쟁조정위원에 대한 선정권을 분쟁조정 관련 법률(미국 「행정분쟁해결법」 제573조 제a항과 제577조 제a항 및 「조정법」 제2조 제1항) 등에 명문으로 규정함으로써 당사자의 권리로서 보장하고 있다.

36) 법률에 비밀유지의무 위반에 대한 제재 조항을 두고 있는 경우가 있는데, 예를 들어 「콘텐츠산업 진흥법」 제41조는 직무상 알게 된 비밀을 타인에게 누설하거나 직무상 목적 외의 목적으로 그 비밀을 사용한 자는 1년 이하의 징역 또는 1천만 원 이하의 벌금에 처한다고 규정하고 있다. 이와 같이 비밀을 누설한 자에게 형사 처벌까지도 부과하고 있는 법률 조항은 비밀성에 대하여 엄격하고 강력하게 보호하고자 하는 취지로 해석이 된다.

37) 소비자분쟁조정규칙 제38조(비밀누설금지) ① 조정절차에 관여한 위원 또는 조사관, 기타 사무국 직원은 정당한 사유없이 조정과정, 위원의 의견 및 그 직무수행 중에 알게 된 타인의 비밀을 누설하여서는 아니 된다. 다만, 조정과정이 공개되었거나 위원장의 허가를 받은 때에는 그러하지 아니하다.

밀누설금지 규정을 조정위원회의 자체규정에 두고 있지만, 「소비자기본법」에 규정하고 제재조항도 명시함으로써 비밀누설금지 위반에 대한 법률상의 제재를 확실하게 할 필요가 있다.

한편 분쟁조정절차를 통해 밝혀진 사실과 진술한 내용이 소송절차에서 원용될 우려가 있다면 당사자는 향후 재판 진행 시 분쟁조정절차에서 판결에 부정적인 영향을 미칠지도 모른다는 생각을 할 수 밖에 없다. 이로 인해 분쟁조정절차에 임하는 당사자가 솔직한 내용을 진술하지 아니할 수 있고 분쟁조정절차에서 적극적인 해결을 기대하기 어려운 결과로 나타날 수 있다. 따라서 분쟁조정절차의 비밀성은 소송절차까지 연속하여 유지되어야 하는 것으로 이해할 수 있다. 그런데 만일 분쟁조정절차에 관하여 밝혀진 사실과 진술한 내용이 최종적인 분쟁해결 절차이자 사법절차인 소송절차에서 일절 원용될 수 없다고 한다면 오히려 분쟁조정절차에서 거짓된 내용이 주장되고도 그것이 사실로 간주됨으로써 조정결정이 잘못 내려질 위험도 있을 것이다. 따라서 비록 분쟁조정절차에서 당사자가 진술한 내용에 대해서는 소송절차까지도 비밀성을 유지할 필요가 있지만, 밝혀진 사실에 관하여는 소송절차에서 원용될 필요도 있으므로 사실확정에 관한 문제에 대해서는 비밀성을 유지하지 않아도 되는 것으로 생각해 볼 수 있다.[38)]

(2) 소비자분쟁의 제한적 조정전치주의 도입

일정한 사안이나 조건[39)]에 해당하는 소비자분쟁사건에 대해 소송을 진행하기 전 반드시 소비자분쟁조정제도를 거쳐야 하는 조정전치주의를 도입하는 것은 소비자 권익구제를 위해 좋은 방안 중 하나가 될 수 있다.[40)] 이를 통해 소비자분쟁이 더욱 효율적으로 해결될 수 있을 것으로 기대되기도 한다. 그런데 조정전치주의의 도입과 관련하여 흔히 논의될 수 있는 것은 당사자의 재판청구권을 침해하는가 일텐데, 조정전치주의를 도입한다고 하여 결코 재판을 받을 권리가 침해되는 것은 아니라고 본다. 오히려 조정전치주의는 다투는 금액이 너무 작은데 소액심판

---

38) 「민사조정법」 제23조는 조정절차에서의 의견과 진술은 민사소송에서 원용하지 못한다고 규정하고 있다.

39) 분쟁조정 결과 성립률이 상대적으로 높거나 또는 매우 소액인 소비자분쟁사건에 대하여 조정전치주의를 도입하는 것이 바람직할 것이다.

40) 독일의 경우 조정전치주의를 제한적으로 도입하고 있는데, 독일의 각 연방주는 주법률을 통하여 소가 750 유로 이하의 재산권에 관한 다툼의 경우 등은 주법무부가 설치한 분쟁해결기구에서 조정을 거친 다음에 소를 제기할 수 있도록 하고 있다. 프랑스의 경우도 임대료와 관련한 분쟁의 경우 우선 각 지방자치단체가 설치한 임대차분쟁해결위원회의 조정을 거친 다음 소를 제기할 수 있도록 하고 있다.

을 통해 유리한 판결을 받더라도 수지타산이 맞지 않아 강제집행을 할 수 없어 채무불이행자 명부등재 등의 간접적인 방식이 이용되고 있는 현실을 본다면 오히려 조정전치주의를 도입함으로써 분쟁해결이 수월해 질 것이다. 예를 들어 매우 소액[41]인 소비자분쟁사건에 대하여는 소액심판을 제기하기 전에 소비자분쟁조정위원회의 조정절차를 거칠 수 있도록 하고 이러한 경우는 분쟁조정을 일반적으로 소액심판에 소요되는 기간 보다 짧게 처리하도록 규정하도록 함으로써 소비자에게 불편이나 피해를 최소화할 수 있도록 한다면 소비자분쟁조정제도의 바람직한 발전방안이 될 것이다.

(3) 분쟁조정제도 남용 방지를 위한 조정인지액 신설

소비자가 피해를 입은 것으로 볼 수 없음이 명백하고 소비자도 그러한 사실을 충분히 인지하고 있거나 또는 여러 정황을 살펴보았을 때 소비자가 그러한 사실을 충분하게 인지하고 있다고 볼 수 밖에 없는 경우가 있다. 그럼에도 소비자가 의도적으로 소비자분쟁조정제도를 악용하여 사업자를 분쟁조정절차에 끌어들임으로써 사업자를 압박함으로써 과도한 배상을 받아내려는 속셈으로 분쟁조정제도를 남용할 가능성이 없다고 볼 수는 없다.[42] 이는 소비자분쟁조정위원회에 분쟁조정이 신청되면 사업자는 원하지 않더라도 일단 조정절차에 응해야 하는 부담을 져야 하기 때문이다. 그리고 소비자는 분쟁조정 과정에서 사업자로부터 보다 유리한 제안 또는 정도 이상의 배상을 제안받을 가능성도 있을 것이다. 만일 소비자분쟁조정제도가 무분별하게 남용된다면 정작 소비자의 권익 보호에 투입되어야 하는 분쟁조정사무국의 행정력만 낭비되는 부정적인 결과가 발생할 수 있는 것이다. 물론 많지 않은 경우이겠지만 다른 선량한 소비자에게 소비자분쟁조정의 유익한 결과를 제공하는 데에 오래 걸리게 만드는 일이다. 또한 규모가 큰 사업자 일수록

---

41) 소액심판을 통하더라도 현실적으로 강제 집행이 여의치 않다고 볼 수 있는 매우 소액이라는 금액을 정함에 있어서는 어떠한 관련 규정이나 기준이 있는 것이 아니며 시대에 따라 사회변화에 따라 변하기 쉬운 것이므로 확정적으로 정할 수도 없겠고 정하였을 때 그러한 이유에 대하여 객관성을 담보하기도 어려울 것이지만, 분쟁사건의 유형이나 거래형태 또는 품목 별로 조정위원회에서 결정으로 매우 소액에 관한 금액을 정할 수 있을 것이다. 예시를 들자면 소비자분쟁해결기준 상의 품목 기준으로 공산품의 경우 50만 원 이하의 가액, 고시원의 경우 40만 원 이하의 가액 등 매우 소액을 품목별로 나누어 정함으로써 제한적 조정전치주의의 요건에 포함시킬 수 있을 것이다.

42) 관점에 따라서는 「형법」 상 무고죄 및 편의시설부정이용죄와 유사한 점이 있다고 볼 수 있을 것이다. 이를 유추 확장하여 소비자분쟁조정위원회의 부정이용에 대한 형사적인 제재 규정을 검토할 필요가 있다는 의견도 있지만, 이는 우리나라 법체계 및 법적 정합성 등의 관점에서 바라보아야 할 문제일 것으로 보인다.

대외이미지 관리에 더욱 많은 노력을 투입한다면 과도한 배상을 할 가능서도 있는 것이다.

따라서 분쟁조정제도가 남용 및 악용되는 것을 방지하고자 소비자분쟁조정 위원회에 분쟁조정을 신청할 때 소비자에게 상당한 소액[43]이라도 조정인지액을 부과 및 징수하는 것은 소비자 입장에서 밑져야 본전이라는 식의 태도로 조정절차에 임한다거나 또는 사업자를 압박할 수단으로 소비자분쟁조정제도를 악용하고자 하는 시도를 차단할 가능성을 높일 수 있는 현실적이고 효과적인 방안일 것이다. 소비자에게 설령 소액이더라도 조정인지액을 조금이라도 부과 및 징수하는 것은 소비자에게 분쟁조정을 신청하는 데에 진정성 있는 태도를 요구하는 좋은 수단인 것이다. 「민사소송 등 인지법」 등의 규정을 참고하여 분쟁사건의 유형이나 거래형태 또는 품목 별로 조정위원회에서 결정으로 정할 수 있을 것이다. 다만 소비자분쟁조정제도의 취지를 해치지 아니하는 범위 내에서 민사소송 인지액 보다는 매우 낮은 금액으로 상징적인 의미에서의 조정인지액 정도를 정하는 것이 바람직할 것이다.

(4) 예측가능성을 전제하는 부제소합의제 도입

소비자분쟁은 대개 소비자가 사업자에 의해 침해된 재산권의 회복을 구하는 것을 내용으로 하고 있고 그 유형 또한 비교적 일정한 경향을 보이는 경우가 많다. 이러한 소비자분쟁을 효율적으로 해결하려면 우선 당사자의 태도가 최대한 객관적일 필요가 있고 당사자 스스로 어느 정도의 손해가 발생했고 어느 정도의 피해를 배상받아야 마땅한지 등을 합리적으로 이해할 필요가 있다. 그런데 소비자분쟁조정제도는 조정의 전형적인 방식 중 하나일 뿐 당사자들이 소비자분쟁조정제도를 통해서만 해결을 도모하겠다는 선제적인 합의를 전제로 하지는 않는다. 법률에 의하여 마련된 절차를 이용하는 것일 뿐 조정의 특성에 비추어 자율적인 협의하는 것이다. 하지만 이로 인해 소비자분쟁조정제도를 효과적으로 이용하지 못하게 되는 경우가 있을 수 있다.

한편 현대사회에서 첨단 기술의 발달에 힘입어 우리 생활은 날이 갈수록 더욱 풍요로워 지고 있고, 이전에는 없던 새로운 기술이 어느새 우리 옆에 다가와 있

43) 조정인지액의 과소가 중요한 것이 아니라 무료이므로 함부로 이용하여도 좋을 것이라는 인식을 불식시키는 차원에서 매우 소액의 상징적인 금액을 부과하여도 무방할 것이다.

다. 그중에서 소비자분쟁과 가장 관련성이 많은 기술로 단연 인공지능(Artificial Intelligence, AI)을 꼽을 수 있겠다. 물론 AI는 소비자분쟁에 국한된 기술이 아니며 다른 여러 분야에도 많은 영향을 미치고 있는데, AI를 소비자분쟁을 원만하게 해결하는 데에도 사용할 수 있다.

소비자분쟁을 원만하게 해결하기 위해서는 당사자가 객관적이고 합리적인 태도를 유지하는 것이 필요하다. 이를 위해 AI를 통해 오랜 기간 동안 소비자분쟁조정제도가 운영되면서 축적된 방대한 양의 데이터를 분석하여 대립된 입장의 당사자에게 매우 높은 신뢰성을 바탕으로 한 객관적인 정보를 줄 수 있을 것이다. 또한 AI를 통해 당사자가 효율적이면서도 바람직하고 적절한 결론을 미리 인지할 수 있다면 소비자분쟁을 선제적으로 해결할 수 있을 것이고, 나아가 AI를 통해 당사자가 소비자분쟁을 객관적이고 합리적으로 이해할 수 있도록 서로 간의 입장 차이를 좁힐 수 있는 적절한 해결 방안과 합리적인 정보를 높은 예측가능성으로 제공할 수 있다. 이를 통해 당사자에게 예측가능성을 담보로 한 부제소합의를 권유할 수 있고 만일 당사자 모두 부제소합의를 약정할 수 있다면 소비자분쟁조정의 결과인 조정 결정이 최종 판단이 되는 셈이므로 소비자분쟁을 최종적으로 해결하면서도 민사재판으로 다투는 일 없이 분쟁을 종료할 수 있는 것이다.[44)]

(5) 집단분쟁조정 개시 결정의 합리적 판단을 위한 절차 마련

일반사건 분쟁조정의 의뢰 또는 신청이 있는 경우 개시 여부를 결정하는 별도의 절차를 거치지 아니하고 지체 없이 개시하여 사건을 처리하는 반면, 집단분쟁조정의 의뢰 또는 신청이 있는 경우 조정위원회의 의결로써 집단사건에 대한 분쟁조정절차의 개시 여부를 결정한다.[45)] 그런데 모든 조정위원회의 회의는 비공개

---

44) 민사사건에 있어 부제소합의는 당사자 간의 약정으로 다툴 수 있는 것이므로 더 이상 소송을 진행하지 않기로 당사자 모두가 약정하였다면 그 효력은 특별한 사정이 존재하지 아니하는 이상 유효한 것으로 볼 수 있다.

45) 소비자분쟁조정규칙 제13조(조정절차의 개시 · 불개시)
① 조정위원회는 일반사건에 관하여 분쟁조정이 신청 · 의뢰된 경우 지체없이 분쟁조정 절차를 개시하여 사건을 처리한다.
③ 조정위원회는 집단사건에 관하여 분쟁조정이 신청 · 의뢰된 경우 다음 각 호의 경우이외에는 그 신청 · 의뢰를 받은 날로부터 60일 이내에 분쟁조정회의 의결로써 집단사건 분쟁조정절차를 개시하여야 한다.
1. 시행령 제56조 각 호의 요건을 갖추지 못한 경우
2. 사건의 중요한 쟁점이 동일한 분쟁에 대하여 이미 조정위원회의 집단분쟁조정 결정이 있어 개시의결을 반복할 필요가 없다고 인정되는 경우
3. 신청인의 신청내용이 이유가 없다고 명백하게 인정되는 경우

를 원칙으로 하고 있으며 상당하다고 인정하는 자에 한하여 일정한 범위의 방청을 허용하고 있을 뿐이다. 그러므로 집단분쟁조정의 의뢰 또는 신청이 있는 경우 조정위원회는 집단사건에 대한 분쟁조정의 개시 여부를 판단함에 있어 별도로 정한 기준에 따른다 하더라도,[46] 사안에 따라서는 개시 여부를 판단함에 있어 어느 정도 자의적이고 임의적인 결정을 내릴 가능성이 전혀 없다고 볼 수 없으며, 조정회의 내용 또한 공개하지 않는 것이 원칙이기 때문에 객관성을 결여했다는 비판에 쉽게 노출될 수 있다. 즉 집단사건에 대한 분쟁조정의 개시 여부를 판단하기 위해 별도로 정한 기준이라는 것은 상징적이고 선언적인 것에 불과한 규정으로 비춰질 여지가 있다. 이로 말미암아 조정위원회가 자의적이고 임의적으로 조정절차 개시 여부를 결정하였다는 비판에 쉽게 직면할 수 있고,[47] 조정위원회는 조정절차의 개시 여부의 결정에 대하여 사실적 책임 및 이로 인한 사회적인 부담을 져야 할 자격이나 위치에 있지 아니함에도 마치 그러한 부담을 떠안아야 마땅하다는 식의 불합리한 결과를 초래할 수 있다.

따라서 집단분쟁조정의 개시 결정은 집단분쟁을 시작할지 종료할지를 결정하는 매우 중요한 절차이기 때문에 우선 이를 통제 및 관리·감독할 수 있는 적절한 장치를 두는 것을 고려해야 한다. 다음으로 집단분쟁조정의 개시 여부를 판단하기 위해 별도로 정한 기준은 그 중요성에 비추어 보았을 때 소비자분쟁조정규칙에 위임할 것이 아니라 「소비자기본법」에 그 기준을 규정할 필요가 있어 보인다. 이

46) 소비자분쟁조정규칙에 따르면, 이미 피해보상에 관해 합의를 한 자이거나 소를 제기하였거나 다른 분쟁조정기구에서 분쟁조정이 진행 중인 자를 제외한 소비자의 수가 50명 이상이면서 사건의 중요한 쟁점이 사실상 또는 법률상 공통된다면 집단분쟁조정을 개시하여야 하고, 이미 조정위원회의 집단분쟁조정 결정이 있어 개시의결을 반복할 필요가 없다고 인정되는 경우 또는 신청내용이 이유가 없다고 명백하게 인정되는 경우는 집단분쟁조정을 개시하지 않을 수 있다. ; 「소비자기본법」 시행령 제56조(집단분쟁조정의 신청대상)

법 제68조제1항에서 “대통령령이 정하는 사건”이란 다음 각 호의 요건을 모두 갖춘 사건을 말한다.

1. 물품등으로 인한 피해가 같거나 비슷한 유형으로 발생한 소비자 중 다음 각 목의 자를 제외한 소비자의 수가 50명 이상일 것

가. 법 제31조제1항 본문에 따른 자율적 분쟁조정, 법 제57조에 따른 한국소비자원 원장의 권고, 그 밖의 방법으로 사업자와 분쟁해결이나 피해보상에 관한 합의가 이루어진 소비자

나. 제25조 각 호의 분쟁조정기구에서 분쟁조정이 진행 중인 소비자

다. 해당 물품등으로 인한 피해에 관하여 법원에 소(訴)를 제기한 소비자

2. 사건의 중요한 쟁점이 사실상 또는 법률상 공통될 것

47) 2012년 3월에 가습기살균제 피해자 80명과 녹색소비자연대 등 시민단체가 소비자원에 집단분쟁조정신청을 하였는데, 조정위원회는 개시여부에 대한 결정을 지연하다가 “분쟁조정은 인과관계가 우선 파악돼야 하는데 당시 질병관리본부의 역학조사가 실시됐고 환경부도 조사에 나서면서 사안을 이첩하게 됐다”며 집단분쟁조정을 개시하지 않았다. ; “소비자원, 가습기 살균제 집단분쟁조정 나섰더라면...”, 뉴스1, 2016. 7. 19., http://news1.kr/articles/?2724234 <2024. 11. 4. 확인>

때 그 기준에 집단분쟁조정제도의 취지를 살리는 차원에서 일단 분쟁조정절차의 개시를 원칙으로 하되 예외적인 경우에 한하여 개시하지 아니할 수 있는 특정한 사유를 제한적이고 구체적으로 규정하는 것이 바람직할 것이다. 마지막으로 법률에 언제나 합리적이고 명백한 기준을 정의하는 것은 현실적으로 불가능한 일일 수 있다.[48] 하지만 비공개적인 회의 방식을 갖추고 있는 조정위원회에 전적으로 의존하여 집단분쟁조정의 개시 여부를 결정하고 있는 상태이다. 이러한 방식은 집단분쟁조정이 남용되는 경우 사업자에게 부당하게도 상당한 손해를 끼칠 우려가 있거나[49] 또는 집단분쟁조정의 요건을 너무 엄격하게 해석하는 경우 피해를 입은 소비자를 지나치게 도외시할 수 있는 결과를 야기할 우려가 있다. 따라서 증권집단소송의 경우와 같이 소비자분쟁조정의 경우 집단분쟁조정이 의뢰 또는 신청되면 분쟁조정절차의 개시 여부에 관하여 법원 등을 통해 신속하게 허가를 구하도록[50] 하는 등의 방안도 검토할 필요가 있다.

4. 기타 사안에 관하여

(1) 소비자분쟁을 다루는 유사 조정제도와의 통합 · 집중 운영

현재 우리나라는 소비자분쟁을 다룰 수 있는 여러 형태의 분쟁조정제도가 중복하여 설치 및 운영되고 있는 실정이다. 예를 들어 의료분쟁조정중재위원회, 금융분쟁조정위원회, 전자문서 · 전자거래분쟁조정위원회는 각각 의료분쟁사건, 금융분쟁사건, 전자거래분쟁사건을 조정대상으로 하고 있는데, 이들 대부분이 소비자분쟁사건의 범주에 포함된다고 볼 수 있다.[51] 한편 일정한 요령이나 기준을 정하여 중복된 분쟁조정제도를 하나로 통합하여 운영하고자 하여도 각각의 분쟁조정제도를 규정하고 있는 법령이 서로 다르고 이를 지원 · 관리 · 감독하는 행정기관도 서

48) 개시 여부를 결정하는 기준을 명백하게 정한다는 것은 달리 생각하면 분쟁조정절차 등을 진행하는 것과 다를 바 없는 것이다. 왜냐하면 아무리 명확한 기준을 세워 놓았더라도 경우에 따라서는 판단의 개입이 불가피한 것이기 때문에 언제나 모든 사안에 합리적으로 적용할 수 있는 명백한 기준이라는 것은 존재한다고 단정할 수 없으므로 그러한 기준을 세우는 것은 앞뒤가 맞지 않는 어패가 있는 일이기 때문이다.

49) 김상찬 · 이충은, "집단소비자분쟁조정제도에 관한 연구", 중재연구 제19권 제1호, 한국중재학회, 2009. 3., 112면.; 전삼현, "소비자기본법상의 집단분쟁조정제도에 관한 소고", 상사법연구 제26권 제3호, 한국상사법학회, 2007. 11., 269면.

50) 류승훈, "소비자기본법상의 집단분쟁조정절차의 운영실태 및 개선방안과 관련하여", 소비자피해구제제도의 개선방향 세미나 자료집, 한국소비자원 · 한국소비자학회, 2013. 8. 23., 47면.

51) 각각의 분쟁조정제도의 운영 등을 정의하고 있는 개별 법률을 살펴보면 당사자가 반드시 소비자일 필요가 없는 경우도 있어, 소비자분쟁의 범주에 포함되지 않을 수 있다.

로 다르다는 이유 등으로 현재 별개의 분쟁조정제도로 운영되고 있는 것이 현실이다.[52)]

물론 당사자의 선택에 따라 분쟁사건의 유형이나 성격을 보아서 자신에게 가장 적합하다고 생각되는 분쟁조정위원회를 이용할 수 있다는 장점이 있다는 의견도 있지만,[53)] 대부분의 분쟁조정위원회는 분쟁조정의 중복 신청을 허용하지 않고 있으며 중복 신청이 확인되면 조정절차를 즉시 종료하는 등의 방식으로 처리대상에서 제외하고 있다. 만일 분쟁조정제도의 중복 신청을 허용한다면 분쟁조정위원회마다 각기 다른 조정결정을 도출할 수 있어 혼란을 불러일으킬 가능성이 높고 자연스럽게 분쟁조정제도에 대한 신뢰를 떨어뜨리는 일이 될 것이며 덩달아 행정력의 낭비로 이어질 것이다. 이러한 비효율적인 점을 개선하고자 소비자분쟁을 다룰 수 있는 여러 유형의 분쟁조정제도를 통합하여 운영하는 것이 바람직할 것이다. 예를 들어 의료분쟁사건의 경우 소비자분쟁조정위원회와 의료분쟁조정중재위원회 중에서 전담할 분쟁조정위원회를 선정하고 관련 법률을 개정하여 전문성을 바탕으로 집중 운영하여야 할 것이다.

(2) 법원연계형 조정제도의 활성화

소비자분쟁조정위원회에 법원의 송무 부담을 줄이면서 개별 사건에 대한 전문성도 확보할 수 있는 법원연계형 조정제도를 도입하여 활성화할 수 있다면 소비자의 편익이 증가할 것으로 기대되며 소비자분쟁조정제도에 대한 인지도를 제고할 수 있을 것이다.[54)] 이를 위해서 우선 소비자분쟁조정위원회와 법원이 업무협약을 맺은 다음 법원의 조정사건 중에서 선정하여 소비자분쟁조정절차에 사무수행을 촉탁하는 것이다.[55)] 이는 법원의 부족한 재판 자원의 한계와 넘쳐나는 소송사건을 극복할 수 있는 좋은 대안이자 필수적으로 수반되어야 하는 전문분야에 대

52) 김상찬, “우리나라 행정형 ADR 제도의 활성화 방안”, 법학연구 제46권, 한국법학회, 2012. 5., 221면.
53) 김연, “법원이 관여하지 않는 특별 조정절차의 검토”, 민사소송 제14권 제1호, 한국민사소송법학회, 2010. 5., 75면.
54) 법원연계형 조정제도는 2010. 3. 서울중앙지방법원에서 최초로 실시한 이후로 전국법원으로 확산되고 있는 추세이다.; 고승환, “조기조정제도의 의의와 서울중앙지방법원의 현황”, 조정마당 열린대화 9호, 서울중앙지방법원 조정위원협의회, 2017. 12., 54면.
55) 서울중앙지방법원과 업무 협약을 체결하여, 법원으로부터 촉탁받은 민사 사건에 대하여 서면기록과 증거자료 등을 검토한 후 마련한 조정안을 법원에 전달하고 법원에서 민사조정이 이루어 진다면 그것은 당사자들에게 진정으로 필요한 납득할 수 있는 결론을 제공한 것으로서 법원과 연계조정이 이루어진 것이다.; https://clec.co.kr/ <고려대학교 법학전문대학원 공익법률상담소 CLEC 홈페이지>

한 감정 및 협상전문가의 경험과 노하우를 바탕으로 당사자에게 최대한의 만족감을 줄 수 있는 양질의 조정안을 얻을 수 있는 바람직한 방법이라 할 수 있다.[56)]

이러한 법원연계형 조정제도를 활용하는 과정은 소비자분쟁조정위원회에서 조정결정의 성립 여부를 확인한 다음 법원에 사무수행 보고서의 형식으로 조정결정의 성립여부를 회신하면, 법원은 조정이 성립된 경우 조정을 갈음하는 결정[57)]을 하고 만일 불성립된 경우 조정이 불성립되었다는 통보를 받아 조정사건을 소송으로 진행할 수 있는 것이다. 그런데 법률에 법원연계형 조정에 관한 명확한 규정은 없으므로 법원은 「민사조정법」[58)]의 해석에 의하여 실시할 수 있다고 볼 수 있는데 반해, 소비자분쟁조정위원회는 「소비자기본법」에 이에 대한 규정을 두고 있지 않다. 하지만 법원연계형 조정은 소비자분쟁조정위원회를 통하여 이루어지는 기존의 조정과는 다른 새로운 형태의 조정절차로 볼 수 있기 때문에,[59)] 「소비자기본법」에 당사자의 동의 절차를 포함하여[60)] 법원연계형 조정에 대한 명확한 규정이 마련될 필요가 있다.[61)]

V. 결 론

최근 우리나라에서 발생하고 있는 다양한 소비자분쟁은 의사소통을 제대로 하지 못함으로 인해 나타나는 사회 현상으로 이해할 수 있다. 이는 고도의 집약적인 경제 성장을 거친 우리나라에서 더욱 심각하게 나타나는 듯하다. 이런 상황에서는

---

56) 이영진, “서울중앙지법 조정제도의 특징과 조정활성화 추진경과”, 수도권 법원 조정위원 합동세미나, 서울중앙지방법원, 2013. 11., 78-79면.

57) 「민사조정법」 제30조 및 제34조에 의하면 조정을 갈음하는 결정에 대하여 이의신청 기간 내에 이의신청이 없다면 그 결정은 재판상 화해와 동일한 효력이 있다고 한다.

58) 민사조정법 제10조(조정위원)
③ 제1항에 따른 조정위원은 다음 각 호의 사무를 수행한다.
2. 조정담당판사 또는 조정장의 촉탁을 받아 분쟁 해결을 위하여 사건관계인의 의견을 듣거나 그밖에 조정사건의 처리를 위하여 필요한 사무를 수행하는 일

59) 황승태 · 계인국, 전게보고서, 473면.

60) 재경법원의 한 부장판사는 “분쟁을 해결하기 위해 자발적으로 ADR을 이용하는 신청자가 적기 때문에 기본법과 통합시스템을 갖춘다고 해서 ADR이 당장 활성화되지는 않을 것”이라며 “법원으로 몰리는 사건을 법원에서 외부 기관으로 회부하는 등 법원연계형 조정을 활성화해야 ADR 활용 건수도 늘어나고 규모도 자연스럽게 커질 것”이라고 했다. ; “[법의 날 특집] ‘ADR 활성화’ 넘어야 할 산은”, 법률신문, 2013. 4. 25., https://www.lawtimes.co.kr/Legal-News/Legal-News-View?serial=74403 <2023. 7. 1. 확인>

61) 황승태 · 계인국, 전게보고서, 472면.

사소한 소비자분쟁도 원만하게 해결되지 못하고 사회 문제로 비화될 수 있으므로 어느 때보다 의사소통을 원활하게 함으로써 갈등을 효율적으로 해결하는 것이 중요하다. 이러한 갈등은 다른 한편으로는 갈등을 발생하고 해결하는 과정을 반복함으로써 사회가 발전하는 계기가 되기도 하며, 이러한 갈등을 어떻게 풀어나가는지에 따라 사회가 위기에 처할 수도 있고 또는 긍정적인 방향으로 바뀌어 갈 수도 있는 것이다.

한편 갈등을 해결하는 원칙적인 방법은 소송을 통한 해결이지만 쉽지 않고 상당한 시간이 걸리며 비용 지출이 크다. 이를 보완하기 위해 분쟁을 해결하기 위한 조정절차가 나타났는데 경제적 부담이 거의 없고 시일도 비교적 짧게 걸리는 등 유익한 점이 많다. 특히 소비자분쟁조정의 긍정적인 목표는 분쟁조정제도를 효율적으로 운영함으로써 소비자분쟁을 보다 원만하고 효율적으로 해결할 수 있는 데에 있다. 이를 위해 소비자분쟁조정제도의 발전방안을 모색하였다. 결론은 상생과 균형의 원리가 강조되는 합리적인 조정절차를 바탕으로 자율적인 협의를 통하여 소비자분쟁을 보다 원만하고 합리적이며 신속하고 효율적으로 해결하기 위한 발정방안을 제안하는 것이다. 이로써 우리사회에 없어서는 안 될 중요한 분쟁해결수단이 될 것을 기대한다.

참고문헌

▣ 국내 문헌

〈단행본〉

박철규, 『대체적 분쟁해결 총론』, 도서출판 오래, 2016.
정영환, 『신민사소송법』 제3판, 법문사, 2023.

〈학술자료〉

고승환, “조기조정제도의 의의와 서울중앙지방법원의 현황”, 조정마당 열린대화 9호, 서울중앙지방법원 조정위원협의회, 2017. 12.
김상찬, “우리나라 행정형 ADR 제도의 활성화 방안”, 법학연구 제46권, 한국법학회, 2012. 5.
＿＿＿, “일본의 조정인 양성현황과 시사점”, 법학연구 제59권, 한국법학회, 2012. 9.
김상찬 · 이충은, “집단소비자분쟁조정제도에 관한 연구”, 중재연구 제19권 제1호, 한국중재학회, 2009. 3.
김 연, “법원이 관여하지 않는 특별 조정절차의 검토”, 민사소송 제14권 제1호, 한국민사소송법학회, 2010. 5.
김윤정, “소비자분쟁조정제도의 현황과 과제”, 소비자문제연구 제46권 제3호, 한국소비자원, 2015. 12.
류승훈, “소비자기본법상의 집단분쟁조정절차의 운영실태 및 개선방안과 관련하여”, 소비자피해구제제도의 개선방향 세미나 자료집, 한국소비자원 · 한국소비자학회, 2013. 8.
＿＿＿, “소비자분쟁의 효과적 해결을 위한 제언”, 외법논집 제9집, 한국외국어대학교 법학연구소, 2000. 12.
백병성, “소비자분쟁조정의 역할과 효율적인 조정기구 운영”, 소비자문제연구 제23호, 한국소비자보호원, 2000. 6.
이영진, “서울중앙지법 조정제도의 특징과 조정활성화 추진경과”, 수도권 법원 조정위원 합동세미나, 서울중앙지방법원, 2013. 11.
임동진, “대안적 갈등해결방식(ADR)제도의 운영실태 및 개선방안 연구”, 한국행정연구원, 2012.
전삼현, “소비자기본법상의 집단분쟁조정제도에 관한 소고”, 상사법연구 제26권 제3호, 한국상사법학회, 2007. 11.
정선주, “2012년 독일 조정법의 내용과 평가”, 민사소송 제16권 제2호, 한국민사소송법학회, 2012. 11.
정영환, “우리 사법시스템에 대한 새로운 고찰 – 전자소송 등의 상황에서 –”, 저스티스 통권 제146-2호 (한국법률가대회 특집호Ⅰ), 한국법학원, 2015. 2.
최병록, "소비자분쟁의 소송외적 해결제도", 소비생활연구 제11호, 한국소비자보호원, 1993.
하혜영, "정부의 대체적 분쟁조정제도에 대한 고찰", 한국행정학회 동계학술대회, 2010. 12.
황승태 · 계인국, "한국형 대체적 분쟁 해결(ADR)제도의 발전 방향에 관한 연구", 사법정책연구원, 2016.

▣ 학위 논문

임학순, "준정부조직의 성장과 기능에 관한 연구", 서울대학교 대학원 박사학위논문, 1994.

▣ 기타 자료

https://clec.co.kr/ <고려대학교 법학전문대학원 공익법률상담소 CLEC 홈페이지>

공정거래 관련 집단피해구제 방안으로써 표본확인소송제도 도입에 관한 연구*

이 명 민**

Ⅰ. 서 론

현대사회는 이미 대량생산과 대량소비라는 특징을 가지고, 이것은 일정한 경우 필연적으로 대량의 피해를 야기할 수 있다. 집단소송에 대한 우리나라의 효시는 1984년 망원동 주민의 서울시·현대건설 상대의 '망원동 집단수해소송'이었던 것으로 그 이래로 증권관련집단소송과 소비자, 개인정보 단체소송 등이 산발적으로 법제화 되어 있다. 하지만 현재 집단소송일반을 규율할 수 있는 법제도는 아직 없는 실정이다. 그럼에도 불구하고 개인정보유출, 과대광고, 왜곡보도, 불량식품, 불법집회시위와 비행기소음공해, 과거사소송, 원전공해, 기름폐수유출피해, 불공정담합피해자, 대학기성회비피해자, 애플 배터리 피해 등 집단소송이 끊임없이 제기되고 있다. 게다가 폭스바겐 배기가스 조작사건(이하 "디젤스캔들"이라 함) 등 집단적

---

* 본 연구는 2023년 연구자가 한국공정거래조정원에서 연구한 자료이고, 연구자의 개인적인 견해일 뿐, 공정거래위원회 또는 한국공정거래조정원의 공식적인 의견과 무관합니다. 이 자료를 정리하기 위해 자문 등 힘써 도와주신 고려대학교 정영환 지도교수님과 건국대학교 최광선 교수님, 한양대학교 김성곤 겸임교수님께 진심으로 감사드리는 바입니다. 이에, 본 연구는 연구자가 고려대학교 법학 박사학위를 취득하기 위해 노력할 때, 물심양면 도움을 주시고, 2000년 고려대학교에 부임하셨을 때부터 2025년 정년하실 때까지 항상 응원과 용기와 희망을 주신 정영환 교수님께 드립니다. 앞으로도 교수님이 건강하시고, 하나님의 은총만이 가득하시기를 기원합니다.

** 법학박사, 고려대학교 법학연구원 전임연구원, 前 한국공정거래조정원 연구위원

피해는 세계적인 추세이다. 지금까지 이러한 집단적 피해들은 공익적 소송의 성격을 띠는 데 비해, 점차 국가의 정치, 경제, 사회에 전반에 걸쳐 사익적 성격을 띠는 집단적 피해들이 증가하고 있는 것이 새로운 패러다임의 전개다. 한편, 이러한 사익적 성격을 띠는 집단소송에 의한 피해는 일부 변호사의 노다지 투기성 기획소송, 정치적 공세로의 이용, 건실한 기업활동에 위협 등 문제들이 있다. 그러나 현재의 법제하에서는 1대 1의 개인소송의 단순집합인 공동소송, 즉 집단공동소송 이상일 수 없으며, 이는 21세기 현대형 소송에 적합하지 않다. 이러한 이유로 한국형집단소송은 피고 측의 방어상의 부담과 재판부에 대한 엄청난 부담 때문에 날림재판의 우려 등 문제가 크다. 같은 쟁점을 놓고 여러 지방 법원에서 다발적인 중복 제소, 당사자의 중복, 소송과정에서 개인정보 노출가능성, 부풀어진 무늬만의 피해자, 수많은 다수자에 대한 당사자 실재의 여부를 포함하여 소송요건과 개별적 피해의 증명심사, 공정하고 적절한 소송수행자의 선정, 통제받지 않은 변호사의 보수, 통제 없는 소의 제기, 소의 취하, 청구의 포기와 화해, 소권남용, 제외된 피해자들에 대한 판결의 효력 확장이 되지 않으며(opt in), 뒤에 같은 소송의 연발 가능성, 증명의 곤란 등 기존의 단조로운 공동소송의 법리와 현재 증거법의 한계 등 어려운 문제에 직면하였다. 또한, 엄청난 재판인력의 소모, 국고금의 유출도 문제지만 한 기업의 명운 좌우 등 그 사회적·국가적 파급효도 매우 크다.[1)]

집단소송은 종전의 소송절차에 따른 해결이 어려운 환경소송, 약해소송, 제조물소송, 증권소송, 소비자소송 등 현대형 소송과 같이 소액·다수의 피해자가 발생한 분쟁을 해결하기 위하여 나타난 분쟁해결방식을 총칭한다.[2)] 현행법상 집단분쟁을 해결할 수 있는 제도로는 공동소송, 선정당사자소송이 있고, 소비자기본법이나 개인정보보호법상 단체소송이 있으며, 증권관련집단소송법상 증권관련집단소송이 있다. 먼저 민사소송법에 마련된 (통상)공동소송은 개개의 당사자가 자신의 소송을 하는 것으로 집단소송에 맞지 않으며, 주장공통의 원칙도 인정되지 않는 등 분쟁의 통일적 해결을 하기에는 미흡하다. 또한 선정당사자제도는 이해관계가 있는 사람들이 모두 가입신청을 해야만 소송을 통해 문제를 해결할 수 있다. 소비자기본법이나 개인정보보호법상 단체소송은 소제기권자가 단체이며, 금지·중지청구를

1) 이시윤, 신민사소송법 제16판, 박영사, 2023, 781-782면.
2) 정영환, 신민사소송법 개정신판, 법문사, 2019, 1000-1001면; 정동윤·유병현·김경욱, 민사소송법 제9판, 2022, 1040면.

할 수 있지만 손해배상청구를 할 수 없다는 점에서, 증권관련집단소송법은 적용대상이 증권분야의 일정한 청구에만 한정되어 있다는 점 등에서 각각 한계점을 가지고 있다. 종전에는 해결방안으로 국가가 주도가 되는 형식의 이른바 부권소송(parens patriae)의 형식이 논의되었고, 최근에는 개별법에 특수한 분야를 중심으로 집단소송을 추가하는 방안이 논의되고 있다. 전자의 경우에는 집단소송에서 국가가 이해관계자가 되는 경우가 많음에도 소송의 주도권마저 주는 경우 지나치게 국가의 개입이 확대된다는 문제점이 발생하고, 후자의 경우에는 분쟁의 통일적 해결이 곤란하고 법리적 일관성을 맞추기 어려우며 법체계상 공백이 생길 가능성이 높다는 문제점이 발생한다. 결국 집단소송에 있어서 소송 본래의 기능을 효율적이고 안정적으로 수행하려면 소송당사자나 법관에게 일관되고 쉽게 이해될 수 있는 분쟁처리 지침이 마련되어야 한다.

집단소송제도의 장점으로는 첫째, 집단소송이 도입되면 원고 측에서는 소액의 피해를 입은 다수의 사람들이 적은 비용으로 소송을 제기할 수 있다. 둘째, 법원의 입장에서도 다수 피해자가 발생한 사건의 사실관계를 하나로 묶고 이와 관련된 사실상 법률상 주장에 대한 판단을 통일적으로 할 수 있게 되어 소송마다 다른 결과가 나오는 것을 방지할 수 있다. 집단소송제도의 단점으로는, 첫째 집단소송은 대부분 소송금액이 크기 때문에 기업들을 상대로 소송이 남발될 경우 집단소송이 제기되었다는 사실만으로도 사회 경제적 측면에서 큰 타격을 입게 되어 국가경제의 약화를 초래할 위험이 있다. 둘째, 집단소송은 개별 당사자들의 소송비용이 매우 적게 들기 때문에 패소에 대한 부담은 적은 반면, 변호사는 많은 보수를 기대할 수 있기 때문에 무의미한 남소의 가능성이 발생한다. 따라서 공정거래와 관련된 법률위반행위에 대하여 집단소송을 허용하는 법안은 이러한 장단점을 충분히 고려하여 입법정책적으로 신중하게 고려하여야 한다.

우리나라에서는 집단분쟁에 대한 개별구제방법으로 기존의 사법시스템과 각종 소송대체적분쟁해결제도(ADR)를 통한 권리구제 이외에 미국식의 대표당사자소송(class action)을 유가증권의 거래과정에서 발생한 집단적 피해틀 효율적으로 구제하고 이를 통한 기업의 경영투명성을 높이기 위하여 2004년 1월 20일 법률 제7074호(시행: 2005.1.1.)로 증권관련집단소송법을 제정하였다. 즉 우리나라에서는 집단분쟁에 따른 개별적인 권리구제는 기존의 민사소송법 등에 기초하고 다만 증권관련집단분쟁에 관하여는 특별한 개별적 권리구제를 인정하고 있는 상황이다.

우리나라에서는 집단분쟁을 해결하는 방식에 있어서 (ⅰ) 공적구제의 방법으로 소비자관련 집단분쟁과 개인관련 집단분쟁에 관하여는 독일식의 단체소송제도를 도입하여 운영하고 있고, (ⅱ) 개별적인 권리구제의 방법에 있어서는 기존의 사법시스템과 각종 소송대체적분쟁해결제도(ADR)를 통하여 해결하면서, 증권관련집단분쟁에 관한 개별적 권리구제는 미국식의 대표당사자소송제도(class action)를 도입하고 있다.

오늘날과 같은 대량생산, 대량소비에 따른 소액·다수의 피해가 발생하는 경우 이러한 문제를 단순한 민사소송제도를 통하여 해결한다는 것은 역부족이다. 이러한 집단적 분쟁을 해결하기 위하여 독일의 경우 1998년 유럽연합지침(98/27/EG)을 통하여 국경을 초월하여 이루어지는 금지된 거래행위를 방지하고 소비자의 이익을 보호할 뿐만 아니라 독일의 민사소송법에 영향을 미치고 있으므로 이를 통한 전향이 이루어지고 있다. 독일은 보통거래약관규제법(AGBG)이 폐지되고 부작위소송법(UKlaG)이 제정되어 소비자보호를 위한 개별적인 조문들이 채권현대화법 개정에 따라 실체적인 부분은 독일 민법에, 절차적인 부분은 부작위소송법에 존재한다. 그리고 독일은 2004년 부정경쟁방지법(UWG)이 전면 개정되어 불법행위자에 대한 이익환수청구(Gewinnabschöpfungsanspruch)가 소비자단체 및 영업 이익 촉진 단체에게 인정됨으로써 소비자의 공공적 이익 보호가 실현되고 있는 상황이다. 이와 같이 독일에서는 자본투자자표본절차법(KapMuG), 표본확인소송(Musterfeststellungsklage; MFK)을 통하여 대내외적으로 소비자 이익 보호를 위한 계속적인 노력이 이루어지고 있는 상황이다.

독일의 단체소송은 부정경쟁방지법(UWG)상 국고보조형태인 이익환수청구(Gewinnabschöpfungsanspruch)를 통하여 간접적으로 권리구제를 추구해 왔다. 하지만 금지·중지청구로써 간접적인 권리구제이고 직접적으로 개별적인 손해배상을 받을 수 없어서 궁극적인 피해해결책으로써 미흡한 점은 명백하다. 독일은 미국의 징벌적 손해배상과 같이 가중처벌형태에 대한 연구도 하고 있으나, 미국의 손해배상제도는 국가경제에 타격을 줄 정도로 한 기업의 명운이 오고가는 단점을 고려하여 독일의 단체소송과 미국의 대표당사자소송의 결합형태인 표본확인소송을 독일 민사소송법에 제정하였다. 이는 프랑스, 일본에서 시행하고 있는 2단계 구제수단과 유사한 측면을 가지고 있다는 점에서 2단계 구조에 대한 사항을 검토할 필요성이 있다. 특히 독일은 표본확인소송에서 개별적인 권리구제소송 전에 화해(Vergleich)와 연결시킨다는 점이 돋보이는데, 이는 소송대체적분쟁해결제도(Alternative Dispute Resolution; ADR)의 성격과도 부합하는 측면이 있다는 점에서 의미가 있으므로 독일의 표본확인소송제도를 연구해 보아야 한다.

독일의 표본확인소송제도의 도입 이유는 여러 가지가 있을 수 있지만 우선 수많은 소액·다수 피해자에 대한 소송절차를 효율적으로 운영하기 위함이라 할 수 있으므로 표본확인소송제도는 하나의 불법행위가 다수의 개인에게 낮은 정도의 손해를 끼치는 형태의 사건에 적합해 보인다. 현재 우리나라 공정거래법상 규제되고 있는 행위태양은 크게 기업간(B2B)의 관계에 대한 것과 기업과 소비자(B2C)에 대한 것으로 구분할 수 있다. 이 유형 중 작은 손해를 받은 대량의 피해자가 발생할 수 있는 유형을 구별해 볼 필요가 있는데, 예를 들면 우리나라 공정거래법 제5조 시장지배적지위의 남용행위 규정에 있어서 제1호에서는 상품의 가격이나 용역의 대가(이하 "가격"이라 한다)를 부당하게 결정·유지 또는 변경하는 행위를 규제하고 있다. 상품의 가격을 남용하는 행위 가격을 높게 책정하여 독점 수익을 극대화하는 경우도 있는가 하면 염가로 판매하여 시장경쟁을 제한하는 경우도 있다. 이러한 경우 남용행위로 발생하는 피해자는 기업과 소비자 모두가 해당될 수 있다. 공정거래법 제40조 부당한 공동행위 규정의 경우에도 그 피해자는 기업과 소비자 모두가 해당할 수 있다. 또한 공정거래법 제45조 불공정거래행위도 기업과 소비자가 피해대상에 해당될 수 있다. 이와 같이 공정거래법에서 금지되는 규정들은 기업과 소비자 모두 피해자가 될 수 있는데 행위 유형에 따라서 직접적인 피해자인지 간접적인 피해자인지 구별이 필요하다. 예를 들어, 위반행위들이 직접적으로 소비자를 향하는 경우 위계에 의한 고객유인 행위의 경우 위법행위는 경쟁사업자의 고객(소비자)에게 직접적으로 이루어진다. 여기서 허위 정보로 인해 잘못된 판단을 내려 손해를 보는 자는 소비자이며 소비자가 직접적인 피해자이다. 위반행위로 자신의 소비자를 빼앗긴 기업은 간접적인 피해를 받게 된다. 부당한 공동행위의 경우에도 경쟁 제한적인 가격담합으로 직접적으로 소비자에게 손해를 발생시킬 수 있다. 이와는 반대로 한 기업이 다른 사업자를 배제하기 위해 가격차별 내지 다른 불공정거래행위를 하는 경우 직접적인 피해자는 기업인 사업자이고 소비자는 간접적인 피해자가 될 수 있다. 여기서 문제되는 것은 직접 피해가 아닌 간접 피해를 받은 소비자 또는 기업은 그 손해의 산정과 인과관계를 입증하기가 어렵다는 문제가 존재한다. 독일의 표본확인소송제도가 수많은 피해자를 위한 제도라면 공정거래법상 위반행위를 통해 소비자가 간접적인 피해자가 아닌 직접적인 피해자가 될 수 있는 행위 유형을 중심으로 도입해야 할 필요성이 있다. 독일의 표본확인소송제도는 제소권을 가진 단체가 표본소송을 통해 '소비자와 기업 간의 권리 또는 법률관계의 존부에 대한 사실상 및 법률상의 요건의 존재 또는 부존재(확인소송의 목적)'의 확인을 청구할 수 있는 제도로써, 원인판결인 확인판결을 한 후 개별소송을 통한 권리구제를 할 수 있다는 점에서 손해의 산정 및 인과관계에 대한 증명을 보다 명확하게 해결할 수 있는 제도라 볼 수 있다.

공정거래법 등 경쟁법 위반행위에 대해 우리나라에서는 과징금 등으로 대표되는 행정적 규제가 주로 이루어졌으며, 이에 따라 경쟁법 위반행위로 인해 직·간접적 손해를 입은 피해자에게 제대로 손해배상이 이루어지지 않는 경향이 있었다. 또한 행정적 규제는 일반적으로 피해자가 입은 피해액에 비해 과소한 측면이 있어, 위법행위를 한 영업자(사업자)의 위법행위 재발을 억제하기 어려운 측면이 있었다. 이에 피해자가 입은 손해를 구제하고, 영업자(사업자)의 위법행위 재발을 방지하기 위해 새로운 제도의 도입을 모색할 필요성이 있고, 이를 위해 집단적 피해구제의 한 유형인 독일의 표본확인소송제도를 검토해 봐야 한다.

집단적 피해구제방안으로서 집단소송은 소액·다수 피해에 대한 소송비용 및 변호사 비용 절감을 통하여 소제기 유인을 높일 수 있어 공정거래위원회의 공적 법집행을 보완하는 기능을 할 수 있는 측면이 있다. 물론 미국의 대표당사자소송(class action)에서와 같이 옵트아웃(opt out)을 통하여 손해배상범위를 넓게 하여 권리보호 가능성 범위가 확대되는 것은 사실이나 옵트아웃(opt out)의 경우 손해배상의 범위를 예상할 수 없다는 소송경제적 측면에서 비효율적인 측면이 있으므로 실질적인 구제책인 옵트인(opt in)을 통한 손해배상의 범위를 예상할 수 있는 독일의 표본확인소송제도를 공정거래 관련 집단피해구제방안에 도입한다면 보다 경쟁법적 측면에서도 경제적·효율적으로 권리를 보호할 수 있고, 공정거래법 제1조[3]에서 강조하는 소비자를 보호하고 국민경제의 균형 있는 발전이라는 궁극적인 목적을 추구할 수 있다. 그러므로 공정거래 관련 집단피해구제방안으로서 독일의 표본확인소송제도를 도입하는 것은 ⅰ) 중간판결(Zwischenurteil)과 같은 원인판결

3) 공정거래법 제1조(목적) 이 법은 사업자의 시장지배적 지위의 남용과 과도한 경제력의 집중을 방지하고, 부당한 공동행위 및 불공정거래행위를 규제하여 공정하고 자유로운 경쟁을 촉진함으로써 창의적인 기업활동을 조장하고 소비자를 보호함과 아울러 국민경제의 균형 있는 발전을 도모함을 목적으로 한다.

인 확인판결을 통한 소송진행의 효율성 강화, ii) 피해자들의 옵트인(opt in)을 통한 손해배상범위 예상, iii) 확인판결 후 개별적 손해배상청구를 할 수 있게 하여, 피해자들이 자신들이 피해를 입은 손해액만큼 증명하여, 정확하게 손해배상을 받을 수 있다는 점, vi) 소제기 자격을 법률상 특정 단체에게만 인정함으로써 소송의 남발, 소송진행의 효율성 등 공정거래 관련 분야 집단 피해를 신속・경제・적정・공평하게 해결할 수 있는 방안이 될 수 있다. 공정거래 관련하여서는 특히 단체, 즉 조직 또는 공공기관에 제소권을 부여하여 소액・다수 피해자들에게 소송비용부담을 줄이고, 복잡한 소송진행의 어려움을 해소하며, 손해배상 범위도 예상할 수 있어 상대방인 기업에 대해서도 경제적 타격을 어느 정도 예측하게 하여 국가경제의 근간을 뒤흔드는 위험은 낮추고 개별 피해자들에 대하여도 확인판결을 받은 후 손해배상과 관련하여 자신이 증명을 하여 개별소송을 할 수 있도록 하여 권리구제를 직접적으로 받을 수 있는 제도로써 효율적이다. 공정거래 관련 집단소송은 공정거래에 관련한 특별법인 공정거래법에서 다루어야 하고, 특히 제소권이 단체에 부여되어 단체가 개인을 대표하여 소송을 진행하여 개별적인 권리구제까지 직접적으로 보호받을 수 있는 독일의 표본확인소송(안)을 제정하는 것은 바람직하다.

본 논문은 우리나라에서의 집단분쟁의 해결 흐름을 분석하고, 독일의 표본확인소송을 집중적으로 분석・검토함으로써 향후 우리나라 공정거래법상 집단소송제 도입과 관련한 반석이 되는 방안을 마련하는 것이다.

Ⅱ. 국내 집단적 피해구제제도에 대한 검토

1. 「민사소송법」상 다수당사자 소송제도

(1) 공동소송

공동소송이라 함은 1개의 소송절차에 수인의 원고 또는 피고가 관여하는 소송형태를 말한다.[4] 즉, 원고가 수인이거나 피고가 수인이거나 원고 및 피고가 모두 수인인 경우를 말한다. 민사소송법 제65조는 '소송목적이 되는 권리나 의무가 여러 사람에게 공통되거나 사실상 또는 법률상 같은 원인으로 말미암아 생긴 경우'

4) 정동윤・유병현・김경욱, 전게서, 1042면.

와 '소송목적이 되는 권리나 의무가 같은 종류의 것이고 사실상 또는 법률상 같은 종류의 원인으로 말미암은 것'을 공동소송의 요건으로 하고 있다. 공동소송의 기본형태는 일반적으로 다수인 사이의 청구의 공통성, 관련성의 정도, 즉 합일확정의 필요 여부에 따라 통상공동소송과 필수적 공동소송으로 나눌 수 있다. 또한, 필수적 공동소송은 다시 청구의 공통성, 관련성의 강도에 따라 고유필수적 공동소송과 유사필수적 공동소송으로 나뉜다. 통상공동소송은 공동소송인 사이에 합일확정이 필수적이 아니므로 공동소송인 사이에 승패가 일률적으로 정하여질 필요가 없는 공동소송의 형태를 말한다. 즉, 공동소송인 독립의 원칙(민사소송법 제66조)에 근거하여 통상공동소송에 있어서 각 공동소송인은 다른 공동소송인의 영향을 받지 아니하고 독립하여 자유롭게 소송수행을 할 수 있다는 것을 의미한다. 이는 공동소송인 사이에 청구의 공통성, 관련성이 없기 때문에 상호간의 협력, 연합관계가 형성될 여지가 없고, 이는 공동소송인 중 한 사람의 행위는 다른 공동소송인에게 이익으로도 불이익으로도 영향을 미치지 않는다는 것을 의미한다. 통상공동소송에서는 심리만을 공동으로 진행하는 것이고, 소송자료, 소송진행, 재판의 통일을 요하지 않는다. 필수적 공동소송은 공동소송인 사이에 합일확정이 필수적인 공동소송을 말한다. 필수적 공동소송은 소제기가 강제되는지 여부에 따라 그것이 필요한 고유필수적 공동소송과 그것이 필요 없는 유사필수적 공동소송으로 나누어진다.

(2) 선정당사자제도

선정당사자라 함은 공동의 이해관계를 가진 여러 사람이 공동소송인이 되어 소송을 하여야 하는 경우에 그 가운데서 모두를 위하여 소송수행을 할 당사자로 선정된 자를 말한다.[5] 공동의 이해관계를 가진 다수자전원이 소송당사자가 되면 변론의 복잡, 송달사무의 폭주와 과다한 송달료, 그리고 다수자 중의 어느 누구에게 발생한 사망 등에 의한 중단사유 때문에 소송진행이 한없이 번잡해진다. 특히 변호사강제주의를 채택하지 않고 있는 우리나라에서는 공동소송인이 많을 때에 그 폐단이 두드러진다. 이에 따라 다수자 중에서 대표자를 뽑아 그에게 소송을 맡겨 다수당사자소송을 단순화・간소화하는 방편으로 선정당사자제도가 생겼다. 다수자가 공동소송인이 되고 같은 소송대리인을 선임한 때에는 다수자가 직접 소송관여함으로써 생기는 불편은 제거되지만, 그 경우에도 다수자 각자에 대한 소송요건의

5) 정영환, 전게서, 991면.

존재에 대한 조사 때문에 그보다는 선정당사자를 선정하는 것이 더 편리하다.[6] 선정당사자제도는 공동의 이해관계를 가지는 다수인 사이의 분쟁을 간소화하기 위하여 고안한 제도이고, 선정당사자만을 소송의 당사자로 간주하게 되므로, 소송대리제도를 이용하여 당사자를 대리하는 형식보다는 당사자를 선정당사자로 압축하게 되므로 편리하다. 선정당사자의 법적 성질은 임의적 소송담당에 해당하는데, 즉 선정당사자는 선정자의 대리인이 아니라 자신의 이름으로 선정자 모두를 소송수행하는 것이다.

(3) 입법적 한계

공동소송은 다수당사자간의 관련된 분쟁을 동일절차 내에 병합하여 심판함으로써 통일적인 해결을 꾀할 수 있고, 법원과 당사자의 협력을 절약할 수 있으므로, 널리 인정되고 있다. 하지만, 공동소송은 원고 또는 피고의 일방 또는 쌍방이 복수인에 의하여 구성되어 있는 형태이므로 소송절차 진행의 통일성에 있어서도 문제가 되고 비용 부분도 일괄적이지 않은 문제들이 발생한다. 공동소송의 유형 중 통상공동소송은 개개의 당사자가 자신의 소송을 하는 것이므로 분쟁당사자의 수가 많은 집단소송사건을 다룰 수가 없다. 더욱이 통상공동소송의 경우 소송자료의 통일이나 소송의 진행, 공동소송의 강제도 되지 않아 집단소송의 목표 중의 하나인 분쟁의 일거해결이 상당히 어렵다. 필수적 공동소송의 경우에는 조건을 충족하기도 어렵지만 다행히 해당한다고 하더라도 소송의 당사자가 되기를 꺼리는 구성원이 있는 한, 사안을 일괄적으로 해결할 수가 없고 유사한 소송이 계속 반복되는 것을 피할 수도 없다. 특히 필수적 공동소송에서의 당사자 추가 규정은 입법의 취지가 당사자 중 하나가 빠져 소송자체를 각하해야 하는 경우에 한하여 당사자를 추가할 수 있도록 하는 것이므로 널리 다수의 당사자들을 한꺼번에 당사자로 하여 일거에 분쟁을 해결하자는 집단소송과 병존하기는 어렵다. 결국 공동소송제도는 일대일 소송을 원칙으로 하는 민사소송 원칙의 제한된 예외로 당사자나 법원의 편의를 고려하여 허용하는 것에 불과하므로 그 규모가 훨씬 크고 방대한 다수의 소비자 피해, 환경오염으로 인한 피해, 제조물 결함, 의약품의 부작용 등의 특정이 어려운 다수인이 관련된 집단적 피해의 경우에서는 활용하기 어렵다.

또한, 선정당사자제도의 경우 공동소송으로 운영하여야 할 사건을 선정당사자가

---

6) 이시윤, 전게서, 764면.

수행하는 것이므로 그 범위를 넘어설 정도로 다수의 피해자가 관련된 사안이어서 전체당사자에게 수권을 받기 어려운 경우에는 활용할 수 없다는 한계가 있다. 따라서 선정당사자제도는 각자 자신의 소를 제기할 수 있는 정도의 소수의 사람이나 완전한 동일의 양과 동일한 형태의 피해를 입은 다수의 사람들을 대표하여 소송을 하는 데는 이용할 수 있으나 피해의 범위가 광범위하여 범위나 개별피해액의 특정이 어려운 경우에는 활용이 어렵다. 선정당사자의 일반적·포괄적 범위를 정하기 어려운 점이 있고, 선정당사자가 1인이라는 점에 있어서도 개인소송인 단체소송인지 여부가 불분명하며, 선정자들의 범위설정의 어려움도 있다. 선정당사자제도는 집단적 피해해결방안으로서 제시될 수는 있으나 소송경제적 측면에서 어려움이 있다. 결국 선정당사자제도는 민사소송에서 일정한 경우 실체법적 법률관계의 일부만의 주체인 사람이 다른 사람의 부분까지 일거에 소송을 할 수 있는 예외를 부여하여 선정행위가 있으면 선정을 받은 사람이 당사자가 되도록 한 제도라고 할 수 있다. 이 때 선정당사자는 그 자신 역시 공동의 이해관계가 있는 사람 중의 하나이어야 하므로 적어도 실체법적 법률관계의 일부는 자신의 것이라고 주장하는 사람이어야 한다. 선정당사자제도에서도 다수자들 간에 공통의 이해관계가 있고 선정자들이 선정당사자를 당사자로 선정한 행위(포괄적 수권)를 하였다고 하여 선정을 받은 사람이 그들의 대신하여 당사자가 되거나 대표로 되는 것이 기존 민사소송법의 원칙에서 당연히 또는 당위적으로 도출되는 것으로 이해해서는 안 된다. 왜냐하면 선정당사자가 선정자의 수권을 받아 자신의 권리의무부분만이 아니라 선정자들의 권리부분에 대한 소송수행권을 갖는 것도 현행 민사소송법의 원리에서는 예외라고 할 수 있기 때문이다. 즉 선정당사자제도를 별도 두지 않았다면 공통의 이해관계가 인정되고 그들로부터 수권만 받더라도 그들의 소송까지 수행할 수는 없다.[7)]

2. 특별법상 집단적 피해구제제도

(1) 소비자단체소송

소비자기본법상 단체소송을 할 수 있는 소비자단체는 공정거래위원회에 등록(법 제29조)한 소비자단체로서 ① 정관에 따라 상시적으로 소비자의 권익증진을 주된

7) 정영환, 전게서, 991면.

목적으로 하는 단체일 것, ② 단체의 정회원수가 1천명 이상일 것, ③ 등록 후 3년이 경과하였을 것 등의 요건을 모두 갖춘 단체이어야 한다(법 제70조 제1호). 소비자기본법 제70조 각 호의 어느 하나에 해당하는 단체는 사업자가 소비자기본법 제20조의 규정을 위반하여 소비자의 생명 · 신체 또는 재산에 대한 권익을 직접적으로 침해하고 그 침해가 계속되는 경우 법원에 소비자권익침해행위의 금지 · 중지를 구하는 소송(단체소송)을 제기할 수 있다(법 제70조). 이때 동법 제20조(소비자의 권익증진 기준의 준수)가 금지하고 있는 사항은, 사업자의 ① 동법 제8조(위해의 방지) 제1항의 규정에 따라 국가가 정한 기준에 위반되는 물품 등의 제조 · 수입 · 판매 또는 제공행위, ② 동법 제10조(표시의 기준)의 규정에 따라 국가가 정한 표시기준을 위반하는 행위, ③ 동법 제11조(광고의 기준)의 규정에 따라 국가가 정한 광고기준을 위반하는 행위, ④ 동법 제12조(거래의 적정화) 제2항의 규정에 따라 국가가 지정 · 고시한 행위, ⑤ 동법 제15조(개인정보의 보호) 제2항의 규정에 따라 국가가 정한 개인정보의 보호기준을 위반한 행위이다. 소비자기본법 제71조는 전속관할에 대하여 규정하고 있는데, 단체소송은 피고의 주된 사무소 또는 영업소가 있는 곳, 주된 사무소나 영업소가 없는 경우에는 주된 업무담당자의 주소가 있는 곳의 지방법원 본원 합의부의 관할에 전속하고, 외국사업자의 경우 대한민국에 있는 이들의 주된 사무소 · 영업소 또는 업무담당자의 주소에 따라 정한다고 하였다. 단체소송이 소비자권익침해행위의 금지 · 중지를 구하는 소송인 점에서 원고가 승소한 경우에는 소비자는 물론 다른 소비자단체 등이 다시 소를 제기할 이익은 없게 된다. 다만 원고가 청구기각판결을 받은 경우에는 다른 단체에 의한 반복적 소제기와 이로 인한 남소의 위험 및 사업자의 응소의 부담이 될 수 있다. 이에 소비자단체소송에서는 원고의 청구를 기각하는 판결이 확정된 경우 이와 동일한 사안에 관하여는 단체소송의 제기요건을 갖춘(법 제70조) 다른 단체는 단체소송을 제기할 수 없다(법 제75조 본문). 다만 (i) 판결이 확정된 후 그 사안과 관련하여 국가 또는 지방자치단체가 설립한 기관에 의하여 새로운 연구결과나 증거가 나타난 경우, 또는 (ii) 기각판결이 원고의 고의로 인한 것임이 밝혀진 경우에는 다른 단체에 의한 단체소송의 제기가 가능하다(법 제 75조 단서). 소비자기본법은 소비자단체소송을 제기하고자 하는 단체는 소제기 전에 해당사업자에 대하여 소비자권익의 침해행위를 금지 · 중지할 것을 서면으로 요청하여야 하고, 그로부터 14일이 경과한 후에야 소를 제기할 수 있도록 하고 있다(법 제74조 제1항). 소장과 함께 원고 및 그 소송대리인, 피고, 금지·중지를 구하는 사업자의 소비자의 권익침해행위의 범위를 기재한 소송허가신청서를 법원에 제출하여야 한다. 이 소송허가신청서에는 소제기단체가 법 제70조 각 호의 어느 하나에 해당하는 요건을 갖추고 있음을 소명하는 자료, 법 제74조 제1항 제3호의 규정에 따라 요청한 서면 및 이에 대한 사업자의 의견서라는 각 자료(다만, 동호에서 정하는 기간 내에 사업자의 응답이 없을 경우에는 사업자의 의견서를 생략할 수 있다)를 첨부해야 한다. 소비자기본법 제74조에서는 소송허가요건에 관하여 규정하고 있는데, 법원은 물품 등의 사용으로 인하여 소비자의 생명·신체 또는 재산에 피해가 발생하거나 발생할 우려가 있는 등 다른 소송허가신청서의 기재사항에 흠결이 없을 것, 소제기단체가 사업자에게 소비자권익 침해행위를 금지·중지할 것을 서면으로 요청한 후 14일이 경과하였을 것과 같은 각 요건들을 충족한 경우에 한하여 결정으로 단체소송을 허가하고 있다. 즉, 소비자의 생명·신체 또는 재산에 대한 권익을 직접적으로 침해하고, 그 침해가 계속되는 경우에 단체소송을 제기할 수 있지만(법 제70조), 이 요건만으로 소송이 허가되는 것이 아니고 다수 소비자의 권익보호 및 피해예방을 위한 공익상의 필요가 있어야 소송이 허가되는 구조를 취하고 있다(법 제74조 제1항 제1호). 소송허가신청서에는 소송허가요건이 충족되었다는 점을 소명하기 위하여, 그 제소자격 및 사업자의 소비자권익침해행위, 소제기 전에 사업자에게 금지·중지를 요청한 사실 등에 관한 소명자료를 첨부하여야 한다(법 제73조 제2항).

(2) 증권관련집단소송

증권관련 집단소송법상 증권관련집단소송이란 증권의 매매 또는 그 밖의 거래과정에서 다수인에게 피해가 발생한 경우 그중의 1인 또는 수인(數人)이 대표당사자가 되어 수행하는 손해배상청구소송을 말한다(법 제2조 제1호). 증권관련집단소송의 소(訴)는 ①「자본시장과 금융투자업에 관한 법률」 제125조에 따른 손해배상청구, ②「자본시장과 금융투자업에 관한 법률」 제162조(제161조에 따른 주요사항보고서의 경우는 제외한다)에 따른 손해배상청구, ③「자본시장과 금융투자업에 관한 법률」 제175조, 제177조 또는 제179조에 따른 손해배상청구, ④「자본시장과 금융투자업에 관한 법률」 제170조에 따른 손해배상청구에 한정하여 제기할 수 있고(법 제3조 제1항), 이러한 경우의 손해배상청구는 「자본시장과 금융투자업에 관한 법률」 제9조 제15항 제3호에 따른 주권상장법인이 발행한 증권의 매매 또는 그 밖의 거래로 인한 것이어야 한다(법 제3조 제2항). 증권관련집단소송은 피고의 보통재판적 소재지를 관할하는 지방법원 본원 합의부의 전속관할로 한다(법 제4조). 대표당사자가 되기 위하여 증권관련집단소송의 소를 제기하는 자는 소장과 소송허가신청서를 법원에 제출하여야 한다(법 제7조 제1항). 법원은 법 제7조에 따른 소장 및 소송허가신청서를 접수한 날부터 10일 이내에 ① 증권관련집단소송의 소가 제기되었다는 사실(법 제10조 제1항 제1호), ② 총원의 범위(법 제10조 제1항 제2호), ③ 청구취지 및 청구원인의 요지(법 제10조 제1항 제3호), ④ 대표당사자가 되기를 원하는 구성원은 공고가 있는 날부터 30일 이내에 법원의 신청서를 제출하여야 한다는 사실(법 제10조 제1항 제4호)의 사항을 공고하여야 하고(법 제10조 제1항), 법원은 공고를 한 날로부터 50일 이내에 소장과 소송허가신청서를 법원에 제출한 소를 제기하는 자와 공고가 있는 날부터 30일 이내에 법원에 신청서를 제출하여 대표당사자가 되기를 원하는 구성원 중 법 제11조(대표당사자 및 소송대리인의 요건)에 따른 요건을 갖춘 자로서 총원의 이익을 대표하기에 가장 적합한 자를 결정으로 대표당사자를 선임한다(법 제10조 제4항). 대표당사자는 구성원 중 해당 증권관련집단소송으로 얻을 수 있는 경제적 이익이 가장 큰 자 등 총원의 이익을 공정하고 적절하게 대표할 수 있는 구성원이어야 하고(법 제11조 제1항), 증권관련집단소송의 원고측 소송대리인은 총원의 이익을 공정하고 적절하게 대리할 수 있는 자이어야 하며(법 제11조 제2항), 최근 3년간 3건 이상의 증권관련집단소송에 대표당사자 또는 대표당사자의 소송대리인으로 관여하였던 자는 증권관련집단소송의 대표당사자 또는 원고측 소송대리인이 될 수 없다(법 제11조 제3항 본문). 다만, 여러 사정에 비추어 볼 때 법 제11조 제1항과 제2항에 따른 요건을 충족하는 데에 지장이 없다고 법원이 인정하는 자는 증권관련집단소송의 대표당사자 또는 원고측 소송대리인이 될 수 있다(법 제11조 제3항 단서). 증권관련집단소송법 제12조 제1항 제1호에 의하면 증권집단소송사건은 '구성원이 40인 이상이고 청구의 원인이 된 행위 당시를 기준으로 이 구성원의 보유 유가증권의 합계가 피고 회사의 발행증권 총수의 1만분의 1 이상일 것'이라고 규정하고 있다.

(3) 개인정보보호법상 단체소송

개인정보보호법상 단체소송을 할 수 있는 단체는 ① 소비자기본법 제29조에 따라 공정거래위원회에 등록한 소비자단체로서, (i) 정관에 따라 상시적으로 정보 주체의 권익증진을 주된 목적으로 하는 단체일 것, (ⅱ) 단체의 정회원수가 1천명 이상일 것, (ⅲ) 소비자기본법 제29조에 따른 등록 후 3년이 경과하였을 것 등의 요건을 갖춘 단체이어야 한다(법 제51조 제1호). 개인정보보호법 제51조 각 호의 어느 하나에 해당하는 단체는 개인정보처리자가 법 제49조에 따른 집단분쟁조정을 거부하거나 집단분쟁조정의 결과를 수락하지 아니한 경우 법원에 권리침해행위의 금지・중지를 구하는 소송(단체소송)을 제기할 수 있다(법 제51조). 개인정보보호법 제52조는 전속관할에 대하여 규정하고 있는데, 단체소송은 피고의 주된 사무소 또는 영업소가 있는 곳, 주된 사무소나 영업소가 없는 경우에는 주된 업무담당자의 주소가 있는 곳의 지방법원 본원 합의부의 관할에 전속하고, 외국사업자의 경우 대한민국에 있는 이들의 주된 사무소・영업소 또는 업무담당자의 주소에 따라 정한다고 하였다. 단체소송이 권리침해행위의 금지・중지를 구하는 소송인 점에서 원고가 승소한 경우에는 개인정보처리자는 물론 법 제61조에 따른 단체 등이 다시 소를 제기할 이익은 없게 된다. 다만 원고가 청구기각판결을 받은 경우에는 다른 단체에 의한 반복적 소제기와 이로 인한 남소의 위험 및 사업자의 응소의 부담이 될 수 있다. 이에 개인정보단체소송에서는 원고의 청구를 기각하는 판결이 확정된 경우 이와 동일한 사안에 관하여는 단체소송의 제기요건을 갖춘(법 제51조) 다른 단체는 단체소송을 제기할 수 없다(법 제56조 본문). 다만, (ⅰ) 판결이 확정된 후 그 사안과 관련하여 국가 또는 지방자치단체가 설립한 기관에 의하여 새로운 연구결과나 증거가 나타난 경우, 또는 (ⅱ) 기각판결이 원고의 고의로 인한 것임이 밝혀진 경우에는 다른 단체에 의한 단체소송의 제기가 가능하다(법 제56조 단서). 개인정보보호법 제54조는 소송허가신청에 관하여 규정하고 있는데, 단체소송을 제기하는 단체는 소장과 함께 원고 및 그 소송대리인, 피고, 금지・중지를 구하는 사업자의 권리침해행위의 범위를 기재한 소송허가신청서를 법원에 제출하여야 한다. 이 소송허가신청서에는 소제기단체가 법 제51조 각 호의 어느 하나에 해당하는 요건을 갖추고 있음을 소명하는 자료, 법 제54조 제2항 제1호의 규정에 따라 요청한 각 자료, 제2호의 개인정보처리자가 조정을 거부하였거나 조정결과를 수락하지 아니하였음을 증명하는 자료를 첨부하여야 한다. 개인정보보호법 제55조에서는 소송허가요건에 관하여 규정하고 있는데, 법원은 개인정보처리자가 분쟁조정위원회의 조정을 거부하거나 수락하지 아니하였을 것, 법 제54조의 규정에 따른 소송허가신청서의 기재사항에 흠결이 없을 것, 단체소송을 허가하거나 불허가하는 결정에 대하여는 즉시항고할 수 있다.

3. 공정거래법상 집단적 피해구제 제도 도입 관련 논의 현황

(1) 공정거래관련 집단적 피해사례

공정거래관련 집단적 피해사례[8]로는 부당한 공동행위(카르텔, 담합)이나 불공정거래행위(재판매가격유지, 경품, 대규모소매업행위 포함)이 대표적이다. 부당한 공동행위 유형으로는 가격의 결정 등을 담합하는 행위[9], 거래조건 등을 담합하여 결정하는 행위[10], 생산이나 출고 등을 제한하기 위한 담합, 거래지역이나 거래상대방을 제한하는 담합[11], 담합하여 상품의 종류 및 규격을 결정하는 행위, 담합하여 공동회사를 설립하는 행위, 기타 담합하여 경쟁을 제한하는 행위[12] 등이 있다. 불공정거래행위 유형으로는 부당한거래중단 등 거래거절, 다른 사업자와의 부당한 차별취급, 부당한 염가판매 등 경쟁사업자 배제, 부당한 경쟁사업자의 고객유인[13], 부당한 경품류제공, 부당한 끼워팔기 등 거래강제[14], 거래상지위를 남용한 불이익제공[15], 대규모소매업자의 거래상지위남용[16], 거래지역 및 거래상대방제한[17], 부당한 인력스카웃 등 사업활동방해[18], 유통단계별 판매가격지정행위[19], 부당한 지

8) https://www.ftc.go.kr/www/qnaList.do?key=304

9) 예를 들면, PC방들이 시간당 이용요금 등을 동일하게 결정하는 경우, 동일품목을 생산하는 다수제조업자가 공동으로 현 출고가격을 계속 유지하겠다는 진정서를 제출한 행위, 다른 사업자를 따라서 가격이나 판매조건을 변경하는 경우 등이 있다.

10) 예를 들면, 자동차 제조사가 자동차를 판매하면서 옵션조건 및 할부금리를 동일하게 하는 경우가 있다.

11) 예를 들면, PC관 제조5사가 특정인과의 거래를 거절하는 행위 등이 있다.

12) 예를 들면, 경쟁업체 전원이 담합하여 입찰을 기피하거나 유찰시킨 후 분할하여 수의계약을 하는 행위가 있다.

13) 예를 들면, 인터넷쇼핑몰 구매자들에게 구매액의 일부를 포인트로 지급하는 행위, 인터넷 등을 통한 거래에 있어서 상대방에 따라 가격을 달리하는 행위 등이 있다.

14) 예를 들면, 컴퓨터 구입시 A/S 비용의 끼워팔기, 소주를 1박스 구입하면 반드시 맥주를 1~2박스 끼워파는 행위, 예식장의 음식, 음료 끼워팔기 행위, 주문과 관계없이 일정량 이상을 무조건 공급하는 경우, 점포보증금 지원조건으로 일정한 제품매입을 내용으로 하는 계약, 회사가 일방적으로 대리점판매품목을 정하고 상품을 강매하는 경우, 자동차회사의 패키지 판매행위 등이 있다.

15) 예를 들면, 일방적 계약 변경, 본사와 대리점 간의 계약 파기 등이 있다.

16) 예를 들면, 부당감액, 판매촉진행사를 하면서 납품업체, 매장임차인에게 상품권 등 구입을 강요하는 행위, 부당반품, 판촉비용 등의 부당한 강요, 서면계약체결의무 및 부당한 계약변경행위, 백화점과 점포임차인의 상호계약사항, 부당한 강요행위, 납품받은 상품에 자기상표를 부착 판매 후 재고품을 반품한 경우, 할인점에서 납품업체에게 광고비 명목으로 상품판매대금의 일정액을 공제하는 경우, 부당한 수령금지행위, 판매대금의 부당한 지급지연, 백화점이 할인액의 상당부분을 납품업자에게 부담시키는 경우 등 사업활동방해행위 등이 있다.

17) 예를 들면, 경쟁입찰에서 업체선정 관련한 행위, 시공협력업체 등록 자격제한, 도서총판계약을 체결하면서 대리점의 거래지역을 제한하는 경우, 신축아파트에서 건설사들이 특정 인터넷서비스업자와 거래하는 행위, 공사발주시 특정자대 사용 요구 등이 있다.

원행위[20] 등이 있다.

(2) 공정거래 관련 집단피해구제(안)에 관한 논의

그동안 공적집행 중심의 우리나라 공정거래법 집행체계에서는 소액·다수 피해자들에 대한 실질적이고 효율적인 구제가 어렵다는 지적이 꾸준히 제기되어 왔다. 예를 들면, 2018년 발표된 '법집행체계 특별팀(TF) 최종결과 보고서'에서는 공정거래법 집행이 행정적 조치수단에 의존하여 국민개개인에 대한 권리구제 수단이 미흡함을 지적하며, 집단소송제 및 손해배상소송시 자료제출명령제 도입 등을 통한 민사적 구제수단을 확충하였다. 여기에서는 사인의 금지청구제, 징벌적 손해배상 및 집단소송 도입 등 민사적 피해구제 활성화를 위한 개선과제를 제시한 바 있다.

한편, 공정거래법 위반행위에 따른 집단적 피해를 실질적으로 구제하기 위한 집단소송제도 도입은 아직 검토 단계에 머무르고 있는 상황이다. 이와 관련하여서는 배상액에 비해 소송부담이 큰 소액·다수의 피해자들은 소제기에 상당한 어려움을 겪고 있어, 제도 도입의 필요성에 대해서는 대부분 동의하나, 그 도입 범위와 방식에 대해서는 다양한 의견이 존재한다. 공정거래법 위반에 따른 집단적 피해구제 방안과 관련하여 증권관련집단소송법의 모델이었던 미국의 대표당사자소송(class action) 도입 가능성에 관한 것이었다. 2020년 7월 7일 전해철 의원의 공정거래관련 집단소송법안[21]도 미국식 대표당사자소송을 따르고 있다. 이 법은 사업자 등의 사업활동 과정에서 발생한 집단적인 피해를 효율적으로 구제함으로써 공정한 시장경제질서를 확립하고 소비자를 보호하기 위하여 공정거래관련집단소송에 관하여 「민사소송법」에 대한 특례를 정하는 것을 목적으로 한다(안 제1조). 공정거래관련 집단소송법(안)의 주요내용은 다음과 같다. 공정거래관련집단소송을 사업자 사업자단체 또는 제조업자가 제공·거래·판매·대여·표시·광고하는 상품 , 용역 또는 제조물 등으로 인하여 다수인에게 피해가 발생한 경우 그 중의 1인 또는 수인(數人)이 대표당사자가 되어 수행하는 손해배상청구소송으로 정의한

18) 예를 들면, 직영점 근무 중 퇴사한 사람이 대리점에서 채용하고자 할 경우, 중소기업의 핵심 우수인력을 대기업 등에서 스카웃하는 경우 등이 있다.

19) 예를 들면, 생산자나 도매업자가 상품에 희망소매가격을 표시하는 경우, 재판매가격유지행위 등이 있다.

20) 예를 들면, 부당내부거래(상품, 용역거래에 의한 부당내부거래시 적용되는 적정이자율), 계열사와의 수의계약, 비계열사에 비해 계열사에게 추심료를 높게 받는 경우, 용역 등의 대가인 자금을 변제기 이후에 회수하지 않은 경우, 사원의 복리후생을 위한 할인권 제공 등 행위 등이 있다.

21) https://likms.assembly.go.kr/bill/billDetail.do?billId=PRC_V2J0N0X7Z0N7V1Y4K3S7L0T9A8V9X5

다(안 제2조 제1호). 이 법안은 재판매가격유지행위로 인하여 발생한 피해는 집단적이면서 실질적인 구제가 어려우므로 공정거래 관련 법률위반행위에 대하여도 집단소송을 허용하려는 것이다. 공정거래관련집단소송은 변호사강제주의를 채택하고 있다(안 제5조 제1항). 법원은 공정거래관련집단소송의 소장과 소송허가신청서가 제출되면 이를 공고한 후 구성원 중에서 대표당사자를 선임하도록 하고, 대표당사자가 총원의 이익을 공정하고 적절하게 대표하고 있지 못하거나 그 밖에 중대한 사유가 있는 때에는 직권 또는 신청에 의하여 대표당사자의 소송수행을 금지할 수 있도록 한다(안 제10조 및 제21조). 최근 1년간 3건 이상의 공정거래관련집단소송의 대표당사자 또는 소송대리인으로 관여하였던 자는 공정거래관련집단소송의 대표당사자 또는 원고측 소송대리인이 될 수 없도록 한다(안 제11조 제3항). 공정거래관련집단소송은 피해집단의 구성원이 50인 이상이고 법률상 또는 사실상의 중요한 쟁점이 모든 구성원에게 공통되며, 해당 소송이 총원의 권리 실현이나 이익 보호에 적합하고 효율적인 수단인 경우에 허용하도록 한다(안 제12조 제1항). 또한, 대표당사자 외에 구성원에게도 공정거래관련집단소송에 의한 확정판결의 기판력이 미치도록 하되, 이를 원하지 아니하는 구성원은 서면으로 법원에 제외신고(opt out)를 하도록 한다(안 제27조 및 제36조). 법원의 허가를 받지 아니한 소의 취하, 소송상의 화해, 청구의 포기, 상소의 취하 또는 상소권의 포기는 효력이 없도록 한다(안 제34조 및 제37조). 법원은 직권 또는 대표당사자의 신청에 의하여 분배관리인을 선임하도록 하고, 분배관리인은 법원의 감독하에 권리실행으로 취득한 금전 등의 분배업무를 수행하도록 한다(안 제40조 제1항 및 제2항).

우리나라 증권관련 집단소송법에 근거하여 제정한 공정거래 관련 집단소송법(안)에 대한 구체적인 검토는 다음과 같다.

〈공정거래관련 집단소송법 제정안 조문대비표〉

현행	제 정 안
증권관련집단소송법 제1조(목적) 이 법은 증권의 거래과정에서 발생한 집단적인 피해를 효율적으로 구제하고 이를 통하여 기업의 경영투명성을 높이기 위하여 증권관련집단소송에 관하여 「민사소송법」에 대한 특례를 정하는 것을 목적으로 한다.	공정거래관련집단소송법(안) 제1조(목적) ……사업자 등의 사업활동 과정……공정한 시장경제질서를 확립하고 소비자를 보호하기 위하여 공정거래관련집단소송에 관하여 「민사소송법」의 …….

현행 증권관련집단소송법을 모델로 하여 공정거래 관련 집단소송법(안)이 나와 있는데, 공정거래 관련 집단소송법(안) 제1조에서 목적을 '… 공정한 시장경제 질서를 확립하고 소비자를 보호하기 위하여…'라고 규정하였다.

현행	제 정 안
제3조(적용 범위) 생 략 [전문개정 2010.3.31.]	제3조(적용 범위) 공정거래관련집단소송의 소(訴)는 다음 각 호의 손해배상청구에 한정하여 제기할 수 있다. 1. 「독점규제 및 공정거래에 관한 법률」제19조, 제26조제1항제1호 및 제4호(재판매가격유지행위에 한정한다) 또는 제29조를 위반하여 발생한 피해에 대한 같은 법 제56조에 따른 손해배상청구 2. 「제조물 책임법」제3조에 따른 손해배상청구 3. 「표시·광고의 공정화에 관한 법률」제3조제1항의 행위 또는 그 밖의 다른 법령으로 금지하는 표시·광고 행위로 인하여 발생한 피해에 대한 손해배상청구

제정안 제3조는 공정거래관련 집단소송의 대상을 사업자의 "재판매가격유지행위"[22]에 따른 피해에 대한 손해배상청구로 한정하고 있고, 제조물책임법 제3조에 따른 손해배상청구 및 표시·광고의 공정화에 관한 법률 제3조 제1항의 행위 또는 그 밖의 다른 법령으로 금지하는 표시·광고 행위로 인하여 발생한 피해에 대한 손해배상청구를 공정거래관련 집단소송의 대상으로 한정하고 있다. 이는 집단소송제도의 단점에 대한 우려가 많은 관계로 일단 다수의 소액 피해자가 발생할 가능성이 큰 반면에 소송비용의 부담이 많은 재판매가격유지행위에만 집단소송을 도입하려는 것으로 보인다. 제정안은 '사업자'에 의한 재판매가격유지행위만을 집단소송 대상으로 하고 있는데(안 제3조 제1호), 실효성 확보차원에서 '사업자단체'가 사업자로 하여금 재판매가격유지행위를 하게 하거나 이를 방조하는 행위로 인한 피해에 대하여도 집단소송을 인정하는 것이 적절하며, 그것이 형평성에 합치되는 것으로 판단된다.

22) 재판매가격유지행위란 상품을 생산 또는 판매하는 사업자가 그 상품을 재판매하는 사업자에게 거래단계별 가격을 정하여 그 가격대로 판매할 것을 강제하는 행위를 의미한다.

현행	제 정 안
제4조(관할) 증권관련집단소송은 피고의 보통재판적(普通裁判籍) 소재지를 관할하는 지방법원 본원 합의부의 전속관할로 한다.	제4조(관할) 공정거래관련집단소송은 피고의 보통재판적(普通裁判籍) 소재지를 관할하는 지방법원 본원 합의부의 전속관할로 한다.

현행법과 제정안은 모두 전속관할을 피고의 보통재판적 소재지를 관할하는 지방법원 본원 합의부로 규정하여, 피고가 복수(複數)인 경우에는 각 피고의 보통재판적 소재지 관할 지방법원에 별도로 집단소송을 제기하여야 하는 문제가 발생할 수 있다.

현행	제 정 안
제5조(소송대리인의 선임) ① 증권관련집단소송의 원고와 피고는 변호사를 소송대리인으로 선임(選任)하여야 한다. ② 증권관련집단소송의 대상이 된 증권을 소유하거나, 그 증권과 관련된 직접적인 금전적 이해관계가 있는 등의 사유로 이 법에 따른 소송절차에서 소송대리인의 업무를 수행하기가 부적절하다고 판단될 정도로 총원과 이해관계가 충돌되는 자는 증권관련집단소송의 원고측 소송대리인이 될 수 없다.	제5조(소송대리인의 선임) ① 공정거래관련집단소송의 원고와 피고는 변호사를 소송대리인으로 선임(選任)하여야 한다. ② 공정거래관련집단소송의 대상이 된 상품 또는 용역과 관련된 직접적인 금전적 이해관계가 있는 등의 사유로 이 법에 따른 소송절차에서 소송대리인의 업무를 수행하기에 부적절하다고 판단될 정도로 총원과 이해관계가 충돌되는 자는 공정거래관련집단소송의 원고 측 소송대리인이 될 수 없다.

제정안 제5조는 공정거래관련 법률위반행위에 따른 피해에 더한 손해배상청구를 집단소송에 규정하여 "변호사가 공정거래관련 위반행위와 관련된 직접적인 금전적 이해관계가 있는 경우"를 소송대리인 선임 배제 사유로 규정하고 있다. 공정거래관련 집단소송법(안)에 있어서 공정거래관련집단소송의 대상이 된 상품 또는 용역과 관련된 직접적인 금전적 이해관계가 있는 "등"의 사유로 소송대리인 선임 배제사유의 범위를 넓게 둠으로써 총원의 이익에 반하는 소송수행을 방지[23]하는 등 그 취지가 적정하다고 본다. 현재 「민사소송법」에서는 변호사 강제주의를 채택하고 있지 않는 반면에 「민사소송법」의 특별법에 해당하는 제정안 제5조에서는 변호사 강제주의를 채택하고 있다. 집단소송이 수많은 사람들의 이해관계에 관한

23) 「증권관련 집단소송법」 제11조(대표당사자 및 소송대리인의 요건) 제2항 증권관련집단소송의 원고측 소송대리인은 총원의 이익을 공정하고 적절하게 대리할 수 있는 자이어야 한다.

소송이라는 점을 감안할 때, 예외적으로 변호사 강제주의를 채택하는 것은 적절한 것으로 판단된다. 공정거래관련 집단소송법(안) 제5조 제2항에서 "소송대리인의 업무를 수행하기 부적절하다고 판단될 정도로 총원과 이해관계가 충돌되는 자는 원고측 소송대리인이 될 수 없도록" 대리인의 범위를 한정하였고, 제정안 제11조 제3항에서는 집단소송의 단점으로 지적되는 남소를 방지하기 위한 대책의 일환으로 "최근 1년간 3건 이상의 공정거래관련집단소송에 대표당사자 또는 대표당사자의 소송대리인으로 관여하였던 자는 공정거래관련집단소송의 대표당사자 또는 원고측 소송대리인이 될 수 없도록" 규정하고 있다. 따라서 이러한 대리인 자격 제한 조항들을 추가하는 방안을 검토할 필요가 있다.

현행 증권관련 집단소송법 제19조에서 규정하고 있는 소송허가 결정의 통보만이 공정거래관련 집단소송법(안)에서 삭제되었을 뿐, 증권관련 집단소송법 제7조 이하의 규정은 공정거래관련 집단소송법(안)과 동일하게 제정되었다.

한편, 집단소송 관련 계류된 법(안)에는 현행법인 증권관련집단소송, 소비자단체소송, 개인정보단체소송, 공정거래관련 집단소송법안(전해철 의원), 소비자의 권익보호를 위한 집단소송법안(박주민 의원), 소비자집단소송법안(이학영 의원) 등 집단적 피해 구제를 위한 법(안)들이 계속 검토되고 있다. 그러나 공정거래 관련 집단피해의 경우 소비자뿐만 아니라 사업자(영업자) 간의 집단적 피해를 모두 포괄하는 법(안)을 제정해야 한다는 점, 공정거래관련 집단소송법(안)으로는 전해철 의원 등 법(안)이 현재까지는 공정거래 관련 집단피해 사항들을 해결하기 위한 방안으로 제시되었다는 점, 박주민 의원의 소비자의 권익보호를 위한 집단소송법(안)이나 이학영 의원의 소비자집단소송법(안)은 대상, 기판력, 소송단계에 있어서 우리나라 공정거래 관련 집단적 피해 구제를 위해 적합한 제도는 아니라는 점에 근거하여 우리나라 공정거래 관련 집단소송법(안) 검토에 있어서는 그 범위를 전해철 의원이 제기한 집단소송법(안)을 기준으로 정해야 한다. 물론 이학영 의원의 소비자집단소송법(안)의 프랑스, 일본 2단계 구제가 단체소송의 발전형태로 도입할 수 있는 제도로 유력해 보일 수 있으나 소비자 피해에 관한 단체소송에 중점을 두고 제정되었다는 점, 집단소송법(안)의 대상에 있어서 독점규제 및 공정거래 위반 일반사항, 불공정 약관조항, 부당한 표시・광고행위, 전자상거래・할부거래・방문판매로 인한 피해 등으로 한정하여 실질적으로 공정거래 관련 집단피해구제 방안 대상에는 직접적으로 해당되지 않는다는 점에 근거하여 공정거래 관련 집단피해구제방안제도로 활용하기 위해서는 법(안)에 대한 재검토가 필요하다. 또한, 전해철 의원의 공정거래 관련 집단소송법(안)은 미국의 대표당사자소송(class action)을 근거로 하여 제정된 법(안)이고, 이는 공정거래 관련 피해에 있어서 증권관련 피해에서 파생되는 경우[24]들을 해결하기 위한 방안으로 제정된 법(안)인 만큼 손해배상을 직접적으로 집행한다는 점에서 개별구제방안으로서는 매우 효율적이나 그 효과가 상대방인 기업에 대하여 위협적이고 국가 경제의 근간을 흔들 수 있으며, 손해배상범위를 예측하기 어렵다는 점 등에 비추어 볼 때 징검다리 역할로써의 의미를 가진 독일의 표본확인소송제도를 우리나라 공정거래법상 도입하는 것은 바람직하다.

(3) 공정거래법상 국내외 집단적 피해구제방안의 필요성

소액·다수의 집단적 피해와 관련하여 현재 우리나라 소비자기본법상 소비자단체소송은 직접적인 금전적 손해배상규정이 없어서 실효성이 없다. 소비자단체소송에 대한 절차와 제도가 있음에도 불구하고 손해배상규정이 없다는 것은 소비자의 권리구제에 있어서 미흡함을 의미한다. 독일의 경우 부정경쟁방지법상 이익환수청구제도를 통하여 국고보조를 하고 있고, 미국의 경우 징벌적 손해배상을 통해 소비자권리를 보호하고 있다는 점에서 우리나라 소비자기본법상 소비자단체소송에서 손해배상규정이 없다는 점은 심도 있게 검토해 보아야 한다. 물론 민법상 부당이득 반환을 통한 손해배상청구가 가능할 것으로 보이기는 하지만, 손해배상규정은 명시되지 않았다. 절차는 있되 이에 대한 구제가 없다면 '권리 있는 곳에 구제 있다(ubi jus ibi remedium)' 는 일반적인 대원칙에 반하는 것이 되고, 소액·다수 피해자인 소비자들의 소제기에 대하여 무시하는 처사라 할 수 있으므로 명시적인 구제책은 반드시 필요하다.

2017년 3월 우리나라 제조물책임법상 징벌적 손해배상을 도입하였고(2018년 4월 19일 시행), 개정 제조물책임법 제3조 제2항에 따르면 징벌적 손해배상은 동조

---

24) 공정거래 관련 집단소송법(안)은 기존의 증권관련집단소송에 공정거래의 행위 중 부당한 공동행위(담합), 재판매가격유지행위를 추가하려는 것으로 이미 시행 중인 증권관련집단소송법 제도에서 적용범위를 넓히는 것에 불과하므로 제도의 전체적인 틀을 바꾸려는 것은 아니다. 다만, 증권관련집단소송법이 원활하게 이용되지 않고 있는 현실을 감안하면 공정거래 행위에 대한 일부분을 한정하는 것이 실효성이 있을지 우려된다. 집단소송법은 기본적으로 절차법인데 공정거래분야 등으로 적용범위를 넓혀가는 것이 절차법의 기본원리에 맞는지도 의문이다. 왜냐하면 소송에 관한 절차규정을 특별분야별 또는 실체법 분야에 따라 나누어 적용하는 것이 소송법 고유의 특성을 제대로 반영하지 못한 체 실체법의 구별기준에 따르는 것이기 때문이다.

의 법률요건이 성립하면 징벌적 손해배상이 인정되게 되었다. 즉 원고가 자신에게 발생한 손해 등을 증명하면 피고, 즉 제조업자는 징벌적 배상책임을 부담하게 된다. 제조물책임법상 징벌적 손해배상은 악의적인 제조업자를 처벌하기 위해서 만들어진 법률이라 볼 수 있으므로, 그 범위를 정하여야 한다. 공정거래관련 집단소송법(안) 제33조 제1항에 따르면, 손해배상액의 산정에 관하여 「독점규제 및 공정거래에 관한 법률」, 「제조물 책임법」, 「표시·광고의 공정화에 관한 법률」등 규정에 따른다고 명시되어 있다.

한편, 우리나라에서 집단적 '불공정한 거래행위'가 발생하면 이로 인하여 피해를 입은 계약당사자는 법적으로 구제를 받을 수 있는 방법이 매우 미약하다. 예를 들면, 폭스바겐 자동차 제조사가 배출가스의 연비를 조작한 '폭스바겐 디젤게이트(디젤스캔들)' 사건에서 미국의 소비자는 1인당 5,100달러에서 1만 달러의 손해배상을 받았으나[25] 우리나라 소비자는 1대당 100만원 안팎의 위자료를 받은 것을 비교해 보면,[26] 공정거래관련 집단적 피해에 대한 손해배상 체계가 얼마나 미약한지 쉽게 알 수 있다.

Ⅲ. 독일의 표본확인소송제도

1. 단체소송제도의 의의 및 연혁

(1) 단체소송의 의의

독일의 단체소송(Verbandsklage)은 집단적 분쟁해결과 같은 특정한 경우에 특정 단체들에게 제소권을 부여하여 제소권을 부여받은 단체가[27] 당사자 적격을 부여

---

25) In Final Court Summary, FTC Reports Volkswagen Repaid More than $9.5 Bilion To Car Buyers Who Were Deceived by "Clean Diesel" Ad Campaign July 27, 2020 http://www.ftc.gov/news-events/press-releases/2020/07/final-court-summary-ftc-reports-volkswagen-repaid-more-than-9-bilion

26) 폭스바겐 디젤스캔들 사건에 있어서도 독일, 미국의 경우 화해로 사건이 종결되었는데, 우리나라의 경우 폭스바겐 배기가스 조작사건과 관련하여 피해를 입은 당사자들은 배기가스 프로그램 업데이트 상황이 외국과는 다르다는 이유 등으로 불법조작 차량을 구매한 소비자들은 개별적인 대응을 할 수 밖에 없었다. 다만, 대법원 2015가합579867 부당이득반환청구소송 판결에서 재판부는 표시·광고의 공정화에 관한 법 위반으로 인한 차량 제조사들과 국내 수입사인 아우디폭스바겐코리아의 책임을 일부 인정하여, "차량 1대당 100원씩 지급하라"며 원고일부승소판결을 하였다.

27) 단체소송이란 소송수행권을 부여받은 단체가 당사자 자격을 부여받아 그들 전체를 위하여 소송을 담당하는 경우를 말한다; Reinhard Urbanczyk, "Zur Verbandsklage im Zivilprozess", Carl Heymanns Verlag KG, 1981, S.3.

받아 단체의 이름으로 그 침해행위의 금지를 청구하는 소송을 말한다. 독일의 단체소송에는 부정경쟁방지법(Gesetz gegen den unlauteren Wettbewerb; UWG), 보통거래약관규제법(Gesetz zur Regelung der Allgemeinen Geschaftsbedigungen; AGBG)의 단체소송과 환경보호 등에 관한 단체소송이 있다. 독일의 단체소송은 사법적인 영역에서는 부정경쟁방지법과 보통거래약관규제법에서 규제하고 있고, 그 외의 영역에서는 각 주마다 개별적인 법률을 통하여 인정하고 있다.[28]

(2) 단체소송의 연혁

독일은 집단적 피해의 경우 공적 구제를 통하여 단체소송을 발전시켜 왔다. 독일의 단체소송은 금지·중지명령의 부작위소송인 점에서 손해배상소송인 증권관련집단소송과는 다르다. 독일은 1986년 부정경쟁극복법 제1조 제1항, 1909년 부정경쟁방지법 제13조 제1항, 제2항, 2004년 부정경쟁방지법 제10조를 거쳐 소비자단체소송을 인정하였다. 또한, 독일 보통거래약관규제법(AGBG)상 소비자단체소송을 인정하여 왔는데, 1976년 보통거래약관법상 단체소송을 거쳐, 2001년 절차법은 부작위소송법(Unterlassungklage; UklaG)으로, 2002년 실체법은 독일채권법 개정을 통하여 발전하여 왔다. 독일은 2004년 부정경쟁방지법 제10조 규정의 이익환수청구(Gewinnabschöpfungsanspruch)로 인하여 손해배상을 간접적으로 인정[29]하였고, 2018년 독일의 표본확인소송(Musterfeststellungsklage; MFK)에서 손해배상을 직접적으로 인정하고 있다.

한편, 독일에서는 2005년 약 1만 6천여 명의 소액 투자자들이 도이체텔레콤

28) 이명민, "소비자단체소송에 관한 연구", 고려대학교 박사학위논문, 2015, 88면.

29) 독일법상의 이익환수청구권은 독일 부정경쟁방지법 제8조 제3항 제2호부터 제4호까지 규정된 권리자들로부터 청구될 수 있고, 독일 부정경쟁방지법 제3조 내지 제7조를 고의적으로 위반하여 위반행위를 통해 수요자 집단의 부담으로 이득을 얻은 자에게 위반자가 얻은 이익을 연방정부로 반환하도록 청구할 수 있다(독일 부정경쟁방지법 제10조 제1항). 이익환수청구권은 부정경쟁행위에 대한 별도의 입법(Sui generis)을 통해 만들어진 구제수단이다. 구성요건에 있어서 민법상의 손해배상청구권과 유사하나 법적 효과 측면에서 있어서는 차이를 보이고 부당이득을 반환한다는 측면에서 부당이득반환청구권과 유사하지만 위법한 행위에 기초한다는 것이 차별되는 점이다. 특이한 점은 청구권자가 소송을 시작하여 승소한 경우 위반자가 얻은 이익 중 소송비용을 제외한 나머지 이익을 연방정부에 반환시키는 것이다. 위반자가 부당하게 얻은 이익은 청구권자에게 반환되지 않고 국가에 반환됨으로써 청구권자가 이익을 얻기 위해 소송을 남용하는 것이 방지된다. 부정경쟁행위자로부터 이익환수청구로 인해 반환되는 이익이 청구권자에게 돌아가지 않고 연방정부로 귀속됨으로써 손해배상액이 청구권자들에게 분배되는 소비자들의 집단소송(class action)과는 구별되고 청구권의 주체가 사적주체라는 점에서 국가기관이 부과하는 과징금과도 구별된다; 박윤석, "실질적인 부정경쟁행위와 구제수단에 관한 고찰－법규위반을 통한 부정경쟁행위를 중심으로－", 고려대학교 박사학위논문, 2014, 199면.

을 상대로 소를 제기하였다. 이 사건을 계기로 독일에서는 자본투자자표본절차법(Kapitalanlegermustverfahrensgesetz; KapMuG)이 2005년 8월 도입되었고, 2005년 11월 1일부터 발표되었다. 이 법은 5년간만 유효한 한시법으로 제정되었지만 2차례 연장기간을 거쳐 2020년까지 효력이 유지되게 되었다. 자본투자자표본절차법(KapMuG)은 우선 허위의 시장정보 등을 통하여 손해를 입은 투자자들이 일단 개별적으로 손해배상청구의 소를 제기하여야 하는데, 투자자들이라는 범위의 한정과 개별소송 진행 중이어야 한다는 점에 있어서 소송을 진행하지 않은 개인 투자자들은 소송에 참가할 수 없다는 불편함과 한계를 가지고 있었다. 자본투자자표본절차법은 집단분쟁에 있어서 단체에 소권을 부여할 때 투자자라는 한정된 범위의 개별적인 소제기권자에서 "소비자"라는 좀 더 넓은 범위의 제소권자에 대한 정의가 필요하다. 또한, 제소권을 가진 단체가 소비자들을 위하여 소송을 진행하여 법원에 판결을 받은 후 손해배상을 구제받기 위한 제도가 필요하다. 소비자라는 보다 넓은 의미의 제소권자, 개별소송이 진행되지 않아도 옵트인(opt in)을 통한 소제기 참여, 손해배상에 관한 문제 등의 해결을 위한 새로운 제도가 요구되었다.

이에 대한 부응의 일환으로 다수의 공통 피해자에 대하여 집합적으로 구제하기 위한 일괄적분쟁처리절차로서 독일의 표본확인소송(MFK)은 2018년 7월 민사소송법상 표본확인소송의 도입을 위한 법률에 따른 법문이 2018년 11월 1일 발효되었다. 표본확인소송은 독일에서 2015년 폭스바겐 배기가스 조작(디젤스캔들)에 따른 대규모 피해가 발생한 것이 계기가 되어 기존의 단체소송의 취지와 표본절차를 결합하여 개별적인 손해배상을 보다 효과적으로 하기 위하여 만들어졌다. 표본확인소송은 독일 민사소송법 제606조에 규정되어 있는 자격을 갖춘 단체가 표본소송을 통해 소비자와 기업 간의 권리 또는 법률관계의 존부에 대한 사실상 및 법률상의 요건의 존재 또는 부존재(확인의 대상)의 확인을 청구하는 것이다. 표본확인소송은 이러한 표본적인 확인판결을 받은 후, 이에 대하여 확정판결을 받으면 이것을 표본으로 하여 법원의 승인 하에 재판상 화해를 통하여 분쟁을 해결하거나 이에 불복하면 개별적인 손해배상청구소송을 하여 권리구제를 받을 수 있는 소송이다.

이후 2020년 12월 4일 단체소송지침이 유럽연합(EU)에 공포되었고, 2022년 12월 25일까지 유럽국가들은 단체소송지침을 국내법으로 전환해야만 했으며,[30] 유

30) Artur Schuschnigg, "Die Verbandsklagen-Richtlinie umsetzungsbereite und ihre Grenzen", EuZW,

럽연합(EU) 지역의 단체소송의 국내법 전환은 늦어도 2023년 6월 25일부터 모든 유럽국가들이 효력을 발하여야 한다. 표본확인소송과 더불어 새로운 형태의 유럽연합지침(EU Directive 2020/1828)에서 구제소송(Abhilfeklage)이 등장하게 되었는데, 구제소송은 소비자와 소기업에 실현하고, 확인판결 없이 손해배상을 관철시킬 수 있는 제도이다. 2020년 구제소송의 경우 2023년 6월 25일부터 각국 내에서 국내법화를 해야만 하고, 구체적으로는 재량에 따라 시행될 것으로 보인다.

2. 표본확인소송절차

(1) 표본확인소송의 개념

표본확인소송(Musterfeststellungsklage; MFK)[31]은 독일 민사소송법 제606조에 규정되어 있는 자격을 갖춘 단체가 표본소송을 통해 소비자와 기업 간의 권리 또는 법률관계의 존부에 대한 사실상 및 법률상의 요건의 존재 또는 부존재(확인의 대상)의 확인을 청구[32]하는 것이다. 표본확인소송은 이러한 표본적인 확인판결을 받은 후, 이에 대하여 확정판결을 받으면, 이것을 표본으로 하여 법원의 승인 하에 재판상 화해를 통하여 분쟁을 해결하거나 이에 불복하면(opt out) 개별적인 손해배상청구소송을 하여 권리구제를 받을 수 있는 소송이다.

우리나라 공정거래법상 집행절차와 관련하여 공적 구제의 측면이 매우 강하다. 독일의 표본확인소송제도의 경우 공적구제인 단체소송의 원리를 활용하여 개별적인 손해배상청구소송을 진행하였다. 독일의 경우 공적 집행뿐만 아니라 사적 집행이 활성화 되어 있는 추세이다. 앞으로 공적 집행뿐만 아니라 사적 지배 수단에

2022, S.1043.

31) Muster는 시범, 모범, 표본 등으로 해석할 수 있다. 표본확인소송(MFK)은 표본 및 모범이 되는 확인판결(1심 고등법원)을 기준으로 소비자들이 개별적인 소송을 진행한다. 시범으로 본다면, 자본투자자시범절차법(Kapitalanlegermusterverfahrensgesetz; KapMuG)에서의 시험 및 시범의 의미로 혼용되어서 사용할 여지가 있어 보이므로, 본 논문에서는 Muster를 표본으로 정하고, 표본확인소송으로 표기한다. 참고로, 미국의 대표당사자소송(class action)을 참고하여 만든 자본투자자시범절차법은 동일한 유형의 피해를 입은 자본투자자들이 청구권을 하나의 시범절차에서 묶어 행사하게 하고, 원소송절차로부터의 공통된 법률문제를 부각시켜 관할 고등법원을 통해 통일적인 분쟁해결을 시도함으로써 소비자보호의 개선과 법원의 부담을 경감시키는 것을 목적으로 하는 것이다. 자본투자자시범절차법에서 "시범"의 의미는 피해를 입은 개별 투자자들 개인들이 각각 청구권을 하나의 시범절차에서 묶어 소송을 진행하는 것이라는 점, 반면 표본확인소송에서의 "표본"은 제소권을 가진 자격 있는 단체가 소권을 부여받아 피해청구권에 대한 확인을 받고, 이 확인판결이 표본이 되어 소비자 각 개인들의 개별소송에 영향을 미친다는 점에서 "표본"이라는 표현을 사용하였다; 이명민, "독일의 표본확인소송에 관한 연구", 경희법학 제56권 제1호, 경희대학교 법학연구소, 2021, 382면.

32) 정영환 · 이명민, "독일 표본확인소송절차", 법학연구 제31권 제2호, 충북대학교 법학연구소, 2020, 368면.

대한 활용도가 점차 높아질 것이다. 공적구제인 단체소송의 원리를 활용한 독일의 표본확인소송제도는 공적 집행이 우선인 우리나라 공정거래법상 집단적 분쟁을 해결하기 위한 도구로서 활용 가치가 높고 이질적인 제도가 아닌 상호보완적인 제도이다. 독일의 경우 경쟁제한금지법 및 부정경쟁방지법을 통하여 공적·사적 구제를 통하여 공정거래관련 문제들을 해결하고 있고, 특히 부정경쟁방지법을 통한 사적 구제가 대부분 이루어지고 있으며, 사적 구제를 통한 문제해결이 활발하게 이루어지고 있는 추세이다. 독일의 현재 유럽국가 중 경쟁법(경쟁제한금지법 및 부정경쟁방지법)이 가장 활발한 나라라고 할 수 있다. 우리나라의 경우 공적 구제 측면이 무척 강한 나라이기는 하지만, 집단분쟁이 빈번해 지고 있는 현실에서 국가의 정치, 경제, 사회 문제가 사법적 해결에 의존할 수밖에 없는 새로운 패러다임에 발맞추어 분쟁해결을 위한 구제책이 필요하다.

(2) 표본확인소송의 의의

표본확인소송은 집단적인 분쟁이 발생한 경우에 단체소송의 공인된 단체가 최소한의 관련자를 모아 청구권의 존부 확인 등에 관한 소송을 이끌어 나가고, 소비자들에게 소제기등록부의 등록을 신고하게 하여 그 판결 확정 후에 신고한 소비자와 사업자 사이의 후행소송에 구속력을 인정하게 하여, 소비자의 개별적인 구제를 신속하고 효율적으로 하기 위한 제도이다. 표본확인소송절차는 공인된 단체가 최소 10건 이상의 소비자 관련 분쟁을 모아 표본확인소송의 소장을 해당 고등법원에 제출하고, 이것을 소제기등록부에 공고하면, 2달 이내에 최소 50명 이상의 위 소제기등록부에 유효하게 등록하기 위하여 신고하여야 해당 표본확인소송이 적합하게 되어 진행된다. 표본확인소송은 피해자인 소비자들이 개별적인 소송을 제기하기 전후에 그 피해자인 소비자들이 속하여 있는 단체가 원고로 직접 나서서 소비자들 모두에게 공통되는 소비자와 기업 사이의 권리 또는 법률관계의 존부를 위하여 사실상 및 법률상의 요건의 존부 확인에 관하여 통상적인 소제가 법원이 아닌 관할 고등법원을 제1심으로 소를 제기하고, 이에 기하여 판결 또는 화해 등이 이루어져 집단적 분쟁을 해소하려는 개별적 권리의 구제절차이다. 표본확인소송절차가 화해 등으로 마무리되지 아니하는 경우 고등법원의 표본확인판결이 상고기각, 항소부제기로 확정된 경우 개별소비자들은 자신의 지방법원의 제1심 손해배상절차에서 확정된 표본확인판결의 개별소송에 대한 기속력에 따라 자신의 손해배상액을 증명하면 개별적인 권리구제를 받을 수 있게 된다. 표본확인소송은 집단적인 분쟁이 발생한 경우 단체소송의 공인된 단체가 최소한의 관련자를 모아 청구권의 존부 확인 등에 관한 소송을 이끌어 나가고, 소비자들에게 소제기등록부의 등록을 신고하게 하여 그 판결 확정 후에 신고한 소비자와 사업자 사이의 후행소송에 구속력을 인정하게 하여, 소비자의 개별적인 구제를 신속하고 효율적으로 하기 위한 제도이다. 공적구제인 단체소송의 원리를 개별 구제가 필요한 손해배상소송에 도입한 것으로 평가할 수 있다. 개인적 권리구제가 필요한 집단분쟁에 있어서 피해자인 많은 소비자들이 모두 나서서 소를 제기하면 개별적 구제절차인 민사소송절차가 아닌 엄청난 체증상황에 빠질 것이 예상되기 때문에 이러한 경우 그 집단분쟁에 전문성이 있는 관련 단체가 나서서 소비자와 기업 사이의 집단적 분쟁의 발생원인과 그 법적 책임 유무만을 가려주는 역할을 법에서 부여하였다. 이는, 소송천국인 현실에서 신속하고, 경제적인 집단분쟁을 해결할 수 있는 방안이 될 수 있고, 입법의 공백으로 규제 없는 지금의 한국형집단소송을 해결할 수 있는 방안이 될 수 있다.

(3) 표본확인소송절차

2018년도 7월 12일자 민사소송법상 표본확인소송의 도입을 위한 법률에 따른 법문이 2018년 11월 1일 발효되었다. 이하에서는 독일 민사소송법 제606조 내지 제614조 표본확인소송 규정을 살펴보고자 한다.

독일 민사소송법 제606조 표본확인소송 규정에 따르면, 표본확인소송은 동일한 업무 분야에서 활동하는 적어도 10개의 기관으로 구성된 단체의 구성원이거나 적어도 350명 이상의 자연인으로 구성된 회원을 보유한 단체, 부작위소송법(UklaG) 제4조[33]에 따른 자격을 갖춘 단체의 목록에 적어도 3년 이상 등록되어 있거나 유

---

33) 부작위소송법(UklaG) 제4조(자격을 갖춘 기관들) 제1항 연방사법청은 자격을 갖춘 기관들의 목록을 작성한다. 이 목록은 매년 1.1. 상황으로 연방관보에 고시되며, 2009/22/EG 지침 제4조 제2항에 관련하여 유럽공동체 위원회에 송부된다.
제2항 목록에는 신청에 의해,
1. 최소한 3개 기관인 단체, 동일한 과제영역을 가지거나 또는 최소한 75명의 자연인을 구성원으로 갖고 있으며,
2. 최소한 1년 이상 존속하고
3. 기존의 활동에 근거하여 적정한 과제이행을 담보할 수 있는 권리능력 있는 단체를 등록한다.
제3항 소비자센터와 공적 자금으로 지원되는 다른 소비자단체들은 위 요건을 반정할 수 없이 추정된다. 목록에의 등록은 성명, 등록법원, 등록번호, 그리고 정관상 목적을 제시함으로써 이루어진다. 등록은 다음의 경우에 장래에 관해 효력이 소멸한다.

럽연합의 소비자 이익을 보호하기 위한 부작위소송에 관한 지침(Richtlinie 2009/22/EG) 제4조[34]에 따른 유럽위원회의 단체 목록에 등록된 단체, 정관에 따른 업무를 이행함에 있어 영리를 목적으로 하지 않는 정보제공 또는 자문활동을 통해 소비자 이익보호를 위한 활동을 하는 단체, 영리추구를 목적으로 표본확인소송을 제기하지 않으며, 기업의 기부금이 단체의 재원 중 5% 미만에 해당되는 단체가 표본확인소송을 할 수 있다. 소장에는 부작위소송법 제3조 제1항 제1호에서 규정하고 있는 단체에 해당된다는 사실, 적어도 10인 이상의 소비자에 대한 권리 또는 법률관계가 확인소송의 대상에 해당된다는 사실, (단체)소송등록부(Klageregister)상 공고를 위해 주장하는 생활사실관계에 대한 간략한 설명과 같은 기재사항 및 증거를 포함해야 한다. 표본확인소송은 부작위소송법 제3조 제1항 제1문 제1호[35]에서 규정하고 있는 단체가 제기한 것이고, 적어도 10인 이상의 소비자를 대상으로

---

1. 그 단체가 이를 신청하거나 또는
2. 등록요건이 없었거나 탈락한 때

제4항 등록이 제4문에 따라 취하 또는 철회되어야 한다는 것이 사실상 근거에 의해 고려되어야 하는 때에는 연방사법청은 최장 3개월 한에서 일정한 기간 동안 등록의 정지를 명하여야 한다. 이의와 취소의 소는 제5문의 경우에 정지적 효력을 갖지 않는다.

34) 유럽연합의 소비자 이익을 보호하기 위한 부작위소송에 관한 지침(Richtlinie 2009/22/EG)
제4조 (공동체 내에서 국경을 넘는 위반) 제1항 각 회원국들은, 위반의 근원이 그의 고권지역에 있는 경우에, 다른 회원국들의 자격을 갖춘 기관에 의해 보호되는 이익이 그 위반에 의해 침해되면 그 기관이 제3항에 규정된 색인을 제2조에 따른 관할법원 또는 제2조에 따른 행정청에 제출하는데 요구되는 조치를 취한다. 법원들 또는 행정청들은 이 색인을, 특별한 사안에서 자격을 갖춘 기관의 목적이 그의 소제기를 정당화 하는가의 여부에 관해 심사할 수 있는 권리를 해함이 없이, 자격을 갖춘 기관의 소제기에 대한 권한의 증명으로 인정한다.
제2항 공동체 내에서 국경을 넘는 위반에 관하여, 그리고 개별 국가들의 법규정이 다른 지위에 부여한 권리들을 해함이 없이, 회원국들은 그들의 자격을 갖춘 기관들의 신청에 의해 위원회에 이 기관들이 제2조에서 규정한 소를 제기할 권한이 있다는 것을 통지한다. 회원국들은 위원회에서 이 자격을 갖춘 기관들의 명칭과 목적을 통지한다.
제3항 위원회는 제2항에 표식된 자격을 갖춘 기관들의 색인을 작성하고 그곳에 그 기관들의 목적을 제시한다. 이 색인은 유럽공동체 관보에 공표된다.; 이 색인의 변경은 지체 없이 공표된다.; 최신의 목록은 매 6개월마다 공표된다.

35) 부작위소송법(UklaG) 제3조 (청구권한의 지위) 제1항 제1조와 제2조의 부작위와 철회의 청구권은 다음의 지위에 부여된다.
1. 자격을 갖춘 기관으로서, 제4조에 따른 자격기관의 목록 또는 소비자이익의 보호를 위한 부작위소송에 관한 2009.4.23. 유럽의회와 이사회 2009/22/EG 지침(ABl. L 110 vom 1.5.2009, S.30) 제4조에 따른 유럽공동체 위원회 색인에 그 당시 효력 있는 형태로 등록된 것을 입증하는 기관들,
2. 영업상 이익 또는 자주적인 직업상 이익을 촉진하기 위한 권리능력 있는 단체로서, 특히 그 인적, 물적, 재정적 설비가 영업상 또는 자주적인 직업상 이익 추구의 정관상 과제를 사실상 실현할 수 있는 한, 그리고 제2조에 따른 소에서는 동일하거나 또는 유사한 양태의 상품 또는 용역급부를 동일 시장에서 판매하는 상당수의 기업들이 그 단체에 속해 있고, 그 청구가 그들 구성원의 이익에 관련되고 경쟁을 사소하지 않게 왜곡하기에 적합한 행위에 해당하는 한에서 인정된다.
3. 상공회의소 또는 수공업회의소,
청구권은 제1문의 지위에만 양도될 수 있다.

하는 권리 또는 법률관계가 확인의 대상인 점이 소명된 것 및 표본확인소송의 공고를 한 2개월 동안 적어도 50인 이상의 소비자들이 그 권리 또는 법률관계를 소송등록부[36]상 등록을 위해 유효하게 신청하였을 경우에만 허용된다.[37]

독일 민사소송법 제607조 표본확인소송의 공고 규정에 따르면, 표본확인소송은 당사자의 표시, 표본확인소송의 관할 법원 및 사건번호의 표시, 확인의 대상, 사실관계에 대한 간략한 설명, 소송등록부에의 공고 일시, 표본확인의 대상과 관련하여 소송등록부에 등록을 위하여 신청하여야 하는 소비자의 권한, 권리 또는 법률관계, 신청의 형식, 그 기한과 효력 및 취하의 효력, 화해의 효력, 화해절차에서의 탈퇴를 위해 신청을 한 소비자의 권한, 탈퇴의 형식, 기한 및 그 효력, 표본확인소송의 판결이 확정된 후에 (참가)신청을 한 개별 소비자들의 요청에 따라 소송등록부에 기재된 각 당사자 개인 및 그 신청과 관련이 있는 기재사항들에 대한 서면형식의 사본을 전달해야 하는 연방사법청(Bundesamts für Justiz)[38]의 의무사항을 기재하여 소송등록부에 공고하여야 한다. 법원은 소장이 부작위소송법(UklaG) 제3조 제1항 제1문 제1호에서 규정하고 있는 단체[39]에 해당하는 때에는 14일 이내에 공고를 하도록 하여야 한다. 법원은 소송절차의 진행에 관하여 즉시 공고하여야 하고, 늦어도 각각의 기일 1주일 전에는 기일의 공고를 하여야 한다. 법원은 표본확인소송의 종료를 즉시 공고하여야 한다.[40]

독일 민사소송법 제608조 권리 및 법률관계의 신청 규정에 따르면, 소비자들은 최초의 변론기일 하루 전인(Bis zum Ablauf des Tages vor Beginn des ersten Termins) 도과하기 전까지 확인의 대상에 의해 결정되는 권리 또는 법률관계를 소송등록부에 등록하기 위해 신청할 수 있다. 신청은 기한 및 형식에 좇아 이루어지고, 소비자의 이름 및 주소, 표본확인소송의 관할법원 및 사건번호의 표시, 표본확인소송의 피고의 표시, 소비자의 권리 또는 법률관계의 대상 및 그 근거, 기재사항의 진실성 및 완전성에 대한 진술을 포함한 때에만 효력이 있다. 또한, 신청서

36) 소송등록부(Klageregister)는 표본확인소송의 등록기관으로 연방사법청(Bundesamts für Justiz)에 의해 운영된다.

37) 이명민, “독일의 표본확인소송에 관한 연구”, 전게논문, 2021, 388면.

38) 연방사법청(Das Bundesamts für Justiz; BfJ)이란 소비자부문 법무부 산하 연방상급관청이다.

39) 부작위소송법 제3조 제1항 제1문 제1호에서 규정하고 있는 자격을 갖춘 기관들이란 제4조에 따른 자격기관의 목록 또는 소비자이익의 보호를 위한 부작위소송에 관한 2009.4.23. 유럽의회와 이사회 2009/22/EG 지침(ABl. L 110 vom 1.5.2009, S.30) 제4조에 따른 유럽공동체 위원회 색인에 그 당시 효력 있는 형태로 등록된 것을 입증하는 기관들을 의미한다.

40) 이명민, “독일의 표본확인소송에 관한 연구”, 전게논문, 388면.

에는 청구액에 대한 내용을 포함하여야 한다. 신청서의 기재사항들은 내용에 대한 심사를 하지 않고 소송등록부에 기재된다. 신청은 제1심 법원의 구술변론이 개시되기 하루 전까지 철회할 수 있다. 신청 및 철회는 연방사업청에 서면으로 제출되어야 한다.[41)]

독일 민사소송법 제609조 소송등록부 규정에 따르면, 소송등록부는 연방사법청에 의해 운영되며 전자적인 방식으로 할 수 있다. 공고와 등록은 지체 없이 하여야 하고, 소송등록부에 표본확인소송과 관련하여 기재된 사항들은 절차가 확정적으로 종료된 후의 3차년도 말까지 보존하여야 한다. 공고는 소송등록부에서 누구나 무상으로 열람할 수 있다. 신청소비자들은 연방사법청에 대하여 자신들의 신청과 관련하여 소송등록부에 기록된 기재사항들에 대한 정보를 요구할 수 있다. 연방사법청은 표본확인소송이 확정적으로 종료된 후에 신청을 한 소비자들의 요구에 따라 소송등록부에 기재된 사항에 대한 서면형식의 사본을 교부하여야 한다. 연방사법청은 표본확인소송 관할법원의 요청에 좇아 해당 표본확인소송과 관련하여 표본확인소송의 공고를 한 2개월을 경과하기 전에 소송등록부에 기재를 위하여 등록을 신청한 자들에 대한 정보를 당해 법원에 송부하여야 한다. 법원은 형식에 구애받지 않고 해당 사본을 당사자들에게 전달하여야 한다. 연방사법청은 당사자들의 요구에 따라 최초의 변론기일이 도과하기 하루 전까지(Bis zum Ablauf des Tages vor Beginn des ersten Termins) 소송등록부에 기재하기위해 신청을 한 자들의 표본확인소송과 관련하여 소송등록부에 기재된 모든 기재사항에 대한 서면을 각 당사자들에게 전달하여야 한다. 연방 사법 및 소비자보호부(Bundesministerium des Justiz und für Verbraucherschutz; 이하 연방법무부)는 연방상원의 승인 없이 위임명령을 통해 소송등록부의 내용, 구조 및 운영, 소송등록부에 기재된 기재사항들의 제출, 등록, 변경 및 폐기, 소송등록부에 기재된 서면의 교부 및 정보보안과 자유로운 접근가능성 등에 관하여 구체적인 사항을 정한다.[42)]

독일 민사소송법 제610조 표본확인소송의 특수성 규정에 따르면, 표본확인소송이 진행되는 날부터는 그 분쟁의 대상이 생활관계 및 확인의 대상이 동일한 때에는 누구도 피고를 대상으로 하여 다른 표본확인소송을 제기할 수 없다. 당해 표본확인소송이 본안에서 판결 없이 종료된 때에는 그 분쟁의 대상이 생활관계 및 확

41) 상게논문, 388-389면.
42) 이명민, "독일의 표본확인소송에 관한 연구", 전게논문, 399면.

인의 대상이 동일한 때에는 피고를 대상으로 하여 표본확인소송을 제기할 수 있다. 동일한 날짜에 사실관계 및 확인의 대상이 동일한 수개의 표본확인소송이 법원에 제출한 때에는 법 제147조 소의 병합 규정[43]에 따른다. 신청을 한 소비자는 표본확인소송의 계속 중에는 피고를 상대방으로 하여 소송물이 동일한 사실관계 및 확인의 대상에 해당하는 다른 소송을 제기할 수 없다. 법원은 늦어도 구술변론을 위한 첫 번째 기일에는 청구취지가 소송목적에 부합하도록 하여야 한다. 표본확인소송에 대하여는 달리 정함이 없는 한 당해 소송의 제1심에 적용되는 규정을 준용한다. 표본확인소송은 구술변론에 의해 진행되며, 단독사건에는 적용되지 아니한다. 표본확인소송은 표본확인소송의 당사자들과 권리 또는 법률관계에 신청을 한 자 또는 피고에 대하여 권리가 있거나 피고에게 소송상의 청구를 당할 수 있다고 주장하거나 (피고와의) 법률관계에서 피고가 될 수 있다고 주장하는 자들과 소비자들 사이의 관계에 대하여는 제3자 소송참가(법 제66조 내지 제74조)도 해당되지 아니한다.[44]

독일 민사소송법 제611조 화해 규정에 따르면, 재판상 화해는 신청을 한 소비자에 대한 유・불리를 따지지 않고도 체결할 수 있다. 재판상 화해를 하는 때에는 신청을 한 소비자에 대하여 할당이 되는 급부, 등록 신청을 한 소비자가 제출하여야 하는 수급자격에 대한 증명, 급부의 기한 및 당사자 사이의 비용의 분담에 관한 사항을 포함하여야 한다. 재판상 화해는 법원의 승인을 요한다. 법원은 지금까지의 사실 및 쟁점 상황에 비추어 분쟁 또는 청구가 된 권리 또는 법률관계에 대한 불명확성을 적절하고 원만하게 해결하는 것으로 판단이 되는 때에는 해당 화해를 승인할 수 있다. 승인은 결정의 방법에 의한다. 법원은 승인을 하는 시점에 (참가) 신청을 한 소비자들에 대하여 화해의 효력, 화해에서 탈퇴할 수 있는 권리 및 준수하여야 하는 형식 및 기한에 대한 고지와 함께 화해(조서)를 송달하여야 한다. 각 소비자들은 승인이 된 화해 조서의 송달 이후 1개월 이내에 화해절차에서의 탈퇴 의사를 표명하여야 한다. 탈퇴는 서면으로 법원에 대하여 또는 변론조서로 법원 사무국에 대하여 하여야 한다. 탈퇴로 인하여 (참가) 신청의 효력은 영향을 받지 아니한다. 화해에 대한 탈퇴 의사를 표시한 소비자가 신청을 한 소비자의 30% 미만에 해

43) 독일 민사소송법 제147조(소송의 병합) 법원은 동시에 변론 또는 재판을 하기 위해서 소송의 목적인 청구가 서로 법률상 관련이 있거나 또는 하나의 소로서 주장되어질 수 있는 경우에는, 그 법원에 계속 중이 동일의 또는 당사자간의 수개의 소송의 병합을 명할 수 있다.

44) 이명민, "독일의 표본확인소송에 관한 연구", 전게논문, 389-390면.

당하는 때에는 법원의 승인을 얻은 화해는 법적 효력이 생긴다. 법원은 결정을 통해 승인된 화해의 내용과 그 효력을 확정한다. 법원의 결정은 소송등록부에 공고하여야 한다. 화해는 결정의 공고와 함께(소송참가) 신청을 하고 탈퇴의 의사표시를 하지 않은 소비자들에 대하여 유·불리를 따지지 않고 효력이 생긴다. 최초의 기일 이전에는 재판상의 화해를 체결하는 것은 허용되지 아니한다.[45]

독일 민사소송법 제612조 판결에 대한 공고 규정에 따르면, 표본확인소송에 대한 판결은 그 선고 후에 소송등록부에 공고하여야 한다. 표본확인판결에 대한 상소의 제기는 소송등록부에 공고하여야 한다. 표본확인소송판결의 기판력이 발생한 때에도 같다. 판결의 효력에 있어서, 독일의 경우 기판력 있는 표본확인판결은 법원의 판결이 당해 법원을 기속하고, 법원은 표본확인소송의 판결의 확정 또는 기타의 방법에 의한 분쟁의 해결 또는 신청의 철회시까지 해당절차를 중단하고 있다.[46]

독일 민사소송법 제613조 표본확인판결의 구속력 규정에 따르면, 기판력이 있는 표본확인판결은 법원의 판결이 확인의 대상 및 표본확인소송의 생활상의 사실관계에 관련된 것인 때에는 소송에 참가한 소비자 및 피고 사이의 법적 분쟁에 대한 판단을 위해 구성된 법원을 구속한다. 다만, 소송에 참가한 소비자가 신청을 유효하게 철회한 때에는 그러하지 아니하다. 소비자가 소송등록부에 표본확인소송에 관한 기재사항을 공고하기 전에 피고를 상대로 표본확인소송의 확인의 목적 및 생활상의 사실관계와 동일한 사실을 근거로 피고를 상대로 별도의 소를 제기하고 자신의 권리 또는 법률관계를 소송등록부에 등록신청을 한 때에는, 법원은 표본확인소송의 판결의 확정 또는 기타의 방법에 의한 분쟁의 해결 또는 신청의 철회시까지 해당 절차를 중단하여야 한다.[47]

독일의 표본확인소송은 확정된 표본확인판결 후에 이루어지는 소비자와 기업 사이의 판결절차에 기속력을 인정하고 있다(법 제613조 제1항). 이러한 점에 비추어 보면, 표본확인판결의 효력이 당사자가 다른 후소에 기속력을 인정함으로써 후소에서 전소 판결이 표본확인판결을 기판력의 선결관계에 준하여 처리된다고 볼 수 있다. 이것은 독일 민사소송법이 법 규정을 통하여 기판력의 확정을 인정하고 있다고 볼 수 있다. 기판력의 일정한 이해관계인에게 확장하는 것은 이해관계인의

45) 상게논문, 390-391면.
46) 이명민, "독일의 표본확인소송에 관한 연구", 전게논문, 391면.
47) 이명민, "독일의 표본확인소송에 관한 연구", 전게논문, 391면.

절차보장에 문제가 없다면 이를 인정할 수 있고, 우리나라에서도 「채무자회생 및 파산에 관한 법률」제176조 제1항, 제468조 제1항, 제607조 제1항(파산 · 개인회생채권확정판결의 채권자 전원에 대한 효력) 등과 민사집행법 제249조 제4항(추심판결의 채권자에 대한 효력), 증권관련집단소송법 제37조(증권관련 집단소송 판결에서 제외신고를 하지 아니한 구성원에 대한 효력) 등에서 찾아볼 수 있다. 독일 표본확인소송은 피해자들인 소비자들을 대표하여 전문성 있는 단체가 나서서 소비자들과 기업 사이의 권리 또는 법률관계와 관련되는 사실상 및 법률상의 사항에 대하여 존부 확인판결을 받게 하고, 그 판결에 의하여 확정된 사항에 대하여 후소인 소비자와 기업 사이의 판결에서 기속력을 갖게 하여 전소판결인 표본확인판결의 기판력이 후소에 미치게 되는 것이다.[48]

독일 민사소송법 제614조 상소 규정에 따르면, 표본확인판결에 대하여는 상고절차가 개시된다. 독일 민사소송법 제615조 내지 법 제687조는 삭제조항[49]이다.[50]

(4) 시사점

표본확인소송을 제기할 수 있는 원고를 피해자인 소비자가 아닌 일정한 요건을 갖춘 단체로 한 것은 다수의 소비자가 소송절차에 들어오게 되면 절차 진행이 상당히 어려워지게 되기 때문이다. 독일 표본확인소송에서는 이러한 점을 고려하면서 그 소비자들과 일정한 관련이 있고 전문성을 갖추어 소비자들 보다는 소송을 공정하고 효율적으로 진행하여 소비자들의 이익을 충분히 보호할 수 있는 단체에게 소를 제기할 수 있는 자격을 부여한 것이다. 이렇게 함으로써 재판의 원활한 진행이라는 공익과 소비자의 이익 등을 공정하게 대변할 수 있는 사익 사이에 균형을 유지하려고 한 것이다. 이러한 단체를 활용하여 소송을 수행할 필요성은 표본확인소송절차 도입 전 약 13년간의 표본절차의 운영에서 피해 당사자 중 표본당사자가 소송을 진행하는 것의 어려움과 비효율을 느꼈기 때문이다. 따라서 표본확인소송절차는 집단적 피해에 대한 개별적 권리구제에 있어서 공정하고 능력이 있는 원고로써 독일에서 공익소송으로 오랜 경험이 있는 단체소송상의 단체를 도입한 것으로 보아야 한다.[51]

---

48) 상게논문, 391-392면.
49) 법 제615조 내지 제687조 (삭제).
50) 이명민, "독일의 표본확인소송에 관한 연구", 전게논문, 392면.
51) 정영환 · 이명민, "독일 표본확인소송절차", 전게논문, 377면.

공정거래법상 집단적 피해를 구제하기 위한 제도적 방안은 마련되어야 하고, 단체에게 소권을 부여하여 집단적 소액·다수의 피해자들을 대표하여 단체가 소송을 제기하여야 한다는 표본확인소송제도는 의미하는 바가 크다. 우선, 가격 담합 등 집단적 피해발생 가능성이 있는 공정거래 영역에서 소비자뿐만 아니라 사업자(영업자)도 피해자 범위에 해당하므로 집단적 피해에 대한 방안을 제도적으로 마련해야 한다.

우리나라 공정거래법(독점규제 및 공정거래에 관한 법률)은 그 특성상 독일 부정경쟁금지법(GWB)과 일부 겹치는 영역(불공정거래행위 중 부당한 고객유인 등)이 존재하고, 독일의 경쟁제한금지법과 유사한 형태로 공익적인 특성이 강한 만큼, 이러한 공익제도의 특성을 잘 반영하여 운영할 수 있는 독일의 단체소송의 발전형태인 표본확인소송제도를 우리나라 공정거래법상 도입하는 것은 의미가 크다. 물론 우리나라 공정거래법이라 불리는 독점규제 및 공정거래에 관한 법률은 독일의 경쟁제한금지법과 그 구조가 완전히 동일하지는 않고, 독일의 경우 우리나라 독점법 영역에 대한 공정거래 관련하여서는 거의 경쟁제한금지법에서 다루고 있다는 점, 이 경우 공권력에 의해 행정부의 영향 하에 공익적으로 해결된다는 점과 경쟁제한금지법 이외의 공정거래 관련 사항들은 부정경쟁방지법(UWG)에서 사법적으로 대부분 다루고 있다는 점 등 우리나라 공정거래법 체계와 완전하게 일치하지는 않는다는 점을 전제해야 한다. 또한 이와 관련하여 프랑스 집단소송에 있어서 2단계 구제절차와 비교를 해볼 필요성이 있다. 프랑스의 2단계 구제절차[52]는 단체에게 위법확인을 구하는 신청단계에서 개인의 신고를 통해 위법확인 후 개별구제를 예정적으로 할 수 있게 설계를 하였다. 이는 독일의 제도와는 다소 다른 측면인데, 독일의 표본확인소송은 우선 '소비자와 기업 간의 권리 또는 법률관계의 존부에 대한 사실상 및 법률상의 요건의 존재 또는 부존재(확인소송의 목적)'의 목적에 대한 확인판결을 받고, 이후 개별적인 손해배상청구는 개인들에게 철저하게 맡겨두는 시스템이다. 이 점이 개별구제가 확인신청단계에서 예정적으로 들어가는 2단

52) Article L623-14 Créé par Ordonnance n°2016-301 du 14 mars 2016-art. 피해를 소비자의 신원과 인원수가 확정되고 이 소비자들이 동일한 금액의 피해를 입었을 경우, 제공된 금액의 합계가 같거나 동일기간 혹은 지속기간의 기준에 따른 금액의 합계가 같은 경우 판사는 책임에 관한 판결을 선고한 이후에 판사가 정한 기간과 방법에 따라 사업자에 대하여 직접적 개별적으로 소비자에게 배상할 것을 선고할 수 있다; Article L623-18 Créé n° 2016-301 du 14 mars 2016-art. 사업자는 법 제623-5조에서 정한 판결에 의하여 정해진 조건, 한도, 기간에서 각 소비자가 입은 손해를 개별적으로 배상하는 절차를 진행한다.

계 구제절차와는 다소 다르다. 우리나라 공정거래 관련 집단적 피해구제에 있어서 예정적으로 당연히 손해배상구제가 들어가는 2단계 구제절차보다는 1차적으로 확인소송의 목적에 대한 판결을 통해 원인에 대해 판단을 하고, 이후 개별구제에 대해서는 개인의 피해정도에 차별적 구제를 하는 것이 더 적합하다. 그러나 우리나라 공정거래법 체계에 있어서도 행정부의 영향을 강하게 받고 있는 만큼 과징금 및 3배손해배상제도 등 공익적인 요소를 배제할 수는 없지만 독일의 경우 공익적 측면뿐만이 아닌 사법적 측면을 통해 활발하게 부정경쟁방지법(UWG)을 통해 구제책을 마련하는 추세인 만큼 우리나라도 공익적 측면뿐만 아니라 사법적 제도를 통한 구제방안을 마련하는 것이 바람직하다. 이러한 의미에서 득일의 표본확인소송제도는 우리나라 공정거래법상 집단적 피해 해결 방안으로서 바람직하다.

3. 유럽연합지침 시행에 따른 독일의 정책 동향

(1) 유럽연합지침 – Directive (2020/1828)

2009년 금지명령지침(2009/22/EC)은 1998년 소비자 이익 보호를 위한 금지소송에 관한 EU 지침(금지명령지침 98/27/EG)을 개정하여 금지의 대상이 되는 행위를 확대하였으나, 2009년 금지소송 지침만으로는 소비자의 집단적 피해 구제가 충분히 이루어지지 않는다는 지적이 있었다. 새로운 지침 수립 전까지는 피해 배상 청구의 결합 주장에 대하여 유럽에 법적 조치 도구가 부재한 가운데, 국가 차원에서는 현저한 다양성을 보이며 일부 회원국(독일)은 여전히 그러한 법률을 갖추지 못하였다. 그러나 유럽에서는 전통적으로 남소의 위험성을 많이 강조하였다. 유럽연합지침(EU)은 금지소송만으로는 소비자보호가 불충분함을 인지하고 특히 세계화 및 디지털화된 시장에서 소비자보호를 위해 개별적인 구제수단을 통해 절차를 강화할 필요가 있다고 보고, 기존 2009년 금지소송 지침을 폐지하고 2020년 지침으로 대체하였다.[53)54)] 유럽연합지침(Richtlinie (EU) 2020/1828)은 집단소송의 남용을 방지하기 위해 징벌적 손해배상을 금지하고 적격단체의 지정 및 자금지원과 같은 절차적 규칙을 마련하였다. 이 지침은 회원국의 '보상, 수리, 교체, 가격인하, 계약종료 또는 지불한 가격의 변제' 등 보상조치에 대하여 대표소송을 제공하고, 소비

53) RICHTLINIE (EU) 2020/1828 DES EUROPÄISCHEN PARLAMENTS UND DES RATES vom 25. November 2020 über Verbandsklagen zum Schutz der Kollektivinteressen der Verbraucher und zur Aufhebung der Richtlinie 2009/22/EG

54) Peter Röthemeyer, "Die neue Verbandsklagen-Richtlinie", VuR, 2021, S. 43.

자가 별도의 소송을 제기하지 않고도 개별 보상 조치의 혜택을 받을 수 있도록 의무화하였다. 이러한 새로운 유럽의 대표 소송 메커니즘은 기존 국가 법률과 함께 한다. 이 지침은 2023년 6월 25일부터 유럽 각국 내에서 시행되어야만 하는데, 기존의 법제는 유지하되 기존 법제와 함께 강력하고 효율적으로 활용할 수 있다.[55)]

이 지침의 주요 내용을 살펴보면 다음과 같다. 본 지침은 모든 회원국에서 소비자들의 집단적 이익 보호를 위한 단체소송 메커니즘을 보장하고 남소를 방지하기 위한 적절한 보호수단을 강구하는 규칙을 정립한다. 이 지침은 높은 수준의 소비자 보호를 달성함으로써 집단소송에 관한 회원국의 법률, 규제, 행정규칙을 수렴함으로써 내부 시장이 적절한 기능을 할 수 있도록 기여하는 것을 목적으로 한다. 또한, 소비자들의 구제수단에 대한 접근성을 향상하는 것을 목적으로 한다(지침 제1조 제1항). 본 지침은 각 회원국이 회원국 차원에서 소비자들의 집단적 이익 보호를 위한 절차적 수단을 채택하고 유지하는 것을 금지하지 않는다. 그러나 회원국은 적격단체(qualifizierte Einrichtung; QE)가 금지조치와 구제조치를 목적으로 하는 단체소송을 제기하는 것을 허용하는 메커니즘을 최소한 하나 이상 두도록 해야 한다. 본 지침의 이행이 부속서 I(Anhang I)에 열거된 법적 조치의 범위에 포함되는 분야에서 소비자 보호 감소의 근거가 되어서는 안 된다(지침 제1조 제2항). 적격단체(QE)는 소비자의 집단적 이익 보호를 위해 유럽연합 또는 국내법상 가능한 절차적 수단을 자유롭게 선택할 수 있어야 한다(지침 제1조 제3항).

본 지침은 부속서 I에 언급된 유럽연합법 및 유럽연합법에 따라 전환된 국내법의 규정에 따라 사업자의 위법행위과 소비자의 집단적 이익을 침해하였거나 침해할 수 있을 때 제기되는 단체소송에 적용된다. 본 지침은 부속서 I에 언급된 유럽연합 법조항에 영향을 미치지 않는다. 본 지침은 단체소송이 제기되기 전 또는 종결되기 전에 침해행위가 종료한 경우를 포함하여 국내 침해사례와 국경을 넘는 침해사례에 적용된다(지침 제2조 제1항). 본 지침은 제1항에서 언급된 침해행위에 대해 유럽연합법이나 국내법이 설정해 둔 계약적, 그리고 계약 외적 구제수단에 관한 규칙에 영향을 미치지 아니한다(지침 제2조 제2항).

본 지침은 국제사법에 기초한 유럽연합규칙, 민사 및 상사문제에 대한 판결의 승인 및 집행에 관한 규칙, 계약 및 비계약상 의무에 적용되는 법률에 대한 규칙

55) Michael Hakenberg, "Die neue Verbandsklagen-Richtlinie der Europäischen Union", NJOZ, 2021, S. 673.

에 영향을 미치지 않는다(지침 제2조 제3항). 지침 제4조는 적격단체에 대한 사항을 규정하고 있는데, (a) 회원국의 국내법에 따라 설립된 법인으로, 적격단체 지정신청 이전 12개월 간 소비자 이익 보호를 위한 실질적인 공적인 활동을 증명할 수 있어야 하고, (b) 정관상 목적은 부속서 I에 언급된 유럽연합법 규정상의 소비자 이익 보호를 내용을 해야 하고, (c) 비영리성을 가지고, (d) 도산절차가 적용되지 않고, 지급불능이 선언되어 있어서는 안 되고, (e) 중립적이어야 하고 소비자가 아닌 제3자, 예를 들어 사업자 등과 같이 단체소송에 경제적 이해관계를 가지고 있는 자로부터 영향을 받아서는 안 되며, 제3자에 의한 자금지원을 받을 경우에도 마찬가지이고, 그러한 영향력 및 적격단체와 자금지원자, 소비자 이익 간의 이해상충을 방지할 수 있는 절차를 두고 있어야 하고, (f) 적격단체는 (a)부터 (e)의 요건을 충족하고 있음을 증명하는 정보와 자금원에 대한 일반적인 정보, 그 조직, 관리, 회원 구조, 정관상 목적 및 활동에 관한 정보를 적절한 수단, 특히 웹사이트를 통해 일반적이고 이해하기 쉬운 언어로 공개해야 한다(지침 제4조 제3항). 회원국은 국내 단체소송이 효율적이고 효과적으로 기능할 수 있도록 국내 단체소송을 제소할 수 있는 적격단체의 지정 기준을 본 지침의 목적에 일치될 수 있도록 보장해야 한다(지침 제4조 제4항). 회원국은 제3항의 기준을 국내 단체소송 제소를 위한 적격단체 지정에 적용할 수 있고(지침 제4조 제5항), 특정한 국내 단체소송 제소를 위한 임시적격단체를 지정할 수 있으며, 이 경우 해당 단체는 국내법에 따른 적격단체 신청요건을 충족하여야 한다(지침 제4조 제6항). 제3항과 제4항에도 불구하고, 회원국은 공공기관을 단체소송 제소할 적격단체로 지정할 수 있고, 2009/22/EG 금지청구 지침상 제3조의 적격단체로 이미 지정된 공공기관을 본 지침상 적격단체 지정이 유지된 것으로 할 수 있다(지침 제4조 제7항).

지침 제7조는 단체소송을 규정하고 있다. 회원국은 본 지침에 규정된 단체소송이 제4조에 따라 지정된 적격단체에 의해 법원이나 행정기관에 제기될 수 있도록 보장해야 한다(지침 제7조 제1항). 단체소송을 제기할 때, 적격단체는 법원이나 행정기관에 단체소송에 관여한 소비자에 대한 충분한 정보를 제공해야 한다(지침 제7조 제2항). 법원이나 행정기관은 본 지침과 국내법에 따라 특정 단체소송의 허용가능성을 판단해야 한다(지침 제7조 제3항). 회원국은 적격단체가 최소한 (a) 금지조치, (b) 구제조치의 구제수단을 청구할 수 있도록 보장해야 한다(지침 제7조 제4항). 회원국은 적격단체가 제4항의 구제수단을 단일한 단체소송에서 청구할 수 있도록 해야 한다. 회원국은 이러한 구제수단이 단일한 결정문에 포함될 수 있도록 해야 한다(지침 제7조 제5항). 회원국은 단체소송에서 소비자들의 이익이 적격단체에 의해 대표되고, 이러한 적격단체가 소송에서 청구인으로서의 권리와 의무를 가질 수 있도록 보장해야 한다. 제4항의 구제조치로 인한 이익은 단체소송에 관련된 소비자들에게 귀속된다(지침 제7조 제6항). 회원국은 법원이나 행정기관이 국내법에 따라 근거가 없음이 명백한 사건에 대해 소송절차상 가장 빠른 단계에서 기각할 수 있도록 해야 한다(지침 제7조 제7항). 지침 제8조는 금지조치를 규정하고 있는데, 회원국은 제7조 제4항 (a) 금지조치가 제2조 제1항의 침해를 구성하는 것으로 보이는 행위가 있는 경우, 해당 행위를 중지시키거나, 필요한 경우에는 금지시키는 잠정적인 조치 및 제2조 제1항의 침해를 구성하는 것이 확인된 행위가 있는 경우, 해당 행위를 중지시키거나, 필요한 경우에는 금지시키는 확정적인 조치의 형태로 가능하도록 보장해야 한다(지침 제8조 제1항). 확정적인 조치는 국내법의 규정이 있는 경우 특정행위가 제2조 제1항의 침해를 구성한다는 것을 확인하는 조치, 그리고 법원이나 행정기관이 적절하다고 생각한 형식으로 쟁점에 대한 결정의 전부 또는 일부를 공표할 의무 혹은 시정진술을 공개할 의무를 포함할 수 있다(지침 제8조 제2항). 적격단체가 금지조치를 청구하는 경우 개별소비자는 해당 적격단체가 개별 소비자를 대표하기를 원한다는 점을 명시해야 하는 것은 아니다. 적격단체는 제2조 제1항의 침해로 인하여 개별소비자들이 실질적으로 입은 손실이나 손해 혹은 사업자의 고의 또는 과실을 입증할 필요가 없다(지침 제8조 제3항). 회원국은 적격단체가 제2조 제1항의 침해를 중단할 목적으로 사업자와 협의를 시작한 후에만 확정적인 조치(제2조 제1항의 침해를 구성하는 것이 확인된 행위가 있는 경우, 해당행위를 중지시키거나, 필요한 경우에는 금지시키는 확정적인 조치)를 청구할 수 있도록 하는 내용의 국내법 규정을 유지하거 또는 이러한 내용의 조항을 국내법에 도입할 수 있다. 사업자가 협의 요청을 받고 2주 내로 침해를 중단하지 아니하면 적격단체는 즉시 금지조치를 위한 단체소송을 제기할 수 있다. 회원국은 국내법에 이러한 조항이 있음을 위원회에 보고해야 한다. 위원회는 이러한 정보가 공개되도록 해야 한다(지침 제8조 제4항).

지침 제9조는 구제조치를 규정하고 있다. 구제조치는 사업자가 유럽연합법 및 국내법에 따라 적절하고 가능한 방법으로 관련 소비자에게 배상, 보수, 교체, 대금감액, 계약종료, 환불 등 구체책을 제공하도록 요구하여야 한다(지침 제9조 제1항).

회원국은 구제조치를 위한 단체소송이 제기되고 난 후 적절한 기한 내에 단체소송과 관련된 개별소비자가 명시적 또는 묵시적으로 해당 단체소송에서 적격단체에 의해 대표될지 여부 단체소송의 결과에 구속될지 여부에 대한 자신의 의사를 표현할 수 있는 단계 및 방법에 대한 규칙을 정해야 한다(지침 제9조 제2항). 제2항에도 불구하고, 회원국은 법원 또는 행정기관이 있는 회원국에 거주하지 않은 개별소비자에 대해서는 단체소송이 제기되기 전에 해당 단체소송에서 적격단체가 대표하기를 원하는지 여부, 단체소송 결과에 구속될 것인지 여부에 대해서 명시적으로 의사표시해야 하는 것으로 해야 한다(지침 제9조 제3항). 회원국은 명시적 또는 묵시적으로 단체소송에서 참가한 소비자는 동일한 제소원인 및 동일한 사업자에 대한 다른 단체소송에 참가할 수 없고, 또한 동일한 제소원인 및 동일한 사업자에 대한 개별소송을 제기할 수 없다는 규칙을 두어야 한다. 회원국은 소비자들이 동일한 거래자에 대한 동일한 제소원인에 대해 한 번 이상 보상을 받지 않도록 하는 규칙을 두어야 한다(지침 제9조 제4항). 구제조치가 구제책으로 인한 혜택을 받을 자격이 있는 개별소비자들을 특정하지 않은 경우에는 적어도 혜택을 받을 자격이 있는 집단에 대해 기술해 두어야 한다(지침 제9조 제5항). 회원국은 소비자들이 별도의 소 제기할 필요 없이 구제조치가 제공하는 구제책으로 인한 혜택을 받을 수 있도록 보장해야 한다(지침 제9조 제6항). 회원국은 구제조치가 혜택을 받는 개별소비자들이 구제조치로 인한 혜택을 받을 수 있는 기한에 대한 규칙을 제정하거나 유지해야 한다. 회원국은 정해진 기한 내에 분배되지 않은 경우 미결 보상금의 목적에 대한 규칙을 정할 수 있다(지침 제9조 제7항). 회원국은 적격단체가 별도의 절차에서 법원이나 행정기관에 제2조 제1항의 침해를 사전에 입증할 필요 없이 구제조치를 위한 단체소송을 제기할 수 있도록 보장해야 한다(지침 제9조 제8항). 단체소송에서 구제조치에 의해 제공된 구제책은 해당 구제조치의 대상이 되지 않은 다른 유럽연합법이나 국내법에 근거한 추가적인 구제수단에 대해 영향을 미치지 아니한다(지침 제9조 제9항).

지침 제10조에서는 구제조치를 위한 단체소송의 자금지원에 대하여 규정하고 있는데, 구제조치를 위한 단체소송에 대해 제3자의 자금지원이 있을 때, 국내법에 일치하는 한도에서 회원국은 이해상충을 방지하고, 단체소송의 제기 및 결과에 경제적인 이해관계가 있는 제3자의 자금지원으로 인하여 구제조치를 위한 단체소송이 소비자의 집단적 이익보호에서 벗어나지 않도록 해야 한다(지침 제10조 제1항).

이를 위해 회원국은 합의를 하기로 하는 결정 등 단체소송에서의 적격단체의 결정은 단체소송에서 관련된 소비자의 집단적 이익을 해하는 방식으로 제3자의 부당한 영향을 받아서는 아니 되고, 단체소송은 자금지원자의 경쟁자나 자금지원자가 의존하는 자를 피고로 하여 제기되어서는 아니 됨을 보장해야 한다(지침 제10조 제2항). 회원국은 제10조 제1항과 제2항의 준수에 대한 합리적인 의심이 있는 경우 구제조치를 위한 단체소송에서 법원이나 행정기관이 준수 여부를 평가할 권한을 가질 수 있도록 보장해야 한다. 이를 위해 적격단체는 단체소송을 지원하는데 사용된 자금 출처를 목록화하는 재정개요를 법원이나 행정기관에 공개해야 한다(지침 제10조 제3항). 회원국은 제1항 및 제2항의 목적을 위해 법원이나 행정기관이 적격단체에 관련 자금지원을 거절, 변경하도록 요구하거나 특정 단체소송에 대해 적격 단체의 원고적격을 부인하는 등 적절한 조치를 취할 권한을 가지도록 보장해야 한다. 특정 단체소송에 대해 적격단체의 원고적격을 부인하는 경우 이는 해당 단체소송에 관련된 소비자들의 권한에 영향을 미쳐서는 안 된다(지침 제10조 제4항).

지침 제11조에서는 구제조치를 위한 합의(Vergleich; 화해)를 규정하고 있다. 합의를 승인하기 위해 회원국은 구제조치를 위한 단체소송에 대해 적격단체와 사업자는 법원이나 행정기관에 대해 관련 소비자들의 구제에 관한 합의를 공동으로 제안할 수 있고, 법원이나 행정기관은 적격단체와 사업자와 협의 후에 합리적인 기한 내에 적격단체와 사업자가 구제에 관한 합의에 이르도록 요청할 수 있음을 보장해야 한다(지침 제11조 제1항). 제1항에서 언급된 합의는 법원이나 행정기관의 심사를 받아야 한다. 법원이나 행정기관은 모든 당사자, 특히 관련 소비자의 권리와 이익을 고려하여 국내법상 강행규정에 반하거나 집행할 수 없는 조건을 포함하는 합의 승인을 거부하여야 하는지 여부를 평가하여야 한다. 회원국은 법원이나 행정기관이 합의가 불공정하다는 이유로 합의 승인을 거부할 수 있도록 하는 규칙을 둘 수 있다(지침 제11조 제2항). 법원이나 행정기관이 합의를 승인하지 않은 경우 관련 단체소송 심리는 계속하여야 한다(지침 제11조 3항). 승인된 합의는 적격단체, 사업자, 관련 소비자들을 구속한다. 회원국은 단체소송 또는 후속 합의에 관련된 소비자에게 제1항의 합의에 구속되는 것을 승인하거나 거부할 수 있는 가능성을 부여하는 규칙을 둘 수 있다(지침 제11조 제4항). 제2항에 따른 승인된 합의를 통한 구제는 합의에 대상이 되지 않은 유럽연합법과 국내법상 가능한 추가적인 구제책에 영향을 미쳐서는 아니 된다(지침 제11조 제5항).

지침 제12조는 구제조치를 위한 단체소송의 비용분담에 관하여 규정하고 있다. 회원국은 사법절차 일반에 적용되는 국내법상 조건과 예외규정에 따라 구제조치를 위한 단체소송의 패소 당사자가 승소 당사자의 절차 비용을 부담하도록 하여야 한다(지침 제12조 제1항). 구제조치를 위한 단체소송에 관한 개별소비자는 소송비용을 부담하여서는 아니 된다(지침 제12조 제2항). 제2항의 규정과 달리 예외적인 경우에는 개별소비자의 고의 또는 과실로 인하여 야기된 절차비용에 대해서는 개별소비자가 비용을 부담하라는 명령을 받을 수 있다(지침 제12조 제3항).

지침 제15조에서는 최종결정의 효력을 규정하고 있는데, 회원국은 소비자의 집단적 이익을 침해하는 위법행위의 존재에 관한 법원 또는 행정기관의 최종결정이 증거에 관한 국내법에 따라 양 당사자에 의해 그들의 국내 법원 또는 행정기관에 동일 사업자의 동일 행위에 대한 구제초지를 구하는 소송에서 증거로 사용될 수 있도록 해야 한다고 규정하고 있다. 지침 제18조에서는 증거의 공개를 규정하고 있는데, 회원국은 적격단체가 단체소송에서 뒷받침하기에 충분한 합리적이고 이용가능한 증거를 제공하고, 추가적인 증거가 피고 또는 제3자의 지배하에 있음을 보인 경우 적격단체의 신청이 있으면 법원이나 행정기관은 국내 절차법에 따라 유럽연합법 및 국내법상 신뢰와 비례의 원칙에 따라 피고 또는 제3자에게 해당 증거를 공개할 것을 명할 수 있도록 해야 한다. 이와 동일하게 회원국은 피고의 신청이 있는 경우 법원이나 행정기관이 적격단체나 제3자에 대해 국내 절차법에 따라 관련 증거를 공개하는 명령을 할 수 있음을 보장해야 한다고 규정하고 있다(지침 제18조).

지침 제20조에서는 적격단체에 대한 지원을 규정하고 있다. 회원국은 단체소송 관련 절차 비용이 적격단체의 제7조의 단체소송을 청구할 권리를 효과적으로 행사하는 것을 방해하지 않도록 조치를 취해야 한다(지침 제20조 제1항). 제1항의 조치는 예를 들면, 적격단체에 대한 구조적 지원, 법원이나 행정기관 수수료 제한, 법률 지원에 대한 접근 등을 포함하여 공적자금 지원 형태로 취해질 수 있다(지침 제20조 제2항). 회원국은 적격단체가 구제조치를 위한 특정 단체소송에 참가를 명시적으로 표현한 소비자가 단체소송에 참가하기 위하여 적격단체가 적절한 참가비 또는 유사 비용을 지급할 것을 소비자에 요구하는 것을 허용하는 규칙을 둘 수 있다(지침 제20조 제3항). 회원국과 위원회는 제2조 제1항의 국내 침해 및 국경간 침해 처리와 관련하여 적격단체와의 협력, 모범 사례 및 경험의 교환 및 전파를 지원하고 촉진하여야 한다(지침 제20조 제4항).

이 지침은 소비자 단체가 유럽연합(EU) 어디에서나 구제를 위한 집단소송을 제기할 수 있는 집단적 구제의 중요한 진전이라 할 수 있다. 지침은 회원국에 재량권을 부여하므로 효과적인 구제 방향으로 나아갈지 남소의 위험을 퇴치하는 방향으로 나아갈지 결정하는 것은 상당 부분 개별 회원국이 맡게 될 것이다. 그러나 이 지침은 적격단체의 구조적 자금 부족 위험을 충분히 방지하지 못한다. 이 지침을 각국의 국내법으로 전환해야 하는 이행기는 2022년 12월 25일 만료되었다. 독일의 포함한 대부분의 유럽연합(EU) 회원국은 이 지침을 아직 이행하지 않았다. 현재까지 독일에서는 지침 이행을 위한 법률초안(Regierungsentwurf)만 존재한다. 구제조치에 대한 집단소송의 범위는 소기업(직원수가 50명 미만이며 연간 매출 또는 연간 대차대조표가 1,000만 유로를 초과하지 않는 기업) 보호로 확대되었다. 독일 법률초안의 몇 가지 주요 특징은, 첫째 소비자는 소송 절차의 초기 단계에서 구제 조치를 위한 집단소송에 옵트인(opt in)을 해야 하고, 둘째 제3자 자금 지원이 허용된다는 점이다. 현재 독일은 지침 초안만 보유하고 있는 상황에서 소기업 보호를 확대하고 있다는 점에서 긍정적이고, 국가 사법위반 범위를 확대한다는 점에서 고무적이라 할 수 있다. 그럼에도 불구하고 소비자가 신청 단계에서 옵트인(opt in)을 해야 하는 점은 부담이 클 수 있으므로 집단구성원에게 제한적으로 부여하는 방안을 검토해 보아야 한다. 제3자에 대하여 자금지원이 허용되는 문제도 자금지원에 있어서 장단점이 있으므로 이에 대한 신중한 검토가 필요하다. 유럽연합(EU) 27개 국가 중 현재 12개 정도의 국가만 유럽연합지침의 국내법 전환이 이루어진 상황이다. 이 지침의 목적이 궁극적으로 금지조치와 더불어 손해배상이 가능한 구제조치 마련되는 것에 있는 만큼, 지침의 국내법 전환은 회원국 재량에 맡기는 것이 바람직하다.

(2) 독일 단체소송에의 적용 여부

2023년 3월 29일 독일 정부가 채택한 구제소송초안(Verbandsklagerichtlinie umsetzungsgesetz; VRUG, 이하 "단체소송지침전환법"이라 한다)[56]은 향후 유사한 소

56) Entwurf eines Gesetzes zur Umsetzung der Riechtlinie(EU) 2020/1828 über Verbnadklagen zum Schutz der Kollektiveinteressen der Verbraucher und zur Aufhebung der Richtlinie 2009/22/EG(Verbandsklagenrichtlinieumsetzungsgestz - VRUG)

송에서 소비자들이 실질적인 집단소송절차를 밟을 수 있도록 해야 하며, 이는 추가적인 법적 조치 없이 집행이 가능함을 의미한다.

독일에서는 소비자를 위한 표본확인소송이 이미 기업에 대한 유사한 소비자 불만 사례를 위한 지역사회 절차의 도구로서 활용되고 있다. 표본확인소송의 단점은 집행권원이 없고, 소비자청구가 그 이유만으로 결정되거나 결정되지 않거나 할 수 있고, 집행 가능한 청구를 얻기 위해 소비자는 자신의 개별 청구를 법정에서 별도로 주장해야만 한다. 그러나 독일 민사소송법 제606조 내지 제614조 사항은 단체소송지침전환법(VRUG)에 통합된다. 독일의 단체소송지침전환법(VRUG)은 제1장 소비자권리관철법(VDuG), 제2장 표본확인소송(개정) 등에 관한 사항을 담고 있다. 단체소송지침전환법 제1장 소비자권리관철법 제1조[57]상 소권은 소비자보호단체, 예를 들면, 환경보호단체, 소비자보호단체, 데이터보호단체, 보건보호단체 등에 부여되고 있다.

독일 단체소송지침전환법상 구제소송[58]은 유럽연합지침(Directive 2020/1828)에서 도입을 하였고, 이는 소비자에 대한 직접적인 피해구제 가능성(구제소송; Abhilfeklage)을 열어 두었다. 절차 내에서 청구권이 있다고 볼 수 있는데, 이는 2018년 독일의 표본확인소송에 근거한다. 특히 단체소송지침전환법(VRUG)은 유럽소비자법에 기초하여 제한 없이 넓고, 공개적으로 적용범위를 소개하고 있다.

디젤스캔들(VW-Skandal)에 관해서는 이미 새로운 단체소송지침을 적용하는 것은 늦었고, 이는 기존의 규정에 따라 해결되어야 한다. 독일 입법부도 유럽연합지침이 독일의 단체소송에 어떻게 적용될지 여부를 충분히 검토해야만 하기 때문에 많은 시간이 필요하다.[59] 독일은 독일 내에서 집단적인 권리보호를 위한 새로운 정비를 할 시간이 있고, 독일 민사소송법 제606조 내지 제614조 규정의 표본확인소송을 재편성할 것이다.[60] 유럽연합지침의 목적은 유럽연합 내의 각국이 소비자의

57) 독일 단체소송지침전환법 제1장 소비자권리관철법 제1조(단체소송) 제1항 민법상 법적 분쟁, 기업 관계자에 대한 소비자 다수의 권리이익과 청구에 있어서 제소권을 가진 기관들은 기업에 대해 다음과 같은 단체소송을 제기할 수 있다.
제1호 구제소송(Abhilfeklage)과 제2호 표본확인소송(Musterfeststellungsklage)
제2항 소(小)기업들은 이 법을 통해 소비자로서 지위를 가진다. 여기에서 소기업은 50명 미만이고, 연간매출액 10만 유로(1,000만 유로)를 초과하지 않아야 한다.

58) 구제소송은 중소기업까지 범위를 확대한 것인데, 소(小)기업은 직원수가 50명 미만이고 연간 매출액 10 Mio.(1,000만) 유로 이하인 회사로 정의된다.; 독일 단체소송지침전환법 제1장 소비자권리관철법 제1조 규정.

59) Michael Hakenberg, “Die neue Verbandsklagen-Richtlinie der Europäischen Union”, NJOZ, 2021, S. 679.

집단적 이익을 보호하기 위한 단체소송절차가 최소한(mindestens)으로 진행되는 것이다. 독일에서 현재 소비자의 집단적 이익 보호를 위한 단체소송 규정은 (i) 부작위소송법(UklaG), (ii) 부정경쟁방지법(UWG) 제8조 내지 제10조, (iii) 경쟁제한금지법(GWB) 제33조 내지 제35조, (vi) 독일 민사소송법 제606조 내지 제614조에서 규정하는 표본확인소송(MFK) 및 (v) 자본투자자표본절차법(KapMuG)이 있다. 이러한 규정들이 유럽연합지침의 전환에 근거가 되고, 만약 집단적인 소비자권리보호의 새로운 규정을 통하여 집단적 피해가 해결된다면 많은 규정들이 제정될 것이다.[61]

(3) 독일의 정책에 대한 시사점

독일의 경우 현재까지 유럽연합지침(Richtlinie (EU) 2020/1828) 이행을 위한 법률초안(Regierungsentwurf)만 존재하고 있고, 유럽 위원회는 이 지침을 국내법화하는 과정에서 자국의 자유재량에 맡기고 있다. 독일이 이 지침을 기존의 집단적 피해해결을 위한 방안들과 함께 할지 별도로 적용할지 여부는 아직 미지수이다. 독일은 단체소송을 모델로 발전시켜 온 표본확인소송의 활용은 유지하고 이 지침을 별도의 제도로써 집단적 피해해결을 위한 방안으로 활용할지, 표본확인소송을 대체하는 발전된 형태의 집단피해해결방안으로 할지에 대한 상황은 좀 더 지켜봐야 한다. 그러나 확실한 점은 직원수가 50명 미만이며 연간 매출 또는 연간 대차대조표가 1,000만 유로를 초과하지 않는 소기업을 대상 보호 범위로 확대해서 규정하였다는 점, 소비자가 별도의 소송을 제기하지 않고도 손해배상청구를 직접 청구할 수 있다는 점, 금지조치와 손해배상청구를 동시에 진행하고 있다는 점을 통하여 집단적 피해를 해결하기 위한 직접적이고, 긍정적인 제도라는 점이다. 다만, 이 지침이 아직 독일 내에서 시행 전이어서 독일 내 제도 정착이 어떻게 이루어질지에 대한 계속적인 추이 관찰이 필요하다. 또한, 이를 통해 우리나라 공정거래법상 집단적 피해를 해결하기 위한 제도에 어떠한 영향을 미칠지는 추후 독일의 동향을 통해 추이를 살펴보아야 한다.

소비자 집단이익 보호를 위한 단체소송에 관한 유럽연합지침(Directive 2020/1828)의 전환에 대한 독일법률초안은 6월 안에 입법절차를 진행해야만 한다. 구제소송

---

60) a.a.O., S. 673.
61) a.a.O., S. 674.

(Abhilfeklage)은 독일의 표본확인소송을 보충하는 제도로써, 단체에게 제소권을 부여하고, 사실관계 또는 법률관계에 대한 총체적인 확인판결(Feststellungsurteil)을 해야 한다. 소비자는 확인판결을 그들의 개별적인 손해배상청구, 특별한 절차에서 다른 구제소송 또는 화해(Vergleich)를 하기 위해 이용할 수 있다. 소비자들은 표본확인소송과 구제소송 사이에서 선택할 수 있다.

Ⅳ. 공정거래 관련 집단피해구제 방안으로써 표본확인소송제도 도입 방안

1. 도입가능성 검토

(1) 우리법체계와의 정합성

개인적 권리구제가 필요한 집단분쟁에 있어서 피해자인 많은 소비자들이 모두 나서서 소를 제기하면 개별적 구제절차인 민사소송절차가 엄청난 체증상황에 빠질 것이 예상된다. 이러한 경우 그 집단분쟁에 전문성이 있는 관련 단체가 나서서 소비자와 기업 사이의 집단적 분쟁의 발생원인과 그 법적 책임 유무만을 가려주는 역할을 법에서 부여해야 한다. 이는, 소송천국인 현실에서 신속하고, 경제적으로 집단분쟁을 해결할 수 있으며, 입법의 공백으로 규제 없는 지금의 한국형집단소송을 해결할 수 있는 방안이 될 수 있다.

우리나라 공정거래법상 집행절차와 관련하여 공적구제 측면이 무척 강하다. 독일의 표본확인소송제도는 공적 측면뿐만 아니라 개별적인 손해배상청구를 할 수 있으므로 사적 측면도 포함하고 있다. 독일의 경우 공적 집행뿐만 아니라 사적 집행이 활성화 추세이다. 앞으로 공적 집행뿐만 아니라 사적 집행 수단에 대한 활용도가 점차 높아질 것이다. 독일의 표본확인소송제도는 공적 집행 우선인 우리나라 공정거래법상 집단적 분쟁을 해결하기 위한 도구로써 활용 가치가 높고 사법적 해결이 날로 요구되는 현실에 있어 이질적인 제도가 아닌 상호보완적인 제도이다.

독일의 표본확인소송은 우리나라의 보수적인 집단적 피해구제제도를 위한 방안이 저변에 깔려있는 소송법 체계에서 우리나라 공정거래법상 손해배상책임에 있어서 보다 안전하고 보수적으로 접근할 수 있는 제도가 될 것임은 분명하다. 우선 청구권 존부 확인 단계에서 원인판결을 하여 피해자들이 추후 이를 근거로 개별

소송을 통해 손해배상청구를 실현할 수 있는 점, 신청단계에서 옵트인(opt in)을 통하여 확인판결(Feststellungsklage)받아 손해배상범위를 확정하고, 이후 개별소송을 진행함으로써 바로 징벌적 손해배상을 청구하는 집단소송법(안)에 비하여 보다 국가경제의 효율적 운영을 도모할 수 있다는 점에서 그 의의가 분명하다. 집단소송법(안)에서 제정하고 있는 징벌적 손해배상은 너무 파격적이고 기업에게 가혹하여 자칫 잘못하면 한 기업을 무너뜨릴 수 있는 위험한 제도일 수 있다. 기업의 경우 경고만으로도 큰 타격을 받을 수 있고, 국가 경제의 근간을 크게 흔들 수 있는 위험한 상황이 초래될 수 있기 때문이다.

물론 우리나라 공정거래 관련 집단소송법(안)은 징벌적 손해배상청구를 할 수 있는 형태로 규정되어 있어 손해배상청구를 직접적으로 청구할 수 있다는 장점이 있지만, 개인의 손해배상 범위가 매우 커지면서 기업의 명운을 좌우할 수 있는 위태로운 상황이 발생할 수 있으므로 보다 보수적이고 효율성을 추구하는 우리 민사소송법상 체계에는 독일의 표본확인소송을 우리나라 공정거래법상 표본확인소송(안)으로 제안해 보는 것이 바람직하다.

또한, 유럽연합지침에서는 구제소송(Abhilfeklage)을 새로운 형태의 집단적 피해구제제도로 제안하고 있고, 독일에서는 아직 법률초안만 형성된 상황이며, 조만간 자국 내의 법제도와 함께 적정한 형태로 시행될 것으로 보여진다. 여기에서 주목할 것은, 앞으로 독일의 표본확인소송에 함께 갈 제도인지 별도로 평행적으로 갈 제도일지는 시간을 두고 살펴봐야 할 문제이지만 확실한 사항은 유럽연합지침의 구제소송의 경우 소기업을 대상 범위로 포함하여 그 범위를 확대하고, 표본확인판결 없이 직접적으로 손해배상청구를 할 수 있는 제도로 소개되고 있다는 점이다. 유럽연합지침 구제소송이 독일의 단체소송의 발전형태인지 여부, 직접적인 손해배상청구를 할 때 신청단계에서 옵트인(opt in)을 거쳐서 진행된 절차인지 등 검토하여야 하고, 이를 통하여 손해배상이 합리적이고 적정하며 신속하고 경제적으로 이루어졌는지에 대해 점검해 보아야 한다.

프랑스, 일본은 소비자단체형 집단소송에 있어서 옵트인(opt in) 형태의 2단계 구조를 취하고 있고, 이는 피해자 소송관여 단계에서 옵트인(opt in)을 함과 동시에 예비적으로 손해배상청구를 한 절차 안에서 진행하고 있는데, 이 점은 독일의 표본확인소송 즉 확인의 대상에 대한 표본확인단계와 그 이후 금전배상인 손해배상 소송을 개별적으로 피해자의 자유재량에 근거하여 진행한다는 점이 다르다. 유럽연합지침(EU Directive 2020/1828)에 근거하여 유럽 각 국가들은 2023년 6월 25일부터 각국 내의 집단적 피해 구제 방안 제도를 도입하여 시행해야 하는데, 독일은 법률 초안, 즉 단체소송지침전환법(VRUG)을 제정하여 소비자권리관철법(VDuG)상 제1장에 구제소송 및 표본확인소송에 관한 사항을, 제2장에 표본확인소송에 있어서 등록제도에 관한 사항을 준비하고 있는 상황이다. 결국 독일도 프랑스와 일본과 같이 1단계에서 확인(Feststellung)을 하고 2단계 손해배상 규정을 일련의 절차 내에서 해결하고자 하는 많은 노력이 이루어지고 있으나, 독일의 경우 처분권주의가 우리나라에 비해 엄격하여 보다 완화된 처분권주의를 가지는 우리나라에 독일의 표본확인소송제도 도입이 무난하게 적용될 수 있다는 점, 우리나라의 소비자단체소송, 개인정보단체소송은 독일의 단체소송을 모델로 도입된 제도로서 독일의 단체소송의 발전형태인 표본확인소송제도에 대한 검토는 필수적으로 이루어져야 한다는 점, 독일의 공정거래, 즉 경쟁법(경쟁제한금지법 및 부정경쟁방지법) 체계와 우리나라 공정거래, 즉 독점규제 및 공정거래에 관한 법률과 비교하여 보았을 때, 유사한 체계로 운영되고 있어 독일의 체계에 대한 추이를 살펴보아야 한다는 점, 독일의 경우 유럽연합지침(EU Directive 2020/1828) 내 소비자권리관철법(VDuG)상 구제소송(Abhilfeklage)을 새로이 도입하여 향후 독일 내에서도 하나의 절차 내에서 확인청구 및 손해배상이 동시에 이루어지게 된다는 점 등에 비추어 볼 때, 우리나라 공정거래법상 독일의 현재 시행중인 표본확인소송제도를 도입하는 것은 바람직하다. 특히 프랑스와 일본의 경우 1단계 확인을 거쳐 예비적으로 2단계 손해배상을 통해 피해자들을 구제하고 있는데, 독일은 표본확인소송을 거쳐, 유럽연합지침 시행을 통해, 구제소송을 포함한 단체소송지침전환법(VRUG) 초안을 구상하고 진행하고 있으므로 현재 우리나라 공정거래법상 표본확인소송제도 도입 논의는 시의적절하고 바람직하다. 결국 유럽이나 미국 등 집단적 피해에 관한 집단소송제도에 대한 도입 논의는 장단점을 가지고 있으나 우리나라 공정거래법은 독일의 경쟁법 체계의 흐름과 함께 한다는 점, 현재 우리나라 단체소송체계가 독일을 근간을 이루고 있어 그 추이에 대한 흐름은 반드시 검토해야 한다는 점, 현재 독일도 표본확인소송을 거쳐 구제소송에 관한 사항을 중점적으로 도입하고 검토함으로써 직접적인 손해배상을 관철시키고 있어서, 이는 프랑스, 일본의 2단계 구제절차와 비교하였을 때 결국 하나의 절차 내에서 일련적으로 손해배상청구가 이루어지고 있다는 점, 개별적인 손해배상청구에 있어서 독일의 표본확인소송은 개개의 피해자들의 손해액 산정을 명확하게 확정하여 정확한 권리구제가 이루어지고 있으나 프랑스, 일본의 2단계 구제절차는 손해배상청구실현에 있어서 손해액 산정이 일괄적으로 확정되어 개개의 피해자들의 손해액 산정이 다소 불명확한 측면이 발생한다는 점에서 독일의 표본확인소송제도는 프랑스, 일본의 2단계 구제절차, 미국의 징벌적 손해배상보다 효율적인 제도라 할 수 있다.

우리나라 소비자기본법상 소비자단체소송 및 개인정보보호법상 개인정보 단체소송의 경우 독일의 단체소송을 모델로 하여 시행되고 있어서 그 효력발생에 있어서 금지·중지 명령을 취하고 있다. 부작위(금지·금지)명령은 효력에 있어서 법원을 기속하지 않으므로 최종적으로 법관이 금지·중지 명령을 하더라도 상대방이 이를 이행하지 않으면 법적 구속력의 강제성이 없으므로 솜방망이 정도의 효과밖에는 없다. 하지만 오랜 시간을 거쳐 단체소송에 대한 연구가 되어 와서 제도적으로 정착된 만큼 단체소송에 대한 기본적인 틀을 무시하고 완전하게 다른 형태의 제도를 도입하여 직접적으로 가중적인 손해배상규정을 바로 도입하여 적용한다면 남소의 위험, 국가 경제의 위협 등 부정적 측면이 분명 크게 발생할 것은 자명하므로, 단체소송의 기본적인 틀은 유지하되, 효력 부분의 보완 및 발전 차원에서 법원을 기속할 수 있는 확인판결 형태로 제정하는 것이 바람직하다. 독일의 단체소송의 발전 형태인 표본확인소송의 경우 우선 확인의 대상에 대하여 확인판결을 하고, 이를 근거로 하여 개별적인 손해배상소송을 허용하고 있는바, 단체소송 내 부작위(금지·중지) 명령이 아닌 확인판결 형태로 제정하고 공정거래법상 표본확인소송이 도입되는 것은 시대적 흐름을 따르는 것이라 볼 수 있다. 독일의 표본확인소송은 집단적 피해에 대한 구제방안으로 현재 우리나라에 제도화 되고 시행되고 있는 소비자 단체소송, 개인정보 단체소송의 발전 형태라 볼 수 있고, 공정거래법상 집단분쟁해결방안으로서 표본확인소송을 도입, 제정하는 것은 바람직하다.

(2) 사법적 구제책 마련 여부

최근 미국의 부권소송(Parens Patriae action)은 주(州)의 법무부 장관 또는 주(州)의 대표자인 시장이 주(州)의 주민의 보건, 안전, 복지를 보장하기 위하여 준국가적인 자격에서 제기하는 소의 한 유형으로 주정부 또는 공정거래위원회가 피해를 입은 시민들을 대신하여 손해배상청구의 소를 제기하고 배상금을 수령한 후 피해자들에게 배분하는 형태로 운영된다고 한다. 부권소송은 정부가 시민에게 행한 위법을 시정하는 수단으로 이해할 수 있고, 최근 우리나라에서는 공정거래·금융분야에서 부권소송 도입이 논의되고 있다.[62] 부권소송의 경우 장점은 있지만 이것은 미국의 실정에 더욱 부합한 것이고, 우리나라에 미국의 부권소송에 대한 도입 논의는 신중해야 한다. 현재 우리나라는 행정부의 권한이 비교적 막강하기 때문에 행정부의 과징금 부과, 시정명령 등 행정조치를 취하는 경우 기업은 이에 영향을 받는다. 따라서 행정부의 사전적 조치가 있게 되면 이를 바탕으로 국민들은 언제든지 소송을 통하여 구제받을 수 있다. 가습기 살균제 사건, 자동차 엔진 결함 사건 등 행정부는 해당 기업에게 각종 행정조치를 취할 수 있어 특별한 문제는 없으나, 실질적으로 국민들의 손해배상청구 구조 및 손해배상 법리가 국민들에게 불리하기 때문에 민사소송제도의 결함이 지적되고 있다. 따라서 부권소송은 공정거래법상 집단적 피해구제와 관련하여 논의되고 있는 독일의 표본확인소송이 도입된 후에 검토되어도 늦지 않는다. 부권소송의 목적이 결국 공익의 실현인데 이는 시민사회에서 더욱 민감하게 반응할 수 있으며 실제적인 구제책인 소송제도가 이를 뒷받침하는 것이 우선이다.[63]

독일의 경우 경쟁제한금지법 및 부정경쟁방지법에 의한 공적·사적 구제를 통하여 공정거래 관련 문제들을 해결하고 있고, 특히 부정경쟁방지법을 통한 사적 구제가 대부분 이루어지고 있다. 독일은 현재 유럽 국가 중 경쟁법(경쟁제한금지법 및 부정경쟁방지법)이 가장 활발한 나라라 할 수 있다. 우리나라도 공적구제 측면이 무척 강한 나라이기는 하지만, 집단분쟁이 빈번해지고 있는 현실에서 국가의 정치, 경제, 사회 문제가 사법적 해결에 의존할 수밖에 없는 새로운 패러다임에 발맞추어 분쟁해결을 위한 구제책을 준비해야만 한다.

한편, 우리나라의 소비자기본법상 소비자단체소송의 경우 독일의 단체소송을 기본으로 하여 도입되었고, 독일의 경우 실체법상의 부정경쟁방지법(UWG), 보통거래약관규제법(AGBG)에서의 단체소송 규정부터 민법(제305조 내지 제310조)과 부작위소송법(UklaG)에로의 단체소송의 개별화, 절차법상 부작위소송에서의 단체소송 절차를 규정하였다. 이후 독일 민사소송법(ZPO)상 표본확인소송(제606조 내지 614

62) 최광선, "집단소송제도의 확대 가능성 및 그 전제 조건에 관한 검토", 사법 제1권 제53호, 사법발전재단, 2020, 126면.
63) 상게논문, 126-127면.

조)에 단체소송을 일반 민사소송법에 편입시켰다. 우리나라 소비자단체소송, 개인정보 단체소송도 특별법 내 민사소송법 준용 규정이 있다. 공정거래 관련 집단피해구제 방안으로 법(안)을 제정하면서 우선, 독점규제 및 공정거래에 관한 법, 즉 특별법인 공정거래법에 표본확인소송제도를 제정하여야 하고, 독점법을 개정함으로써 집단피해에 관한 해결방안을 제도로써 도입하여야 한다. 이후 소비자단체소송, 개인정보 단체소송 등 단체소송에 관한 추이를 계속적으로 살펴보아야 하고, 독일과 같이 일반 민사소송법에로의 편입가능성을 검토해야 한다. 이를 통하여 민사소송의 이상인 신속・경제・적정・공평을 추구할 수 있도록 노력해야 한다. 결국 집단피해 구제 방안으로서 집단소송을 활용한다면 적극적인 구제수단인 소송을 도입하는 것이므로 민사소송법에로의 편입가능성을 열어 두어야 한다.

(3) 징검다리 역할로서의 표본확인

표본확인소송은 단체가 원고로 직접 나서서 소비자들 모두에게 청구권의 존부확인을 받고 이에 기하여 판결 또는 화해 등이 이루어져 집단분쟁을 해소하려는 개별적 권리의 구제절차이다.

독일의 표본확인소송은 독일 민사소송법 제606조 내지 제614조에 규정되어 있고, 법 제606조는 표본확인소송에 대해 명시적으로 규정하고 있다. 법 제606조 제1항에서는 자격을 갖춘 단체, 즉 동일한 업무 분야에서 활동하는 적어도 10개의 개관으로 구성된 단체의 구성원이거나 적어도 350명 이상의 자연인으로 구성된 회원을 보유한 단체, 부작위소송법 제4조에 따른 자격을 갖춘 단체의 목록에 적어도 3년 이상 등록되어 있거나 유럽연합의 소비자 이익을 보호하기 위한 부작위소송에 관한 지침 제4조에 따른 유럽 위원회의 단체 목록에 등록된 단체, 정관에 따른 업무를 이행함에 있어서 영리를 목적으로 하지 않는 정보제공 또는 자문활동을 통해 소비자 이익보호를 위한 활동을 하는 단체, 영리추구를 목적으로 표본확인소송을 제기하지 않으며 기업의 기부금이 단체의 재원 중 5% 미만에 해당되는 단체가 표본소송을 통해 소비자와 기업간의 권리 또는 법률관계의 존부에 대한 사실상 및 법률상의 요건의 존재 또는 부존재(확인소송의 목적)의 확인을 청구할 수 있다고 규정한다.

한편, 독일의 단체소송은 독일 부정경쟁방지법(UWG), 독일 보통거래약관규제법(AGBG)를 거쳐 2001년 실체법을 독일 민법 제305조 내지 제310조에, 절차법은 부작위소송법(UklaG)에 규정되어 발전되었다. 이후 독일의 자본투자자표본절차법(KapMuG)을 통해 투자자라는 범위에 한정하여 집단 피해에 대한 대응을 하였고, 2018년 디젤스캔들(Dieselskandal) 사건이 발생하면서 표본확인소송(MFK)이 도입되어 운영되고 있다. 독일의 표본확인소송에서 규정하고 있는 자격을 갖춘 단체가 사실행위의 중지를 구하는 부작위소송법 제3조 제1문 제1호(No.1)에서 규정하고 있는 단체인 만큼, 금지·중지 청구 가능한 단체가 확인청구의 대상이 된다는 점에서 우리나라 공정거래법상 단체소송에 있어서도 소비자기본법상 소비자단체소송, 개인정보보호법상 개인정보단체소송에서 규정하고 있는 금지·중지 명령, 즉 부작위소송에 대한 규정은 타당하며, 이에 기초하여 독일의 확인판결과 같이 소비자와 기업 간의 권리 또는 법률관계의 존부에 대한 사실상 및 법률상의 요건의 존재 또는 부존재(확인소송의 목적)의 확인(Feststellung)을 청구하는 법(안)을 제정해야만 한다.

다만, 현재 공정거래법상 단체소송 규정조차도 아직 없는 만큼 법(안)의 기본틀은 소비자단체소송, 개인정보단체소송을 기초로 제정하되 표본(Muster)에 대한 확인(Feststellung) 규정을 제소권을 가지는 단체 규정에 제정하는 것이 바람직하다. 즉 공정거래법상 표본확인소송(안)을 제정한다면 독일 민사소송법 제606조에서 규정하고 있는 제소권 있는 단체 규정을 심도 있게 검토해야 한다.

2. 구체적 도입방안 - 공정거래 표본확인소송(안)

(1) 소비자 권익 보호

소비자기본법상 제70조 및 개인정보보호법상 제51조 단체소송의 대상에 있어서 '다음 각 호의 어느 하나에 해당하는 단체는 …권리침해의 금지·중지를 구하는 소송(이하 "단체소송"이라 한다)을 제기할 수 있다.'고 규정하고 있다. 특히 소비자단체소송의 경우 대상 등 규정에 있어서 '… 소비자의 생명·신체 또는 재산에 대한 권익을 직접적으로 침해하고 그 침해가 계속되는 경우 …' 단체소송을 제기할 수 있다고 명시하고 있다. 소비자기본법 제70조에 따르면 소비자단체소송의 대상으로 ① 사업자가 소비자기본법 제20조의 규정을 위반한 행위로서, ② 소비자의 생명·신체 또는 재산에 대한 권익을 직접적으로 침해하고, ③ 그 침해가 계속될 것을 요건으로 하고 있으며, 3가지 요건을 모두 충족하여야 한다. 소비자권익에 대한 직접적 침해에 있어서 소비자기본법 제4조[64]는 소비자의 8대 기본적 권리에 대해서 규정하고 있는데, 이 해당 권리가 침해받는 경우로 이해해야 한다. 여기에는 사업자의 위반행위가 전제되어야 한다. 소비자권익에 대한 침해는 직접적이어야 하는데, 이는 추상적이지 않고, 구체적이어야 함을 의미한다. 물론 소비자기본법 제70조 단체소송의 대상 규정은 법 제74조 제1항 제1호의 "… 발생할 우려가 있는"이라는 부분과 충돌 가능성이 있고, 이에 대하여는 상호모순이라는 의견, 직접 침해를 받은 소비자가 아닌 다른 소비자에게 침해가 발생할 가능성을 의미하는 것이 보다 적절하다는 의견 등 다양하다. 또한 소비자단체소송의 대상요건으로 권익침해의 계속성이 있어야 하는데, 이는 소비자단체소송이 제기된 시점에 침해가 계속적으로 발생하고 있어야 하고, 소비자단체소송이 사업자의 행위에 대한 금지 또는 중지를 청구원인으로 하여야 한다.

여기에서 검토해야 할 사항은 표본확인을 구하는 표본확인소송으로 단체에 소제기를 하지 못하거나 소제기를 우선적으로 한 소비자 등 개인은 표본확인소송이 진행됨으로써 자신들의 소송이 함께 진행된다. 표본확인소송은 대상에 대하여 확인판결을 받고 개별적으로 손해배상청구를 하는 소송인데, 표본확인소송 전후하여 소제기를 한 소비자 등은 통상공동소송을 통하여 자신들의 권리를 추구할 수 있고, 손해배상청구를 할 수 있다. 다만, 표본확인소송과 통상공동소송이 동시에 진행될 가능성도 있는데, 이 경우 후소를 보류하거나 같이 진행하여 판결을 받게 되면 관련 전소 확정판결의 소송물에 관한 판단이나 판결이유에서의 사실인정 및 권리관계에 대한 법률판단은 후소의 판단에 사실상 영향을 미치는데, 판결의 증명효[65]에 근거하여 판단하면 될 것으로 보여진다.

64) 소비자기본법 제4조(소비자의 권리) 소비자는 다음 각호의 기본적 권리를 가진다.
1. 물품 또는 용역(이하 "물품등"이라 한다)으로 인한 생명·신체 또는 재산에 대한 위해로부터 보호받을 권리
2. 물품등을 선택함에 있어 필요한 지식 및 정보를 제공받을 권리
3. 물품등을 사용함에 있어서 거래상대방·구입장소·가격 및 거래조건 등을 자유로이 선택할 권리
4. 소비생활에 영향을 주는 국가 및 지방자치단체의 정책과 사업자의 사업활동 등에 대하여 의견을 반영시킬 권리
5. 물품등의 사용으로 인하여 입은 피해에 대하여 신속·공정한 절차에 따라 적절한 보상을 받을 권리
6. 합리적인 소비생활을 위하여 필요한 교육을 받을 권리
7. 소비자 스스로의 권익을 증진하기 위하여 단체를 조직하고 이를 통하여 활동할 수 있는 권리
8. 안전하고 쾌적한 소비생활 환경에서 소비할 권리

65) 판결의 증명효(證明效)란 전소 확정판결의 판단이 후소의 판단에 대하여 갖는 사실상 증명적 효과(증명력)를 의미한다.

(2) 제소적격단체 범위의 완화

단체소송의 제소권 문제는 단체소송의 종주국인 독일에서조차도 완전히 정리된 주제라고 보기 어렵다. 독일의 경우 제소권 있는 단체에 대하여 다음과 같이 규정하여 왔다. 1896년 독일 부정경쟁극복법[66]에서는 단체소송의 특징인 위반행위의 사전방지의 필요에서 광범위하게 제소권을 부여하고 있고, 단체소송에 있어서는 동종 또는 유사한 상품, 서비스의 영업자의 단체에 한하지 않고, 영리의 촉진을 목적으로 하는 단체에까지 제소권자 범위를 넓히고 있다. 1896년 부정경쟁극복법은 소비자 보호에 있어서 직접적인 보호뿐만 아니라 사업자에 대한 보호를 통한 간접적 보호라는 점에서 의미가 있다.

1909년 독일 부정경쟁방지법[67]에서도 영업자 및 영업상 이익촉진단체의 금지청구에 의하여 소비자보호는 실현되었다. 2004년 개정된 부정경쟁방지법[68]도 종래의 부정경쟁방지법의 골격을 그대로 유지하면서도 이익환수청구(법 제10조)가 도입되어 간접적으로 손해배상에 대한 구제가 이루어졌다.

1976년 독일 보통거래약관규제법[69]상 단체소송의 경우 일정한 소비자 단체, 영

66) 1896년 독일 부정경쟁극복법 제1조 제1항은 "진실에 어긋나는 내용의 선전행위를 행한 영업자에 대하여 동종 또는 유사한 상품을 제조하는 자, 서비스를 제공하는 자 또는 그것듣을 영업상 취급하는 자 및 영리의 촉진을 목적으로 하는 단체가 부작위소송(금지소송)을 제기할 수 있다."고 규정하였다.

67) 1909년 독일 부정경쟁방지법 제13조 제1항 및 제2항은 제소권자에 관하여 "저1조, 제3조, 제4조, 제6조 내지 제6c조, 제7조, 제8조의 경우 동일, 유사종류의 상품의 제조나 서비스의 제공을 행하거나 또는 영업상 취급하는 영업자 또는 영업상의 이익의 증진을 목적으로 하며 민사소송법상 소(訴)를 제기할 수 있는 단체는 부작위소송(금지소송)청구를 할 수 있다."고 규정하고 있다.

68) 2004년 독일 부정경쟁방지법 제8조 제거와 부작위 관련 규정에 있어서 제1항은 제3조에 위반하여 행위한 자에 대해서는 그 제거와 함께 다시 그러한 행위를 행할 우려가 있는 경우에는 부작위(금지)를 요구할 수 있다. 부작위(금지)청구권은 위반행위를 할 염려가 있는 경우에도 발생한다.
제2항 또한 위반행위가 업체의 직원 또는 수임인에 의하여 행해진 경우에 부작위(금지)청구권과 제거청구권은 영업자(사업자)에 대해서도 발생한다.
제3항 제1항에 따른 청구권자는 다음과 같다.
제1호 모든 경쟁자
제2호 동일하거나 유사한 상품 또는 용역을 같은 시장에서 판매하는 상당수의 업체가 그에 속하며, 특히, 인적, 물적 그리고 재정적 상황이 영업상 또는 독자적인 직업상의 이익추구라는 정관에 따른 과제를 실제로 이행하는 것을 허용하고, 위반행위가 그들 구성원의 이해관계와 직접 관련 있는 영업상 또는 독자적인 업무상의 이익을 증진하기 위한 권리능력 있는 단체.
제3호 부작위(금지)소송법 제4조에 의한 특수 단체의 목록 또는 소비자이익보호를 위한 부작위소송에 관한 1998년 5월 19일자 유럽평의회와 유럽의회의 98/27/EG 지침 제4절에 따라 유럽공동체 위원회 명보에 등록되어 있다고 증명할 수 있는 특수단체.
제4호 상공회의소 또는 수공업회의소

69) 1976년 보통거래약관규제법 제13조 부작위청구 및 철회청구 규정에 있어서 제1항은 보통거래약관에 있어서 법 제9조 내지 제12조에 따라 효력이 없는 조항을 사용하거나 또는 법률행위의 거래에 추천한 자는 부작위(금지)청구가 될 수 있고, 추천의 경우에는 철회도 청구될 수 있다.

업적 단체 그리고 무효인 보통거래의 사용자 또는 추천자에 대한 산업단체, 수공업단체에게 제소권을 부여하였다. 2001년 부작위소송법[70][71]은 제소권 있는 단체

제2항 부작위(금지)와 철회의 청구권은 다음의 지위에 부여된다.
제1호 자격을 갖춘 기관으로서, 법 제22a조 또는 제4조에 따른 자격기관의 목록 또는 소비자이익의 보호를 위한 부작위소송에 관한 1998.5.19. 유럽의회와 이사회 98/27/EG 지침(ABl. EG Nr. L166 S.51) 제4조에 따른 유럽공동체 위원회 색인에 그 당시 효력 있는 형태로 등록된 것을 입증하는 기관들,
제2호 영업상 이익 또는 자주적인 직업상 이익을 촉진하기 위한 권리능력 있는 단체로서, 특히 그 인적, 물적, 재정적 설비가 영업상 또는 자주적인 직업상 이익 추구의 정관상 과제를 사실상 실현할 수 있는 한, 그리고 제2조에 따른 소에서는 동일하거나 또는 유사한 양태의 상품 또는 용역급부를 동일시장에서 판매하는 상당수의 기업들이 그 단체에 속해 있고, 그 청구가 그들 구성원의 이익에 관련되고 경쟁을 사소하지 않게 왜곡하기에 적합한 행위에 해당하는 한에서 인정된다.
제3호 상공회의소 또는 수공업회의소.
청구권은 제1문의 지위에만 양도될 수 있다.

70) 2001년 부작위소송법 제3조 청구권한의 지위 규정에 있어서 제1항은 제1조와 제2조의 부작위와 철회의 청구권은 다음의 지위에 부여된다.
제1호 자격을 갖춘 기관으로서, 제4조에 따른 자격기관의 목록 또는 소비자이익의 보호를 위한 부작위소송에 관한 1998.5.19. 유럽의회와 이사회 98/27/EG 지침(ABl. EG Nr. L166 S.51) 제4조에 따른 유럽공동체 위원회 색인에 그 당시 효력 있는 형태로 등록된 것을 입증하는 기관들,
제2호 영업상 이익 또는 자주적인 직업상 이익을 촉진하기 위한 권리능력 있는 단체로서, 특히 그 인적, 물적, 재정적 설비가 영업상 또는 자주적인 직업상 이익 추구의 정관상 과제를 사실상 실현할 수 있는 한, 그리고 제2조에 따른 소에서는 동일하거나 또는 유사한 양태의 상품 또는 용역급부를 동일시장에서 판매하는 상당수의 기업들이 그 단체에 속해 있고, 그 청구가 그들 구성원의 이익에 관련되고 경쟁을 사소하지 않게 왜곡하기에 적합한 행위에 해당하는 한에서 인정된다.
제3호 상공회의소 또는 수공업회의소.
청구권은 제1문의 지위에만 양도될 수 있다.
제2항 제1항 제1호에 제시된 기관들은, 보통거래약관이 기업(독일민법전 제14조)에 대해 사용되거나 또는 기업들 사이의 배타적 사용을 위해 추천되는 경우, 제1조에 따른 부작위와 철회의 청구를 할 수 없다.

71) 부작위소송법 제4조 자격을 갖춘 기관들에 관한 규정에서 제1항은 연방행정청은 자격을 갖춘 기관들의 목록을 작성한다. 이 목록은 매년 1.1. 상황으로 연방관보에 고시되며, 소비자이익의 보호를 위한 부작위소송에 관한 1998.5.19. 유럽의회와 이사회 98/27/EG 지침 (ABl. EG Nr. L166 S.51) 제4조 제2항에 관련하여 유럽공동체 위원회에 송부된다.
제2항 목록에는 신청에 의해, 소비자의 이익을 계몽과 조언을 통해 영업적이지 않고 단지 일시적이지 않게 실현하는 것이 그 단체들의 정관상 과제에 속하며, 이 과제 영역에서 활동하는 단체들 또는 최소한 75명의 자연인을 구성원으로 갖고 있으며, 최소한 1년 이상 존속하고 기존의 활동에 근거하여 적정한 과제이행을 담보할 수 있는 권리능력 있는 단체를 등록한다. 소비자센터와 공적 자금으로 지원되는 다른 소비자단체들은 위 요건을 반정할 수 없이 추정된다. 목록에의 등록은 성명, 주소, 등록법원, 등록번호, 그리고 정관상 목적을 제시함으로써 이루어진다. 등록은 다음의 경우에 장래에 관해 효력이 소멸한다.
제1호 그 단체가 이를 신청하거나 또는
제2호 등록요건이 없었거나 탈락한 때
등록이 제4문에 따라 취하 또는 철회되어야 한다는 것이 사실상 근거에 의해 고려되어야 하는 때에는 연방행정청은 최장 3개월 한에서 일정한 기간 동안 등록의 정지를 명하여야 한다. 이의와 취소의 소는 제5문의 경우에 정지적 효력을 갖지 않는다.
제3항 등록에 관한 결정은 신청인에게 송달되는 회답에 의해 이루어진다. 연방행정청은 신청에 의해 목록에의 목록에 관해 해당 단체들의 서증을 교부한다. 연방행정청은 어느 단체의 목록 등록이 폐기된 것에 법적 이익을 갖는 제3자의 신청에 의해 서증한다.
제4항 법적 쟁송에서 어느 등록된 기관에 대해 제2항에 따른 요건의 현존에 관한 근거 있는 의심이 제기된 대에는 법원은 연방행정청에 등록의 재심사를 요청하고 그 결정까지 심리를 중지할 수 있다.

에 있어서 권리능력 있는 소비자단체, 영업이익증진을 목적으로 하는 권리능력 있는 단체, 상공회의소 및 수공업조합 등을 두고 있다.

2018년 독일 표본확인소송의 경우 독일 민사소송법 제606[72]조에 자격을 갖춘 단체를 규정하고 있고, 1. 동일한 업무 분야에서 활동하는 적어도 10개의 기관으로 구성된 단체의 구성원이거나 적어도 350명 이상의 자연인으로 구성된 회원을 보유한 단체, 2. 부작위소송법 제4조에 따른 자격을 갖춘 단체의 목록에 적어도 3년 이상 등록되어 있거나 유럽연합의 소비자 이익을 보호하기 위한 부작위소송에 관한 지침 제4조에 따른 유럽 위원회의 단체 목록에 등록된 단체, 3. 정관에 따른 업무를 이행함에 있어서 영리를 목적으로 하지 않는 정보제공 또는 자문 활동을 통해 소비자 이익보호를 위한 활동을 하는 단체, 4. 영리추구를 목적으로 표본확인소송을 제기하지 않으며 5. 기업의 기부금이 단체의 재원 중 5% 미만에 해당되는 단체가 있다.

제5항 연방행정청은 이 조항에서 규율되는 과제를 수행함에 있어서 연방법무성의 전문감독을 받는다.

72) 2018년 독일 민사소송법 제606조 표본확인소송 규정에서 제1항 자격을 갖춘 단체(qualifizierte Einrichtungen)는 표본소송을 통해 소비자와 기업간의 권리 또는 법률관계의 존부에 대한 사실상 및 법률상의 요건의 존재 또는 부존재(확인소송의 목적)의 확인을 청구할 수 있다. 제1문에서 의미하는 자격을 갖춘 단체라 함은 사실행위의 중지를 구하는 부작위소송에 관한 법률(UKlaG; 이하 부작위소송법) 제3조 제1항 제1문 제1호(Nr.1)에서 규정하고 있는 단체로서,

1. 동일한 업무 분야에서 활동하는 적어도 10개의 기관으로 구성된 단체의 구성원이거나 적어도 350명 이상의 자연인으로 구성된 회원을 보유한 단체,

2. 부작위소송법 제4조에 따른 자격을 갖춘 단체의 목록에 적어도 3년 이상 등록되어 있거나 유럽연합의 소비자 이익을 보호하기 위한 부작위소송에 관한 지침 제4조에 따른 유럽 위원회의 단체 목록에 등록된 단체,

3. 정관에 따른 업무를 이행함에 있어서 영리를 목적으로 하지 않는 정보제공 또는 자문 활동을 통해 소비자 이익보호를 위한 활동을 하는 단체,

4. 영리추구를 목적으로 표본확인소송을 제기하지 않으며

5. 기업의 기부금이 단체의 재원 중 5% 미만에 해당되는 단체.

법원은 제2문 제4호(Nr.4) 또는 제5호(Nr.5)에 따른 요건의 존부에 관하여 진지한 의심이 드는 때에는 원고에 대하여 재원의 공시를 요구할 수 있다. 재원의 대부분을 공적 자금을 통해 지원을 받는 소비자 보호센터(Verbraucherzentrale)와 기타의 소비자 보호단체들은 제2문에 따른 요건을 충족한 것으로 본다.

제2항 소장에는 다음과 같은 기재사항 및 증거를 포함하여야 한다,

1. 제1항 제2문에서 언급한 요건이 존재한다는 사실 ;

2. 적어도 10인 이상의 소비자에 대한 권리 또는 법률관계가 확인 소송의 대상에 해당된다는 사실.

또한 소장에는 (단체) 소송 등록부에 공고를 위해 주장을 하는 생활사실관계에 대한 간략한 설명을 포함하여야 한다. 제253조 제2항은 방해받지 아니한다.

제3항 표본확인소송은 다음과 같은 경우에만 허용된다,

1. 소송은 제1항 제2문에서 의미하는 자격을 갖춘 단체가 제기한 것일 것,

2. 적어도 10인 이상의 소비자를 대상으로 하는 권리 또는 법률관계가 확인의 대상인 점이 입증될 것 및

3. 표본확인소송의 공고를 한 2개월 동안 적어도 50인 이상의 소비자들이 그 권리 또는 법률관계를 소송등록부체 등기를 위해 유효하게 신청을 하였을 것.

2020년 유럽연합지침(Directive 2020/1828) 제3조 제4항 '적격단체(qualifizierte Einrichtungen)'[73]는 소비자 이익을 대표하는 조직 또는 공공기관으로, 회원국이 본 지침에 따라 단체소송을 제기할 자격이 있다고 지정한 것을 의미한다고 규정하고 있다. 지침 제4조에서는 적격단체에 대하여 규정하고 있다.

최근 독일 단체소송지침전환법상 소비자권리관철법(VDuG) 제1조 규정에서는 제소권 있는 단체는 소비자보호단체라 할 수 있고 여기에 직원수 50명 미만, 연간매출액 1,000만 유로 이하의 소(小)기업까지 제소권 있는 단체의 범위를 확대하였다.

집단적 피해구제 제도에 있어서 우리나라의 경우 대표적으로 시행되고 있는 단체소송의 모델은 소비자단체소송인데, 여기에서 소제기 권한 있는 단체는 「소비자기본법」 제29조에 따라 공정거래위원회에 등록한 소비자단체로서 (ⅰ) 정관에 따라 상시적으로 소비자 보호를 주된 목적으로 하는 단체일 것, (ⅱ) 단체의 정회원수가 1천명 이상일 것, (ⅲ) 「소비자기본법」 제29조에 따른 등록 후 3년이 경과하였을 것의 요건을 모두 갖춘 단체, 「비영리민간단체 지원법」 제2조에 따른 비영리민간단체로서 (ⅰ) 법률상 또는 사실상 동일한 침해를 입은 50인 이상의 소비자

---

73) 2020년 유럽연합지침(Directive 2020/1828) 제4조 적격단체 규정에서 제1항은 회원국은 본 지침에 따라 제기된 집단소송이 회원국이 지정한 적격단체에 의해 수행될 수 있도록 보장해야 한다.
제2항 회원국은 적격단체가 여러 회원국의 구성원을 대표하는 소비자단체 등 특정 소비자단체가 국내 집단소송, 국경간 집단소송, 혹은 양자를 모두를 위한 적 격단체로 인정될 수 있도록 보장해야 한다.
제3항 다음 모든 기준을 충족하는 단체가 국경간 집단소송을 제기할 수 있는 적격 단체 지정을 신청하는 경우 회원국은 이를 제2항의 적격단체로 지정해야 한다.
(a) 회원국의 국내법에 따라 설립된 법인으로, 적격단체 지정신청 이전 12개월 간 소비자 이익 보호를 위한 실질적인 공적인 활동을 증명할 수 있어야 한 다.
(b) 정관상 목적은 부속서 I에 언급된 EU 법 규정상의 소비자 이익 보호를 내 용으로 해야 한다.
(c) 비영리성을 가진다.
(d) 도산절차가 적용되지 않고, 지급불능이 선언되어 있어서는 안 된다.
(e) 중립적이어야 하고 소비자가 아닌 제3자, 가령 사업자 등과 같이 집단소송 에 경제적 이해관계를 가지고 있는 자로부터 영향을 받아서는 안 되며, 제3 자에 의한 자금지원을 받을 경우에도 그러하다. 또한 그러한 영향력 및 적격 단체와 자금지원자, 소비자 이익간의 이해상충을 방지할 수 있는 절차를 두 고 있어야 한다.
(f) 적격단체는 (a)부터 (e)의 요건을 충족하고 있음을 증명하는 정보와 자금원 에 대한 일반적인 정보, 그 조직, 관리, 회원 구조, 정관상 목적 및 활동에 관 한 정보를 적절한 수단,
특히 웹사이트를 통해 일반적이고 이해하기 쉬운 언어로 공개해야 한다.
제4항 회원국은 국내 집단소송이 효율적이고 효과적으로 기능할 수 있도록 국내 집단소송을 제소 할 수 있는 적격단체의 지정 기준을 본 지침의 목적에 일치 될 수 있도록 보장해야 한다.
제5항 회원국은 제3항의 기준을 국내 집단소송 제소를 위한 적격단체 지정에 적용 할 수도 있다.
제6항 회원국은 특정한 국내 집단소송 제소를 위한 임시적격단체를 지정할 수 있 다. 이 경우 해당 단체는 국내법에 따른 적격단체 신청요건을 충족하여야 한 다.
제7항 제3항과 제4항에도 불구하고, 회원국은 공공기관을 집단소송 제소할 적격단 체로 지정할 수 있다. 회원국은 2009/22/EC 금지청구 지침상 제3조의 적격 단체로 이미 지정된 공공기관을 본 지침상 적격단체 지정이 유지된 것으로 할 수 있다.

로부터 단체소송의 제기를 요청받을 것, (ii) 정관에 소비자권익증진을 단체의 목적으로 명시한 후 최근 3년 이상 이를 위한 활동실적이 있을 것, (iii) 단체의 상시 구성원수가 5천명 이상일 것, (iv) 중앙행정기관에 등록되어 있을 것의 요건을 모두 갖춘 단체를 말한다.

우리나라 소비자기본법상 소비자단체소송의 규정에 기초하여 공정거래법상 표본확인소송(안)을 제기할 수 있는 단체는 정회원수가 1천명 이상으로 공정거래위원회에 등록한 (소비자)단체로서 3년이 경과하였을 것을 요구하고 있다. 독일의 표본확인소송에 있어서 제소권 있는 단체는 독일 민사소송법 제606조 제1항에 근거하여 (i) 동일한 업무 분야에서 활동하는 적어도 10개의 기관으로 구성된 단체의 구성원이거나 적어도 350명 이상의 자연인으로 구성된 회원을 보유한 단체(제1호), (ii) 부작위소송법 제4조에 따른 자격을 갖춘 단체의 목록에 적어도 3년 이상 등록되어 있거나 유럽연합의 소비자 이익을 보호하기 위한 금지소송에 관한 지침 제4조에 따른 유럽위원회의 단체 목록에 등록된 단체(제2호), (iii) 정관에 따른 업무를 이행함에 있어서 영리를 목적으로 하지 않는 정보제공 또는 자문 활동을 통해 소비자 이익보호를 위한 활동을 하는 단체(제3호), (iv) 영리추구를 목적으로 표본확인소송을 제기하지 않으며(제4호), 기업의 기부금이 단체의 재원 중 5% 미만에 해당되는 단체를 말한다.

우리나라의 경우 독일에 비하여 상당히 까다로운 요건이라 할 수 있다. 소비자단체소송 및 개인정보보호단체소송에서 독일의 표본확인소송과 비교하여 볼 때, 상대적으로 많은 회원수를 요구하고 있는 점에 근거하여 남소의 방지를 위한 방안이라 볼 수 있으나 소제기 단계에서부터 적격 단체 요건까지 엄격하게 규정한다면 단체소송의 활성화에 있어서 실효성이 없게 되므로 독일의 표본확인소송의 제소단체의 요건에 따라 "정회원"이라는 요건의 배제, 상대적으로 적은 수의 자연인 구성을 공정거래법상 단체소송에 도입하는 것이 바람직하다.

우리나라 공정거래법(독점규제 및 공정거래에 관한 법률)상 표본확인소송(안 제119조 내지 제125조) 및 공정거래 표본확인소송 규칙(안) 제정 및 도입은 집단적 피해가 빈번해 지고 있는 오늘날 필수불가결하게 검토해 보아야 할 과제이다. 특히 우리나라 공정거래법상 표본확인소송법(안)에서는 독일 표본확인소송에서 집단 또는 공공기관인 단체에 대해 제소권을 부여하고 있는 것에 착안하여, 우리나라에서 집단 또는 공공기관의 단체에 제소권을 부여하여 공정거래법상 집단적 피해를 구제할 수 있는 권한을 갖고 사업자(영업자) 또는 소비자, 즉 피해자들을 대표하여 표본확인소송을 진행할 수 있도록 하였다. 독일의 표본확인소송은 소송권한 있는 단체의 소제기 또는 피해소비자가 소송등록부에 등록을 한 이후 재판절차를 거쳐 확인의 대상에 대한 판결을 구하는데, 확인판결 전 화해(Vergleich)를 통해 소비자가 화해부분에 동의함으로써 소송이 종결되거나 화해가 이루어지지 않았을 때 확인판결(Feststellungsurteil)에서 인용판결을 받을 경우 소비자는 판결에 기초하여 자신의 청구권을 사업자에게 주장할 수 있고, 기각판결을 받을 경우 소비자에게 기판력이 미친다. 물론 우리나라 공정거래법상 표본확인소송(안)에서 단체의 요건이 소비자기본법상 소비자단체소송을 기본틀로 하여 고안되어 작성된 만큼 독일의 표본확인소송절차에 비해 그 제소권의 범위가 엄격한 점이 있으나 아직 공정거래법상 표본확인소송(안) 등 집단적 피해에 대한 법률 등이 제정되지 않았다는 점, 그로 인해 제소권 범위가 넓게 정해진다면 제도를 도입하기도 전에 남소의 위험 등 문제점들이 우려되므로 우선 소비자기본법상 소비자단체소송법의 기본틀을 모델로 하여 제정해 보는 것이 바람직하다.

(3) 단체소송의 대상에 있어서 확인의 이익

우리나라 공정거래법상 표본확인소송(안)에 있어서 표본확인소송의 대상은 '「소비자기본법」 제29조에 따라 공정거래위원회에 등록한 (소비자)단체 또는 「비영리민간단체 지원법」 제2조에 따른 비영리민간단체 중 어느 하나에 해당하는 단체는 사업자가 「독점규제 및 공정거래에 관한 법률」 제5조 규정의 시장지배적지위의 남용, 「독점규제 및 공정거래에 관한 법률」 제40조 규정의 부당한 공동행위의 금지 및 「독점규제 및 공정거래에 관한 법률」 제45조 규정의 불공정거래행위의 금지 규정을 위반하여 사업자(영업자) 및 소비자의 생명·신체 또는 재산에 대한 권익을 직접적으로 침해하고 그 침해가 계속되는 경우 법원에 (소비자)권익침해행위의 확인을 구하는 소송(이하 "표본확인소송"이라 한다)을 제기할 수 있다.'고 규정할 수 있다.

독일 민사소송법 제606조 제1항 제1문에서 의미하는 자격을 갖춘 단체라 함은 사실행위의 중지를 구하는 부작위소송에 관한 법률(UklaG; 이하 부작위소송법) 제3조 제1항 제1문 제1호(Nr.1)에서 규정하고 있는 단체로서 적어도 10인 이상의 소비자에 대한 권리 또는 법률관계가 확인 소송의 대상이 된다는 사실을 소장에 기재하여야만 한다. 표본확인소송은 (i) 소송은 독일 민사소송법 제606조 제1항 제1문에서 의미하는 자격을 갖춘 단체가 제기한 것일 것, (ii) 적어도 10인 이상의 소비자를 대상으로 하는 권리 또는 법률관계가 확인의 대상인 점이 입증될 것 및 (iii) 표본확인소송의 공고를 한 적어도 2개월 동안 적어도 50인 이상의 소비자들이 그 권리 또는 법률관계를 소송등록부에 등기를 위해 유효하게 신청을 하였을 경우에만 허용된다. 독일의 단체소송의 발전형태인 표본확인소송을 통해 소비자와 기업 간의 권리 또는 법률관계의 존부에 대한 사실상 및 법률상의 요건의 존재 또는 부존재(확인의 목적)의 확인을 청구해야 한다. 원인판결인 확인판결을 받은 후 이 판결을 근거로 하여 개별적인 손해배상청구 소송을 통해 권리구제를 받는다면 집단피해를 신속·경제·효율적으로 해결할 수 있고 미국식 제도와는 달리 손해배상 범위를 어느 정도 예상할 수 있다. 표본확인소송은 제3자를 위한 확인소송으로 제3자 소송담당과 유사한 점이 있다. 독일 민사소송법 제606조 제1항에서 규정하고 있는 확인의 대상에 대한 정의를 동법 제256조 제1항[74]에 따른 확인소송의 법문과 비교해 보면, 표본확인소송의 대상은 전통적인 확인소송에 비하여 그 범위가 보다 더 넓다. 표본확인소송은 확인소송에 해당한다. 그러나 표본확인소송은 그 심판대상과 소를 제기할 수 있는 단체가 집단분쟁의 직접 당사자가 아닌 그 분쟁에 전문성은 갖고 있지만 법률상 제3자라는 점이 특징적이다. 심판대상과 관련하여 보면 통상의 확인소송의 경우에는 분쟁의 대상이 된 권리 또는 법률관계 자체의 확인을 구하는 것이 원칙이다. 그러나 표본확인소송의 심판대상은 향후 소비자들과 기업 사이의 집단피해에 관한 권리 또는 법률관계를 직접 대상으로 하지 아니하고, 오히려 그것의 존부 판단에 필요한 사실상 및 법률상의 요건을 심판대상으로 한다는 점이다. 확인의 경우 분쟁의 대상이 된 권리 또는 법률관계 자체의 확인, 특히 그것의 존부 판단에 필요한 사실상 및 법률상의 요건을 심판대상으로 한다는 점에서 소송의 경제·신속을 추구할 수 있고, 이는 만약 공정거래 관련하여 표본확인소송(안)이 제정된다면 필수적으로 검토해야 할 사항이다.

---

74) 독일 민사소송법 제256조 (확인의 소) 제1항 법률관계의 존재 또는 부존재의 확인, 문서의 진정 또는 부진정의 확인을 요하는 소는 법률관계 또는 문서의 진정 또는 부진정을 법관의 재판에 의해 즉시 확인하는 것에 관해 원고가 법적 이익을 갖는 때에는 이를 제기할 수 있다.
제2항 판결의 기초가 되는 구두변론의 종결 시까지 원고는 청구의 확장(Erweiterung des Klageantrages)에 의해, 피고는 반소(Widerklage)의 제기에 의해 소송의 진행 중에 쟁점이 된 법률관계에 소송에 대한 재판의 전부 또는 일부가 그 존부에 의존하고 있다는 것을 법관의 재판에 의해 확인할 것을 신청할 수 있다.

집단적 피해구제 방안으로서 옵트인(opt in) 형식을 취하고 있는 독일의 표본확인소송 확인판결 단계에서는 기판력, 즉 집행력이 없다. 이와 관련하여 프랑스 집단소송에 있어서 2단계 구제절차와 비교해 보면, 프랑스의 2단계 구제절차는 단체에게 위법확인을 구하는 신청단계에서 개인의 신고를 통해 위법확인 후 개별구제를 예정적으로 할 수 있게 설계를 하였다. 이는 독일의 제도와는 다소 다른 측면인데, 독일의 표본확인소송은 우선 '소비자와 기업 간의 권리 또는 법률관계의 존부에 대한 사실상 및 법률상의 요건의 존재 또는 부존재(확인소송의 목적)'의 목적에 대한 확인판결을 받고, 이후 개별적인 손해배상청구는 개인들에게 철저하게 맡겨 두는 시스템이다. 이 점이 개별구제가 확인신청단계에서 예정적으로 들어가는 2단계 구제절차와는 다소 다르다. 우리나라 공정거래 관련 집단적 피해구제에 있어서 예정적으로 당연히 손해배상구제가 들어가는 2단계 구제절차보다는 1차적으로 확인소송의 목적에 대한 판결을 통해 원인에 대해 판단을 하고, 이후 개별구제에 대해서는 개인의 피해정도에 차별적 구제를 하는 것이 더 적합하다.

(4) 관할의 확대

공정거래법상 표본확인소송(안)에 있어서 관할에 관한 사항은 소비자단체소송 및 개인정보보호 단체소송과 마찬가지로 단체소송의 소(訴)는 피고의 주된 사무소 또는 영업소가 있는 곳, 주된 사무소나 영업소가 없는 경우에는 주된 업무담당자의 주소가 있는 곳의 지방법원 본원 합의부의 관할에 전속한다. 그리고, 이를 외국사업자에 적용하는 경우 대한민국에 있는 이들의 주된 사무소·영업소 또는 업무담당자의 주소에 따라 정한다.

우리나라 민사소송법 제3조에서는 사람의 보통재판적에 관한 사항에 관하여 규정하고 있는데, 피고가 사람인 때의 보통재판적은 그의 주소에 따라 정하고, 다만, 대한민국에 주소가 없거나 주소를 알 수 없는 경우에는 거소에 따라 정하며, 거소가 일정하지 않거나 거소도 알 수 없으면 마지막 주소에 따라 정한다고 규정하고 있다. 우리나라 민사소송법 제5조에서는 법인 등의 보통재판적에 관한 사항에 관하여 규정하고 있고, 법인, 그 밖의 사단 또는 재단의 보통재판적은 이들의 주된 사무소 또는 영업소가 있는 곳에 따라 정하고, 사무소와 영업소가 없는 경우 주된 업무담당자의 주소에 따라 정하며(동법 제5조 제1항), 외국법인의 경우 한국에 있는 사무소 또는 영업소에 의하고, 그것이 없으면 한국에 있는 업무담당자의 주소에 따라 정한다고(동법 제5조 제2항) 규정되어 있다. 소비자단체소송 및 개인정보보호 단체소송에 있어서 관할 규정도 우리나라 민사소송법상 관할 범위와 유사하다 할 수 있다. 독일의 경우 피고의 주소지 또는 영업지 주소를 전속관할로 규정(독일 민사소송법 제13조)하고 있고 만약 이것이 없다면 거소를 관할로, 만약 거소도 없다면 행위지(최후의 주소지)를 관할하는 법원에 관할권을 인정(독일 민사소송법 제16조)하고 있다.

우리나라의 경우 독일과 마찬가지로 행위지까지 관할을 확대한다면 소송절차의 신속·경제를 추구할 수 있는 장점이 있고 관할이 어디인가에 따라 소송을 진행할지 여부도 결정될 수 있으므로 관할 확장은 필요하다. 그러나 불법행위지에도 관할을 인정해야 하는지 여부에 대하여는 신중하게 검토해야 할 필요성이 있는데, 왜냐하면 집단소송의 경우 집단적 피해가 발생한 곳을 지정하기 어렵기 때문이다. 관할의 경우 원칙적으로 피고의 주소지 또는 영업지에 관할이 없는 경우 피고의 거소지를 중심으로, 피고의 거소지도 없는 경우 불법행위지로 관할을 지정·확대하는 것은 소비자보호를 위한 최대한의 노력이라 볼 수 있으므로 공정거래법상 표본확인소송 도입에 있어서 이에 대한 심도 있는 검토가 필요하다.

(5) 기판력 확장

공정거래법상 표본확인소송(안)에 있어서 확정판결의 효력은 원고의 청구를 기각하는 판결이 확정된 경우 이와 동일한 사안에 관하여는 「독점규제 및 공정거래에 관한 법률」 제119조에 따른 단체는 단체소송을 제기할 수 없다. 다만, (ⅰ) 판결이 확정된 후 그 사안과 관련하여 국가·지방자치단체 또는 국가·지방자치단체가 설립한 기관에 의하여 새로운 증거가 나타난 경우, (ⅱ) 기각판결이 원고의 고의로 인한 것임이 밝혀진 경우 중 어느 하나에 해당하는 경우에는 예외적으로 표본확인소송을 제기할 수 있다.

독일의 표본확인소송의 경우 독일 민사소송법 제610조 제1항에 의하면, 표본확인소송이 진행되는 날부터는 그 분쟁의 대상이 생활관계 및 확인의 대상이 동일한 때에는 누구도 피고를 대상으로 하여 다른 표본확인소송을 제기할 수 없다. 다만, 당해 표본확인소송이 본안에서 판결 없이 종료된 때에는 그러하지 아니하다. 동법 제610조 제2항 규정에 따르면, 동일한 날짜에 사실관계 및 확인의 대상이 되는 동일한 수개의 표본확인소송이 법원에 제출될 때에는 민사소송법 제147조[75]

소송의 병합 규정에 따른다. 신청을 한 소비자는 표본확인소송의 계속 중에는 피고를 상대방으로 하여 소송물이 동일한 사실관계 및 확인의 대상에 해당하는 다른 소송을 제기할 수 없고(동법 제610조 제3항), 법원은 늦어도 구두변론을 위한 첫 번째 기일에는 청구취지가 소송 목적에 적합하도록 하여야 한다(동법 제610조 제4항).

독일의 경우 단체소송의 기판력은 독일 민사소송법 제322조 제1항에 의하여 기판력[76]을 가진다. 부작위소송법(UklaG) 제11조 제1문 규정에 따르면, 기판력은 당사자뿐만 아니라 제3자에 대하여도 발생한다고 규정하고 있으며, 제3자에 대한 판결의 효력 인정으로 인하여 판결을 받은 당사자의 이익 보호 범위를 확장하고 있다. 반면, 우리나라 민사소송법 제218조에 따르면, 기판력은 원칙적으로 당사자간에 한하고 제3자에 미치지 않는다고 규정하고 있다. 그러나 예외적으로 판결의 효력을 인정 범위의 제3자 또는 제3자 일반에까지 확장시켜 법률관계의 획일적 해결을 도모하기도 한다. 소비자기본법 제75조의 경우 원고의 청구를 기각하는 판결이 확정된 경우 이와 동일한 사안에 관하여 법 제70조 규정에 따른 단체는 단체소송을 제기할 수 없다고 규정한다. 다만, (ⅰ) 판결이 확정된 후 그 사안과 관련하여 국가 또는 지방자치단체가 설립한 기관에 의하여 새로운 연구결과나 증거가 나타난 경우(법 제75조 제1호), (ⅱ) 기각판결이 원고의 고의로 인한 것임이 밝혀진 경우 중 어느 하나에 해당하는 경우에는 그러하지 아니하다(법 제75조 제2호)고 규정한다.

단체소송의 목적은 가능한 한 거대한 확장효를 실현하기 위한 것이다. 독일은 원칙적으로 판결의 효력이 당사자 사이에만 미치지만, 판결의 원용이 있는 경우에 한하여 제3자에게도 판결의 효력이 확장된다. 이와 같은 이유로 독일의 표본확인소송은 독일 민사소송법 제607조 제1항 제1호 내지 제8호 사항을 기재하여 소송등록부에 공고하고 있다. 또한 법원은 독일 민사소송법 제606조에 규정된 단체의 요건을 충족한 때에는 14일 이내에 공고를 하도록 하고 있다. 단체소송의 목적 자

75) 독일 민사소송법 제147조(소송의 병합) 법원은 동시에 변론 또는 재판을 하기 위해서 소송의 목적인 청구가 서로 법률상 관련이 있거나 또는 하나의 소로서 주장되어질 수 있는 경우에는, 그 법원에 계속 중인 동일의 또는 당사자간의 수개의 소송의 병합을 명할 수 있다.

76) 독일 민사소송법 제322조(기판력) 제1항 판결은 소 또는 반소로써 제기한 청구에 관하여 재판한 부분에 한하여 확정력을 갖는다.
제2항 피고가 반대채권에 의한 상계(Aufrechnung)를 주장한 경우에, 반대채권이 존재하지 아니한다는 재판은 상계를 주장한 수액에 한하여(bis zur Höhe des Betrages) 확정력을 갖는다.

체가 기판력의 확장효에 있다고 볼 수 있고, 독일의 표본확인소송에서도 이를 위한 노력이 진행되고 있는 등 제3자에 대한 기판력의 확장의 입법도 고려해야 한다.

(6) 소송허가신청주의

공정거래법상 표본확인소송(안)에 있어서 소송허가신청은 단체소송을 제기하는 단체는 소장과 함께 (i) 원고 및 그 소송대리인, (ii) 피고, (iii) 금지·중지를 구하는 사업자의 소비자보호 침해행위의 범위 사항을 기재한 소송허가신청서를 법원에 제출하여야 한다. 이러한 소송허가신청서에는 (i) 소제기단체가 단체소송의 대상에 해당하는 요건을 갖추고 있음을 소명하는 자료, (ii) 소제기단체가 소송허가요건, 즉 소제기단체가 사업자에게 소비자권익증진 침해행위를 금지·중지할 것을 서면으로 요청한 후 14일이 경과하였을 요건 규정에 따라 요청한 서면 및 이에 대한 사업자의 의견서. 다만, 14일 이내에 사업자의 응답이 없을 경우에는 사업자의 의견서를 생략할 수 있다.

소송허가신청은 개인적 이익이 아닌 공익성이 있는 경우에만 허용한다는 취지가 있다. 소송허가신청은 우리나라에만 있는 고유의 제도이다. 엄격한 소송허가신청절차는 간접적으로 제소적격확대로 인한 남소의 우려를 막을 수 있고, 이러한 절차를 거쳐 소를 제기한다면 공정거래관련 단체소송을 보다 효율적으로 활용할 수 있다. 그러나 제소권 단체 범위의 축소나 소송허가신청 등 형식과 절차를 너무 엄격하게 규정한다면 소액·다수의 집단적 피해를 구제하기 위한 제도로서 단체소송, 특히 독일의 표본확인소송의 활성화가 지연되고, 형식과 절차에 얽매여 본질적인 구제책 마련에 어려움이 발생하므로 독일의 표본확인소송제도를 모델로 하여 공정거래관련 단체소송법(안)을 제정하되, 다각적인 측면에 대한 면밀한 검토가 필요하다.

(7) 손해배상청구

독일의 단체소송은 법률이 정한 권리침해가 있을 경우 단체가 권리침해의 금지·중지를 구하는 소를 말한다. 우리나라 소비자기본법 또는 개인정보보호법상 단체소송은 독일의 단체소송을 모델로 하여 제정하였기 때문에 금지·중지명령만이 규정되어 있을 뿐 손해배상청구가 포함되어 있지 않다. 그로 인하여 단체소송은 실효성을 의심받는 경우가 많으며, 경우에 따라서는 별개의 손해배상이 필요하기 때문에 구제절차의 지연이 지적되기도 한다.

독일의 단체소송의 경우 표본확인소송이 시행되기 전까지 단체소송에 손해배상청구를 직접 결부시키지는 않았다. 즉 단체가 직접 손해배상청구하는 방식을 인정하지는 않았다. 왜냐하면 단체소송의 목적인 단체가 정관에 부합하도록 소송을 수행하는 것이므로 손해배상을 통하여 단체 자체의 재산을 증식하는 것이 단체소송의 목적에 부합하지 않고, 인적·물적으로 정부에 등록할 수 있는 공신력 있는 단체이기 때문에 재정적인 안정성 및 지속가능성이 보장되므로 굳이 단체는 소송을 통해 이득을 추구할 필요도 없었기 때문이다. 손해배상청구와 관련하여 독일의 경우 이익환수청구라는 별도의 제도가 있었고, 우리나라의 경우 과징금 제도가 있어 독일의 이익환수청구와 유사한 기능을 하고 있다. 그러나 독일의 경우 공익소송의 경향이 강했던 단체소송이 미국의 손해배상제도를 연구하여 제도에 반영하고자 하는 시대적 흐름에 따라 독일 민사소송법상 표본확인소송(MFK; 법 제606조 내지 제614조)을 도입하여 확인소송판결 후 이를 기초로 개별적인 손해배상청구를 할 수 있는 제도적 방안을 모색하였다. 더 나아가 2020년 유럽연합지침(Directive 2020/1828)을 통하여 제소권자 범위를 소기업까지 확대하고, 직접적인 배상청구를 할 수 있는 구제소송(Abhilfeklage)에 대한 노력을 하는 등 개별구제를 위한 노력을 하고 있다.

앞으로 독일의 구제소송(Abhilfeklage)과 표본확인소송(Musterfeststellung)은 유럽연합지침(Directive 2020/1828)에 의해 피해자들이 바로 손해배상을 청구할 수 있다. 이를 위해서는 피해자들이 바로 손해배상청구를 할 수 있는 구제소송(Abhilfeklage)과 표본확인소송(Musterfeststellungsklage)이 함께 공존할 수 있는 제도로 활용해야 하는지 독일 민사소송법 내에 규정되어 있는 표본확인소송을 보완하는 제도로 적용해야 할지 여부는 좀 더 지켜봐야 한다. 유럽연합지침은 2023년 6월 25일부터 각 국가에 자유롭게 기존의 제도권에 편입시켜야만 한다고 규정하고 있고, 집단적 피해구제를 위한 제도 도입의 방식과 형태에 관하여는 각국의 자유재량으로 정하고 있다. 이에 아직 독일은 법률초안만 나와 있는 상황이다.

(8) 소송비용

공익소송 진행 중에 실무상 겪게 되는 가장 큰 문제점은 바로 소송비용이다. 공익소송에 있어서 소송비용의 패소자 부담원칙에 대한 비판은 지속적으로 제기되어 왔는데, 소송비용은 소송당사자가 현실적으로 소송에서 지출한 비용 중 법령에 정한 범위에 속하는 비용을 말한다. 우리나라는 패소자 소송비용 부담의 원칙을 취하고 있어 아무리 의미 있는 공익소송이라고 하더라도 전부 패소로 종결되면 소송비용은 패소자가 부담한다.

한편, 유럽연합지침은(Directive 2020/1828) 제12조에서 구제조치를 위한 단체소송의 비용부담을 규정하고 있는데, 제1항은 회원국은 사법절차 일반에 적용되는 국내법상 조건과 예외규정에 따라 구제조치를 위한 단체소송의 패소당사자가 승소당사자의 절차비용을 부담하도록 하여야 한다고 규정하고, 제2항은 구제조치를 위한 단체소송에 관한 개별소비자는 소송비용을 부담하여서는 안 된다고 규정하고 있으며, 제3항은 제2항의 규정과 달리, 예외적인 경우에는 개별소비자의 고의 또는 과실로 인하여 야기된 절차비용에 대해서는 개별소비자가 비용을 부담하라는 명령을 받을 수 있다고 규정하였다. 충분한 자금 조달은 모든 집단적 구제조치 수단의 성공에 매우 중요한 역할을 한다. 아무리 소비자 보호를 위한 적격단체라 하더라도 재정 부족을 이유로 소송을 제기할 수 없다면 실효성이 없고 진행될 수 없다. 또한 자금조달의 문제는 공정한 재판이자 당사자가 절차를 성공적으로 수행할 수 있는 가능성의 공평한 경쟁의 장이라는 의미에서 당사자들의 평등에 관한 문제이기도 하다. 유럽연합지침은 제소권 있는 단체가 단체소송의 비용을 부담하지 않아야 하고(원칙), 다만 제소권 있는 단체는 변호를 받겠다는 의사를 표시한 소비자에게만 '해당 단체소송에 참여하기 위해 소액의 수수료 또는 이와 유사한 요금을 지불하도록' 요구할 수 있다고 규정한다. 유럽연합지침은 여전히 패소자 비용 부담 원칙을 따르고, 회원국의 제3자 자금 지원 허용 여브 및 자금 조달이나 단체소송에 대하여 '회수되지 않은 미지급 구제 자금' 지정 여부와 관계없이 회원국에 일임한다. 유럽연합지침은 회원국이 단체소송 관련 소송 절차 비용이 제소적격단체가 지침에 규정된 해당 조치를 추구할 권리의 효과적 행사를 방해하지 않도록 보장하는 조치를 취하도록 한다. 유럽연합지침은 피고의 경쟁자 또는 피고에 의존하는 자금 제공자가 직접 자금을 조달하는 것을 금지하고 있는데 이는 여전히 제3자 자금 조달 조건과 한계가 불확실함을 알 수 있다. 회원국은 '이해 상충이 방지'되고 자금 제공자의 자금 지원이 '구제조치를 위한 단체소송의 제기 또는 그 결과에 경제적 이해관계가 있는 단체소송을 소비자의 집간적 이익 보호에서 벗어나지 않도록' 해야 한다.

(9) 특별법 내 공정거래 표본확인소송(안) 제정

우리나라 공정거래법(「독점규제 및 공정거래에 관한 법률」)상 표본확인소송 도입에 있어서 기존의 단체소송법을 활용하여 독점규제 및 공정거래에 관한 법률에 제정 여부를 검토해 볼 필요가 있는데, 독일의 단체소송을 모델로 제정된 소비자기본법상 소비자단체소송, 개인정보보호법상 단체소송 규정을 기초로 하여 공정거래법상 단체소송, 특히 표본확인소송을 제도화 하여야 한다. 물론 이에 있어서 공정거래법상 단체소송을 굳이 제정하지 않고, 소비자기본법에서 단체소송의 대상만 늘리면 된다는 의견, 공정거래법상 도입해야 한다는 의견, 독일의 표본확인소송과 같이 민사소송법에 편입시켜야 한다는 의견 등이 발생할 수 있으나 공정거래의 특성상 소비자기본법에서 단체소송의 대상만을 늘린다는 점은 제소권자 범위를 축소시키고 영업자(사업자) 및 소비자 모두를 포함시키지 않는다는 점, 민사소송법에 편입시키는 문제는 공정거래 집단피해에 관한 법도 제정되지 않은 시점에서 아직은 시기상조이며, 소비자단체소송제도와 개인정보 단체소송제도와 마찬가지로 공정거래 단체소송도 각 특별법 내에 도입하는 것이 바람직하다. 다만, 독일의 표본확인소송의 구체적 도입방안은 기존의 소비자단체소송과 기본적인 틀은 동일하되 확인(Feststellung)에 대한 규정을 공정거래법상 제정해야 한다. 표본확인소송제도는 현재까지 우리 법체계에 없었던 새로운 소송을 도입하는 것이므로 손해배상규정이 없고 단지 금지·중지청구만을 규정하여 실효성 없는 제도로 평가된 단체소송의 한계점을 극복할 수 있도록 설계해야만 한다.

V. 결 론

'권리 있는 곳에 구제 있다(ugi jus ibi remedium).'는 말이 있듯이 권리가 있어야 하는 곳에 구제가 있어야 한다. 권리구제는 직접적으로 피해를 입은 자가 구제를 받는 것을 의미한다. 즉, 권리구제라 함은 손해배상이라 할 수 있다. 소액·다수의 집단적 피해가 발생한 경우 이와 관련한 절차를 통하여 구제를 받을 수 있어야 한다. 그러나 법원으로부터 판결을 받았다고 하더라도 이에 대한 집행이 불가능하다면 권리를 제대로 구제하였다고 볼 수 없다.

폭스바겐 디젤스캔들(폭스바겐 배기가스 조작사건; VW-Dieselskandal)은 2015년 9

월 ㈜폭스바겐의 디젤 배기가스 조작을 둘러싼 일련의 세계적인 스캔들이다. 폭스바겐의 디젤 엔진에서 디젤 배기가스 기준치의 40배나 발생한다는 사실이 밝혀지면서, 센서 감지 결과를 바탕으로 주행시험으로 판단이 될 때단 저감장치를 작동시켜 환경 기준을 충족하도록 엔진 제어장치를 프로그래밍했다는 사실이 드러났다. 지금까지도 정치적으로나 사회적으로 많은 논란이 계속되고 있다. 독일은 이러한 '불공정한 거래행위'의 대표적인 사례인 폭스바겐 디젤스캔들 사건을 해결하기 위해 기존의 단체소송의 취지와 표본절차를 결합하여 개별배상을 보다 효과적으로 구제하기 위해 2018년 표본확인소송을 제정하였다.

독일의 표본확인소송(MFK)은 독일 민사소송법 제606조에 규정되어 있는 자격을 갖춘 단체가 표본소송을 통해 소비자와 기업 간의 권리 또는 법률관계의 존부에 대한 사실상 및 법률상의 요건의 존재 또는 부존재(확인의 대상)의 확인(Feststellung)을 청구하는 소송이다. 독일의 표본확인소송은, 첫째 중간판결과 같은 원인판결인 확인판결을 통한 소송진행의 효율성 강화, 둘째 피해자들의 옵트인(opt in)을 통한 손해배상범위의 예상, 셋째 확인판결 후 개별적 손해배상청구를 할 수 있게 하여, 피해자들이 자신들이 피해를 입은 손해액 만큼 증명하여, 정확하게 손해배상청구를 받을 수 있다는 점, 넷째 소제기 자격을 법률상 특정 단체에게만 인정함으로써 남소의 위험, 소송진행의 효율성 등 공정거래 관련 분야 집단피해를 신속 · 경제 · 적정 · 공평하게 해결할 수 있는 제도이다.

독일의 표본확인소송은 미국의 대표당사자소송(class action)과 비교해 보면, 첫째 대부분 소송금액이 크기 때문에 기업들을 상대로 소송이 남발될 경우 집단소송이 제기되었다는 사실만으로도 사회 · 경제적 측면에서 큰 타격을 입게 되어 국가경제의 약화를 초래할 위험이 있다는 점, 둘째 개별당사자들의 소송비용이 매우 적게 들기 때문에 패소에 대한 부담은 적은 반면, 변호사는 많은 보수를 기대할 수 있기 때문에 무의미한 남소의 가능성이 발생할 수 있다는 점에서 이를 보완할 수 있는 제도로써 바람직하다. 또한, 프랑스, 일본의 2단계 구제절차와 비교해 볼 때, 피해자 소송관여 단계에서 옵트인(opt in)을 함과 동시에 예비적으로 손해배상청구를 하나의 절차 안에서 진행하고 있는데, 이 점은 독일의 표본확인소송, 즉 확인의 대상에 대한 표본확인단계와 그 이후 금전배상인 손해배상 청구소송을 개별적으로 피해자의 자유재량에 근거하여 진행한다는 점이 다르다. 프랑스와 일본의 경우 1단계 확인을 거쳐 예비적으로 2단계 손해배상을 통해 피해자들을 구제하고 있는데, 개별적인 손해배상청구에 있어서 독일의 표본확인소송은 개개의 피해자들이 손해액 산정을 명확하게 확정하여 정확한 권리구제가 이루어지고 있으나 프랑스, 일본의 2단계 구제절차는 손해배상청구 실현에 있어서 손해액 산정이 일괄적으로 확정되어 개개의 피해자들의 손해액 산정이 다소 불명확한 측면이 발생한다는 점에서 독일의 표본확인소송제도는 프랑스, 일본의 2단계 구제절차, 미국의 징벌적 손해배상보다 보다 효율적인 제도이다.

독일의 표본확인소송은 독일의 단체소송(Verbandsklage)을 모델로 하여 발전되어 온 형태이다. 독일의 단체소송은 우리나라 소비자기본법상 소비자단체소송의 모델로써 제정되었고, 소비자단체소송의 영향을 받아 개인정보보호법상 개인정보단체소송이 제정되었다. 우리나라 공정거래 표본확인소송(안)도 독일의 단체소송을 모델로 하여 발전되어 온 것이라 볼 수 있고, 소비자단체소송, 개인정보 단체소송과 그 기본틀을 같이 하는 것이 타당하다. 독일의 표본확인소송이 독일 민사소송법(법 제606조 내지 제615조)에 제정되어 있기는 하지만, 우리나라 소비자단체소송(법 제76조 「민사소송법」의 적용), 개인정보 단체소송(법 제57조 「민사소송법」의 적용)에 이미 민사소송법의 적용 규정이 있고, 우리나라 공정거래법상 표본확인소송(안)도 소비자단체소송, 개인정보 단체소송과 그 틀을 동일하게 하여 제정(안)을 제안한 만큼, 특별법인 공정거래법, 즉 독점규제 및 공정거래에 관한 법률에 표본확인소송(안)을 제정하는 것은 타당하며, 우리나라 일반법인 민사소송법에 표본확인소송(안)을 제안하는 것은 집단피해 관련 해결 제도에 대해 보수적인 성향의 우리나라 민사소송법 체계에는 시기상조인 면이 있으므로 조심스럽게 접근해야 하는 측면이 있다.

우리나라 공정거래법상 표본확인소송(안) 제안의 경우, 첫째 독일의 경우 점차 단체의 제소권 범위가 넓어져서 피해자들의 권리구제의 확대가 이루어지고 있다는 점, 둘째 우리나라는 처분권주의에 있어서 입법재량이 넓어서 옵트인(opt in) 또는 옵트아웃(opt out) 선택에 자유롭고, 우리나라 공정거래 관련 집단적 피해구제에 있어서 예정적으로 당연히 손해배상구제가 들어가는 프랑스, 일본의 2단계 구제절차보다는 1차적으로 확인소송의 목적에 대한 판결을 통해 원인에 대해 판단을 하고, 이후 개별구제에 대해서는 개인의 피해정도에 차별적 구제를 하는 것이 더 적합다는 점, 셋째 독일의 표본확인소송은 미국의 대표당사자소송(class action)의 징벌적 손해배상제도, 프랑스, 일본의 2단계 구제절차 등과 비교해 보았을 때, 표본확인을 통한 손해배상범위의 예상과 정확한 손해배상이 이루어진다는 점 등을 고려하여 신중하게 검토되어야 한다. 이를 통하여 우리나라 공정거래법상 표본확인소송(안)을 제정하여 소송절차적인 측면에서 신속 · 경제 · 적정 · 공평이라는 민사소송의 이상을 실현시켜야 한다.

아울러 독일의 표본확인소송은 2020년 유럽연합지침(EU Directive 2020/1828)의 시행에 따라 2023년 6월 25일부터 독일 내 자유재량으로 이 지침을 적용해야만 하고, 현재 독일법률초안, 즉 독일 단체소송지침전환법(VRUG) 제1장 소비자권리관철법(VDuG) 제1조 규정에 표본확인소송(MFK) 및 구제소송(AFK)을 규정하여 손해배상에 대한 부분에 대한 연구를 계속하고 있으므로 독일의 추이를 계속적으로 살펴보아야 한다. 왜냐하면 독일의 표본확인소송은 우리나라뿐만 아니라 전세계적으로 빈번하게 발생하고 있는 공정거래 관련 집단적 피해를 허결하기 위한 효율적인 구제책이 되기 때문이다. 독일의 움직임과 법제정에 대한 검토는 계속되어야만 하고, 우리나라 공정거래법상 표본확인소송(안)을 제정 · 도입한다면, 우리나라 공정거래법 제1조에서 규정하고 있는 "사업자의 시장지배적 지위의 남용과 과도한 경제력의 집중을 방지하고, 부당한 공동행위 및 불공정거래행위를 규제하여 공정하고 자유로운 경쟁을 촉진함으로써 창의적인 기업활동을 조장하고 소비자를 보호함과 동시에 국민경제의 균형 있는 발전을 도모"해야 한다는 공정거래법의 본질인 궁극적인 목적을 달성할 수 있는 징검다리 역할을 충실히 수행할 수 있게 될 것이다.

그러므로 우리나라 공정거래 관련 표본확인소송(안) 제정은 효율적 · 경제적인 집단피해해결제도가 될 것으로 판단되며, 특별법인 공정거래법상 표본확인소송(안)을 제정하는 것은 바람직하다.

[부록 1]

독점규제 및 공정거래에 관한 법률(안)

제13장 표본확인소송

제119조(표본확인소송의 대상 등) 다음 각 호의 어느 하나에 해당하는 **단체는 사업자가 제5조, 제40조, 제45조 규정을 위반하여 사업자(영업자) 또는 소비자**의 생명·신체 또는 재산에 대한 **권익을 직접적으로 침해하고 그 침해가 계속되는 경우 법원에 표본확인소송을 통해 사업자(영업자) 및 소비자와 기업간의 권리 또는 법률관계의 존부에 대한 사실상 및 법률상의 요건의 존재 또는 부존재(확인소송의 목적)의 확인을 청구할 있다. 제1문에서 의미하는 자격을 갖춘 단체라 함은 사실행위의 확인을 구하는 소송(이하 "표본확인소송"이라 한다)에서 규정하고 있는 (소비자) 이익을 대표하는 조직 또는 공공기관인 단체로서,**

1. 「소비자기본법」 제29조에 따라 공정거래위원회에 등록한 **(소비자)단체**로서 다음 각 목의 요건을 모두 갖춘 단체
   가. 정관에 따라 상시적으로 **(소비자) 침해에 대한 이익보호**를 주된 목적으로 하는 단체일 것
   나. 단체의 정회원수가 1천명 이상일 것
   다. 「소비자기본법」 제29조에 따른 등록 후 3년이 경과하였을 것
2. 「비영리민간단체 지원법」 제2조에 따른 비영리민간단체로서 다음 각 목의 요건을 모두 갖춘 단체
   가. 법률상 또는 사실상 동일한 침해를 입은 50인 이상의 **사업자(영업자) 및 소비자**로부터 **표본확인소송**의 제기를 요청받을 것
   나. 정관에 **(소비자) 권익증진**을 단체의 목적으로 명시한 후 최근 3년 이상 이를 위한 활동실적이 있을 것
   다. 단체의 상시 구성원수가 5천명 이상일 것
   라. 중앙행정기관에 등록되어 있을 것

제120조(전속관할) ① **표본확인소송**의 소는 피고의 주된 사무소 또는 영업소가 있는 곳, 주된 사무소나 영업소가 없는 경우에는 주된 업무담당자의 주소가 있는 곳의 지방법원 본원 합의부의 관할에 전속한다.

② 제1항을 외국사업자에 적용하는 경우 대한민국에 있는 이들의 주된 사무소·영업소 또는 업무담당자의 주소에 따라 정한다.

제121조(소송대리인의 선임) **표본확인소송**의 원고는 변호사를 소송대리인으로 선임하여야 한다.

제122조(소송허가신청) ① **표본확인소송**을 제기하는 단체는 소장과 함께 다음 각 호의 사항을 기재한 소송허가신청서를 법원에 제출하여야 한다.

1. 원고 및 그 소송대리인
2. 피고
3. **확인을** 구하는 사업자의 **(소비자)보호** 침해행위의 범위

② 제1항의 규정에 따른 소송허가신청서에는 다음 각 호의 자료를 첨부하여야 한다.

1. 소제기단체가 제119조 각 호의 어느 하나에 해당하는 요건을 갖추고 있음을 소명하는 자료
2. 소제기단체가 제123조 제1항 제3호의 규정에 따라 요청한 서면 및 이에 대한 사업자의 의견서. 다만, 동호에서 정하는 기간 내에 사업자의 응답이 없을 경우에는 사업자의 의견서를 생략할 수 있다.

제123조(소송허가요건 등) ① 법원은 다음 각 호의 요건을 모두 갖춘 경우에 한하여 결정으로 **표본확인소송을** 허가한다.

1. 물품등의 사용으로 인하여 **사업자(영업자) 또는 소비자**의 생명 · 신체 또는 재산에 피해가 발생하거나 발생할 우려가 있는 등 다수의 사업자(영업자) 또는 소비자의 권익증진 및 피해예방을 위한 공익상의 필요가 있을 것
2. 제122조의 규정에 따른 소송허가신청서의 기재사항에 흠결이 없을 것
3. 소제기단체가 사업자에게 소비자권익증진 침해행위를 확인할 것을 서면으로 요청한 후 14일이 경과하였을 것

② **표본확인소송**을 허가하거나 불허가하는 결정에 대하여 즉시항고할 수 있다.

제124조(확정판결의 효력) 원고의 청구를 기각하는 판결이 확정된 경우 이와 동일한 사안에 관하여는 제119조에 따른 단체는 **표본확인소송**을 제기할 수 없다. 다만, 다음 각 호의 어느 하나에 해당하는 경우에는 그러하지 아니하다.

1. 판결이 확정된 후 그 사안과 관련하여 국가 · 지방자치단체 또는 국가 · 지방자치단체가 설립한 기관에 의하여 새로운 증거가 나타난 경우
2. 기각판결이 원고의 고의로 인한 것임이 밝혀진 경우

제125조(「민사소송법」의 적용 등) ① **표본확인소송**에 관하여 이 법에 특별한 규정이 없는 경우에는 「민사소송법」을 적용한다.

② 제123조에 따른 표본확인소송의 허가결정이 있는 경우에는 「민사집행법」 제4편에 따른 보전처분을 할 수 있다.

③ 표본확**인소송**의 절차에 관하여 필요한 사항은 대법원규칙으로 정한다.

부칙〈제187799호, 2020.12.29.〉(독점규제 및 공정거래에 관한 법률)

제1조(시행일) 이 법은 공포 후 1년이 경과한 날부터 시행한다. <단서 생략>

제2조부터 제24조까지 생략

제25조(다른 법률의 개정) ①부터 ㊳까지 생략

㊴ 소비자기본법 일부를 다음과 같이 개정한다.

제35조 제1항 제8호 중 "「독점규제 및 공정거래에 관한 법률」제51조의3 제6항"을 "「독점규제 및 공정거래에 관한 법률」 제90조 제7항"으로 한다.
㊵부터 <82>까지 생략

공정거래 표본확인소송 규칙(안)

제1조(목적) 이 규칙은 「독점규제 및 공정거래에 관한 법률」(다음부터 "법"이라고 한다) 제119조에 따라 제기된 **표본확인청구**에 관한 소송(이하 "**공정거래 표본확인소송**"이라고 한다)의 절차에 따라 필요한 사항을 정하는 것을 목적으로 한다.

제2조(「민사소송규칙」의 적용) 공정거래 **표본확인소송**에 관하여 이 규칙에 특별한 규정이 없는 때에는 「민사소송규칙」을 적용한다.

제3조(소의 제기 및 소송허가신청의 방법) 소장과 소송허가신청서는 별개의 서면으로 작성하여 제출하여야 한다.

제4조(소장의 기재사항) 소장에는 다음 각 호의 사항을 적어야 한다.

1. 원고 및 그 소송대리인
2. 피고
3. 청구의 취지와 원인

제5조(소송허가신청서의 기재사항) 소송허가신청서에는 다음 각 호의 사항을 적어야 한다.

1. 원고 및 그 소송대리인
2. 피고
3. 허가신청의 취지와 원인
4. **표본확인**을 구하는 사업자의 **(소비자)**권익침해행위의 범위
5. 법 제123조 제1항 제3호에 따른 서면요청의 연월일

제6조(소송허가신청서에 붙일 자료) ① 법제119조 제1호에 규정된 단체는 소송허가신청서에 다음 각 호의 자료 등을 붙여야 한다.

1. 단체의 정관
2. 단체의 정회원수가 1천명 이상임을 소명할 수 있는 자료
3. 법 제29조에 따라 **(소비자)단체**로 등록한 사실 및 등록일자를 소명하는 서면

② 전국 단위의 경제단체로서 「소비자기본법시행령」 제63조에 따라 재정경제부장관이 고시하는 단체는 소송허가신청서에 그 사실을 소명하는 서면을 붙여야 한다.

③ 법 제119조 제3호에 규정된 단체는 소송허가신청서에 다음 각 호의 자료 등을 붙여야 한다.

1. 단체의 정관
2. 「소비자기본법」 제28조에 규정된 업무 등 **사업자(영업자) 또는 소비자**의 권익증진과 관련된 최근 3년 간의 활동실적
3. 단체의 상시 구성원수가 5천명 이상임을 소명할 수 있는 자료

4. 중앙행정기관에 등록되어 있음을 소명하는 서면
5. **표본확인소송**의 제기를 요청한 소비자의 이름·주소와 연락처(전화번호·팩시밀리번호 또는 전자우편주소 등을 말한다. 다음부터 같다)
6. 제5호의 사업자(영업자) 또는 소비자들이 단체소송의 제기를 요청한 서면(각 소비자별 침해의 내용과 서명 또는 날인을 포함하여야 한다)

④ 소제기단체는 소송허가신청서에 법제123조제1항제3호에 따라 사업자에게 요청한 서면 및 이에 대한 사업자의 의견서를 붙여야 한다. 다만, 서면 요청 후 14일 이내에 사업자의 응답이 없을 때에는 사업자의 의견서를 붙이지 않을 수 있다.

제7조(확인요청의 방법) 소제기단체가 법 제123조 제1항 제3호에 따라 사업자의 **(소비자)**권익침해행위의 **확인을** 요청하는 때에는 그 서면에 다음 각 호의 사항을 적어야 한다.
1. 단체의 명칭, 주소 및 대표자의 이름
2. 연락처
3. 사업자의 이름 또는 명칭 및 주소
4. 법 제123조 제1항 제3호에 따른 요청이라는 취지
5. 침해행위의 내용 및 **확인**의 대상

제8조(소송허가신청서의 심사) ① 소송허가신청서의 기재사항 및 소송허가신청서에 붙일 서류에 흠이 있는 때에는 재판장은 상당한 기간을 정하여 그 기간 이내에 흠을 보정하도록 명하여야 한다.

② 원고가 제1항에 따른 재판장의 명령에도 불구하고 흠을 보정하지 아니한 때에는 법원은 결정으로 **표본확인소송**을 불허가한다.

제9조(소송허가신청서부본의 송달) 소송허가신청서의 부본은 소장부본과 함께 피고에게 송달한다.

제10조(소송허가신청의 심리) 법원은 소송허가 여부를 결정하기 위하여 필요하다고 인정하는 때에는 원고의 대표자, 피용자, 회원 또는 구성원, 피고 및 소비자 등을 신문할 수 있다.

제11조(소송허가여부에 대한 결정) ① 소송허가결정서 및 소송불허가결정서에는 다음 각 호의 사항을 기재하고 결정을 한 법관이 기명날인하여야 한다.
1. 원고 및 그 소송대리인
2. 피고
3. 주문
4. 이유

② 소송불허가결정서의 이유에는 흠결이 있는 소송허가요건을 명시하여야 한다.

③ 소송허가결정 및 소송불허가결정은 그 결정등본을 원고와 피고에게 송달하여야 한다.

④ 소송불허가결정이 확정된 때에는 **표본확인소송**이 제기되지 아니한 것으로 본다.

제12조(소송대리인의 사임 등) ① 원고의 소송대리인 전원이 사망 또는 사임하거나 해임된 때에는 원고가 새로운 소송대리인을 선임할 때까지 소송절차가 중지된다.

② 제1항에 따라 소송절차가 중지된 경우 법원은 원고에게 1개월 이상의 기간을 정하여 변

호사를 선임할 것을 명하여야 한다.

③ 원고가 제2항에 따른 명령을 받고도 정해진 기간 내에 변호사를 선임하지 아니한 때에는 법원은 결정으로 소를 각하하여야 한다.

④ 제3항의 결정에 대하여는 즉시항고를 할 수 있다.

제13조(공동소송참가) ① 법 제119조 각 호의 어느 하나에 해당하는 단체는 제123조 제1항에 따른 법원의 허가를 받아 다른 단체와 사업자 사이에 계속 중인 **공정거래 표본확인소송**에 「민사소송법」 제83조에 따른 공동소송인으로 참가할 수 있다. 이 때 공동소송참가신청서와 공동소송 참가허가신청서는 법 제122조제1항의 소장과 소송허가신청서로 본다.

② 제1항의 경우 법 제122조 제2항 제2호, 제123조 제1항 제3호의 규정은 적용하지 아니한다.

제14조(청구의 변경) 원고가 청구의 기초가 바뀌지 아니하는 한도안에서 청구의 취지 또는 원인을 바꿀 때에는 법 제122조 및 제123조의 규정을 적용하지 아니한다.

제15조(변론의 병합) 동일한 법원에 청구의 기초인 피고인 사업자가 같은 여러 개의 공정거래 단체소송이 계속 중인 때에는 이를 병합하여 심리하여야 한다. 다만, 심리상황이나 그 밖의 사정을 고려하여 병합심리가 타당하지 아니한 때에는 그러하지 아니하다.

부칙〈제2117호, 2007. 11. 28.〉

이 규칙은 2024년 1월 1일부터 시행한다.

[부록 2]

독일 민사소송법 제606조 내지 제614조

제606조(표본확인소송) ① 자격을 갖춘 단체(qualifizerte Einrichtungen)는 표본소송을 통해 소비자와 기업간의 권리 또는 법률관계의 존부에 대한 사실상 및 법률상의 요건의 존재 또는 부존재(확인소송의 목적)의 확인을 청구할 수 있다. 제1문에서 의미하는 자격을 갖춘 단체라 함은 사실행위의 중지를 구하는 부작위소송에 관한 법률(UklaG; 이하 부작위소송법) 제3조 제1항 제1문 제1호(Nr.1)에서 규정하고 있는 단체로서,

1. 동일한 업무 분야에서 활동하는 적어도 10개의 기관으로 구성된 단체의 구성원이거나 적어도 350명 이상의 자연인으로 구성된 회원을 보유한 단체,
2. 부작위소송법 제4조에 따른 자격을 갖춘 단체의 목록에 적어도 3년 이상 등록되어 있거나 유럽연합의 소비자 이익을 보호하기 위한 부작위소송에 관한 지침 제4조에 따른 유럽 위원회의 단체 목록에 등록된 단체,
3. 정관에 따른 업무를 이행함에 있어서 영리를 목적으로 하지 않는 정보제공 또는 자문활동을 통해 소비자 이익보호를 위한 활동을 하는 단체,
4. 영리추구를 목적으로 표본확인소송을 제기하지 않으며
5. 기업의 기부금이 단체의 재원 중 5% 미만에 해당되는 단체, 법원은 제2문 제4호(Nr.4) 또는 제5호(Nr.5)에 따른 요건의 존부에 관하여 진지한 의심이 드는 때에는 원고에 대하여 재원의 공시를 요구할 수 있다. 재원의 대부분을 공적 자금을 통해 지원을 받는 소비자 보호센터(Verbraucherzentrale)와 기타의 소비자 보호단체들은 제2문에 따른 요건을 충족한 것으로 본다.

② 소장에는 다음과 같은 기재사항 및 증거를 포함하여야 한다.

1. 제1항 제2문에서 언급한 요건이 존재한다는 사실 ;
2. 적어도 10인 이상의 소비자에 대한 권리 또는 법률관계가 확인 소송의 대상에 해당된다는 사실, 또한 소장에는 (단체) 소송 등록부에 공고를 위해 주장을 하는 생활사실관계에 대한 간략한 설명을 포함하여야 한다. 제253조 제2항은 방해받지 아니한다.

③ 표본확인소송은 다음과 같은 경우에만 허용된다.

1. 소송은 제1항 제2문에서 의미하는 자격을 갖춘 단체가 제기한 것일 것,
2. 적어도 10인 이상의 소비자를 대상으로 하는 권리 또는 법률관계가 확인의 대상인 점이 입증될 것 및
3. 표본확인소송의 공고를 한 2개월 동안 적어도 50인 이상의 소비자들이 그 권리 또는 법률관계를 소송등록부에 등기를 위해 유효하게 신청을 하였을 것.

제607조(표본확인소송의 공고) ① 표본확인소송은 다음의 사항을 기재하여 소송등록부에 공고하여야 한다.

1. 당사자의 표시,

2. 표본확인소송의 관할 법원 및 사건번호의 표시,
3. 확인의 대상,
4. 사실관계에 대한 간략한 설명,
5. 소송등록부에의 공고 일시,
6. 표본확인의 대상과 관련되어 소송등록부에 기재를 위하여 신청을 하여야 하는 소비자의 권한, 권리 또는 법률관계, 신청의 형식, 그 기한과 효력 및 취하의 효력.
7. 화해의 효력, 화해절차에서의 탈퇴를 위해 신청을 한 소비자의 권한, 탈퇴의 형식, 기한 및 그 효력,
8. 표본확인소송절차의 판결이 확정된 후에 (참가) 신청을 한 개별 소비자들의 요청에 따라 소송등록부에 기재된 각 당사자 개인 및 그 신청과 관련이 있는 기재사항들에 대한 서면 형식의 사본을 전달해야 하는 연방사법청(Bundesamts für Justiz)의 의무.

② 법원은 소장이 민사소송법 제606조 제2항 제1문에 따라 규정된 요건을 충족한 때에는 14일 이내에 공고를 하도록 하여야 한다.

③ 법원은 소송절차의 진행에 관하여 소비자에게 알릴 필요가 있는 때에는 기일의 지정, 소송등록부의 지적사항 및 중간판결 내용을 즉시 공고하도록 하여야 한다. 늦어도 각각의 기일 1주일 전에는 기일의 공고를 하여야 한다. 법원은 표본확인소송절차의 종료를 즉시 공고하도록 하여야 한다. 민사소송법 제611조 및 제612조는 이에 영향을 받지 아니한다.

법 제608조(권리 및 법률관계의 신청) ① 소비자들은 최초의 변론기일이 도과하기 전까지 확인의 대상에 의해 결정되는 권리 또는 법률관계를 소송등록부에 등기하기 위해 신청할 수 있다.

② 신청은 기한 및 형식에 좇아 이루어지고 다음과 같은 사항을 포함한 때에만 효력이 있다.
1. 소비자의 이름 및 주소,
2. 표본확인소송의 관할법원 및 사건번호의 표시,
3. 표본확인소송의 피고의 표시,
4. 소비자의 권리 또는 법률관계의 대상 및 그 근거,
5. 기재사항의 진실성 및 완정성에 대한 진술.

또한 신청서에는 청구액에 대한 내용을 포함하여야 한다. 신청서의 기재사항들은 내용에 대한 심사를 하지 않고 소송등록부에 기록된다.

③ 신청은 1심 법원의 구두변론이 개시되기 전까지 철회할 수 있다.

④ 신청 및 철회는 연방사법청에 서면으로 제출하여야 한다.

제609조(소송등록부; 위임명령) ① 소송등록부는 표본확인소송의 등록기관이다. 소송등록부는 연방사법청에 의해 운영되며 전자적인 방식으로 영위할 수 있다.

② 민사소송법 제607조 및 동조 제608조에 따른 공고와 등록은 지체 없이 하여야 한다. 소송등록부에 표본확인소송과 관련하여 기재된 사항들은 절차가 확정적으로 종료된 후의 3차년도 말까지 보존하여야 한다.

③ 공고는 소송등록부에서 누구나 무상으로 열람할 수 있어야 한다.

④ 민사소송법 제608조에 따라 신청을 한 소비자들은 연방사법청에 대하여 자신들의 신청과 관련하여 소송등록부에 기록된 기재사항들에 대한 정보를 요구할 수 있다. 연방사법청은 표본확인소송이 확정적으로 종료된 후에 신청을 한 소비자들의 청구에 따라 소송등록부에 기재된 사항에 대한 서면형식의 사본을 교부하여야 한다.

⑤ 연방사법청은 표본확인소송 관할법원의 요청에 좇아 표본확인소송과 관련하여 민사소송법 제606조 제3항 제3호(Nr.3) 에 언급된 날짜가 경과하기 전에 소송등록부에 기재를 위하여 등록을 신청한 자들에 대한 정보를 당해 법원에 송부하여야 한다. 법원은 형식에 구애받지 않고 해당 사본을 당사자들에게 전달하여야 한다.

⑥ 연방사법청은 당사자들의 요구에 따라 민사소송법 제608조 제1항에 언급된 날까지 소송등록부에 기재하기 위해 신청을 한 자들의 표본확인소송과 관련하여 소송등록부에 기록된 모든 기재사항에 대한 서면을 각 당사자에게 전달하여야 한다.

⑦ 연방 사법 및 소비자보호부(Bundesministerium der Justiz für Verbraucherschutz; 이하 연방법무부)는 연방상원의 승인 없이 위임명령을 통해 소송등록부의 내용, 구조 및 운영, 소송등록부에 기록된 기재사항들의 제출, 등록, 변경 및 폐기, 소송등록부에 기재된 서면의 교부 및 정보보안의 자유로운 접근가능성 등에 관하여 구체적인 사항을 정한다.

제610조(표본확인소송의 특수성) ① 표본확인소송이 진행되는 날부터는 그 분쟁의 대상이 생활관계 및 확인의 대상이 동일한 때에는 누구도 피고를 대상으로 하여 다른 표본확인소송을 제기할 수 없다. 당해 표본확인소송이 본안에서 판결 없이 종료된 때에는 제1문의 효력은 소멸한다.

② 동일한 날짜에 사실관계 및 확인의 대상이 되는 동일한 수개의 표본확인소송이 법원에 제출될 때에는 민사소송법 제147조에 따른다.

③ 신청을 한 소비자는 표본확인소송의 계속 중에는 피고를 상대방으로 하여 소송물이 동일한 사실관계 및 확인의 대상에 해당하는 다른 소송을 제기할 수 없다.

④ 법원은 늦어도 구두변론을 위한 첫 번째 기일에는 청구취지가 소송 목적에 적합하도록 하여야 한다.

⑤ 표본확인소송에 대하여는 이 장의 규정에 달리 정함이 없는 한 당해 소송의 제1심에 적용되는 규정을 준용한다. 민사소송법 제128조 제2항, 제278조 제2항 내지 제5항 및 동법 제306조와 제348조 내지 제350조는 적용되지 아니한다.

⑥ 민사소송법 제66조 내지 제74조는 (아래의) 표본확인소송의 당사자들과 소비자들 사이의 관계에 대해서는 적용하지 아니한다.

1. 권리 또는 법률관계에 대한 신청을 한 자 또는
2. 피고에 대하여 권리가 있거나 피고에게 소송상의 청구를 당할 수 있다고 주장하거나 (피고와의) 법률관계에서 피고가 될 수 있다고 주장하는 자.

제611조(화해) ① 재판상 화해는 신청을 한 소비자에 대한 유불리를 따지지 않고도 체결할 수 있다.

② 재판상 화해를 하는 때에는 다음에 관한 사항을 포함하여야 한다.

1. 신청을 한 소비자에 대하여 할당이 되는 급부,
2. 등록 신청을 한 소비자가 제출하여야 하는 수급자격에 대한 증명,
3. 급부의 기한 및
4. 당사자 사이의 비용의 분담

③ 재판상 화해는 법원의 승인을 요한다. 법원은 지금까지의 사실 및 쟁점 상황에 비추어 분쟁 또는 청구가 된 권리 또는 법률관계에 대한 불명확성을 적절하고 원만하게 해결하는 것으로 판단이 되는 때에는 해당 화해를 승인할 수 있다. 승인은 다툴 수 없는 결정에 의한다.

④ 법원은 승인을 하는 시점에 (참가) 신청을 한 소비자들에 대해 화해의 효력, 화해에서 탈퇴할 수 있는 권리 및 준수하여야 하는 형식 및 기한에 대한 고지와 함께 화해(조서)를 송달하여야 한다. 각 소비자들은 승인이 된 화해조사의 송달 이후 1개월 이내에 화해절차에서의 탈퇴 의사를 표명하여야 한다. 탈퇴는 서면으로 법원에 대하여 또는 변론조서로 법원 사무국에 대하여 하여야 한다. 탈퇴로 인하여 (참가) 신청의 효력은 영향을 받지 아니한다.

⑤ 화해에 대한 탈퇴 의사를 표시한 소비자가 신청을 한 소비자의 30% 미만에 해당하는 때에는 법원의 승인을 얻은 화해는 그 효력을 확정한다. 법원의 결정은 소송등록부에 공고하여야 한다. 화해는 공고와 함께 (소송참가) 신청을 하고 탈퇴의 의사표시를 하지 않는 소비자들에 대하여 유불리를 따지지 않고 효력이 생긴다.

⑥ 최초의 기일 전에는 재판상의 화해를 체결하는 것은 허용되지 아니한다.

제612조(판결에 대한 공고) ① 표본확인소송에 대한 판결은 그 선고 후에 소송등록부에 공고하여야 한다.

② 표본확인판결에 대한 상소의 제기는 소송등록부에 공고하여야 한다. 표본확인소송판결의 기판력이 발생한 때에도 또한 같다.

제613조(표본확인판결의 기속력; 절차의 중단) ① 기판력이 있는 표본확인판결은 법원의 판결이 확인의 대상 및 표본확인소송의 생활상의 사실관계에 관련된 것일 때에는 소송의 참가한 소비자 및 피고 사이의 법적 분쟁에 대한 판단을 위해 구성된 법원을 기속한다. 다만, 소송에 참가를 한 소비자가 신청을 유효하게 철회한 때에는 그러하지 아니하다.

② 소비자가 소송등록부에 표본확인소송에 대한 기재사항을 공고하기 전에 피고를 상대로 표본확인소송의 확인을 목적 및 생활상의 사실관계와 동일한 사실을 근거로 피고를 상대로 별도의 소를 제기하고 자신의 권리 또는 법률관계를 소송등록부에 등록신청을 한 때에는, 법원은 표본확인소송의 판결의 확정 및 기타의 방법에 의한 분쟁의 해결 또는 신청의 철회까지 해당 절차를 중단하여야 한다.

제614조(상소) 표본확인판결에 대하여는 상고절차가 개시된다. (본안)사건은 언제나 민사소송법 제543조 제2항 제1호(Nr,1)에서 의미하는 원칙적인 의미를 가진다.

참고문헌

▣ 국내 문헌

〈단행본〉

이시윤, 「신민사소송법」 제16판, 박영사, 2023.

정동윤 · 유병현 · 김경욱, 「민사소송법」 제9판, 법문사, 2022.

정영환, 「신민사소송법」 개정신판, 법문사, 2019.

최광선, 「집단소송법론」, 전남대학교출판문화원, 2019.

〈논문〉

박윤석, "실질적인 부정경쟁행위와 구제수단에 관한 고찰" - 법규위반을 통한 부정경쟁행위를 중심으로 -, 고려대학교 박사학위논문, 2014.

송혜진, "Kollektive Rechtsschuts in Deutschland und Korea", gardes! verlag, 2016.

이명민, "독일의 표본확인소송에 관한 연구", 경희법학 제56권 제1호, 경희대학교 법학연구소, 2021.

이명민, "소비자단체소송에 관한 연구", 고려대학교 박사학위논문, 2015.

정영환 · 이명민, "독일 표본확인소송절차", 법학연구 제31권 제2호, 충북대학교 법학연구소, 2020.

최광선, "집단소송 법제에 관한 연구", 고려대학교 박사학위논문, 2016.

______, "집단소송제도의 확대 가능성 및 그 전제 조건에 관한 검토", 사법 제1권 제53호, 사법발전재단, 2020.

______, "현행 단체소송 제도의 문제점과 개선방안에 관한 연구", 인권법평론 제28호, 전남대학교 법학연구소, 2022.

▣ 국외 문헌

Artur Schuschnigg, "Die Verbandsklagen-Richtlinie umsetzungsbereite und ihre Grenzen, EuZW, 2022.

Michael Hakenberg, "Die neue Verbandsklagen-Richtlinie der Europäischen Union", NJOZ, 2021.

Paul Gollnast, "Anforderungen an den Klageantrag bei Abhilfeverbandsklagen nach dem VDuG-E: Zulässig oder unzulässig-das ist ihrer die Frage", VuR, 2023.

Peter Röthemeyer, "Die neue Verbandsklagen-Richtlinie", VuR, 2021.

___________, "Muterfeststellungsklage", Nomos, 2018.

Reinhard Urbanczyk, “Zur Verbandsklage im Zivilprozess”, Carl Heymanns Verlag, KG, 1981.

Tobias B. Lühmann, “Der Vorschlag einer europäischen Verbandsklage”, NJW, 2019.

▣ 기타 자료

Entwurf eines Gesetzes zur Umsetzung der Richtlinie (EU) 2020/1828 über Verbandsklagen zum Schutz der Kollektiveinteressen der Verbraucher und zur Aufhebung der Richtlinie 2009/22/EG (Verbandsklagenrichtlinieumsetzungs gesetz-VRUG)

RICHTLINIE (EU) 2020/1828 DES EUROPÄISCHEN PARLAMENTS UND DES RATES vom 25. November 2020 über Verbandsklage zum Schuz der Kollektivinteressen der Verbraucher und zur Aufhebung der Richtlinie 2009/22/EG

항소취하의 제문제*

김 동 현**

Ⅰ. 서　론

항소의 취하는 항소인이 법원에 대하여 이미 제기한 항소를 철회하는 일방적인 소송행위이다(민사소송법 제393조).[1] 실무상 항소심에서 항소를 취하하는 경우가 적지 않으며,[2] 항소취하는 소송절차 전반에 관하여 중요한 의미를 가진다. 이 글에서는 항소취하와 관련하여 발생할 수 있는 다양한 법률문제에 관하여 학설 및 판례의 입장을 상세히 살펴보고, 일부 쟁점에 관하여는 개인적인 견해를 밝히기도 하였다.

이 글의 구성은 다음과 같다. ① 먼저, 항소취하의 요건을 검토하였다. 항소취하는 어느 시점까지 가능한지, 피항소인의 동의를 요하는지, 소송행위 일반의 유효요건을 갖추어야 하는지, 어떠한 방식으로 하는지 등을 차례로 살펴보았다. ② 다음, 좀 더 심도 있게 검토할 필요가 있는 쟁점들에 관하여는 별도의 목차를 구성하여 살펴보았다. 착오나 사기, 강박 등에 의하여 항소를 취하한 경우의 구제방

* 이 글은 고려대학교 법학전문대학원 정영환 교수님의 정년퇴임을 기념하여 존경과 감사의 마음을 담아 작성되었습니다. 퇴임 이후에도 항상 건강하시고 행복하시길 기원합니다.
** 충남대학교 법학전문대학원 조교수
1) 이하 이 글에서 민사소송법을 인용하는 경우에 그 법명은 생략한다.
2) 직권탐지주의가 적용되는 사건에서도 항소를 취하할 수 있다. 정동윤·유병현·김경욱, 민사소송법 제10판(2023, 법문사), 913면.

법, 항소의 일부취하가 허용되는지 여부, 공동소송과 참가소송에서의 항소취하 문제 등을 상세히 검토하였다. ③ 뒤이어, 항소취하의 효과와 관련하여 항소취하에 따른 부대항소의 효력, 항소심에서 청구의 교환적 변경 뒤에 한 항소취하의 효력, 항소취하의 효력을 다투는 방법 등을 살펴보았다. ④ 마지막으로, 항소취하의 간주와 항소취하의 합의에 대하여도 추가적으로 검토하였다.

Ⅱ. 항소취하의 요건

1. 시적 한계

1) 항소인은 항소심의 종국판결이 있기 전까지 항소를 취하할 수 있다(제393조 제1항). 항소심판결 선고 후에 항소취하를 허용하지 않는 이유는 항소인이 상대방의 부대항소로 인하여 제1심판결보다 불리한 항소심판결을 선고받았을 때 임의로 항소를 취하하여 항소심판결을 실효시키고 제1심판결을 선택하는 것을 방지하기 위함이다. 항소심판결이 선고되기 전이면 변론을 종결한 뒤에도 항소를 취하할 수 있으나,[3] 항소심판결이 선고된 뒤에는 설령 상대방의 동의가 있더라도 항소를 취하할 수 없다.[4][5]

2) 항소심판결에 대하여 상고가 제기되어 상고심에서 원심판결이 파기환송된 경우에는 원심판결은 그 효력을 상실하여 항소심의 종국판결이 없었던 것과 같은 상태로 돌아가므로, 항소인은 환송 후 원심에서 새로운 종국판결이 있기까지 항소를 취하할 수 있다.[6] 이는 피항소인이 부대항소를 제기하였더라도 마찬가지이다.[7]

3) 항소기간 경과 전에 항소를 취하한 경우에는 제1심판결은 확정되지 않고 항소기간 내라면 항소인은 다시 항소를 제기할 수 있다.[8]

---

3) 정동윤 · 유병현 · 김경욱(주 2), 912면.

4) 민일영 편집대표, 주석 민사소송법(Ⅴ) 제9판(2023, 한국사법행정학회), 77면(이재신 집필부분). 이하 '주석(Ⅴ)/이재신, ○면'으로 인용한다.

5) 독일 민사소송법도 항소심판결 선고시까지 항소를 취하할 수 있다고 규정하는데(제516조 제1항), 상대방의 동의가 있으면 항소심판결 선고 후라도 기판력이 발생하기 전까지는 항소를 취하할 수 있다는 견해가 있다(MüKoZPO/Rimmelspacher, ZPO § 516 Rn. 11).

6) 정동윤 · 유병현 · 김경욱(주 2), 912면 주1; 정영환, 신민사소송법 제3판(2023, 법문사), 1352면; 이시윤, 신민사소송법 제17판(2024, 박영사), 906면 주1; 김홍엽, 민사소송법 제12판(2024, 박영사), 1203면.

7) 대법원 1995. 3. 10. 선고 94다51543 판결; 대법원 2004. 4. 28. 선고 2004다4225 판결.

8) 대법원 2016. 1. 14. 선고 2015므3455 판결.

4) 항고법원의 소송절차에는 항소에 관한 규정을 준용하므로, 항고 역시 항고심의 결정이 있기 전까지만 취하할 수 있다(제443조 제1항, 제393조 제1항).[9] 따라서 항고심법원의 결정 이후에 한 항고취하는 효력이 없다.

2. 피항소인의 동의 요부

1) 항소의 취하를 규정한 민사소송법 제393조에서 소의 취하에 상대방(피고)의 동의를 요하는 제266조 제2항을 준용하지 않으므로, 항소의 취하에는 상대방(피항소인)의 동의가 필요 없다.[10] 소취하의 경우에 피고의 동의를 요하도록 한 것은 피고가 승소한 것과 마찬가지인 청구기각판결을 받을 이익을 보호하기 위한 것이지만, 제1심판결 중 항소가 제기된 부분에 대하여 피항소인은 승소한 것이므로 항소인의 일방적인 항소취하로 인하여 제1심판결이 그대로 확정되어도 피항소인의 입장에서는 불리한 것이 없다.

2) 피항소인이 부대항소를 하였더라도 항소인은 그의 동의 없이 항소를 취하할 수 있다.[11] 나아가 판례는 항소심에서 피항소인의 부대항소가 있었고 상고심에서 부대항소인에게 유리한 취지로 항소심판결이 파기환송된 경우에도 항소인은 환송 후 원심에서 부대항소인의 동의 없이 항소를 취하할 수 있다고 하였다.[12] 이로 인하여 피항소인은 부대항소의 이익을 잃게 되나(제404조),[13] 이는 부대항소가 본래 항소인의 항소에 의존한 은혜적인 것이어서 어쩔 수 없다고 하였다. 부대항소는 피항소인에게 항소인의 항소에 편승하여 제1심판결을 유리하게 변경할 기회를 주는 것인데, 항소가 취하되면 더 이상 제1심판결이 피항소인에게 불리하게 변경될 여지가 없으므로, 이미 항소기간의 도과로 항소권을 상실한 피항소인에게 위와 같은 은혜적인 기회를 줄 이유가 없는 것이다.[14] 또한 항소인의 항소취하로 확정되는 제1심판결에 대하여 애초에 피항소인도 승복하여 항소를 제기하지 않았던 것이므로 판례의 입장은 타당하다. 이후 헌법재판소도 항소심판결이 있기 전까지 항

9) 대법원 2004. 7. 21.자 2004마535 결정.
10) 대법원 1971. 10. 22. 선고 71다1965 판결.
11) 정동윤·유병현·김경욱(주 2), 912면; 정영환(주 6), 1353면.
12) 대법원 1995. 3. 10. 선고 94다51543 판결; 대법원 2004. 4. 28. 선고 2004다4225 판결.
13) 항소심에서 피항소인이 청구취지를 확장하면 부대항소를 한 것으로 의제되는데(대법원 2008. 7. 24. 선고 2008다18376 판결; 대법원 2000. 2. 25. 선고 97다30066 판결 등), 환송 후 원심에서 항소인이 항소를 취하하면 부대항소는 그 효력을 상실하므로(제404조) 법원은 위의 청구취지 확장부분이 이유 있다 할지라도 그에 대하여 심판할 수 없고 소송은 종료되어 제1심판결이 확정된다.
14) 졸고, "부대항소제도의 이해", 「민사소송」 제22권 제1호(2018, 한국민사소송법학회), 175면.

소취하를 허용하는 민사소송법 제393조가 부대항소인이 상고하여 유리한 파기환송판결을 받은 경우까지 환송 후 원심에서 부대항소인의 동의 없는 항소취하를 허용하더라도 부대항소인의 항소심 및 상고심 재판을 받을 권리를 침해하는 것으로 볼 수 없다고 판시하였다.[15]

3. 소송행위 일반의 유효요건

1) 항소취하는 법원에 대한 소송행위이다.[16] 따라서 소송 외에서 '피항소인에 대하여' 항소취하의 의사표시를 하였더라도 항소취하의 효력이 생기지 않고,[17] 소송 외에서 '당사자 사이에 항소취하의 합의'를 하여도 그것은 항소취하가 아니다.[18] 또한 항소취하의 의사표시에는 조건을 붙일 수 없다(예컨대 화해조항 이행을 정지조건으로 하는 항소취하),[19] 이를 허용하면 상대방의 지위를 불안정하게 하고 소송절차의 진행 자체를 불확실하게 만들 염려가 있기 때문이다.

2) 항소의 취하는 소송행위이므로, 능력, 대리권 등 소송행위 일반의 유효요건을 갖추어야 한다. 그리하여 정신박약자와 같이 항소취하의 의미를 이해할 능력이 없는 의사무능력자가 한 항소의 취하는 무효이다.[20]

소송대리인이 항소취하를 하기 위하여는 특별수권이 필요하다(제90조 제2항 제3호). 법정대리인인 후견인(미성년후견인, 대리권 있는 성년후견인 또는 대리권 있는 한정후견인)이 항소취하를 하기 위하여 후견감독인(후견감독인이 없는 경우에는 가정법원)으로부터 특별한 권한을 받아야 하는지 문제된다. 민사소송법 제56조 제2항은 특별수권이 필요한 소송행위로 "소의 취하, 화해, 청구의 포기·인낙 또는 독립당사자참가소송에서의 탈퇴"만을 규정하고 있으나, '상소의 취하'도 종국판결에 의하지 않고 소송을 종료시키는 행위이므로 제한능력자의 보호를 위하여는 '소의 취하'에 준하여 특별수권이 필요하다고 해석할 것이다.[21][22]

3) 소송 도중에 법인 대표자의 대표권이 소멸된 경우 대표권 소멸사실이 법원에

---

15) 헌법재판소 2005. 6. 30. 선고 2003헌바117 결정.
16) 대법원 2018. 5. 30. 선고 2017다21411 판결.
17) 이시윤(주 6), 906면은 항소취하의 합의에 불과하다고 한다.
18) 정동윤·유병현·김경욱(주 2), 912면.
19) 대법원 1967. 10. 31. 선고 67다204 판결; 정영환(주 6), 1353면; 이시윤(주 6), 907면.
20) 주석(Ⅴ)/이재신, 74면.
21) 주석(Ⅰ)/김지향, 455면; 이시윤(주 6), 184면; 김홍엽(주 6), 201, 1204면.
22) 당사자 쌍방의 변론기일 결석에 따른 법률효과로 '소의 취하 또는 상소의 취하가 있는 것으로 간주'되는 경우(제268조)에는 민사소송법 제56조 제2항이 적용되지 아니한다. 주석(Ⅰ)/김지향, 455면.

알려진 뒤에는 구 대표자는 배신적 소취하 등 민사소송법 제56조 제2항의 소송행위를 하지 못하는데(제64조, 제63조 제1항), 판례는 민사소송법 제56조 제2항의 소송행위에 '항소취하'를 포함하는 입장으로 보인다.[23] 즉 위의 대표권 소멸통지와 관련하여, 소송진행 중에 법인 대표자의 사임으로 대표권이 소멸되었는데 대표권 소멸사실이 상대방에게 통지되지 않은 상태에서 구 대표자가 항소를 취하하였고 그 후에 신 대표자가 항소취하에 대한 이의신청서를 접수함으로써 법원에 대표권 소멸사실이 알려진 사안에서 구 대표자의 항소취하가 유효하다고 보았다.[24] 소송절차의 안정과 명확을 기하기 위하여 당사자가 대표권의 소멸사실을 알았는지 여부, 모른 데에 과실이 있었는지 여부를 불문하고 상대방에게 통지가 있거나 법원에 알려지기 전까지는 구 대표자의 대표권은 소멸되지 아니한 것으로 보아야 하기 때문이다.[25]

4. 항소취하의 방식

항소취하의 방식에 관하여는 소의 취하에 관한 민사소송법 제266조 제3항 내지 제5항이 준용된다(제393조 제2항). 항소취하는 서면으로 하는 것이 원칙이지만, 변론 또는 변론준비기일에서는 말로 할 수도 있다(제393조 제2항, 제266조 제3항).[26]

항소취하서는 항소법원에 제출하여야 하지만, 소송기록이 아직 원심법원에 있는 때에는 원심법원에 제출하여야 한다(민사소송규칙 제126조). 따라서 항소취하서가 제1심법원에 제출된 경우 제1심법원은 소송기록을 항소심에 송부하기 전이면 이를 수리하여 사건을 종료시키고, 송부한 후이면 항소취하서를 항소심에 송부하여야 한다.

항소장을 상대방에게 송달한 후에 항소취하서가 제출된 때에는 항소취하서를 상대방에게 송달하여야 한다(제393조 제2항, 제266조 제4항). 항소취하에 상대방의 동의를 요하진 않지만 항소취하 사실을 상대방에게 알려주라는 취지이고 상대방에 대한 통지를 항소취하의 요건으로 한다는 의미는 아니므로, 항소취하의 효력은 법원에 항소취하서가 제출된 때에 발생한다.[27] 판례는 상고인이 상고취하서를 작

23) 대법원 2007. 5. 10. 선고 2007다7256 판결 참조.
24) 대법원 2007. 5. 10. 선고 2007다7256 판결.
25) 대법원 1995. 2. 28. 선고 94다49311 판결(소송대리인 사임서 제출); 대법원 1998. 2. 19. 선고 95다52710 전원합의체 판결(소취하).
26) 대법원 2018. 5. 30. 선고 2017다21411 판결.
27) 대법원 1980. 8. 26. 선고 80다76 판결.

성하여 타인에게 교부하였다면 그 타인이 상고인과의 약속을 이행하지 않은 채 상고취하서를 법원에 제출하였더라도, 위의 약속은 상고취하의 동기에 불과하여 상고취하의 의사 없이 상고취하서가 작성되었다거나 상고인의 의사에 반하여 상고취하서가 제출된 것이라고 할 수 없어, 상고취하의 효력이 있다고 보았다.[28)]

변론 또는 변론준비기일에서 항소취하를 말로 하는 경우에 상대방이 출석하지 아니한 때에는 그 기일의 조서등본을 상대방에게 송달하여야 한다(제393조 제2항, 제266조 제5항).

Ⅲ. 의사표시의 흠 있는 항소취하와 그 구제

항소의 취하는 법원의 재판을 개입시키지 않고 그 자체로 직접 소송법상의 효과를 발생시키는 '여효적 소송행위'이므로, 절차의 원활한 진행과 상대방의 절차의 이익을 고려하여 이를 임의로 철회할 수 없는 것이 원칙이다.[29)] 혹은 항소의 취하는 해당 소송행위를 한 당사자에게 불리하거나 그 소송행위로 인하여 상대방에게 일정한 소송상 지위가 형성된 '구속적 소송행위'로서 상대방의 절차상 지위의 안정을 고려하여 원칙적으로 자유로이 철회할 수 없다고 설명하기도 한다.[30)]

이와 같은 항소취하가 착오 또는 사기・강박 등에 의하여 행해졌다면 민법상 의사표시의 흠에 관한 규정(민법 제109조, 제110조)을 유추적용하여 항소취하의 무효 또는 취소를 주장할 수 있는지 문제된다.

1. 원칙: 항소취하가 착오 또는 사기·강박으로 이루어진 경우

1) 통설과[31)] 판례는[32)] 착오나 사기・강박 등 의사표시의 흠을 이유로 항소취하의 무효나 취소를 주장할 수 없다는 입장이다. 소송행위는 법원에 대하여 하는 것이 보통이고 연속하는 소송절차를 이루고 있는 것이어서 의사표시의 흠을 이유로

---

28) 대법원 1970. 10. 23. 선고 69다2046 판결.
29) 정동윤・유병현・김경욱(주 2), 503면; 정영환(주 6), 651면.
30) 이시윤(주 6), 415면; 김홍엽(주 6), 520면.
31) 정영환(주 6), 653면; 이시윤(주 6), 415, 907면; 김홍엽(주 6), 521면; 전원열, 민사소송법 강의 제4판(2024, 박영사), 316면 등.
32) 특히 항소취하에 관한 것으로 대법원 1964. 9. 15. 선고 64다92 판결; 대법원 1967. 10. 31. 선고 67다204 판결; 대법원 1970. 6. 30. 선고 70후7 판결; 대법원 1980. 8. 26. 선고 80다76 판결 등. 상고취하에 관하여는 대법원 2007. 6. 15. 선고 2007다2848,2855 판결.

소송행위의 취소를 인정하면 소송절차의 안정을 해할 우려가 있는 점, 소송절차의 명확을 기하기 위하여는 표시주의·외관주의를 관철하여 외부로 드러난 표시에 따라 소송행위의 효과를 획일적으로 확정하여야 하지 착오가 있었다든가 타인에게 기망을 당하였다든가 하는 외부에서 쉽게 알 수 없는 행위자 내심의 의사를 기준으로 하여 그 효력 유무를 판정할 수 없는 점, 소송행위에는 특별한 사정이 없는 한 민법상의 법률행위에 관한 규정을 적용할 수 없는 점 등을 그 근거로 한다.

한편, 소취하와 관련된 대법원 판결 중에는 위의 판례 입장과는 다른 관점에서 판시한 것도 있다. 즉 피고가 제1심에서 패소하자 항소한 후 재소가 금지된 항소심에 이르러 소송진행 과정을 모르고 있던 원고를 기망하여 소를 취하하게 한 사안에서, 이는 형사상 처벌받을 사기행위로서 원고는 소취하의 의사표시를 취소하여 그 효력을 부인할 수 있다고 하였다.[33] 그 이유를 살펴보면 첫째, 원고의 소취하로 인하여 이익을 얻을 피고가 원고를 기망하여 소취하를 하게 함으로써 원고의 정상적인 소송수행을 적극적으로 방해하였다면 피고의 기망행위는 신의성실의 원칙을 위배한 것이 되어 원고가 소취하의 하자를 주장할 수 있는 특별한 사정에 해당한다고 하였다(민사소송법 제1조 제2항, 민법 제150조 참조). 둘째, 소송행위의 효력이 외관적 표시행위에 따라 규율되어야 한다는 주된 근거는 소송절차의 안정을 도모하려는 것인데, 소송행위가 당사자의 기망행위에 의하여 야기된 특별한 사정이 있는 경우에는 기망행위를 한 당사자의 소송절차의 안정을 보호할 필요는 없으며 해당 소송절차 중에서 소취하의 효력을 판단받는 한 법원에 대한 관계에서도 소송절차의 안정을 해칠 우려는 없기 때문이라고 하였다.

2) 이에 반하여 항소취하가 착오 또는 사기·강박으로 이루어진 때에는 민법상 의사표시의 흠에 관한 규정을 유추적용하여 해당 소송절차 내에서 기일지정신청으로써 그 무효·취소의 주장을 허용하자는 유력한 견해도 있다.[34] 이 견해는 각 소송행위의 개별적인 특성을 고려하면서 구체적으로 이익을 형량하여 이 문제를 검토하여야 한다고 전제한 뒤에, 항소취하는 '소송절차를 종료시키는 소송행위'로서 이를 기초로 하여 그 뒤에 다른 절차가 진행하는 일이 없으므로 그 취소를 인정하여도 소송절차의 안정을 해할 염려가 없고, 항소를 취하하면 제1심의 패소판결이 확정되어 항소인에게 불리한 점 등을 이유로 한다.

---

33) 대법원 2004. 4. 27. 선고 2003다31619 판결.

34) 정동윤·유병현·김경욱(주 2), 501-502, 731면; 호문혁, 민사소송법 제15판(2024, 법문사), 509면.

2. 예외: 항소취하가 형사상 처벌받을 타인의 행위로 말미암은 경우

(1) 학 설

1) 통설은 예외적으로 항소취하가 형사상 처벌받을 타인의 행위로 말미암은 때(예컨대 문맹자에게 재판에 유리한 문서라고 속여서 항소취하서에 날인케 하거나, 타인의 강요나 폭행에 못 이겨 항소취하서가 작성되거나, 대리인이 배임행위에 의하여 본인의 항소를 취하한 경우 등)에는 민사소송법 제451조 제1항 제5호의 재심사유에 관한 규정을 유추하여 '해당 소송절차 내에서' '당연히 항소취하의 효력이 부정'된다고 한다.[35] 그리고 이때 민사소송법 제451조 제2항에서 규정하는 '유죄의 확정판결'은 요하지 아니한다고 한다.[36]

2) 이에 대하여 통설이 사기・강박에 의한 소송행위의 경우에 민사소송법 제451조 제1항 제5호를 유추적용하여 '재심에 의하지 않고 해당 소송절차 내에서' 이를 취소할 수 있다고 풀이하는 것은 결과적으로 사기・강박에 의한 소송행위의 취소를 인정하는 것이며, 다만 그 근거가 민법 규정이 아니라 민사소송법 규정이라고 강변하는 것에 지나지 않는다는 비판이 있다.[37] 또한 통설은 민사법원이 타인의 사기・강박행위가 형사상 처벌받을 행위인지 여부를 판단할 수 있음을 전제로 하고 있으나, 민사법원이 타인의 행위가 사기죄 또는 강요죄 등에 해당하는지 여부를 판단하는 것은 민사심리절차의 성질상 불가능하다고 비판하며, 해당 소송절차 내에서 형사상 처벌받을 타인의 행위로 인한 항소취하의 무효를 인정하려면 '유죄의 확정판결'이 필요하다는 견해도 있다.[38]

(2) 판 례

1) 판례도 일찍이 항소취하의 의사표시가 민사소송법 제451조 제1항 제5호의 재심사유에 해당하는 타인의 행위로 인하여 이루어진 때에는 예외적으로 사기・강박 등 의사표시의 하자를 이유로 그 취소나 무효를 주장할 수 있다는 취지로 판시하였고,[39] 최근에는 명시적으로 형사상 처벌받을 타인의 행위로 말미암아 상소

35) 이시윤(주 6), 415, 907면; 정영환(주 6), 651면.
36) 이시윤(주 6), 416, 597면; 정영환(주 6), 652면.
37) 정동윤・유병현・김경욱(주 2), 502면. 또한 호문혁(주 34), 509면은 민사소송법 제451조 제1항 제5호를 유추적용하더라도 재심에 관한 조문에서 소송행위의 취소라는 결론을 이끌어내는 것은 무리라고 한다.
38) 김홍엽(주 6), 523면.
39) 대법원 1967. 10. 31. 선고 67다204 판결.

취하를 하여 원심판결이 확정된 경우에는 자백에 준하여 재심사유가 된다고 보았다.[40] 그리하여 재심대상판결 당시 피고 주식회사의 실질적 대표자이던 甲이 소송상대방과 공모하여 개인적으로 돈을 받기로 하고 제1심판결에 대한 피고 회사의 항소를 취하하여 업무상 배임죄로 유죄판결이 확정된 사안에서, 위 재심대상판결에는 민사소송법 제451조 제1항 제5호에 준하는 재심사유가 있다고 하였다.[41]

2) 그러나 판례는 형사상 처벌받을 타인의 행위로 인한 소송행위의 효력을 부정하기 위한 요건을 통설보다 '엄격하게' 해석하고 있다. 즉 '소취하'와 관련하여, 사기·강박 등 형사상 처벌받을 타인의 행위로 인하여 소취하가 이루어졌다고 하여도 그 타인의 행위에 대하여 '유죄판결이 확정'되고 또 그 '소취하가 그에 부합되는 의사 없이 외형적으로만 존재'할 때에 한하여 민사소송법 제451조 제1항 제5호, 제2항을 유추적용하여 그 효력을 부인할 수 있다고 하였다.[42][43] 이와 관련하여 하급심 판결 중에는 "당사자의 소취하 등 소송종료행위에 재심에 관한 규정을 유추적용하는 이유는 기본적으로 당사자에 의한 소송종료행위는 당사자에게 미치는 효과의 면에서 소송물인 실체법상 권리를 처분하는 종국적인 효과를 갖게 하는 행위이므로 그것이 정의에 반하는 형태로 된 경우에 시정이 필요하다는 것은 정의에 반하는 자백에 기한 유죄의 확정판결을 취소하는 재심의 경우와 유사하기 때문이고, 다만 민사소송절차의 법적 안정성 및 획일성을 도모하기 위하여 타인의 유죄판결이 확정되고 그 소송행위가 그에 부합되는 의사 없이 외형적으로만 존재할 때에만 그 효력을 부인할 수 있도록 한 것"이라고 부연한 것이 있다.[44] 따라서 타인의 범죄행위가 소송행위를 하는데 착오를 일으키게 한 정도에 불과할 뿐 '소

---

40) 대법원 2012. 6. 14. 선고 2010다86112 판결.

41) 위의 대법원 판결에 대한 비판적 평석은 정선주, "배임행위에 의한 항소취하와 재심사유", 「민사판례연구」 제38권(2016, 민사판례연구회), 875면 이하.

42) 대법원 1984. 5. 29. 선고 82다카963 판결; 대법원 2001. 1. 30. 선고 2000다42939, 42946 판결.

43) 대법원 판결 중에는 ① 연금 상태에서 형사책임이 수반되는 타인의 강요와 폭행에 의하여 이루어진 소취하는 '유죄의 확정판결을 기다리지 않고' 곧바로 무효라고 한 것도 있다(대법원 1985. 9. 24. 선고 82다카312,313,314 판결). ② 또한, 당사자의 대리인이 상대방과 공모하여 개인적으로 돈을 받기로 하고 당사자 본인의 항소를 취하하여 배임죄로 유죄판결이 확정된 사안에서는 '소송행위의 외형만 존재하고 그에 부합하는 의사가 없을 것'이라는 요건에 대응하여 '대리권에 실질적인 흠이 있을 것'을 요구하였다. 즉, 단순히 당사자의 대리인이 문제된 소송행위와 관련하여 배임죄로 유죄판결을 받았다는 것만으로는 충분하지 않고, 대리인의 배임행위에 소송상대방 또는 그 대리인이 통모하여 가담한 경우와 같이 대리인이 한 소송행위 효과를 당사자 본인에게 귀속시키는 것이 절차적 정의에 반하여 도저히 수긍할 수 없다고 볼 정도로 '대리권에 실질적인 흠이 발생한 경우'라야 재심사유로 인정할 수 있다고 하였다(대법원 2012. 6. 14. 선고 2010다86112 판결).

44) 서울고등법원 2014. 3. 28. 선고 68나1943 판결.

송행위에 부합되는 의사가 존재'할 때에는 그 소송행위의 효력을 다툴 수 없다고 한다.[45] '항소취하'의 경우도 마찬가지의 입장으로 보이는데, 판례에 따르면 형사상 처벌받을 타인의 행위로 인하여 항소취하의 의사 없이 그 외형적 행위가 있을 때에 한하여(예컨대 문맹자를 속여서 항소취하서에 날인케 하여 그 항소취하서를 제출한 경우) 민사소송법 제451조 제1항 제5호를 유추하여 항소취하의 무효를 주장할 수 있을 뿐, 항소취하의 동기에 착오가 있음에 불과하고 행위자의 진의에 부합한 항소취하가 있다면 항소취하의 무효를 주장할 수 없다고 한다.[46]

이와 같이 판례가 '유죄판결의 확정'과 '소송행위의 외형만 존재하고 그에 부합하는 의사가 없을 것'이라는 두 가지 요건을 모두 갖추었을 때에만 그 소송행위를 무효라고 보는 것은 "구제의 길을 지나치게 좁힌 것"이라는 비판이 많고,[47] 유죄의 확정판결을 요구하는 판례의 입장은 타당하지만 '소송행위에 부합하는 의사 없이 외형만 존재'라는 요건을 추가로 요구하는 것은 "무효가 될 수 있는 여지를 부당하게 제한하는 것"으로 동의하기 어렵다는 견해도 있다.[48]

3) 나아가 판례는 항소취하에 민사소송법 제451조 제1항 제5호의 재심사유가 있다고 인정되면, 그 항소취하에 의하여 확정된 제1심판결의 기판력을 배제하기 위한 재심제도의 취지상 '재심절차에서 항소취하의 효력은 당연히 부정'된다고 보아야 하고, 그에 따라 재심법원은 그 항소취하가 존재하지 않은 것과 같은 상태를 전제로 재심대상사건의 본안에 나아가 심리·판단하여야 한다는 입장이다.[49] 그리하여 재심대상판결에 위와 같은 재심사유가 있음을 인정하면서도, 피고 회사의 실질적 대표자이던 甲이 자기의 금전적 이익을 도모하기 위한 목적으로 항소취하를 하였지만 외부로 드러난 소송행위에 부합되는 항소취하의 의사가 있었다고 보아 '항소취하의 효력을 인정'하여 소송종료선언을 한 것은 위법하다고 하였다.

3. 사 견

생각건대 항소취하가 착오 또는 사기·강박으로 이루어진 때에는 다음과 같이 경우를 나누어 소송상 구제를 받을 수 있다고 본다.

---

45) 대법원 1984. 5. 29. 선고 82다카963 판결.
46) 대법원 1963. 11. 21. 선고 63다441 판결.
47) 이시윤(주 6), 416면; 정영환(주 6), 652면; 호문혁(주 34), 510면.
48) 김홍엽(주 6), 523-524면. 보다 자세한 것은 김홍엽, "상소취하의 흠과 소송상 구제방법", 대한변협신문 424호(2012. 11. 26.), 12면.
49) 대법원 2012. 6. 14. 선고 2010다86112 판결.

1) 먼저 '착오'로 인하여 항소취하를 한 경우부터 살펴본다. 민사소송법상의 소송행위에도 '특별한 사정'이 있으면 예외적으로 민법상의 법률행위에 관한 규정을 유추적용할 수 있지만, 이 경우에는 통상 특별한 사정을 인정하기 어렵다고 할 것이다. '당사자가 스스로 착오에 빠져' 소송행위를 하였고 그로 인하여 이미 상대방에게 일정한 소송상 지위가 인정되었다면 그 '법률효과에 따른 불이익은 당사자가 부담'한다고 보는 것이 타당하다. 따라서 항소인 스스로 그의 진정한 의사에 부합하는 항소취하를 했다면 설령 그것이 동기의 착오에 근거한 것일지라도 민법 제109조를 유추적용하여 항소취하의 무효나 취소를 주장할 수는 없다고 볼 것이다. 착오가 상대방에 의하여 야기된 경우에도 마찬가지이다.

2) '사기 · 강박'으로 인하여 항소취하를 한 경우에는 달리 보아야 한다. 예를 들어 상대방 또는 그 대리인이 당사자를 적극적으로 기망 또는 강박하여 항소취하를 하게 함으로써 당사자의 정상적인 소송수행을 방해하고 그로 인하여 법률상 이익을 얻었다면, 이는 '신의성실의 원칙'을 위배한 것이 되어 민법상의 법률행위에 관한 규정을 유추적용할 수 있는 '특별한 사정'이 있다고 보고, 당사자는 '민법 제110조를 유추적용하여' '해당 소송절차 내에서' 기일지정신청을 통해 항소취하의 무효나 취소를 주장할 수 있다고 할 것이다. 항소취하는 '소송절차를 종료시키는 소송행위'로서 그 뒤에 다른 절차가 진행하지 않으므로 그 취소를 인정하여도 소송절차의 안정을 해하거나 소송의 혼란을 일으킬 우려가 없고, 일반적으로는 항소취하를 취소하면 상대방의 이익을 해치고 신뢰를 저버리는 것이 되어 허용할 수 없겠지만 '상대방의 적극적인 기망 또는 강박에 의하여' 항소취하를 한 경우라면 그러한 '상대방의 이익과 신뢰는 보호할 가치가 없는 것'이다. 만일 상대방이 '형사상 처벌받을 정도의' 심한 기망 또는 강박을 했다면, 이 또한 민사소송에서 신의성실의 원칙을 위반한 것으로 위의 '특별한 사정'이 보다 쉽게 인정될 것이다. 이때 해당 법원의 판단으로 상대방이 장래 형사상 처벌을 받을 가능성만 있으면 족하고, 반드시 '유죄의 확정판결'을 요할 것은 아니다.

3) 상대방으로부터 사기 또는 강박을 당하여 항소취하를 하였으나 해당 소송절차에서 그 무효나 취소를 주장하지 아니하여 판결이 확정되었다면, 뒤에 상대방이 그 문제된 항소취하와 관련하여 형사상 '유죄의 확정판결'을 받은 경우에 한하여 '민사소송법 제451조 제1항 제5호 및 제2항을 유추적용하여' '재심절차에서' 항소취하의 효력을 부정할 수 있다고 본다. 판례는 유죄의 확정판결 외에 '항소취하에

부합하는 의사 없이 외형만 존재할 것'이라는 요건도 추가로 요구하지만, 이는 의사표시의 흠 있는 항소취하를 한 당사자에 대한 구제의 길을 지나치게 좁히는 것이 되어 부당하다.

Ⅳ. 항소의 일부취하

1. 문제제기

민사소송법은 소취하의 경우에는 "판결확정시까지 소의 전부나 일부를 취하할 수 있다"고 명문으로 규정함에 반하여(제266조 제1항), 항소취하의 경우에는 "항소심판결 선고시까지 항소를 취하할 수 있다"고 규정하면서(제393조 제1항) 위의 제266조 제1항을 준용하지 않고 있다(동조 제2항 참조). 항소취하의 범위와 관련하여 특히 항소의 일부취하가 허용되는지 살펴본다.

예를 들어 단순병합된 수개의 청구 전부에 대하여 불복한 항소에서 그중 일부 청구에 대한 불복신청을 철회한 경우, ① '항소의 일부취하'가 있는 것으로 보고 '항소기간 내라면 취하되었던 항소를 다시 제기'할 수 있다고 볼 것인지, 아니면 ② 항소의 일부취하는 효력이 없고 단지 '불복범위를 감축'한 것에 불과하여 '항소심 변론종결시까지 항소취지를 다시 확장'할 수 있다고 볼 것인지 문제된다.

2. 판례와 학설

(1) 판　례

판례는 후자의 입장이다.[50] 즉, 주주권확인청구(제1청구), 주권인도청구(제2청구) 및 명의개서청구(제3청구)를 모두 기각한 제1심판결 전부에 대하여 원고가 항소한 항소심에서 2015. 10. 30. 제2청구 및 제3청구에 대한 불복신청을 철회하는 내용의 항소취지변경신청서를 제출한 후 2015. 11. 11. 제2청구 및 제3청구 중 일부의 인용을 구하는 항소취지변경신청서를 다시 제출한 사안에서, ① 대법원 2017. 1. 12. 선고 2016다241249 판결의 <원심>은 위 2015. 10. 30.자 항소취지변경에 의하여 '제2청구와 제3청구에 대한 항소를 취하'한 후 항소기간이 이미 경과한 뒤인 2015. 11. 11.에 제2청구와 제3청구 일부에 대하여 '다시 항소를 제기'한 것으

50) 대법원 2010. 12. 23. 선고 2010다56654 판결. 이후 대법원 2017. 1. 12. 선고 2016다241249 판결에서 항소의 일부취하는 효력이 없다는 입장을 분명히 하였다.

로 보고 이 부분 항소를 부적법 각하하였다.[51)]

그러나 ② <대법원>은 항소취하는 항소의 전부에 대하여 하여야 하고 항소의 일부취하는 효력이 없다고 전제한 다음, 위 2015. 10. 30.자 항소취지변경은 제2청구와 제3청구를 불복범위에서 제외시킴으로써 '항소취지를 감축'한 것에 불과하여 항소 자체의 효력에는 아무런 영향이 없고,[52)] 따라서 원심은 항소심 변론종결 전인 2015. 11. 11.자 항소취지변경에 의하여 다시 불복범위에 포함된 제2청구와 제3청구 일부에 대하여 판단하였어야 한다고 판시하였다.[53)] 만일 위의 경우에 항소인이 항소심 변론종결시까지 항소취지를 확장하지 않았다면 불복범위에서 제외된 제2청구와 제3청구 부분은 항소심의 심판대상이 되지 않고 항소심판결의 선고와 동시에 확정될 것이다.[54)]

(2) 학 설

통설도 판례와 마찬가지로 항소불가분의 원칙 때문에 항소의 일부취하는 허용되지 않는다는 입장이다.[55)] 이에 반하여 판례의 입장을 비판하는 견해도 있는데, 이에 따르면 항소불가분을 일반적 '원칙'으로 인정할 수 없고, 특히 청구의 '단순병합'은 서로 관련이 없는 청구들을 하나의 소송절차에 묶은 것인데 그중 일부에 대한 제1심판결에만 불복이 있어도 전부 항소한 효과를 인정하고 항소심에서 병합된 청구의 일부에 대한 항소를 취하할 수도 없다고 하는 것은 처분권주의 위반이라고 한다.[56)]

3. 검 토

생각건대, '항소불가분의 원칙을 인정'하는 전제에서, 항소의 일부취하가 허용된

51) 서울고등법원 2016. 7. 1. 선고 2015나2064627 판결.

52) 즉 제2청구와 제3청구 부분은 불복범위에서 제외되었을 뿐 여전히 원고의 항소로 인하여 제1심판결의 확정이 차단되고 항소심에 이심되어 있다(대법원 2010. 12. 23. 선고 2010다56654 판결 참조).

53) 대법원 2017. 1. 12. 선고 2016다241249 판결. 이 판결에 찬성하는 취지의 평석으로 오상현, "상소의 일부 취하 – 대법원 2017. 1. 12. 선고 2016다241249 판결 –", 「법조 최신판례분석」 통권 제721호(2017, 법조협회), 687면 이하.

54) 대법원 2010. 12. 23. 선고 2010다56654 판결.

55) 정동윤 · 유병현 · 김경욱(주 2), 912면; 정영환(주 6), 1352면; 이시윤(주 6), 906면; 김홍엽(주 6), 1203면; 전원열(주 31), 742면; 주석(Ⅴ)/이재신, 75면; 전병서, 강의 민사소송법 제5판(2025, 박영사), 707면; 한충수, 민사소송법 제3판(2021, 박영사), 843면; 박재완, 민사소송법강의 제5판(2024, 박영사), 540면; 강현중, 민사소송법 제8판(2023, 박영사), 974면; 범경철 · 곽승구, 민사소송법 제2판(2024, 정독), 789면; 김일룡, 민사소송법(2023, 법문사), 785면.

56) 호문혁(주 34), 710, 737면.

다고 보면 그 취하된 부분은 항소기간 만료시로 소급하여 제1심판결이 확정되는 것으로 보아야 하는데, 이는 항소로 인하여 불복범위에 관계없이 제1심판결 전부에 관하여 확정이 차단되고 항소심에 이심된다는 항소불가분의 원칙에 반하게 된다. 따라서 항소의 일부를 취하하더라도 항소 자체의 효력에는 영향이 없고, 이는 항소취지의 감축에 불과하여 불복범위에서 제외된 부분도 여전히 항소심에 이심되어 있으므로 항소인은 항소심 변론종결시까지 다시 전부 불복한다는 취지로 항소취지를 확장할 수 있다고 할 것이다.

Ⅴ. 다수당사자소송과 항소취하

1. 통상공동소송

통상공동소송의 경우에 각 공동소송인은 다른 공동소송인의 간섭을 받지 않고 독자적으로 소송을 수행할 권능이 인정되며, 공동소송인 1인의 소송행위는 다른 공동소송인에게 이익으로도 불이익으로도 영향을 미치지 아니한다(제66조). 이를 공동소송인 독립의 원칙이라 한다.

따라서 통상공동소송에서 공동소송인 1인은 다른 공동소송인과 무관하게 항소를 취하할 수 있으며,[57] 항소취하를 한 공동소송인에 대하여만 효력이 있고 다른 공동소송인에 대하여는 효력이 미치지 않는다. 또한 상대방은 공동소송인 1인에 대하여 항소를 취하할 수 있다.[58] 판례도 통상공동소송의 경우에 원고는 공동피고 1인에 대한 항소를 그의 동의 없이도 취하할 수 있으며 다른 공동피고는 그 항소취하의 효력을 다툴 수 없다고 하였다.[59]

2. 필수적 공동소송

(1) 원 칙

필수적 공동소송의 경우에 공동소송인 1인의 소송행위는 “모두의 이익을 위하여서만” 효력을 가진다(제67조 제1항). 이는 공동소송인 1인이 한 ‘유리한 소송행

57) 정동윤 · 유병현 · 김경욱(주 2), 913, 1054면; 정영환(주 6), 1353면; 이시윤(주 6), 906면; 김홍엽(주 6), 1203면.

58) 정동윤 · 유병현 · 김경욱(주 2), 91면; 정영환(주 6), 1353면; 이시윤(주 6), 906면; 김홍엽(주 6), 1203면.

59) 대법원 1971. 10. 22. 선고 71다1965 판결.

위'는 공동소송인 모두에 대하여 효력이 있지만, '불리한 소송행위'는 공동소송인 모두가 함께 하지 않으면 그 효력이 없다는 의미이다.[60)]

따라서 필수적 공동소송에서는 공동소송인 모두가 항소를 취하하여야 하며,[61)] 공동소송인 1인이 항소를 취하하여도 효력이 생기지 아니한다. 항소의 취하는 소의 취하와 달리 항소인에게 불이익한 제1심의 패소판결이 확정되어 '불리한 소송행위'에 해당하기 때문이다. 또한 상대방은 필수적 공동소송인 모두에 대하여 항소를 취하하여야 한다.[62)]

(2) 유사필수적 공동소송에서 공동소송인 1인의 항소취하가 허용되는지 여부

판례에 따르면 '유사필수적 공동소송'의 경우에는 공동원고 1인이 다른 공동원고의 동의 없이 '소를 취하'할 수 있다고 하는바,[63)] 공동소송인 1인의 '항소취하'도 허용할 것인지 문제된다.

생각건대 ① 유사필수적 공동소송의 경우에는 고유필수적 공동소송과 달리 애초에 공동소송이 강제되지 않고 개별적으로 소를 제기할 수 있으며, ② 공동원고 1인에 의한 '소취하'의 효력을 인정해도 당사자적격의 흠으로 소 전체가 각하되지 않고 나머지 원고의 소송수행이 가능하여 소의 취하를 불리한 소송행위라고 할 수 없기 때문에,[64)] 위 판례의 입장이 타당하다.

그러나 공동소송인 1인에 의한 '항소취하'의 효력을 인정하면 제1심판결 중 그 공동소송인의 상대방에 대한 패소 부분이 확정되고, 공동소송이 강제되진 않지만 일단 공동소송으로 되면 판결의 효력이 공동소송인 상호 간에 확장되어 합일확정이 요청되는 유사필수적 공동소송에서 다른 공동소송인의 상대방에 대한 제1심판결 부분에도 그 패소판결의 효력이 미치게 되므로, 공동소송인 1인의 항소취하는 나머지 공동소송인에게 '불리한 소송행위'라고 보아야 한다. 따라서 유사필수적 공

---

60) 정동윤 · 유병현 · 김경욱(주 2), 1063면.

61) 정동윤 · 유병현 · 김경욱(주 2), 913면; 정영환(주 6), 1353면; 이시윤(주 6), 907면; 김홍엽(주 6), 1203면.

62) 정동윤 · 유병현 · 김경욱(주 2), 913면; 정영환(주 6), 1353면; 이시윤(주 6), 907면; 김홍엽(주 6), 1203면.

63) 대법원 2013. 3. 28. 선고 2011두13729 판결.

64) 판례는 '고유필수적 공동소송'에서 공동원고 1인의 소취하는 특별한 사정이 없는 한 그 효력이 없으며(대법원 2007. 8. 24. 선고 2006다40980 판결), 그 이유는 공동원고 1인에 의한 소취하의 효력을 인정하게 되면 그 소의 당사자로서 나머지 원고만이 남게 되어 부적법한 소가 되고 그에 따라 나머지 원고의 소송수행의 이익을 해치게 되기 때문이라고 하였다(대법원 2002. 1. 23.자 99스49 결정).

동소송의 경우에도 공동소송인 1인의 항소취하를 인정할 수는 없다고 할 것이다.[65]

(3) 패소한 공동소송인 중 1인만이 항소를 제기한 경우

위의 경우는 필수적 공동소송에서 패소한 공동소송인 모두가 항소를 제기하였다가 항소를 취하하는 상황을 전제로 한 것이어서, 패소한 공동소송인 중 1인만이 항소를 제기한 경우에는 달리 보아야 한다. 예컨대 패소한 공동소송인 甲과 乙 가운데 甲만이 항소를 제기하면, 이는 공동소송인 모두에게 유리한 소송행위로서 나머지 공동소송인 乙에게도 항소의 효력이 미치고(제67조 제1항), 상소불가분의 원칙에 따라 제1심판결 전부의 확정이 차단되고 항소심으로 이심된다. 이때 제1심에서 패소하였지만 항소를 제기하지 않은 공동소송인 乙의 항소심에서의 지위에 관하여[66] 견해의 대립이 있지만,[67] 합일확정의 요청 때문에 다른 공동소송인의 항소에 의하여 소송관계가 항소심으로 이심되는 특수한 지위라고 보아 '단순한 항소심당사자'로 보는 것이 타당하다(통설[68] · 판례[69][70]). 이러한 입장에 따르면 실제 항소를 제기한 공동소송인만이 항소인으로서 항소취하 여부를 결정할 수 있다.[71]

---

65) 주석(Ⅴ)/이재신, 76면도 '고유필수적 공동소송이든 유사필수적 공동소송이든 묻지 않고' 항소취하는 공동소송인 모두가 하지 않으면 그 효력이 없다고 한다.

66) '통상공동소송'의 경우에는 공동소송인 독립의 원칙(제66조)에 의하여 상소불가분의 원칙이 적용되지 않기 때문에 이러한 문제가 생기지 아니한다. 예컨대 A가 甲과 乙을 공동피고로 하여 제기한 통상공동소송에서 청구를 인용한 제1심판결에 대하여 패소한 甲과 乙 가운데 甲만이 항소를 제기하면, 공동소송인 독립의 원칙에 따라 甲의 항소는 다른 공동피고 乙에게 그 효력이 미치지 아니한다. 따라서 A와 甲 사이의 청구 부분만 제1심판결의 확정이 차단되고 항소심으로 이심될 뿐, 제1심판결 중 A와 乙 사이의 청구 부분은 항소기간의 도과로 분리 확정되어 소송이 종료된다. 따라서 통상공동소송인이 패소하였지만 항소하지 않은 경우 '항소심에서의' 지위가 문제될 여지는 없다.

67) 항소하지 않은 공동소송인 乙도 제1심보다 불리한 판결을 받을 수 있는 위험이 있고 甲의 항소를 통해 자신도 항소심으로 이심되어 다툴 수 있는 기회가 있다는 신뢰도 갖게 되므로 乙을 '항소인'으로 보아 다툴 수 있는 기회를 제공하는 것이 필요하다는 항소인설도 있지만[한충수(주 55), 721면], 실제 항소를 제기하지 않은 사람을 항소인으로 보는 것은 무리이다.

68) 정동윤 · 유병현 · 김경욱(주 2), 1065면; 정영환(주 6), 954면; 이시윤(주 6), 786면; 김홍엽(주 6), 1048면; 호문혁(주 34), 1000면; 전원열(주 31), 642면.

69) 대법원 1993. 4. 23. 선고 92누17297 판결; 대법원 1995. 1. 12. 선고 94다33002 판결. 필수적 공동소송에서 당사자표시 중 상고하지 않은 피고를 '피고, 상고인'으로 표시하지 않고 단순히 '피고'라고만 표시하고, 주문 중 상고비용을 '상고한 피고'에게만 부담시켰다.

70) 대법원 2021. 7. 22. 선고 2020다284977 전원합의체 판결의 다수의견은 주주총회결의의 부존재 또는 무효확인을 구하는 소를 여러 사람이 공동으로 제기한 경우 '[유사]필수적 공동소송'에 해당한다고 보았는데, 별개의견은 이를 '통상공동소송'이라고 보면서 방론으로 이 문제와 관련하여 "항소인도 피항소인도 아니라면 항소심에서 어떤 정도의 소송수행권한을 가지는지, 부대항소를 제기할 수 있는지, 소송비용을 부담하여야 하는지, 항소심 판결에 대해 상고할 수 있는지 등에 대해 민사소송법에 아무런 정함이 없기 때문에, 민사소송법이 상소심에서 상소인도 피상소인도 아닌 제3의 당사자 지위를 상정하고 있는지 의문"이라고 하였다.

71) 이시윤(주 6), 786면; 정영환(주 6), 954면; 전원열(주 31), 642면.

즉 위의 사례에서 乙은 스스로 항소를 제기한 것이 아니어서 항소인이 아니므로 항소를 제기한 甲이 乙의 동의 없이도 단독으로 항소를 취하할 수 있고 그에 따라 항소가 소급적으로 소멸되어 항소심절차는 종료된다고 할 것이다. 乙은 애초에 제1심판결에 승복할 의사로 항소를 제기하지 않았던 것이므로 甲만이 항소를 취하하여 제1심판결이 그대로 확정되어도 乙에게 '불리한 소송행위'라고 할 수도 없다.

3. 통상의 보조참가

(1) 참가인이 제기한 항소를 참가인 스스로 취하할 수 있는지 여부

1) 통상의 보조참가소송(제71조)에서 참가인은 피참가인의 승소를 위하여 '항소'를 제기할 수 있다(제76조 제1항 본문). 다만, 참가인은 참가 당시의 소송상태를 전제로 피참가인을 보조하기 위하여 참가하는 것이어서 참가할 때의 소송의 진행정도에 따라 피참가인이 할 수 없는 소송행위는 참가인도 할 수 없으므로(동항 단서), '피참가인의 항소기간 내에 한하여' 항소를 제기할 수 있다.[72] 따라서 참가인이 자신에게 판결정본이 송달된 때부터 기산하면[73] 항소기간 내에 항소를 제기했더라도 이미 피참가인에 대하여 항소기간이 경과된 후라면 참가인이 제기한 항소는 부적법하다. 반대로 참가인 자신의 항소기간은 경과하였으나 피참가인의 항소기간이 경과하지 않았다면 참가인은 자기의 이름으로 항소를 제기할 수 있다.

2) 참가인이 항소를 제기한 후 피참가인의 의사와 무관하게 항소를 취하할 수 있는지 문제된다. 참가인이 적법하게 항소를 제기하면 이는 주된 당사자인 피참가인 자신이 항소를 제기한 경우와 다를 바 없으며 그 항소의 효력은 당연히 피참가인에게 미친다.[74][75] 그러나 참가인은 피참가인을 '승소'시키기 위하여 참가하는 승소보조자이므로, 그 성질상 '피참가인에게 불리한 소송행위'를 할 수 없다.[76] 따라서 참가인은 자신이 항소를 제기하였더라도 피참가인에게 항소의 효력이 생긴 이상 스스로 항소를 취하할 수는 없다고 보아야 한다.

다만, 항소취하가 피참가인에게 불리한 소송행위라 할지라도 '피참가인의 동의

72) 대법원 2007. 9. 6. 선고 2007다41966 판결.
73) 피참가인과 별도로 참가인에게도 판결정본을 송달하여야 한다.
74) 주석(V)/이재신, 76면; 호문혁(주 34), 1047-1048면.
75) 피참가인이 먼저 항소권을 포기하지 않은 한, 피참가인에게 항소의 의사가 없었더라도 마찬가지이다. 다만, 항소의 의사가 없는 피참가인은 뒤에 참가인이 제기한 항소를 취하할 수 있다(제76조 제2항).
76) 정동윤 · 유병현 · 김경욱(주 2), 1104면; 이시윤(주 6), 827면; 호문혁(주 34), 1048면.

가 있다면' 참가인의 항소취하가 피참가인의 의사에 어긋난다고 볼 수 없으므로 참가인이 항소를 취하할 수 있다고 할 것이다(통설).[77][78]

(2) 참가인이 제기한 항소를 피참가인이 취하할 수 있는지 여부

참가인의 소송행위가 피참가인의 소송행위에 어긋나는 경우에 참가인의 소송행위는 효력을 가지지 아니한다(제76조 제2항). 판례는 위 규정의 취지는 피참가인의 소송행위와 참가인의 소송행위가 서로 어긋나는 경우에는 피참가인의 의사가 우선하는 것을 뜻하는 것이라고 한다. 따라서 피참가인은 참가인의 소송행위에 어긋나는 행위를 할 수 있고, 참가인이 제기한 항소를 피참가인이 취하할 수도 있다(통설[79] · 판례[80]). 이 경우 피참가인의 항소기간 만료일에 소급하여 제1심판결이 확정되고 소송이 종료된다.

한편 참가인의 소송행위가 피참가인의 소송행위에 어긋나서 효력을 가지지 아니하는 때에는 참가적 효력이 배제된다(제77조 제1호, 제76조 제2항). 위의 경우에 참가인의 항소는 피참가인의 항소취하에 어긋나서 효력을 상실하였으므로, 참가인은 뒤에 피참가인과의 소송에서 참가적 효력의 배제를 주장할 수 있다.

(3) 피참가인이 제기한 항소를 참가인이 취하할 수 있는지 여부

피참가인은 참가인의 동의가 없더라도 자신이 제기한 항소를 스스로 취하할 수 있음은 당연하다. 이 경우 참가인은 소송을 계속하려는 의사가 있더라도 피참가인의 항소취하를 막을 수 없고, 다만 뒤에 피참가인과의 소송에서 피참가인의 항소취하로 인하여 참가인의 소송행위(사실주장, 증거제출 등)를 방해받았다고 주장하며 참가적 효력의 배제를 주장할 여지는 있다(제77조 제2호).

그러나 참가인은 피참가인의 소송행위에 어긋나는 소송행위를 할 수 없으므로(제76조 제2항), 피참가인이 제기한 항소를 참가인이 취하할 수는 없다고 할 것이다(통설).[81] 또한 참가인은 피참가인의 '승소'를 돕기 위하여 참가하는 것이기 때문

77) 정동윤 · 유병현 · 김경욱(주 2), 913면; 정영환(주 6), 1353면; 이시윤(주 6), 907면; 김홍엽(주 6), 1203-1204면; 한충수, 843면.

78) 이에 반하여 참가인이 항소를 제기한 후에는 피참가인의 항소취하가 없는 한 참가인 스스로 항소를 취하할 수 없다는 견해로는 송상현 · 박익환, 민사소송법 신정7판(2014, 박영사), 745면.

79) 정동윤 · 유병현 · 김경욱(주 2), 913, 1104면; 정영환(주 6), 1353면; 이시윤(주 6), 827면; 김홍엽(주 6), 1204면; 호문혁(주 34), 1048면; 전원열(주 31), 671면; 한충수(주 55), 843면.

80) 대법원 1984. 12. 11. 선고 84다카659 판결; 대법원 2010. 10. 14. 선고 2010다38168 판결.

81) 정영환(주 6), 1353면; 이시윤(주 6), 907면; 김홍엽(주 6), 1203면; 한충수(주 55), 843면.

에 그 성질상 '피참가인에게 불리한 소송행위'를 할 수 없다는 측면에서 보더라도 그러하다.[82]

4. 공동소송적 보조참가

1) 판례는 공동소송적 보조참가인은 본소송의 판결의 효력을 받는 점에서 필수적 공동소송인에 준하는 소송상 지위를 부여받기는 하였지만(제78조, 제67조) 원래 당사자가 아니라 '보조참가인'의 성질을 가지므로, 통상의 보조참가인(제71조)과 마찬가지로 참가할 때의 소송의 진행정도에 따라 피참가인이 할 수 없는 행위는 공동소송적 보조참가인도 할 수 없다고 한다(제76조 제1항 단서).[83] 그리하여 공동소송적 보조참가인의 재심청구 당시 피참가인이 이미 사망하여 당사자능력이 없다면 참가인의 재심청구는 허용되지 않는다고 하였다.[84] 또한 피참가인이 재심대상판결 정본을 송달받음으로써 판단누락의 재심사유(제451조 제1항 제9호)가 있음을 알고도[85] 항소를 제기하지 않고 통상의 보조참가인이 제기한 항소도 취하함에 따라 위 판결이 그대로 확정되었다면 피참가인은 위의 판단누락을 재심사유로 하여서는 재심의 소를 제기할 수 없고(제451조 제1항 단서),[86] 따라서 공동소송적 보조참가인도 위의 판단누락을 재심사유로 하여 재심의 소를 제기할 수 없다고 하였다(제76조 제1항 단서).[87]

'항소기간'(제396조)과 관련하여서도 위의 판례 입장을 따른다면, 공동소송적 보조참가인은 통상의 보조참가인과 마찬가지로[88] '피참가인의 항소기간 내에 한하여' 항소를 제기할 수 있다고 일응 해석될 것이다. 필수적 공동소송인은 '당사자'라는 독립적 지위에서 자신의 항소기간 내에 항소를 제기할 수 있지만,[89] 공동소송적 보조참가인은 본래 당사자가 아니라 당사자의 승소를 돕기 위한 '보조참가인'에 불과하다는 것에 중점을 두면 피참가인에 대한 종속적 지위에서 항소기간의

82) 주석(Ⅰ)/김지향, 630면.
83) 대법원 2015. 10. 29 선고 2014다13044 판결; 대법원 2018. 11. 29. 선고 2018므14210 판결.
84) 대법원 2018. 11. 29. 선고 2018므14210 판결.
85) 대법원 1989. 5. 23. 선고 88누5570 판결 참조.
86) 대법원 1985. 10. 22. 선고 84후68 판결; 대법원 1991. 11. 12. 선고 91다29057 판결 참조.
87) 대법원 2015. 10. 29 선고 2014다13044 판결.
88) 대법원 1969. 8. 19. 선고 69다949 판결; 대법원 2007. 9. 6. 선고 2007다41966 판결.
89) 필수적 공동소송의 경우에는 일부 공동소송인에 대하여 상소기간이 만료되었다고 하여 그 공동소송인에 대한 판결부분이 개별적으로 분리·확정되는 것이 아니라 공동소송인 전원에 대하여 상소기간이 경과되어야만 판결이 확정된다(대법원 2017. 9. 21. 선고 2017다233931 판결).

준수 여부도 피참가인을 기준으로 판단할 수밖에 없는 것이다.

그러나 공동소송적 보조참가인은 본소송의 결과에 이해관계가 있는 것을 넘어 본소송의 판결의 효력을 받는 자이므로, 통상의 보조참가인보다 강력한 필수적 공동소송인에 준하는 소송상 지위를 인정한 것이고, 특히 제1심판결의 확정과 직접적으로 연결되는 항소기간의 준수와 관련하여서는 통상의 보조참가인과 마찬가지로 볼 수 없고 피참가인과 독립하여 참가인 자신이 판결정본을 송달받은 날을 기준으로 판단하여야 할 것이다.[90] 학설도 공동소송적 보조참가인의 항소기간은 피참가인과 독립하여 계산한다는 견해가 많고,[91] 이에 따르면 피참가인의 항소기간이 이미 도과하였더라도 참가인은 자신의 항소기간 내라면 적법하게 항소를 제기할 수 있게 되고,[92] 판결이 확정되기 위해서는 피참가인과 참가인 양자 모두의 상소기간이 도과되어야 한다.[93]

한편 판례는 '상고이유서 제출기간'(제427조)과 관련하여, ① 공동소송적 보조참가인이 그 상고기간 내에 적법하게 상고를 제기하고 피참가인은 상고를 제기하지 않은 경우에 '참가인이 그의 상고이유서 제출기간 내에 상고이유서를 제출하였다면' 피참가인의 상고이유서 제출기간이 도과하였더라도 그 상고이유서의 제출은 적법하다고 하였다.[94] 반면에 ② 공동소송적 보조참가인은 상고를 제기하지 않고 피참가인만이 상고를 제기한 경우라면 참가인은 '피참가인의 상고이유서 제출기간 내에만' 피참가인이 상고한 부분에 대한 상고이유서를 제출할 수 있고, 따라서 참가인이 피참가인의 상고이유서 제출기간이 지난 후에 상고이유서를 제출한 것은 부적법하다고 하였다.[95]

2) 피참가인이 참가인의 동의 없이 단독으로 항소취하를 할 수 있는지 문제된다. 공동소송적 보조참가에는 필수적 공동소송에 관한 민사소송법 제67조 제1항이 준용되므로(제78조), 피참가인의 소송행위는 모두의 이익을 위하여서만 효력을 가

---

90) 졸고, "공동소송적 보조참가에 관한 연구 – 참가인의 소송상 지위를 중심으로", 「성균관법학」 제34권 제3호(2022, 성균관대학교 법학연구원), 164면.

91) 정동윤・유병현・김경욱(주 2), 1111면; 정영환(주 6), 1015면; 이시윤(주 6), 834면; 전원열(주 31), 675면; 한충수(주 55), 766면.

92) 이시윤(주 6), 826면 주3; 송상현・박익환(주 78), 671면; 김원태, "공동소송적 보조참가", 「민사소송」 제14권 제1호(2010, 한국민사소송법학회), 268면.

93) 한충수(주 55), 766면.

94) 대법원 2012. 11. 29. 선고 2011두30069 판결. 이는 애초에 피참가인이 원심판결에 대하여 불복하지 않을 의사로 상고를 제기하지 않았던 점을 고려한 것으로 보인다.

95) 대법원 2020. 10. 15. 선고 2019두40611 판결.

지고 참가인에게 불이익이 되는 것은 효력이 없다.

'소취하'와 관련하여, 판례는 공동소송적 보조참가에서 피참가인이 참가인의 동의 없이 소취하를 하더라도 유효하다고 보았다. 첫째, 유사필수적 공동소송에서 공동원고 1인이 다른 공동원고의 동의 없이 한 소취하는 유효한데 공동소송적 보조참가는 성질상 유사필수적 공동소송에 준하며, 둘째, 소를 취하하면 종국판결도 실효되어(제267조 제1항) 재판의 효력과는 직접적인 관련이 없으므로 참가인에게 불이익이 되지도 않음을 이유로 한다.[96] 학설도 대부분 이러한 판례의 입장에 찬동하지만,[97] 반대하는 견해도 있다. 이에 따르면 공동소송적 보조참가인은 본소송의 판결의 효력은 받지만 당사자적격이 없어 피참가인의 소취하 후에는 단독으로 동일한 소를 제기할 수 없어, 피참가인의 소취하는 참가인에게 회복할 수 없는 피해를 줄 우려가 크다는 점에서 피참가인은 단독으로 소를 취하할 수 없다고 한다.[98] 그러나 당사자적격이란 특정한 소송물에 관하여 당사자로서 소송을 수행하고 본안판결을 구할 수 있는 자격을 말하므로, 당사자적격이 없는 자가 단독으로 소를 제기할 수 없는 것은 당연한 일이다.[99]

'항소취하'의 경우에는 소취하와 달리 보아야 한다. 피참가인이 항소를 취하하면 소를 취하하는 것과 달리 제1심의 패소판결이 확정되어 그 확정판결의 효력이 미치는(제78조) 참가인에 대하여는 '불리한 소송행위'이므로 피참가인이 참가인의 동의 없이 단독으로 항소취하를 할 수 없다고 할 것이다. 즉 통상의 보조참가에서는 피참가인이 참가인의 소송행위에 어긋나는 소송행위를 할 수 있으므로(제76조 제2항) 참가인이 제기한 항소를 취하할 수도 있지만,[100] 공동소송적 보조참가의 경우에는 민사소송법 제67조 제1항의 준용에 의하여 '제76조 제2항의 적용이 배제'되므로[101] 피참가인은 참가인에게 불리한 소송행위를 단독으로 할 수 없는 것이다. 판례도 일찍이 행정소송에서 피참가인이 패소한 판결에 대하여 공동소송적 보조참가인이 상고한 경우에 피참가인이 상고를 취하하더라도 참가인에 대한 관계에

96) 대법원 2013. 3. 28. 선고 2011두13729 판결.
97) 정동윤 · 유병현 · 김경욱(주 2), 1111면; 정영환(주 6), 1015면; 이시윤(주 6), 833면; 김홍엽(주 6), 1110면; 전원열(주 31), 675면.
98) 한충수(주 55), 766면.
99) 보다 자세한 것은 졸고, 앞의 논문(주 90), 169면 이하.
100) 대법원 1984. 12. 11. 선고 84다카659 판결; 대법원 2010. 10. 14. 선고 2010다38168 판결. 다만, 이 경우에 참가인은 참가적 효력의 배제를 주장할 수 있다(제77조 제1호, 제76조 제2항).
101) 정동윤 · 유병현 · 김경욱(주 2), 1111면; 정영환(주 6), 1014면; 이시윤(주 6), 833면; 김홍엽(주 6), 1110면. 참가인은 '유리한 소송행위'이면 피참가인의 소송행위에 어긋나는 소송행위를 할 수도 있다.

서는 효력이 없다고 하였고,[102] 이후에도 위와 같은 취지에서 공동소송적 보조참가인이 상소를 한 경우에 피참가인이 상소취하를 할 수는 없다고 하였다.[103] 통설 또한 마찬가지이다.[104]

5. 독립당사자참가

(1) 패소한 두 당사자 모두 항소한 경우

독립당사자참가소송(제79조)은 동일한 권리관계에 관하여 원고, 피고 및 참가인 사이에 판결의 합일확정을 필요로 하는 소송이다. 따라서 본안의 심리와 판결은 통일적으로 행해져야 하고, 이를 위하여 민사소송법은 필수적 공동소송에 관한 제67조를 준용하고 있다(제79조 제2항).[105] 따라서 두 당사자 사이의 소송행위는 나머지 1인에게 불이익이 되는 한 두 당사자 사이에도 효력이 없다.[106]

독립당사자참가소송에서 패소한 두 당사자가 모두 항소를 제기하였다가 그중 1인만이 항소를 취하한 경우 그 항소취하는 효력이 없다.[107] 즉 항소한 두 당사자 모두가 항소를 취하해야만 항소취하가 유효하여 항소심절차는 종료되고, 그중 1인만 항소를 취하하면 항소취하는 효력이 없어 항소가 그대로 유지되므로 취하하였던 청구 부분도 항소심의 심판대상이 된다. 예를 들어 제1심에서 원고 甲이 승소한 판결에 대하여 패소한 피고 乙과 참가인 丙이 모두 항소한 경우에, 乙의 항소취하를 유효하다고 보면 甲과 乙 사이의 판결 부분만 확정되어 동일한 권리관계에 관하여 3당사자 사이에 '합일확정의 요청'에 반하므로 허용되지 않는다고 보아야 한다. 통상의 소송이라면 처분권주의 원칙상(제203조) 당사자는 항소를 취하함으로써 항소심의 종국판결에 의하지 않고 소송절차를 종료시킬 수 있는데, 독립당사자참가소송에서는 '합일확정을 위하여 필요한 한도에서 처분권주의가 제한'되는 것으로 볼 수 있다.[108][109] 판례도 독립당사자참가소송에서 상소취하와 같이 3면적

---

102) 대법원 1952. 8. 19. 선고 4285행상4 판결; 대법원 1967. 4. 25. 선고 66누96 판결.

103) 대법원 2017. 10. 12. 선고 2015두36836 판결.

104) 정동윤 · 유병현 · 김경욱(주 2), 1111면; 정영환(주 6), 1015면; 이시윤(주 6), 833면; 김홍엽(주 6), 1110면; 전원열(주 31), 675면; 한충수(주 55), 843면.

105) 독립당사자참가소송은 처음부터 원고 · 피고와 참가인 3자 간에 소송공동이 강제되는 것이 아니고 일단 제3자가 소송에 참가하면 3자 간에 합일확정이 필요한 소송이므로 필수적 공동소송 중 유사필수적 공동소송의 법리에 의하게 된다는 견해로 이시윤(주 6), 850면.

106) 대법원 2005. 5. 26. 선고 2004다25901, 25918 판결; 대법원 2009. 1. 30. 선고 2007다9030,9047 판결.

107) 정동윤 · 유병현 · 김경욱(주 2), 913면; 정영환(주 6), 1353면; 이시윤(주 6), 907면; 김홍엽(주 6), 1204면; 한충수(주 55), 843면; 주석(Ⅴ)/이재신, 77면.

소송관계를 일부에 대하여서만 본질적으로 해결하는 소송행위는 할 수 없다고 하였다.[110]

(2) 패소한 두 당사자 중 1인만 항소한 경우

패소한 두 당사자 중 1인만이 항소를 제기하였다가 단독으로 항소를 취하할 수 있는가의 문제는 이때 항소하지 않은 당사자가 항소심에서 어떠한 지위를 가지는가와 연관하여 살펴보아야 한다. 예를 들어 제1심에서 원고 甲이 승소한 판결에 대하여 패소한 피고 乙과 참가인 丙 중 피고 乙만이 항소한 경우에, 3당사자 사이의 합일확정의 요청상 제1심판결 전부에 관하여 확정이 차단되고 항소심으로 이심된다(제79조 제2항, 제67조 제1항).[111] 그렇다면 이때 패소하였지만 항소하지 않은 丙이 항소심에서 어떠한 지위를 가지는지 문제된다.

이에 관하여는 ① 민사소송법 '제67조 제1항을 준용'하여 한 사람의 유리한 소송행위는 나머지 한 사람에 대하여도 그 효력이 있는 것으로 보고 위의 사례에서 패소한 '乙이' 항소하면 이는 다른 패소자 丙에게 유리한 소송행위이므로 '丙도' 甲에 대하여 항소한 것으로 보아 丙은 항소인이라는 견해(항소인설), ② '제67조 제2항을 준용'하여 한 사람이 다른 한 사람에 대하여 소송행위를 하면 나머지 한 사람에 대하여도 그 효력이 있는 것으로 보고 乙이 '甲에 대하여' 항소하면 '丙에 대하여도' 항소한 것으로 보아 丙은 피항소인이라는 견해(피항소인설),[112] ③ 승소자에 대하여는 항소인이 되고 항소를 제기한 패소자에 대하여는 피항소인이 된다고 보아 丙은 승소한 甲에 대하여는 항소인인 동시에 항소를 제기한 乙에 대하여는 피항소인이라는 이중의 지위를 가진다는 견해(양지위겸유설 또는 상대적 이중지위설),[113] ④ 항소인도 피항소인도 아닌 단순한 항소심당사자에 불과하다는 견해(항

108) 이시윤(주 6), 851면.

109) 처분권주의가 상소심에서 발현된 것이 불이익변경금지의 원칙(제415조)인데, 독립당사자참가소송에서는 예외적으로 '합일확정을 위하여 필요한 한도에서 불이익변경금지의 원칙이 후퇴'되어 패소했지만 상소하지 않은 당사자에게 유리하게 원심판결이 변경되는 경우가 있다. 판례도 3당사자 사이의 결론의 합일확정을 위하여 필요한 경우에는 그 한도에서 항소하지 않은 당사자에게 제1심판결보다 유리한 내용으로 판결이 변경될 수도 있다고 하였다(대법원 2007. 10. 26. 선고 2006다86573, 86580 판결). 참가인의 참가신청이 부적법한 경우에는 합일확정의 필요성이 없으므로 항소심에서 불이익변경금지의 원칙이 적용된다(대법원 2007. 12. 14. 선고 2007다37776, 37783 판결).

110) 대법원 1964. 6. 30. 선고 63다734 판결.

111) 대법원 2007. 10. 26. 선고 2006다86573, 86580 판결; 대법원 2022. 7. 28. 선고 2020다231928 판결.

112) 한충수(주 55), 790-792면.

113) 김홍규 · 강태원, 민사소송법(2008, 삼영사), 749면.

소심당사자설, 통설)[114] 등이 대립하고 있다. 생각건대 패소하였지만 항소의 의사가 없어 스스로 항소를 제기하지 않은 자를 항소인으로 보거나 또는 항소인으로부터 항소를 제기당하지 않은 자를 피항소인으로 보는 것은 부자연스럽고, 항소인인 동시에 피항소인이라고 간주하는 것도 다소 기교적인 이론구성으로 보인다. 따라서 항소를 제기하지도 제기당하지도 않았지만 합일확정의 요청 때문에 불가피하게 항소심에 관여하여야만 하는 단순한 항소심당사자로 된다는 견해가 타당하다. 판례도 원고의 청구와 참가인의 청구가 모두 기각되고 원고만이 항소한 경우에 제1심판결 전체의 확정이 차단되고 항소심으로 이심되며 이 경우 참가인도 "항소심에서의 당사자"라고 하였다.[115]

이러한 입장에 서면, ① 위의 경우에 제1심에서 패소하였지만 항소하지 않은 참가인 丙은 항소 유지에 대한 주도권이 없기 때문에 항소취하권을 가지지 않으며,[116] ② 항소한 피고 乙은 다른 패소자 丙의 동의가 없어도 유효하게 항소를 취하할 수 있고 그에 따라 항소가 소급적으로 소멸하여 항소심절차는 종료하게 된다.[117]

Ⅵ. 항소취하의 효과

1. 제1심판결의 확정

항소취하가 있으면 소송은 처음부터 항소심에 계속되지 아니한 것으로 본다(제393조 제2항, 제267조 제1항). 즉 항소취하에 의하여 항소는 소급하여 그 효력을 잃게 되고 항소심절차는 종료된다.

항소심에서 소취하의 경우에는 제1심판결이 소급하여 실효되지만, 항소취하의 경우에는 제1심판결이 유효하게 존재하므로 항소기간 경과 후에 항소가 취하되면 항소기간 만료시로 소급하여 제1심판결이 확정된다.[118]

---

114) 동윤 · 유병현 · 김경욱(주 2), 1134－1135면; 정영환(주 6), 989면; 이시윤(주 6), 853면; 김홍엽(주 6), 1137면; 호문혁(주 34), 1080면; 주석(Ⅰ)/김지향, 676면.

115) 대법원 1981. 12. 8. 선고 80다577 판결.

116) 정영환, 990면(주 6); 이시윤(주 6), 853면; 김홍엽(주 6), 1137면; 호문혁(주 34), 1080면; 한충수(주 55), 843－844면; 강현중(주 55), 925면; 주석(Ⅰ)/김지향, 677면.

117) 정동윤 · 유병현 · 김경욱(주 2), 913면; 정영환(주 6), 1353면; 이시윤(주 6), 907면; 김홍엽(주 6), 1204면; 주석(Ⅴ)/이재신, 77면.

118) 대법원 2017. 9. 21. 선고 2017다233931 판결.

항소를 취하하면 그 효과는 확정적으로 발생하기 때문에 항소를 취하한 후 당사자 사이의 합의에 의하여 취하를 하지 아니한 것으로 할 여지는 없다.[119)]

2. 항소기간 경과 전 항소취하의 경우

항소기간 경과 전에 항소의 취하가 있으면 제1심판결은 확정되지 않고 항소기간 내라면 항소인은 다시 항소를 제기할 수 있다.[120)] 이 점에서 항소권을 포기한 뒤에 다시 항소를 제기하면 항소가 부적법하게 되는 것과 차이가 있다.

3. 항소취하와 부대항소의 효력

(1) 부대항소의 종속성

부대항소는 주된 항소에 종속되어 있으므로, 항소가 취하된 때에는 부대항소는 그 효력을 잃는다(제404조 본문). 항소인의 항소에 편승하여 피항소인이 항소심에서 청구취지를 확장한 경우에도 부대항소를 한 것으로 의제되는데,[121)] 이 경우 불이익변경금지의 원칙이 배제되어 항소인은 항소기각판결을 받는 데 그치지 않고 제1심판결보다 불리한 판결을 받을 수 있게 된다. 이때 항소인의 입장에서 제1심에서보다 불리한 항소심판결을 피하려면 항소심판결 선고시까지 부대항소인의 동의 없이도[122)] 항소를 취하할 수 있고, 그에 따라 부대항소의 성질을 가지는 청구취지확장도 실효되어 항소심법원은 확장된 청구에 대하여 심판할 수 없게 된다.

(2) 독립부대항소의 경우

피항소인이 항소기간 이내에 부대항소를 제기한 경우에는 독립된 항소로 보아 항소취하에 의하여 영향을 받지 아니한다(제404조 단서). 이를 독립부대항소라고 한다. 다만 독립부대항소도 항소가 취하된 뒤에는 항소의 이익을 갖추어야 한다.[123)] 예컨대 주위적 청구를 기각하고 예비적 청구를 인용한 제1심판결에 대하여 원고가 항소하고 피고가 항소기간 내에 부대항소를 제기한 경우, 원고가 항소를 취하하더라도 예비적 청구부분에 대하여 패소한 피고는 항소의 이익이 있으므로

---

119) 주석(Ⅴ)/이재신, 79면.
120) 대법원 2016. 1. 14. 선고 2015므3455 판결.
121) 대법원 2008. 7. 24. 선고 2008다18376 판결; 대법원 2000. 2. 25. 선고 97다30066 판결 등.
122) 대법원 1995. 3. 10. 선고 94다51543 판결; 대법원 2004. 4. 28. 선고 2004다4225 판결.
123) 정동윤·유병현·김경욱(주 2), 917면; 이시윤(주 6), 912면.

피고의 부대항소는 효력을 상실하지 아니한다. 그러나 제1심의 청구인용판결에 대하여 피고가 항소하고 원고가 항소기간 내에 청구취지확장을 위하여 부대항소를 한 경우, 피고가 항소를 취하하면 제1심에서 전부승소한 원고는 항소의 이익이 인정되지 않으므로 원고의 부대항소는 효력을 상실한다고 보아야 한다.

4. 항소심에서 교환적 청구변경 뒤에 한 항소취하의 효력

1) 청구의 교환적 변경의 법적 성질에 관하여 통설[124] · 판례는[125] '구 청구의 취하와 신 청구의 추가가 결합된 형태'로 본다. 최근 판결 가운데에는 청구의 교환적 변경을 가리켜 "기존 청구의 소송계속을 소멸시키고 새로운 청구에 대하여 법원의 판단을 받고자 하는 소송법상 행위"라고 한 것이 있다.[126]

그리고 항소심의 소송절차에는 특별한 규정이 없으면 제1심의 소송절차에 관한 규정이 준용되므로(제408조), 민사소송법 제262조의 요건을 갖추면 '항소심에서도' 청구의 교환적 변경을 할 수 있다.[127]

따라서 피고의 항소로 인한 항소심에서 청구의 교환적 변경이 있으면, 구소는 취하된 것으로 보아 구 청구에 대한 제1심판결은 실효되고 항소심법원은 신 청구에 대하여만 사실상 제1심으로 재판하게 되므로, 그 후에 피고가 항소를 취하하더라도 항소취하는 그 대상이 없어 아무런 효력을 발생할 수 없다.[128]

2) 이에 반하여 교환적 변경의 법적 성질은 민사소송법 제262조에 따른 '고유의 청구변경'이지 구소 취하가 포함되어 있지 않다고 보는 입장에서는 항소심에서 교환적 변경 뒤에 항소를 취하하면 구 청구에 대한 제1심판결이 확정된다고 하지만,[129] 통설 · 판례의 입장을 따른다.

5. 항소취하의 효력을 다투는 방법

항소취하의 효력을 다투는 방법에 관하여는 민사소송규칙에서 정하고 있는데, 소취하의 효력을 다투는 절차에 관한 규정이 항소심 절차에도 준용된다(제128조,

---

124) 동윤 · 유병현 · 김경욱(주 2), 1019면; 정영환(주 6), 901면; 이시윤(주 6), 745면; 김홍엽(주 6), 987면; 전원열(주 31), 607면 등.

125) 대법원 1980. 11. 11. 선고 80다1182 판결; 대법원 2003. 1. 24. 선고 2002다56987 판결 등.

126) 대법원 2018. 5. 30. 선고 2017다21411 판결.

127) 대법원 1984. 2. 14. 선고 83다카514 판결.

128) 대법원 1995. 1. 24. 선고 93다25875 판결; 대법원 2008. 5. 29. 선고 2008두2606 판결.

129) 호문혁(주 34), 951면.

제67조). 이에 따르면 항소취하가 무효라고 주장하는 당사자는 기일지정신청을 할 수 있으며, 법원은 변론을 열어 심리한 후 항소취하가 유효하면 판결로 소송종료 선언을 하고,[130] 항소취하가 무효라면 항소심 변론을 속행하고 중간판결 또는 종국판결의 이유에서 무효인 점을 판단하면 된다.

6. 소송비용의 부담과 인지액의 환급

항소가 취하된 경우의 항소심 소송비용은 항소법원이 당사자의 신청에 의하여 결정으로 소송비용의 액수를 정하고 그 부담을 명한다(제114조 제1항). 상대방과의 사이에 소송 외에서 화해를 하여 상대방이 항소심의 소송비용을 부담한다는 특약으로 항소를 취하하였다는 것과 같은 특별한 경우를 제외하고는, 항소인이 항소심에서의 소송비용을 부담할 것이다.[131] 항소취하가 무효라고 주장하며 기일지정신청을 하였으나 법원이 항소취하가 유효하다고 보아 소송종료선언을 하는 경우에 그 기일지정신청 후의 소송비용은 신청인의 부담으로 한다.

항소인이 항소심 변론종결 전에 항소를 취하한 경우에는 항소장에 붙인 인지액의 2분의 1에 해당하는 금액(인지액의 2분의 1에 해당하는 금액이 10만원 미만이면 인지액에서 10만원을 빼고 남은 금액)을 서면으로 당해 법원의 수입징수관에게 환급청구할 수 있다. 다만, 인지의 납부서에 환급계좌를 기재한 경우에는 환급청구가 있는 것으로 본다(민사소송 등 인지법 제14조 제1항 제2호, 인지규칙 제33조 제1항).

Ⅶ. 항소취하의 간주

1. 당사자 쌍방의 변론기일 결석과 항소취하 간주

(1) 민사소송법 제268조 제4항

당사자 쌍방이 항소심 변론기일에 출석하지 않아서[132] 재판장이 다시 정한 기일 또는 그 후의 기일에 당사자 쌍방이 출석하지 아니하고 1월 이내에 기일지정신청을 하지 않거나 혹은 위 기일지정신청에 따라 정한 기일 또는 그 후의 기일에

130) 대법원 1971. 9. 26. 선고 69다2048 판결. 상고취하의 경우에는 대법원 2008. 4. 10. 선고 2007다28598 판결 참조.

131) 주석(Ⅴ)/이재신, 79면.

132) 변론기일에 출석하였으나 변론하지 아니한 때도 마찬가지이며, 이하 같다.

당사자 쌍방이 출석하지 아니한 때에는 항소를 취하한 것으로 본다(제268조 제4항). 이때 항소취하 간주의 효과는 위와 같은 요건의 성취로 법률상 당연히 발생하는 것이어서 설령 당사자에게 소송수행 의사가 있더라도 당사자는 이 효과를 부인할 수 없고 법원은 반드시 항소를 취하한 것으로 간주하여야 하며 소송사건의 내용이나 진행상황에 따라 그 재량으로 달리 처리할 수 없다.133)

파기환송 전 1회, 환송 후 1회 불출석과 같이 환송판결의 전후에 걸쳐 당사자 쌍방의 불출석이 2회 있고 30일 이내에 기일지정신청이 없는 경우에는 일단 사건이 항소심을 이탈하여 상고심에 계속되었던 것이므로 항소취하 간주로 처리할 수 없다.134)

(2) 항소취하 간주의 효력을 다투는 방법

민사소송법 제268조 제4항에 따른 항소취하 간주의 효력을 다투는 방법은 민사소송규칙에서 정하고 있다(제68조, 제67조 제1항 내지 제3항). 이에 따르면 항소취하 간주가 무효라고 주장하는 당사자는 항소심법원에 기일지정신청을 할 수 있으며, 이 경우 법원은 변론을 열어 심리한 다음 신청이 이유 없으면 판결로 소송종료선언을 하고, 신청이 이유 있으면 절차를 속행하고 중간판결 또는 종국판결의 이유에서 그 판단을 표시한다.

판례는, 항소심에서 당사자 쌍방의 도합 3회 변론기일 결석으로 법원이 피고의 항소가 취하된 것으로 간주하여 사건을 종결 처리하자 피고가 자신에게 변론기일 통지서가 적법하게 송달되지 아니한 채 제3차 변론기일이 진행되었다고 주장하면서 상고를 제기한 사안에서, 민사소송법 제268조 제4항의 항소취하 간주는 그 규정에서 정한 요건의 성취로 법률에 의하여 당연히 발생하는 효과이지 법원의 재판이 아니어서 상고의 대상이 되는 항소심의 종국판결이 존재하지 아니한다는 이유로 상고를 부적법 각하하였다.135)

(3) 항소취하 간주의 효과

항소취하 간주는 항소취하와 같은 효과가 있다. 따라서 항소는 소급하여 그 효력을 잃고 항소심절차는 종료되므로 제1심판결이 그대로 확정된다.

133) 대법원 1982. 10. 12. 선고 81다94 판결; 대법원 1973. 3. 13. 선고 72다2299 판결.
134) 대법원 1963. 6. 20. 선고 63다166 판결.
135) 대법원 2019. 8. 30. 선고 2018다259541 판결.

항소심에서 청구의 교환적 변경이 있은 뒤에 당사자 쌍방이 2회 결석하고 1월 이내에 기일지정신청을 하지 않거나 도합 3회 결석한 경우에는 그 효과를 어떻게 풀이하여야 하는가 하는 어려운 문제가 있다.[136] 왜냐하면 이 경우 민사소송법 제268조 제4항에 따르면 항소취하로 간주되는데, 판례에 따르면 항소심에서 청구의 교환적 변경이 있으면 구 청구는 취하되어 제1심판결은 실효되므로 그 뒤에 한 항소취하는 그 대상이 없어 효력이 없기 때문이다.[137] 생각건대 항소심에서 청구가 교환적으로 변경된 경우에는 구 청구는 취하되어 구 청구에 대한 제1심판결은 실효되고 신 청구만 항소심의 심판대상이 되며 항소심은 신 청구에 대하여 '사실상 제1심으로서 재판'하는 것이 되므로, 그 뒤에 도합 3회 결석이 있으면 이미 실효된 제1심판결에 대한 항소취하 간주로 풀이할 수는 없고 이때는 민사소송법 제268조 제4항 단서의 규정에도 불구하고 '신 청구에 대한 소취하 간주'로 해석할 것이다.

이와 달리 항소심에서 청구의 교환적 변경 전후에 걸쳐 1회씩 결석한 경우, 즉 항소심에서 1회 결석한 뒤에 청구의 교환적 변경이 있고 다시 1회 결석 후 1월 이내에 기일지정신청을 하지 않은 경우에는 같은 청구에 관한 소가 유지된 상태에서 2회 결석한 것이 아니므로 항소취하 간주의 효과는 없는 것으로 보아야 한다.

2. 법원의 재난으로 인한 소송기록 멸실과 항소취하 간주

항소심이 계속되는 중에 법원의 재난으로 소송기록이 멸실되었을 경우에 항소인이 6월 이내에 항소장 및 사건계속의 소명자료를 제출하지 아니하였을 때에는 소 자체가 취하된 것으로 볼 것이 아니라 항소만이 취하된 것으로 간주하여야 한다(법원재난에 기인한 민형사사건 임시조치법 제2조, 제3조).[138]

---

136) 정동윤 · 유병현 · 김경욱(주 2), 538면은 이러한 문제가 있음을 지적하고 별도의 해석론은 제시하지 않고 있다.

137) 대법원 1995. 1. 24. 선고 93다25875 판결.

138) 대법원 1971. 5. 31. 선고 71다752 판결.

Ⅷ. 항소취하의 합의

1. 법적 성질과 효과 및 불이행시의 구제방법

1) 항소취하의 합의(항소취하계약)란 당사자가 소송 외에서 이미 제기된 항소를 취하하기로 하는 합의를 말하며, 소송상 합의의 일종이다. 민사소송법에 명문의 규정은 없으나, 처분권주의가 적용되는 범위 안에서 당사자가 항소를 유지할 것인가 아닌가는 그 자유에 속하므로 유효한 것으로 인정된다.[139)]

당사자 사이에 항소취하의 합의가 있었음에도 불구하고 항소인이 항소를 취하하지 않는 경우 상대방의 구제수단 및 법원의 조치가 문제된다. 이는 항소취하합의의 법적 성질 및 효과와 관련하여 논의되고 있다. 항소취하의 합의를 '사법상의 계약'으로 보는 사법계약설(항변권발생설)에서는 위 계약에 따라 '항소인은 항소를 취하할 사법상의 작위의무를 부담'하고 이를 이행하지 않으면 상대방이 항소취하의 합의가 있었음을 항변으로 주장할 수 있으며, 이 경우 항소심법원은 항소의 이익이[140)] 없다고 보아 '항소를 각하'할 것이라고 한다. 통설[141)] · 판례의[142)] 입장이다. 이에 반하여 항소취하의 합의를 '소송법상의 계약'으로 보는 소송계약설에서는 위 계약에 따라 항소인에게 항소취하의무를 지우는 것이 아니라 항소의 소급적 소멸이라는 '소송법상의 효과가 직접 발생'하고, 당사자에 의하여 항소취하합의의 존재가 주장 · 증명되면 항소심법원은 항소취하합의에 의한 '소송종료선언'을 할 것이라고 한다.[143)]

2) 한편 판례는 '부제소합의'와 관련하여 피고의 항변사항이 아닌 법원의 '직권조사사항'으로 보았다. 즉 부제소합의에 위배되어 소가 제기되면 법원은 직권으로 소의 적법 여부를 판단할 수 있고 다만 당사자들이 부제소합의를 쟁점으로 삼아

---

139) 정동윤 · 유병현 · 김경욱(주 2), 493면; 정영환(주 6), 1355면. 대법원 2018. 5. 30. 선고 2017다21411 판결은 항소취하의 합의가 유효함을 전제로 판시하고 있으며, 서울고등법원 2024. 2. 1. 선고 2023나2010496 판결은 명시적으로 항소취하의 합의가 유효하다고 보았다.

140) 여기서 항소의 이익이란 무익한 항소를 억제하기 위한 항소요건으로 '권리보호의 이익'의 특수한 형태이다[정동윤 · 유병현 · 김경욱(주 2), 896면; 이시윤(주 6), 888면; 김홍엽(주 6), 1191면]. 보다 엄밀히 말하면 권리보호의 필요(Rechtsschutzbedürfnis)의 특별한 표현이다. 더 자세한 것은 졸고, "상소의 요건으로서 불복의 이익의 판단", 「법학연구」 통권 제62호(2020, 전북대학교 법학연구소), 255면.

141) 이시윤(주 6), 909면; 김홍엽(주 6), 1202면; 박재완(주 55), 541면; 주석(Ⅴ)/이재신, 83면; 김일룡(주 55), 787면 등.

142) 대법원 2018. 5. 30. 선고 2017다21411 판결.

143) 정동윤 · 유병현 · 김경욱(주 2), 495, 915면; 정영환(주 6), 646면.

다투지 않았는데도 법원이 직권으로 부제소합의를 인정하여 소를 각하하면 원고에게 예상외의 재판이 되므로 '의견진술의 기회를 주어야' 한다고 하였으나,[144] 동의하기 어렵다.[145] 항소취하의 합의는 피항소인이 그 존재를 항변으로 주장하면 그때 비로소 법원이 고려하는 '항변사항'으로 보는 것이 타당하다. 통설도 항소취하의 합의를 비롯하여 소송상 합의는 항변사항으로 본다.[146]

2. 항소취하의 합의가 있음에도 항소를 취하하지 않고 청구의 교환적 변경을 한 경우

판례는, 甲이 동업자 乙과 丙을 상대로 제기한 정산금 청구의 소에서 전부 패소한 후 항소하였는데 "甲은 乙과 丙에 대한 항소를 취하하고 乙은 甲에게 정산금 일부를 지급하기로 합의"함에 따라 "甲이 丙에 대하여만 항소를 취하하고 乙에 대하여는 위 합의에 따른 약정금 청구로 교환적 청구변경"을 한 사안에서, ① 乙이 항소취하의 합의가 있음을 항변하면 항소심법원은 '항소를 각하'함이 원칙이지만, 항소심에서 甲의 교환적 청구변경 신청이 있는 시점에 항소취하의 합의가 있는데도 乙에 대한 항소취하서가 제출되지 않았다면 법원은 청구기초의 동일성 등 청구변경의 요건(제262조)을 갖추었는지에 따라 허가 여부를 결정하면 되고, ② 교환적 청구변경이 적법하면 구 청구에 대한 제1심판결이 실효되므로 뒤에 乙이 항소취하의 합의가 있음을 항변하더라도 항소심법원은 제1심판결을 전제로 한 '항소를 각하'할 수 없고 사실상 제1심으로서 '신 청구에 대하여 판단'하여야 한다고 보았다.[147]

---

144) 대법원 2013. 11. 28. 선고 2011다80449 판결.
145) 위 대법원 판결에 대한 상세한 비판은 졸고, "부제소합의의 소송상 취급", 「일감법학」 제56호(2023, 건국대학교 법학연구소), 3면 이하.
146) 이시윤(주 6), 413면; 김홍엽(주 6), 517, 1202면 등.
147) 대법원 2018. 5. 30. 선고 2017다21411 판결.

참고문헌

■ 단행본

강현중, 민사소송법 제8판, 박영사, 2023.
김일룡, 민사소송법, 법문사, 2023.
김홍규 · 강태원, 민사소송법, 삼영사, 2008.
김홍엽, 민사소송법 제12판, 박영사, 2024.
민일영 편집대표, 주석 민사소송법(Ⅰ) 제9판, 한국사법행정학회, 2023.
______, 주석 민사소송법(Ⅴ) 제9판, 한국사법행정학회, 2023.
박재완, 민사소송법강의 제5판, 박영사, 2024.
범경철 · 곽승구, 민사소송법 제2판, 정독, 2024.
송상현 · 박익환, 민사소송법 신정7판, 박영사, 2014.
이시윤, 신민사소송법 제17판, 박영사, 2024.
전병서, 강의 민사소송법 제5판, 박영사, 2025.
전원열, 민사소송법 강의 제4판, 박영사, 2024.
정동윤 · 유병현 · 김경욱, 민사소송법 제10판, 법문사, 2023.
정영환, 신민사소송법 제3판, 법문사, 2023.
한충수, 민사소송법 제3판, 박영사, 2021.
호문혁, 민사소송법 제15판, 법문사, 2024.

■ 논문

김동현, "공동소송적 보조참가에 관한 연구 - 참가인의 소송상 지위를 중심으로", 「성균관법학」 제34권 제3호, 성균관대학교 법학연구원, 2022.
______, "부대항소제도의 이해", 「민사소송」 제22권 제1호, 한국민사소송법학회, 2018.
______, "부제소합의의 소송상 취급", 「일감법학」 제56호, 건국대학교 법학연구소, 2023.
______, "상소의 요건으로서 불복의 이익의 판단", 「법학연구」 통권 제62호, 전북대학교 법학연구소, 2020.
김원태, "공동소송적 보조참가", 「민사소송」 제14권 제1호, 한국민사소송법학회, 2010.
김홍엽, "상소취하의 흠과 소송상 구제방법", 대한변협신문 424호(2012. 11. 26.).
오상현, "상소의 일부 취하 - 대법원 2017. 1. 12. 선고 2016다241249 판결", 「법조 최신판례분석」 통권 제721호, 법조협회, 2017.
정선주, "배임행위에 의한 항소취하와 재심사유", 「민사판례연구」 제38권, 민사판례연구회, 2016.

중국 소액소송절차에 관한 연구

김 주*

Ⅰ. 서 론

민사소송절차에서 사법의 공정성과 효율성은 시대를 불문하고 지속해서 논의되어 온 핵심 주제이며, 각국은 이러한 목표를 달성하기 위하여 민사 소송 제도의 개선과 새로운 절차의 도입을 끊임없이 시도하고 있다. 특히 사법의 적정성과 공평성을 해치지 않는 범위 내에서 다툼의 금액이 크지 않거나 내용이 명확한 사건에 대하여 신속성과 경제성을 확보할 수 있는 절차를 둘러싼 제도적·이론적 탐구도 지속해서 이루어지고 있다.

중국의 법제화가 점차 정비되고 제도적 기반이 강화됨에 따라, 일반인들이 민사소송을 제기하는 사건의 수도 현저히 증가하고 있고,[1] 이러한 소송의 양적 증가는 법원에 과도한 업무 부담을 초래하였으며, 그 결과 사건 적체, 소송 지연, 소송 비용의 증가 등 여러 구조적 문제점도 발생하게 되었다. 한편, 소송을 이용하는 자들은 더욱 신속하고 경제적인 방법으로 소송절차를 이용하고자 하는 니즈도 절박하였다.[2]

이러한 배경 아래, 중국 최고인민법원은 2011년 3월 17일 「일부 기층인민법원

* SK하이닉스 중국변호사, 법학박사

1) 전국 민사소송 사건의 수는 1978년에는 61.3만건이었다가, 2008년에 처음으로 1,000만건을 돌파하였고, 2016년에는 2,300만건, 2020년에는 3,000만건, 2024년에는 4,600만건으로 급증하였다.

2) 全国人大常委会法制工作委员会民法室编著: “2012民事诉讼法修改决定条文释解”, 中国法制出版社, 2012年版, 215면.

의 소액신속재판 시범업무 전개에 관한 지도의견(关于部分基层人民法院开展小额速裁试点工作的指导意见(法[2011]129号)」을 반포하여 전국 90개 기층인민법원을 대상으로 소액신속재판 시범업무를 실시하였다. 이에 따라 같은 해 5월부터 선정된 시범법원에서는 소액신속재판절차를 실제 사건에 적용하여 사건을 심리하였고, 이를 통해 2012년 소액소송절차의 입법화를 위한 실무적 경험과 제도적 기반을 축적할 수 있었다.[3)]

2012년 개정된 중국민사소송법 제162조는 기층인민법원과 그 파출법정은 사실관계가 분명하고 권리의무관계가 명확하며 논쟁이 크지 아니한 간단한 민사사건이고, 소송목적의 값이 각 성(省), 자치구(自治區), 직할시(直轄市) 전년도 취업자 연평균 임금의 30% 이하인 사건에 대하여 1심종심을 실행한다고 규정하였다. 비록 하나의 조항에 불과하지만, 이는 중국민사소송법상 소액소송제도를 처음으로 도입한 조항으로, 2012년 개정민사소송법의 주요성과 중 하나로 평가되기도 하였다.[4)]

그 후 일정기간의 실무 운영 경험을 바탕으로 2015년에 최고인민법원은 「중화인민공화국민사소송법 적용에 관한 해석(이하 '민소법해석')」을 반포하여 소액소송제도에 대하여 보다 구체적인 규정을 두었다. 이후 5년이 지난 2020년, 최고인민법원은 복잡한 사건과 간단한 사건을 분류하고 간단한 사건을 신속히 처리하고자 하는 목적에서 「민사소송절차의 번잡·간소 분류개혁 시범 실시방법에 관한 통지(最高人民法院关于印发≪民事诉讼程序繁简分流改革试点实施办法≫的通知(法[2020]11号))」를 반포하였다. 이 통지는 소액소송사건을 간소한 사건으로 분류하고 그 적용절차를 보다 구체화함으로써 소송절차의 효율성을 제고하고자 하였다.

2012년에 소액소송절차가 처음으로 중국민사소송법에 도입된 후, 약 10년간의 시행을 거쳐 그동안의 경험을 취합 정리한 기초 위에 2022년 개정 중국민사소송법에서는 기존의 단일 조항에 불과하던 소액소송절차에 대한 규정을 5개 조항으로 확대하였다. 개정된 조문은 소송목적의 값, 당사자의 소액소송절차 약정, 소액소송절차를 적용해서는 아니 되는 사건의 유형, 심리기간 등에 대하여 보다 명확한 기준을 제시하고 있다. 본고에서는 중국민사소송법상 소액소송절차에 대한 기본내용을 먼저 살펴본 후, 해당 제도가 실제로 어떻게 운용되고 있는지와 그 과정에서 나타난 문제점을 분석하고, 나아가 그러한 문제점에 대한 개선방안을 제시해

---

3) 사문철, "中國小額訴訟程序：立法現狀及課題", 「영산법률논총」, 제12권 1호, 2015, 107면.
4) 刘学在・欧阳俊, "残缺不全的小额诉讼程序质疑", 「人大法律评论」, 2012年第二辑, 142면.

보고자 한다.

Ⅱ. 중국 소액소송절차의 기본 내용

소액소송절차는 통상의 소송절차에 비하여 심리・판결・집행 과정을 간소화함으로써 다수의 사건을 보다 신속하고 효율적으로 처리하는 데 그 목적이 있다.[5] 중국민사소송법상 소액소송절차란 기층인민법원과 그 파출법정[6]이 당사자와 기타 소송참여인의 참여하에 소송목적의 값이 각 성・자치구・직할시 전년도 취업인구 연평균 임금의 50% 이하의 간단한 민사사건을 심리하는 절차를 말한다.[7] 중국의 소액소송절차는 중국민사소송법 제13장 "간이절차"에 규정되어 있다.[8] 간이소송절차는 사실관계가 분명하고, 권리의무관계가 명확하며, 분쟁이 크지 않은 민사사건에 적용되는 절차로서, 원고는 구두로 제소할 수 있고 소송 즉시 심리할 수도 있으며 간편한 방식으로 당사자 소환, 소송문서 송달, 심리 등을 진행할 수 있다. 소액소송절차는 간이절차의 조항을 적용하는 한편 소액소송절차에만 적용되는 특별한 조항들을 아래와 같이 규정하고 있다.

1. 소액소송절차 적용 기준

소액소송절차는 신속성과 경제성에 방점을 두고 있다. 중국민사소송법 제165조 제1항에 따르면 소액소송절차는 사실관계가 분명하고, 권리의무관계가 명확하며, 분쟁이 크지 않은 간단한 금전급부 사건[9]에 속하고, 그 소송목적의 값이 각 성,

---

5) 정영환, 「민사소송법(제3판)」, 법문사, 2023, 1471면.

6) 기층인민법원이 그 관할지역, 인구와 사건의 상황에 근거하여 설립한 재판부를 말한다.

7) ≪民事诉讼法学≫编写组编, 民事诉讼法学(第三版), 高等教育出版社, 2022年, 234면.

8) 중국의 간이절차와 한국의 간이소송절차와는 유사한 점이 있지만 다른 부분도 있으므로 동일하게 이해해서는 아니 된다. 한국의 간이소송절차는 한국민사소송법상의 독촉절차, 민사집행법상 가압류・가처분절차, 소액사건심판절차를 말한다. 반면, 중국민사소송법상의 간이절차는 통상 소송절차와 구분하는 개념인 점에서는 한국의 간이절차와 유사하지만, 통상 소송절차와 구분하는 주된 기준은 사건의 간단성 여부일 뿐이고 간이절차에 소액소송절차가 속해있다.

9) 민소법해석 제274조에서는 소액소송절차를 적용하는 금전급부사건으로 ① 매매계약, 대출계약, 임대차계약 관련 분쟁, ② 신분관계가 명백하고 급부금액, 시간, 방식에만 쟁의가 있는 부양비 관련 분쟁, ③ 책임이 명확하고 급부액수, 시간, 방식에만 쟁의가 있는 교통사고손해배상과 기타 신체손해배상 관련 분쟁, ④ 수도, 전기, 가스, 열에너지 공급계약 관련 분쟁, ⑤ 은행카드 관련 분쟁, ⑥ 노동관계가 명백하고 노동보수, 산재보험료, 경제보상금 또는 배상금 급부금액, 시간, 방식에만 쟁의가 있는 노동계약 관련 분쟁, ⑦ 노무관계가 명백하고 노무보수 급부금액, 시간, 방식에만 쟁의가 있는 노무계약 관련 분쟁, ⑧ 부동산관리, 통신 등 서비스계약 관련 분쟁, ⑨ 기타 금전급부 관련 분쟁을 정하고 있다. 그러

자치구, 직할시 전년도 취업자 연평균임금의 50% 이하인 경우에 적용된다.[10] 그 외에, 소송목적의 값이 각 성, 자치구, 직할시 전년도 취업자 연평균 임금(이하 '취업자 연평균 임금'이라 함)의 50% 이상 2배 이하인 사건에서 당사자 간의 합의가 있는 때에는 소액소송절차의 적용이 가능하다는 등 합의에 의한 절차 선택의 경로도 제도적으로 마련하였다.

특히 주목할 점은, 중국의 소액소송절차는 한국과 같이 일정한 소송목적의 값만을 기준으로 절차 적용 여부를 결정하는 단일 기준이 아니라, '소송목적의 값'과 '간단한 금전급부 사건'이라는 두 가지 요건을 병행하여 고려하는 이원화(二元化)된 적용 기준을 채택하고 있다는 점이다.

(1) 소송목적의 값 기준

소송목적의 값을 일정한 금액 기준으로 일원화하는 방식은 법원이나 당사자 모두에게 소액소송절차의 적용 여부를 판단함에 있어 실무상 편의를 제공하는 측면이 있다. 그럼에도 불구하고, 중국민사소송법은 다소 번거롭게 느껴질 수 있는 '취업자 연평균 임금'을 소송목적의 값의 기준으로 하고, 나아가 이를 각 성, 자치구, 직할시 지역별로 세분화하였다. 이러한 입법 방식은 중국 특유의 지리적·경제적 현실을 반영한 결과로 이해할 수 있다. 중국은 넓은 국토를 보유하고 있고 동부 연안 지역과 서부 내륙 지역 간에 경제발전 수준의 격차가 현저하여 전국적으로 일률적인 금액 기준을 설정하는 데 한계가 존재한다. 이에 따라 2012년 중국민사소송법 개정 초안에서는 소송목적의 값을 5,000위안(96만원) 내지 10,000위안(192만원) 이하로 일률적으로 적용할 것이 제안된 바 있으나, 최종적으로는 각 지역의 경제적 여건을 고려하여 지역별 차등 기준을 채택하는 방향으로 입법이 이루어진 것으로 평가된다.[11]

소송목적의 값의 기준을 판단할 때, 취업자 연평균 임금은 이미 공포된 연평균 임금을 말하며, 만약 전년도 취업자 연평균 임금이 공포되기 전이면 이미 공포된 가장 최근 연도의 연평균 임금을 기준으로 한다.[12] 현재 국가통계국의 자료에 따

나 2022년 개정된 민소법해석에서는 해당 조항을 삭제하였다. 이로써 금전급부사건일 경우 더 이상 특정된 분쟁 분야 또는 영역을 그 기준으로 하지 않게 되었다.

10) 해당 기준은 2012년 개정민사소송법에 규정한 연평균 임금의 30% 기준에서 연평균 임금 기준으로는 20%를 더 인상한 기준이다.

11) 장송청, "중국의 소액소송제도 소고", 「성균관법학」 27권 1호, 성균관대학교 법학연구원, 2015, 265면.

12) 필자가 2013년에 "제2차 개정 중국민사소송법에 관한 소고"라는 논문 게재 시 2012년 개정민사소송법

르면, 2023년도 전국 취업자 연평균 임금은 120,698위안(2,313만원)이고, 연평균 임금이 가장 높은 상하이시의 경우 170,342위안(3,265만원)이며, 연평균 임금이 가장 낮은 하남성의 경우 66,499위안(1,275만원)으로 지역별로 큰 차이를 보이고 있다.[13] 이와 같이, 상하이시와 하남성 간에는 연평균 임금이 1배 이상 현저한 격차를 보이므로, 동일하게 소송목적의 값이 50,000위안(958만원)인 사건이라 하더라도 상하이시에서는 소액소송절차의 적용 대상(연평균임금의 50%인 85,171위안보다 적음)에 포함될 수 있는 반면, 하남성에서는 그 기준을 초과하여(연평균임금의 50%인 33,250위안 높음) 소액소송절차를 적용할 수 없는 결과가 발생할 수 있다(당사자간 합의로는 가능함). 이는 동일한 금액의 청구사건이라 하더라도 지역에 따라 소액소송절차가 적용되거나 통상소송절차가 적용될 수 있음을 의미하며, 지역 간 경제적 격차가 민사소송절차의 적용범위에 직접적인 영향을 미치고 있음을 보여주는 사례라 할 수 있다.

한편, 한국의 경우 소액사건은 소송목적의 값이 3,000만원을 초과하지 아니하는 금액인데(소액사건심판규칙 제1조의2), 한국의 2023년 근로자의 평균 총급여액이 4,332만원인 점을 감안하면,[14] 총급여액을 기준으로 봤을 때 한국에서 설정한 소액사건의 소송목적의 값이 중국의 소액사건의 소송목적의 값보다 높다는 것을 알 수 있다(한국은 총급여액의 69%, 중국은 총급여액의 50%).

(2) 간단한 금전급부사건 기준

소액소송절차는 사실관계가 분명하고, 권리의무 관계가 명확하며, 분쟁이 크지 않은 간단한 금전급부 사건이어야 한다.[15] 예컨대, 금전대차관계의 경우, 채무자인 을이 채권자인 갑으로부터 금원을 차관한 사실과 차관의 금액·이자·상환기

을 소개하면서 소액소송절차를 설명한 바 있는데, 그때 베이징시 연평균임금 기준은 한화로 400만원이었다. 해당 논문에서 중국경제가 지속적으로 발전하고 있으므로 조만간 1,000만원을 초과할 것을 예상한 바 있는데, 십여년이 지난 지금 이미 3,000만원에 육박하고 있다. 김주, "제2차 개정 중국민사소송법에 관한 소고", 「안암법학」, 제40권, 2013, 205면.

13) https://baijiahao.baidu.com/s?id=1815711551313805731&wfr=spider&for=pc. 2025년 5월 2일 방문.

14) 한국 국세청 통계자료. https://www.nts.go.kr/webtv/na/ntt/selectNttInfo.do?nttSn=1339428. 2025년 5월 2일 방문.

15) 민소법해석 제256조에 따르면, '사실관계가 명확하다'는 것은, 당사자가 쟁점이 되는 사실에 대해 대체로 일치한 진술을 하고 있으며, 해당 사실을 입증할 수 있는 증거를 제출할 수 있어 인민법원이 별도로 증거를 조사·수집하지 않아도 사실관계를 명확히 할 수 있음을 의미한다. '권리의무관계가 명확하다'는 것은 누가 책임을 부담해야 하는지, 누가 권리를 향유하는지를 명확하게 구분할 수 있음을 의미한다. '분쟁이 크지 않다'는 것은 당사자 간에 사건의 사실관계, 책임 소재 및 소송목적물에 대해 본질적인 의견 차이가 없음을 의미한다.

일 등이 명확하고, 당사자 간에 다툼이 없다면 간단한 금전급부 사건으로 이해할 수 있다. 그러나 부동산관리계약이나 일부 매매계약과 같이 그 법률관계의 구조가 복잡하거나 계약에 여러 가지 해석의 여지가 있는 사건의 경우 심리를 하기 전에는 해당 사건이 소액소송절차에 적합한 간단한 사건인지 여부를 사전에 명확히 판단하기 어려운 측면이 있다. 이러한 점에서, 소송목적의 값은 객관적인 기준으로 명확하게 판단할 수 있는 반면, 사실관계가 분명한지, 권리의무관계가 명확한지, 분쟁이 크지 않은지 등은 불가피하게 법관의 주관적 해석이 개입될 수밖에 없는 요소로 작용한다. 이로 인해 소액소송절차의 적용 여부에 있어 법관의 재량이 개입될 여지가 크며, 후술하겠지만, 이러한 주관적 판단 요소로 인해 실무상 일부 사건에서는 소송목적의 값 요건을 충족함에도 불구하고 법관이 소액소송절차의 적용에 부담을 느껴 이를 기피하고 간이소송절차 내지 통상소송절차를 적용하는 사례도 발생하고 있다.

(3) 소액소송절차에서 제외되는 사건

당사자 및 법원이 소액소송절차의 적용 가능성을 보다 명확히 판단할 수 있도록 하기 위하여, 중국민사소송법은 소액소송절차의 적용 대상에서 명백히 제외되는 사건 유형을 열거하고 있다. 중국민사소송법 제166조에 따르면, 다음과 같은 사건은 소액소송절차를 적용하지 아니한다. ① 신분관계, 재산권확인사건, ② 섭외사건, ③ 평가·감정이 필요하거나 제소 전 평가·감정결과에 대하여 이의가 있는 사건, ④ 일방 당사자가 행방불명인 사건, ⑤ 당사자가 반소를 제기한 사건, ⑥ 그 밖에 사건의 성격상 소액소송절차에 의한 심리가 적절하지 아니하다고 판단되는 민사사건.

이와 같은 명시적 예외 규정은 소액소송절차의 적용 가능성을 제도적으로 제한함으로써, 신속성과 간이성을 핵심으로 하는 절차의 본래 취지를 유지하고, 복잡한 쟁점이 수반되는 사건은 통상절차 또는 간이절차를 통해 보다 적절히 해결할 수 있도록 하는 기능을 수행한다.

2. 소액소송절차 적용 법원

중국의 법원은 최고인민법원·고급인민법원·중급인민법원·기층인민법원 등 4개 급별(级别)의 법원으로 나누어진다. 이 중에서 4개 급별의 모든 법원이 모두 소액소송절차를 적용할 수 있는 것은 아니고, 단지 기층인민법원과 그 파출법정에서만 적용 가능하며 중급인민법원, 고급인민법원 및 최고인민법원이 제1심 법원이 되는 경우에는 소액소송절차를 적용할 수 없다.16) 그 이유는 중급인민법원 이상에서 심리하는 민사사건은 일반적으로 소송목적의 값이 크고 사건이 비교적 복잡하여 소액소송절차를 적용하기에 적합하지 않기 때문이다.

3. 1심종심제도

통계에 따르면, 2008년 한 명의 법관이 심리하는 사건 수는 평균 52건에 불과했으나, 2020년에는 225건으로 증가하였고, 2021년에는 238건으로 더욱 증가하여 2008년 대비 4배 이상 늘어난 것으로 나타났다.17) 이러한 법관들의 과중한 사건심리 부담의 지속적인 증가는 사법 시스템의 효율성에 영향을 미쳤으며, 입법자들은 이를 해결하기 위해 다양한 제도적 개선을 모색하였다. 그중 하나가 바로 소액소송절차에서 1심종심제도를 채택한 것이다. 이 제도는 소액사건에 대해 신속하고 효율적인 처리 방안을 제공함으로써, 법관들의 사건심리 부담을 경감시키고 소송절차의 효율성을 제고하려는 목적을 가지고 있다.

중국민사소송법 제165조에 따르면, 소액소송절차는 간이소송절차의 일종으로 분류되지만, 절차적 측면에서는 일반 간이소송절차와 뚜렷한 차이를 보인다. 다시 말하여, 일반 간이소송절차는 2심종심제도를 적용하여 당사자에게 1회의 상소 기회를 보장하는 반면, 소액소송절차는 제1심 판결이 곧 확정판결이 되는 1심종심제도를 채택하고 있다. 이러한 제도적 구성은 소액사건에 대한 신속한 해결을 핵심목표로 하며, 실제로 소액소송절차는 원칙적으로 1회의 변론기일만으로 심리를 마치고 즉시 판결을 선고하도록 규정되어 있다. 단, 특별히 필요한 경우에 한하여 예외적으로 재차 변론기일을 지정할 수 있도록 하고 있다.18)

---

16) 중국민사소송에는 급별관할이라는 제도가 있는데, 이 제도에 따르면 모든 제1심 사건이 기층인민법원에서 시작되는 것이 아니라, 4개 급별의 법원이 사건의 규모, 영향 등에 따라 모두 제1심 법원으로 될 수 있으므로 모든 사건이 지방법원에서 소송이 시작되는 한국과는 구별된다. 자세한 내용은 김주, "중국 민사소송에서의 급별관할(級別管割)의 내용 및 문제점", 「인권과 정의」, 제384호, 2008, 142-154면 참고.

17) 王杏飞, "小额诉讼程序向何处去？", 「法治研究」, 2022年第4期, 98면.

18) 최고인민법원의 「민사소송절차의 번잡·간소 분류개혁 시범 실시방법에 관한 통지(最高人民法院关于印发≪民事诉讼程序繁简分流改革试点实施办法≫的通知(法〔2020〕11号)」 제8조.

4. 통상절차 또는 간이절차로의 전환

중국민사소송법 제169조에 따르면, 법원은 사건의 심리 과정에서 소액소송절차의 적용이 부적합하다고 판단하는 경우, 간이소송절차의 기타 규정을 적용하거나, 필요 시 통상소송절차로의 전환을 결정해야 한다. 특히, 당사자가 소송청구 금액을 증가시키거나 반소를 제기하거나 당사자를 추가하는 등의 사유가 발생하여 소액소송의 적용 조건을 충족하지 못하는 경우, 법원은 해당 사건을 간이소송절차의 다른 규정에 따라 심리하거나 통상소송절차로 전환하여 심리해야 한다. 이러한 규정은 소액소송절차를 적용하는 것이 적합하지 않은 사건에 대하여 적절한 절차를 선택함으로써 사건의 복잡성에 맞는 공정하고 효율적인 사법 처리를 보장하기 위한 조치로 이해될 수 있다.

반면, 당사자는 소액소송절차의 적용이 법률규정에 위반된다고 판단할 경우, 법원에 이의를 제기할 수 있다. 이의는 소액소송절차 개정 전에 제출해야 하며, 법원은 당사자가 제출한 이의를 심리한 후, 이의가 성립한다고 인정되면 간이소송절차의 기타 규정을 적용하거나 통상소송절차로의 전환을 결정해야 한다. 만약 이의가 성립하지 않으면, 법원은 이를 각하해야 한다. 즉, 당사자는 소액소송절차에 대한 이의권을 부여받았지만, 이의 제기 후에도 최종적인 판단은 법원에 의해 내려지기 때문에 당사자가 소액소송절차의 적용 여부를 선택할 수 있는 권한은 주어지지 않는다. 또한, 소액소송절차에 대해 상소가 불가능하므로, 당사자는 1심종심제도의 틀 안에 갇히게 되는 것이다.[19]

5. 소액소송절차 심리기간

중국민사소송법 제152조에 따르면, 통상소송절차의 심리기간은 사건을 수리한 날부터 6개월 내에 결심해야 하고, 특수한 상황이 있어서 연장이 필요한 경우에는 해당 법원의 법원장의 비준을 받아 6개월 연장할 수 있으며, 연장이 더 필요한 경우 상급 법원에 신청하여 비준을 받아 연장할 수 있다. 따라서 통상소송절차에서 1심 심리기간은 이론상 1년 이상 심리하는 것도 가능하다. 반면, 중국민사소송법 제164조에 따르면, 간이절차를 적용할 경우 입안일로부터 3개월내에 결심해야 하고, 특수한 상황이 발생하여 연장이 필요한 경우 해당 법원의 법원장의 비준을 받

19) 唐玉富, "小额诉讼四重独立性的理论建构", 「财经法学」, 2024年第2期, 158면.

아 1개월 연장할 수 있다.

이에 비해, 중국민사소송법 제168조에 따르면, 소액소송절차를 적용할 경우, 사건 입안일로부터 2개월 이내에 결심해야 하며, 특수한 사정으로 연장이 필요한 경우 해당 법원의 법원장의 비준을 받아 1개월 연장할 수 있다. 따라서 소액소송절차를 적용받는 당사자들은 입안일로부터 최대 3개월 이내에 판결을 받을 권리를 부여받는다. 최고인민법원 법원장이 2021년 2월 27일 전국인민대표대회 상무위원회의 "최고인민법원의 민사소송절차의 번잡·간소 분류개혁 시범 실시상황에 대한 중간보고(最高人民法院关于民事诉讼程序繁简分流改革试点情况的中期报告)"에 따르면 현재 소액소송사건 평균 심리기간은 27일이라고 하는데, 이는 법정심리기간보다 훨씬 짧은 기간이다.[20]

6. 기타 특별규정

(1) 증거제출기간 및 답변기간

민소법사법해석 제275조에 따르면 소액소송사건의 증거제출기한은 법원에서 확정하지만 당사자 간에 협상하여 합의를 이룬 후 법원의 허가를 얻을 수 있다. 단 증거제출기한은 일반적으로 7일을 초과해서는 아니 된다. 피고가 서면으로 답변할 것을 요구할 경우 법원은 피고의 동의를 얻은 기초 위에서 합리적인 답변기간을 정하지만 최장 15일을 초과해서는 아니 된다. 당사자들이 법정에 출석한 후 증거제출기한과 답변기간이 필요 없다고 표시할 경우, 법원은 즉시 개정하여 심리할 수 있다.

(2) 당사자에 대한 설명 의무

소액소송제도가 창설되긴 하였지만, 상당수의 일반인들은 소액소송제도에 대하여 알지 못하는 문제가 발생하였다. 이에 따라, 민소법사법해석 제274조는 법원이 소액소송사건 수리 후 당사자에게 이러한 사건의 심판조직, 1심종심, 심리기간, 소송비용 납부표준 등 관련사항을 고지하도록 요구하고 있다.

(3) 판결문의 간소화

민소법해석 제280조에 따르면 소액소송사건의 판결문은 간소화할 수 있으며,

---

20) https://baijiahao.baidu.com/s?id=1692956612185722804&wfr=spider&for=pc. 2025년 5월 2일 방문.

주로 당사자의 기본정보, 소송청구, 판결주문 등의 내용을 기재하면 된다. 판결문의 간소화로 법관이 판결문 작성 부담을 경감함으로써 심리 효율성을 제고하는데 기여하고 있다.

(4) 간이절차 규정의 준용

소액소송절차 적용 시 명시적인 규정이 존재하지 않는 경우, 간이절차에 관한 규정을 준용할 수 있도록 하고 있다. 예컨대, 구두에 의한 제소, 간편한 방식에 의한 당사자 및 증인의 소환, 문서의 송달, 단독판사에 의한 심리 등이 가능하며, 법정조사 및 법정변론 등 형식적인 심리절차의 제한을 받지 않고 사건의 실질적인 쟁점에 대하여 직접적으로 심리를 진행할 수 있다.

Ⅲ. 실무 적용 현황

법원의 재판 부담을 줄이고, 사건을 신속히 해결하고자 중국은 소액소송절차를 도입하였으며, 2012년 민사소송법 개정을 통하여 소액소송절차가 본격적으로 시행되었다. 당시 최고인민법원에서는 소액소송사건이 전체 민사사건의 30%정도에 달할 것으로[21] 예상했는데, 아래에 살펴보듯 현 상황은 그 기대와는 거리가 있는 것으로 보인다.[22] 한국의 소액심판사건의 통계를 보면 제1심 민사본안사건을 합의·단독·소액사건으로 구분할 때 합의사건은 25,786건(3.3%), 단독사건은 256,543건(32.9%), 소액사건은 497,742건(63.8%)이다.[23] 다시 말하여 중국의 소액소송절차와 유사한 한국의 소액심판사건이 전체 1심 민사사건에서 차지하는 비율이 60%를 상회하는 것을 감안했을 때 중국에서 소액소송절차가 전체 민사소송의 30%정도를 차지할 것으로 기대했던 것은 결코 과도한 예측은 아닌 것으로 보인다.

최고인민법원 법원장이 2021년 2월 27일 전국인민대표대회 상무위원회에서 행한 "최고인민법원의 민사소송절차의 번잡·간소 분류개혁 시범 실시상황에 대한

---

21) 谢勇, "最高人民法院审判委员会专职委员杜万华2012年在宁夏调研时强调要认真做好小额诉讼实施准备工作", 「人民法院报」, 2012年10月9日, 第1版.

22) 李二红, "我国小额诉讼程序的现状与优化研究", 「法制博览」, 2025年2月(上) 第4期, 130면; 王杏飞, 전게서, 95면; 郑返, "小额诉讼程序的功能转向: 从解纷到定分止争", 「山东法官培训学院学报」, 2025年第1期总第282期, 55면.

23) 2024 사법연감, 723. (chrome-extension://efaidnbmnnnibpcajpcglclefindmkaj/https://www.scourt.go.kr/img/pub/jur_2024_Book7.pdf)

중간보고(最高人民法院关于民事诉讼程序繁简分流改革试点情况的中期报告)"에서 지난 1년간 소액소송절차가 전체 민사소송에서 차지하는 비율이 시범 실시 이전의 5.7%에서 19.3%로 증가하였다는 점을 들어 소액소송절차의 "휴면상태"가 효율적으로 개선하였다고 평가하였으나,[24] 실제 소액소송절차의 적용을 결정하는 기층인민법원에서는 여전히 소액소송절차의 적용을 기피하는 경향이 나타나고 있다. 아래에 기층인민법원이 소액소송절차의 적용현황에 대하여 구체적으로 살펴보고자 한다.

1. 소액소송절차에 대한 기피 현상

소액소송절차는 1심종심제도를 채택하고 있어 일정한 정도 내에서 사법 비용을 절감하고, 법원의 심리 부담을 경감하는 효과가 있다. 그러나 1심종심제도를 실시하기 때문에 당사자들은 상소의 기회가 없고, 1심판결에 불복할 경우 상소 대신 해당 법관에 대한 민원을 제기하는 사례가 적지 않다. 판사들이 이에 부담을 느껴 소액소송절차를 적용하지 않고 간이절차 내지 통상절차를[25] 적용하고자 하는 경향이 있다.[26] 어느 학자의 인터뷰에 따르면 약 13.9%에 달하는 법관들이 1심종심제도로 인한 재심 또는 민원 제기에 대해 부담을 느낀다고 응답한 바 있다.[27]

2019년에 실시된 몇몇 기층인민법원의 소액소송절차 이용 현황에 대한 조사에 따르면, 해당 절차의 적용률은 각각 22.29%, 10.40%, 1.69%, 0.74%였고, 심지어 0%인 기층인민법원도 존재하였다.[28] 이 중 후자의 3개 법원의 소액소송절차 적용률이 0~1%대인 것을 감안하면, 소액소송절차 적용 요건을 충족함에도 불구하고 간이절차 내지 통상절차를 적용한 것이 판단된다. 반면, 22.29%의 비교적 높은 소액소송절차 적용률을 보인 기층인민법원은 소액소송사건만 전문적으로 심리하는 소액심판법정을 설립하였기 때문에[29] 다른 기층법원에 비하여 현저히 높은 적용률을 기록한 것으로 보인다. 그럼에도 불구하고, 법 제정 당시 기대되었던 전체

---

24) https://baijiahao.baidu.com/s?id=1692956612185722804&wfr=spider&for=pc. 2025년 5월 2일 방문.
25) 중국민사소송법상 보통절차라고 표현하지만 논문의 가독성을 위하여 본고에서는 통상절차라는 표현을 사용한다.
26) 王杏飞, 전게서, 96면.
27) 白昌前, "小额诉讼程序适用的现实困境及应对－－以重庆法院为例", 「西南政法大学学报」, 2015, 17(1), 120면.
28) 王彩婷/赵锐, "民事诉讼中小额诉讼程序运行态势及优化路径实践研究", 「法制博览」, 2022年8月上, 5면.
29) 王彩婷/赵锐, 상게논문, 6면.

민사사건의 약 30%를 소액소송절차로 처리하겠다는 목표에는 여전히 미치지 못하는 수준이라 할 수 있다.

2. 소액소송절차가 특정사건에 과도하게 집중되는 현상

소액소송절차는 간단하고 신속한 절차를 통해 비교적 단순한 금전급부 사건의 분쟁을 해결하고자 도입된 제도이다. 그러나 실무상 소액소송사건은 주로 신용카드 분쟁, 유틸리티 공급계약 분쟁, 부동산관리 분쟁, 민간 대차계약 분쟁, 금융대차계약 분쟁, 매매계약 분쟁 등에 집중되고 있는 양상을 보이고 있다. 그중 신용카드 분쟁, 유틸리티 공급계약 분쟁, 부동산관리 분쟁 등 3가지 분쟁이 소액소송절차에서 차지하는 비중이 큰 것으로 보인다.[30] 문제는 이러한 사건의 원고가 일반적으로 기업이라는 점이다. 비록 소액소송절차가 분쟁 해결의 효율성을 높였다고는 하나, 특정 주체가 이 절차를 과도하게 활용하는 문제 역시 간과할 수 없다.[31]

3. 당사자들간 소액소송절차 합의 적용이 저조한 현상

소액소송절차의 적용 범위를 확대하기 위하여 중국민사소송법 제165조 제1항은 소송목적의 값이 각 성, 자치구, 직할시 전년도 취업자 연평균임금의 50% 이상이지만 2배 이하인 범위 내에서 당사자들은 소액소송절차의 적용을 약정할 수 있다고 규정하였다. 이처럼 입법자는 일정 금액의 범위에 있는 사건에 대하여 당사자 자율에 따라 소액소송절차를 선택할 수 있는 제도를 마련함으로써, 당사자 스스로가 분쟁의 성격과 해결 방식을 고려하여 그들에게 유리한 절차를 선택할 수 있도록 하였다. 그러나 실무상 당사자들이 해당 법률 규정의 존재 자체를 인식하지 못하거나 그 적용 요건과 효력에 대한 이해가 부족하여 소액소송절차에 대하여 합의를 이루는 사례는 많지 않다.[32] 한 법관의 조사에 따르면, 소액소송절차에 대한 당사자들의 인식 수준은 전반적으로 매우 낮은 것으로 나타났다. 구체적으로 전체 응답자의 55%는 소액소송절차에 대하여 전혀 알지 못한다고 응답하였고, 35%는

---

30) 肖建国, 刘东, "小额诉讼适用案件类型的思考", 「法律适用」, 2015年第5期, 21면; 王杏飞, 전게논문, 95면.
31) 王杏飞, 전게논문, 130면; 乔富丽, "我国小额诉讼程序的实践困境及优化路径探究", 「法学研究」, 2023年3月, 169면.
32) 王杏飞, 전게논문, 131면.

해당 절차에 대해 들어본 적은 있으나 구체적인 내용은 알지 못한다고 답하였다. 이에 반해, 소액소송절차에 대해 비교적 잘 알고 있다고 응답한 당사자는 전체 응답자의 5%에 불과하였다.[33]

이에 따라 법원이 사건을 수리하는 단계에서 당사자들에게 소액소송절차의 개요, 적용 요건, 장점 등에 대해 충분히 설명하여 당사자들이 정보 부족으로 인하여 선택권을 행사하지 못하는 문제를 방지할 수 있다. 일례로 충칭시장진구(重庆市江津区) 인민법원은 제소 전 조정절차에서 조정위원이 쌍방 당사자한테 소액소송절차의 신속・간편・경제적 특징을 상세히 설명하여 당사자들 간에 소액소송절차 적용에 관한 약정을 이끌어낸 바가 있다.[34] 이와 같은 실무 사례는 법원이 당사자에게 적극적으로 정보를 제공함으로써 제도의 실질적 활용을 촉진할 수 있음을 보여준다.

4. 재심신청 건수 증가 현상

소액소송절차는 1심종심제도를 실시하기 때문에, 당사자는 제1심판결에 대하여 상소할 수 없으며, 1심판결에 불복할 경우 재심을 제기하는 것이 유일한 구제 수단이 된다. 예컨대, 산동성(山东省) 관할법원의 통계에 따르면 2019년 소액소송사건에 대한 재심 신청 건수는 단 1건에 불과하였으나, 2021년에는 283건, 2022년에는 673건, 2023년에는 1,117건으로 급격한 증가 추세를 보였다.[35] 더욱이, 이와 같은 소액사건 재심 신청 사건 중에서 실제로 재심절차에서 파기자판하거나 파기환송한 비율이 50%를 초과하는 것으로 나타났다.[36] 이는 기타 통상절차에서 제기된 재심절차에서 파기자판하거나 파기환송한 비율보다 현저히 높은 수치이다. 이러한 상황은 1심종심으로 빠른 기간 내에 심리한 사건에 문제가 있다는 반증하기도 한다.

소액소송절차는 상소가 허용되지 않는 1심종심제도를 전제로 하고 있기 때문에, 당사자들은 실질적인 이의제기 수단이 제한된 상황에서 판결의 공정성에 대한 의문을 제기하기 어려운 구조에 직면하게 된다. 이에 따라 당사자는 설령 판결 내용에 불복의 여지가 있더라도, 공정성 문제를 감수한 채 제1심 판결에 수긍할 것인

33) 孔琳雪, "小额诉讼再审程序的实践检视与制度优化", 「山东法官培训学院学报」, 2025年第1期, 78면.
34) https://baijiahao.baidu.com/s?id=1745348305594437313&wfr=spider&for=pc. 2025년 5월 1일 방문.
35) 孔琳雪, 전게논문, 74면.
36) 孔琳雪, 전게논문, 74면.

지, 아니면 상당한 시간과 노력, 그리고 절차적 부담을 감내하면서 재심을 신청할 것인지 사이에서 갈등하게 된다. 이와 같은 심리적 부담은 소액소송절차에 대한 당사자의 기피 현상으로 이어질 수 있으며, 실제로 일부 사건에서는 당사자가 제도의 간편성과 신속성보다 절차적 안정성을 중시하여 소액소송절차의 적용을 기피하는 경향이 나타나고 있다. 뿐만 아니라, 법관 역시 재심의 가능성과 그에 따른 업무 부담, 그리고 원심판결이 파기될 가능성을 우려하여, 소액소송절차보다는 간이절차나 통상절차와 같은 보다 안정적인 심리 구조를 갖춘 절차의 적용을 선호할 수 있다. 이러한 점은 소액소송절차의 활용도와 실효성에 일정한 제약 요인으로 작용하고 있다.

소액소송사건에 대한 재심신청이 급증하고 있는 현상은 애초에 간편하고 신속한 절차를 통해 분쟁을 해결하고자 하였던 제도의 입법 취지에 부합하지 않는 결과를 초래하고 있다. 오히려 이러한 경향은 사법자원의 불필요한 소모, 전체 심리기간의 장기화, 소송비용의 증대 등을 야기하며, 궁극적으로는 1심종심제도에 대한 국민적 신뢰를 저해하는 요인으로 작용한다.[37] 그 결과, 소액소송절차의 핵심 목적이라 할 수 있는 절차적 효율성은 실현되지 못할 뿐만 아니라, 실체적 공정성의 보장이라는 사법의 본질적 가치마저 침해받을 우려가 있다.

Ⅳ. 소액소송절차에 대한 제안

중국의 입법기관 및 최고인민법원은 소액소송절차가 그 본래의 기능을 충실히 수행할 수 있도록 하기 위해 지속적인 시범 운영과 제도적 정비를 추진해오고 있다. 이러한 노력은 제도의 안착과 사법 접근성의 제고라는 측면에서 일정한 성과를 거두고 있는 것으로 평가된다. 그러나 앞서 살펴본 바와 같이, 소액소송절차의 실제 운영 과정에서는 여전히 다양한 문제점이 존재하고 있으며, 이는 제도의 실효성을 저해하는 주요 요인으로 작용하고 있다. 이에 본고는 소액소송절차의 운영상 문제점을 보완하고 제도의 목적을 보다 효과적으로 달성하기 위한 몇 가지 개선방안을 다음과 같이 제시하고자 한다.

---

37) 孔琳雪, 전게논문, 76면.

1. 소액소송절차 기준의 일원화

현재 시행중인 소액소송절차는 이원화(二元化)된 기준을 채택하고 있다. 다시 말하여, “간단한 사건”과 “소송목적의 값이 각 성, 자치구, 직할시 전년도 취업자 연평균 임금의 50% 이하”라는 이중 기준으로 소액소송절차를 적용할지를 판단하도록 하는 것이다. 그러나 이 중 ‘간단한 사건’ 여부에 대한 판단 기준은 여전히 모호하며, 그 적용에 있어 상당한 주관성이 개입될 여지가 있다. 구체적으로, 법률상으로 “사실관계가 분명하고, 권리의무관계가 명확하며, 분쟁이 크지 않은 사건’으로 규정하고 있으나, 이러한 요건은 해석의 여지가 넓어 법관마다 판단이 다를 수 있다. 특히, 사건 초기 단계에서 ‘간단한 사건’인지 여부는 법정 심리를 진행해 보지 않고서는 객관적으로 확정하기 어려운 경우가 많다. 이에 따라 각 기층법원에서 소액소송절차의 적용률에 현저한 편차가 발생하고 있으며, 이는 제도의 통일적 운영을 저해하는 하나의 구조적 문제로 지적될 수 있다.

소액소송절차의 적용 여부를 보다 객관적이고 일관되게 판단하기 위해서는, 한국의 「소액사건심판법」에서와 같이 소송목적의 값을 단일한 판단 기준으로 삼는 방안을 고려할 필요가 있다. 이와 같은 방식은 소액소송절차의 적용 판단에 있어 법관의 재량을 최소화함으로써, 각 기층법원 간 적용률의 편차를 줄이고 제도의 예측 가능성과 형평성을 제고할 수 있다는 점에서 유의미하다.

또한, 일부 학자들은 소액소송절차의 적용 기준과 관련하여 현행과 같이 각 성·자치구·직할시별로 다른 소송목적의 값을 설정하는 방식보다는, 전국적으로 통일된 금액 기준을 도입할 것을 제안하고 있다.[38] 이러한 주장의 근거로는 동일한 사건이 복수의 관할법원에 제기될 수 있는 경우, 당사자가 소액소송절차의 적용 여부를 고려하여 보다 유리한 법원을 선택하는 이른바 ‘법원 쇼핑(Forum Shopping)’의 가능성이 존재한다는 점이 지적된다. 그러나 실제로 소액소송사건의 대부분은 소송목적의 값이 적은 편에 속하므로, 절차의 적용 여부만을 이유로 성(省)을 옮겨가면서까지 타 지역의 법원에 소를 제기하는 경우는 제한적일 것으로 보인다. 나아가, 본고에서 아래에 제안하는 소액소송절차에 대해 제한적인 상소기회를 부여하는 등의 권리구제 장치를 마련한다면, 법원 쇼핑에 대한 유인은 더욱 약화될 것으로 판단된다. 더불어, 소액소송절차의 적용 기준을 소송목적의 값 하나로 일

38) 王彩婷/赵锐, 전게논문, 8면.

원화할 경우, 일정 금액 이하의 사건은 모두 동일한 절차에 따라 처리되므로, 앞서 살펴본 바가 있는 특정 유형의 사건에 절차 적용이 과도하게 집중되는 문제 역시 일정 부분 완화될 수 있을 것으로 기대된다.

따라서, 현재의 이원화된 기준으로 인해 발생한 소액소송절차의 적용 기피 및 불균형 문제를 해결하기 위해서는, 현행 규정에서 정한 소송목적의 값에 의한 판단 기준을 일원화하는 것이 보다 합리적이고 타당할 것으로 보인다. 이러한 일원화된 기준은 소액소송절차의 적용을 보다 명확하고 일관되게 만들어, 제도의 실효성과 공정성을 높이는 데 기여할 것이다.

2. 권리구제의 기회 보장

소액소송절차는 1심종심제도를 채택하고 있어, 당사자들은 상소의 기회를 갖지 못한다. 이에 따라 1심판결에 불복할 경우, 당사자들은 종종 해당 법관에 대해 민원을 제기하거나 앞에서 살펴본 바와 같이 재심신청을 제기하게 된다. 그러나 법관에 대한 민원 제기는 법관의 소액소송절차 기피현상을 초래하였고, 확정된 종국판결에 재심사유에 해당한 중대한 흠이 있는 경우에 그 판결의 취소와 종결된 사건의 재심사를 구하는 비상의 불복신청방법인 재심절차를 이용하는 것은 어디까지 한계가 뚜렷하고 정상적인 권리구제 절차로 보기는 어렵다. 특히 당사자가 재심신청을 제기할 수 있는 기간은 판결이 확정된 후 6개월 이내이고, 법원에서 재심할지 여부를 결정하는 기간은 재심사건을 접수한 후 3개월 이내이다. 이러한 긴 기간은 소액소송절차가 추구하는 신속성과 경제성의 원칙에 반하는 요소가 될 수 있다. 더욱이, 빈번한 재심신청은 판결의 안정성과 신뢰성에 심각한 영향을 미칠 수 있으며 법원의 권위에도 부정적인 영향을 미친다. 비록 1심종심제도가 분쟁을 일회적으로 해결하고, 상급법원의 심리 부담을 줄이려는 취지에서 도입된 것은 이해할 수 있으나, 심리 부담보다 더 중요한 것은 분쟁 당사자들의 적절한 권리보호라고 생각된다.

이러한 문제점을 해결하기 위하여 1심종심제도 대신 제한적인 상소 가능성을 허용하는 방안을 고려해볼 수 있다. 왜냐 하면, 당사자는 1심법원에 불복하더라도 상급법원의 판결에 대해서는 승복하는 경우가 많기 때문이다.[39] 만약 당사자들이 2심판결에도 여전히 불복하다면 그 때에 다시 비상의 불복신청방법인 재심절차를

39) 王杏飞, 전게논문, 96면.

고려해볼 수 있다. 다만, 소액소송절차가 신속하고 경제적인 분쟁해결을 목표로 하고 있으므로 모든 소액소송사건에 대해 무조건적인 상소를 허용하기보다는 제한적인 상소를 허용하는 것이 바람직해 보인다. 다시 말하여 소액소송사건에 대하여 절차적인 착오가 있거나 법률적용에 착오가 있는 경우에 한하여 상소가 가능하도록 하는 방식이 하나의 대안이 될 수 있다.[40] 여기서 말하는 절차적인 착오에는 (1) 소액소송절차의 적용기준에 부합되지 않는 사건임에도 소액소송절차로 처리한 경우,[41] (2) 당사자가 소액소송절차의 적용에 이의를 제기하였음에도 불구하고 법원이 이에 대해 심리하지 않거나 결정을 내리지 않고 소액소송절차의 적용을 강행한 경우, (3) 당사자의 의견진술의 기회를 배제하는 경우 등이 해당될 수 있다.

이와 더불어, 소액소송절차의 간소화와 신속성이라는 제도적 특징을 고려할 때, 상소제도에 있어서도 이에 상응하는 간소화 방안을 모색할 필요가 있다. 예컨대, 일반적인 15일의 상소기간은 7일로 단축하고, 2심법원의 재량으로 변론기일을 열지 않고 서면심리만으로 사건을 심사할 수 있도록 하며, 개정한다 할지라도 가능하면 2심에서도 1회의 변론기일로 결심할 수 있도록 하는 등 소액소송제도의 취지를 해하지 않으면서도 특화된 상소기제를 마련하는 것이 당사자들의 권리구제에 큰 제도적 받침이 될 것으로 보인다.

3. 소액사건 전담 재판부 설립

현재 일부 기층법원에서 소액사건 전담 인력을 설치하여 소액소송사건을 전문적으로 배당받고 심리하는 재판부를 운영하고 있으나, 여전히 대부분의 법원에서는 소액소송사건에 대한 전담 재판부 내지 전담 인력을 설치하지 않은 것으로 보이며 소액소송사건도 기타 사건과 마찬가지로 무작위로 각 법관에게 배당하는 방식을 유지하고 있는 것이 실정이다. 이로 인해 법관들이 다양한 유형의 사건을 병행하여 처리하게 되면서 소액소송사건에 충분한 관심을 기울이기 어려운 구조적

---

40) 廖中洪, “小额诉讼救济机制比较研究”, 「现代法学」, 第34卷第5期, 2012年9月, 161면; 刘学在, “小额案件一审终审制之质疑”, 「中国审判」, 2012年06期, 41면.

41) 소액소송절차를 적용할 수 없는 사건들인 ① 신분관계, 재산권확인사건, ② 섭외사건, ③ 평가, 감정이 필요하거나 제소 전 평가, 감정결과에 대하여 이의가 있는 사건, ④ 일방 당사자 행방불명인 사건, ⑤ 당사자가 반소를 제기한 사건 등에 소액소송절차를 적용한 경우가 이에 해당된다. 또한 소액소송절차의 목적의 값을 잘못 산정하여 당해 지역 지난 해 취업자의 연평균 임금의 50%을 초과하는 사건에 소액소송절차를 적용한 경우도 역시 절차 적용의 착오에 해당한다.

한계가 존재하며, 사건의 경제적 규모가 작다는 점에서 무의식적으로 사건을 경시하는 태도가 나타날 우려도 있다.

절차와 제도의 독립성은 전문화된 재판조직에 의해 운영될 때 더욱 효과를 볼 수 있다. 따라서 소액소송사건의 심리에 있어서 전문화된 재판조직을 설치하고, 이를 통해 전담 심리를 수행하도록 하는 것은 법관이 통상절차, 간이절차, 소액소송절차를 오가며 겪는 판단의 혼선을 방지하고, 나아가 소액소송절차에 대한 집중도를 제고하여 재판의 질적 향상을 도모할 수 있는 효과적인 방안이 될 수 있다.[42)]

실제로 시범적으로 소액소송사건 전담 재판부를 운영한 일부 기층법원의 소액소송절차 적용률이 그러지 아니한 법원에 비하여 현저히 높게 나타난 바, 이는 제도의 실효성을 방증하는 사례라고 할 수 있다.[43)] 만약 전국 소액소송절차의 평균 적용률을 30% 수준으로 끌어올리는 것을 기대한다면 소액소송사건에 적절히 적용될 수 있는 제도적 장치를 마련하고, 법관들이 이를 당연한 절차로 생각하고 전문적으로 처리하도록 유도하는 것이 하나의 해결책이 될 수 있다고 본다. 왜냐하면 권리에는 반드시 책임이 따르듯이 소액소송사건 재판부를 설치하면, 해당 재판부에 발령받은 법관들이 그 책임감과 소명감에서 비롯되어 소액소송사건의 적용을 의도적으로 기피하는 현상은 상당히 개선될 것이기 때문이다.

4. 고과제도 개선

소액소송절차 기피 현상의 원인은 앞서 살펴본 바와 같이 그 적용 기준의 주관성, 권리구제의 제약 등 요인에 기인하는 바가 크겠지만, 이외에도 법원 내부의 법관에 대한 인사·평가제도 역시 그 중요한 원인 중 하나로 지적될 수 있다. 현행 법관 고과제도 하에서는 간이절차 및 통상절차로 심리된 사건에 대하여는 '상소율'과 '파기자판율/파기환송률' 등이 평가 요소로 반영되지만, 소액소송사건은 1심종심인 관계로 '상소'나 '파기자판/파기환송'이 존재하지 않으므로 해당 지표에 반영되지 않는다. 이로 인해 소액소송사건은 법관 개인의 고과에 직접적인 영향을 미치지 않게 되며, 그 결과 법관들은 상대적으로 소액사건을 등한시하거나, 소액

---

42) 唐玉富, 전게논문, 160면.
43) 杨咏梅/吴双/吴迪, "回顾与展望：新民诉法背景下小额诉讼程序适用研究", 「法治现代化研究」, 2023年第1期, 171면.

소송절차의 적용 자체를 기피하려는 경향이 나타날 수 있다. 따라서 소액소송절차의 실질적 운용을 제고하고 기피 현상을 완화하기 위해서는 법관 인사・평가제도 개선을 통한 제도적 정비가 병행될 필요가 있다.[44]

예컨대, 충칭시장진구(重庆市江津区) 인민법원은 소액소송절차의 적용률을 독립적인 고과로 설정하고, 고과표준을 명확히 하여 소액소송사건을 담당하는 법관의 업무 성과에 대한 평가를 실질적으로 수행하고 있는 것으로 알려져 있다.[45] 이러한 사례는 법관이 소액소송사건을 심리하는 데 드는 노고를 충분히 인정하고 이를 고과에 반영한다면 법관들이 소액소송사건을 기피하는 이슈를 일정 부분 해소할 수 있음을 시사한다.[46] 나아가, 본고에서 제안한 바와 같이 소액소송절차를 전담하는 재판부를 설립하는 경우, 해당 재판부에 대한 독립적이고 특화된 고과제도의 마련 역시 필연적으로 요구될 것이며, 이는 소액소송절차의 안정적 운용과 제도 활성화에 기여할 수 있을 것으로 판단된다.

5. 소액소송 전문 절차 제정

2012년 개정 중국민사소송법에서 소액소송절차가 단일 조항으로 최초 도입된 이후, 2022년 개정에서는 관련 규정이 총 5개 조항으로 확대되었다. 이는 소액사건에 대한 절차적 정비와 제도적 발전 측면에서 중요한 진전으로 평가될 수 있다. 그러나 현행 중국민사소송법상 소액소송절차는 여전히 독립된 법률이나 장(章)으로 제정되어 있지 않고, 제13장 '간이절차' 내에 포함되어 있는 것이 실정이다. 이로 인해, 소액소송절차만의 독립성이 결여되어, 법원에서 사건을 수리한 이후, 소액소송절차로 심리할지 여부를 판단할 때 당사자들의 민원 제기 부담 등으로 인하여 소액소송절차로 심리할 수 있는 사건을 같은 장(章)에 규정된 간이절차로 진행하는 경향이 발생하는 것이다.

소액소송절차가 통상절차나 간이절차에 비하여 다툼의 금액이 적고 절차의 편의성을 특징으로 하므로, 한국의 「소액사건심판법」과 같은 별도 법률의 제정까지는 아니더라도 간이절차와는 구분되는 별도의 장(章)으로 제정하여 소액소송절차의 독립성을 보장하는 것이 바람직해 보인다. 특히 현재와 같이 1심종심으로 심리

44) 孔琳雪, 전게논문, 79면.
45) https://baijiahao.baidu.com/s?id=1745348305594437313&wfr=spider&for=pc, 2025년 5월 1일 방문.
46) 陆俊芳/牛佳雯/熊要先, "我国小额诉讼制度运行的困境与出路", 「法律适用」, 2016年第3期, 120면.

되고, 당사자한테 소액소송절차 적용여부에 관한 선택권이 부여되지 않는 구조임을 고려할 때, 소액소송절차의 중요성을 강조하고 활용도를 도모하기 위하여 별도의 장으로 규정할 필요성이 더욱 두드러진다. 실제로 2005년부터 2011년까지 중국민사사송법 개정을 앞두고 다수의 학자들이 민사소송법 개정안에 대한 제안을 하면서 간이절차와는 별도로 소액소송절차를 신설할 것을 주장한 사실을 통해서도, 중국의 대표적인 민사소송법 학계에서 소액소송절차의 독립된 규정 필요성에 대해 공감하고 있었음을 확인할 수 있다.[47)]

V. 결 론

중국은 소액소송절차를 도입된 후 10여년간의 제도적 개선을 지속해 왔으며, 그 결과 도입 초기와 비교하여 상당한 발전이 이루어진 것으로 평가된다. 그럼에도 불구하고, 소액소송절차 적용 기준의 주관성, 권리구제의 미흡 등은 그 적용률이 낮은 주요 원인으로 작용하고 있다. 이러한 문제점을 개선하기 위한 가장 효과적인 방법은 소액소송절차를 별도의 장(章)으로 독립적으로 규정함으로써 보다 완벽한 절차의 체계성을 확보하는 것이다. 더불어 소액소송절차의 기준은 소송목적의 값으로 일원화하고, 당사자에게는 일정한 범위 내에서 제한적 상소를 허용하는 방식으로 권리구제 수단을 보완할 필요가 있다. 아울러, 전담 재판부의 설치와 더불어 소액소송절차에 특화된 규정의 제정 또한 적극적으로 검토되어야 할 과제이다. 특히, 일부 법관들이 고과 평가의 불이익을 우려하여 소액소송절차의 적용을 기피하는 현상은 제도의 실효성을 저해하는 중대한 문제로, 이는 법률 차원의 개선만으로는 해결되기 어려운 측면이 있다. 따라서 법원 조직 내부의 인사 및 평가 제도를 재정비하여, 소액사건을 담당하는 법관들이 공정하고 합리적인 평가를 받을 수 있도록 제도적 기반을 마련하는 것이 바람직하다고 할 것이다.

---

47) 安晨曦, "小额诉讼程序"低频适用"现象的制度史考察", 「湖北社会科学」, 2020年第1期, 129면.

참고문헌

▣ 국내 문헌

정영환, 「민사소송법(제3판)」, 법문사, 2023.

사문철, "中國小額訴訟程序：立法現狀及課題", 「영산법률논총」, 제12권 1호, 2015.

장송청, "중국의 소액소송제도 소고", 「성균관법학」 제27권 1호, 성균관대학교 법학연구원, 2015.

김 주, "제2차 개정 중국민사소송법에 관한 소고", 「안암법학」, 제40권, 2013.

———, "중국 민사소송에서의 급별관할(級別管割)의 내용 및 문제점", 「인권과 정의」, 제384호, 2008.

▣ 외국 문헌

全国人大常委会法制工作委员会民法室编著: "2012民事诉讼法修改决定条文释解", 中国法制出版社, 2012年版.

≪民事诉讼法学≫编写组编, 民事诉讼法学(第三版), 高等教育出版社, 2022年.

刘学在・欧阳俊, "残缺不全的小额诉讼程序质疑", 「人大法律评论」, 2012年第二辑.

王杏飞, "小额诉讼程序向何处去？", 「法治研究」, 2022年第4期.

唐玉富, "小额诉讼四重独立性的理论建构", 「财经法学」, 2024年第2期.

谢勇, "最高人民法院审判委员会专职委员杜万华2012年在宁夏调研时强调要认真做好小额诉讼实施准备工作", 「人民法院报」, 2012年10月9日, 第1版.

李二红, "我国小额诉讼程序的现状与优化研究", 「法制博览」, 2025年2月 （上） 第4期; 郑返, "小额诉讼程序的功能转向：从解纷到定分止争", 「山东法官培训学院学报」, 2025年第1期总第282期.

白昌前, "小额诉讼程序适用的现实困境及应对－－以重庆法院为例", 「西南政法大学学报」, 2015, 17(1).

王彩婷/赵锐, "民事诉讼中小额诉讼程序运行态势及优化路径实践研究", 「法制博览」, 2022年8月上.

肖建国, 刘东, "小额诉讼适用案件类型的思考", 「法律适用」, 2015年第5期.

乔富丽, "我国小额诉讼程序的实践困境及优化路径探究", 「法学研究」, 2023年3月.

孔琳雪, "小额诉讼再审程序的实践检视与制度优化", 「山东法官培训学院学报」, 2025年第1期.

潘剑锋, "论我国民事诉讼特殊救济程序的构建", 「当代法学」, 2025年第1期.

廖中洪, "小额诉讼救济机制比较研究", 「现代法学」, 第34卷第5期, 2012年9月.

刘学在, “小额案件一审终审制之质疑”, 「中国审判」, 2012年06期.
杨咏梅/吴双/吴迪, “回顾与展望：新民诉法背景下小额诉讼程序适用研究”, 「法治现代化研究」, 2023年第1期.
陆俊芳/牛佳雯/熊要先, “我国小额诉讼制度运行的困境与出路”, 「法律适用」, 2016年第3期.
安晨曦, “小额诉讼程序“低频适用”现象的制度史考察”, 「湖北社会科学」, 2020年第1期.

미등기 건물에 대한 강제집행*

송 삼 용**

Ⅰ. 서 론

현행 민사집행법은 강제집행의 대상을 동산과 부동산으로 구분하고 있으며, 특히 부동산 강제집행과 관련하여 제81조 제1항은 등기된 부동산과 미등기 부동산을 구별하여 각각 다른 신청 요건을 요구하고 있다. 부동산의 경우, 등기부상 채무자 명의로 등기된 재산에 한해 강제경매가 가능하며, 미등기 부동산은 일정한 요건을 갖춘 경우에만 예외적으로 집행이 허용된다.

민사집행법 제81조 제1항 제2호 단서는 미등기 건물에 대한 강제집행 요건으로, (i) 해당 건물이 채무자의 소유임을 증명하는 서류, (ii) 건물의 위치・구조・면적 등 물리적 현황을 확인할 수 있는 자료, (iii) 건축허가 또는 건축신고와 관련된 문서의 제출을 요구한다. 그러나 실제 집행 실무에서는 채권자가 이러한 요건을 완비하기가 쉽지 않으며, 그 결과 미등기 건물은 사실상 강제집행의 대상에서 배제되는 경우가 많아, 채권자의 재산권 보호가 실효적으로 이루어지지 않는

* 이 논문은 따뜻한 사랑과 학문적 열정으로 법학의 길을 이끌어 주신 고려대학교 법학전문대학원 정영환 교수님의 정년퇴임을 기념하여 작성된 연구논문입니다. 미흡한 졸고에 대해 세심하고 정중한 심사와 고견을 아끼지 않으신 이화여자대학교 법학연구소 「법학논집」 심사위원님들께 깊은 감사의 말씀을 드립니다.

** 하늘양식교회 담임목사, 광신대학교 겸임교수, 법신학연구소 소장, 크리스천포커스·교회법신문 발행인, 총신대학교(B.A., M.Div.), 영국 Bristol University (M.A. in Theological Studies.), 중앙대 법학석사(수료), 고려대학교 법학박사(Ph.D. in cand.), E-mail: cfocus@korea.ac.kr.

문제가 발생하고 있다.[1)]

대법원은 판례를 통해 일정 요건을 갖춘 미등기 건물도 부동산으로서의 독립성과 실체가 인정될 수 있음을 인정하면서도, 등기가 이루어지지 않았다는 이유만으로 강제집행을 제한하는 태도를 유지하고 있다. 이로 인해 채무자가 고의적으로 등기를 지연하거나 회피하는 방식으로 강제집행을 면탈할 수 있는 구조적 허점이 발생하고 있으며, 이는 채권자의 권리 실현을 현저히 저해하고 있다.

특히 완공된 건물 또는 일정 공정률을 넘긴 미완성 건물이 상당한 경제적 가치를 가짐에도 불구하고, 등기가 없다는 이유만으로 집행이 불가능하다는 해석은 현실의 거래 관행과도 괴리가 있으며, 집행제도의 실효성을 떨어뜨리는 주요 요인이 되고 있다. 더욱이, 건축허가나 신고가 완료된 건물이라 하더라도 공시되지 않았다는 이유로 법적 보호를 받지 못하는 현실은 채권자뿐만 아니라 부동산 공시제도 전체의 신뢰성에 부정적 영향을 미치고 있다.

본 논문은 이러한 문제의식을 바탕으로, 미등기 건물에 대한 강제집행의 법적 가능성과 실무적 제약을 분석하고, 주요 판례 및 학설의 경향을 종합적으로 검토한 후, 개선이 필요한 법령 및 실무 기준을 제시함으로써 보다 실효적인 집행체계를 구축하는 데 기여하고자 한다. 이를 위해 다음의 다섯 가지 연구 흐름을 따른다.

먼저, Ⅱ절에서는 미등기 건물에 대한 강제집행의 법적 근거와 절차, 요건을 정리하고 그 구조적 한계를 검토한다. Ⅲ절에서는 일본 · 독일 등 외국의 관련 입법례를 비교 분석하여 시사점을 도출하고, Ⅳ절에서는 현행 제도의 법리적 쟁점과 제도적 한계를 구체적으로 분석한다. 이어서 Ⅴ절에서는 대법원 판례 및 주요 학설을 검토함으로써 현실적 문제점을 도출하고, Ⅵ절 결론에서는 제도 개선을 위한 입법적 · 실무적 대안을 종합적으로 제시한다.

아울러 본 연구에서 사용하는 '미등기 건물'은 등기 지연 사유가 행정적 · 절차적 사유에 기인하며, 건축허가 또는 건축신고 등 적법한 절차를 거친 건축물을 전제로 한다. 불법건축물 또는 무허가 건물을 대상으로 한 강제집행을 정당화하려는 것이 아님을 밝힌다. 본 연구의 목적은 법률상 요건을 갖춘 미등기 건물이 현행 집행제도 내에서 실질적으로 보호받을 수 있도록 개선 방향을 제시하는 데 있다.

---

1) 오시영, "건축이 중단된 건물의 강제집행 방법 연구", 「민사소송」(제14권 제1호, 2010), 329-330면.

Ⅱ. 미등기 건물에 대한 강제집행

1. 문제 제기 및 논의 범위

미등기 건물에 대한 강제집행은 다양한 법적·경제적 문제를 야기한다. 완공된 건물임에도 불구하고 등기절차가 이루어지지 않아 강제집행이 어려운 경우, 채권자의 권리 실현이 제한되고 채무자의 자산 가치도 법적으로 인정받지 못하는 문제가 발생한다.[2] 채무자가 소유한 건물이 완공되었더라도 등기가 되지 않았다는 이유만으로 강제경매의 대상이 되지 않는 현행 집행제도는, 채권자의 권리 실현을 제약할 뿐 아니라 채무자 본인조차 해당 재산의 실질적 가치를 법적으로 활용하지 못하게 한다. 특히 임차인의 경우, 임차권 등기를 하지 못해 보증금 반환에 있어 심각한 권리 보호의 사각지대에 놓일 수 있다.

이러한 문제는 실무 현장에서 반복적으로 발생하며, 공시제도의 미비가 법적 불안정성으로 이어지는 대표적 사례라 할 수 있다. 더 나아가, 건축이 일정 수준 이상 진척된 건물은 등기 여부와 관계없이 상당한 경제적 가치를 가지며, 거래 또는 집행의 대상이 될 수 있는 실질적 요건을 충족하게 된다. 하지만 현행 법제는 건축물의 완성 여부가 아닌 등기 유무만을 기준으로 집행 가능성을 판단하고 있어, 실질에 기초한 권리 보호가 어려운 실정이다.

이에 따라, 완성되었으나 등기되지 않은 건물 또는 건축허가를 받은 뒤 실질적 완성 단계에 이른 건물에 대해서는 별도의 입법적 보완이 요구된다. 선행 연구들 또한 미등기 건물에 대한 강제집행 제도 개선의 필요성을 지속적으로 제기해 왔다.[3] 특히 건축허가나 신고가 완료되었고, 구조와 외형이 사회통념상 건물로 인정될 수 있는 수준에 이른 경우, 이를 법적으로 보호 가능한 재산으로 간주하는 것이 타당하다.

본 논문에서 사용하는 '미등기 건물'이란, 등기 미이행 사유가 행정적 또는 절차적 사유에 해당하고, 건축허가 및 신고 절차를 적법하게 완료한 건축물을 의미한다. 따라서, 불법 건축물 또는 무허가 건물에 대한 강제집행을 주장하는 것은 아니다. 본 연구는 적법한 절차를 거쳤음에도 불구하고 등기 미완성 상태로 인해 실

2) 정병하, "미등기 부동산의 강제집행에 관한 연구 – 미등기 건축물을 중심으로 –", (동국대학교 석사학위논문, 2000), 4면.
3) 대한법률구조공단, "미등기 건물의 강제집행 제도 개선 방안", (2021) 참조.

무상 집행이 어려운 현실을 개선하고자 한다.

2. 미등기 건물의 법적 개념

민법상 건물은 토지와는 독립된 별개의 부동산이며, 토지에 정착되어 있어야 한다.[4] 판례는 독립된 부동산으로서의 건물로 인정되기 위해서는 최소한 기둥과 지붕, 그리고 주벽이 구비되어야 한다고 본다.[5] 또한, 건축법에서는 건축물의 개념을 다음과 같이 정의하고 있다.

> "건축물이란 토지에 정착하는 공작물로서, 지붕과 기둥 또는 벽이 있는 구조물과 이에 부속된 시설물, 지하나 고가(高架)에 설치되는 사무소・공연장・점포・차고・창고 등을 포함하며, 그 외 대통령령에서 정한 시설물을 포함한다."[6]

이러한 정의에 비추어 볼 때, 건축법상 '건물'이란 완공된 건물뿐만 아니라 최소한 실체법상 완성된 상태로 인정될 수 있는 건물도 포함될 수 있다.[7] 한편, 민사집행법에서는 건물을 독립된 부동산으로 평가하며, 부동산 강제집행이 이루어지려면 해당 건물이 집행법상 부동산으로 인정받아야 한다. 그러나 미등기 건물에 대한 부동산 강제집행 방법은 민사집행법 제81조 제1항 제2호에 규정되어 있지만, 같은 조항 본문에서 말하는 '부동산'이란 "채무자의 명의로 즉시 등기할 수 있음을 증명할 서류"가 제출될 수 있는 경우에 한정된다. 따라서, 기존의 법제에서는 완성된 건물만이 강제집행의 대상이 될 수 있다는 해석이 가능하다.

한편, 현행 부동산등기법 제65조에서는 미등기 상태의 토지나 건물에 대한 소유권 보존등기 신청 시 등기신청인이 제출해야 할 서류를 구체적으로 규정하고 있다. 즉, 미등기 건물이라 하더라도, 해당 건물이 일정한 요건을 충족하면 강제집행이 가능할 수 있음을 시사한다. 이에 따라, 민사집행법 제81조 제1항 제2호 본문에서 규정한 '채무자 소유의 미등기 부동산 강제집행을 위해 제출해야 하는 증빙 서류'는, 부동산등기법 제65조에서 정한 소유권보존등기의 신청인이 갖추어야

---

4) 지원림, 『민법원론』(홍익사, 2024), 903-904면.

5) 대법원은 1986년, 1996년, 2001년 및 2003년 결정에서 각각 미등기 건물의 준공 여부 및 강제집행 가능성을 다루었으며, 일부 사건에서는 채권자의 집행권이 제한되는 문제가 발생하였다(대법원 1986. 11. 11. 선고 86누173 판결; 대법원 1996. 6. 14. 선고 94다53006 판결; 대법원 2001. 1. 16. 선고 2000다51872 판결; 대법원 2003. 5. 30. 선고 2002다21592, 21608 판결 참조).

6) 「건축법」 제2조 제1항 제2호.

7) 송영호, "미등기부동산의 강제집행에 관한 연구 – 미완성건물의 집행방법을 중심으로 –"(고려대학교 석사학위논문, 2006), 35면.

하는 서류와 동일한 법적 의미를 가진다. 대법원 판례[8])에 따르면, 채무자의 소유권을 증명할 수 있는 서류를 제출할 경우, 미등기 건물에 대한 강제집행이 가능하다는 점이 명확해진다.[9])

3. 강제집행의 필요성과 법적 근거

현행 민사집행법은 등기된 부동산을 강제경매의 대상으로 하여 채권자의 권리를 실현할 수 있도록 규정하고 있다. 그러나 미등기 건물에 대해서는 강제집행이 극히 제한적으로만 허용되고 있으며, 이로 인해 실무상 다양한 문제가 발생하고 있다. 특히 건축물의 완공 여부와 관계없이 등기 유무만으로 강제집행 가능 여부를 판단하는 현행 제도는 채권자 보호의 실효성을 떨어뜨리고 있으며, 채무자조차 재산권의 활용에 제약을 받게 만든다.

민사집행법 제81조 제1항 제2호는 '채무자의 명의로 즉시 등기할 수 있음을 증명할 수 있는 서류'가 제출되는 경우 미등기 건물에 대한 강제집행을 가능하게 하고 있다. 그러나 이러한 서류 요건은 부동산등기법 제65조에 의거하여 매우 엄격하게 해석되고 있으며, 실무상 이를 충족하기란 쉽지 않다. 대법원도 1994년(93마1933 결정)과 1995년(95마820 결정)에서 '보존등기가 되지 않은 건물은 유체동산으로 볼 수 없다'는 이유로 강제집행을 제한한 바 있다.[10])

이후 2004다67691 판결에서는 일정한 조건을 갖춘 미완성 건물에 대해서도 원시취득이 가능하다는 취지의 판단이 내려졌고, 이에 따라 2011년 개정 민사집행법은 제81조 제1항 제2호 단서를 신설하여 미등기 건물에 대한 강제집행의 문호를 일부 개방하였다. 해당 단서는 '건축허가 또는 신고를 받은 건축물로서 사회통념상 독립된 건물로 인정될 수 있는 외형을 갖춘 경우'에는 보존등기 여부와 무관하게 강제경매를 가능하게 한다는 내용을 담고 있다.

---

8) 참조, 대법원 1995. 12. 11. 선고 95마1262 판결: "등기부에 채무자의 소유로 등기되지 아니한 부동산에 대하여 경매신청을 할 때에는 즉시 채무자의 명의로 등기할 수 있음을 증명할 서류를 첨부하여야 하고(구 민사소송법 제602조 제1항 제2호, 제728조), 미등기건물의 소유권보존등기는 가옥대장등본에 의하여 자기 또는 피상속인이 가옥대장에 소유자로서 등록되어 있는 것을 증명하는 자나 판결 또는 기타 시·구·읍·면의 장의 서면에 의하여 자기의 소유권을 증명하는 자 및 수용으로 인하여 소유권을 취득하였음을 증명하는 자만이 이를 신청할 수 있는 것이므로(구 부동산등기법 제131조), 토지에 대한 저당권자가 민법 제365조에 의하여 그 지상의 미등기건물에 대하여 토지와 함께 경매를 청구하는 경우에는 지상 건물이 채무자 또는 저당권설정자의 소유임을 증명하는 서류로서 구 부동산등기법 제131조 소정의 서면을 첨부하여야 한다(대법원 1992. 12. 28, 자 92그32 결정)".

9) 송영호, 앞의 논문(주 7), 34-35면.

10) 대법원 1994. 4. 12. 자 93마1933 결정; 대법원 1995. 11. 27. 자 95마820 결정.

이러한 입법적 변화에도 불구하고 실무에서는 여전히 강제집행이 원활히 이루어지지 않고 있다. 특히, 판례는 미완성 건물에 대한 집행을 제한하는 입장을 견지하고 있으며, 법원은 증빙 서류에 대해 매우 엄격한 요건을 요구하고 있다. 실제 집행 현장에서는 건축물대장 미기재, 지번·구조·면적 불일치, 건물 외형과 설계도면 불부합 등의 사유로 경매신청이 기각되는 사례가 빈번하다. 이로 인해 채권자는 실질적 담보가치가 있는 건물에 대해 아무런 권리행사를 하지 못하게 되며, 채무자의 책임재산 확보가 어려워지는 결과를 초래한다.11)

또한, 미등기 건물은 임차인의 보호문제와도 직결된다. 임차인은 임차권 등기를 통해 보증금을 보장받아야 하나, 미등기 건물은 등기 자체가 불가능하므로 임차보증금 반환의 우선변제권을 확보할 수 없다. 이러한 제도적 공백은 실질적 권리 보호가 필요한 임차인에게 심각한 불이익을 초래한다. 따라서, 미등기 건물에 대한 강제집행 제도는 단순히 채권자의 이익 실현을 넘어 사회경제적 약자의 권리 보호라는 측면에서도 재검토가 필요한 영역이다.

헌법 제23조는 재산권의 보장을 천명하고 있으므로, 미등기 건물이라 하여 그 경제적 가치를 부정하거나 권리실현의 기회를 박탈하는 것은 입법취지와도 배치된다. 더군다나 현대 사회에서 부동산은 단순한 물적 객체를 넘어서 자산과 신용, 사회적 안정의 기초로 작용하고 있으므로, 그 법적 보호는 형식이 아닌 실질에 입각해야 한다. 따라서, 건축허가가 적법하게 이루어졌고, 실질적으로 완공된 건물에 대해서는 등기 여부에 관계없이 일정한 기준하에 강제집행이 가능하도록 하는 법적 장치가 필요하다.12)

결론적으로, 미등기 건물에 대한 강제집행의 필요성은 채권자의 권리 보호, 채무자의 재산권 활용, 임차인의 보증금 회수 등 다양한 관점에서 제기되고 있으며, 현행 제도의 형식주의적 한계를 극복하기 위한 입법적·실무적 개선이 시급하다. 이를 통해 집행제도의 실효성을 확보하고, 사법 정의 실현에 부합하는 방향으로 나아갈 수 있을 것이다.

4. 강제집행 절차 및 요건

미등기 건물에 대한 강제집행이 원칙적으로 가능하다고 하더라도, 그 실현을 위

---

11) 대한법률구조공단, 앞의 책(주 3) 참조.
12) 「헌법」 제23조 제1항; 대법원 2004. 11. 9. 선고 2004다67691 판결 참조.

해서는 엄격한 절차와 요건이 충족되어야 한다. 현행 민사집행법 제81조 제1항 제2호는 채무자의 명의로 즉시 등기할 수 있음을 증명하는 서류를 제출할 수 있는 경우에 한하여 강제집행을 허용하고 있으며, 그 해석은 실무상 매우 엄격하게 적용되고 있다. 이로 인해 건축물이 실질적으로 완공된 상태임에도 불구하고 집행이 불가능한 경우가 적지 않으며, 채권자의 권리 보호가 현실적으로 어려워지는 구조가 반복되고 있다.[13)]

특히 강제경매를 신청하기 위해서는, 해당 건물이 채무자의 소유임을 입증하는 서류가 반드시 첨부되어야 한다. 이러한 서류에는 건축물대장 등본, 확정판결, 화해조서, 조정조서, 혹은 특별자치도지사 또는 시장·군수·구청장이 발급한 확인서가 포함될 수 있다. 그러나 건축물대장이 존재하지 않거나 소유자가 명확히 기재되어 있지 않은 경우, 또는 채무자가 피상속인으로부터 승계받았음을 입증하지 못하는 경우, 집행은 기각될 가능성이 매우 높다.

예를 들어, 채무자가 건축허가를 받고 건물을 거의 완공하였음에도 불구하고, 사용승인을 고의로 지연시켜 건축물대장이 작성되지 않은 경우, 채권자는 채무자의 소유를 입증할 수단이 부족해 경매 신청이 기각되었다는 실무 사례가 다수 존재한다. 특히, 건축주가 피상속인인 경우, 상속관계에 대한 입증자료까지 요구되어 판결 또는 화해조서 없이는 등기 요건을 갖추기 어려운 경우가 많으며, 이로 인해 사실상 책임재산이 존재함에도 강제집행이 차단되는 결과가 초래된다.

또한, 강제경매 신청 시 제출해야 하는 중요한 요건으로는 건물의 지번, 구조, 종류 및 면적을 증명할 수 있는 서류가 있다. 일반적으로는 건축허가서, 설계도서, 현황도면, 건축신고서 등이 활용되며, 실제 건물의 외형이 이러한 서류와 불일치하는 경우에는 법원이 현장조사를 명령하게 된다. 이 경우 집행관은 현장을 조사한 후 건물의 구조와 면적, 그리고 도면과의 차이점을 명확히 기술한 조사보고서를 작성하여 법원에 제출하게 되며, 그 결과에 따라 경매 개시 여부가 결정된다.

아울러, 건축허가서 또는 건축신고 필증은 해당 건물이 적법하게 건축 절차를 거쳐 진행되었음을 입증하는 핵심 자료이다. 만약 건축허가 없이 무단으로 건축된 경우나 위법 건축물에 해당하는 경우에는, 비록 실질적으로 완공되었다 하더라도 민사집행법상 부동산 강제집행의 대상이 되기 어렵다. 이러한 요건은 대법원 판례에서도 반복적으로 확인되었으며[14)], 건축허가를 받았다는 사실 자체만으로는 부족

13) 「부동산등기법」 제65조 참조.

하고, 실질적으로 건축이 진행되어 사회통념상 건물로 인정될 수 있는 외형을 갖추었는지가 중요한 판단 기준으로 작용한다.

민사집행법 제81조 제1항 제2호 단서는, 이러한 본문의 요건을 충족하지 못하는 경우에도 일정한 조건이 갖추어진 경우에는 예외적으로 강제집행을 허용하고 있다. 단서에 따르면, 사용승인을 받지 않은 상태라 하더라도, 건축허가 또는 건축신고를 받은 건물로서 지번·구조·면적 등 주요 요소가 설계도와 실질적으로 부합하고, 채무자의 소유임이 입증되는 경우에는 강제경매가 가능하다. 이와 같은 경우 등기관은 법원의 경매개시결정 등기 촉탁에 따라 직권으로 소유권보존등기를 경료한 후, 경매등기를 마칠 수 있다.[15]

그러나 실무에서는 이러한 요건들이 충족되기 어렵다는 점에서 여전히 집행 가능성에 한계가 존재한다. 특히 건축허가 이후 설계 변경이나 증축 등으로 건물의 현황이 허가서류와 불일치하게 되는 경우, 법원은 강제집행을 기각하거나, 일부 건물만을 집행 대상으로 인정하는 경향이 있다. 또한, 소유권 입증을 위한 판결의 부재, 대장 기재의 누락, 확인서의 형식 요건 미비 등으로 인해 실질적으로는 강제집행이 불가능한 사례가 적지 않다.

결국, 미등기 건물에 대한 강제집행을 제도적으로 실현하기 위해서는, 위와 같은 엄격한 요건을 충족할 수 있는 서류 확보가 가능하도록 행정 절차와 사법 절차 간 연계가 보다 긴밀히 이루어져야 하며, 서류 요건의 해석 또한 현실에 부합하도록 완화될 필요가 있다. 특히 일정 공정률 이상의 건축물에 대해서는 유연한 실체 판단 기준이 도입되어야 하며, 법원이 개별 사건마다 요구하는 서류의 범위를 명확히 제시함으로써 채권자의 권리 실현 가능성을 제고할 수 있어야 할 것이다.

5. 검 토

(1) 현행 제도의 구조 및 문제점

현행 민사집행법 제81조 제1항 제2호는 미등기 건물에 대한 강제집행을 일정한 요건 하에 인정하고 있으며, 이는 과거와 비교하여 입법적으로 진전을 이룬 부분이다. 특히 해당 조항 단서를 통해 사용승인을 받지 않은 건물이라 하더라도 일정 요건을 갖춘 경우 강제경매가 가능하다는 점은, 기존의 폐쇄적인 등기 중심주의를

14) 대법원 2004. 11. 9. 선고 2004다67691 판결.
15) 「민사집행법」 제81조 제1항 제2호 단서 및 제3항, 제4항.

일정 부분 완화한 결과로 평가될 수 있다. 이러한 법적 장치는 채무자 명의의 미등기 건물이라도 실질적인 재산 가치가 확인될 경우 이를 집행 대상으로 포섭할 수 있도록 하여, 채권자 권리 보호의 폭을 확대하려는 시도로 이해할 수 있다.

그러나 제도적 진전에도 불구하고, 실무에서는 여전히 여러 가지 문제점이 지속되고 있다. 우선, 강제집행을 위해 요구되는 서류 요건이 과도하게 엄격하게 설정되어 있다는 점이 가장 큰 문제로 지적된다. 등기 가능성을 입증하기 위해 제출해야 하는 서류들이 부동산등기법 제65조에 따라 엄격히 해석되며, 실무상 확보가 어려운 서류들이 많다. 예를 들어, 건축물대장이 존재하지 않거나, 설계도와 실제 건물의 구조가 불일치하는 경우, 강제경매는 사실상 불가능해진다.

또한, 채무자의 고의적 지연 전략에 대한 제재수단이 미비하다는 점도 심각한 문제다. 채무자가 건축물대장 기재를 신청하지 않거나, 사용승인 절차를 일부러 지연하는 경우 강제집행의 기회 자체가 차단된다. 이로 인해 채권자는 명백한 담보가치가 있음에도 법적 보호를 받지 못하며, 채무자는 제도적 허점을 악용하여 책임재산을 사실상 은닉하는 효과를 누릴 수 있다.

이외에도 법원 간의 해석 기준이 통일되지 않아, 어떤 법원에서는 경매를 허용하더라도 타 법원에서는 기각하는 등 예측 가능성이 떨어지는 문제도 있다. 이는 결국 사법적 보호를 받아야 할 채권자의 법적 안정성을 훼손하며, 제도의 신뢰성을 저해하는 요인이 된다.

(2) 제도 개선 방향

이러한 문제점을 해결하기 위해 다음과 같은 입법적·행정적 개선이 필요하다. 첫째, 강제집행을 위한 서류 요건을 현실화하고 유연화할 필요가 있다. 현행 제도에서 요구하는 서류는 이상적으로는 완전한 등기 가능성을 전제로 하지만, 실제 실무에서는 그러한 서류를 갖추기 어려운 경우가 대부분이다. 따라서, 일정한 공정률 이상의 건물에 대해서는 건축허가서, 착공신고서, 사진자료, 공정확인서 등으로도 소유권을 추정할 수 있도록 법적 기준을 재설정해야 한다.

둘째, 공적 장부 간 연계와 간소화가 필요하다. 현재 건축물대장, 건축허가대장, 등기부는 서로 정보가 일치하지 않는 경우가 많고, 채권자가 이 모든 자료를 개별적으로 확보해야 하는 구조는 비효율적이다. 따라서, 법원이 강제집행을 접수할 때, 행정기관과 연계된 통합정보조회시스템을 도입함으로써 서류 확보의 간소화와 정보 일관성을 확보해야 한다.

셋째, 채무자의 고의적 등기 지연 방지를 위한 규제 장치가 마련되어야 한다. 일정 기간 내 건축물대장 기재나 사용승인 신청을 하지 않을 경우, 법원이 직권으로 강제 보존등기를 촉탁할 수 있는 제도를 마련하거나, 제재 조항을 신설하는 방안을 검토할 필요가 있다.

넷째, 법원 간 실무 기준이 상이한 현실을 개선하기 위해, 대법원 또는 법원행정처 차원에서 표준화된 집행지침이나 서류목록 체크리스트를 마련하는 것도 유의미한 대안이 될 수 있다. 이를 통해 집행 실무의 일관성을 제고하고, 채권자가 법적 절차를 예측 가능하게 진행할 수 있도록 도와야 한다.

Ⅲ. 집행절차에서 미등기 건물에 대한 비교법적 분석

1. 주요국의 미등기 건물에 대한 집행 제도 비교

본 절에서는 우리나라의 미등기 건물 강제집행 문제를 이해하고 개선방향을 탐색하기 위해, 건물의 공시체계와 강제집행 구조가 우리와 상이한 일본, 독일, 프랑스, 영국의 입법례를 비교·분석하고자 한다. 각국의 법체계는 등기제도의 구성방식, 건물의 법적 지위, 강제집행의 구조에 있어 차이를 보이며, 특히 '건물의 독립성 여부'와 '공시와 권리 보호 간의 연계성'에 따라 제도 설계가 달라진다. 이러한 비교법적 분석은 우리 민사집행법의 입법적 개선을 위한 기초 자료로서 의의가 있다.

(1) 일 본

일본은 우리나라와 유사하게 건물을 토지와 별개의 독립된 부동산으로 인정한다. 일본 민법 제86조는 부동산을 '토지 및 그 정착물'로 정의하고 있으며, 이에 따라 건물은 등기 대상이 된다.[16] 다만 일본은 의사주의(대항요건주의)를 채택하고 있어, 소유권의 이전은 당사자의 의사표시만으로 유효하게 성립하며, 등기는 제3자에 대한 대항요건에 불과하다. 이로 인해 미등기 상태라 하더라도 소유권은 성

16) 日本民法 第八十六条(物)この法律において｢物｣とは，有体物をいう．② 不動産は，土地及びその定着物とする．③ 動産は，不動産以外の物とする．(이 법에서 '물건'이라 함은 유체물을 말한다. ② 부동산은 토지 및 그 정착물로 한다. ③ 동산은 부동산 이외의 물건으로 한다.)

립될 수 있으며, 이는 한국의 성립요건주의와 대조된다.

일본 민사집행법은 미등기 건물에 대한 강제집행을 가능하게 하기 위해 '등기할 수 없는 토지의 정착물'을 부동산 집행 대상에서 제외하고, 이를 동산으로 간주하여 동산집행 방식을 적용하고 있다.[17] 이에 따라 미등기 건물은 채권자의 신청에 따라 집행관의 실지조사 등을 통해 동산 강제집행 방식으로 집행이 가능하다. 이러한 입법례는 미등기 건물의 공시가 미비한 상황에서도 채권자 보호를 도모할 수 있는 실효적인 방식으로 평가된다.

(2) 독 일

독일은 '지상물은 토지에 속한다(superficies solo cedit)'는 원칙을 채택하고 있으며, (BGB) 제93조에 따라 건물은 토지의 구성 요소(wesentlicher Bestandteil)로 간주된다.[18] 즉, 건물은 토지와 분리된 독립된 법적 객체로 존재할 수 없으며, 별도의 등기도 필요 없다. 이와 같은 법체계는 건물 등기 자체가 불필요하므로, 미등기 건물 문제 또한 원천적으로 발생하지 않는다. 강제집행에 있어서도 독일은 ZVG(부동산 강제경매법)에 따라 토지와 그 정착물은 일체로 간주되어 집행된다.[19] 건물이 별도 집행 대상이 아니기 때문에 토지 경매를 통해 자동으로 건물에 대한 권리 이전도 이루어진다. 이러한 시스템은 미등기 건물이라는 개념의 필요성 자체를 제거하고 있으며, 법적 명확성과 집행의 효율성을 동시에 달성하고 있다.

(3) 프랑스

프랑스 민법은 토지 소유권이 토지의 상·하부 및 그 정착물까지 포괄한다고 규정하고 있으며, 민법 제552조는 이러한 소유권의 범위를 명확히 하고 있다.[20]

---

17) 日本民事執行法 第122条 (不動産の定義) この編において「不動産」とは, 土地及びその定着物をいう. ただし, 登記することができない土地の定着物を除く. (이 편에서 "부동산"이란 토지 및 그 정착물을 말한다. 다만, 등기할 수 없는 토지의 정착물은 제외한다.)

18) §93 BGB – Bestandteile einer Sache: "Bestandteile einer Sache sind die mit der Hauptsache fest verbundenen Sachen, ohne deren Trennung die Hauptsache zerstört oder in ihrem Wesen verändert würde."(제93조 – 물건의 구성부분: 어떤 물건의 구성부분이란, 그것이 분리되지 않으면 본체가 파괴되거나 그 본질이 변경될 정도로 본체에 고정되어 있는 물건을 말한다).

19) §1 ZVG – Zulässigkeit der Zwangsversteigerung: Die Zwangsversteigerung ist zulässig: 1. "bei Grundstücken mit Zubehör", 2. "bei grundstücksgleichen Rechten", 3. "bei Schiffen im Schiffsregister", 4. "bei Luftfahrzeugen im Luftfahrzeugregister"(부동산강제경매법 제1조(강제경매의 허용 대상) 강제경매는 다음의 경우에 허용된다: 1. 부속물이 포함된 부동산, 2. 부동산에 준하는 권리, 3. 선박등록부에 등록된 선박, 4. 항공기등록부에 등록된 항공기).

20) Article 552 du Code civil: La propriété du sol emporte la propriété du dessus et du dessous...

건축물이 토지에 정착된 이상 토지 소유권에 종속되며, 별도의 등기 없이도 토지 소유자가 건물을 함께 소유하는 것으로 본다. 민법 제554조와 제555조는 건축물의 소유권 귀속과 관련된 규정을 두고 있으며, 특히 타인의 토지에 무단으로 건축된 건물의 처리 방식을 다루고 있다.[21] 프랑스의 입법례는 건물을 토지의 부속물로 간주함으로써, 별도 등기 없이도 집행과 권리 이전이 가능하도록 하고 있으며, 미등기 건물에 대한 별도의 입법적 장치를 필요로 하지 않는다.

(4) 영 국

영국은 토지 중심의 법체계를 운영하고 있으며, 건물은 원칙적으로 토지의 일부로 간주된다. 1925년 재산법(Law of Property Act 1925) 제205조는 '토지'의 개념에 건물 및 기타 고정물까지 포함된다고 규정한다.[22] 이에 따라, 영국에서는 건물을 토지에서 분리된 독립 재산으로 취급하지 않으며, 등기 역시 토지 단위로 이루어진다. 이러한 구조는 강제집행 절차에서도 동일하게 적용되어, 토지에 대한 강제경매를 통해 건물까지 포함하여 집행이 이루어진다. 미등기 건물이라는 개념 자체가 존재하지 않기 때문에, 건물의 등기 누락으로 인해 강제집행이 불가능해지는 사태는 발생하지 않는다. 영국의 사례는 한국이 직면한 미등기 건물 문제와 구조적으로 큰 차이를 보이며, 제도 개선의 참고자료가 될 수 있다.

(토지의 소유권은 그 위와 아래의 소유권을 포함한다...)

21) Article 554 du Code civil : Les constructions, plantations et ouvrages faits par le propriétaire sur son terrain sont présumés lui appartenir.(토지 소유자가 자신의 토지 위에 한 건축물, 수목 및 시설물은 그에게 소유권이 있는 것으로 추정된다); Article 555 du Code civil : Celui qui fait des constructions sur le terrain d'autrui perd la propriété de ce qu'il y a édifié, sauf droit d'enlever ou indemnité selon les cas.(타인의 토지 위에 건축을 한 자는, 경우에 따라 철거권 또는 보상청구권이 있는 경우를 제외하고는, 해당 건축물의 소유권을 상실한다).

22) Law of Property Act 1925, Section 205(1)(ix): "Land" includes land of any tenure, and mines and minerals, whether or not held apart from the surface, buildings or parts of buildings (whether the division is horizontal, vertical or made in any other way), and other corporeal hereditaments; also a manor, an advowson, and a rent and other incorporeal hereditaments, and an easement, right, privilege, or benefit in, over, or derived from land…(재산법 1925년 제205조 제1항 (ix): "토지"란 어떠한 소유형태의 토지도 포함하며, 지하자원 및 광물(지표와 별도로 소유되는 경우를 포함), 건물 또는 건물의 일부(그 구분이 수평이든 수직이든 또는 다른 방식이든), 그 외 유형의 상속 가능한 물건 등을 포함한다. 또한 영지(manor), 성직 임명권(advowson), 지대(rent) 및 무형의 상속재산, 그리고 토지에 관련되거나 유래된 지역권, 권리, 특권 등도 포함된다).

2. 검 토

(1) 각국 입법례의 비교와 특징

일본은 건물을 독립된 부동산으로 인정하면서도, 미등기 상태의 건물에 대해 강제집행이 가능하도록 하기 위해 동산으로 간주하여 집행하는 방식으로 입법적으로 해결하였다.[23] 반면, 독일, 프랑스, 영국 등은 건물을 토지의 구성 요소로 보아 토지와 일체로 취급하며, 등기 여부와 무관하게 집행 대상으로 삼고 있다.[24]

(2) 제도적 특징과 법리적 비교

일본은 실질적인 집행을 위하여 입법적으로 동산 강제집행 방식을 도입하였고, 우리나라도 유사한 입법 취지를 민사집행법 제81조 제1항 제2호 단서에 반영하였다. 그러나 실제 집행 현장에서는 관련 조항의 해석이 지나치게 엄격하게 적용되어, 실질적인 강제집행 사례는 드물며, 이로 인해 입법 취지가 충분히 실현되지 못하고 있다는 비판이 제기된다.

(3) 문제점과 비판적 평가

우리나라의 경우, 미등기 건물은 엄격한 서류 요건과 판례상의 제약으로 인해 실무적으로 강제집행이 매우 어려운 상태이다. 반면, 독일과 프랑스는 법적으로 미등기 건물 개념이 존재하지 않아 강제집행의 사각지대가 발생하지 않으며, 일본은 이를 동산으로 보고 집행 가능한 구조로 제도 개선을 이룬 바 있다.

(4) 시사점 및 입법적 개선 방향

첫째, 우리 민사집행법 제81조 제1항 제2호 단서의 요건을 완화할 필요가 있다. 건축허가를 받고 일정 공정률 이상 진행된 건물은 서류 요건을 간소화하여 집행을 허용해야 한다. 둘째, 일본처럼 미등기 건물을 동산으로 간주하여 일정한 조건하에 강제집행을 허용하는 방식도 입법적으로 검토할 필요가 있다. 셋째, 토지와

---

23) 日本民法 第八十六条(物), (주 16) 참조; 日本民事執行法 第122条(주 17) 참조.

24) §93 BGB(주 18) 참조; § 1120 BGB – Hypothek an Zubehör: Die Hypothek erstreckt sich auf die zur wirtschaftlichen Einrichtung des Grundstücks gehörenden Zubehörstücke.((부속물에 대한 저당권) 저당권은 해당 부동산의 경제적 설비에 속하는 부속물에도 미친다); Article 552 du Code civil (주 20) 참조.

건물의 일체적 공시가 어려운 현실을 감안하여 행정정보 연계와 건축물 현황 정보의 공공적 제공이 실무적으로 연계되어야 한다.

Ⅳ. 미등기 건물 강제집행의 법적 쟁점과 제도적 한계

1. 문제의 제기 및 주요 쟁점

앞서 제Ⅲ장까지는 미등기 건물의 법적 개념, 현행 민사집행법상 위치, 그리고 외국의 입법례를 통해 미등기 건물에 대한 집행의 필요성과 그 타당성을 중심으로 살펴보았다. 그러나 이러한 논의는 집행의 필요성에 치우친 경향이 있으며, 실제로 미등기 건물이 경매 등의 방식으로 처분될 경우 거래의 안전을 어떻게 확보할 수 있는지, 해당 건물이 법률상 권리의 객체로 성립될 수 있는지에 대한 검토는 상대적으로 부족하였다.

특히 미등기 건물은 등기되지 않았다는 이유로 공시되지 않은 물건에 해당하며, 이러한 상태에서 강제집행이 이루어진다면 매수인의 소유권이 어떻게 보호될 수 있을지, 즉 경매제도의 본질인 매매를 통해 권리가 안정적으로 이전될 수 있는 구조가 마련되어 있는지를 면밀히 검토해 볼 필요가 있다. 본 장에서는 이러한 문제의식을 바탕으로, 권리의 객체성과 거래 안정성이라는 핵심 쟁점을 중심으로 미등기 건물에 대한 집행의 법적 가능성과 그 한계, 나아가 제도적 보완 방향을 종합적으로 고찰하고자 한다.

(1) 경매절차상 권리의 객체로서의 성립 요건

미등기 건물은 통상 등기부에 의해 공시되지 않은 상태의 물건으로, 민법상 권리 변동이 외부에서 명확히 인식되지 않는다는 점에서 법률적 지위가 불안정하다. 이러한 건물을 강제경매의 대상으로 삼는 경우, 경매를 통해 매수인이 취득하게 되는 소유권의 법적 확정성이 문제가 될 수 있다. 경매는 실질적으로 매매의 성격을 가지므로, 그 목적물이 명확한 권리의 객체로 형성되어 있지 않다면 매수인 보호가 어려워지고, 나아가 경매제도 전반의 신뢰성 역시 저하될 우려가 있다.

더욱이, 미등기 건물은 물리적으로 존재하더라도 공적 장부인 등기부나 건축물대장 등에 전혀 반영되지 않은 경우, 해당 건물에 관한 권리관계는 제3자에게 외부적으로 드러나지 않아, 단지 당사자 간의 사적 합의에 불과한 것으로 해석될 수 있다. 이러한 상태에서 강제경매 절차가 진행될 경우, 해당 건물이 공적 권리실현의 대상이 될 수 있는지에 대해 근본적인 의문이 제기된다. 즉, 권리의 외형과 실체가 객관적으로 확인되지 않은 채 경매가 이루어질 경우, 매수인의 권리 안정성은 물론 전체 집행절차의 정당성과 실효성 또한 심각하게 훼손될 수 있는 것이다.

따라서, 미등기 건물을 권리의 객체로 보아 경매에 부칠 수 있으려면, 해당 건물이 일정 수준 이상의 사법상 실체와 공법상 요건을 갖추고 있어야 하며, 이를 객관적으로 판단할 수 있는 기준 마련이 필수적이다. 예컨대 건축허가, 건축물대장 등재, 사용 승인 여부, 점유 형태 등 실체를 뒷받침할 수 있는 여러 요소들이 종합적으로 고려되어야 하며, 이에 대한 법적·실무적 판단 기준이 제시되지 않는 한, 미등기 건물에 대한 집행 가능성은 원론적 주장에 그칠 우려가 크다.

(2) 미등기 건물의 거래 안전 확보 문제

미등기 건물에 대한 강제집행이 원칙적으로 허용되더라도, 그 이후 소유권의 등기가 보장되지 않는다면 매수인의 권리는 실질적인 법적 보호를 받기 어렵다. 민사집행법 제81조[25]는 '등기할 수 있는 권리를 가진 자'의 신청이 있을 경우, 미등기 부동산에 대해서도 강제경매를 신청할 수 있도록 정하고 있으나, 관련 요건은 엄격하게 해석되고 있어 실무 적용에는 상당한 제한이 따른다. 특히 건축허가가 존재하더라도, 건축물대장 등재나 구조·면적 등 형식 요건을 모두 충족하지 않으면 경매 개시가 어려운 것이 현실이다.

한편, 제81조 요건을 충족하지 못하는 경우를 대상으로 일부에서는 미등기 건물 등을 '동산'으로 간주하여 민사집행법 제251조[26]의 적용 가능성을 제시하기도

25) 「민사집행법」 제81조(첨부서류) ① 강제경매신청서에는 집행력 있는 정본 외에 다음 각호 가운데 어느 하나에 해당하는 서류를 붙여야 한다. 1. 채무자의 소유로 등기된 부동산에 대하여는 등기사항증명서 2. 채무자의 소유로 등기되지 아니한 부동산에 대하여는 즉시 채무자명의로 등기할 수 있다는 것을 증명할 서류. 다만, 그 부동산이 등기되지 아니한 건물인 경우에는 그 건물이 채무자의 소유임을 증명할 서류, 그 건물의 지번·구조·면적을 증명할 서류 및 그 건물에 관한 건축허가 또는 건축신고를 증명할 서류. ② 채권자는 공적 장부를 주관하는 공공기관에 제1항 제2호 단서의 사항들을 증명하여 줄 것을 청구할 수 있다. ③ 제1항 제2호 단서의 경우에 건물의 지번·구조·면적을 증명하지 못한 때에는, 채권자는 경매신청과 동시에 그 조사를 집행법원에 신청할 수 있다. ④ 제3항의 경우에 법원은 집행관에게 그 조사를 하게 하여야 한다. ⑤ 강제관리를 하기 위하여 이미 부동산을 압류한 경우에 그 집행기록에 제1항 각호 가운데 어느 하나에 해당하는 서류가 붙어 있으면 다시 그 서류를 붙이지 아니할 수 있다.

26) 「민사집행법」 제251조(그 밖의 재산권에 대한 집행) ① 앞의 여러 조문에 규정된 재산권 외에 부동산을 목적으로 하지 아니한 재산권에 대한 강제집행은 이 관의 규정 및 제98조 내지 제101조의 규정을

한다. 그러나 제251조는 유체동산을 전제로 한 규정이라는 점에서, 토지에 고정된 건축물이나 준부동산적 물건에까지 그 적용을 확대하는 것은 법적 근거가 부족하며 해석상 논란의 여지가 크다.[27] 특히, 이러한 해석은 강제집행 절차의 일관성과 법적 안정성을 해칠 우려가 있다는 비판도 함께 제기된다.

이처럼 현행법은 미등기 건물의 법적 취급에 있어 명확한 체계나 기준을 제시하지 못하고 있으며, 실무에서는 구체적 사례에 따라 해석이 달라지는 방식으로 적용되고 있다. 특히 제81조에 따른 요건 판단은 법원의 자의적 판단에 좌우될 여지가 크고, 제251조 적용 여부 또한 법적 근거의 불명확성으로 인해 일관된 기준이 형성되지 못하고 있다. 그 결과, 강제집행의 개시 가능성이나 절차적 정당성에 대한 판단 기준이 불투명해지고, 집행의 실효성과 예측 가능성은 현저히 저하되고 있다.

이러한 불확실성은 경매 매수인의 권리 안정성을 심각하게 훼손할 뿐만 아니라, 전체 거래 질서와 집행제도에 대한 신뢰를 저해하는 구조적 원인으로 작용하고 있다. 따라서, 미등기 건물의 거래 안전 확보를 위해서는 해석상 논란의 소지가 있는 법 조항에 대한 보완뿐만 아니라, 명확한 입법적 정비와 기준 설정이 병행되어야 할 것이다.

(3) 민사집행법 제81조 및 제251조 체계의 한계와 개선 방향

민사집행법 제81조는 등기되지 않은 부동산이라 하더라도 '등기할 수 있는 권리를 가진 자'의 신청이 있는 경우 강제경매를 허용하고 있다. 그러나 '등기할 수 있는 권리'의 요건 해석은 지나치게 엄격하여, 실무상 적용이 제한되고 있다는 지적이 제기된다. 특히 건축허가가 존재하더라도 건축물대장 등재, 점유 형태 등 형식적 요건을 모두 충족하지 않으면 집행이 불가능하다는 실무 해석이나 학설은, 민사집행법 제81조가 사실상 실효적으로 작동하지 못하게 만드는 요인으로 지적된다.[28]

한편, 민사집행법 제251조는 동산에 대한 강제집행 규정으로, 일부 견해에서는 '등기할 수 없는 토지의 정착물' 또는 '미등기 건물'을 동산으로 간주하여 이를 적

준용한다.

② 제3채무자가 없는 경우에 압류는 채무자에게 권리처분을 금지하는 명령을 송달한 때에 효력이 생긴다.

27) 남동현, "건축 중인 건물의 부동산강제집행 가능성", 「민사집행법연구」 (제1권, 2005), 203-204면 참조.

28) 남동현, 위의 논문(주 27).

용할 수 있다는 해석이 제기되기도 한다. 그러나 이러한 해석은 미등기 건물이 토지에 고정된 정착물이라는 점에서 법률상 유체동산과 구별되며, 해당 규정을 적용할 수 있는 명확한 법적 근거가 부족하다는 비판이 존재한다. 특히 유체동산집행절차를 통해 강제집행을 허용할 경우, 집행절차의 정합성과 법적 안정성을 해칠 우려가 있다는 지적이 제기된다.

이처럼 현행 법체계는 미등기 건물의 집행 가능성에 있어 양대 조항 모두 실무상 한계에 봉착하고 있으며, 결과적으로 강제집행 제도의 사각지대를 발생시키고 있다. 따라서, 개선 방향으로는 다음과 같은 제도적 보완책이 필요하다.

첫째, 제81조의 요건을 완화하거나 요건을 구체화하여, 일정 수준의 실체와 외형을 갖춘 미등기 건물에 대해 보다 적극적인 집행 허용이 가능하도록 해야 한다. 둘째, 간이등기 또는 임시등록 제도를 도입함으로써, 경매 개시 전 최소한의 공시 기능을 확보할 수 있는 장치를 마련할 필요가 있다. 셋째, 경매를 통해 취득한 매수인에게 자동적으로 보존등기 청구권이 부여되도록 입법을 통해 명시함으로써, 경매의 법적 실효성과 권리 이전의 안정성을 담보해야 한다.

이와 같은 제도 정비를 통해 미등기 건물에 대한 집행 가능성을 보다 현실적이고 예측 가능하게 구현할 수 있으며, 나아가 강제집행 절차 전반의 신뢰도 또한 제고될 수 있을 것이다.

2. 검 토

본 장의 고찰은 이러한 문제의식을 바탕으로, 미등기 건물이 권리의 객체로 성립할 수 있는가, 경매를 통해 거래될 수 있는가, 그리고 그 결과 매수인의 권리가 어떻게 보호될 수 있는가를 중심으로 세 가지 관점에서 분석하였다.

첫째, '경매절차상 권리의 객체로서의 성립 요건'과 관련하여, 미등기 건물은 공시되지 않은 권리이므로 외부 인식 가능성과 법률상 실체 간의 정합성이 확보되지 않으면 강제집행의 법적 정당성을 확보하기 어렵다. 이는 단지 건물의 물리적 존재나 등기 가능성만으로는 해결되지 않으며, 집행 대상의 실체적 정당성이 요구된다.

둘째, '거래 안전 확보 문제'에 비추어 보면, 민사집행법 제81조의 제한적 해석, 제251조 적용의 불확실성 등으로 인해 경매 매수인의 권리는 구조적으로 보호받지 못하고 있으며, 이는 실무상 집행의 실효성을 크게 저해하고 있다.

셋째, '민사집행법 제81조 및 제251조 체계의 한계와 개선 방향' 측면에서, 요건 완화, 간이공시 방식 도입, 보존등기 청구권 자동 부여 등 실현 가능한 제도 설계 방안을 제시하였고, 이는 법제 정비를 위한 입법적 단초가 될 수 있다.

이러한 고찰을 통해 다음과 같은 시사점이 도출된다.

첫째, 강제집행이 실질적으로 작동하기 위해서는 권리 보호 체계와 절차적 정당성이 동시에 충족되어야 하며, 이는 단순한 절차 개시 여부를 넘는 구조적 접근과 입법적 정비를 필요로 한다. 둘째, 공시되지 않은 권리라도 일정한 기준을 충족하면 공공성과 신뢰를 확보할 수 있도록 하는 공시제도의 유연화가 필요하다. 셋째, 미등기 건물의 집행 문제는 향후 유사한 비공시 자산 전반에 대한 권리화 문제로 확장될 수 있으므로, 강제집행법 체계 전반에 대한 포괄적 재검토가 요구된다.

따라서, 본 장의 검토는 미등기 건물의 강제집행이 실무적으로 가능하기 위한 조건을 이론적·제도적으로 구체화한 기반 작업으로 기능하며, 다음 장에서 논의할 판례 및 학설 검토에 기준점을 제공함과 동시에, 결론 장에서 제시할 입법적 제안의 근거로서도 의미를 가진다.

Ⅴ. 미등기 건물의 강제집행에 대한 판례 및 학설

1. 판례 분석

(1) 대법원 1994. 4. 12. 자 93마1933 결정

1) 사안 개요

본 사건은 건축이 완료된 공장 건물이었으나, 건축주인 채무자가 준공검사를 의도적으로 회피하면서 보존등기를 하지 않은 상태에서 발생하였다. 채권자는 해당 건물에 대해 유체동산 강제집행을 신청하였으며, 원심 법원은 이를 인정하여 강제집행을 허용하였다. 채권자는 다음과 같은 주장을 하였다. ① 건축이 이미 완료되었고 실질적으로 부동산으로서 기능하고 있다. ② 채무자가 인위적으로 준공검사를 지연하여 등기를 하지 않았을 뿐, 건축물로서의 독립성과 경제적 가치는 명백하다. ③ 따라서, 유체동산 강제집행을 허용해야 한다.

2) 원심 법원의 결정 요지

원심 법원은 채권자의 주장을 받아들여, 완공된 건물이라도 등기가 이루어지지 않은 경우에는 유체동산으로 간주하여 강제집행이 가능하다고 판단하였다.[29] 그 주요 논리는 다음과 같다. i) 건축이 완료된 이상 해당 건물은 독립된 경제적 가치를 가지며 거래가 가능하다. ii) 일반적으로 미등기 건물도 매매 및 담보 설정이 가능하므로, 이를 유체동산으로 보아 강제집행을 허용하는 것이 타당하다. iii) 건축허가를 받아 합법적으로 건축된 건물이라면 강제집행을 부정할 이유가 없다. 이에 따라 원심 법원은 유체동산 강제집행을 인정하였다.

3) 대법원의 판결 및 법리적 판단

대법원은 원심 판결을 파기하고 강제집행을 불허하는 결정을 내렸다. 그 법리적 근거는 다음과 같다.

(가) 건물이 이미 완공되었더라도 '등기할 수 없는 토지의 정착물'에 해당하지 않는다. 구 민사소송법 제527조 제2항 제1호에서 유체동산 강제집행의 대상으로 규정한 '등기할 수 없는 토지의 정착물'이란, 원래 등기가 불가능한 물건으로서, 환가 후 분리되는 것을 전제로 거래 가치가 인정되는 경우에 한한다. 그러나 본 사건의 건물은 원칙적으로 등기가 가능한 부동산이므로, 강제집행의 방식은 부동산 강제집행으로 이루어져야 한다고 판단하였다.

(나) 채무자가 준공검사를 받지 않았다는 사정만으로 유체동산 강제집행을 허용할 수 없다. 준공검사 및 보존등기 미완료는 행정절차의 문제일 뿐, 해당 건물이 본질적으로 부동산이라는 점을 변경시키지는 않는다. 즉, 채무자가 준공검사를 회피한 사실을 고려하여 강제집행을 허용하는 것은 법리적으로 타당하지 않다.

(다) 유체동산 강제집행을 인정할 경우, 미등기 건물과 등기된 건물 간의 법적 지위가 불균형하게 된다. 부동산 강제집행이 가능하지 않다는 이유로 유체동산 강제집행을 허용하면, 소유자가 준공검사를 받지 않고 보존등기를 하지 않는 방식으로 집행을 회피하는 전략을 사용할 가능성이 있다. 이는 부동산 공시제도와 강제집행제도의 근본적인 취지에 어긋난다. 이에 따라 대법원은 원심 결정을 파기하고, 완공된 미등기 건물이라도 부동산 강제집행의 대상이지 유체동산 강제집행의

29) 대구지방법원 1993. 11. 23. 자 93라36 결정.

대상이 될 수 없다고 판시하였다.

(2) 대법원 1995. 11. 27. 자 95마820 결정

1) 사안 개요

본 사건은 지하 1층, 지상 15층으로 설계된 아파트가 9층까지 골조 및 기둥, 벽체가 완성된 상태에서 공사가 중단된 사안이다. 채권자는 해당 미완성 건물에 대해 유체동산 강제집행을 신청하였고, 원심 법원은 이를 인정하여 강제집행을 허용하였다. 채권자의 주장은 다음과 같다. i) 비록 완공되지 않았지만 일정한 구조적 형태를 갖추고 있으며, 매매 및 담보 설정이 가능하므로 독립된 경제적 가치를 가진다. ii) 일반적으로 건축 중인 건물도 축조된 정도에 따라 시장에서 평가되어 거래되고 있으므로, 강제집행의 대상이 될 수 있다. iii) 따라서, 미완성 건물이라 하더라도 '등기할 수 없는 토지의 정착물'에 해당하여 유체동산 강제집행이 가능해야 한다.

2) 원심 법원의 결정 요지

원심 법원은 채권자의 주장을 받아들여, 미완성 건물도 일정 수준 이상의 구조적 완성도를 갖추었다면 유체동산 강제집행의 대상이 될 수 있다고 판단하였다.[30] 그 논거는 다음과 같다.

(가) 소유권보존등기를 할 수 없는 건물이라면 원칙적으로 유체동산으로 간주할 수 있다. 해당 건물은 준공검사를 거쳐 보존등기를 할 수 없는 상태이므로, 이는 '등기할 수 없는 토지의 정착물'에 해당한다.

(나) 건축이 완료되지 않은 상태에서도 매매 및 담보 설정이 가능하므로 강제집행의 대상이 될 수 있다.건축이 중단된 상태라도 축조된 정도에 따라 경제적 가치가 인정되며, 실무에서도 미완성 건물에 대한 거래가 이루어지고 있다.

(다) 구 민사소송법 제527조 제2항 제1호의 '등기할 수 없는 토지의 정착물'개념에 해당하므로 유체동산 강제집행이 가능하다. 본 사건의 미완성 건물은 독립된 거래의 객체가 될 수 있으며, 기존 대법원 판례에서 요구하는 강제집행의 실익을 충족한다고 보았다. 이에 따라 원심 법원은 미완성 건물에 대한 유체동산 강제집행을 허용하는 결정을 내렸다.

---

30) 광주지방법원 1995. 6. 28. 자 94라44 결정.

3) 대법원의 판결 및 법리적 판단

대법원은 원심 판결을 파기하고 미등기 건물에 대한 유체동산 강제집행을 불허하는 결정을 내렸다. 그 주요 법리는 다음과 같다.

(가) '등기할 수 없는 토지의 정착물'의 법적 해석

구 민사소송법 제527조 제2항 제1호에서 규정한 '등기할 수 없는 토지의 정착물'이란, 원래 등기가 불가능한 물건 중 환가 후 분리되는 것을 전제로 거래 가치가 인정되는 물건을 의미한다. 그러나 본 사건의 건물은 본래 부동산으로 등기될 수 있는 대상이며, 단순히 준공검사 미완료 상태라는 이유만으로 유체동산으로 볼 수 없다.

(나) 미완성 건물은 본질적으로 부동산에 해당한다.

해당 건물이 부동산으로서 인정되기 위해 반드시 보존등기가 필요하다고 볼 수는 없다. 다만, 9층까지 골조공사가 완료된 철근콘크리트조 아파트 건물은 본래 토지와 일체를 이루는 구조물이며, 이를 환가 후 분리하는 것이 불가능하다. 따라서, 부동산 강제집행의 대상이 될 수 있을지는 별개의 문제이나, 유체동산 강제집행의 대상이 될 수 없음은 명백하다.

(다) 건축이 진행 중인 건물은 유체동산이 될 수 없다.

일정한 물리적 완성도를 갖춘 이상, 해당 건물은 법률적으로 부동산에 해당하며, 유체동산으로 간주하는 것은 부적절하다. 유체동산 강제집행을 인정할 경우, 부동산과 유체동산 간의 법적 구별이 무의미해지고, 강제집행의 법적 일관성이 훼손될 위험이 크다.

(라) 건축 중인 건물이 경제적 가치를 가진다는 사실이 유체동산 강제집행의 요건을 충족하는 것은 아니다. 원심은 건축 중인 건물도 일정한 거래 가치를 가지므로 강제집행이 가능하다고 판단했지만, 대법원은 경제적 가치가 곧바로 강제집행의 법적 요건을 충족하는 것은 아니라고 판시하였다. 강제집행의 대상이 되려면 법률적으로 정당한 근거가 있어야 하며, 단순히 미완성 건물이 시장에서 거래될 수 있다는 사실만으로 유체동산 강제집행을 허용할 수 없다.

(마) 강제집행제도의 남용 방지

미완성 건물에 대한 유체동산 강제집행을 허용할 경우, 채권자가 부동산 집행 절차를 우회하여 유체동산 집행을 이용하는 사례가 증가할 위험이 있다. 이는 부동산 강제집행의 원칙과 공시제도를 훼손하는 결과를 초래할 수 있다. 이에 따라 대법원은 원심의 결정을 파기하고 사건을 원심법원으로 돌려보냈다(파기환송). 이는 대법원이 미등기 건물에 대한 유체동산 강제집행을 엄격하게 제한하는 입장을 재확인한 판결로 평가된다.

(3) 검 토

대법원은 미등기 건물의 강제집행에 대해 엄격한 해석을 유지하면서, 원칙적으로 유체동산 강제집행을 허용하지 않는 입장을 견지하고 있다. 특히, 1994년 4월 12일(93마1933) 결정 및 1995년 11월 27일(95마820) 결정에서 미등기 건물에 대한 유체동산 강제집행을 부정하는 법리를 확립하였다. 그러나 이러한 판례 해석에는 다음과 같은 문제점이 존재한다.

1) 완공된 미등기 건물과 미완성 건물의 동일한 취급 문제

93마1933 결정은 완공된 건물에 대한 강제집행을 부정한 반면, 95마820 결정은 미완성 건물에 대해서도 동일한 법리를 적용하여 강제집행을 불허하였다. 그러나 완공된 건물과 미완성 건물은 법적 성격이 다름에도 불구하고 동일한 논리로 해석한 것은 부당하다는 비판이 제기된다. 완공된 건물은 실질적으로 부동산으로서의 가치가 존재하므로, 일정 요건을 충족한 경우 강제집행이 가능해야 한다.

2) "토지의 정착물"개념에 대한 지나치게 협소한 해석

대법원은 "등기할 수 없는 토지의 정착물"을 "토지에서 분리될 수 있는 것"으로 제한하여 해석하였다. 그러나 구 민사소송법 제527조 제2항 제1호에서는 반드시 "토지에서 분리될 수 있는 물건"이어야 한다는 명시적인 규정을 두지 않았다. 이러한 협소한 해석은 강제집행이 가능한 미등기 건물의 범위를 과도하게 제한하는 결과를 초래하고 있다.

3) 채무자의 강제집행 회피 가능성 증가

대법원의 판례 해석에 따르면, 채무자가 보존등기를 하지 않고 준공검사를 고의

적으로 지연하는 방식으로 강제집행을 회피할 가능성이 커졌다. 강제집행이 등기를 전제로 이루어진다면, 소유권 공시가 이루어지지 않은 건물은 사실상 강제집행이 불가능해지며, 채무자가 법적 공백을 악용할 가능성이 높아진다.

4) 법적 안정성과 현실적 필요성 간의 괴리

미등기 건물은 시장에서 매매・임대・담보 설정 등의 거래가 활발하게 이루어지고 있으며, 일정 수준 이상의 경제적 가치를 인정받고 있다. 그러나 대법원의 판례는 등기 여부만을 기준으로 강제집행 가능성을 판단함으로써, 실질적인 거래 가치를 반영하지 못하는 문제를 가지고 있다.

5) 93마1933 결정과 95마820 결정의 차별성 및 문제점

대법원이 1995년 11월 27일(95마820) 결정을 내리면서, 1994년 4월 12일(93마1933) 결정을 참조 판례로 인용한 부분도 재검토할 필요가 있다.

(가) 93마1933 결정은 완공된 건물, 95마820 결정은 미완성 건물

93마1933 결정에서는 완공된 건물이 보존등기를 하지 않았다는 이유로 강제집행을 부정한 반면, 95마820 결정에서는 건축이 중단된 미완성 건물에 대해서도 동일한 법리를 적용하였다.

(나) 완공된 건물과 미완성 건물의 법적 성격이 다름에도 동일한 논리를 적용한 것은 부당하다.

완공된 건물은 실질적으로 독립적인 경제적 가치가 인정되므로, 강제집행을 허용할 필요성이 높다. 미완성 건물이라 하더라도 일정 수준 이상의 구조적 완성도를 갖춘 경우, 강제집행의 필요성이 충분히 존재할 수 있다.

(다) 대법원이 동일한 법리를 적용한 것은 법리적으로 타당성이 부족하다.

미완성 건물의 강제집행 여부는 건축 공정률 및 경제적 가치 등을 고려하여 개별적으로 판단해야 함에도 불구하고, 동일한 법리를 일괄 적용한 것은 법적 논리의 비약이 될 수 있다.

(라) 현실적인 대안과 입법적 개선 필요성

대법원의 판례 해석은 채권자의 권리를 지나치게 제한하고 있어 법적・입법적 개선이 필요한 상황이다. 미등기 건물이라 하더라도 일정한 경제적 가치를 가지며, 채권자 보호 및 강제집행의 실효성을 높이기 위해 보다 명확한 법적 기준을 마련해야 한다. 이를 위해 다음과 같은 개선 방안을 고려할 수 있다.

① 일정 요건을 충족한 미등기 건물에 대한 강제집행 허용이 필요하다.

미등기 건물이라 하더라도 건축 공정률이 70% 이상 진행된 경우 실질적인 경제적 가치가 인정되므로, 강제집행을 허용해야 한다. 일정한 공정률을 기준으로 강제집행 가능 여부를 판단한다면, 채무자가 준공검사를 의도적으로 지연하여 강제집행을 회피하는 문제를 방지할 수 있다.

② 부동산 강제집행과 유체동산 강제집행의 명확한 구분이 필요하다.

현행 판례 해석은 강제집행이 가능한 미등기 건물과 불가능한 미등기 건물의 기준이 불명확하여 법적 혼란을 초래하고 있다. 미등기 건물이라도 부동산으로서의 가치를 인정받을 수 있는 경우와 그렇지 않은 경우를 구별해야 하며, 이에 따라 부동산 강제집행과 유체동산 강제집행의 구분을 명확히 설정할 필요가 있다.

③ 일본의 입법례를 참고하여 현실적인 강제집행 방안을 도입할 필요가 있다.

일본은 미등기 건물을 일정한 요건 하에서 동산으로 간주하여 유체동산 강제집행을 허용하고 있으며, 이를 통해 강제집행의 실효성을 확보하고 있다. 우리나라도 일본의 사례를 참고하여, 일정 공정률을 충족한 미등기 건물에 대해 부동산 강제집행을 허용하거나, 일본과 같이 동산으로 간주하여 강제집행을 허용하는 방안을 검토할 필요가 있다.

결론적으로, 미등기 건물의 법적 지위를 보다 명확히 설정하고, 강제집행을 허용할 수 있는 기준을 입법적으로 보완하는 것이 필요하다. 이를 통해, 강제집행의 실효성을 확보하면서 채권자의 권리를 보호하고, 채무자의 강제집행 회피를 방지할 수 있을 것이다.

2. 학설 검토

(1) 견해의 대립

민사집행법 제189조 제2항 제1호에서 규정한 "등기할 수 없는 토지의 정착물로서 독립하여 거래의 객체가 될 수 있는 것"의 의미에 대해서는 다양한 해석이 존재한다. 신축 중인 건물이 위 조항에 해당하는지 여부와 관련하여 가장 큰 쟁점은

(i) '토지의 정착물을 등기할 수 없는 경우'와 (ii) '거래의 객체로서 독립적으로 인정될 수 있는지 여부'를 어떻게 해석할 것인가에 있다. 특히 '독립하여'의 의미를 두고, 토지에 정착성이 있으나 환가 후 토지로부터 분리하는 것을 전제로 하는 것이 정당한지 여부에 대해 견해가 대립되고 있다.[31)]

1) 제1설(긍정설)

민사집행법 제189조 제2항 제1호에서 규정하는 "토지의 정착물을 등기할 수 없는 경우"란, 단순히 등기제도가 없어 등기할 수 없는 경우뿐만 아니라, 보존등기를 마치지 아니한 미등기 건물도 포함될 수 있다는 견해이다. 이 견해에 따르면, 등기 여부와 관계없이 일정한 독립성을 갖춘 건물이라면 강제집행이 가능해야 한다는 것이다. 특히, "독립하여 거래의 객체가 될 수 있다"는 의미에 대해서도, "토지로부터 반드시 분리되는 것을 전제로 하는 것이 아니라, 토지에 정착된 상태에서도 독립적으로 거래될 수 있는 경우까지 포함된다"는 해석이 가능하다고 본다. 즉, 미등기 건물이라도 건물로서의 독립적 경제적 가치가 인정된다면 유체동산집행이 가능하다는 입장이다.[32)]

이 견해는 미등기 건물이 일정한 경제적 가치와 사회적 기능을 수행하는 이상 강제집행의 대상에서 제외하는 것은 부당하다는 점에서 채권자 보호의 필요성을 강조한다. 따라서, 부동산 강제집행이 불가능한 경우, 유체동산 집행을 통해 채권자의 권리를 보호할 필요가 있으며, 미등기 건물의 강제집행을 제한적으로나마 인정해야 한다는 입장이다.[33)] 몇몇 사례에서 완성된 미등기건물에 대해 유체동산집행방법을 취한 것은 이 견해에 의한 것으로 보이며,[34)] 이 견해가 다수설[35)]로 받아들여지고 있다. 일부 학설에서는 대법원의 기존 판례가 지나치게 엄격한 해석을 취함으로써 채권자의 권리 보호를 제한하고 있다는 점에서 입법적 개선이 필요하다는 주장도 제기되고 있다.

---

31) 송영호, 앞의 논문(주 7), 66면.

32) 남기정, "미등기건물은 유체동산압류대상인가?", 「법무사」(1991), 9면.

33) 안영진, "강제집행의 대상으로서의 등기할 수 없는 토지의 정착물 – 건축 중의 건물에 대한 강제집행의 문제를 중심으로 –", 「사법논집」 (제27집, 1996), 370-372면.

34) 서울지방법원 1993. 4. 8. 자 93타기214호 결정; 서울지방법원 1992. 10. 1. 자 92타기9582결정 등.

35) 정영환, "신축 중의 건물의 집행법상의 지위", 「민사집행법연구」(제1권, 2005) 참조.

2) 제2설(부정설)

민사집행법 제189조 제2항 제1호에서 말하는 “토지의 정착물을 등기할 수 없는 경우로서, 독립하여 거래의 객체가 될 수 있는 것”이란, 토지에 정착되어 있지만 환가 후 토지로부터 분리되는 것을 전제로 하여 거래의 대상으로서 가치를 가질 수 있는 경우를 의미한다고 본다. 따라서, 미등기 건물은 이러한 요건을 충족하지 못하므로, 유체동산집행의 대상이 될 수 없다는 견해이며,[36] 이는 대법원 판례의 입장이다.[37]

3) 제3설(실체적 본질설)

등기 여부와 관계없이, 미등기 건물이 실체법상 독립된 부동산으로서의 요건을 갖춘 경우에는 부동산 강제집행의 방식에 따라야 한다. 반면, 독립된 부동산으로서의 요건을 충족하지 못한 경우에는 해당 건물이 분리(철거)될 수 있으며, 거래의 객체가 될 수 있는 경우에 한해 유체동산집행을 허용해야 한다는 견해이다.[38] 즉, 건물의 물리적 완성도와 사용 가능 여부를 기준으로 강제집행 방식을 결정해야 한다는 점에서, 제1설과 제2설을 절충하는 입장이다.

4) 제4설(제한적 긍정설)

미등기 부동산을 유체동산 강제집행방법으로 처분하는 것을 인정하는 점에서는 제1설과 동일하나, 건축허가를 받은 경우에 한하여 강제집행을 인정하고, 건축허가를 받지 않은 경우에는 강제집행을 부정하는 견해이다. 이는 무허가 건물은 불법적 건물에 해당하므로 행정법상 대집행 대상이 될 수 있는 만큼, 국가기관이 주관하는 강제집행 절차에서 제3자에게 매각을 허용해서는 안 된다는 논리에 기초하고 있다.[39]

---

36) 이시윤, 『신민사집행법』(박영사, 2005), 313면; 박두환, 『민사집행법』(법률서원, 2002), 483-484면.

37) 대법원 1994. 4. 12. 자 93마1933 결정; 대법원 2015. 10. 29. 선고 2015다210798 판결; 대법원 1995. 11. 27. 자 95마820 결정; 대법원 2015. 10. 29. 선고 2015다210798 판결; 대법원 2019. 7. 4. 선고 2019다206248 판결.

38) 안철상, “건축중인 건물에 대한 금전채권의 집행”, 부산판례연구회「판례연구」(제7집, 1997), 574-575면.

39) 송영호, 앞의 논문(주 7), 68면.

(2) 검 토

미등기 건물의 강제집행 가능 여부에 대해 학설은 여러 견해로 나뉘며, 그중에서도 긍정설(제1설)과 부정설(제2설), 실체적 본질설(제3설) 사이의 논쟁이 주요 쟁점으로 부각된다.

1) 부정설(제2설)과 실체적 본질설(제3설)의 한계

부정설과 실체적 본질설은 미등기 건물을 강제집행 대상에서 배제하거나, 물리적 완성도를 기준으로 강제집행 가능성을 판단해야 한다는 입장이다. 그러나 이러한 견해를 따를 경우, 경제적 가치가 충분한 미등기 건물에 대해 아무런 법적 조치를 취할 수 없어 방치되는 문제가 발생할 수 있다. 또한, 미등기 건물의 강제집행을 제한하는 것은 채권자의 집행권을 침해하는 결과를 초래하며,[40] 강제집행이 필요한 경우에도 법적 보호를 받지 못하는 상황이 이어질 수 있다. 더 나아가, 채무자의 재산권 보호 장치도 미흡하여, 채무자가 본인의 재산을 적극적으로 활용하기 어려운 문제도 발생할 수 있다.

2) 강제집행 회피 가능성과 법적 공백 문제

강제집행을 제한하는 해석이 유지될 경우, 채무자가 고의적으로 보존등기 신청을 지연하거나 거부하는 방식으로 강제집행을 회피할 가능성이 높아진다. 이는 채권자의 권리를 침해하는 결과를 초래할 뿐만 아니라, 부동산 시장의 투명성과 법적 안정성을 저하시킬 위험도 존재한다. 이러한 문제를 고려할 때, 미등기 건물에 대한 강제집행을 보다 유연하게 허용하는 것이 타당하다. 그러나 긍정설을 무조건적으로 받아들일 경우, 무허가 건물까지 강제집행을 허용하는 문제가 발생할 수 있으므로, 이에 대한 제한이 필요하다.

3) 긍정설(제1설) 채택 시, 무허가 건물에 대한 제한 필요

긍정설을 취하더라도, 무허가 미등기 건물에 대한 유체동산 강제집행은 인정되지 않는 것이 타당하다. 무허가 건물은 행정법상 대집행(강제 철거)의 대상이 될 수 있으므로, 국가가 이를 법적으로 인정하는 형태의 강제집항을 허용하는 것은 부적절하다. 따라서, 건축허가를 받았거나 건축신고가 완료되어 법적으로 인정된

---

40) 안영진, 앞의 논문(주 33), 371면.

상태의 건물에 대해서만 강제집행을 허용하는 것이 합리적인 해결책이다. 이를 통해 법적 안정성을 유지하면서도 채권자의 권리를 보호하는 균형 있는 방안을 마련할 수 있다.

4) 학설 검토의 종합적 평가 및 개선 방향

학설을 종합적으로 검토해 보면, 제1설(긍정설)과 제4설(제한적 긍정설)이 현실적인 해결책으로 평가된다. ① 강제집행을 무조건 배제하는 것은 채권자의 권리를 과도하게 제한하는 문제가 있다. ② 그러나 무허가 건축물까지 강제집행을 허용하는 것은 법적 안정성을 저해할 위험이 있다. ③ 따라서, 건축허가를 받은 건물에 한정하여 강제집행을 인정하는 방식이 가장 현실적인 대안이 될 수 있다.

결론적으로, 미등기 건물의 강제집행을 보다 유연하게 허용하는 방향으로 법리적 해석이 변화할 필요가 있으며, 이를 뒷받침하기 위한 입법적 개선이 요구된다. 대법원 판례의 해석 역시, 미등기 건물의 경제적 가치와 현실적 활용 가능성을 반영하는 방향으로 전환될 필요가 있다.

Ⅵ. 결 론

본 연구는 미등기 건물에 대한 강제집행의 법적 가능성과 실무적 한계를 진단하고, 이를 바탕으로 제도적 개선 방향을 모색하는 데 목적을 두었다. 특히 민사집행법 제81조 및 제251조 해석의 쟁점, 대법원 판례의 태도, 관련 학설의 견해, 주요 외국의 입법례를 종합적으로 검토함으로써, 미등기 건물에 대한 강제집행의 현실성과 한계, 그리고 제도적 공백을 입체적으로 분석하였다. 현행 민사집행법과 대법원 판례는 미등기 건물에 대한 강제집행을 엄격히 제한하고 있으며, 이로 인해 채권자들은 실질적으로 해당 재산에 대한 권리 실현이 어려운 상황에 직면하고 있다. 특히 공시 체계의 미비, 실무상 입증의 곤란, 행정기관의 협조 부족 등 복합적인 문제가 작용하여 미등기 건물에 대한 강제집행의 실효성을 크게 저해하고 있다.

본 연구를 통해 도출된 주요한 문제점은 다음과 같다. 우선, 채무자 소유임을 입증하기 위한 공적 자료가 부족하다는 점에서 강제집행의 개시 자체가 쉽지 않으며, 이는 실무상 큰 장애요인으로 작용한다. 또한 유체동산과 부동산의 법적 구별이 명확하지 않다는 점은 집행 방식의 선택에 혼선을 야기하며, 미등기 건물에 대해 어떤 절차를 적용할 수 있는지를 판단하는 데 해석상 어려움을 초래한다. 나아가 건축이 중단된 미완성 건물의 경우, 재산적 가치가 있음에도 불구하고 집행이 이루어지지 않아 장기간 방치되고, 이는 사회적 안전 문제로도 이어질 수 있다. 아울러 무허가 건물에 대해서는 강제집행의 허용 여부에 대한 명확한 법적 기준이 부재하여, 채무자가 이를 이용해 집행을 회피할 여지도 있다는 점 또한 문제로 지적된다.

이러한 문제점을 해소하고 미등기 건물에 대한 강제집행의 실효성을 확보하기 위해서는 몇 가지 제도적 개선이 요구된다.

먼저, 강제경매 개시 이전 단계에서 일정 수준의 공시 기능을 수행할 수 있도록 간이등기나 임시등록 제도의 도입이 필요하다. 이는 채권자에게 최소한의 권리 보호 장치를 제공하고, 매수인의 권리 안정성 확보에도 기여할 수 있다. 또한 건물의 물리적 실체나 공정률을 기준으로 유체동산집행에서 부동산집행으로 전환할 수 있는 절차적 장치를 마련함으로써, 다양한 형태의 미등기 건물에 유연하게 대응할 수 있어야 한다. 집행에 필요한 건축물대장 등 서류 확브를 용이하게 하기 위해, 행정기관과 법원 간의 정보 연계 강화도 중요하다. 아울러, 미등기 건물에 대한 강제집행이 실질적으로 가능해지기 위해서는, 민사집행규칙 등 하위 법령의 해석과 운용이 민사집행법 제81조의 취지를 실효적으로 구현할 수 있도록 정비되어야 하며, 특히 실무에서 통일적인 기준이 적용될 수 있도록 관련 실무지침의 명문화가 필요하다. 또한, 집행절차의 전문성과 신뢰성을 확보하기 위해, 건물 현황조사 등 실무를 법원 사법보좌관 중심으로 운영하는 체계도 도입될 필요가 있다. 마지막으로, 미등기 건물 집행과 관련된 절차를 법원 사법보좌관 등 전문인력 중심으로 운영함으로써, 집행의 신뢰성과 전문성을 제고할 수 있다.

향후 연구 과제로는 보다 정밀한 비교법적 분석이 요구된다. 본 논문은 일본, 독일, 프랑스, 영국 등 외국의 입법례를 개괄적으로 검토하였으나, 향후에는 미등기 건물 강제집행을 제도적으로 수용하고 있는 일본의 사례 등을 중심으로 실무적용의 실효성과 입법 구조를 보다 구체적으로 분석할 필요가 있다. 또한, 미등기 건물 집행 과정에서 발생할 수 있는 건축행정과 민사집행법 간의 충돌을 조정하는 법제적 연구도 요구된다. 특히 사용승인, 건축허가, 건축물대장 등 공법적 규율과 집행절차 간의 연계 방식은 보다 심층적인 검토가 필요하다. 아울러, 강제집행

절차의 실효성을 확보하기 위해 법원과 행정기관 간의 협력 체계 및 정보 공유 시스템을 구축하는 방안도 중요한 연구 주제로 제기될 수 있다.

결론적으로, 미등기 건물에 대한 강제집행 문제는 단순한 집행 기법의 문제를 넘어, 권리 실현의 가능성과 공시제도의 실효성, 법 집행의 예측 가능성을 모두 아우르는 중요한 법제적 과제이다. 제도의 실효성을 높이기 위해서는 입법적 정비와 함께 실무 기준의 통일, 공공기관 간 협력 체계 구축 등 다각도의 대응이 필요하다. 이를 통해 채권자의 권리를 실질적으로 보호하고, 부동산 공시제도의 신뢰를 제고하며, 궁극적으로 사법에 대한 국민의 신뢰를 높일 수 있을 것이다.

참고문헌

단행본

김준호, 『민법강의』(법문사, 2022).

박두환, 『민사집행법』(법률서원, 2002).

이시윤, 『신민사집행법』(박영사, 2020).

지원림, 『민법원론』(홍익사, 2024).

논문

김상찬 · 강창보, "부동산유치권제도의 개선방안 - 2012년 민법개정안의 검토를 중심으로 -", 「법과정책」(청주대학교 법과정책연구소, 2013), 제19집 제2호.

남기정, "재산명시신청의 관할법원의 문제점 및 미등기건물이 유체동산 압류대상인가?", 「법조」(법조협회, 1991), 제40권 제5호.

남동현, "건축 중인 건물의 부동산강제집행 가능성", 「민사집행법연구」(한국 민사집행법학회, 2005), 제1권.

박규진, "부동산 경매절차상 유치권의 적정화 방안에 관한 연구", 박사학위논문, 동국대학교(2022).

송영호, "미등기부동산의 강제집행에 관한 연구: 미완성건물의 집행방법을 중심으로", 석사학위논문, 고려대학교(2006).

안영진, "강제집행의 대상으로서의 등기할 수 없는 토지의 정착물 - 건축 중의 건물에 대한 강제집행의 문제를 중심으로 -", 「사법논집」(법원도서관, 1996), 제27집.

안철상, "건축중인 건물에 대한 금전채권의 집행", 「판례연구」(부산판례연구회, 1997), 제7집.

이재석 외, "미완성건물의 유치권 및 강제경매 대상적격에 관한 연구", 「부동산연구」(한국부동산연구원, 2018), 제28권 제4호.

오시영, "미등기건물에 대한 강제집행상의 문제점 및 입법론적 고찰", 「민사소송」(한국민사소송법학회, 2007), 제11권 제2호.

______, "건축이 중단된 건물의 부동산 강제집행방법에 대한 연구", 「민사소송」(한국민사소송법학회, 2010), 제14권 제1호.

정병하, "미등기 부동산 강제집행에 관한 연구: 미등기 건축물을 중심으로", 석사학위논문, 동국대학교(2000).

정영환, "신축 중의 건물의 집행법상의 지위", 「민사집행법연구」(한국민사집행법학회, 2005), 제1권.

최승록, “집행절차에 있어서 미등기건물에 대한 소유권보존등기와 처분제한등기”, 「법조」 (법조협회, 2003), 제52권 제3호.

仁齋鄭永煥教授 停年紀念論文集

제 2 부

감사의 글

교수님의 정년퇴임을 맞아 드리는 감사의 인사

존경하는 정영환 교수님께.

계절이 다시 푸르러지는 6월, 교수님께서 오랜 시간 몸담아 오신 교단을 떠나 새로운 삶의 장을 맞이하신다는 말씀을 듣고, 제 마음 한 켠이 뭉클해졌습니다. 환갑을 맞이하신 몇 해 전, 진심을 담은 편지로 감사의 뜻을 전했던 기억이 아직도 생생한데, 이제는 또 다른 의미의 전환점을 맞이한 교수님께 다시 한번, 마음 깊은 감사와 존경을 담아 이 글을 올립니다.

퇴임이라는 말이 단순히 '끝'이 아니라, 교수님께서 걸어오신 위대한 시간과 그 속에 담긴 수많은 제자들의 발걸음을 되돌아보는 시간이 되기를 바랍니다. 그중 한 사람이었던 제가, 교수님과 함께했던 시간을 되새기며 다시금 가슴 뜨거운 마음으로 이 글을 씁니다.

기억에 남는 순간들 – 만남, 배움, 그리고 함께한 시간

○ 첫 만남의 설렘과 따뜻함

교수님과의 첫 만남은 제 인생의 가장 큰 전환점이었습니다. 4학년이던 그해, 고려대학교의 교류 프로젝트 면접 날, 서툰 한국어로 자신을 소개하던 저에게 교수님께서는 "잘한다"고 격려해 주시며 긴장을 풀어주셨습니다. 낯선 땅, 낯선 언어 속에서도 자신감을 가질 수 있었던 것은 교수님의 따뜻한 눈빛과 부드러운 말씀이 있었기 때문입니다.

그때 영어 자소서 발표를 잊고 있다가 다시 불려 들어간 에피소드는 지금도 잊지 못합니다. 어쩌면 인생을 바꿨을지도 모를 그 순간에, 교수님께서 세심하게 챙겨주시지 않았다면 저는 지금 이 자리에 없었을지도 모릅니다. 그때 이미, 교수님은 '학문적 멘토' 그 이상이었습니다. 한 사람의 인생을 진심으로 응원하고 돌보는 '진정한 스승'이셨습니다.

○ 대학원 생활 속 배움의 여정

대학원에 진학하고 난 뒤, 교수님의 수업은 저에게 매시간 큰 울림이었습니다.

외국인 학생의 많은 수업 환경에서도 늘 세심하게 배려해 주시며, 누가 질문을 하든 그 가치를 존중해 주셨습니다. 정영환 교수님 연구실에 소속되었다는 사실만으로도 주변의 부러움을 샀을 정도로, 교수님의 품성과 학문적 깊이는 많은 이들에게 존경의 대상이었습니다.

강릉에서의 세미나는 지금까지도 저의 기억 속 가장 인상 깊은 수업이었습니다. 하루 종일 이어지는 발표와 토론, 그리고 그 이후의 산책, 식사, 담소는 단순한 수업을 넘어선 배움의 공동체였습니다. 밤이면 제자들을 위해 활어회를 사주시고, 고향처럼 따뜻하게 대해주시던 교수님의 모습은 아직도 잊혀지지 않습니다.

○ 조교로서 함께한 시간들

조교로서 교수님 곁에서 가까이 뵐 수 있었던 시간은 저에게 더욱 특별했습니다. 아침마다 교수님 연구실에 불이 켜져 있고, 언제나 "편히 나오게"라고 말씀주시면서 먼저 와 계시던 교수님의 모습은 저에게 '부지런함'과 '책임감'을 몸소 가르쳐 주셨습니다.

북경 출장 중에도 교수님은 늘 연구실 식구들을 생각하시고, 면세점에서 선물을 챙기시는 모습에 또 한 번 감동했습니다. 북경, 천진, 흑룡강에서 모인 제자들과의 만남에서 교수님의 존재가 얼마나 많은 사람들의 중심이자 자긍심이었는지를 다시금 느낄 수 있었습니다.

교수님의 가르침이 남긴 것들

교수님은 단지 법률 지식을 가르치신 분이 아니었습니다. 교수님은 삶을 가르치셨고, 관계의 소중함을 알려주셨습니다. '민소가족'이라는 이름처럼, 저희는 진정한 가족처럼 연결되어 있었고, 그 중심에는 언제나 교수님이 계셨습니다.

명절이면 외국인 학생들이 혼자 외롭지 않도록 식사를 챙기시고, 좋은 소식이 있으면 먼저 기뻐해 주시며 축하를 아끼지 않으시던 교수님의 마음, 제자 한 사람 한 사람의 삶을 진심으로 응원하시고, 끝까지 책임지시려는 그 모습은 제가 평생 기억하고 본받아야 할 인생의 본보기입니다.

교수님께서 일궈오신 학문적 성과는 물론, 그 안에 담긴 따뜻한 인격과 실천하는 사랑은 저희 제자들의 삶 속에서 앞으로도 살아 숨 쉴 것입니다.

마무리 인사 – 존경과 감사의 마음을 담아

교수님, 그동안 정말 수고 많으셨습니다. 교수님께서 걸어오신 이 길은 단지 개인의 학문적 성취가 아니라 수많은 제자들의 삶을 밝히는 등불이었습니다. 그리고 그 등불은 앞으로도 저희의 앞날을 비춰주는 빛으로 남을 것입니다.

이제는 부디, 교수님 자신을 위한 시간, 그리고 가족과 함께하는 평화롭고 따뜻한 나날이 이어지기를 진심으로 바랍니다. 그리고 저희는 언제까지나 교수님의 제자로서, 교수님의 이름을 자랑스럽게 가슴에 품고 살아가겠습니다.

다시 한번 진심으로 감사드립니다.
그리고, 항상 존경하고 사랑합니다.

2025년 5월
교수님의 제자
강선희(JIANG SHAN JI) 올림.
(유학기간: 2018년 3월~현재)

교수님께 감사의 인사를 드립니다

시간이 참 빠르게 지나 어느덧 교수님의 지도를 받기 시작한 지도 거의 1년이 되어 갑니다. 교수님께서 명예로운 정년퇴임을 맞이하신다는 소식을 듣고, 아쉬움과 함께 진심 어린 감사의 마음이 들었습니다. 이 특별한 순간에, 교수님께 감사 인사와 진심 어린 축복의 말씀을 전하고 싶습니다.

2024년 가을 학기에 입학했을 당시, 존경스러운 마음과 함께 긴장된 마음으로 교수님께 첫 메일을 드렸습니다. 교수님의 제자로 꼭 되고 싶다는 간절한 마음을 담아서 보냈던 메일이었습니다. 그런데 교수님께서는 메일을 드린 당일 바로 답장을 주시고, 면접 일정까지 정해주셨습니다.

면접을 앞두고 많은 준비를 했지만, 당시 한국어 실력이 부족했던 탓에 자신감이 많이 없었습니다. 면접 당일, 서툰 한국어로 교수님과 오랜 시간 대화를 나눴고, 교수님께서는 따뜻하고 자상한 태도로 저를 격려해 주셨습니다. 생활에 대한 조언도 아끼지 않으시고 다양한 이야기를 나눠주셔서 큰 감동을 받았습니다.

그날 점심에는 교수님, 최흠걸 선배님과 함께 한식을 먹었고, 식사 후에는 함께 고려대학교 캠퍼스를 산책했습니다. 교수님을 처음 뵈었던 그날의 기억은 아직도 제 마음속에 생생하게 남아 있으며, 오래도록 잊지 못할 감동으로 간직하고 있습니다.

2024. 9. 16. 추석, 연구실 회식

연구실에 처음 들어왔을 때를 돌이켜보면, 한국어 표현이 아직 서툴렀고 민사소송법이라는 학문에 대한 이해도 매우 부족했습니다. 처음에는 낯설고 긴장된 마음이 컸지만, 교수님께서는 언제나 너그럽고 인내심 있게 저를 따뜻하게 맞아주시고 격려해 주셨습니다. 제가 전혀 부담을 느끼지 않도록 세심하게 배려해 주신 덕분에 감사한 마음이 더욱 컸습니다. 교수님의 따뜻하고 친절한 지도 방식 덕분에 점차 연구실 분위기에 잘 적응할 수 있었고, 학문적인 길을 걷는 데 있어서도 점차 자신감을 얻을 수 있었습니다.

2024년 가을 학기부터는 교수님의 지도 아래 여러 학술 강연과 학회에 참가할 수 있는 소중한 기회를 얻었습니다. 이러한 경험들은 제 학문적 시야를 크게 넓혀 주었고, 독립적으로 사고하고 연구하는 방법을 점차 익히는 데 큰 도움이 되었습니다. 특히 수업과 연구 토론을 통해 교수님께서는 늘 저희에게 질문을 던지시고, 스스로의 의견을 표현하도록 독려해 주셨으며, 저희가 가진 의문에 대해서는 언제나 성심껏 답변해 주셨습니다. 교수님의 세심하고도 따뜻한 지도를 통해, 공부란 단순히 지식을 습득하는 것을 넘어 사고하는 방식과 연구 역량을 기르는 과정임을 깊이 깨달을 수 있었습니다.

2025. 4. 23. 교수님 65세 생신모임

2025. 4. 23. 교수님 65세 생신모임

교수님과 함께한 시간은 길지 않았지만, 지난 1년간의 모든 순간이 내 마음속에 깊이 새겨져 있습니다. 앞으로도 교수님께서 주신 신뢰와 가르침을 잊지 않고, 계속해서 노력해 나가려고 합니다.

교수님의 앞날에 건강과 평안, 그리고 행복이 가득하시길 진심으로 기원합니다.

제자 굴영(QU YING) 드림.
일반대학원 법학과 민사소송법전공 석사과정
(유학기간: 2024년 9월~현재)

인공지능과 미래법제도
人工智能和未来法律制度

暨在韓中國人法學會第17屆學術會議
中國公司法的修訂及近期法制熱點

2024 학회

교수님의 정년퇴임을 축하드립니다

교수님의 정년퇴임을 진심으로 축하드립니다.

교수님의 제자가 된 지 어느덧 11년이 되었습니다.

늘 변함없이 한결같은 마음으로 제자들을 아끼고 사랑해 주시는 교수님과 묵묵히 자기 자리에서 최선을 다하면서 그 뒤를 따르는 연구실 선·후배님들을 보면 더 열심히 해야겠다는 생각을 하게 됩니다.

부족해도 항상 응원해 주시고 격려해 주시는 교수님...

시간이 지날수록 교수님의 마음이 더 와닿는 것 같습니다.

얼마 전에 학교에서 교수님을 뵙고 산책히러 가던 중 제가 석사 때 교정에 기념식수를 한 나무가 고사하고 있어서 교수님께 말씀드렸더니 즉시 나무를 둘러보시고 사진을 찍어서 어딘가에 연락하시는 모습에 또 한번 감동을 받았습니다. 작은 것도 그냥 지나치지 않으시고 관심과 애정을 기울이시는 교수님을 보면서 그동안 학교에서 학생들에게 쏟은 정성과 사랑은 헤아릴 수 없을 것 같습니다.

2025. 4. 23. 석사 때 기념식수한 나무 앞에서 교수님과 함께

2025. 4. 23. 교수님과 김영 조교와 함께

정년퇴임 하시는 교수님의 깊은 마음은 헤아릴 수 없지만, 그동안 교수님께서 가르치신 제자 한명 한명이 나무처럼 사회에서 큰 숲을 이루고 있다는 거 기억해 주세요.

교수님께 진심으로 감사드리며, 그동안 정말 수고 많이 하셨습니다.

정년퇴임은 또 다른 시작이라고 생각합니다.

교수님의 또 다른 시작을 응원하며, 축복합니다.

2025. 5.

제자 김귀영 올림.

정영환 교수님께

돌이켜보면 제가 교수님 연구실에 들어와 함께한 지난 1년 반이라는 시간은 그 무엇과도 바꿀 수 없는 값지고 따뜻한 시간이었습니다. 고려대학교에서 바라본 봄날의 벚꽃, 겨울날의 눈송이처럼, 그 시간들이 고스란히 제 마음속에 차곡차곡 쌓여 있는 듯합니다.

1년 전, '스승'이라는 무거운 짐을 기꺼이 짊어져 주셔서 진심으로 감사드립니다. 공부하려는 이들에게 기회를 주고자 하는 교수님의 따뜻한 마음을 모르는 제자는 없을 것이라 생각합니다. 그 깊은 성품에 저희 모두는 자연스럽게 감화되었고, 스승이라는 말의 의미를 몸소 느낄 수 있었습니다. 무엇보다 저희를 진심으로 아껴주시고, 잘되기를 진심으로 바라고 축복해 주시는 분이 바로 교수님이라는 것을 저희는 잘 알고 있습니다.

제가 연구실에 들어온 지는 불과 1년 반이지만, 교수님의 퇴임 소식을 들으니 아쉬운 마음이 큽니다. 아마도 앞으로 더 많은 시간 함께 공부하고 배우고 싶었던 제 욕심에서 비롯된 감정이겠지요. 교수님과 함께했던 조교실에서의 시간은 단순한 업무를 넘어서, 제 삶에 있어서 잊지 못할 소중한 추억이자 성장의 발판이 되어주었습니다.

매일 함께 걷던 산책길도 이제는 저 혼자 조용히 걸어야겠지만, 교수님 덕분에 몸도 마음도 훨씬 건강해질 수 있었습니다. 함께했던 점심시간도 제게는 참 즐거운 기억으로 남아 있습니다. 비록 말로는 잘 표현하지 못했지만, 항상 감사한 마음이었습니다.

조교로서 서툰 점이 많았고, 때때로 부족하거나 예의에 어긋나게 보였을지도 모릅니다. 그럼에도 불구하고 한결같이 따뜻하게 대해주시고 너그러이 품어주셔서 진심으로 감사드립니다. 제 마음만큼은 언제나 최선을 다하고자 했다는 것을 꼭 알아주셨으면 합니다.

앞으로 박사과정을 밟아가는 동안, 교수님 생각이 자주 날 것 같습니다. 문득 돌아보며 "참 좋은 시절이었다"고 감탄하고, 그 시간을 충분히 소중히 여기지 못했던 스스로를 아쉬워하게 될지도 모르겠습니다. 하지만 이제는 또 다른 길 위에 서야 하기에, 교수님께서 주신 가르침을 마음에 새기고 제가 가고자 했던 방향대로 꾸준히 나아가겠습니다. 때때로 벽에 부딪히고 흔들리는 순간이 오더라도, 그 때마다 교수님의 말씀을 떠올리며 선한 마음으로 걸어가겠습니다. 앞으로 멋진 학자가 될 수 있게 노력하고 올바른 길로 나아갈 수 있도록 노력하겠습니다.

교수님께서 걸어오신 길은 수많은 제자들에게 크나큰 울림과 감동을 주셨고, 저 또한 그 길을 함께 걸을 수 있었다는 사실에 큰 자부심을 느낍니다. 이제는 새로운 길 앞에 서 계신 교수님의 앞날에 언제나 건강과 평안, 그리고 새로운 기쁨이 함께하시기를 진심으로 기원합니다. 그동안 정말 감사했습니다. 그리고 앞으로도 교수님의 말씀과 가르침은 제 삶의 나침반으로 오래도록 남을 것입니다.

늘 존경하고 감사드립니다.

김영(JIN YING) 올림.
일반대학원 법학과 민사소송법전공 석사과정
(유학기간: 2024년 3월~현재)

존경하는 정영환 교수님께

교수님, 정년이라는 또 하나의 큰 이정표를 맞이하시게 된 것을 진심으로 축하드립니다. 그동안 학문과 교육에 열정적으로 헌신하시며 제자들에게 아낌없이 지혜와 온정을 나누어 주신 교수님께 깊이 감사드립니다. 저로서는 오는 6월 28일 서울에서 열리는 정년기념 모임에 참석하지 못하는 것이 못내 아쉽습니다. 현재 미국 워싱턴 D.C.에서 연수 중이라 직접 찾아뵙지는 못하지만, 이 편지를 빌려 마음을 조금이나마 전하고 싶습니다.

제가 한국 유학길에 올랐던 2004년, 그때 교수님께서는 지금의 제 나이, 마흔 중반이셨지요. 세월이 참 빠릅니다. 돌이켜보면 지금 마흔 중반이 된 저는 아직도 세상물정을 잘 모르고, 모든 것이 서툴기만 한 것 같은데, 그때 교수님께서는 이미 흔들림 없는 든든한 버팀목이 되어 저희 제자들을 한 명 한 명 아낌없이 가르치고 온전히 보살펴 주시는 큰 어른이셨습니다.

저는 원래 석사만 마치고 중국으로 돌아갈 예정이었는데, 교수님이 이끌어 주신 덕분에 공부에 대한 열정을 불태워 박사과정까지 이어 밟고 취직도 하게 되었으며 또 제 아들 서형이도 한국에서 태어났습니다. 그렇게 서울은 이제 저에게 가장 오래 머문 제2의 고향이 되었습니다. 지난 20년간 교수님 덕분에 참 많은 소중한 추억들을 쌓았습니다. 그중 몇 가지를 떠올려 봅니다.

제가 고려대에 유학하게 된 것도 교수님께서 유학을 허락해 주시고 교수님께서 이사장을 맡고 계셨던 TLBS 장학재단의 재정 지원 덕분이었습니다. 매년 중국정법대학교에서 한 명의 장학생을 선발하여 고려대 유학생으로 받아 주셨지요. 지금까지 무려 24명의 후배들이 그 혜택을 받아 교수님의 연구실에서 학문을 닦았습니다. 교수님께서 어려운 시기에도 포기하지 않고 장학 프로그램을 지켜 주신 덕분에, '민소가족'이라는 든든한 울타리가 생겼고, 우리는 진정한 의미의 가족 같은 공동체를 경험할 수 있었습니다. 돌이켜보면, 선생님께서 우리에게 주신 가장 큰 선물은 이 '민소가족'이 아니었나 싶습니다.

또한 저에게 고려대 시절 가장 뜻깊었던 시간은 단연 교수님의 조교로 지냈던 그 2년입니다. 그 시절은 제 유학생활뿐만 아니라, 지금까지의 한국 생활을 통틀어서 가장 행복했던 시간이었습니다. 매일 교수님을 가까이에서 뵙고, 많은 가르침을 받았던 그 시간들이 지금의 저를 만들어주었습니다. 고려대의 법대 4층 가장 동쪽에 있던 '428 연구실'은 중국 유학생들에게는 아지트 같은 곳이었고, 교수님은 바쁜 일정에도 늘 따뜻하게 제자들을 챙겨 주셨지요. 아침이면 연구실에서 바나나 한 개와 바나나 우유로 간단히 식사하시던 모습도 선명히 떠오릅니다. 지금도 여전히 그러신지 궁금해집니다.

또 하나 잊지 못할 추억은 블록 세미나입니다. 유서 깊은 지방을 찾아 옛 선비들의 정취를 느끼고, 밤늦도록 토론하며 함께 공부했던 시간들, 수업이 끝난 후에는 조교가 발표문을 정리하고 사진을 모아 책자로 남겼지요. 나중에 연구실 식구들이 그 자료들을 보게 되면 그때의 추억을 다시 되살릴 수 있을 것 같습니다. 블록 세미나는 공부만큼이나 '정'을 나누는 자리이기도 하였습니다. 특히 기억에 남는 선생님의 건배사, "이상은 높게, 우정은 깊게, 잔은 평등하게!" 그 말씀처럼 우리는 새벽까지 잔을 기울이며 돈독한 우정을 쌓아갔습니다. 교수님께서도 그 시절에 끝까지 함께 해주시고, 이른 아침 등산까지 나서셨지요. 세월이 흐르며 이런 시간들이 조금씩 줄어들곤 했지만, 그 따뜻했던 기억들은 제 마음속에 여전히 소중하게 남아 있습니다. 특히 강릉 선교장에서의 세미나는 지금도 기억이 생생합니다. 저녁 식사 후, 끝까지 남은 몇몇 선후배들과 함께 마당에서 해 뜰 때까지 나눴던 술자리와 진솔한 이야기들, 2박 3일 동안 고작 3시간만 자고 버텼던 그 열정이 어떻게 가능했는지 지금 생각해봐도 신기할 따름입니다. 그만큼 유익하고 즐겁고 소중한 시간들이었습니다.

박사 졸업 후에는 선생님을 자주 뵙지는 못했지만, 여전히 귀한 인연은 이어졌습니다. 중국정법대에 유학생 면접을 위한 수차례 출장 길에서 교수님과 함께한 시간들도 더없이 소중한 추억들입니다. 이제는 저도 팀장이 되어 후배들의 면접을 보고 있지만, 그때 선생님께서 신입 제자들의 선발을 위해 얼마나 신중하게 고려하셨는지 새삼 느끼고 있습니다.

지난 15년간 삼성과 SK하이닉스에서 중국 사업 법률자문을 맡으며 한국을 대표하는 기업들과 함께 일할 수 있었던 것도, 결국 선생님의 가르침 덕분입니다. 지금은 연수 차 미국에서 새로운 경험을 쌓고 있지만, 그 모든 발걸음마다 교수님의 은혜와 축복이 함께하고 있음을 알고 있습니다. 미국으로 떠나기 전, 교수님 부부께서 저희 가족을 불러 온누리 교회에서 예배드리고, 따뜻한 점심 식사를 함께 나눴던 시간도 잊을 수 없는 따뜻한 추억입니다. 교수님께서 늘 말씀하셨던 "하나님을 만나는 것이 인생 최고의 복"이라는 말씀도 이제는 조금씩 마음에 와 닿습니다.

교수님, 지난 20년간 참 많은 가르침과 깨달음을 주셨습니다. 교수님을 은사로 모시고 살아온 것은 제 인생에서 가장 큰 축복입니다. 정년 이후에도 새로운 시작과 도전이 기다리고 있겠습니다만, 앞으로도 자주 뵙고, 삶의 이야기를 함께 나눌 수 있기를 소망합니다.

늘 건승하시고, 주님의 은혜 속에서 평안 및 만사 형통하시길 기도드립니다.

2025년 5월 워싱턴 D.C.에서
제자 김주(JIN ZHU) 올림.
일반대학원 법학과 민사소송법전공 석사, 박사
(유학기간: 2004년 9월~2010년 2월)

조교실 사진. 지금 봐도 너무 정겹고 다시금 학구열이 일어날 것 같다.

중국 유학생들은 매년 선생님 생일이면 같이 모여 축하한다. 이날만큼 오붓하고 행복이 넘치는 날도 드물다.

강릉 세미나 끝나고 다 같이 즐거운 시간 보내는 중…

중국의 유서 깊은 도시 남경에서…

2006년 재한중국인법학회에서 선생님을 고문으로 모신 역사적인 장면. 선생님께서는 현재까지 매년 이 학회에 참여하시고, 학회에 큰 힘이 되어 주셨다.

2010년 박사학위 받던 날. 석사, 박사 총 5년 반 동안, 선생님으로부터 헤아릴 수 없을 정도로 많은 가르침을 받았다. 와이프도 고대에서 석사학위를 받았다.

교수님께

안녕하세요, 교수님.

먼저 정년퇴임을 진심으로 축하드립니다.
코로나가 막 시작되던 시기에 교수님을 처음 뵙게 되었는데, 어느덧 시간이 흘러 이제는 지하철에서도 마스크를 쓴 사람을 보기 힘들 정도로 일상이 회복되었고, 교수님께서도 정든 교단을 떠나 새로운 삶의 전환점을 맞이하게 되셨습니다. 시간이 얼마나 빠르게 흐르는지 새삼 실감하게 됩니다.

어느 책에서는 나이와 세월의 속도가 비례한다고 하더군요. 10대에는 시속 10km, 20대에는 20km로 달리다가, 50대, 60대가 되면 시속 50km, 60km처럼 점점 빨라진다고 말입니다. 교수님을 처음 뵌 순간이 엊그제 같은데, 벌써 몇 년이라는 시간이 흘렀다는 사실이 믿기지 않습니다.

돌이켜보면, 저는 코로나라는 예상치 못한 상황 속에서 교수님을 만나게 되었고, 그 인연을 통해 지금의 제 인생에서 가장 소중한 사람들, 마치 가족과도 같은 분들과의 연결이 이루어졌습니다. 어쩌면 저는 코로나 시대에 주어진 소수의 '은혜 받은 자'였는지도 모르겠습니다. "모든 것이 협력하여 선을 이룬다"는 말씀처럼, 그 선을 연결해 주신 교수님께 진심으로 감사드립니다.

논문을 작성하던 시절, 교수님께서 일일이 꼼꼼하게 수정해 주시고, 끝까지 함께 마무리해 주셨던 기억이 지금도 생생합니다. 논문이 완성되고 단 두 시간 만에 기사가 실린 것을 보고, 교수님께서 제게 얼마나 많은 시간과 노력을 쏟아주셨는지를 더욱 깊이 느꼈습니다. 부족한 저에게 격려를 아끼지 않으시고, 끝까지 믿어주시고 지도해 주셔서 진심으로 감사드립니다.

제가 한국에 처음 왔을 때도 교수님께서는 저를 따뜻하게 반겨주시고, 정기적으로 만나 맛있는 식사도 함께하며 따뜻한 마음을 나눠주셨습니다. 학업은 물론, 신앙적으로도 잘 자라갈 수 있도록 곁에서 늘 도와주시고 지지해 주신 교수님의 헌신에 깊은 감사를 드립니다.

교수님께서 새로운 삶의 여정을 시작하시는 이 시점에서, 하나님의 은혜와 평강이 늘 함께하시기를 진심으로 기도드립니다. 그동안 고생 많으셨고, 앞으로도 건강하시고 늘 평안하시길 소망합니다.

감사합니다.

김주영(JIN ZHOU YONG) 올림.
일반대학원 법학과 민사소송법전공 석사
(유학기간: 2021년~2024년)

교수님께 감사한 마음 드립니다

안녕하십니까,

저는 2022년 3월에 박사과정 입학한 학생 GE NAILING(네이링)입니다. 교수님의 은퇴를 맞이하여, 이 자리를 빌려 감사한 마음을 전하고 싶습니다.

제가 처음 고려대에 왔을 때는 한국어도 서툴고 많이 두렵고 긴장됐던 기억이 납니다. 그런데 교수님께서는 언제나 따뜻한 시선으로 저를 바라봐 주시고, "괜찮다, 잘할 수 있다"고 격려해 주셨습니다.

언어가 잘 통하지 않아도 제 마음을 이해하려 노력해 주시고, 늘 믿어주셨기에 저는 용기를 잃지 않고 여기까지 올 수 있었습니다. 교수님께서 보여주신 그 신뢰와 응원은 저에게 정말 큰 힘이었습니다.

교수님께서 주신 책과 학습 자료

지난 3년 동안, 저는 완벽하지 않았고 때로는 실수도 했습니다. 하지만 교수님께서는 저를 나무라기보다, 그 실수를 통해 더 나아질 수 있도록 다시 한번 기회를 주셨고, 조용히 옆에서 방향을 잡아주셨습니다.

그 어떤 순간에도 학생들을 포기하지 않으시고, 인내심을 가지고 이끌어주신 교수님의 모습에서 진정한 스승의 의미를 배웠습니다.

제가 초조하고 불안할 때마다, 교수님은 제 손을 잡아주시듯 인생의 철학을 들려주셨고, 학문을 넘어 삶을 어떻게 살아가야 하는지를 가르쳐주셨습니다.

제가 건강이 좋지 않다는 것을 알게 된 이후에는, 항상 먼저 제 건강을 물어봐주시고, 학업보다도 제 몸과 마음을 챙기라고 말씀해 주셨던 따뜻한 마음을 저는 절대 잊지 못할 것입니다.

교수님과 선후배님들과 함께했던 즐겁고 소중한 시간들

교수님은 늘 학생들의 미래를 위해 기도해 주시고, 우리가 어떤 길을 가더라도 늘 응원해 주시는 든든한 버팀목이 되어주셨습니다.

정영환 교수님의 제자라는 사실이 저는 정말 자랑스럽고, 앞으로도 그 이름에 누가 되지 않도록 더 열심히 살아가겠습니다.

연말모임

비록 이제는 교수님과 함께하는 수업은 더 이상 없겠지만, 교수님께서 제게 가르쳐 주신 것들은 앞으로의 삶 속에서 계속 살아 숨 쉴 것입니다. 그리고 저도 언젠가는 교수님처럼, 반짝반짝 빛나는 멋진 사람이 되고 싶습니다.

진심으로 감사드립니다, 교수님. 은퇴 후에도 건강하시고, 언제나 지금처럼 따뜻하고 존경받는 분으로 기억되시길 기도드립니다.

감사합니다.

네이링(GE NAI LING) 올림.
일반대학원 법학과 민사소송법전공 박사과정
(유학기간: 2022년 3월~현재)

교수님과 함께한 따뜻한 시간들

1. 교수님과의 만남

유학생활을 시작하며 교수님을 만나 민소법 가족의 일원으로 된 것은 나에게 매우 큰 축복이다. 2021년, 코로나로 인해 교수님이 직접 중국에 오시지 못한 채 민소법 장학생 선발이 진행되었다. 아직 교수님을 직접 뵙기 전이었지만, 장학생으로 선발된 후 선배님들로부터 "교수님은 정말 좋은 분이시다", "좋은 교수님을 만난 건 큰 행운이다"라는 이야기를 전해 들었다. 그 말들만으로도 교수님에 대한 기대와 긴장이 함께 밀려왔다.

2022년 2월, 긴장되는 마음으로 처음 연구실 문을 열었던 날이 지금도 생생하다. 환한 얼굴로 "혜정군 너무 잘왔네, 환영하네."하고 맞아주시던 교수님의 목소리가 아직도 귀에 맴돈다. 따뜻한 인사 한마디에 긴장이 풀리면서, 낯설고 서먹하던 캠퍼스가 단숨에 익숙한 공간으로 느껴지기 시작했다. 그날의 온기 덕분에, 이후의 유학생활이 한결 따뜻하게 시작될 수 있었던 것 같다.

2. 명절의 빈자리를 채워주신 따뜻한 마음

해외에서 맞는 명절은 괜히 마음이 허전하다. 가족과의 식사, 전 부치는 소리, 복잡한 집안 풍경 대신 조용한 기숙사 방에서의 하루는 마음까지 조용히 만들곤 했다. 명절 때마다 교수님은 낯선 땅에서 외롭게 명절을 보낼 우리를 걱정하시며 미리 연락을 주시고 명절 선물과 함께 맛있는 음식을 사주셨다. 부모님 곁을 떠난 나에게 교수님과의 그 따뜻한 식사는 말로 표현할 수 없는 큰 위로였고, 그렇게 매번 명절마다 교수님과 함께한 그 시간들은 지금도 유학 생활 중 가장 포근한 추억으로 남아 있다.

3. 점심 식사와 산책 속의 인생 수업

연구실 조교를 하면서 매일 교수님과 함께했던 점심시간은 단순한 식사를 넘어선 의미가 있었다. 갈비탕, 오리전골, 설렁탕 … 교수님께서 좋아하시던 메뉴는 나에게도 특별한 추억이 담긴 메뉴가 되었다. 식사 후 캠퍼스를 산책하며 교수님과 이런저런 이야기를 나누던 그 시간은 하루 중 가장 따뜻하고 편안한 순간이었다. 매일 교수님과 산책하며, 때로는 인생을 배우고, 때로는 웃으며 고민을 나누었던 그 순간들은 나에게는 말로 다 못할 큰 힘이 되었다.

한번은 내가 청와대에 가보지 못했다고 말씀드렸더니, 교수님께서 "혜정, 청와대 근처에 맛있는 수제비집이 있는데 점심 먹고 청화대 산책하면 좋겠네" 하고 청와대에 데려가 주셨다. 교수님과의 청와대 산책은 아직도 내 마음에 따뜻하게 남아 있는 소중한 추억이다.

또한 조교로 일하며 수많은 선배님들을 만났다. 인사차 들르신 선배님들은 입을 모아 교수님의 인품과 열정을 이야기하셨고, 그 말씀을 들으며 교수님이 얼마나 많은 사람들에게 귀감이 되는 분인지 더 깊이 느끼게 되었다. 식당 아주머니, 경비 아저씨까지도 "정교수님 참 좋은 분이시지"라며 미소 지으시는 걸 보면서, 존경은 책상 앞에서만 이루어지는 게 아니라는 걸 배우게 되었다.

4. 우리를 하나로 묶어준 '민소생 가족'이라는 이름

교수님께서는 장학생으로 선발된 우리에게 단지 학문적 기회를 주신 것이 아니라, 따뜻한 공동체를 선물해 주셨다. 교수님과 선배님들의 장학금 덕분에 학업에 전념할 수 있었고, 교수님의 사랑과 헌신 덕분에 연구실 식구들 또한 서로를 위하며 더 끈끈한 유대감을 나눌 수 있었고, 서로를 진정한 '연구실 가족'으로 느낄 수 있었다. 항상 "기여하는 삶", "감사하는 마음"을 강조하셨던 교수님의 말씀을 들으며 나 또한 삶의 방향에 대해 다시금 생각하게 되었다. 그리고 무엇보다 교수님을 통해 하느님에 대한 믿음과 감사의 삶을 배웠고 교수님께서 몸소 보여주신 기도와 신앙의 모습은 나에게 큰 울림이 되었다.

교수님의 인도 아래 우리 연구실 식구들은 진정한 '가족'이 되었다. 서로의 생일을 챙기고, 응원해 주고, 이끌어주었던 연구실의 분위기는 외로운 유학생활을 지탱해 준 힘이었다. 다만 아쉬운 건 코로나로 인해 선배님들이 다녀오셨던 강릉 세미나에 가지 못한 것이다. 선배님들께서 교수님의 고향인 강릉에서의 세미나 이야기를 해주실 때마다 부러움이 가득했다. 그 모습이 얼마나 부럽던지, 마음 한켠에 '나도 그런 추억을 쌓고 싶었다'는 아쉬움이 오래 남았다.

2023년 교수님 생일

2023년 연구실 송년회

5. 짧지만 깊었던 시간, 그리고 영원한 감사

2022년부터 2024년까지의 석사과정은 짧은 시간이었지만, 교수님과 함께한 시간은 깊고 값진 시간이었다. 교수님의 제자가 될 수 있어 영광이었고, 교수님과 함께한 모든 순간과 교수님의 가르침은 평생을 지탱할 자산으로 남게 되었다.

2022년 3월 교수님과의 만남

2024년 1월 교수님과의 졸업사진

교수님의 지도하에 조금 더 나은 사람으로 성장할 수 있었고, 지금도 교수님께서 보여주신 삶의 태도를 기억하며 하루하루를 책임감 있게 살아가고자 노력한다. 아직도 연락할 때마다 “혜정, 자네가 공부를 더 했으면 하네”라고 말씀하시는 교수님 덕분에, 부족한 제 모습에 부끄러움을 느끼며 스스로를 다잡곤 한다. 비록 이제는 자주 찾아뵙지 못하는 거리에 있지만, 기회가 닿을 때마다 교수님을 찾아뵙고 그동안 나누지 못한 이야기들 함께 나누고 싶다.

교수님의 퇴임을 진심으로 축하드립니다!

수많은 제자들의 마음속에 깊은 흔적을 남기신 가르침에 감사드리고, 이제는 연구실이 아닌 더 넓은 세상에서 새로운 여정을 시작하실 교수님의 앞날을 진심으로 응원합니다. 앞으로의 시간 속에서도 늘 건강과 기쁨, 하나님의 축복이 가득하기를 바랍니다.

교수님, 진심으로 감사드립니다.

존경하고 사랑합니다.

교수님의 제자
마혜정(MA HUI JING) 올림.
일반대학원 법학과 민사소송법전공 석사
(유학기간: 2022년 3월~2024년 2월)

존경하는 교수님, 정년퇴임 축하드립니다

2020년 석사과정 1학기, 교수님의 환갑을 함께 축하드렸던 기억이 아직도 생생한데, 어느덧 교수님의 정년을 맞이하게 되었습니다. 저에게는 그 모든 순간이 감사하고 소중한 추억으로 남아 있습니다.

제가 한국 유학길에 올랐을 때는 마침 코로나가 막 시작되던 시기였습니다. 국경을 넘는 일조차 쉽지 않았고, 낯선 땅에서의 생활은 여러모로 힘든 도전이었습니다. 그러나 교수님의 따뜻한 관심과 세심한 배려 덕분에, 저는 그 어려운 시기를 견디며 아름답고 뜻깊은 석사과정을 마칠 수 있었습니다.

수업 시간 외에도, 교수님과 함께했던 다양한 일상 속 기억들은 지금도 제 마음을 따뜻하게 합니다. 명절마다 잊지 않고 마련해 주신 따뜻한 식사 자리는 이국타향에서 큰 위로가 되었고, 남한산성에서의 역사 이야기와 백숙, 북한산성에서의 아이스크림처럼 소소하지만 특별했던 순간들은 제 유학 생활을 더욱 풍요롭게 해주었습니다.

2021년부터는 교수님의 조교로 활동하면서 더욱 가까이에서 교수님을 뵐 수 있었고, 수업을 도우며 학생들의 질문을 응대하는 과정을 통해 저 또한 많은 것을 배우고 성장할 수 있었습니다. 교수님의 지도를 받으며 졸업 논문을 무사히 마치고 석사학위를 취득하게 된 것은 제 인생에 있어 큰 행운이었습니다.

졸업 후 중국에서 첫 직장생활을 시작하였지만, 올해에 다시 한국으로 돌아오게 되면서 교수님과의 인연을 이어갈 수 있게 되어 감사한 마음이 더욱 큽니다. 교수님께서는 저에게 학문적 지도뿐만 아니라, 인생의 중요한 순간마다 저에게 따뜻한 조언과 격려를 아끼지 않으셨습니다.

다시 한번, 그동안의 관심과 지도에 깊이 감사드리며, 교수님의 정년 퇴임을 진심으로 축하드립니다. 이제는 조금 더 여유롭고 풍요로운 시간 속에서 건강과 행복이 가득해지시길 기원합니다.

늘 존경하고 감사드리며 사랑합니다.

제자 맹반옥(MENG FAN YU) 드림.
일반대학원 법학과 민사소송법전공 석사
(유학기간: 2020년 3월~2022년 2월)

존경하는 은사님께

2004년에 교수님을 처음 뵌 지 어언간 21년의 시간이 흘렀습니다. 교수님의 제자로 태어나서 누구보다 행복했었고 교수님의 깊으신 학문과 제자들에 대한 아낌없는 사랑 속에 중국에서 교수생활을 시작하게 되었습니다. 저도 이제 중년에 들어서서 교수님께서 하셨던 많은 지도가 정말로 인생에 큰 도움이 되었다는 걸 실감하게 되었습니다.

중국에서 교수생활을 하면서 제자들을 가르치고 같이 등산하고 같이 공부하면서 교수님의 많은 말씀들이 더욱 마음에 와닿게 되었습니다. 교수님의 제자로 한국에서의 석사생활은 불과 2년이었지만 그 2년이 저의 인생에는 너무나도 소중한 시간이었습니다. 그 뒤에도 교수님께서 흑룡강대학 법학원과의 MOU, 대한상사중재원과 하얼빈중재위원회의 MOU도 추진해 주셨고 작년에는 또 서남정법대학, 중국정법대학에 가셔서 특강도 해주셨습니다. 긴 세월 동안 교수님의 제자로 살면서 저도 향후, 교수님만큼 훌륭하고 멋진 교수는 못 되더라도 매일 하루와 같이 노력하면서 교수님의 중국제자로 부끄럼 없이 노력에 박차를 가하겠습니다.

교수님 덕분에 선후배들과 함께 교수님의 “한국민사소송법” 교과서 번역을 시작하게 되었고 올해 내로 출간 가능한 듯싶습니다. 아마도 중국학술계의 많은 교수들한테 좋은 공부의 계기가 될 것이고 교수님의 많은 좋은 학술적인 관점이 중국 학술계에서 전파될 것입니다.

교수님 너무 멋지시고 자랑스럽습니다! 이 생에 교수님의 제자로서 다시 한번 머리 숙여 깊이 감사드립니다!

중국제자 박순선(PIAO SHUN SHAN) 올림.
일반대학원 법학과 민사소송법전공 석사
(유학기간: 2005년 2월~2007년 2월)

정교수님과의 추억을 회억하며

교수님의 퇴임식을 앞두고 있다는 연락을 받고 잠깐 멍해졌다. 제 머릿속 교수님의 모습은 항상 멋지고 젊은 모습 그대로인데 벌써 퇴임이라니... 퇴임이 다가오는 이 시점에 교수님과의 추억을 다시금 상기하게 되니 감회가 새롭다. 어느덧 교수님과 사제의 연을 맺은 지 17년이 되었다는 사실에 다시 한번 놀라움을 금치 못한다.

생각해 보니 나의 지나간 추억 속에 항상 교수님이 계셨던 것 같다. 교수님은 늘 그렇듯 이 손 닿을 거리에서 지켜봐 주시고 격려해 주셨던 것 같다. 지금 생각해 보면 교수님의 학문에서의 지도와 인생에서의 가르침이 없었더라면 지금의 나도 없었을 것이다. 지금도 어떻게 대학교에서 일하게 되었는지 물어보는 학생들의 질문에 당당히 교수님께서 이끌어주셨다고 대답하고 있다.

돌이켜보니 처음으로 교수님을 만난 시점은 2007년 정법대학교 면접에서였다. 그때 처음으로 교수님을 만나 뵈었는데 이상하게 면접이라는 느낌이 없이 다정다감한 교수님의 모습이 인상에 남았다. 그리고 교수님의 선택으로 순조롭게 한국행 비행기에 몸을 실었다. 처음으로 접하는 유학길에 두려웠지만 한편으로는 기대와 설레임이 있었다. 그리고 교수님의 연구실에서 교수님을 뵙게 되었는데 그때도 여전히 멋진 모습이셨다. 그리고 앞으로의 계획에 대해서 물어보셨다. 그때 나는 당차게 법률실무를 하고 싶다고 했었다. 교수님께서 박사과정을 밟을 생각이 없느냐는 질문에 단칼에 그럴 계획이 없다고 거절했었다. 그 모습에 교수님은 그저 알았다는 듯이 고개만 끄덕이셨다.

석사 졸업 무렵에도 같은 질문을 하셨는데 그때도 역시 같은 대답을 하였다. 그리고 삼성 법무팀에 취직하였고 모든 일이 다 순조로웠다. 석사를 졸업한 후에도 교수님과는 여전히 매년 명절에 같이 모여 인생에 대한 얘기들을 했었다. 그때도 교수님께서는 박사과정에 들어오라고 하면서 세상에서 제일 행복한 직업이 교수라고 하셨다. 그러나 업무적으로 여유가 없었던 터라 그때는 박사과정은 꿈도 못 꿨었다. 그러나 법무팀에서 3년 정도 일한 시점부터 업무에서 일정한 경험이 생기면서 일이 그전처럼 어렵지 않았다. 그러면서 무엇으로 여유시간을 보낼지에 대한 고민을 하게 되었는데 그때 문득 교수님께서 하신 말씀이 생각났다. 박사나 해볼

까 라는 생각이 뇌리를 스쳤고 또 그렇게 박사과정에 들어가게 되었다. 모든 일이 시작이 어렵다고 박사과정을 시작을 하니 또 막상 하게 되었다. 회사일과 박사과정을 동시에 하느라 힘들었지만 그래도 여유시간을 통해 박사과정을 수료할 수 있었다. 그 과정에서 교수님은 늘 격려를 아끼지 않으셨다.

그러다가 남편이 박사졸업을 하게 되면서 8년간의 한국생활을 뒤로 하고 중국으로 귀국하게 되었다. 귀국하기 전에 교수님께서는 박사논문을 계속 염두에 두라고 신신당부를 하셨다. 그러나 나는 속으로 그게 가능할까 라는 생각이 들었다. 귀국하면서 나는 나 정도 스펙이면 취직은 문제없을 거라고 자신했었으나 그러나 막상 돌아와 보니 현실을 그렇지 않았다. 내가 원하는 직장과 회사가 원하는 사람 사이에 어느 정도의 괴리가 존재하여 서로 조건을 만족하는 회사를 찾기 어려웠다. 비록 외국계 기업에 취직하여 몇 개월 정도 경험해 봤지만 여전히 마음에 들지는 않았다. 또한 귀국 후 육아를 병행해야 했기에 일하는 것이 쉽지 않았다. 그러던 와중에 교수님께서 한 얘기가 생각났다. 문득 박사논문을 써서 하루빨리 졸업해서 대학교에 강사로 취직해야겠다는 생각이 들었다. 그리고 박사 졸업의 각종 관문을 거쳐서 결국 박사를 졸업하고 또 생각대로 대학교 법학원에 취업하게 되었다. 현재는 교수님과 같이 학문의 길을 걷고 있다. 이는 귀국하기 전까지 전혀 생각지 못했던 결과이다. 교수님한테 전화해서 대학교에 교수로 취직했다는 소식을 전했을 때 교수님께서 너무 기뻐하셨던 기억이 난다.

지금 돌이켜보면 내가 어떠한 결정을 해야 할 모든 관건적인 순간에 모두 교수님께서 이끌어 주셨던 것 같다. 또한 이제야 교수님께서 말씀하셨던 교수가 가장 행복한 직업이라는 말도 몸소 느끼고 있다. 학생들을 가르치고 거기에서 보람과 성취감을 느끼고, 또 학문을 하면서 학문의 매력에 더 깊이 빠져드는 것 같다. 현재 나도 학생들을 처음 마주할 때 그때 교수님께서 주셨던 것과 같은 질문을 한다. 앞으로의 계획이 무엇인지... 이제야 교수님께서 해주셨던 그 의미를 알 것 같다. 그리고 나의 제자들에게도 교수님과 같은 모습으로 남아야지 하는 다짐을 늘 상 하고 있다.

천진재경대학교에 취직한 후 교수님께 특강을 부탁했었다. 교수님께서는 한국에서 내가 일하는 곳에 와주셨고 나의 학생들에게 특강을 해주셨다. 교수님께서 강의하시고 내가 통역을 맡은 장면을 생각하면 아직도 전율을 느낀다. 또한 2018년 교수님께서 쓰신 "한국 전자소송의 현황과 발전방향"이라는 논문을 내가 번역하여 중국의 「동남사법평논」이라는 학술지에 등재하였다. 이것이야말로 학문의 계승이고 전승이 아닌가!

비록 나는 귀국하였지만 그 동안에도 거의 매년 교수님을 만나 뵙게 되는 것 같다. 정법대학교에서의 면접, 한중 민사소송법 학회, 중국 대학교에서의 특강 등의 자리를 빌려 교수님을 뵈었었다. 교수님은 한결같으시고 여전히 멋지신 것 같다.

교수님께서는 25년 동안 중국 제자들을 받고 또 아무런 차별 없이 우리에게 인자함을 베풀고 계셨다. 그 덕분에 우리 중국 제자들 모두 서로 이끌고 도와주면서 좋은 방향으로 나아가고 있는 것 같다. 우리 연구실만큼 선후배 사이가 끈끈하고 서로 이끌어주는 연구실이 없는 것 같다. 이러한 연구실의 일원이 된 것은 나의 평생의 자부심이고 또한 자랑이다. 교수님의 중국 제자에 대한 사랑은 앞으로 또 한중관계에도 좋은 가교역할을 하게 될 것이며 양국의 발전에 기여를 하게 될 것을 믿어 의심치 않는다. 이런 면에서 교수님께서의 퇴임은 그야말로 너무나도 아쉬운 일이 아닐 수 없다!

하지만 하나의 끝은 또 하나의 시작을 가져온다는 말이 있듯이 퇴임이 끝이 아니라 교수님 학문 연국에서의 새로운 시작이 될 것이라는 기대를 해본다. 그리고 더 좋은 인생계획으로 앞으로의 시간들을 보다 행복하게 보낼 수 있을 것이라 생각한다. 퇴임식에 직접 가서 축하해드리고 싶지만 사정상 이렇게 글로써 교수님과의 지난날을 회억하는 것에 대해 양해를 구하면서 교수님의 앞날에 늘 행복한 일들만 가득하기 기원하는 바이다.

2025년 5월 13일
제자 방려연(FANG LI YAN) 적음.
일반대학원 법학과 민사소송법전공 석사, 박사
(유학기간: 2008년 3월~2017년 2월)

2024년 9월 30일.
중국정법대학교에서 시건중(时建中) 부총장과의 회담

2023년 6월 6일.
북경대학교 반건봉(潘剑锋) 교수님과의 저녁만찬

2023년 6월 6일.
교수님과의 2차 자리, 오랜만에 야외에서 우리끼리
많은 얘기를 나누었음.

오랜만에 한국에 방문한 기념으로 교수님 연구실에서 한장 찍음.
2018년 정도로 기억함.

2019년 12월 24일.
동계 한중 민사집행법학회에 참석하여 교수님과 함께 기념사진을 남김.
이때 교수님께서 민사집행법학회 회장으로 계셨음.

2019년 12월 20일.
교수님과 함께 서울 동부지방법원을 참관함.

2017년 12월.
교수님께서 천진재경대학교에 방문하시어 특강을 해주셨음.

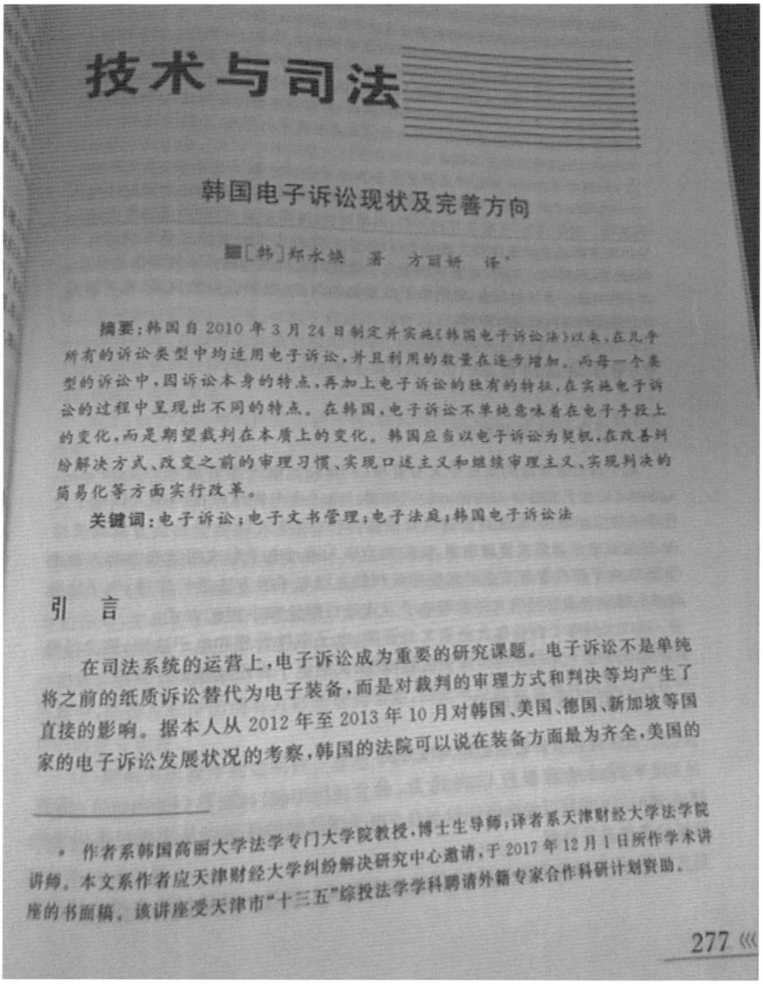

技术与司法

韩国电子诉讼现状及完善方向

[韩]郑永焕 著 方丽妍 译*

摘要：韩国自 2010 年 3 月 24 日制定并实施《韩国电子诉讼法》以来，在几乎所有的诉讼类型中均适用电子诉讼，并且利用的数量在逐步增加。而每一个类型的诉讼中，因诉讼本身的特点，再加上电子诉讼的独有的特征，在实施电子诉讼的过程中呈现出不同的特点。在韩国，电子诉讼不单纯意味着在电子手段上的变化，而是期望裁判在本质上的变化。韩国应当以电子诉讼为契机，在改善纠纷解决方式、改变之前的审理习惯、实现口述主义和继续审理主义、实现判决的简易化等方面实行改革。

关键词：电子诉讼；电子文书管理；电子法庭；韩国电子诉讼法

引 言

在司法系统的运营上，电子诉讼成为重要的研究课题。电子诉讼不是单纯将之前的纸质诉讼替代为电子装备，而是对裁判的审理方式和判决等均产生了直接的影响。据本人从 2012 年至 2013 年 10 月对韩国、美国、德国、新加坡等国家的电子诉讼发展状况的考察，韩国的法院可以说在装备方面最为齐全，美国的

---

* 作者系韩国高丽大学法学专门大学院教授，博士生导师；译者系天津财经大学法学院讲师。本文系作者应天津财经大学纠纷解决研究中心邀请，于 2017 年 12 月 1 日所作学术讲座的书面稿。该讲座受天津市"十三五"综投法学学科聘请外籍专家合作科研计划资助。

277

교수님 논문 번역본 등재 사진

존경하는 정영환 교수님께

교수님의 영예로운 정년퇴임을 맞아, 가슴 깊이 차오르는 감정을 어디서부터 풀어내야 할지 망설여집니다.

제자로 교수님 곁에 있었던 시간들을 떠올려보면, 교수님께서는 단순히 학문을 가르치신 스승이 아니라, 인생의 나침반이 되어주신 분이셨습니다. 날카로운 통찰력과 따뜻한 배려가 어우러진 가르침 속에서 저는 학문의 본질과 깊이를 배웠고, 교수님의 지도의 순간들 속에서 "교육은 곧 인격 수양"이라는 진리를 몸소 깨달았습니다.

함께한 모든 토론과 조언, 때로는 엄하게 잡아 주셨던 순간들, 학생 개개인의 특성을 꿰뚫어 보시던 진로 상담의 날카로운 통찰, 그리고 때로는 엄한 말씀 속에 숨겨진 깊은 애정까지—그 모든 순간들이 모여 오늘의 저를 만들어주셨습니다. 교수님께서 일깨워주신 학자의 자세와 인간적 품격은 앞으로도 제 삶의 중심이자 지침이 될 것입니다.

이제 교수님께서 인생의 새로운 황금빛 장을 여시는 모습을 진심으로 기쁜 마음으로 축하드립니다. 사랑하는 가족과 함께하는 따뜻한 시간, 오래도록 미뤄두셨던 취미와 여유, 학문을 자유롭게 탐색하실 수 있는 날들이 교수님께 어울리는 당연한 보상이라 생각합니다. 부디 항상 건강하시고 평안이 늘 함께하시길 간절히 기원합니다.

우리 세대를 길러내신 교수님의 발자취는 세월이 지나도 결코 퇴색되지 않을 것입니다. 수많은 제자들의 마음에 새겨진 지식의 불꽃은 교수님의 학문적 유산과 함께 앞으로도 변함없이 이어질 것입니다. 비록 이제 강단에서 물러나시더라도, 저희는 교수님의 가르침을 가슴 깊이 새기고 새로운 시대를 향해 나아갈 것입니다.

온 세상이 푸른 봄빛으로 물들 듯, 교수님의 새로운 인생 여정 또한 기쁨과 행복으로 가득하시기를 삼가 기원합니다.

존경과 감사의 마음을 담아
제자 사서문(SHI SHU WEN) 올림.
일반대학원 법학과 민사소송법전공 석사, 박사과정
(유학기간: 2009년 3월~현재)

존경하는 정영환 교수님!

교수님의 정년 퇴임을 진심으로 축하드립니다.

그동안 교수님께서는 깊은 학식과 엄정한 연구 자세로 제게 학문의 문을 열어 주셨고, 많은 제자들이 학문의 길 위에서 흔들림 없이 나아갈 수 있도록 따뜻하게 이끌어 주셨습니다.

강의 시간마다 풍부한 자료와 깊이 있는 통찰을 바탕으로 해주신 강의는 지금도 제게 큰 울림으로 남아 있습니다.

교수님께서는 학문적 모범이자, 제 인생길에서 늘 등불이 되어주신 분입니다.
이제는 무거운 짐을 내려놓으시고, 인생의 새로운 장을 여시는 시점이라 생각합니다. 앞으로는 가족과 함께 더 많은 시간을 보내시며, 자연을 벗 삼아 평온하고 여유로운 나날을 보내시길 진심으로 기원합니다.

언제나 건강하시고, 웃음과 기쁨이 가득한 날들이 이어지시기를 바랍니다.
앞으로도 교수님의 고견을 들을 수 있기를 기대하며, 지금까지 교육과 학문에 쏟아오신 열정과 헌신에 다시 한번 깊이 감사드립니다.

진심을 담아, 교수님께 최고의 존경과 감사의 마음을 전합니다.

송근근(SONG QIN QIN) 올림.
일반대학원 법학과 민사소송법전공 석사
(유학기간: 2023년 3월~2025년 2월)

존경하는 교수님께

교수님께서 정년퇴임하시는 이 특별한 순간에, 지금껏 제가 받았던 깊은 은혜와 가르침을 다시 한번 돌아보며 진심으로 감사의 마음을 전하고자 합니다.

시간을 거슬러 올라가면, 대학원 석사 시절의 소중한 추억들이 떠오릅니다. 교수님과 함께 1년 동안 조교로 일하며 나눈 점심시간, 산책 시간, 그리고 교수님께서 즐기셨던 김치냄비돈까스의 모습들이 제 마음속에 따뜻하게 남아 있습니다. 그 소소한 일상들이 저에게는 큰 의미가 되었고, 그 덕분에 한국 문화에 더 빨리 적응할 수 있었으며, 지금의 저를 만드는 데 중요한 밑거름이 되었습니다.

첫 직장에 취업할 때도, 교수님께서 추천해 주신 기회와 아낌없는 조언들은 저의 사회 진출의 출발을 든든히 지원해 주었고, 그 힘으로 자신감을 가지고 새로운 도전을 시작할 수 있었습니다. 특히, "공부를 계속 놓지 말아라"라는 교수님의 말씀은 단순한 충고를 넘어, 인생을 살아가는 데 있어서 귀중한 지침과 같은 삶의 지혜로 마음에 새겨졌습니다. 지금 돌아보면, 그 말씀들이 얼마나 제게 큰 힘이 되었는지 새삼 깨닫게 됩니다.

또한, 저를 포함한 많은 중국 유학생들이 서로 연락하며 마음을 나누게 된 것도 교수님께서 보여주신 배려와 따뜻한 관심 덕분이라 생각합니다. 그렇게 쌓아온 인연이 인생의 중요한 부분으로 채워져서 늘 든든했습니다. 결혼 후 육아를 하며 한국에 정착한 지금, 바쁜 일상 속에서도 교수님께 배운 따뜻한 마음씨와 가르침은 저에게 늘 큰 울림이 되고 있습니다. 비록 자주 찾아뵙지 못하지만, 그 사랑과 은혜는 저의 가슴속에 깊이 남아 있으며, 앞으로도 누군가에게 작은 도움이라도 될 수 있기를 희망하게 만듭니다.

앞으로 교수님께서 시작하시는 새로운 여정에 진심으로 축하드리며, 늘 건강과 행복이 함께하시기를 기원합니다. 교수님께서 쌓아오신 업적과 보여주신 사랑에 다시 한번 깊은 감사의 마음을 전하며, 앞으로도 항상 빛나는 길을 걸으시기를 소망합니다. 또한, 그 길에 저도 늘 제자로서 함께하며, 마음을 담아 응원하고 기도 하겠습니다.

감사합니다.

신향화(SHEN XIANG HUA) 드림.
일반대학원 법학과 민사소송법전공 석사
(유학기간: 2010년 2월~2012년 2월)

존경하고 사랑하는 교수님께

진심으로 늘 교수님께 감사드립니다.

교수님의 소중한 지도를 받으며 이뤄진 고려대학교 법과 대학원의 학습 생활이 여전히 생생한 기억으로 남아 있습니다. 그때 교수님께서는 민사소송법 수업에서 항상 생동한 사례를 통해 어려운 민사소송법 법조문을 외국인 학생인 저도 명료하게 이해할 수 있도록 해석 주셨고, 전자소송법 연구 과제에서는 기술과 법의 교차점을 선도적으로 예견하셨고 디지털 시대의 현대화 사법의 미래 및 혁신을 예측할 수 있도록 이끄셨고, 비교법 연구 과제에서는 미국·독일·일본 각국의 민사소송제도를 깊게 분석하여 비교해 주셔서 마치 열쇠처럼 비교법 연구의 문을 열어 주셨습니다. 그뿐만 아니라 교수님께서는 우리 학생들이 독립적으로 공부 및 연구할 수 있도록 항상 우리를 장려해 주셨고, 과제 토론, 논문 지도, 학술 교류 중에 언제나 우리 학생들의 아이디어를 존중하면서 적절한 지도를 주셨고, 이러한 토론 및 학습 속에서 학생들을 더 깊은 학술 연구를 할 수 있도록 유도해 주셨습니다. 이 모든 것은 우리에게 지식 전달을 넘어 법률 연구 방법과 인생 지혜도 같이 전달해 주셨습니다.

교수님께서의 소중한 지도 및 가르침은 저의 한국 법률 공부의 기초 및 방향이 되었을 뿐만 아니라 제 인생의 길을 밝혀 주는 등불도 되었고 지금까지도 저의 법 공부, 직장생활, 인생 삶에서도 큰 이익을 주고 있습니다.

이제 교수님께서 榮休하시는 소식을 듣고 마음에 아쉬움과 감사한 마음이 가득합니다. 석사 졸업 후 지금까지 교수님의 지도 아래에서 박사과정을 시작하지 못한 점은 정말 아쉽지만 친절하며 학식이 渊博하고 선도적인 혁신정신을 가진 교수님께서 제 석사과정의 지도자로 계신 걸 영원히 감사히 기억하겠습니다.

앞으로는 가족과의 천인지락을 즐기시고, 세계 각국을 여행하며 다양한 요리들을 드시고, 읽고 싶은 책을 즐기시며 자유로운 창작을 즐기시는 등 한가하고 편안한 시간을 보내시기를 진심으로 기원합니다.

감사합니다.

제자 여새나(LV SAI NA) 드림.
일반대학원 법학과 민사소송법전공 석사
(유학기간: 2012년 9월~2014년 8월)

2013년 6월 15일. 강릉, 세미나

2018년 봄. 서울, 교수님과 다시 만났다

존경하는 교수님께

안녕하십니까?

한국에서 공부하며 교수님께서 주신 지도와 배려를 영원히 잊지 못할 것입니다. 학업에서 전문 지식을 자세히 가르쳐 주시고, 논문을 쓰는 데 있어 큰 도움을 주셨어요. 특히 제가 한국 생활에 적응하지 못할 때, 친절하게 위로하며 한국 문화를 소개해 주셔서 외국인인 저도 편안하게 생활할 수 있었습니다. 정영환 교수님 연구실과 조교실이 제가 한국에서의 집 같은 존재가 되었습니다. 한국 유학 생활을 하며 조교를 담당한 시간은 제 인생 중 매우 소중한 경험이 되었습니다. 지금까지도 자주 그립습니다.

진심으로 감사드립니다.

교수님께서 퇴임하시는 소식을 듣고 아쉬움과 기쁨이 함께 듭니다. 아쉬운 것은 더 이상 교수님 연구실에서 함께할 수 없다는 것이고, 기쁜 것은 교수님께서 이제 시간을 마음껏 즐길 수 있다는 것입니다.

퇴임 후 건강하고 행복한 생활이 가득하길 진심으로 기원합니다. 가족과 함께 많은 시간을 보내시고, 좋아하는 취미에 몰두하시길 바랍니다. 저도 교수님의 가르침을 잊지 않고 꾸준히 성장해 나가겠습니다. 감사합니다.

예리(YE LI) 올림.
일반대학원 법학과 민사소송법전공 석사
(유학기간: 2011년 3월~2013년 2월)

2011. 10. 강릉 세미나

2016. 3. 예리 한국 여행, 교수님과 지금의 남편

2016. 6. 중국행, 려연 언니를 지도하다

교수님의 정년퇴임을 축하하며

고려대학교와 교수님을 떠올리면, 가장 먼저 떠오르는 장면은 어느 가을날 오후, 본관 앞에서 마주한 풍경입니다. 잔디밭 위에 황금빛 단풍이 수북이 쌓여 있었고, 교수님께서는 저에게 고려대학교 박물관을 소개해 주시며 아시는 중국어로 따뜻하게 말을 건네주셨습니다. 낯선 환경에서 한국어가 서툰 저에게 고려대에서의 학업은 큰 도전이었지만, 돌이켜보면 교수님과 함께했던 소중한 순간들 덕분에 유학 생활 전체가 따뜻한 기억으로 남아 있습니다.

익숙하지 않은 환경에서 서툰 한국어로 공부를 이어가던 저는 늘 불안 속에 있었습니다. 그런 저를 교수님께서는 진심으로 격려해 주시고, 작은 성과에도 함께 기뻐해 주셨습니다. 연구실 화분에 물 주는 일을 깜빡하거나, 잡지를 제때 전달해 드리지 못한 적도 있었지만, 교수님께서는 언제나 너그러이 이해해 주셨고, 마치 자녀처럼 따뜻하게 보살펴 주셨습니다. 덕분에 여러 학술대회에 참여하고 준비하며 소중한 경험들을 쌓을 수 있었습니다.

무엇보다 기억에 남는 순간은 어느 날 학술대회에서 조교 선배와 함께 다과를 준비하던 중, 밖에서 조용히 발표를 들으며 간식을 나눠 먹던 일이었습니다. 또, 고연전 현장에서 교수님과 함께 응원하며 느꼈던 그 열정적인 분위기 역시 아직도 생생합니다. 시간이 많이 흘러 졸업한 지금, 기억들이 점점 흐릿해지고 있지만, 교수님께서 베풀어 주신 따뜻한 마음만큼은 언제나 제 가슴속에 또렷하게 남아 있습니다.

중국에는 “당시는 평범한 줄만 알았지만, 지금 돌아보면 가장 소중한 순간이었다(当時只道是尋常)”는 말이 있습니다. 오늘 교수님의 정년 행사 개최 소식을 듣게 되며, 그 말의 의미를 다시금 깊이 느낍니다. 기쁨과 어려움이 함께했던 모든 순간들이 결국 제 삶의 소중한 일부가 되었고, 지금의 저를 있게 한 귀한 자양분이 되었습니다.

이렇게 교수님과 연구실 가족들을 만나게 된 인연에 진심으로 감사드리며, 항상 감사한 마음 잊지 않고 있습니다. 교수님, 앞으로도 늘 건강과 평안, 그리고 따뜻한 행복이 함께하시기를 기원합니다.

감사합니다.

왕명랑(WANG MING LANG) 드림.
일반대학원 법학과 민사소송법전공 석사
(유학기간: 2017년 3월~2019년 2월)

사랑하는 교수님께

교수님과 처음 인연을 맺은 2013년의 기억이 아직도 생생합니다. 첫 인터뷰에서 교수님의 따뜻하고 인자하신 모습을 뵈었을 때부터, 교수님의 제자가 되기를 진심으로 소망해 왔습니다.

2014년 한국에 유학 온 이후, 학업과 생활 전반에 있어 교수님의 아낌없는 지도와 배려 덕분에 모든 일이 순조롭게 이루어질 수 있었고, 교수님의 민소법 연구실 가족으로 함께할 수 있었던 것은 제 인생에 있어 큰 영광이자 축복이었습니다.

한국에서의 4년 동안 교수님께서 보여주신 세심한 관심과 따뜻한 격려는 언제나 제게 큰 힘이 되었고, 늘 감사한 마음을 간직하고 있습니다. 2018년 독일로 유학을 떠난 이후 직접 찾아뵐 기회는 줄었지만, 교수님과 연구실의 소식을 늘 관심있게 지켜보며 마음으로 응원하고 있습니다.

이번에 교수님의 정년퇴임 소식을 듣고, 한편으로는 아쉬운 마음이 들면서도, 교수님께서 새로운 여정을 시작하시는 이 뜻깊은 순간에 함께할 수 있어 진심으로 기쁘고 감격스럽습니다.

교수님의 제자로서 지도받을 수 있었던 지난 시간은 제 학술적 성장뿐만 아니라 인생의 큰 자산이 되었으며, 그 모든 순간에 깊은 감사의 말씀을 드립니다.

앞으로도 교수님께서 건강과 행복 속에서 새로운 삶의 장을 여시기를 진심으로 기원드립니다. 언제나 존경과 사랑이 가득한 사람들 속에서 평온하고 뜻깊은 나날을 보내시기를 바라며, 가까운 시일 내에 꼭 다시 인사드릴 수 있기를 소망합니다.

제자 왕붕상(WANG PENG XIANG) 드림.
일반대학원 법학과 민사소송법전공 석사
(유학기간: 2014년 3월~2016년 2월)

사랑하는 교수님

2014년 초여름, 면접에서 처음 뵈었을 때, 교수님의 친절한 미소가 저에게 큰 격려가 되었습니다. 그 기억은 아직도 생생합니다. 그때 면접을 통과하고 교수님의 민사소송법 가족의 일원이 된 것이 매우 영광이었습니다.

2015년 2월 말에 서울로 가서 한국에서의 학업을 시작했습니다. 이 길을 걸어오는 동안 교수님의 따뜻한 사랑과 세심한 가르침이 항상 있었습니다. 처음에는 언어가 통하지 않았지만, 교수님은 항상 저에게 인내가 승리라고 격려해 주셨고, 언어를 잘 배울 수 있다고 확신해 주셨습니다. 또한 한국에 처음 왔을 때 저를 자주 챙겨주시고, 제가 한국 생활에 적응할 수 있을지 걱정해 주시며 가능한 모든 도움을 주셨습니다. 나중에 언어가 어느 정도 발전했을 때, 교수님은 연구 조교로 일할 기회를 제공해 주셔서 전문성과 언어 능력을 더욱 향상시킬 수 있었습니다. 한국에서의 2년 동안 교수님의 많은 강의를 들었고, 교수님이 조직한 다양한 활동에 참여했으며, 교수님의 많은 경험을 공유해 주셨습니다. 교수님이 제공해 주신 기회와 지원 덕분에 관련 전문 지식을 배우고 한국의 문화생활을 경험하며 잘 성장할 수 있었습니다.

2017년 초 졸업 후 지금까지, 저는 로마에서 인턴십을 하고, 상하이의 법률사무소에 합류했으며, 지금은 홍콩에서 일하고 있습니다. 저는 이 몇 년 동안, 다른 장소, 다른 시간, 다른 직업을 가졌지만, 변하지 않은 것은 교수님이 가르쳐 주신 지식, 경험, 긍정적이고 낙관적인 인생 태도를 항상 가지고 용감하게 앞으로 나아갔다는 것입니다.

너무 많은 감사의 마음을 언어로 충분히 표현하기 어렵지만, 저는 항상 감사하며 기억하고, 아름다움을 전달하기 위해 노력할 것입니다. 사랑하는 교수님께 건강하시고 매일 행복하시길 기원합니다!

제자 유쓰치(LIU SI QI) 올림.
일반대학원 법학과 민사소송법전공 석사
(유학기간: 2015년 3월~2017년 2월)

학술의 길, 우애의 다리

정영환 교수님의 榮休를 축하드립니다
존경하는 정영환 교수님께,
정년 퇴임을 진심으로 축하드립니다.

사실 저는 2009년 졸업 이후 교수님께 자주 연락드리지 못했습니다. 첫째로는 제 한국어 실력이 그리 좋지 않았던 데다가, 한국을 떠난 이후에는 그 실력조차 점점 퇴화하고 있다는 생각에 마음속 표현이 늘 부끄럽고 조심스러웠기 때문입니다. (지금은 AI의 눈부신 발전 덕분에 조금은 용기를 내어 이렇게 인사를 드릴 수 있게 되었습니다.) 둘째로는 그동안 제가 주로 홍콩과 심천 등 중국 남부 지역에 머물러 있었던 탓에, 주로 북경에서 활동하시는 교수님을 직접 뵐 기회가 많지 않았습니다.

그럼에도 불구하고 매번 교수님께 연락을 드린 이유는, 제게 정말로 중요한 순간마다 교수님의 도움이 필요했기 때문입니다. 학업이나 진로 문제로 추천을 부탁드릴 때면 언제나 기꺼이 응해 주셨고, 가정에 큰 변화가 있었을 때도 교수님께 말씀드렸던 기억이 납니다. 어쩌면 그것은 누군가에게 마음을 털어놓고 싶은 간절함에서 비롯된 것인지도 모르겠습니다. 교수님의 간결하면서도 깊은 울림이 담긴 말씀은 조용하지만 강한 물줄기처럼 제 메마른 마음을 위로해 주셨습니다.

고려대학교 석사과정에 입학하면서 교수님을 만나게 된 것은, 제 인생의 전환점이었습니다. 다만 이 만남을 "운명"이라고 표현하기에는 제 스스로를 과대평가하는 것 같아 조심스럽고, 오히려 삶 속의 우연에 대한 경외심을 갖고 싶습니다. 운좋게 교수님의 제자가 되었을 뿐이라는 마음입니다.

한국 유학의 기회를 얻고, 장학금까지 지원받을 수 있었던 일은 저와 저희 가족에게는 말로 표현할 수 없을 만큼 큰 축복이었습니다. 합격 소식을 들은 날 밤, 어머니와 저는 뜬눈으로 밤을 지새웠고, 다음 날 아버지를 뵈었을 때는 마치 어린 아이처럼 들뜬 모습으로 거리를 거니셨습니다. 우리 가족 모두가 제게 더 넓은 세상을 보여주고 싶어 했지만, 당시 중국에서 해외 유학은 쉬운 일이 아니었습니다. 교수님은 마치 외딴 섬에서 다른 섬으로 건너가고자 했던 저에게 배와 식량을 보내주신 분이셨습니다.

교수님 연구실에서 민사소송법을 배우는 일은 도전의 연속이었지만, 큰 보람이 있었습니다. 전공 공부와 함께 한국어까지 배워야 했기에 학업의 부담이 적지 않았지만, 교수님의 너그러움과 격려 덕분에 버틸 수 있었습니다. 특히 첫 학기에는 미국 민사소송법 서적을 학습하고 번역하는 과제가 있었는데, 학생 각자에게 장이 하나씩 배정되었고, 저에게는 거의 "불가능한 미션(mission impossible)"처럼 느껴졌습니다. 미국과 한국의 민사소송법 개념 및 이론을 정확히 이해해야 했기 때문입니다.

다행히 여러 선배님들의 도움을 받으며 번역을 함께 검토하고, 밥도 먹고, 커피도 마시며 서로의 고충을 나누었습니다. 지금도 "jurisdiction"이라는 단어에 대해 깊게 고민했던 시간이 떠오르고, 그 시절 토론을 함께했던 교수님, 선후배님들의 얼굴이 또렷이 기억납니다.

학습 과정에서의 스트레스는 학문에 대한 열정을 식히기보다는 오히려 더욱 단단한 의지를 심어주었습니다. 저는 이 모든 어려움이 결국 성장의 일부였다고 믿습니다. 언제나 조용히 미소지으시며 격려해 주시던 교수님이 계셨기에 가능했던 일입니다. 교수님께서 직접 과제를 도와주시지는 않았지만, 연구실은 단지 공부의 공간을 넘어 교류와 융합의 장이었습니다. 교수님의 따뜻한 인품과 몸소 보여주신 교육적 자세는 연구실 분위기를 온화하고 단합된 분위기로 이끌어 주셨고, 덕분에 중국 학생들뿐 아니라 한국 학생들과도 깊은 유대가 생겼습니다.

한국에서 민사소송법을 공부한 것은 시야를 넓히는 경험이었습니다. 비록 소위 대륙法系에 속하는 것으로 여겨지지만 – 사실 오늘 중국의 학계에서는 중국법이 대륙法系에 속하는지에 대해 논란도 있지만 – 당시(2007~2009년) 한국의 민사소송법 체계는 중국과 크게 다른 모습을 보였습니다. 교과서에는 대량의 판례가 인용되어 있으며, 실제로 많은 판례가 규칙을 창설하는 데도 기여했습니다. 이는 당시 중국에서는 볼 수 없는 모습이었는데, 적어도 제 자신은 소송법 교과서에서 실제 사례를 인용한 걸 본 적이 거의 없었습니다. 다만 당시 중국의 최고인민법원은 "사례 지도 제도(Guiding Cases System)"체계를 수립하겠다는 제안을 한 바 있습니다. 이러한 경험은 제게 "대륙法系"와 "영미法系"의 경계 구분, 혹은 보다 정확히는 발전 방식과 방법론상의 융합 가능성에 대한 思考를 자아내었고, 궁극적으로는 석사와 박사학위 논문의 주제 선정에까지 영향을 미쳤습니다. 이런 의미에서 한국에서의 학습과 관찰은 제 후속 학술연구를 위한 긴 길을 마련해 준 셈입니다.

이러한 영향이 상상보다 더 깊었을지도 모릅니다. 한번은 고려대에서 중국公司法에 관한 학술회의가 열렸던 적이 있습니다. 중국정법대학에서 온 교수님이 당시 최신 개정된 公司法의 상황을 소개하신 후에, 한 한국 변호사가 발언했습니다. 그 분은 "중국 법률에 이런 규정이 있기는 하지만 실제로 실행되지 않을 수도 있으며, 때로는 법률의 실제 운영은 조문 그대로가 아닙니다"라고 말했습니다. 그때는 학술적 토론은 이뤄졌지만, 저에게 가장 깊은 충격을 준 것은 우리가 중국 법률의 "실제 운영" 혹은 "행동 중의 법(law in action)"에 대해 알아보고 연구한 것이 너무 적다는 것이었습니다. 그 때부터 저는 법률의 실증 연구(empirical study)에 관심을 갖게 되었고, 이 이야기를 나중에 박사과정 지원 statement에도 담았습니다. 또한 중국 사법의 실증 연구를 하고 싶어져 가까운 지역에서 Fieldwork를 더 쉽게 진행할 수 있도록 마지막으로 홍콩의 학교에 박사 입학하게 되었습니다. 이 점은 교수님께 늘 죄송한 마음으로 남아 있습니다. 교수님께서는 제가 고려대에서 박사과정을 계속할 것이라고 기대하셨는데, 그 기대에 부응하지 못한 점이 늘 마음에 남습니다. 그럼에도 불구하고, 제가 누구의 제자인지는 결코 바뀌지 않습니다. 저는 언제나 정 교수님의 제자입니다.

학생의 입장에서 교수님의 지도는 당연히 교실 안에 그치지 않습니다. 저희 석사 프로젝트 자체가 교수님이 교육, 종교, 공익 사업에 대한 헌신과 투입으로 여겨질 수 있습니다. 하지만 우리에게 무언가를 "선전"하지 않고 오로지 이 프로젝트를 지원함으로써 우리에게 느끼는 기회를 주셨습니다. 이런 사애는 넓고 깊은 마음에서 시작되어 미세한 부분까지 닿아, 햇살처럼 우리를 감싸면서 따뜻함과 자유를 동시에 선사합니다. 제가 "종교적 신앙" 방면에서 영향받지 거의 않았다고 할 수 있지만, 저는 이에 대해 너무 존중과 감사를 가지고 있습니다. 하지만 "사애/우애" 의 의미에서 제가 깊이 감화받았다고도 할 수 있습니다. 저는 우애의 힘을 깊이 믿고, 그것이 우리 모두가 함께 노력할 가치 있는 방향임을 믿습니다. 상호 이해를 높이고, 신뢰를 강화하며, 차이를 포용하는 법을 배우고, 갈등을 해결하기 위해 지혜를 추구하며 끊임없이 노력하는 것입니다. 오늘 우리는 서로 다른 사회적 위치와 가정에 있지만 이런 정신의 전승이 지식을 습득하는 것보다 훨씬 소중하다고 믿습니다.

정말 오랫동안 교수님을 뵙지 못했습니다. 올해에 이 기회가 있기를 바랍니다. 비록 제 한국어 실력이 거의 말할 수 없을 정도로 퇴락했지만요. 저는 언어 습관이 (사용하지 않으면) 시간과 함께 퇴락될 수 있다는 걸 알지만, 시간이 지나면서 오히려 더 빛나는 소중한 것들이 많다는 걸 알고 있습니다. 교수님의 학생으로서의 경험이 그렇듯이 교수님의 학문과 인품도 마찬가지입니다.

어느 중국 교수님께서 "은퇴가 좋다는 건 알고 있었지만, 이토록 좋을 줄은 몰랐다"고 하신 말씀을 들은 적이 있습니다. 인간이 누릴 수 있는 가장 큰 행복은 어쩌면 "자유"에 있지 않을까 생각합니다. 물론 자유에도 나름의 조건이 따르겠지만, 그중에서도 "은퇴 후의 자유"는 가장 이상적인 형태일지도 모르겠습니다. 제가 아는 은퇴하신 선생님들 중에는 여전히 학술 연구에 매진하며 저서를 출간하시는 분들도 있고, 시나 문학 작품을 창작하시며 아시아 시인 대회에 참가하시는 분들도 계십니다. 교수님과 자주 교류하지 못해 은퇴 후의 계획은 잘 알지 못하지만, 원하시는 대로 글을 쓰시고 하고 싶으신 일들을 마음껏 펼치시기를 진심으로 바랍니다. 또한 인생의 각 단계마다 사랑하는 분들과 신앙의 동행 속에서 아름다운 발자취를 남기시기를 기원합니다.

2025년 5월
중국학생 유현혜(LIU XUAN XI) 올림.
일반대학원 법학과 민사소송법전공 석사
(유학기간: 2007년 2월~2009년 2월)

감사 인사

교수님의 정년퇴임을 축하드립니다.

교수님을 처음 만난 것이 어제 같은데, 벌써 23년이 지났습니다. 부족한 저를 제자로 받아 주고 아낌없는 지원과 가르침을 주신 교수님께 진심으로 감사드립니다.

제가 학문에 자질이 없어 학문의 길을 걸을 수 없었지만, 항상 교수님의 은혜와 가르침을 잊지 않고 맡은 자리에서 열심히 노력하면서 사회에 기여하도록 하겠습니다.

교수님께서 앞으로 더욱 행복하고 즐거운 시간으로 가득 찬 삶이 되시길 진심으로 기원합니다!

중국 제자 이광성(LI GUANG XING) 올림.
일반대학원 법학과 민사소송법전공 석사
(유학기간: 2002년 9월~2004년 7월)

2024년 중국정법대학 특강

교수님께 감사드립니다

정영환 교수님 안녕하세요.

제가 고려대 법대 대학원에 발을 들인 지가 2012년 하반기였으니 교수님을 뵙게 된 지도 벌써 10년이 훌쩍 넘었네요.

그동안 교수님의 학문에 대한 열정과 마음속 깊은 따스함을 느낄 수 있었습니다.

교수님께서는 지식과 지혜는 물론이고 제자들을 아끼는 마음을 저는 알게 되었습니다.

수업을 마친 후 한동안 학교에 나가질 못했는데 교수님께서 저 하나를 위해 기도하여 주시는 모습을 보고 저는 무한한 감사의 마음을 느꼈습니다.

교수님의 지도를 통해 어려웠지만 박사학위논문을 쓸 수 있었습니다. 교수님 정말 감사드립니다.

제가 이 은혜를 갚을 수 있는 날이 오면 좋겠습니다.

늘 건강하세요. 교수님.

항상 행복하세요. 정영환 교수님.

2025년 5월 15일

제자 이찬향 올림.

정영환 교수님 안녕하세요.

제가 고대 법대 대학원에 발을 들인지가
2012년 하반기였으니 교수님을 뵙게 된지도
벌써 십년이 훌쩍 넘었네요.
그 동안 교수님의 학문에 대한 열정과
마음 속 깊은 따스함을 느낄 수 있었습니다.
교수님께서는 지식과 지혜는 물론이고
제자들을 아끼는 마음을 저는 알게 되었습니다.
수업을 마친 후 한 동안 학교에 나가질 못했는데
교수님께서 저 하나를 위해 기도하여 주시는
모습을 보고 저는 무한한 감사의 마음을 느꼈습니다.
교수님의 지도를 통해 어려웠지만 박사학위 논문을
쓸 수 있었습니다. 교수님 정말 감사드립니다.
제가 이 은혜를 갚을 수 있는 날이 오면 좋겠습니다.
늘 건강하세요 교수님
항상 행복하세요 정영환 교수님

2025. 5. 15.
제자 이찬향 올림

함께 기억하고 감사해요

존경하는 정영환 교수님께

자고로 경전의 뜻을 푸는 스승은 만나기 쉬우나, 인도(人道)를 이끌어 주는 스승은 만나기 어렵다 하여 '경사역우(經師易遇), 인사난우(人師難遇)'라고 하는데, 저는 人師인 교수님을 만나게 되어 세상 큰 축복을 받고 있습니다.

교수님께서 정년을 맞이하신다는 것에 대해 제자의 마음은 감사와 아쉬움으로 가득합니다. 이 뜻깊은 순간에, 제 인생의 가장 어두운 시기에 등불이 되어주셨던 교수님께 진심을 담아 감사의 말씀을 드리고 싶습니다.

교수님을 처음 뵈었을 때를 잊지 못합니다. 낯선 타국에서 박사과정을 시작하며 저는 깊은 두려움과 불안에 휩싸여 있었습니다. 중국에서 검사로 일하던 삶을 뒤로하고, 처자식을 이끌고 유학을 택한 결정이 과연 옳은 것인지 매일같이 고민하고 방황했습니다. 그 막막함 속에서 연구실 문을 열고 들어갔더니, 교수님께서 두툼한 두 손으로 저의 손을 꼭 잡고 "장군, 자네 잘 왔네. 같이 공부하니 좋네... 훌륭한 결정을 했네, 잠깐 힘들더라도 좋은 길을 선택했네"라고 말씀 주셨습니다. 그 말씀들이 제 마음에 깊은 울림을 주었고, 마치 어두운 터널 속 한 줄기 빛처럼 저를 일으켜 세웠습니다.

공부가 힘들고, 생계의 무게가 버거워 포기하고 싶은 순간마다 교수님은 제게 아낌없는 격려와 지지를 보내주셨습니다. 아버님이 간암 투병으로 힘들어 할 때, 형님께서 갑자기 별세하여 하늘이 쪼개질 것 같았을 때, 그때마다 교수님께서 저를 다독여 주시고, 자식의 미래를 걱정하는 아버지처럼 저를 대해주셨던 교수님의 모습은 평생 제 가슴속에 각인된 기억으로 남아 있을 것입니다.

교수님의 따뜻함과 넓은 포용 덕분에, 저는 박사과정을 무사히 마칠 수 있었고, 이제는 한국에서 변호사로, 겸임교수로 일하며 가족을 지켜낼 수 있게 되었습니다. 지금 제가 이 자리에 설 수 있는 것은 전적으로 교수님 덕분입니다.

교수님의 정년은 한 시대의 마무리가 아니라, 후학들에게 길을 밝혀주신 위대한 여정의 결실이라고 생각합니다. 제자들이 잘 나가는 모습을 두엇보다 흐뭇해하시고 기뻐하시는 교수님 마음이 자식을 바라보는 아버지의 마음과 다름이 없어서, 이에 너무 존경스럽고 감사하면서도 송구스럽습니다. 그러한 기대에 응할 수 있게 보다 더 노력하여 선배님들을 존경하고 후배님들을 잘 대하여 정영환 민소법연구실의 덕과 정으로 다듬어진 氣를 길게 길게 이어나가겠습니다.

이제는 강단을 떠나시더라도, 교수님께서 남기신 가르침과 따뜻한 마음은 영원히 저의 삶 속에서 살아 숨 쉴 것입니다.

落紅不是無情物
떨어진 꽃이 정이 없어서 떠났겠는가,
化作春泥更護花
그는 봄날의 진흙으로 변하여 새로운 꽃이 자라도록 수호하고 있는 것이니라

정말 고맙습니다.
진심으로 존경합니다.
그리고 진심으로 사랑합니다.

스승님의 앞날에 건강과 평안이 늘 함께하시길 기도드립니다.

제자 장지화(ZHANG ZHI HUA) 올림.
일반대학원 법학과 민사소송법전공 박사
(유학기간: 2018년 9월~2022년 2월)

중국법률용어사전 출판 설명회
(2023년 증보판)

정영환 교수님께

법학전문박사과정 지원에 앞서서 교수님을 처음 찾아뵈었던 그날이 아직도 기억에 선명합니다. 지도교수님을 맡아 주십사 부탁드리려고 찾아뵈었던 것이었기에 길어야 10분 정도의 면담을 예상했었는데, 생각지도 않게 이런저런 이야기를 나누면서 약 1시간 가까이 교수님과 즐겁게 말씀을 나누었던 기억이 납니다.

그리고 교수님께서 거듭 저에게 하셨던 "하나님께서 정변호사를 우리 연구실로 보내주신 것 같아"라는 말씀은 깊은 울림으로 다가왔습니다. 약 1시간에 걸친 면담이 모두 끝난 후 굳이 나오지 않으셔도 되는데 엘리베이터를 타는 곳까지 마중을 나오신 후 엘리베이터를 타고 가는 저에게 고개 숙여 인사까지 하시는 모습을 보며, 말로만 들어왔던 교수님의 인격과 겸손함을 제 두 눈으로 목도하게 되었습니다.

저는 행운아입니다. 학문이면 학문, 인품이면 인품, 신앙이면 신앙 등 모든 면에서 제가 존경하고 배울 수 있는 분을 제 인생 가운데에서 만날 수 있었던 것은 축복이고 또 하나님의 은혜라고 생각합니다. 교수님 덕분에 여러 훌륭하신 연구실 선후배님들을 알게 되고 사귀게 된 것 또한 크나큰 인적 자산이 아닐 수 없습니다.

정년 이후에도 기회가 될 때마다 찾아뵙고, 더 배우고 더 닮아가고 싶습니다.

무엇보다 영육 간에 늘 강건하시고, 하나님 안에서 평안함을 누리시길 축복하고 기도합니다.

감사합니다. 교수님.

"사랑하는 자여 네 영혼이 잘됨같이 네가 범사에 잘되고 강건하기를 내가 간구하노라" (요한삼서 1장 2절 말씀)

제자 정성영 드림.

교수임의 뜻을 되새기며

> "두려워하지 말라, 내가 너와 함께함이라. 놀라지 말라, 나는 네 하나님이 됨이라. 내가 너를 굳세게 하리라, 참으로 너를 도와주리라, 참으로 나의 의로운 오른 손으로 너를 붙들리라(이사야 41:10)"

시험에 낙방 후 실의에 빠져있을 때, 부족한 저를 이끌어 주신 교수님의 은혜를 저는 아직 잊지 못합니다.

한없는 좌절과 무기력함 앞에서 다시 일어설 수 있는 용기를 주신 교수님 덕분에 지금의 제가 있을 수 있었다고 감히 말씀드리고 싶습니다.

> "무릇 자기를 높이는 자는 낮아지고, 자기를 낮추는 자는 높아지리라(누가복음 14:11)"

그간 제가 뵈온 교수님은 하나님 앞에서의 겸손한 삶을 통해 몸소 제자들에게 인생의 가르침을 주시는 분입니다.

세상 사람들을 결코 지위나 물질로 평가하지 않으시고, 스스로 낮아지기를 자청하시면서 저희에게 섬기는 본을 보여 주셨습니다.

> "너희 중에 누구든지 지혜가 부족하거든 모든 사람에게 후히 주시고 꾸짖지 아니하시는 하나님께 구하라 그리하면 주시리라(야고보서 1:5)"

교수님께서는 저희에게 학문적인 지식을 전달해 주셨을 뿐만 아니라 참된 지혜와 명철을 구하는 법을 가르쳐 주셨습니다.

부족한 저희가 교수님께 구할 때마다, 부모가 자식에게 주듯이 늘 좋은 것만을 주심에 진심으로 감사드립니다.

> "너희가 내 말에 거하면 참으로 내 제자가 되고 진리를 알지니 진리가 너희를 자유롭게 하리라(요한복음 8:31-32)"

교수님께서 저희에게 주신 가르침을 받들어, 교수님의 참된 제자가 되어 진리를 실천하면서 교수님의 뜻을 이어 나가겠습니다.

교수님, 항상 건강하시고 행복하세요.
저희는 교수님을 존경하고 사랑합니다!

2007학번 채원기 드림.
일반대학원 석사과정 수료

존경하는 교수님께

교수님의 정년 퇴임을 맞이하여 진심으로 감사의 마음을 전합니다.

2021년 3월, 교수님을 처음 뵈었을 때의 설렘과 긴장감이 아직도 생생하게 기억납니다. 당시 처음 찾아뵙는 자리라 미리 준비도 많이 했었는데, 교수님께서 따뜻한 시선으로 저를 반겨주셨던 그 순간, 긴장이 풀리고 마음이 한결 편안해졌던 기억이 납니다.

그날 교수님께서 제게 처음 하셨던 말씀 – "꿈을 크게 가져라. 기회가 되면 박사까지 하고, 나중엔 중국에 돌아가 교수가 돼라" – 은 제 마음에 깊은 울림을 주었습니다. 그땐 감히 박사과정까지 생각할 수 없었지만, 교수님의 말씀 덕분에 제 안에 작은 희망이 자라나기 시작했습니다.

석사과정 동안 부족한 점도 많이 느꼈고, 학문적으로나 삶의 태도 면에서 성장할 수 있었던 시간들이었습니다. 그 모든 과정에 교수님의 격려와 지지가 큰 힘이 되었습니다. 그 결과, 현재는 박사과정을 마무리하는 시점에 이르렀고, 다시 돌아보면 모든 것이 교수님의 믿음과 응원 덕분이었다고 생각합니다.

교수님께 항상 감사드립니다. 부족한 제자임에도 불구하고 늘 너그러이 품어주시고, 중국 대학 방문 시마다 함께 가자며 적극적으로 권해주시고, 만나는 교수님들께 "나의 훌륭한 제자"라며 자랑스럽게 소개해 주셨던 따뜻한 마음, 평생 잊지 못할 것입니다.

또한, 민사소송법 가족의 일원으로 참여할 수 있도록 이끌어주신 덕분에 훌륭한 선배님들과도 인연을 맺을 수 있었고, 선배님들의 따뜻한 도움 속에서 소속감과 배움을 함께 느낄 수 있었습니다.

2021년부터 2025년까지, 거의 5년에 걸친 시간 동안 한국에서, 고려대학교에서, 그리고 교수님과 함께 보낸 모든 순간이 제게는 무엇과도 바꿀 수 없는 소중한 기억이자 인생의 큰 자산입니다.

교수님께서 자주 하시던 "흠걸이도 중국에 돌아가 교수가 되어야지"라는 말씀은 이제 제 인생의 목표가 되었습니다. 언젠가 제가 몸담고 있는 대학에 교수님을 모시고 강연을 부탁드리며, 고려대학교에서의 생활 동안 큰 도움을 주셨던 민사소송법 교수님들, 교수님의 가족, 그리고 연구실 식구들과 함께 여행도 떠나 뜻깊은 시간을 다시 한번 함께할 수 있기를 진심으로 바랍니다.

이제는 오랜 시간 쌓인 무거운 짐을 내려놓으시고, 그동안 미뤄두셨던 일들도 돌아보시며 여유롭고 평안한 시간을 누리시길 바랍니다. 제자의 마음속에서 교수님은 언제나 변함없는 스승으로 남아 있을 것입니다.

다시 한번 깊은 존경과 감사의 마음을 전하며, 앞으로의 시간에도 건강과 행복이 항상 함께하시기를 진심으로 기원합니다.

제자 최흠걸(CUI XIN JIE) 드림.
일반대학원 법학과 민사소송법전공 석사, 박사과정
(유학기간: 2021년 3월~현재)

2023년 중국정법대학

교수님, 정년퇴임을 진심으로 축하드립니다

연구실에서 교수님의 탁월한 지도력과 깊은 학문적 통찰력 덕분에 소중한 배움의 시간을 보낼 수 있었습니다. 항상 세심한 조언과 따뜻한 격려로 제 인생의 중요한 길을 밝혀주신 것에 깊은 감사를 드립니다.

이제 새로운 인생의 장을 여시는 교수님께 건강과 행복이 가득하시길 기원하며, 앞으로도 가족분들과의 소중한 시간과 풍요로운 여행으로 매일이 축제 같은 은퇴생활이 되시길 바라겠습니다.

변함없이 교수님을 존경하는 제자가 되겠습니다.

진심을 담아
제자 하예총(XIA YI CONG) 드림.
일반대학원 법학과 민사소송법전공 석사
(유학기간: 2019년 3월~2021년 2월)

仁齋鄭永煥教授 停年紀念論文集 刊行委員會

■ **간행위원** _ 가나다順

김동현 충남대학교 법학전문대학원 교수
김정환 조선대학교 법사회대학 법학과 교수
김 주 SK하이닉스 중국변호사
김형률 서울가정법원 부장판사
나민재 IKH ZASAG 국제대학교(몽골) 교수
손진욱 서울남부지방검찰청 부장검사
우세나 공주대학교 법학과 교수
유제헌 변호사, 롯데글로벌로지스 준법경영팀장
이명민 고려대학교 법학연구원 전임연구원
이연주 경기대학교 법과대학 교수
이인실 前 특허청장
장완규 용인예술과학대학교 경찰·법률과 교수
정상민 충남대학교 법학전문대학원 교수
조수혜 전주대학교 법학과 교수
채원기 변호사
최광선 건국대학교 법학전문대학원 교수
최흥걸 고려대학교 법학연구원 연구원

■ **집필위원** _ 가나다順

강영주 고려대학교 법학전문대학원 강사
김동현 충남대학교 법학전문대학원 교수
김정환 조선대학교 법사회대학 법학과 교수
김 주 SK하이닉스 중국변호사
송삼용 하늘양식교회 담임목사, 광신대학교 겸임교수
유제헌 변호사, 롯데글로벌로지스 준법경영팀장
윤세교 법무부 법무심의관실 전문위원
이명민 고려대학교 법학연구원 전임연구원
이승진 외국변호사(러시아)
이찬양 경상국립대학교 법과대학 법학부 교수
이찬향 한국소비자원 피해구제국
장완규 용인예술과학대학교 경찰·법률과 교수
장지화 김앤장 법률사무소 중국변호사, 숭실대학교 국제법무학과 겸임교수
정상민 충남대학교 법학전문대학원 교수
조수혜 전주대학교 법학과 교수
최광선 건국대학교 법학전문대학원 교수

節次法에 있어서 信義誠實原則의 課題

2025년 6월 25일 초판 인쇄
2025년 6월 28일 초판 발행

저 자 仁齋鄭永煥敎授停年紀念論文集 刊行委員會
발행인 배 효 선
발행처 도서출판 法 文 社
주 소 10881 경기도 파주시 회동길 37-29
등 록 1957년 12월 12일/제2-76호(윤)
전 화 (031)955-6500~6 FAX (031)955-6525
E-mail (영업) bms@bobmunsa.co.kr
(편집) edit66@bobmunsa.co.kr
홈페이지 http://www.bobmunsa.co.kr
조 판 법 문 사 전 산 실

정가 50,000원 ISBN 978-89-18-91611-8